广西耕地

广西壮族自治区土壤肥料工作站 编著

宾士友　伍华远　主编

广西科学技术出版社

图书在版编目（CIP）数据

广西耕地 / 广西壮族自治区土壤肥料工作站编著
. —南宁：广西科学技术出版社，2023.2
  ISBN 978-7-5551-1665-3

Ⅰ.①广… Ⅱ.①广… Ⅲ.①耕地资源—资源评价—
广西 Ⅳ.① F323.211

中国版本图书馆 CIP 数据核字（2022）第 149283 号

GUANGXI GENGDI

广西耕地

广西壮族自治区土壤肥料工作站　编著
宾士友　伍华远　主编

责任编辑：饶　江　　　　　　　　　装帧设计：刘柏就　韦娇林
责任校对：阁世景　　　　　　　　　责任印制：韦文印

出 版 人：卢培钊　　　　　　　　　出版发行：广西科学技术出版社
社　　　址：广西南宁市东葛路66号　邮政编码：530023
网　　　址：http://www.gxkjs.com

经　　　销：全国各地新华书店
印　　　刷：广西壮族自治区地质印刷厂
地　　　址：南宁市建政东路88号　　邮政编码：530023
开　　　本：889 mm×1194 mm　1/16
字　　　数：452千字　　　　　　　　印　　张：26.75
插　　　页：20
版　　　次：2023年2月第1版　　　　印　　次：2023年2月第1次印刷
书　　　号：ISBN 978-7-5551-1665-3
审 图 号：桂S（2020）48号、桂S（2023）2号
定　　　价：200.00元

编　委　会

序

耕地是粮食生产的命根子，是中华民族永续发展的根基。习近平总书记强调，要像保护大熊猫那样保护耕地，严防死守 18 亿亩耕地红线。牢牢守住耕地保护红线，不仅要保数量，还要提质量，数量和质量协同发展关乎我国粮食安全与社会稳定。

最近几十年来，工业化和城市化的迅猛发展改变了耕地资源的利用方式、规模和强度，耕地数量、质量及生态功能均发生了前所未有的变化。因此，全面准确了解耕地数量、质量现状是加强耕地保护与建设的基础，可为政府制定耕地保护与粮食安全战略提供决策支持。

近四十年来，广西出色完成了第二次土壤普查、测土配方施肥、耕地质量建设与保护、耕地质量监测与评价等重大土肥基础项目，积累了海量耕地基础数据。为能更好服务耕地建设，广西壮族自治区土壤肥料工作站系统梳理了近些年耕地土壤调查的数据成果，组织编写了《广西耕地》一书，对广西最新耕地基本情况，特别是耕地质量现状、耕地质量建设等进行了较为全面的介绍。该书有望继续为广西实施农业综合开发、中低产田改造、科学施肥、农业区划等提供重要参考。

前年 4 月，我联合中国工程院多名院士向国家建议尽快开展全国耕地质量普查。去年 1 月，国务院正式印发开展第三次全国土壤普查的通知，决定自 2022 年起开展第三次全国土壤普查，这项工作将促进中长期土壤健康与可持续发展，可从国家尺度上对土壤质量与健康状况提供全面系统的认识。建议广西以第三次全国土壤普查为契机，充分利用现代数据信息技术，打造广西"数字耕地"，为加快守住耕地红线、优化农业生产布局、确保国家粮食安全奠定坚实基础。

中国工程院院士
民盟中央农业委员会主任
中国农业大学国家农业绿色发展研究院院长

2023 年 2 月 25 日

前言

　　"万物土中生，有土斯有粮"。土地是人类生存的基础，耕地是土地的精华，是农业生产最重要的资源，十分珍惜、合理利用土地和切实保护耕地是我国的基本国策。耕地质量关系到国家粮食安全、农产品质量安全及生态安全，关系到农业可持续发展。2015 年，国务院制定了《粮食安全省长责任制考核办法》，将耕地质量等级情况纳入考核指标，对耕地质量保护提出明确要求。2016 年，农业部（现为农业农村部）颁布了《耕地质量调查监测与评价办法》，2016 年 12 月 30 日，我国首部耕地质量等级国家标准《耕地质量等级》（GB/T 33469—2016）颁布实施，为耕地质量建设与保护提供了政策和技术支撑。

　　广西人多地少，耕地质量状况是广大农民和各级政府关注的焦点，也是科学家们潜心研究的重大课题。广西曾于 1958～1960 年、1979～1984 年开展过两次土壤普查工作，获取了丰富的土壤信息。特别是第二次土壤普查，成果丰硕，查清了广西土壤资源的类型、面积、分布及肥力特征、障碍因素等，对广西农业区划、农业综合开发、中低产田改良、科学施肥等发挥了重要作用。第二次土壤普查后的二十多年来，广西农业和农村经济迅速发展，农业结构发生了重大调整，特色优势农业发展迅猛，农业区域布局发生了新变化，广西耕地质量状况亦随之发生变化。因此，对广西耕地质量现状进行全面、深入、科学的调查与评价很有必要。

　　为掌握广西耕地土壤理化性状变化情况，解决农业生产中不合理施肥的问题，提高肥料利用率，提高农产品质量及安全水平，2005 年以来，广西全面启动测土配方施肥国家补贴项目，这也是第二次土壤普查之后最大规模的土壤调查测试工作。其中，耕地地力评价是项目的重要工作内容，2009 年，项目覆盖了全区所有县（市、区）和农垦农场的耕地。截至2010年，98个项目实施单位共采集土壤样品48.97万个、试验植株样品2.85万个，完成土壤样品分析测试421.6万项次，植株分析测试7.56万项次，完成野外调查并填写完整的野外调查表50万份，完成"3414"类肥料效应小区试验3386个、非"3414"类肥料效应小区试验556个、对比肥效试验6949个。项目的实施促进了科学施肥水平和肥料利用率的提升、作物产量的提高和品质的改善。同时，项目产生的大量田间调查、农户调查、土壤与植物样品分析测试和田间试验数据，为耕地地力评价提供了强大的数据和技术支撑。到2013年，广西壮族自治区土壤肥料工作站组织指导全区98个项目单位依次建立了耕地资源基础数据库和耕地资源管理信息系统，完成了耕地地力评价工作。

2016年广西壮族自治区土壤肥料工作站按照《耕地质量调查监测与评价办法》、《耕地质量等级》（GB/T 33469—2016）和《全国耕地类型区、耕地地力等级划分》（NY/1309—1996）组织开展省级耕地地力评价工作。全体项目技术人员经过近两年的共同努力，完成了评价资料收集、评价样点选择、评价指标体系筛选、评价过程把控、评价结果检验复核等工作，建立了广西耕地地力评价空间数据库、广西耕地地力评价属性数据库、广西耕地资源管理信息系统，同时结合第二次土壤普查成果海量数据的整理分析，完成了广西耕地地力评价工作，形成广西耕地地力评价工作报告、技术报告、专题报告和地力评价成果图集。2017年12月，广西耕地地力评价工作通过专家组验收。

为了在更大范围内发挥耕地地力评价成果的作用，更好地为全区农业生产服务，我们根据广西耕地地力评价成果组织编写了《广西耕地》一书。全书共分为七章：第一章广西耕地概述，从广西基本情况、广西自然条件、农业基础设施、耕地土壤立地条件、耕地土壤分类等方面介绍了广西耕地总体情况；第二章耕地质量评价，详细介绍了耕地质量评价的每一个技术环节，包括耕地地力评价样点的选取、省级耕地资源管理系统的建立、耕地质量评价程序与方法等内容；第三章耕地质量等级，系统介绍了广西耕地质量等级面积及其分布，以及各级耕地的立地条件、生产条件、土壤理化性状、土壤养分、障碍因素等方面情况；第四章耕地土壤属性，介绍了不同类型土壤的有机质，大量元素，中、微量元素含量情况，以及耕地土壤的其他属性；第五章中低产耕地改良，介绍了广西中低产耕地的分布及主要障碍因素，并根据障碍因素提出了中低产耕地改良利用的对策和措施；第六章耕地质量建设，以强化耕地质量管理，稳步提升耕地质量为目标，提出了开展耕地施肥分区与测土配方施肥、土壤改良利用与标准粮田建设，以及耕地资源合理配置与高效农业发展、耕地质量建设与优质粮食产业发展、耕地质量管理等措施；第七章测土配方施肥指标体系，介绍了广西测土配方施肥指标体系建立的内容及意义、生态分区和田间试验、主要农作物不同分区施肥指标体系的建立、测土配方施肥数据系统开发应用情况。

本书编写过程中得到了广西大学顾明华教授、蒋代华教授，广西农业科学院周柳强研究员等专家的大力支持，他们提出了很多宝贵的意见，在此向他们一并表示衷心感谢！

由于本书数据量巨大，且作者水平有限，书中不足之处在所难免，敬请广大读者批评指正！

编者

2022 年 3 月

目录

第一章 广西耕地概述

广西壮族自治区位于华南地区，是水稻、玉米、木薯等粮食作物和香蕉、杧果、荔枝、龙眼、柑橘等水果的主产区，也是重要的蔗糖、水产品和蚕丝生产基地。开展广西耕地质量评价，摸清耕地质量状况，掌握耕地生产能力，查清影响耕地生产的主要障碍因素，对加强粮食综合生产能力建设、发展现代农业具有十分重要的意义。

第一节 广西基本情况

一、地理位置

广西壮族自治区，简称"桂"，界于北纬 20° 54′ ～ 26° 24′，东经 104° 28′ ～ 112° 04′ 之间，北回归线横贯广西中部。东临广东，南临北部湾并与海南隔海相望，西与云南毗邻，东北接湖南，西北靠贵州，西南与越南接壤。

二、行政区划

广西壮族自治区下辖 14 个地级市，县级行政区 111 个（包括 41 个市辖区、9 个县级市、49 个县、12 个民族自治县），乡级行政区 1247 个（包括 120 个街道、722 个镇、346 个乡、59 个民族乡）。广西所辖行政区域基本情况见表 1–1 及附图 1。

表 1–1 广西所辖行政区域基本情况表

地级市	县（市、区）
南宁市	青秀区、兴宁区、西乡塘区、江南区、良庆区、邕宁区、武鸣区、隆安县、马山县、上林县、宾阳县、横州市
柳州市	柳北区、柳南区、柳江区、城中区、鱼峰区、鹿寨县、柳城县、融安县、融水苗族自治县、三江侗族自治县
桂林市	象山区、秀峰区、叠彩区、七星区、雁山区、临桂区、阳朔县、灵川县、全州县、平乐县、兴安县、灌阳县、荔浦市、资源县、永福县、龙胜各族自治县、恭城瑶族自治县
梧州市	长洲区、万秀区、龙圩区、岑溪市、苍梧县、蒙山县、藤县
北海市	海城区、银海区、铁山港区、合浦县

续表

地级市	县（市、区）
防城港市	港口区、防城区、东兴市、上思县
钦州市	钦南区、钦北区、灵山县、浦北县
贵港市	港北区、港南区、覃塘区、桂平市、平南县
玉林市	玉州区、福绵区、北流市、容县、陆川县、博白县、兴业县
百色市	右江区、田阳区、靖西市、田东县、平果市、德保县、那坡县、凌云县、乐业县、田林县、西林县、隆林各族自治县
贺州市	八步区、平桂区、昭平县、钟山县、富川瑶族自治县
河池市	金城江区、宜州区、南丹县、天峨县、凤山县、东兰县、巴马瑶族自治县、都安瑶族自治县、大化瑶族自治县、罗城仫佬族自治县、环江毛南族自治县
来宾市	兴宾区、合山市、象州县、武宣县、忻城县、金秀瑶族自治县
崇左市	江州区、凭祥市、扶绥县、宁明县、龙州县、大新县、天等县

三、农业生产概况

广西地处南亚热带和中亚热带交汇区域，光热资源丰富，区位特色明显，农业发展有基础、有资源、有特色、有潜力。近年来，广西依托自身优势大力发展特色农业，形成了一批特色优势农业产业。初步统计，广西粮食、糖料、水果、蔬菜等农作物品种1200多个，畜禽类品种400多个，水产类品种40多个。除了物种资源，广西的旅游资源、矿产资源、水资源等也十分丰富，为产业发展提供了良好条件。

2018年，广西全年农作物播种面积8958.60万亩（1亩≈666.67 m²），其中粮食作物4203.15万亩、经济作物4755.45万亩。主要作物为水稻、玉米、甘蔗、木薯、桑叶等热带、亚热带作物。在粮食作物中，水稻种植面积2628.90万亩，玉米种植面积886.80万亩，大豆种植面积141.45万亩。粮食总产量1372.80万吨，粮食自给率达55%以上，口粮基本自给。粮食单产逐年提高，2018年广西粮食单产已达326.60 kg/亩。

广西甘蔗、蔬菜、水果、油料作物、蚕桑等优势产业作物种植面积稳中有升，并继续向适宜区集中。糖料蔗、桑蚕、木薯产量排全国第一位，其中糖料蔗产量占全国60%以上，桑蚕产茧量占全国45%以上，木薯种植面积和产量均占全国70%以上，是全国最大的生物质能源——乙醇生产基地。2018年广西甘蔗种植面积1329.60万亩，总产量7292.76万吨。茉莉花茶产量占全国50%以上。蘑菇产量排全国第一位。中草药资源种类占全国总数的1/3。此外，广西还是我国重要的"南菜北运"蔬菜基地、全国最大的冬菜基地。2018年，广西蔬菜播种面积2159.55万亩，蔬菜产量3432.16万吨；果园面积1895.42万亩，水果产量2116.28万吨，面积、产量均排全国前三位。广西是全国著名的"南珠"产地，畜禽水产品也在全国占有重要位置。

第二节　广西自然条件

一、气候条件

广西受太阳强烈辐射和冬夏季风环流的影响，气候类型多样。总体北半部属中亚热带气候，南半部属南亚热带气候。局部小气候多样，如桂西山地气候、沿海温暖湿润的海洋气候。

广西冬短夏长，年均温为 16 ～ 23 ℃；各地最冷月 1 月的日均温为 5.5 ～ 15.2 ℃，最热月 7 月的日均温为 27 ～ 29 ℃；极端最高气温多为 36 ～ 42 ℃，极端最低气温一般为 –6 ～ 0 ℃；无霜期为 284 ～ 365 天。年均温的分布特点是由北向南递增，由河谷平原向丘陵山区递减，桂西高于桂东。21 ℃等温线大致与桂西地区的北纬 24°线和桂东南地区的北回归线一致。此线以南基本属于南亚热带气候区，其中南部沿海地区和左、右江河谷年均温大于 22 ℃；21 ℃等温线以北则多属中亚热带气候区，日均温大于等于 10 ℃的积温为 5000 ～ 8300 ℃，持续日数为 240 ～ 358 天。气温分布特点是桂南高于桂北，桂西高于桂东，河谷平原高于丘陵山区。

广西雨、热资源丰富，且雨热同季。年降水量为 1000 ～ 2800 mm，是全国降水量比较多的地区之一，但时空分布差异大。3 个多雨中心分别位于东兴、昭平和永福附近，年平均降水量都在 1900 mm 以上。以百色为中心的右江河谷及其上游的隆林、西林和以宁明为中心的明江、左江河谷至邕宁一带，为少雨地带，年平均降水量在 1200 mm 以下。其余地区的年平均降水量为 1200 ～ 1900 mm。除降水量地区分布不均外，同一地点不同年份的降水量也相差很大。广西年平均日照时数大多为 1300 ～ 2250 小时。降水量和热量资源分布大体上是由北向南增多。4 ～ 9 月间降水量占年降水量的 75%，雨季恰好与热季重叠。雨热同季，较有利于农业生产。

广西太阳辐射较强，太阳年总辐射量达 90 ～ 100 kcal/cm^2，右江河谷及其以西地区，梧州、玉林地区东南部，以及十万大山北侧的宁明、上思、南宁等地，太阳年总辐射量在 110 kcal/cm^2 以上，为广西最多的地区。桂北山区的最少，太阳年总辐射量在 100 kcal/cm^2 以下，资源县、融安县、南丹县太阳年总辐射量不足 90 kcal/cm^2。

综上所述，广西气候对农业生产有优越性，但也有不利的因素。广西气候多变，灾害性天气频繁出现。常因季风进退失常造成降水和气温变率大，旱、涝灾害和"两寒"（倒春寒和寒露风）及台风、冰雹等灾害性天气出现频率大。桂西地区多春旱，出现频率达 60% ～ 90%，桂东地区多秋旱，出现频率为 50% ～ 70%；雨季大雨、暴雨过于集中，时常发生洪涝灾害。而春季、秋季受北方强冷空气南下的影响，几乎每年都出现春季倒春寒和秋季寒露风天气，危害农业生产。每年4月至7月，出现大风天气，且影响范围和程度均较大。因此，在发展大农业生产过程中，应从当地的气候条件出发，因地因气候制宜，趋利避害，合理开发利用气候资源，这是广西进行经济建设，特别是发展"三高"农业必须重视的重要环节。广西气候资源丰富，生态环境多样，在合理调整产业结构、不放松粮食生产的前提下，宜积极发展多种经营，重点发展当地的名、优、特产品，发展现代农业，建立经济作物基地，以创造更高的大农业经济效益。

二、土地资源

广西地处云贵高原东南边缘，山多地少。在区域上属云贵高原向东南沿海丘陵过渡地带，形成了复杂多样的地貌类型。

1. 山地

山地是广西主要的土地资源类型。海拔在400 m以上的中低山山地面积为932.50万公顷，占广西土地面积的39.4%（其中，海拔800 m以上的中山山地占23.5%；海拔400～800 m的低山占15.9%）。广西山地以山高、坡陡（坡度30°～40°）、切割深、光照少为特征，主要分布于广西东北部和西部；在土地利用上，以林业、牧业为主，是广西水源涵养林、用材林基地和牧草地，进一步开发利用潜力大。

2. 丘陵地

丘陵地海拔为200～400 m，面积为684万公顷，占广西土地总面积的28.9%，主要分布于中低山地边缘及主干河流两侧，以桂东南、桂南、桂中一带较为集中。与中低山地相比，这类土地具有坡度缓（坡度5°～25°）、土层厚、谷地宽、光照条件好、人类活动频繁等特点；在土地利用上多宜性较突出，诸土地利用类型均有，尤以林地、旱坡草地为主，土地利用上有较大潜力。目前制约因素主要为缺水、土壤较贫瘠、生态较脆弱，若利用不当，容易造成水土流失，不易恢复。

3. 石山

广西是全国主要的岩溶发育区，裸露的岩溶面积为895万公顷，占广西土地总面积的37.8%，是广西比较特殊的土地资源类型。石山主要分布于桂西、桂中、桂西南、桂东北及桂西北局部地区。石山以山高、坡陡、植被少、土层稀薄、蓄水性差为显著特征，素有"九石一土"之说，是人类生活自然条件较恶劣的地区；在土地利用上，以旱地为主，旱、涝频繁，土地开发利用难度大。

4. 台地

台地海拔在200 m以下，面积为149.10万公顷，占广西土地总面积的6.3%。台地主要分布于桂南、桂中、桂西南、桂东南一带。该类土地一般地面平坦、起伏和缓、土层深厚、光照充足，是人类劳动、生活的主要区域，自然条件仅次于平原；在土地利用上，以农业为主，是广西旱作农业、经济作物、果木林的主要种植区，但由于其地势相对平原较高，往往因水资源缺乏致使土地利用不够充分。宜农荒地主要分布在这一地域，有很大的开发潜力。

5. 平原

广西平原面积为 553.80 万公顷，占广西土地总面积的 23.4%，主要有沿海、沿江的河流冲积平原及岩溶区的溶蚀平原、中低山区的山前冲积平原等。平原面积比较狭小，最大的浔江平原仅 629 km^2。平原主要分布于桂南沿海、桂东南、桂中及左江河谷地区。平原地势平坦、土层深厚、自然肥力高、水源充足、光照条件好，十分有利于发展农业，是目前广西最主要的粮食作物和经济作物生产基地，也是工矿居民区、城镇聚集区。土地利用相对较充分，目前大部分土地已开垦成水田或旱地，如郁江—浔江沿岸平原、南流江三角洲、玉林盆地等是广西水稻、甘蔗、花生及一些水果的主要生产区域。

6. 水域

广西水域面积为 47.30 万公顷，占广西土地总面积的 2.0%，以河流、水库、湖泊、塘、泉为主。其中，集雨面积在 50 km^2 以上的河流有 937 条，有大中小水库 4439 座，塘坝 7.40 万座，是广西渔业养殖、农业灌溉、水力发电、水上交通的主要区域，经济效益较为显著。

三、耕地资源

2015 年底广西实有耕地面积 6606.69 万亩，人均耕地 1.38 亩。其中，水田占 45.53%，旱地占 54.47%。现有耕地面积居全国第 18 位，人均耕地面积居全国第 22 位，属地少人多省区之一。

广西耕地的地区性分布差异较大，70% 的耕地分布在桂东、桂东南的平原、台地及丘陵区中，并以水田为主，水田面积占当地耕地面积的 75% 以上；而桂西及桂西北山区，尤其是岩溶山区，耕地则零星分布于山间谷中，且多以旱地为主。大面积连片的耕地相对集中分布在浔江平原、南流江三角洲、宾阳—武陵山前平原、玉林盆地、左江河谷、南宁盆地、湘桂走廊、贺江中下游平原、郁江平原、钦江三角洲、宁明盆地等地区。水田以种植水稻为主，除少数高寒山区外，基本实现双季稻生产；旱地则以种植玉米、甘蔗、花生、薯类等作物为主，主要分布于桂中、桂南低山、丘陵、台地地区。近几年，随着糖业基地建设发展，甘蔗已逐渐成为旱地种植的主要经济作物。

广西耕地以红壤为主，土壤的有机质及磷、钾等矿物元素含量低，土壤较为贫瘠。而且广西大多数耕地土层比较浅薄，耕层在 10 ～ 20 cm 的面积为 3879.70 万亩，占总耕地面积的 61.32%，其中，耕层浅薄旱地面积为 1895.03 万亩，占旱地总面积的 62.10%；耕层浅薄水田面积为 1984.67 万亩，占水田总面积的 60.60%。广西中低产耕地面积较大，有 5241.50 万亩，占耕地总面积的 79.30%。

第三节 农业基础设施

一、地表水和地下水概况

（一）地表水

1. 江河地表水

广西地表河流多，径流量丰富，广西集雨面积 50 km² 以上的河流有 937 条，其中，集雨面积为 101 ~ 300 km² 的河流有 341 条，集雨面积为 301 ~ 1000 km² 有 135 条，集雨面积为 1000 km² 以上的有 69 条，河网密度平均为 144 m/km²，广西河流分属 5 个水系。

西江水系：水系内集雨面积为 202427 km²，占广西集雨面积的 85.5%，流入该水系且集雨面积在 50 km² 以上的河流有 784 条，其中 735 条经梧州流入西江，再进珠江，最后流入南海。主要的支流有贺江、柳江、桂江和郁江。

长江水系：水系内集雨面积为 8283 km²，占广西集雨面积的 3.5%，流入该水系且集雨面积在 50 km² 以上的河流有 30 条，经湘江、夫夷水流入洞庭湖，后注入长江。主要的支流有湘江和资江。

沿海独流水系：水系内集雨面积为 24111 km²，占广西集雨面积的 10.2%。主要的支流有南流江、钦江、茅岭江、防城河、北仑河、九洲河等。

百都河水系：水系内集雨面积为 1454 km²，占广西集雨面积的 0.6%，由百色市那坡县南部流入越南的甘河，经红河出海，主要支流为百都河。

九洲江、鉴江水系：水系集雨面积比较小，由北流市和陆川县的东南部河流向东南方向出境，进入广东，分别注入九洲江和鉴江，再流入南海。

2. 农田、库、塘、池贮的地表水

农田、库、塘、池贮的地表水是耕地所利用的地表水的一种形式，经数十年的努力，到 2008 年广西建成水库 4370 座，塘坝 67554 座，总库容 385.14 亿立方米，水井水柜 420945 处，固定机电排灌站 24781 处，机电井 4887 处，有效灌溉面积 2283 万亩，有效地满足了作物需水要求，提高了耕地抵抗自然灾害的能力。

3. 径流地表水

广西径流丰富，径流深浅与降水的空间分布大体一致，总的来说土山地区多，石山地区少，山区多，平原少。径流大小用河网密度（1000 m/km²）来衡量，最大的是洛清江和南流江，分别为 0.243 和 0.260；其次是郁江和桂江，分别是 0.240 和 0.210；最小的是左江、黑水河和红水河，分别是 0.095、0.067 和 0.075。径流极大影响了土壤的空间分布和土壤特性，河网密度小，旱地所占的比例较大，反之水田所占的比例较大。

（二）地下水

广西地下水主要由降水补给，可分为岩溶区、非岩溶区和滨海三种类型。

岩溶区地下水。面积为非岩溶区面积的一半，缺少地表水，但地下水丰富。岩溶地下水是岩溶物质基本迁移渠道。岩溶区地下水多以泉水、岩溶潭水、地下河及悬挂泉等形式出露在岩溶盆地，供耕地农业生产用水。广西境内地下水资源丰富，规模大，枯水期流量达 0.1 m^3/s 以上，且长度超过 10 km 的地下河共有 248 条，较为著名的是凤山坡心和都安地苏地下河，流量分别为 4.2 m^3/s 和 4.1 m^3/s，都安地苏地下河长 57.8 km，补给面积达 1080 km^2。

非岩溶区地下水。非岩溶区地下水主要来自含水岩，一般非岩溶含水岩组富水程度较弱，地下水多以降泉形式出露，常见流量为 0.1 ～ 1.0 m^3/s，主要有松散岩类、碎屑岩类、变质岩类、侵入岩类和喷出岩类五种含水岩组。

滨海地下水。指在钦州、北海、防城港的滨海内陆河三角洲地区，因海水涨落而形成的地下水，这类地下水受海水影响较大，近海地区的地下水通常含盐量较高。

（三）水的化学性质

广西地表水和地下水大部分符合农田灌溉水标准，但不同地区的水的化学性质不同。

岩溶区地表水和地下水普遍含有侵蚀性的 CO_2，其含量平均为 0.002 ～ 0.022 g/L，pH 值为 6.5 ～ 8.7，主要含有的离子有 HCO_3^-、Ca^{2+} 和 Mg^{2+}，钙镁离子在地表水和地下水中含量差异较大，地下水中的含量较高，达 70 ～ 120 mg/L，地表水中的含量较低，为 40 ～ 70 mg/L。岩溶区地下水属于 HCO_3^--Ca^{2+}-Mg^{2+} 型水，其长期用作水稻灌溉用水是石灰性水稻土形成的原因之一。

非岩溶区地表水以酸性和中性为主，K^+、Na^+ 和硫化物含量都比岩溶区高，分别为 2.15 mg/L、1.9 mg/L 和 1.47 mg/L 左右，地下水含铁量较高，为 0.5 ～ 12 mg/L。用非岩溶区水灌溉，对缺硫土壤或需硫元素较多的作物，具有重要的意义，反之对于排水不良的农田，会加剧亚铁的毒害。

滨海地下水 pH 值为 6.2 ～ 7.8，矿化值为 16 ～ 19 g/L，平均 17.7 g/L，阳离子以 Na^+ 和 Mg^{2+} 为主，分别占 46.1% 和 40.6%，其次是 Ca^{2+}，占 11.5%，最少是 K^+，仅占 1.8%；阴离子以 Cl^- 为主，占 86.8%，含量达 200 mg/L，其次为 SO_4^{2-} 和 HCO_3^-，分别占 13.1% 和 0.2%。

沿海河海混水 pH 值为 6.6 ～ 6.8，属强矿化水，矿化值为 10 ～ 16 g/L，平均 13.5 g/L，以氯化物为主，占 85.0% 左右，硫酸盐占 13.0% ～ 15.0%，碳酸盐极少，只占 0.2%。阳离子以 Na^+、Mg^{2+} 为主，Na^+ 占 46.0% ～ 48.0%，Mg^{2+} 占 37.0% ～ 40.0%，Ca^{2+} 占 11%，K^+ 占 1.8% ～ 2.0%。

二、耕地水源及输水条件

耕地水源和输水条件是为农作物供水、满足作物需水和提高耕地抗自然灾害能力的基础，是耕地质量高低的重要标志之一。对采样同步进行的地块野外实际调查统计结果表明，广西耕地的水源条件并不乐观，无供水条件的耕地面积达3095.02万亩，占总耕地面积的46.85%，以河流、泉水等为水源条件的耕地面积为1777.85万亩，占26.91%，以水库、塘堰、湖泊等为水源条件的面积为1587.41万亩，占24.03%，以井水和集水窖等为水源条件的耕地面积有146.41万亩，仅占2.22%，详见表1-2。耕地输水条件总体具有高标准输水设施少，标准较低的输水方式占比高，无输水条件面积大的特点。田间具有三面光的防渗渠道、固定管道（含提水加固定管道）等输水方式的面积只有416.02万亩，占总耕地面积的6.30%；具有田间移动管道输水方式的面积仅有124.11万亩，仅占1.88%；具有标准较低的土渠输水方式的面积达2905.74万亩，占43.98%；无输水条件的面积有3160.82万亩，占47.84%，详见表1-3。

表 1-2　耕地水源条件统计表

水源类型	无水源条件	河流、泉水等水源	水库、塘堰、湖泊等水源	井水和集水窖等水源	合计
面积（万亩）	3095.02	1777.85	1587.41	146.41	6606.69
占比（%）	46.85	26.91	24.03	2.22	100

表 1-3　耕地输水方式情况统计表

输水方式	防渗渠道、固定管道（含提水加固定管道）	田间移动管道	土渠	无输水条件	合计
面积（万亩）	416.02	124.11	2905.74	3160.82	6606.69
占比（%）	6.30	1.88	43.98	47.84	100

三、耕地灌溉及排水能力

根据自然降水、人工灌溉干预和常年轮作制度所种植作物对水需求情况的综合评价，对采样地块实地的灌溉调查统计结果表明，广西耕地的灌溉能力总体为中下水平，能充分满足作物需水要求的面积只有287.24万亩，占总耕地面积的4.35%；基本满足的面积有2081.62万亩，占31.51%；一般满足的面积有844.36万亩，占12.78%；没有灌溉条件的面积达3393.47万亩，占51.36%，超过五成的耕地无法保证作物的灌溉需求，从而影响耕地生产能力的进一步提高，详见图1-1。相对而言，耕地的排水能力较好，但仍有一成的耕地排水还需整治。排水能力强和较强所占的比例比较大，两者占总耕地面积的56.84%，其中排水能力强的面积有2143.51万亩，占32.44%；排水能力较强的面积1611.7万亩，占24.40%；排水能力中等的面积2223.08万亩，占33.65%；排水能力较弱的面积 400.58 万亩，占 6.06%；排水能力弱的面积 227.82 万亩，占 3.45%。

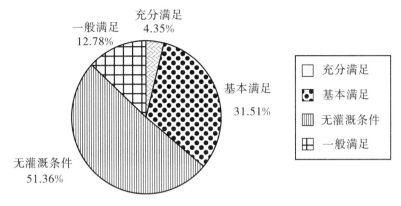

图 1-1　耕地灌溉能力分布图

四、耕地农田基础设施配套

根据农田的路网、渠系、生态环境等要素组成，从作物生长发育所需的水分满足情况、农田机械作业和运输可操作程度、栽培管理田间作业方便情况、自然灾害的防控能力等方面，综合评价耕地农田基础设施配套的优劣。野外调查资料统计结果表明：完全配套的耕地面积只有 73.19 万亩，仅占耕地总面积的 1.11%；配套的面积为 296.15 万亩，占 4.48%；基本配套的面积为 2511.28 万亩，占 38.01%；不配套的面积为 1092.77 万亩，占 16.54%；无农田基础设施的面积达 2633.30 万亩，占 39.86%。可见，广西有近 50% 的耕地农田基础设施配套较差，详见图 1-2。

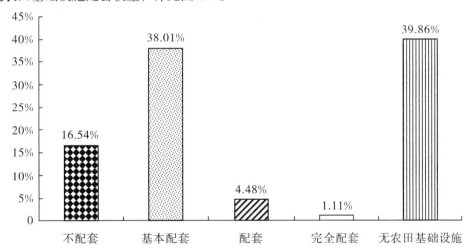

图 1-2　耕地农田基础设施配套占比图

第四节 耕地土壤立地条件

一、耕地地形部位

耕地的地形部位主导农田土体内部物质分布、地表水和地下水的补充与排泄，不同的地形部位，土壤中水热条件的差异，都会导致土壤物理化学性质、土壤环境、土壤抗逆性、作物养分供给和生产能力等不同，从而体现耕地质量的差异。本书所述的地形部位为微区域地形，以采样地块为基本单元进行描述，主要地形部位分述如下。

（一）平地

平地包括峰林平原、河网平原、宽谷盆地、冲积洪积扇前缘等在内的地形部位，属微坡地形和极缓坡地形，采样地块整体坡度小于6°者均归本地形部位。属平地地形的耕地面积共有1366.94万亩，占总耕地面积的20.69%，其中旱地463.83万亩，占旱地总面积的12.89%；水田903.11万亩，占水田总面积的30.02%；属平地地形面积较大的3个市是贵港市、百色市和玉林市，分别为254.08万亩、183.23万亩和182.38万亩，梧州市和防城港市相对较小；平地地形占全市耕地总面积比例较大的为贵港市、玉林市和北海市，分别是52.75%、50.50%和41.58%，详见表1–4。

表1–4 平地地形部位面积统计表

行政区	总面积（万亩）	占比（%）	其中			
			水田（万亩）	占水田（%）	旱地（万亩）	占旱地（%）
百色市	183.23	27.21	81.06	32.86	102.17	23.95
北海市	77.53	41.58	11.83	16.38	65.70	57.53
崇左市	103.88	13.32	32.35	19.06	71.53	11.73
防城港市	31.49	22.93	31.49	49.82	–	–
贵港市	254.08	52.75	168.22	62.95	85.85	40.03
桂林市	88.54	17.91	77.59	19.29	10.95	11.86
河池市	47.71	8.50	39.02	18.27	8.70	2.50
贺州市	77.50	31.69	56.07	38.20	21.43	21.91
来宾市	46.95	7.68	40.03	24.59	6.91	1.54
柳州市	95.73	18.24	60.96	24.94	34.77	12.39
南宁市	139.84	13.65	84.98	23.79	54.86	8.23
钦州市	35.04	11.00	34.08	17.64	0.96	0.77
梧州市	3.05	1.47	3.05	1.91	–	–
玉林市	182.38	50.50	182.38	58.97	–	–
广西	1366.94	20.69	903.11	30.02	463.83	12.89

平地地形的耕地，多分布于平原区或近邻城镇，地面平坦开阔，多为大面积连片分布，地面坡度小，光照条件好，耕作方便，耕地利用和改良历史悠久，土壤熟化程度高，是耕地质量等级较好的重点分布区。

（二）谷地

谷地包括峰林谷地、宽谷地的地形部位，多分布于石灰岩峰林或山区的谷底地带，呈狭长带状分布且地面坡度小于6°，采样地块属于如上所述的均归谷地地形部位。属谷地地形的耕地面积共有635.48万亩，占总耕地面积的9.62%，主要分布于河池市、崇左市、来宾市和百色市等地市，面积分别为168.03万亩、126.00万亩、89.51万亩和49.01万亩，该地形占全市耕地总面积比例较大的是河池市和崇左市，分别占29.94%和16.16%，详见表1-5。

谷地地形的耕地，多数远离村镇，生产设施配套一般，地面坡度小，如果水利设施不配套，会经常受洪水危害。所以该地形部位的耕地质量，在石灰岩地区或山区多属于中等或中上水平。

表 1-5　谷地地形部位面积统计表

行政区	总面积（万亩）	占比（%）	其中			
			水田（万亩）	占水田（%）	旱地（万亩）	占旱地（%）
百色市	49.01	7.28	31.47	12.76	17.54	4.11
北海市	0.73	0.39	–	–	0.73	0.64
崇左市	126.00	16.16	59.54	35.08	66.46	10.89
防城港市	–	–	–	–	–	–
贵港市	48.30	10.03	21.66	8.11	26.63	12.42
桂林市	32.36	6.55	32.36	8.05	–	–
河池市	168.03	29.94	51.58	24.15	116.45	33.49
贺州市	2.21	0.90	0.18	0.12	2.04	2.08
来宾市	89.51	14.64	31.06	19.08	58.45	13.04
柳州市	43.76	8.34	43.17	17.66	0.60	0.21
南宁市	33.19	3.24	15.40	4.31	17.79	2.67
钦州市	38.10	11.96	25.07	12.98	13.03	10.38
梧州市	2.73	1.31	2.73	1.71	–	–
玉林市	1.54	0.43	1.54	0.50	–	–
广西	635.48	9.62	315.77	10.5	319.72	8.88

（三）阶地

阶地包括河流阶地、河流宽谷阶地、宽谷阶地和坡式梯地等地形部位，由自然外力作用或人为改造而成，地面坡度较大，一般为6°～25°，田面坡度较小，一般小于3°。属阶地地形的耕地面积共有1017.77万亩，占总耕地面积15.41%，主要分布于桂林市、南宁市和北海市等地市，面积分别为174.95万亩、169.84万亩和92.76万亩，该地形占全市耕地总面积比例较大的是北海市、桂林市和梧州市，分别占49.75%、35.38%和34.72%，详见表1-6。

阶地地形的耕地，一般远离村屯，交通不便，生产管理较粗放，虽经自然外力作用或人为改造，田面坡度较小，但地面坡度一般相对较大，若灌溉和防洪设施不配套，容易受旱灾和洪灾的影响。所以该地形部位的耕地质量等级一般在中等等级或中下等级。

表1-6　阶地地形部位面积统计表

行政区	总面积（万亩）	占比（%）	其中			
			水田（万亩）	占水田（%）	旱地（万亩）	占旱地（%）
百色市	84.12	12.49	69.35	28.11	14.77	3.46
北海市	92.76	49.75	47.60	65.89	45.16	39.54
崇左市	58.51	7.50	21.27	12.53	37.24	6.10
防城港市	14.42	10.50	11.07	17.51	3.36	4.53
贵港市	63.47	13.18	48.95	18.32	14.52	6.77
桂林市	174.95	35.38	153.06	38.06	21.89	23.72
河池市	80.09	14.27	51.99	24.35	28.09	8.08
贺州市	32.58	13.32	30.45	20.75	2.13	2.18
来宾市	49.88	8.16	23.36	14.35	26.52	5.92
柳州市	47.28	9.01	34.22	14.00	13.05	4.65
南宁市	169.84	16.58	74.17	20.76	95.67	14.35
钦州市	41.84	13.13	24.47	12.67	17.37	13.84
梧州市	72.12	34.72	56.60	35.50	15.51	32.17
玉林市	35.91	9.94	35.91	11.61	–	–
广西	1017.77	15.41	682.48	22.69	335.29	9.32

（四）缓坡地

缓坡地包括缓丘坡麓、丘陵缓坡、山地坡麓和山地坡中下部等地形部位，多分布于山地和丘陵坡地的中下部，地面坡度一般为6°～15°，由于未经人为改造整治，田面坡度与地面坡度大体相当。属缓坡地地形的耕地面积共有2501.46万亩，占总耕地面积的37.86%，面积较大的地市是南宁市、来宾市和崇左市，分别为416.31万亩、357.01

万亩和 328.18 万亩，该地形占全市耕地总面积的比例较大的前 3 位的地市为来宾市、防城港市和贺州市，分别占 58.41%、50.17% 和 45.64%，详见表 1-7。

缓坡地地形的耕地，多远离村屯，自然因素所占的比重较大，耕作与管理较粗放，加上坡度较大和雨水分布不均的影响，致使这一类地型的耕地旱灾和水土流失交织并发，耕地的潜在生产能力不高。所以该地形部位的耕地质量较低等级和低等级占的比重较大。

表 1-7　缓坡地地形部位面积统计表

行政区	总面积（万亩）	占比（%）	其中			
			水田（万亩）	占水田（%）	旱地（万亩）	占旱地（%）
百色市	240.34	35.69	37.46	15.18	202.88	47.55
北海市	4.30	2.31	1.69	2.34	2.62	2.29
崇左市	328.18	42.08	41.91	24.69	286.27	46.92
防城港市	68.89	50.17	19.64	31.06	49.25	66.48
贵港市	100.45	20.85	18.94	7.09	81.51	38.01
桂林市	152.49	30.84	99.76	24.80	52.73	57.14
河池市	200.67	35.75	41.84	19.59	158.83	45.68
贺州市	111.64	45.64	52.67	35.88	58.97	60.30
来宾市	357.01	58.41	50.86	31.23	306.16	68.28
柳州市	204.12	38.88	62.42	25.54	141.69	50.51
南宁市	416.31	40.65	116.38	32.58	299.94	44.98
钦州市	141.15	44.29	69.15	35.80	72.01	57.37
梧州市	59.84	28.81	50.23	31.50	9.60	19.91
玉林市	116.07	32.14	75.42	24.38	40.65	78.44
广西	2501.46	37.86	738.34	24.55	1763.12	48.99

（五）山坡地

山坡地包括谷坡地、丘陵坡地中上部和山地坡中上部等地形部位，多分布于山地、丘陵坡地的中上部，地面坡度一般为 15°～25°，由于未经人为改造整治，田面坡度与地面坡度大体相当。属山坡地地形的耕地面积共有 676.81 万亩，占总耕地面积的 10.24%，面积较大的地市是南宁市、崇左市和柳州市，分别为 188.05 万亩、139.46 万亩和 122.65 万亩，该地形占全市耕地总面积的比例较大的前 3 位的地市为柳州市、南宁市和崇左市，分别占 23.36%、18.36% 和 17.88%，详见表 1-8。

山坡地地形的耕地，多远离村屯，交通不便，自然因素所占的比重大，耕作与管理较粗放，加上坡度大和雨水分布不均的影响，致使这一类地形的耕地旱灾和水土流失交织并发，耕层和土体浅薄，耕地的潜在生产能力不高。所以该地形的耕地质量多为低等级。

表 1-8　山坡地地形部位面积统计表

行政区	总面积（万亩）	占比（%）	其中			
			水田（万亩）	占水田（%）	旱地（万亩）	占旱地（%）
百色市	82.40	12.24	18.50	7.50	63.90	14.98
北海市	11.12	5.96	11.12	15.40	–	–
崇左市	139.46	17.88	11.34	6.68	128.13	21.00
防城港市	21.48	15.65	–	–	21.48	28.99
贵港市	9.50	1.97	4.18	1.56	5.32	2.48
桂林市	15.23	3.08	10.30	2.56	4.93	5.35
河池市	23.77	4.24	13.99	6.55	9.78	2.81
贺州市	3.04	1.24	0.61	0.42	2.43	2.49
来宾市	43.64	7.14	6.78	4.16	36.87	8.22
柳州市	122.65	23.36	41.07	16.80	81.58	29.08
南宁市	188.05	18.36	19.07	5.34	168.99	25.34
钦州市	2.94	0.92	2.25	1.16	0.69	0.55
梧州市	5.55	2.67	0.02	0.01	5.53	11.46
玉林市	7.96	2.20	1.45	0.47	6.51	12.55
广西	676.81	10.24	140.67	4.68	536.14	14.90

（六）低洼地

低洼地包括低洼地、封闭洼地和沟谷地等地形部位，多分布于山与山之间的沟状谷地、江河边及平原地区的低洼地带或石山地区山弄的漏斗地等。属低洼地地形的耕地面积共有 408.23 万亩，占总耕地面积的 6.18%，南宁市、梧州市、钦州市及河池市分布面积比较大，分别是 76.89 万亩、64.41 万亩、59.61 万亩和 41.00 万亩，该地形占全市耕地总面积比例较大的有梧州市、钦州市及南宁市，分别占 31.02%、18.70% 和 7.51%，详见表 1-9。

由于地形部位的特点，低洼地地形的耕地田面长期处于渍水状态，作物长期受还原性物质危害，或作物容易受洪水浸泡影响，耕地的综合土壤肥力不高。因此该地形的耕地质量等级多属于低等级。

表 1-9　低洼地形部位面积统计表

行政区	总面积（万亩）	占比（%）	其中			
			水田（万亩）	占水田（%）	旱地（万亩）	占旱地（%）
百色市	34.23	5.08	8.87	3.59	25.36	5.95
北海市	–	–	–	–	–	–
崇左市	23.78	3.05	3.34	1.97	20.44	3.35
防城港市	1.02	0.74	1.02	1.61	–	–
贵港市	5.89	1.22	5.28	1.97	0.62	0.29
桂林市	30.89	6.25	29.10	7.24	1.78	1.93
河池市	41.00	7.31	15.14	7.09	25.86	7.44
贺州市	17.61	7.20	6.81	4.64	10.80	11.05
来宾市	24.19	3.96	10.73	6.59	13.46	3.00
柳州市	11.43	2.18	2.58	1.06	8.85	3.16
南宁市	76.89	7.51	47.26	13.23	29.63	4.44
钦州市	59.61	18.70	38.15	19.75	21.46	17.10
梧州市	64.41	31.02	46.83	29.37	17.58	36.46
玉林市	17.27	4.78	12.60	4.07	4.67	9.00
广西	408.23	6.18	227.70	7.57	180.53	5.02

二、耕地气候条件

气候条件对耕地的影响主要体现在水热及利用上，从而间接影响耕地质量。通过对广西 98 个气象站点的历史资料收集、整理分析，利用现代信息技术进行空间分析，得到耕地相关气候条件空间分布数据，结果分述如下：

（一）有效积温

广西各地耕地所处的 ≥10 ℃年平均有效积温为 5000～7500 ℃，其中年平均有效积温小于 5500 ℃的耕地面积为 44.25 万亩，占总耕地面积的 0.67%，分布于桂林市、河池市和百色市的山区；5500～< 6000 ℃有 299.98 万亩，占 4.54%，主要分布于柳州市以北地区；6000～< 6500 ℃、6500～< 7000 ℃和 ≥7000 ℃的耕地面积分别为 1178.85 万亩、1169.13 万亩和 3914.48 万亩，分别占 17.84%、17.70% 和 59.25%，主要分布在柳州市以南地区，详见表 1-10。

表 1-10　≥ 10 ℃年平均有效积温在耕地上分布统计表

行政区	范围				
	< 5500 ℃	5500 ～ < 6000 ℃	6000 ～ < 6500 ℃	6500 ～ < 7000 ℃	≥ 7000 ℃
百色市（万亩）	19.58	15.47	230.51	128.49	279.29
北海市（万亩）	-	-	-	-	186.44
崇左市（万亩）	-	-	-	0.39	779.43
防城港市（万亩）	-	-	-	-	137.30
贵港市（万亩）	-	-	6.95	15.20	459.53
桂林市（万亩）	23.46	232.89	238.11	-	-
河池市（万亩）	1.20	13.67	182.54	267.70	96.16
贺州市（万亩）	-	-	192.51	50.44	1.64
来宾市（万亩）	-	5.78	46.19	423.31	135.92
柳州市（万亩）	-	32.17	260.32	232.48	-
南宁市（万亩）	-	-	-	23.55	1000.58
钦州市（万亩）	-	-	-	-	318.68
梧州市（万亩）	-	-	21.73	27.58	158.38
玉林市（万亩）	-	-	-	-	361.13
总计（万亩）	44.25	299.98	1178.85	1169.13	3914.48
占总面积（%）	0.67	4.54	17.84	17.70	59.25

（二）日照时数

广西各地耕地所处的年平均日照时数为 1100 ～ 1900 小时，总体分布特点为沿海地区比内陆地区、南部比北部、东部比西部要长，如年平均日照时数小于 1400 小时的耕地面积有 145.09 万亩，占总耕地面积的 2.20%，主要分布于河池市、桂林市和柳州市，而年平均日照时数大于 1700 小时的耕地多分布于玉林市、南宁市、贵港市、崇左市和北海市等桂南或沿海地区，详见表 1-11。

表 1-11　年平均日照时数在耕地上分布统计表

行政区	范围					
	< 1400 小时	1400 ～ < 1500 小时	1500 ～ < 1600 小时	1600 ～ < 1700 小时	1700 ～ < 1800 小时	≥ 1800 小时
百色市（万亩）	0.36	130.76	144.33	221.85	86.81	89.22
北海市（万亩）	-	-	-	-	0.27	186.17
崇左市（万亩）	-	-	27.42	494.10	250.12	8.17
防城港市（万亩）	-	-	4.20	11.08	44.38	77.63

续表

行政区	范围					
	＜1400 小时	1400～ ＜1500 小时	1500～ ＜1600 小时	1600～ ＜1700 小时	1700～ ＜1800 小时	≥1800 小时
贵港市（万亩）	–	1.69	16.65	177.97	285.37	
桂林市（万亩）	50.24	122.93	308.02	13.27	–	–
河池市（万亩）	69.66	261.48	180.55	49.58	–	–
贺州市（万亩）	–	–	189.23	34.40	20.96	–
来宾市（万亩）	–	21.06	105.09	274.92	182.96	27.16
柳州市（万亩）	24.83	102.38	291.55	106.21	–	–
南宁市（万亩）	–	14.60	252.37	368.01	326.74	62.40
钦州市（万亩）	–	–	–	17.56	251.51	49.61
梧州市（万亩）	–	1.95	43.22	33.75	124.81	3.95
玉林市（万亩）	–	–	–	11.70	332.10	17.32
总计（万亩）	145.09	656.86	1562.64	1814.42	1906.05	521.63
占总面积（％）	2.20	9.94	23.65	27.46	28.85	7.90

（三）降水量

广西各地耕地所处的年平均降水量为 1100～2100 mm，总体趋势为南北高、中间和西部地区较低，如年平均降水量小于 1500 mm 的耕地主要分布于崇左市、南宁市、百色市和来宾市等地区，年平均降水量大于 1700 mm 的耕地则主要分布于北海市、桂林市、柳州市、玉林市和钦州市等地区，详见表 1–12。

表 1–12 年平均降水量在耕地上分布统计表

行政区	范围					
	＜1300 mm	1300～ ＜1500 mm	1500～ ＜1700 mm	1700～ ＜1900 mm	1900～ ＜2000 mm	≥2000 mm
百色市（万亩）	255.28	350.78	65.11	2.17	–	–
北海市（万亩）	–	0.48	–	185.96	–	–
崇左市（万亩）	125.32	650.13	4.37	–	–	–
防城港市（万亩）	–	84.19	3.34	12.06	22.61	15.09
贵港市（万亩）	–	179.82	301.80	0.06	–	–
桂林市（万亩）	–	7.75	251.10	147.33	80.72	7.56
河池市（万亩）	–	318.42	219.09	23.76	–	–
贺州市（万亩）	–	–	187.71	54.65	1.21	1.02
来宾市（万亩）	36.09	472.27	102.57	0.26	–	–

续表

行政区	范围					
	< 1300 mm	1300 ～ < 1500 mm	1500 ～ < 1700 mm	1700 ～ < 1900 mm	1900 ～ < 2000 mm	≥ 2000 mm
柳州市（万亩）	–	252.30	173.90	89.62	5.06	4.09
南宁市（万亩）	18.66	596.07	406.16	3.24	–	–
钦州市（万亩）	–	–	129.58	149.04	16.70	23.35
梧州市（万亩）	–	89.49	100.14	18.06	–	–
玉林市（万亩）	–	–	189.58	171.55	–	–
总计（万亩）	435.35	3001.71	2134.46	857.76	126.31	51.10
占总面积（%）	6.59	45.43	32.31	12.98	1.91	0.77

（四）无霜期

广西各地耕地所处的年平均无霜期为 280 ～ 360 天，年平均无霜期小于 330 天的地区多集中于柳州以北地区、河池市和贺州市的高山地区，大于 330 天多集中于桂南地区，详见表 1–13。

表 1–13 年平均无霜期在耕地上分布统计表

行政区	范围					
	< 300 天	300 ～ < 310 天	310 ～ < 320 天	320 ～ < 330 天	330 ～ < 340 天	≥ 340 天
百色市（万亩）	0.28	19.01	11.24	7.22	215.15	420.45
北海市（万亩）	–	–	–	–	–	186.44
崇左市（万亩）	–	–	–	1.43	10.48	767.91
防城港市（万亩）	–	–	–	–	27.93	109.37
贵港市（万亩）	–	–	1.69	9.76	92.36	377.88
桂林市（万亩）	154.68	75.24	208.52	56.02	–	–
河池市（万亩）	0.05	8.47	48.25	88.67	206.19	209.64
贺州市（万亩）	3.48	24.80	102.96	112.26	1.10	–
来宾市（万亩）	–	10.48	21.92	67.10	462.59	49.10
柳州市（万亩）	5.65	11.93	91.28	328.20	87.91	–
南宁市（万亩）	–	–	–	–	281.77	742.36
钦州市（万亩）	–	–	–	–	10.90	307.79
梧州市（万亩）	–	–	15.13	39.48	150.37	2.71
玉林市（万亩）	–	–	–	–	34.19	326.94
总计（万亩）	164.13	149.93	500.99	710.13	1580.93	3500.57
占总面积（%）	2.48	2.27	7.58	10.75	23.93	52.99

三、成土母质

成土母岩是处于地表的岩石，母岩被风化则变为成土母质。成土母质是形成土壤的物质基础，母质在气候和生物的作用下，表层逐渐转变为土壤。母质的类型组成和性质直接影响土壤的肥力及特性。广西耕地主要成土母质如下。

（一）第四纪红土

本类母质为第四纪沉积的红黏土层。广西晚更新世（Q_3）以前的第四纪陆相流水沉积物多已红化，广泛分布于广西河流二级和三级阶地、岩溶平原地区及西部山地，少数古老夷面上也有残存红土，一般将 Q_3 以前的红土称老红土或网纹红土，Q_3 时期的称为新红土。老红土质结核满布，且成层分布，时有呈铁磐、蠕虫状的红白相间网纹层发育，是第四纪红土的典型特征。网纹层主要成分有 Fe_2O_3、MnO、Al_2O_3 和 SiO_2 等，含量因地而异，石灰岩地区的 SiO_2 和 MnO 含量相对高些，赤红壤地区 SiO_2 含量较低，而 Fe_2O_3 含量较高。第四纪红土母质发育而成的土壤，土层深厚，质地黏重，多为黏壤和黏土，盐基被淋失较多，铁铝富集，矿质养分含量较低，具有红、酸、黏、瘦的特点。第四纪红土母质为广西耕地第一大成土母质，面积共有 2234.43 万亩，占总耕地面积的 33.82%，其中水田 390.40 万亩，旱地 1844.03 万亩，广西 14 个地市均有分布，南宁市、崇左市和贵港市分布面积较大，详见表 1–14。

表 1–14　第四纪红土母质面积统计表

行政共	总面积（万亩）	占比（%）	其中			
			水田面积（万亩）	占水田（%）	旱地面积（万亩）	占旱地（%）
百色市	181.93	27.02	69.35	28.11	112.58	26.39
北海市	12.76	6.84	6.24	8.63	6.52	5.71
崇左市	404.29	51.84	15.91	9.37	388.38	63.66
防城港市	50.13	36.51	3.41	5.40	46.72	63.05
贵港市	199.15	41.34	70.47	26.37	128.68	60.01
桂林市	58.21	11.77	22.30	5.54	35.91	38.91
河池市	155.11	27.64	16.14	7.56	138.97	39.97
贺州市	95.92	39.22	21.92	14.94	73.99	75.66
来宾市	189.23	30.96	8.51	5.23	180.72	40.31
柳州市	170.38	32.46	24.57	10.05	145.81	51.97
南宁市	568.90	55.55	90.94	25.46	477.96	71.67
钦州市	75.38	23.65	24.39	12.62	51.00	40.63
梧州市	30.30	14.59	4.31	2.70	26.00	53.90
玉林市	42.74	11.83	11.95	3.86	30.78	59.40
总计	2234.43	33.82	390.40	12.98	1844.03	51.24

（二）砂页岩

本类母质主要包括非红色岩系的各种泥岩、页岩、沙岩、砾岩及其性质相近的岩类。砂页岩在广西分布广，其中桂西北、桂东南连绵数百公里，桂西多为三叠系，桂北九万大山及桂东南大桂山岩层古老，为寒武系，桂西南四方岭、十万大山为侏罗系。广西境内的砂页岩厚度不大，多为互层，常常共同影响土壤性质。一般页岩和泥岩发育形成的土壤，质地黏重，钾含量水平较高，而沙岩、砾岩及碎屑岩的土壤质地较轻，可供给作物生长所需的营养元素含量水平较低。值得一提的是，分布于百色盆地、南宁盆地和上思—宁明盆地的第三纪泥岩为河湖相互沉积，石灰反应强，黏粒含量高，胀缩性很大，是一种对作物生长发育伤害较大的成土母质。砂页岩母质为广西耕地第二大成土母质，面积共有1332.92万亩，占总耕地面积的20.18%，其中水田1220.07万亩，旱地112.84万亩，广西14个地市均有分布，桂林市、百色市和南宁市分布面积较大，详见表1-15。

表 1-15　砂页岩母质面积统计表

行政区	总面积（万亩）	占比（%）	其中			
			水田面积（万亩）	占水田（%）	旱地面积（万亩）	占旱地（%）
百色市	166.62	24.75	100.45	40.71	66.18	15.51
北海市	50.95	27.33	36.97	51.18	13.99	12.25
崇左市	64.66	8.29	64.31	37.89	0.35	0.06
防城港市	41.00	29.87	34.60	54.74	6.41	8.65
贵港市	97.71	20.28	97.71	36.56	—	—
桂林市	170.85	34.55	164.91	41.00	5.95	6.44
河池市	101.72	18.12	94.83	44.41	6.89	1.98
贺州市	57.76	23.61	57.76	39.35	—	—
来宾市	77.69	12.71	77.69	47.72	—	—
柳州市	124.93	23.80	124.93	51.11	—	—
南宁市	132.53	12.94	126.37	35.37	6.15	0.92
钦州市	73.07	22.93	66.14	34.24	6.93	5.52
梧州市	65.84	31.70	65.84	41.29	—	—
玉林市	107.58	29.79	107.58	34.78	—	—
总计	1332.92	20.18	1220.07	40.56	112.84	3.14

（三）河流冲积物

河流冲积物为河水携带的碎屑物（沙、泥、砾）在沿河地带沉积下来的沉积物，多分布于江河两边沿岸地带。本类母质均为全新世沉积，还包括散堆积、崩积、沼泽性堆积等。在广西各大小河流谷地广泛分布，如浔江等较大河流两岸形成宽数千米至数十千米的冲积平原。河流冲积物可分为一级河流阶地堆积物和近代河床、河漫滩堆积物，阶地二元结构完整，上部为悬浮质堆积的沙土、黏土层或沼泽性的泥炭层，厚度变化较大，从几米到几十米不等。因此，本类母质下部的砾石层不出露，其颜色多为棕色或灰黄色，无明显的红土化，常有富钙的层次存在，时有石灰质或锰质结核，一般没有新的沉积物覆盖。河流冲积物的物质来源复杂，土层深厚，质地适中，养分较全，再加上靠近河道，生产用水有保障，一般是广西主要的高产稳产的农田。广西河流冲积物母质发育的耕地面积共有282.36万亩，占总耕地面积的4.27%，其中水田232.63万亩，旱地49.73万亩，桂林市、南宁市和玉林市分布面积比较大，详见表1-16。

表 1-16　河流冲积物母质面积统计表

行政区	总面积（万亩）	占比（%）	其中			
			水田面积（万亩）	占水田（%）	旱地面积（万亩）	占旱地（%）
百色市	22.33	3.32	8.84	3.58	13.50	3.16
北海市	22.92	12.29	20.53	28.43	2.39	2.09
崇左市	14.39	1.85	10.67	6.28	3.72	0.61
防城港市	8.15	5.94	8.15	12.90	–	–
贵港市	25.75	5.34	22.66	8.48	3.08	1.44
桂林市	51.80	10.48	48.78	12.13	3.02	3.27
河池市	7.17	1.28	7.17	3.36	–	–
贺州市	12.98	5.31	9.91	6.75	3.07	3.14
来宾市	7.61	1.25	7.61	4.68	–	–
柳州市	5.81	1.11	3.24	1.33	2.57	0.91
南宁市	37.60	3.67	33.96	9.51	3.64	0.55
钦州市	14.46	4.54	7.71	3.99	6.75	5.37
梧州市	20.22	9.74	17.25	10.82	2.97	6.16
玉林市	31.16	8.63	26.14	8.45	5.02	9.68
总计	282.36	4.27	232.63	7.73	49.73	1.38

（四）洪积物

本类母质为近代或地质时期洪积而成，常见于山前冲出锥、山间谷地，特别是硅质岩地区更为常见，在盆地边沿山地及中部弧形山地的小河谷中，洪积物与河流冲积物共存，以混积物的形式存在；岩溶地区峰丛洼地，常因地下河水位升高流溢出地表而被淹没，地下河水位下降而形成地下河悬浮物堆积。由于地下河转地表水后的季节性河流堆积物的质地差异较大，使得峰林谷地虽有一定的层理，但更具瀑流堆积的特征。洪积物物质来源复杂，层理性差，土体中常伴随较大粒径的石砾，发育成的土壤质地多为石砾质。石砾含量较多是本类母质发育而成土壤的障碍因子之一，通过不断地整治和培育，可改良成优质的农田。广西洪积物母质发育的耕地面积共有93.03万亩，占总耕地面积的1.41%，其中水田77.57万亩，旱地15.46万亩，桂林市和贺州市分布面积比较大，详见表1-17。

表1-17 洪积物母质面积统计表

行政区	总面积（万亩）	占比（%）	其中			
			水田面积（万亩）	占水田（%）	旱地面积（万亩）	占旱地（%）
百色市	14.52	2.16	14.52	5.89	–	–
崇左市	0.96	0.12	0.26	0.16	0.69	0.11
贵港市	4.80	1.00	1.99	0.74	2.81	1.31
桂林市	26.28	5.31	21.55	5.36	4.72	5.12
河池市	7.37	1.31	7.37	3.45	–	–
贺州市	14.75	6.03	11.31	7.70	3.44	3.52
来宾市	3.78	0.62	2.76	1.70	1.01	0.23
柳州市	6.67	1.27	3.90	1.60	2.77	0.99
南宁市	7.19	0.70	7.19	2.01	–	–
梧州市	0.21	0.10	0.21	0.13	–	–
玉林市	6.49	1.80	6.49	2.10	–	–
总计	93.03	1.41	77.57	2.58	15.46	0.43

（五）花岗岩

本类母质是由花岗岩母岩经风化作用而成的成土母质。广西境内自北部的九万大山至东北的越城岭，从东北部的都庞岭南段起，沿东部至南部境界诸山脉，如海洋山北端、莲花山的萌渚岭南端、六万大山、十万大山、大容山等断续分布，南宁盆地北部的昆仑关单独成片。主要以细粒或中粒黑云母花岗岩为主，成岩时期由北至南、由老到新。桂东南六万大山西坡、灵山县的天堂山一带是以混合花岗岩为主的混合岩。矿物元素随成岩时期而异，成岩近期的 SiO_2、K_2O 和 Na_2O 含量比早期高，而 MgO、CaO 和 Fe_2O_3+FeO 则相反，近期的含量比早期低。因母岩在湿热条件下容易风化，风化壳较厚，常达数米至数十米，发育而成的土壤粗沙含量高，质地偏沙，土体通透性好，保水性较差，有一定坡度的山坡地容易发生土壤侵蚀，冲沟侵蚀普遍发育。本类母质富含云母、长石等含钾矿物，因此土壤中钾元素含量较高。广西花岗岩母质发育的耕地面积共有 432.30 万亩，占总耕地面积的 6.54%，其中水田 354.33 万亩，旱地 77.97 万亩，主要分布在玉林市、钦州市和梧州市等，详见表 1-18。

表 1-18　花岗岩母质面积统计表

行政区	总面积（万亩）	占比（%）	其中			
			水田面积（万亩）	占水田（%）	旱地面积（万亩）	占旱地（%）
崇左市	1.57	0.20	1.57	0.92	-	-
防城港市	5.18	3.77	5.18	8.19	-	-
贵港市	25.28	5.25	20.09	7.52	5.19	2.42
桂林市	24.44	4.94	24.44	6.08	-	-
河池市	5.67	1.01	-	-	5.67	1.63
贺州市	14.50	5.93	12.49	8.51	2.01	2.05
柳州市	17.90	3.41	17.90	7.32	-	-
南宁市	21.68	2.12	14.09	3.94	7.59	1.14
钦州市	126.40	39.67	82.02	42.46	44.39	35.36
梧州市	43.02	20.71	39.41	24.71	3.61	7.48
玉林市	146.66	40.61	137.14	44.34	9.52	18.36
总计	432.30	6.54	354.33	11.78	77.97	2.17

（六）石灰岩

本类母质主要由石灰岩和白云岩等碳酸岩类发育而成，在广西分布很广，面积大，广西 79 个县（市、区）均有分布，主要集中于桂西南、桂中、桂北和桂东北地区，其他地区则零星分布。石灰岩母质以泥盆系、石炭系和二叠系分布最广，发育最完善。其中桂东北地区以泥盆系下石炭系为主，桂中地区以石炭系及二叠系为主，桂西南地区则以泥盆系及二叠系为主，主要母岩有石灰岩、含燧石结核及条带的灰岩、白云岩和白云灰岩，前两者分布最广。大部分岩石中黏土含量小于 2%，碳酸盐类物质含量高达 97%～98%。成土物质含量多少会影响土壤的理化性状。一般纯质灰岩或泥质灰岩发育的土壤质地黏重，溶蚀和基质少，土层浅薄，多为黑色石灰土，含铁较多的发育成红色石灰土，含锰较多的发育成棕色石灰土。石灰岩母质的耕地面积较大，为广西耕地第三大成土母质，共有 1270.79 万亩，占总耕地面积的 19.23%，其中水田 456.36 万亩，旱地 814.44 万亩，主要分布在百色市、河池市、崇左市和桂林市等，详见表 1–19。

表 1–19　石灰岩母质面积统计表

行政区	总面积（万亩）	占比（%）	其中			
			水田面积（万亩）	占水田（%）	旱地面积（万亩）	占旱地（%）
百色市	277.36	41.19	49.16	19.93	228.19	53.49
崇左市	205.67	26.37	46.23	27.23	159.45	26.14
贵港市	39.60	8.22	16.23	6.07	23.37	10.90
桂林市	154.49	31.24	111.81	27.80	42.69	46.25
河池市	240.71	42.89	81.26	38.05	159.45	45.86
贺州市	46.13	18.86	32.02	21.81	14.12	14.43
来宾市	114.54	18.74	33.85	20.79	80.70	18.00
柳州市	128.70	24.52	60.62	24.80	68.08	24.27
南宁市	60.25	5.88	21.85	6.12	38.39	5.76
梧州市	1.58	0.76	1.58	0.99	–	–
玉林市	1.76	0.49	1.76	0.57	–	–
总计	1270.79	19.23	456.36	15.17	814.44	22.63

（七）紫色砂页岩

本类母质包括从泥盆、侏罗纪至第三纪的紫色砂岩、紫色页岩和砾岩，统称紫色砂页岩。主要分布在侏罗纪弧形山脉的断陷带内，如弧形山脉的断陷地宾阳、来宾、石龙一带和外围横州市、贵港市、桂平市、藤县和南宁市，沿西江盆地连成一片，与广东南路一带红色岩相连，西部延至十万大山。紫色砂页岩发育成紫色土，因处于幼年阶段，土壤发育程度不深，剖面发育层次不明显。土壤颜色均为紫色，且比较稳定，不易改变，但不同地质时期土壤颜色略有差异，白垩纪多为红色，侏罗纪多为红紫色、棕色或暗紫色。广西境内的紫色土除某些粗骨类呈石灰反应外，绝大多数为酸性，质地多为轻质，钾元素含量和土壤交换量通常都比较高，通过整治和改良，可成为质量等级较高的耕地。广西紫色砂页岩母质发育的耕地面积共有 426.79 万亩，占总耕地面积的 6.46%，其中水田 180.03 万亩，旱地 246.76 万亩，主要分布在南宁市、贵港市、崇左市和梧州市等，详见表 1–20。

表 1-20 紫色砂页岩母质面积统计表

行政区	总面积（万亩）	占比（%）	其中			
			水田面积（万亩）	占水田（%）	旱地面积（万亩）	占旱地（%）
崇左市	51.53	6.61	20.55	2.64	30.98	5.08
防城港市	21.71	15.81	0.74	0.54	20.97	28.30
贵港市	89.40	18.56	38.09	7.91	51.31	23.93
桂林市	7.05	1.43	7.05	1.43	–	–
河池市	0.51	0.09	0.51	0.09	–	–
贺州市	2.55	1.04	1.38	0.56	1.17	1.19
来宾市	6.28	1.03	1.49	0.24	4.79	1.07
柳州市	2.16	0.41	0.61	0.12	1.55	0.55
南宁市	159.20	15.54	58.34	5.70	100.86	15.12
钦州市	15.15	4.75	2.17	0.68	12.98	10.34
梧州市	46.51	22.40	30.86	14.86	15.65	32.45
玉林市	24.75	6.85	18.24	5.05	6.51	12.55
总计	426.79	6.46	180.03	2.72	246.76	6.86

（八）硅质页岩

本类成土母质在广西分布于 47 个县（市、区），岩石广泛出露，硅质页岩有单独产出，也有以燧石形式伴随碳酸盐产出或与其他碎屑岩类共同产出，岩石结构紧密，硬而脆，化学成分单一，以硅为主，且具极强的稳定性，不易风化。硅质页岩风化物发育成的土壤颜色很浅，为灰白色或白色，土体中含较多的母岩碎块，故土壤砾石含量高，质地为粉沙质。土壤中的铁、铝和钾等元素含量很低，而硅含量特别高，无论是土体还是黏粒的硅铝率或硅铁铝率均超出同地区其他土壤数倍至数十倍。由于土壤母质特性和盐基强烈淋失，导致硅质页岩母质发育成的耕地可为作物生长发育提供的营养元素含量较低，再加上土体多含石砾、质地偏沙等因素，耕地质量等级一般不高。广西硅质页岩母质发育的耕地面积共有 408.39 万亩，占总耕地面积的 6.18%，其中水田 65.79 万亩，旱地 342.61 万亩，主要分布在来宾市、河池市、柳州市、崇左市和南宁市等，详见表 1-21。

表 1-21 硅质岩母质面积统计表

行政共	总面积（万亩）	占比（%）	其中			
			水田面积（万亩）	占水田（%）	旱地面积（万亩）	占旱地（%）
百色市	10.58	1.57	4.39	1.78	6.19	1.45
崇左市	36.74	4.71	10.26	6.04	26.48	4.34
桂林市	1.33	0.27	1.33	0.33	—	—
河池市	43.01	7.66	6.28	2.94	36.73	10.56
来宾市	212.06	34.70	30.91	18.98	181.15	40.40
柳州市	68.42	13.03	8.65	3.54	59.77	21.30
南宁市	36.26	3.54	3.97	1.11	32.29	4.84
总计	408.39	6.18	65.79	2.19	342.61	9.52

（九）滨海沉积物

本类母质包括近海沉积和潮间带沉积，近海大部分为全新世沉积，部分为更新世沉积。在广西主要集中于北海市、钦州市和防城港市的海滨和岛屿，广泛分布于沿岸海积平原和三角洲平原，形成年代较晚者常含有砾质、灰白色或黄色沙质及贝壳珊瑚等。近海沉积位于海水高潮线之上，受现代海水影响较小，由此形成的滨海盐土含盐分较低，质地多为沙壤土，含有砾石或海洋生物残体。滨海沉积物发育成的滨海沙土、潮滩盐土等在部分低洼地区，如港湾、海叉河流入海口内，红树林淤泥潮间带海水流动性小，水生生物繁茂，常有大量的生物残体积累，由此在滨海矿物质堆积的基础上，增加大量的有机质形成沼泽，堆积而形成潮滩盐土、草甸潮滩盐土和酸性的硫酸盐土。滨海沉积物主要分布于北海市、钦州市和防城港市，广西属于这类成土母质的耕地共有 123.63 万亩，占总耕地面积的 1.87%，其中水田 30.90 万亩，旱地 92.73 万亩，详见表 1-22。

表 1-22 滨海沉积物母质面积统计表

行政区	总面积（万亩）	占比（%）	其中			
			水田面积（万亩）	占水田（%）	旱地面积（万亩）	占旱地（%）
北海市	97.76	52.43	8.50	11.76	89.26	78.16
防城港市	11.12	8.10	11.12	17.60	—	—
南宁市	0.53	0.05	0.53	0.15	—	—
钦州市	14.22	4.46	10.74	5.56	3.47	2.77
总计	123.63	1.87	30.90	1.03	92.73	2.58

（十）玄武岩

本类母质系玄武岩母岩经风化而成，在广西主要分布于北海市城区和合浦县一带，面积不大。与原岩（母岩）石比较，化学成分变化较大，K_2O、Na_2O、CaO、MgO 等盐基淋失明显，含量较低，而 Al_2O_3 和 Fe_2O_3 淋失相对较少，含量较高。玄武岩母质土壤硅质含量较低，铁、锰、钛等含量较丰富，土壤颜色较暗，多近似红褐色，土层深厚，钾元素含量较低，物理性黏粒含量较高，故质地多偏黏。玄武岩母质的耕地面积极小，广西共有 2.05 万亩，主要分布于合浦的新圩及北海的涠洲岛一带。

四、地面坡度及田面坡度

地面坡度大小，关系到耕地的土壤类型分布、土体内部水热分配、耕地利用、水土肥保持能力和耕地土壤培肥改良方向等。如地面坡度小于 2° 一般无水土流失现象；2°～< 6° 可发生轻度土壤侵蚀，需注意水土保持；6°～< 15° 可发生中度水土流失，应采取修筑梯田、等高种植等措施，加强水土保持；15°～< 25° 水土流失严重，必须采取工程、生物等综合措施防治水土流失。

广西耕地地面坡度小于 2° 的面积为 1659.50 万亩，占耕地总面积的 25.12%，面积较大的是玉林市、贵港市、南宁市和百色市，占本类型耕地面积比例较大的是贺州市、玉林市和贵港市；地面坡度在 2°～< 6° 的面积为 2501.16 万亩，占 37.86%，面积较大的是南宁市、崇左市和百色市，占比较大的有北海市、梧州市和钦州市；6°～< 15° 的面积为 1877.75 万亩，占 28.42%，面积较大的是南宁市、来宾市、柳州市和崇左市，占比较大的是柳州市、来宾市和防城港市；15°～< 25° 的面积为 480.79 万亩，占 7.28%，面积较大的有南宁市、柳州市和百色市，占比较大的是防城港市、柳州市和南宁市；大于等于 25° 的面积为 87.49 万亩，占 1.32%，面积较大的是桂林市、柳州市和河池市，占比较大的是柳州市、桂林市和河池市，详见表 1-23。

表 1-23　广西耕地所处的地面坡度面积统计表

| 行政区 | < 2° | | 2°～< 6° | | 6°～< 15° | | 15°～< 25° | | ≥ 25° | | 面积小计 |
	面积（万亩）	占比（%）	面积（万亩）	占比（%）	面积（万亩）	占比（%）	面积（万亩）	占比（%）	面积（万亩）	占比（%）	（万亩）
百色市	179.64	26.68	248.70	36.94	179.67	26.68	57.10	8.48	8.23	1.22	673.34
北海市	45.96	24.65	127.86	68.58	12.63	6.77	–	–	–	–	186.44
崇左市	112.85	14.47	378.38	48.52	232.06	29.76	54.80	7.03	1.73	0.22	779.82
防城港市	20.37	14.84	32.21	23.46	52.89	38.52	31.82	23.18	–	–	137.30
贵港市	194.50	40.38	186.86	38.79	87.68	18.20	5.99	1.24	6.65	1.38	481.68
桂林市	163.54	33.07	182.16	36.84	87.64	17.72	40.13	8.12	20.99	4.24	494.46

续表

行政区	< 2°		2° ～< 6°		6° ～< 15°		15° ～< 25°		≥ 25°		面积小计（万亩）
	面积（万亩）	占比（%）	面积（万亩）	占比（%）	面积（万亩）	占比（%）	面积（万亩）	占比（%）	面积（万亩）	占比（%）	
河池市	102.77	18.31	246.83	43.98	149.08	26.56	45.68	8.14	16.92	3.01	561.27
贺州市	91.54	37.43	79.11	32.35	56.87	23.25	15.90	6.50	1.16	0.47	244.59
来宾市	112.16	18.35	201.94	33.04	287.06	46.97	9.94	1.63	0.09	0.01	611.19
柳州市	85.97	16.38	98.89	18.84	251.73	47.95	70.69	13.46	17.69	3.37	524.97
南宁市	185.82	18.14	386.03	37.69	338.44	33.05	107.34	10.48	6.50	0.63	1024.13
钦州市	76.36	23.96	162.26	50.92	63.83	20.03	13.49	4.23	2.74	0.86	318.68
梧州市	51.04	24.58	108.30	52.15	33.42	16.09	13.04	6.28	1.88	0.91	207.69
玉林市	236.96	65.62	61.62	17.06	44.76	12.39	14.87	4.12	2.92	0.81	361.13
总计	1659.50	25.12	2501.16	37.86	1877.75	28.42	480.79	7.28	87.49	1.32	6606.69

耕地地面坡度小于2°的面积为4228.54万亩，占耕地总面积的64%，面积较大的是南宁市、桂林市和百色市，占比较大的是梧州市、玉林市、北海市和桂林市；2°～< 6°的面积为1349.21万亩，占20.42%，面积较大的是崇左市、来宾市、南宁市和百色市，占比较大的是崇左市、来宾市、河池市和百色市；6°～< 15°的面积为945.64万亩，占14.31%，面积较大的是南宁市和崇左市，占比较大的是防城港市和来宾市；15°～< 25°的面积为76.47万亩，占1.16%，面积较大的是崇左市、河池市和南宁市，占比较大的是崇左市、河池市和南宁市，详见表1-24。

表1-24 广西耕地所处的田面坡度面积统计表

行政区	< 2°		2° ～< 6°		6° ～< 15°		15° ～< 25°		≥ 25°		面积小计（万亩）
	面积（万亩）	占比（%）	面积（万亩）	占比（%）	面积（万亩）	占比（%）	面积（万亩）	占比（%）	面积（万亩）	占比（%）	
百色市	370.03	54.95	172.80	25.66	120.51	17.90	10.00	1.48	—	—	673.34
北海市	168.54	90.40	17.90	9.60	—	—	—	—	—	—	186.44
崇左市	344.57	44.19	253.55	32.51	158.79	20.36	22.90	2.94	—	—	779.82
防城港市	63.21	46.04	26.67	19.42	47.42	34.54	—	—	—	—	137.30
贵港市	359.99	74.74	112.63	23.38	9.07	1.88	—	—	—	—	481.68
桂林市	442.63	89.52	38.26	7.74	11.61	2.35	1.97	0.40	—	—	494.46
河池市	278.94	49.70	158.00	28.15	101.52	18.09	16.46	2.93	6.36	1.13	561.27
贺州市	193.91	79.28	26.86	10.98	19.84	8.11	3.98	1.63	—	—	244.59
来宾市	267.12	43.71	196.49	32.15	144.43	23.63	3.16	0.52	—	—	611.19

续表

行政区	< 2°		2° ～< 6°		6° ～< 15°		15° ～< 25°		≥ 25°		面积小计（万亩）
	面积（万亩）	占比（%）	面积（万亩）	占比（%）	面积（万亩）	占比（%）	面积（万亩）	占比（%）	面积（万亩）	占比（%）	
柳州市	334.76	63.77	81.43	15.51	108.78	20.72	–	–	–	–	524.97
南宁市	612.85	59.84	191.17	18.67	201.63	19.69	17.99	1.76	0.48	0.05	1024.13
钦州市	250.98	78.76	63.08	19.79	4.62	1.45	–	–	–	–	318.68
梧州市	204.56	98.49	2.47	1.19	0.66	0.32	–	–	–	–	207.69
玉林市	336.45	93.17	7.91	2.19	16.77	4.64	–	–	–	–	361.13
总计	4228.54	64.00	1349.21	20.42	945.64	14.31	76.47	1.16	6.83	0.10	6606.69

由上可知，广西现有的耕地中，有 87.49 万亩的耕地需要退耕还林，以保护生态环境；有 1028.94 万亩耕地，需要采取加强水土保持的防护措施，以确保耕地质量不下降。

五、耕地坡向

根据实地调查统计结果，在 9 个类型的耕地坡向中，坡向为平地的面积为 2690.07 万亩，占总耕地面积的 40.72%，主要分布于南宁市、贵港市、桂林市及来宾市，占全市比例较大的是北海市、贵港市、玉林市、桂林市；坡向为北的面积为 500.26 万亩，占总耕地面积的 7.57%，主要分布于南宁市、来宾市、百色市和崇左市，占全市比例较大的是钦州市、来宾市、百色市和南宁市；坡向为东的面积为 594.84 万亩，占总耕地面积的 9.00%，主要分布于百色市和南宁市，占全市比例较大的是贺州市、百色市和柳州市；坡向为东北的面积为 258.31 万亩，占总耕地面积的 3.91%，主要分布于崇左市和柳州市，占全市比例较大的是防城港市、崇左市和柳州市；坡向为东南的面积为 554.05 万亩，占总耕地面积的 8.39%，面积及占全市比例均较大的是柳州市、崇左市和百色市；坡向为南的面积为 710.35 万亩，占总耕地面积的 10.75%，主要分布于南宁市、来宾市及崇左市，占全市比例较大的是钦州市、来宾市、贺州市和河池市；坡向为西的面积为 593.40 万亩，占总耕地面积的 8.98%，主要分布于崇左市、百色市和柳州市，占全市比例较大的是防城港市、崇左市和百色市；坡向为西北的面积为 263.01 万亩，占总耕地面积的 3.98%，主要分布于南宁市、河池市及崇左市，占全市比例较大的是河池市、南宁市和贵港市；坡向为西南的面积为 442.40 万亩，占总耕地面积的 6.70%，主要分布于崇左市、南宁市及百色市，占全市比例较大的是崇左市、河池市和百色市，详见表 1-25。

表 1-25　广西耕地所处的坡向面积统计表

行政区	项目	北	东	东北	东南	南	平地	西	西北	西南	总计（万亩）
百色市	面积（万亩）	71.57	92.89	19.04	53.82	36.57	239.36	85.33	22.94	51.81	673.34
	占比（%）	10.63	13.80	2.83	7.99	5.43	35.55	12.67	3.41	7.69	–
北海市	面积（万亩）	1.71	0.73	–	1.45	2.11	172.90	2.69	3.30	1.54	186.44
	占比（%）	0.92	0.39	–	0.78	1.13	92.74	1.44	1.77	0.83	–
崇左市	面积（万亩）	43.90	60.44	71.18	104.01	84.25	168.74	113.33	36.70	97.26	779.82
	占比（%）	5.63	7.75	9.13	13.34	10.80	21.64	14.53	4.71	12.47	–
防城港市	面积（万亩）	7.03	17.52	16.28	8.41	9.24	42.15	23.55	6.13	6.99	137.30
	占比（%）	5.12	12.76	11.86	6.13	6.73	30.70	17.15	4.47	5.09	–
贵港市	面积（万亩）	10.53	24.41	10.79	14.19	19.97	338.51	16.69	24.88	21.71	481.68
	占比（%）	2.19	5.07	2.24	2.95	4.15	70.28	3.47	5.17	4.51	–
桂林市	面积（万亩）	36.95	37.16	11.05	26.74	25.05	287.18	39.11	10.96	20.26	494.46
	占比（%）	7.47	7.52	2.23	5.41	5.07	58.08	7.91	2.22	4.10	–
河池市	面积（万亩）	27.54	57.03	17.11	48.79	82.46	193.11	50.78	40.66	43.78	561.27
	占比（%）	4.91	10.16	3.05	8.69	14.69	34.41	9.05	7.24	7.80	–
贺州市	面积（万亩）	11.59	38.19	8.69	20.18	36.41	91.54	21.82	5.83	10.34	244.59
	占比（%）	4.74	15.61	3.55	8.25	14.88	37.43	8.92	2.38	4.23	–
来宾市	面积（万亩）	78.45	45.40	10.72	27.36	97.09	256.70	46.87	15.20	33.39	611.19
	占比（%）	12.84	7.43	1.75	4.48	15.89	42.00	7.67	2.49	5.46	–

续表

行政区	项目	北	东	东北	东南	南	平地	西	西北	西南	总计（万亩）
柳州市	面积（万亩）	37.25	67.63	47.32	123.86	69.97	58.33	61.72	19.32	39.58	524.97
	占比（%）	7.10	12.88	9.01	23.59	13.33	11.11	11.76	3.68	7.54	–
南宁市	面积（万亩）	101.02	90.50	25.52	77.68	135.35	408.70	53.36	55.69	76.32	1024.13
	占比（%）	9.86	8.84	2.49	7.59	13.22	39.91	5.21	5.44	7.45	–
钦州市	面积（万亩）	42.15	31.27	7.76	24.85	68.56	92.56	30.81	6.46	14.27	318.68
	占比（%）	13.23	9.81	2.44	7.80	21.51	29.04	9.67	2.03	4.48	–
梧州市	面积（万亩）	10.17	19.38	5.24	16.89	20.33	93.33	20.95	10.63	10.77	207.69
	占比（%）	4.90	9.33	2.52	8.13	9.79	44.94	10.09	5.12	5.19	–
玉林市	面积（万亩）	20.40	12.29	7.62	5.81	23.00	246.95	26.38	4.31	14.37	361.13
	占比（%）	5.65	3.40	2.11	1.61	6.37	68.38	7.31	1.19	3.98	–
总计	面积（万亩）	500.26	594.84	258.31	554.05	710.35	2690.07	593.40	263.01	442.40	6606.69
	占比（%）	7.57	9.00	3.91	8.39	10.75	40.72	8.98	3.98	6.70	–

第五节 耕地土壤分类

土壤是自然客体，耕地是人们对自然土壤长期生产活动改造而成，因此，依据历史资料和野外调查所采集到的耕地土壤相关属性信息，按科学的原则和具体属性，进行耕地土壤系统归类，对识土、改土和科学利用耕地意义重大。

一、广西土壤分类的回顾

广西土壤分类可分为四个阶段，回顾如下。

第一阶段为 20 世纪 30 年代初，广西土壤调查所、农业部地质调查所对广西土壤进行首次调查，完成了柳江、柳城、邕宁和桂林的土壤调查。此次调查范围较小，各调查者独自进行，分类原则、依据和命名不统一，受美国土壤分类的影响较大，这个时期形成两种分类。一是四级分类制，即土门、土科、土系和土类，依生物气候条件分土门，以化学属性分土科，以成土物质及其与地形的关系、剖面形态特征分土系，以表土层的土壤质地分土类。二是以博采众长的格林客及牛斯分类法为依据的六级分类。以土壤受排水深浅的影响为纲领，分为自型土和水成土（土纲）。接着以土壤对外力的反应程度而分为内动力土与外动力土（亚纲），在此基础上根据其发育方式分土类，再以形态分土系，继而分土组和土带。以上两种分类均以土系为基本单元，共划分为 40 个土系，石灰岩土分出红色石灰土和黑色石灰土，水稻土单独划出，这些工作为广西土壤分类奠定了基础。

第二阶段为 20 世纪 50 年代初，中国科学院自然资源综合考察队对橡胶宜林的土壤进行调查。此次土壤分类深受苏联的分类影响，较多地接受 1954 年的分类方案，强调土壤形成过程类型质变特征，分为土类、亚类，以量变特征划分土属、土种和变种，即以土类为基本单元的五级分类制。此次调查，将广西的砖红壤划分出砖红壤和砖红壤性红壤，石灰岩土划分出棕色石灰土土类，均集中研究高级分类单元，对土属以下的基层分类很少提及，特别是耕地土壤分类研究极少。

第三阶段为 1958 年进行的全国第一次土壤普查。该次土壤分类突出为农业生产服务的观点，既反映改良的方向和措施，又体现耕作性能和肥力水平，对定向改良土壤、提高土地生产能力起积极作用。分类系统是在总结农民识土、用土经验的基础上，归纳整理而成，采用四级分类制，即土区、土类、土种和变种。依据地形、利用状况和水分，将水热状况、空间位置相似的土类组合来划分土区；耕作土壤依据母质、地形、水热条件及有无毒质等划分土类，而非耕作土壤则引用常用的名称来划分土类；土种依据成土物质、质地和水湿条件划分；变种根据人为作用下，土种内的肥力差异来划分。此次分类的高级分类单元以土地利用、地形类别为划分依据，更强调环境及非土壤因素，并人为地将耕地和自然土分割开来。

第四阶段为 1978 年进行的全国第二次土壤普查。该阶段广西土壤分类有三个版本，一是广西试点采用分类制，广西横县（现横州市）试点和当时 8 个地区共 10 个县，采用四级分类制，即土类、亚类、土属和土种。二是在广西 10 个试点县的基础上，对分类制进行修改完善，于 1980 年制定，拟定广西土壤分类检索目录，供广西非试点县和地市级土壤普查资料汇总采用，一些试点县在后来的县级资料汇总也转成该分类制，即采用四级分类制。三是广西在对全国第二次土壤普查资料汇总时，为与全国分类并轨，采用国家土壤分类 1988 年修订稿的分类制，即六级分类制，增加土纲和亚纲两级，即土纲、亚纲、土类、亚类、土属和土种。为了与国家土壤分类 1988 年修定稿的分类制相衔接，1991 年广西将 1980 年的广西土壤土类、亚类、土属和土种名称，修订转换成国家土壤分类 1988 年修定稿中的名称。

本书命名采用国家土壤分类 1988 年修订稿的分类制，由于广西第二次土壤普查时采用的命名法与国家命名法有同土异名或同名异土的问题，书中尽可能地列出前后命名的比照信息内容。考虑土纲和亚纲两级对耕地的利用与指导改良方向及措施作用有限，故本书中土壤分类概述对土纲和亚纲不做详细论述。

二、土壤分类的依据

（一）土纲

土纲为土壤分类最高级单元，是土类联系性的归纳，反映土壤淋溶风化程度和形成过程的差异。

（二）亚纲

亚纲分类因土纲而异，如铁铝土和淋溶土按水热条件分为湿热铁铝土、湿暖铁铝土和湿暖淋溶土等。

（三）土类

土类是土壤分类的高级基本单元，它是在一定的生物气候条件、人为作用或一定主导自然因素的作用下，具有一定主导的成土过程且具有本质的、共同的判别特征属性的一群土壤。土类在较大区域内具有相似的特征属性，不同的土类具有本质的属性差异，划分的主要依据归纳如下。

①生物气候条件和风化淋溶程度，以脱硅富铝化为主，如红壤、赤红壤和砖红壤分别分布于中亚热带、南亚热带和北热带的湿热地带，风化淋溶程度依次加深，黄壤和黄棕壤与温湿、凉湿的气候有关。

②经水成作用，按其程度分砂姜黑土、山地草甸土和潮土。

③附加成土作用，如积钙红黏土是在风化程度深的第四纪红色黏土上经复钙作用形成，盐基饱和度高且 pH 值为中性。

④初始成土形成过程，具有一定的剖面形态，其剖面形态构型为 A–C，如新积土、石灰岩土等初育土。

⑤土壤特征物质种类，如滨海盐土和酸性硫酸盐土等。

⑥受自然和人为作用的双重影响，特别是人为作用，改变了成土过程并由此产生的独特的土壤属性，如水稻土等。

（四）亚类

亚类是在土类范围内土性偏离土类中心的程度，即土类间的过渡情况。在主导土壤形成过程之外，有的还有一个附加的成土过程，即叠加成土作用，由此确定是否具有向其他土类偏离的土壤属性。虽然土壤属性变化较大，但同属一个亚类的土壤，其成土过程总的趋势是一致的。

红壤土类中，除典型红壤亚类外，还有偏离红壤向黄壤过渡的黄红壤；黄壤在温湿条件下形成，经附加水成作用，则形成表潜黄壤和漂洗黄壤等。

土壤特征性状，如依 pH 值的碳酸钙含量划分为酸性、中性、石灰性紫色土、潮土和石灰性潮土等。

（五）土属

土属是地方性成土因素使土壤亚类性质发生分异的土壤分类单元，是亚类单元的土壤在多个地理区域的具体体现。土属依据母质类型和性质、水文地质等地方性因子所形成的土壤属性的差异来划分，同一亚类中各土属的依据尽量做到一致。土属划分依据归纳有以下几项。

①成土物质（母质）类型。广西成土母质有 10 种。

②人为作用。凡是耕作土壤均在土属一级划出。

③水文特征及剖面特征。如冷浸田。

④土壤质地的差异。如潮沙土、潮沙泥土、潮泥土等。

⑤影响土壤性质的特殊物质。如矿毒田。

⑥土壤分布的区位。如潮滩盐土、滨海盐土。

（六）土种

土种是土壤分类的基层基本单元，它处于一定的景观部位，即占有相同或相似的小地形部位，其水热条件相似，剖面形态特征在数量上基本一致。土种有基本一致的理化和生物的自然属性，因而适种性、限制性和生产潜力也相一致，非一般耕作措施在短期内所能改变，具有一定的稳定性。主要依据归纳如下。

①土壤肥力特性。如浅红泥田、黄泥肉田、棕泥土等。

②耕层（表层）质地或厚度。如沙土田、沙泥田、厚层沙泥红土、薄层沙泥红土等。

③含特殊物质的类型及层次。如铁子田、铁子底田、废水田、咸酸田等。

④侵蚀程度。如砾质砖红土、砾质赤红土、红泥土等。

⑤判别土层位置。如中潜底田、浅潜底田等。

⑥某些突出的土壤性质。如突出的土壤结构的黑泥散田、炭质泥土等。

三、土壤命名

（一）亚类以上高级分类单元的命名

土纲、亚纲、土类、亚类等高级分类单元沿用全国统一的分类名称，土纲和亚纲的名称多为国际通用的名称，土类则主要采用国内通用名称，如砖红壤、红壤、黄壤、水稻土等。亚类命名主要有三方面。一是反映其与土类发生上的联系，一般采用连续命名法，即在土类名称前加上表示附加成土过程的形容词，如红壤类的黄红壤；二是反映判别特征，如紫色土分酸性、中性和石灰性紫色土等；三是判别土层，如水稻土的淹育、潴育和潜育等亚类，表示水耕熟化过程特有的层次与水耕熟化程度。

（二）土属命名

土属命名主要有四方面。一是与亚类名称结合起来命名，如杂沙赤红壤、沙泥红壤；二是从土种提炼，如赤红泥土、冷浸田；三是亚类名称的借用和演化，如紫色土、石灰性潮泥土等；四是反映土壤的特殊性质，如咸酸田、石灰性田等。

（三）土种命名

土种命名主要有四方面。一是直接采用群众广泛采用的俗名，但给予确定的内涵，避免同土异名或同名异土，如咸酸田、淡田、冷浸田等。二是以群众的俗名为基础，从体现土种最基本的特征出发，经过整理提炼，用最简洁的文字表达其生产性能、物理化学性质或物质来源，如反映肥力高低用"肉""油""骨"冠之，如浅黄泥骨田、黄泥肉田等；表示耕性和质地用"沙""胶""腊""黏"加以说明，如红黏土、浅腊泥田等；表示有障碍层的，如锅巴田、铁子底土。三是从土属或亚类名称衍化，如第四纪红土母质发育有砖红壤土种砖红土，赤红壤土种为赤红土、砖红泥土、赤红泥土等。四是根据土种划分依据重新命名，自然土多以该情况命名，如中层杂沙黄红土、厚层杂沙黄红土等。

第六节　耕地土属类型和性状

一、耕地土属面积

按照全国第二次土壤普查土壤分类系统（1988年修订稿），对耕地分类统计，广西耕地共有12个土类，18个亚类，53个土属，占广西耕地总面积超过10%的只有沙泥田、赤红壤土和棕色石灰泥土3个土属，面积分别为1149.71万亩、1123.83万亩和800.21万亩，分别占广西耕地总面积的17.40%、17.01%和12.11%，占广西耕地总面积5%～＜10%的土属数有5个，占1%～＜5%的土属数有7个，占0.1%～＜1%的土属数有20个，不足0.1%的土属有18个，详见表1–26。

表 1-26　耕地各土属面积统计表

广西 1991 年分类制土属		广西 1980 年分类制土属		面积（万亩）	占广西耕地总面积（%）	综合肥力指数平均值	图斑数
代号	名称	代号	名称				
A1/2	砖红泥土	K22	耕型第四纪红土母质砖红壤	2.49	0.04	0.7450	2
A1/4	砖红壤土	K24	耕型砂页岩砖红壤	20.80	0.31	0.7142	31
A1/6	杂沙砖红泥土	K26	耕型花岗岩砖红壤	0.98	0.01	0.7201	7
A1/8	海积砖红泥土	K28	耕型浅海沉积砖红壤	86.54	1.31	0.6317	105
B1/2	赤红泥土	K2	耕型第四纪红土母质赤红壤	254.34	3.85	0.7178	171
B1/4	赤红壤土	K4	耕型砂页岩赤红壤	1123.83	17.01	0.7095	845
B1/6	杂沙赤红泥土	K6	耕型花岗岩赤红壤	74.98	1.13	0.7213	82
C1/2	红泥土	H2	耕型第四纪红土红壤	45.86	0.69	0.7175	51
C1/4	红壤土	H10	耕型页岩红壤	393.73	5.96	0.7100	396
C1/6	杂沙红泥土	H6	耕型花岗岩红壤	2.01	0.03	0.6973	7
C2/2	黄红泥土	I2	耕型砂页岩黄红壤	57.26	0.87	0.7157	53
C3/2	砾质红泥土	J2	耕型砾石土壤性土	3.89	0.06	0.6761	5
D1/2	黄泥土	L4	耕型砂页岩黄壤	32.30	0.49	0.7021	16
F1/2	酸紫泥土	T2	耕型砂页岩酸性紫色土	222.37	3.37	0.7137	227
F2/2	紫泥土	U2	耕型沙岩中性紫沙土	18.86	0.29	0.7468	15
F3/2	石灰性紫泥土	V2	耕型石灰性紫沙土	5.53	0.08	0.7495	2
G2/2	棕色石灰泥土	R2	耕型棕色石灰土	800.21	12.11	0.6816	588
G3/2	黄色石灰泥土	（R2	耕型黄色石灰土	3.36	0.05	0.6560	6
H1/2	火山灰泥土	K30	耕型玄武岩砖红壤	2.05	0.03	0.7005	3
I1/2	白粉泥土	K18	耕型硅质页岩赤红壤	342.61	5.19	0.6003	309
J1/2	复钙红黏泥土	K8	耕型铁砾赤红壤	26.27	0.40	0.7079	23
K1/2	洪积泥土	X3	石砾泥土	11.57	0.18	0.6937	19
K1/4	海沙泥土	Y4	耕型固定滨海沙土	6.20	0.09	0.6432	8
L1/2	黑黏泥土	Z5	黑黏泥土	10.86	0.16	0.7000	6
N1/2	潮沙泥土	W5	耕型酸性潮沙土	12.66	0.19	0.7399	21
N1/4	潮泥土	W6	耕型酸性潮泥土	36.11	0.55	0.7778	51
N2/2	石灰性潮沙泥土	W7	石灰性潮沙泥土	0.96	0.01	0.7990	1
Q1/1	浅红泥田	A1	红土母质淹育水稻土	56.19	0.85	0.7818	77
Q1/2	浅沙泥田	A2	砂页岩母质淹育水稻土	38.63	0.58	0.7830	94
Q1/3	浅紫泥田	A7	紫色岩母质淹育水稻土	1.93	0.03	0.7891	9
Q1/4	浅杂沙田	A5	花岗岩母质淹育水稻土	6.23	0.09	0.7880	34

续表

广西 1991 年分类制土属		广西 1980 年分类制土属		面积（万亩）	占广西耕地总面积（%）	综合肥力指数平均值	图斑数
代号	名称	代号	名称				
Q1/6	浅棕泥田	A6	棕色石灰土母质淹育水稻土	4.23	0.06	0.7518	17
Q1/7	浅石砾田	A4	洪积母质淹育水稻土	6.73	0.10	0.7715	11
Q1/8	浅潮泥田	A3	河流冲积母质淹育水稻土	10.70	0.16	0.8055	16
Q1/9	浅白粉泥田	A10	硅质页岩母质淹育水稻土	11.73	0.18	0.6555	46
Q1/10	浅黄沙田	A11	滨海沉积母质淹育水稻土	0.82	0.01	0.7401	6
Q2/1	黄泥田	B1	红土母质潴育水稻土	330.93	5.01	0.7760	584
Q2/2	沙泥田	B2	砂页岩母质潴育水稻土	1149.71	17.40	0.7867	2648
Q2/3	紫泥田	B7	紫色岩母质潴育水稻土	175.84	2.66	0.7929	347
Q2/4	杂沙田	B5	花岗岩母质潴育水稻土	339.45	5.14	0.7869	1015
Q2/5	黏土田	B11	玄武岩母质潴育水稻土	0.53	0.01	0.8100	1
Q2/6	棕泥田	B6	棕色石灰土母质潴育水稻土	23.70	0.36	0.7431	42
Q2/7	石砾田	B4	洪积母质潴育水稻土	70.68	1.07	0.7709	172
Q2/8	潮泥田	B3	河流冲积母质潴育水稻土	221.29	3.35	0.8199	503
Q2/9	白粉泥田	B9	硅质灰岩母质潴育水稻土	54.06	0.82	0.6614	77
Q2/10	黄沙田	B10	滨海沉积母质潴育水稻土	24.36	0.37	0.7841	65
Q2/11	石灰性田	F2	碳酸盐渍性水稻土	426.02	6.45	0.7450	787
Q2/12	矿毒田	G1	废水田	1.37	0.02	0.7945	5
Q3/1	冷浸田	C2	冷浸田	19.96	0.30	0.7735	74
Q3/2	烂泞田	D1	烂泞田	2.38	0.04	0.7755	10
Q3/3	黑泥田	D2	碳质黑泥田	3.77	0.06	0.6790	12
Q5/1	咸田	F1	咸酸田（氯化物盐渍田）	4.50	0.07	0.7136	12
Q5/2	咸酸田	F1	咸酸田（氯化物盐渍田）	22.33	0.34	0.6952	80
合计				6606.69	100.00	0.7522	9794

二、耕地土属概述

（一）砖红泥土

广西 1991 年分类制土属代号：A1/2；广西第二次土壤普查土属代号：K22，钦州地区土种代号：H2。

土属归属：砖红壤土类，砖红壤亚类。

本土属由第四纪红土母质发育而成，分布于红土砖红壤土带较低平开阔的坡地，共有 2.49 万亩，占广西耕地总面积 0.04%，主要集中于钦州市浦北县张黄镇以南区域。年平均有效积温为 7603 ℃，年平均降水量为 1742 mm，年平均日照时数为 1780.4 小时，年平均无霜期 347.2 天，地形部位为缓坡地，土层厚度大于 80.0 cm，剖面构型多为 A-B-C；无灌溉条件，排水能力强，无农田基础设施；耕层平均厚度 20.0 cm，质地为黏壤土。耕层土壤养分含量平均值：有机质为 29.9 g/kg、全氮为 1.66 g/kg、有效磷为 29.1 mg/kg、速效钾为 75.0 mg/kg、交换性钙为 1087.3 mg/kg、交换性镁为 70.2 mg/kg、有效硫为 35.0 mg/kg、有效铁为 113.2 mg/kg、有效锰为 12.5 mg/kg、有效铜为 2.46 mg/kg、有效锌为 2.18 mg/kg、有效硼为 0.73 mg/kg。土壤 pH 值为 5.1～5.2，呈酸性。主要种植制度为一年一熟，种植作物以薯类为主，亩产 1000 kg 左右。生产条件差，抗自然灾害能力极差，土壤有效硼、速效钾和交换性镁含量中等偏低，综合肥力属中下水平。

（二）砖红壤土

广西 1991 年分类制土属代号：A1/4；广西第二次土壤普查土属代号：K24；钦州地区土种代号：H4。

土属归属：砖红壤土类，砖红壤亚类。

本土属由砂页岩母质发育而成，分布于北纬 22° 以南沿海地带的砂页岩低丘陵区，位于丘陵坡脚和平缓地带，共有 20.80 万亩，占广西耕地总面积 0.31%，主要集中于钦州市、北海市和防城港市。年平均有效积温为 7894 ℃，年平均降水量为 1853 mm，年平均日照时数为 1882.3 小时，年平均无霜期为 353.8 天，地形部位主要是阶地和缓坡地，土层厚度为 60～80 cm，剖面构型为 A-B-C 和 A-C；无灌溉条件，排水能力强和较强，无农田基础设施；耕层平均厚度为 17.02 cm，质地以黏壤土和沙壤土为主。耕层土壤养分含量情况见表 1-27。土壤 pH 值为 4.6～5.9，以酸性为主，占 90% 以上。主要种植制度为一年一熟，种植作物以薯类和甘蔗为主，薯类亩产在 1000 kg 左右，甘蔗亩产 5000 kg。生产条件不好，抗自然灾害能力极差，耕层偏浅，有效锰和交换性镁含量低，土壤有效硼、速效钾含量中等偏低，综合肥力属中下水平。

表 1-27　砖红壤土耕层土壤养分含量统计表

统计样本数量：31

养分名称	平均值	标准差	变异系数（%）	养分名称	平均值	标准差	变异系数（%）
有机质（g/kg）	27.9	4.2	15.13	有效硫（mg/kg）	60.2	21.0	34.83
全氮（g/kg）	1.49	0.22	14.80	有效铁（mg/kg）	175.1	83.3	47.58
有效磷（mg/kg）	22.9	6.5	28.28	有效锰（mg/kg）	4.1	3.3	79.69
速效钾（mg/kg）	67.0	11.2	16.75	有效铜（mg/kg）	1.61	0.71	43.78
交换性钙（mg/kg）	635.0	161.2	25.38	有效锌（mg/kg）	1.40	0.96	68.26
交换性镁（mg/kg）	43.4	13.8	31.66	有效硼（mg/kg）	0.55	0.13	24.19

（三）杂沙砖红泥土

广西 1991 年分类制土属代号：A1/6；广西第二次土壤普查土属代号：K26；钦州地区土种代号：H6。

土属归属：砖红壤土类，砖红壤亚类。

本土属由花岗岩母质发育而成，分布于北纬 22° 以南的花岗岩低丘地带，共有 0.98 万亩，占广西耕地总面积不足 0.01%，主要集中于钦州市钦南区和防城港市。年平均有效积温为 7853 ℃，年平均降水量为 1855 mm，年平均日照时数为 1862.9 小时，年平均无霜期为 353.6 天，地形部位主要是缓坡地，土层厚度为 60～80 cm，剖面构型为 A–C 型；无灌溉条件，排水能力强，无农田基础设施；耕层平均厚度为 16.0 cm，质地为沙壤土。耕层土壤养分含量情况见表 1–28。土壤 pH 值为 5.0～5.3，呈酸性。主要种植制度为一年一熟，种植作物以甘蔗为主，亩产为 4000 kg。生产条件差，抗自然灾害能力极差，耕作层浅，土壤交换性镁含量低，有效锰、有效硼、速效钾含量中等偏低，综合肥力属中下水平。

表 1–28　杂沙砖红泥土耕层土壤养分含量统计表

统计样本数量：7

养分名称	平均值	标准差	变异系数（%）	养分名称	平均值	标准差	变异系数（%）
有机质（g/kg）	36.3	2.8	7.78	有效硫（mg/kg）	63.2	7.2	11.37
全氮（g/kg）	1.66	0.12	7.05	有效铁（mg/kg）	290.1	26.5	9.13
有效磷（mg/kg）	32.9	5.5	16.81	有效锰（mg/kg）	6.6	1.8	27.23
速效钾（mg/kg）	66.0	5.9	8.95	有效铜（mg/kg）	1.96	0.15	7.50
交换性钙（mg/kg）	774.4	29.8	3.84	有效锌（mg/kg）	1.99	0.44	21.99
交换性镁（mg/kg）	33.3	5.3	15.79	有效硼（mg/kg）	0.63	0.02	2.78

（四）海积砖红泥土

广西 1991 年分类制土属代号：A1/8；广西第二次土壤普查土属代号：K28；钦州地区土种代号：H8。

土属归属：砖红壤土类，砖红壤亚类。

本土属由滨海沉积物母质发育而成，分布于近海台地地势较低的开阔地带，共有 86.54 万亩，占广西耕地总面积 1.31%，主要集中于北海市。年平均有效积温为 7932 ℃，年平均降水量为 1779 mm，年平均日照时数为 1961.6 小时，年平均无霜期为 355.5 天，地形部位主要是沿海滩涂平地、阶地和缓坡地，土层厚度绝大部分大于 80 cm，剖面构型为 A–C 型；无灌溉条件，排水能力强，无农田基础设施；耕层平均厚度 19.7 cm，质地以沙壤土和沙土为主。耕层土壤养分含量情况见表 1–29。土壤 pH 值为 4.6～5.6，呈微酸性和酸性，以酸性为主。主要种植制度为一年一熟，种植作物以甘蔗和木薯为主，甘蔗亩产为5000～5500 kg，木薯亩产为1000～1500 kg。生产条件不好，抗自然灾害能力极差，耕作层浅，土壤交换性镁、有效锰含量低，土壤有机质、全氮、速效钾、有效硼含量中等偏低，综合肥力属较低水平。

表1-29 海积砖红泥土耕层土壤养分含量统计表

统计样本数量：105

养分名称	平均值	标准差	变异系数（%）	养分名称	平均值	标准差	变异系数（%）
有机质（g/kg）	23.2	4.6	19.70	有效硫（mg/kg）	40.8	19.3	47.40
全氮（g/kg）	1.15	0.25	22.06	有效铁（mg/kg）	62.5	32.3	51.59
有效磷（mg/kg）	27.7	8.5	30.55	有效锰（mg/kg）	4.1	10.8	265.09
速效钾（mg/kg）	70.0	15.1	21.49	有效铜（mg/kg）	1.23	0.94	76.20
交换性钙（mg/kg）	860.0	173.9	20.22	有效锌（mg/kg）	0.72	0.39	53.88
交换性镁（mg/kg）	49.5	11.2	22.59	有效硼（mg/kg）	0.68	0.10	15.22

（五）赤红泥土

广西1991年分类制土属代号：B1/2；广西第二次土壤普查土属代号：K2。

土属归属：赤红壤（砖红壤性红壤）土类，赤红壤（砖红壤性红壤）亚类。

本土属由第四纪红土母质发育而成，分布于红土赤红壤地区的丘陵或台地，共有254.34万亩，占广西耕地总面积3.85%，除北海市、防城港市、桂林市及柳州市外，其他各市均有分布，其中南宁市、贵港市分布面积较大。年平均有效积温为7536℃，年平均降水量为1418 mm，年平均日照时数为1709.8小时，年平均无霜期为344.2天；各地形部位均有分布，但主要是缓坡地、阶地、山坡地和谷地；土层厚度绝大部分大于80 cm，剖面构型为A-B-C和A-C；近90%无灌溉条件，有灌溉条件仅达一般满足。排水能力为中等、强和较强3个等级，三者占96%。农田基础设施为无农田基础设施和不配套，两者占93%；耕层平均厚度18.3 cm，质地以黏壤土和黏土为主。耕层土壤养分含量情况见表1-30。土壤pH值为4.8～7.0，主要呈微酸性和酸性，两者占总面积98.8%，以微酸性为主，占73.6%。主要种植制度为一年一熟或一年两熟，种植作物以甘蔗和玉米为主，甘蔗亩产为5000～5500 kg，玉米亩产为350～400 kg。生产条件差，抗自然灾害能力弱，耕作层浅，土壤有效硼含量低，交换性镁和速效钾含量中等偏低，综合肥力属中下水平。

表 1–30 赤红泥土耕层土壤养分含量统计表

统计样本数量：171

养分名称	平均值	标准差	变异系数（%）	养分名称	平均值	标准差	变异系数（%）
有机质（g/kg）	29.9	5.5	18.31	有效硫（mg/kg）	38.9	16.8	43.18
全氮（g/kg）	1.61	0.30	18.99	有效铁（mg/kg）	65.5	39.7	60.51
有效磷（mg/kg）	19.2	6.0	31.31	有效锰（mg/kg）	42.5	30.1	70.73
速效钾（mg/kg）	77.0	21.8	28.21	有效铜（mg/kg）	1.73	1.57	90.99
交换性钙（mg/kg）	1140.4	344.8	30.24	有效锌（mg/kg）	1.90	1.60	84.40
交换性镁（mg/kg）	72.2	29.7	41.20	有效硼（mg/kg）	0.48	0.28	59.84

（六）赤红壤土

广西 1991 年分类制土属代号：B1/4；广西第二次土壤普查土属代号：K4。

土属归属：赤红壤（砖红壤性红壤）土类，赤红壤（砖红壤性红壤）亚类。

本土属由砂页岩母质发育而成，主要分布在赤红壤地区的砂页岩丘陵区，共有 1123.83 万亩，占广西耕地总面积 17.01%，除桂林市及柳州市外，其他各市均有分布，其中南宁市、贵港市、崇左市和百色市分布面积较大。年平均有效积温为 7532 ℃，年平均降水量为 1702 mm，年平均日照时数为 1755.4 小时，年平均无霜期 346.4 天；各地形部位均有分布，但主要为缓坡地、阶地、山坡地和谷地；土层厚度绝大部分大于 80 cm，占总面积 95%，剖面构型为 A–B–C 和 A–C；近 90% 无灌溉条件，有灌溉条件仅达一般满足。排水能力为中等、强和较强 3 个等级，三者占 92%。农田基础设施为无农田基础设施和不配套，两者占 95%；耕层平均厚度 17.6 cm，质地以黏壤土、沙壤土和壤土为主。耕层土壤养分含量情况见表 1–31。土壤 pH 值为 4.4～7.5，主要呈微酸性和酸性，两者占总面积 94.4%，以微酸性为主，占 60.3%。主要种植制度为一年一熟或一年两熟，种植作物以甘蔗、玉米和薯类为主，甘蔗亩产为 5000～5500 kg，玉米亩产为 350～400 kg，薯类亩产为 1500 kg。生产条件差，抗自然灾害能力弱，耕作层浅，土壤有效硼含量低，速效钾和交换性镁含量中等偏低，综合肥力属中下水平。

表 1–31 赤红壤土耕层土壤养分含量统计表

统计样本数量：845

养分名称	平均值	标准差	变异系数（%）	养分名称	平均值	标准差	变异系数（%）
有机质（g/kg）	26.8	4.9	18.36	速效钾（mg/kg）	75.0	20	26.78
全氮（g/kg）	1.53	0.28	18.51	交换性钙（mg/kg）	1006.3	300.2	29.83
有效磷（mg/kg）	17.9	6.1	34.42	交换性镁（mg/kg）	75.4	32.1	42.60

续表

养分名称	平均值	标准差	变异系数（%）	养分名称	平均值	标准差	变异系数（%）
有效硫（mg/kg）	39.1	14.9	38.16	有效铜（mg/kg）	2.02	1.14	56.56
有效铁（mg/kg）	84.2	53.0	62.88	有效锌（mg/kg）	1.48	1.17	78.58
有效锰（mg/kg）	41.6	34.1		有效硼（mg/kg）	0.33	0.21	63.36

（七）杂沙赤红泥土

广西 1991 年分类制土属代号：B1/6；广西第二次土壤普查土属代号：K6。

土属归属：赤红壤（砖红壤性红壤）土类，赤红壤（砖红壤性红壤）亚类。

本土属由花岗岩母质发育而成，主要分布在赤红壤地带的花岗岩丘陵区，共有 74.98 万亩，占广西耕地总面积 1.13%，主要集中于南宁市、贵港市、钦州市、梧州市和玉林市等。年平均有效积温为 7532 ℃，年平均降水量为 1702 mm，年平均日照时数为 1755.4 小时，年平均无霜期为 346.4 天；主要地形部位为缓坡地、阶地、山坡地和谷地；土层厚度绝大部分集中于 60～80 cm 和大于 80 cm 两个等级范围，以 60～80 cm 范围面积较大，占总面积 81%，剖面构型为 A-B-C 和 A-C；基本无灌溉条件，排水能力为中等、强和较强 3 个等级，全为无农田基础设施；耕层平均厚度为 17.7 cm，质地为黏壤土和沙壤土，以沙壤土为主，占 72%。耕层土壤养分含量情况见表 1-32。土壤 pH 值为 4.7～6.4，呈微酸性和酸性，以酸性为主，占 79.1%。主要种植制度为一年一熟或一年两熟，种植作物以甘蔗、玉米、薯类和其他作物为主，甘蔗亩产为 5500～6000 kg，玉米亩产为 350～400 kg，薯类亩产为 1500 kg。生产条件差，抗自然灾害能力弱，耕作层浅，土壤交换性镁、有效硼含量低，速效钾含量中等偏低，综合肥力属中下水平。

表 1-32　杂沙赤红泥土耕层土壤养分含量统计表

统计样本数量：82

养分名称	平均值	标准差	变异系数（%）	养分名称	平均值	标准差	变异系数（%）
有机质（g/kg）	31.2	3.9	12.49	有效硫（mg/kg）	43.4	14.2	32.70
全氮（g/kg）	1.73	0.23	13.26	有效铁（mg/kg）	141.8	68.8	48.55
有效磷（mg/kg）	22.5	8.7	38.69	有效锰（mg/kg）	23.5	22.4	95.39
速效钾（mg/kg）	65.0	14.5	22.41	有效铜（mg/kg）	2.47	1.23	49.99
交换性钙（mg/kg）	962.4	266.6	27.70	有效锌（mg/kg）	1.85	0.73	39.30
交换性镁（mg/kg）	63.9	18.7	29.30	有效硼（mg/kg）	0.40	0.22	54.57

（八）红泥土

广西 1991 年分类制土属代号：C1/2；广西第二次土壤普查土属代号：H2。

土属归属：红壤土类，红壤亚类。

本土属由第四纪红土母质发育而成，广泛分布于红土红壤地带的低丘陵缓坡、平原、阶地等，共有 45.86 万亩，占广西耕地总面积 0.69%，主要集中于柳州市、贺州市、贵港市、河池市和南宁市等，其中柳州市及贺州市分布面积较大，两市占 93%。年平均有效积温为 6425 ℃，年平均降水量为 1617 mm，年平均日照时数为 1590.8 小时，年平均无霜期为 322.3 天；地形部位主要为缓坡地及平地，两者占 97%；土层较为深厚，均大于 80 cm，剖面构型为 A-B-C 和 A-C；灌溉能力为无灌溉条件和一般满足，一般满足占 46%；排水能力为中等、强和较强 3 个等级，三者占 96%，农田基础设施为无农田基础设施和不配套，无农田基础设施占主要；耕层平均厚度为 16.8 cm，质地为黏壤土和黏土，两者占 88%，以黏壤土为主，占 63%。耕层土壤养分含量情况见表 1-33。土壤pH 值为 5.3 ～ 8.2，主要呈微酸性和酸性，以微酸性为主，占 64.1%。主要种植制度为一年一熟或一年两熟，种植作物以甘蔗、玉米、薯类和其他经济作物为主，甘蔗亩产为5500 ～ 6000 kg，玉米亩产为 350 ～ 400 kg，薯类亩产为 1500 kg。生产条件差，抗自然灾害能力弱，耕作层浅，土壤有效硼含量低，速效钾和交换性镁含量中等偏低，综合肥力属中下水平。

表 1-33 红泥土耕层土壤养分含量统计表

统计样本数量：51

养分名称	平均值	标准差	变异系数（%）	养分名称	平均值	标准差	变异系数（%）
有机质（g/kg）	30.9	6.1	19.88	有效硫（mg/kg）	38.1	18.2	47.81
全氮（g/kg）	1.73	0.37	21.41	有效铁（mg/kg）	41.7	22.7	54.41
有效磷（mg/kg）	20.0	5.1	25.33	有效锰（mg/kg）	44.8	27.9	62.27
速效钾（mg/kg）	76.0	18.2	23.86	有效铜（mg/kg）	1.75	1.20	68.28
交换性钙（mg/kg）	1280.5	330.1	25.78	有效锌（mg/kg）	1.76	0.97	54.88
交换性镁（mg/kg）	91.4	23.0	25.22	有效硼（mg/kg）	0.39	0.14	35.71

（九）红壤土

广西 1991 年分类制土属代号：C1/4；广西第二次土壤普查土属代号：H10。

土属归属：红壤土类，红壤亚类。

本土属由砂页岩母质发育而成，共有 393.73 万亩，占广西耕地总面积 5.96%，除南宁市、崇左市、玉林市、钦州市、北海市和防城港市外的 8 个城市均有分布，其中柳州市、桂林市、贺州市、河池市等面积较大。年平均有效积温为 6492 ℃，年平均降水量为 1537 mm，年平均日照时数为 1564.2 小时，年平均无霜期为 326.0 天；各地形部位均有分布，主要为缓坡地和山坡地，两者占总面积的 68%；土层较为深厚，大于 80 cm 的面积较大，占 96%，剖面构型为 A–B–C 和 A–C；灌溉能力为无灌溉条件和一般满足，以无灌溉条件面积较大，一般满足面积只占 10.3%；排水能力为中等、强和较强 3 个等级，三者占 92%，农田基础设施为无农田基础设施和不配套，所占比例达 92%，配套和基本配套面积较小，仅占 8%；耕层平均厚度为 18.2 cm，质地主要为黏壤土、沙壤土和壤土，以黏壤土和沙壤土为主，两者占 79.2%。耕层土壤养分含量情况见表 1–34。土壤 pH 值为 4.7 ～ 7.6，呈微酸性和酸性，以微酸性为主，占 58.4%。主要种植制度为一年一熟或一年两熟，种植作物以甘蔗、玉米和其他经济作物为主，甘蔗亩产为 5500 ～ 6000 kg，玉米亩产为 350 ～ 400 kg。生产条件差，抗自然灾害能力弱，耕作层浅，土壤有效硼含量较低，速效钾含量中等偏低，综合肥力属中下水平。

表 1–34　红壤土耕层土壤养分含量统计表

统计样本数量：396

养分名称	平均值	标准差	变异系数（%）	养分名称	平均值	标准差	变异系数（%）
有机质（g/kg）	28.6	6.0	20.89	有效硫（mg/kg）	46.0	22.0	47.71
全氮（g/kg）	1.64	0.37	22.51	有效铁（mg/kg）	62.8	46.9	74.69
有效磷（mg/kg）	18.4	6.2	33.58	有效锰（mg/kg）	35.9	29.2	81.28
速效钾（mg/kg）	79.0	21.9	27.83	有效铜（mg/kg）	1.91	1.35	71.01
交换性钙（mg/kg）	1143.1	382.8	33.49	有效锌（mg/kg）	2.10	1.35	64.22
交换性镁（mg/kg）	84.9	30.8	36.28	有效硼（mg/kg）	0.37	0.15	39.21

（十）杂沙红泥土

广西 1991 年分类制土属代号：C1/6；广西第二次土壤普查土属代号：H6。

土属归属：红壤土类，红壤亚类。

本土属由花岗岩母质发育而成，分布在红壤地带花岗岩低山、丘陵区，共有 2.01 万亩，占广西耕地总面积 0.03%，主要集中在贺州市。年平均有效积温为 6333 ℃，年平均降水量为 1637 mm，年平均日照时数为 1585.2 小时，年平均无霜期为 318.7 天；地形部位为缓坡地和阶地，以缓坡地占绝大多数；土层为 60 ～ 80 cm，剖面构型为 A–B–C 和 A–C；基本无灌溉条件，排水能力为中等、强和较强 3 个等级，以强为主，面积占比达 70%，农田基础设施全为无农田基础设施；耕层平均厚度 15.8 cm，质地为沙壤土。耕层土壤养分含量情况见表 1–35。土壤 pH 值为 5.4 ～ 7.0，呈微酸性和酸性，以微酸性为主，占 61.3%。主要种植制度为一年一熟或一年两熟，种植作物以玉米和其他经济作物为主，玉米亩产为 350 ～ 400 kg。生产条件差，抗自然灾害能力弱，耕作层浅，土壤有机质、全氮、速效钾含量中等偏低，有效硼含量低，综合肥力属较低水平。

表 1-35 杂沙红泥土土壤养分情况统计表

统计样本数量：7

养分名称	平均值	标准差	变异系数（%）	养分名称	平均值	标准差	变异系数（%）
有机质（g/kg）	28.8	3.3	11.37	有效硫（mg/kg）	39.1	4.9	12.61
全氮（g/kg）	1.55	0.28	18.02	有效铁（mg/kg）	61.3	30.5	49.77
有效磷（mg/kg）	22.8	5.4	23.76	有效锰（mg/kg）	67.7	39.0	57.67
速效钾（mg/kg）	70.0	21.7	30.85	有效铜（mg/kg）	3.06	0.28	9.19
交换性钙（mg/kg）	1034	137.4	13.29	有效锌（mg/kg）	2.52	1.00	39.83
交换性镁（mg/kg）	107.1	16.4	15.35	有效硼（mg/kg）	0.38	0.12	32.23

（十一）黄红泥土

广西 1991 年分类制土属代号：C2/2；广西第二次土壤普查土属代号：I2。

土属归属：红壤土类，黄红壤亚类。

本土属由砂页岩母质发育而成，主要分布在砂页岩山区海拔 500 ～ 1000 m 的地带，共有 57.26 万亩，占广西耕地总面积 0.87%，南宁市、崇左市、百色市、桂林市、河池市等均有分布，其中百色市及河池市等面积较大。年平均有效积温为 7162 ℃，年平均降水量为 1407 mm，年平均日照时数为 1627.5 小时，年平均无霜期为 343.8 天；地形部位主要为缓坡地和山坡地，两者占总面积的 98%；灌溉能力为无灌溉条件和一般满足，以无灌溉条件面积较大，一般满足只占 24.4%；排水能力为中等、强和较强 3 个等级，以强为主，面积达 70% 以上，农田基础设施为无农田基础设施和不配套，所占比例达 82%，配套和基本配套面积较小，仅占 18%；耕层平均厚度为 14.6 cm，质地主要为黏壤土、沙壤土和壤土，以黏壤土和壤土为主。耕层土壤养分含量情况见表 1-36。土壤 pH 值为 4.7 ～ 6.6，呈微酸性和酸性，以微酸性为主，占 76.8%。主要种植制度为一年一熟或一年两熟，种植作物以甘蔗、玉米和其他经济作物为主，甘蔗亩产为 5000 ～ 5500 kg，玉米亩产为 300 ～ 350 kg。生产条件差，抗自然灾害能力弱，耕作层浅，土壤有机质、全氮、有效磷和速效钾含量中等偏低，土壤有效硼含量低，综合肥力属中下水平。

表 1-36　黄红泥土耕层土壤养分含量统计表

统计样本数量：53

养分名称	平均值	标准差	变异系数（%）	养分名称	平均值	标准差	变异系数（%）
有机质（g/kg）	29.5	4.9	16.65	有效硫（mg/kg）	34.5	17.3	50.17
全氮（g/kg）	1.61	0.35	21.92	有效铁（mg/kg）	89.1	44.0	49.42
有效磷（mg/kg）	13.2	3.6	27.31	有效锰（mg/kg）	64.1	56.8	88.59
速效钾（mg/kg）	70.0	14	20.10	有效铜（mg/kg）	3.93	2.02	51.47
交换性钙（mg/kg）	1259.3	308.8	24.52	有效锌（mg/kg）	1.91	1.05	55.09
交换性镁（mg/kg）	120.1	34.1	28.43	有效硼（mg/kg）	0.25	0.14	57.79

（十二）砾质红泥土

广西 1991 年分类制土属代号：C3/2；广西第二次土壤普查土属代号：J2。

土属归属：红壤土类，红壤性土亚类。

本土属由砂砾岩风化物或洪积物母质发育而成，零星分布于红壤地区的丘陵低缓地带，共有 3.89 万亩，占广西耕地总面积 0.06%，主要分布于桂林市及贺州市等。年平均有效积温为 6181 ℃，年平均降水量为 1666 mm，年平均日照时数为 1569.7 小时，年平均无霜期为 315.0 天；地形部位主要为山麓的缓坡地或低洼地，以缓坡地为主，占总面积的 96%；灌溉能力为无灌溉条件和一般满足，以无灌溉条件面积较大，占 95.8%；排水能力为中等、强和较强 3 个等级，以强为主，占总面积的 88%，农田基础设施为无农田基础设施和不配套，无农田基础设面积较大，占 95.8%；耕层平均厚度为 13.4 cm，质地为砾质黏壤土和砾质壤土。耕层土壤养分含量情况见表 1-37。土壤 pH 值为 5.1 ～ 6.1，呈微酸性和酸性，以微酸性为主，占 67.7%。主要种植制度为一年一熟或一年两熟，种植作物以玉米和其他经济作物为主，玉米亩产为 250 ～ 300 kg。生产条件差，抗自然灾害能力弱，耕作层浅且含数量不等的石砾，土壤大量元素含量中等偏低，土壤有效硼含量较低，综合肥力属较低水平。

表 1-37　砾质红泥土耕层土壤养分含量统计表

统计样本数量：5

养分名称	平均值	标准差	变异系数（%）	养分名称	平均值	标准差	变异系数（%）
有机质（g/kg）	31.2	3.7	11.89	有效硫（mg/kg）	42.1	16.9	40.13
全氮（g/kg）	1.82	0.24	13.13	有效铁（mg/kg）	42.8	22.9	53.37
有效磷（mg/kg）	14.2	3.5	24.82	有效锰（mg/kg）	40.8	26.2	64.24
速效钾（mg/kg）	71.0	37.2	52.02	有效铜（mg/kg）	1.76	1.20	67.95
交换性钙（mg/kg）	1132.4	309.2	27.31	有效锌（mg/kg）	2.34	1.83	78.50
交换性镁（mg/kg）	91.0	19.7	21.6	有效硼（mg/kg）	0.32	0.10	29.55

（十三）黄泥土

广西 1991 年分类制土属代号：D1/2；广西第二次土壤普查土属代号：L4。

土属归属：黄壤土类，黄壤亚类。

本土属由砂页岩母质发育而成，主要分布于砂页岩中山区，共有 32.30 万亩，占广西耕地总面积 0.49%，主要分布于桂林、南宁及百色等市海拔 900～1500 m 的中山地带。地形部位主要为山麓的缓坡地和山坡地，两地形部位面积大体相当；灌溉能力全为无灌溉条件；排水能力为强和较强 2 个等级，以较强为主，占总面积的 87%，农田基础设施全为无农田基础设施；耕层平均厚度为 16.5 cm，质地为黏壤土和壤土。耕层土壤养分含量情况见表 1-38。土壤 pH 值为 5.2～6.6，呈微酸性和酸性，以微酸性为主，占 67.7%。主要种植制度为一年一熟，种植作物以玉米和其他经济作物为主，玉米亩产为 250～300 kg。生产条件差，抗自然灾害能力弱，耕作层浅，土壤交换性镁、有效硼含量较低，综合肥力属较低水平。

表 1-38　黄泥土耕层土壤养分含量统计表

统计样本数量：16

养分名称	平均值	标准差	变异系数（%）	养分名称	平均值	标准差	变异系数（%）
有机质（g/kg）	33.6	6.2	18.40	有效硫（mg/kg）	32.0	14.8	46.27
全氮（g/kg）	2.06	0.36	17.62	有效铁（mg/kg）	64.0	18.3	28.65
有效磷（mg/kg）	14.0	5.1	36.30	有效锰（mg/kg）	66.0	22.8	34.58
速效钾（mg/kg）	97.0	15.9	16.51	有效铜（mg/kg）	3.31	1.00	30.09
交换性钙（mg/kg）	1275.5	205.3	16.10	有效锌（mg/kg）	2.03	0.28	13.73
交换性镁（mg/kg）	66.9	9.9	14.77	有效硼（mg/kg）	0.33	0.05	15.70

（十四）酸紫泥土

广西 1991 年分类制土属代号：F1/2；广西第二次土壤普查土属代号：T2。

土属归属：紫色土土类，酸性紫色土亚类。

本土属由紫色页岩母质发育而成，分布于酸性紫色岩丘陵的低平缓坡地带，共有 222.37 万亩，占广西耕地总面积 3.37%，南宁市、钦州市、贵港市、防城港市、崇左市、贺州市及梧州市等均有分布，其中面积较大的是南宁市和贵港市。年平均有效积温为 7540 ℃，年平均降水量为 1449 mm，年平均日照时数为 1733.3 小时，年平均无霜期为 344.8 天；各地形部位均有分布，但面积较大的为缓坡地、山坡地和谷地，三者占总面积的 72%；灌溉能力为无灌溉条件和一般满足，以无灌溉条件面积最大，占总面积的 94.7%；排水能力 5 种等级均有分布，排水条件好，中等以上等级占 92%；农田基础设施差，无农田基础设施和不配套面积达 96%；耕层平均厚度为 15.5 cm，各质地类型均有分布，但以黏壤土和黏土为主。耕层土壤养分含量情况见表1-39。土壤pH值为4.7～7.2，呈微酸性和酸性，以酸性为主，占67.0%。主要种植制度为一年一熟或一年两熟，种植作物以甘蔗、玉米和其他经济作物为主，玉米亩产为400～450 kg，甘蔗亩产为5500～6000 kg，薯类亩产为1500～2000 kg。生产条件差，抗自然灾害能力弱，耕作层浅，耕层土壤大量元素含量中等偏低，有效硼含量较低，综合肥力属中下水平。

表1-39 酸紫泥土耕层土壤养分含量统计表

统计样本数量：227

养分名称	平均值	标准差	变异系数（%）	养分名称	平均值	标准差	变异系数（%）
有机质（g/kg）	24.7	4.6	18.67	有效硫（mg/kg）	42.0	15.2	36.27
全氮（g/kg）	1.39	0.25	17.73	有效铁（mg/kg）	108.7	49.3	45.33
有效磷（mg/kg）	13.6	4.8	35.32	有效锰（mg/kg）	33.3	23.0	69.02
速效钾（mg/kg）	71.0	16.3	22.93	有效铜（mg/kg）	1.62	1.68	103.84
交换性钙（mg/kg）	1163.6	343.7	29.54	有效锌（mg/kg）	1.05	0.55	52.04
交换性镁（mg/kg）	96.5	37.5	38.87	有效硼（mg/kg）	0.30	0.16	51.87

（十五）紫泥土

广西1991年分类制土属代号：F2/2；广西第二次土壤普查土属代号：U2。

土属归属：紫色土土类，中性紫色土亚类。

本土属由紫色页岩母质发育而成，分布于丘陵的低缓坡地，共有18.86万亩，占广西耕地总面积0.29%，南宁市、贵港市、玉林市等均有分布，其中面积较大的是贵港市。年平均有效积温为7326 ℃，年平均降水量为1536 mm，年平均日照时数为1734.1小时，年平均无霜期为344.5天；地形部位为缓坡地、山坡地和平地，以缓坡地为主，占43%；灌溉能力为无灌溉条件和一般满足，以无灌溉条件面积最大，占总面积的85.6%；排水能力好，均在较强以上等级；农田基础设施差，均为无农田基础设施或不配套，其中无农田基础设施面积达85.6%；耕层平均厚度为22.1 cm，各质地类型均有分布，但以黏壤土和沙壤土为主。耕层土壤养分含量情况见表1-40。土壤pH值5.1～5.9，呈微酸性和酸性，以酸性为主，占58.2%。主要种植制度为一年一熟或一年两熟，种植作物以玉米、薯类和其他经济作物为主，玉米亩产为400～450 kg，薯类亩产为1500～2000 kg。生产条件差，抗自然灾害能力弱，耕层土壤大量元素和有效锌含量中等偏低，有效硼含量低，综合肥力属中下水平。

表 1-40 紫泥土耕层土壤养分含量统计表

统计样本数量：15

养分名称	平均值	标准差	变异系数（%）	养分名称	平均值	标准差	变异系数（%）
有机质（g/kg）	26.9	4.2	15.78	有效硫（mg/kg）	38.5	15.1	39.27
全氮（g/kg）	1.45	0.18	12.65	有效铁（mg/kg）	91.2	35.6	39.04
有效磷（mg/kg）	15.9	3.9	24.41	有效锰（mg/kg）	28.1	12.0	42.67
速效钾（mg/kg）	72.0	13.5	18.68	有效铜（mg/kg）	1.90	0.98	51.58
交换性钙（mg/kg）	1113.2	222.0	19.94	有效锌（mg/kg）	1.16	0.72	61.73
交换性镁（mg/kg）	81.5	22.3	27.39	有效硼（mg/kg）	0.33	0.17	52.26

（十六）石灰性紫泥土

广西 1991 年分类制土属代号：F3/2；广西第二次土壤普查土属代号：V2。

土属归属：紫色土土类，石灰性紫泥土亚类。

本土属由紫色页岩母质发育而成，分布于丘陵的低缓坡地带，共有 5.53 万亩，占广西耕地总面积 0.08%，主要分布于崇左市和来宾市，其中面积较大的是来宾市。年平均有效积温为 7299 ℃，年平均降水量为 1347 mm，年平均日照时数为 1692.8 小时，年平均无霜期为 340.7 天；地形部位为缓坡地和谷地，以缓坡地为主，占 88%；排水能力好，均在较强以上等级；农田基础设施差，均为无农田基础设施；耕层平均厚度为 22.0 cm，质地均为壤土。耕层土壤养分平均含量：有机质为 25.2 g/kg、全氮为 1.42 g/kg、有效磷为 14.3 mg/kg、速效钾为 87 mg/kg、交换性钙为 954.6 mg/kg、交换性镁为 70.3 mg/kg、有效硫为 33.1 mg/kg、有效铁为 33.6 mg/kg、有效锰为 45 mg/kg、有效铜为 1.07 mg/kg、有效锌为 1.7 mg/kg、有效硼为 0.35 mg/kg。土壤 pH 值为 5.2 ～ 6.6，呈微酸性和酸性，以酸性为主，占 87.8%。主要种植制度为一年一熟，种植作物以甘蔗和其他经济作物为主，甘蔗亩产在 5000 kg 左右。生产条件差，抗自然灾害能力弱，耕层土壤大量元素和交换性镁含量中等偏低，有效硼含量低，综合肥力属中下水平。

（十七）棕色石灰泥土

广西 1991 年分类制土属代号：G2/2；广西第二次土壤普查土属代号：R2。

土属归属：石灰岩土类，棕色石灰土亚类。

本土属由石灰岩母质发育而成，分布于岩溶地区，共有 800.21 万亩，占广西耕地总面积 12.11%，除北海市、钦州市、防城港市、玉林市及梧州市外，其他各市均有分布，其中百色市、河池市和崇左市分布面积较大。年平均有效积温为 7020 ℃，年平均降水量为 1453 mm，年平均日照时数为 1592.4 小时，年平均无霜期为 339.3 天；各地形部位均有分布，以缓坡地（石山坡麓）和谷地（峰丛谷地）为主，两者共占 67%；灌溉能力差，无灌溉条件面积占 97.2%，仅有不足 3.0% 的耕地达一般满足标准；排水能力较好，但仍有 57.29 万亩（占 7.0%）的耕地，由于峰丛洼地的原因，造成排水不良；农田基础设施差，配套和基本配套的面积只有 4.27 万亩，仅占 2.7%，其他均为差或无农田基础设施，以无农田基础设施面积最大，所占比例达 96.6%；耕层平均厚度 16.7 cm，各质地类型均有分布，以黏壤土、壤土和黏土为主。耕层土壤养分含量情况见表 1–41。土壤 pH 值为 4.9 ～ 8.0，呈微酸性和中性，以微酸性为主，占 49.9%。主要种植制度为一年一熟或一年两熟，种植作物以玉米、甘蔗、桑树和其他经济作物为主，玉米亩产为 300 ～ 350 kg，甘蔗亩产为 5000 ～ 5500 kg。生产条件差，抗自然灾害能力弱，耕层土壤有效磷和速效钾含量中等偏低，有效硼含量低，综合肥力属较低水平。

表 1–41　棕色石灰泥土耕层土壤养分含量统计表

统计样本数量：588

养分名称	平均值	标准差	变异系数（%）	养分名称	平均值	标准差	变异系数（%）
有机质（g/kg）	30.2	5.9	19.64	有效硫（mg/kg）	36.5	18.7	51.31
全氮（g/kg）	1.79	0.37	20.66	有效铁（mg/kg）	50.4	32.6	64.62
有效磷（mg/kg）	17.8	6.1	34.41	有效锰（mg/kg）	75.4	47.1	62.50
速效钾（mg/kg）	82.0	21	25.49	有效铜（mg/kg）	2.51	3.69	147.46
交换性钙（mg/kg）	1284.9	462.9	36.03	有效锌（mg/kg）	2.53	2.92	115.47
交换性镁（mg/kg）	93.0	33.1	35.64	有效硼（mg/kg）	0.23	0.18	75.52

（十八）黄色石灰泥土

广西 1991 年分类制土属代号：G3/2；广西第二次土壤普查土属代号：(R2。

土属归属：石灰岩土类，黄色石灰土亚类。

本土属由石灰岩母质发育而成，分布于岩溶地区高山地带，共有 3.36 万亩，占广西耕地总面积 0.05%，主要分布于贺州市及来宾市，其中贺州市分布面积较大。年平均有效积温为 6748 ℃，年平均降水量为 1500 mm，年平均日照时数为 1604.7 小时，年平均无霜期为 334.1 天；地形部位为山坡地、缓坡地（石山坡麓）和阶地，以山坡地为主，占 73.5%；灌溉能力差，全部均为无灌溉条件，排水能力较好，均在中等以上等级；农田基础设施差，均为无农田基础设施；耕层平均厚度为 15.6 cm，质地以黏土和壤土为主。耕层土壤养分含量情况见表 1–42。土壤 pH 值为 5.7 ～ 7.9，主要呈微碱性和微酸性，以微碱性为主，占 73.5%。主要种植制度为一年一熟或一年两熟，种植作物以玉米、甘蔗、桑树和其他经济作物为主，玉米亩产在 300 kg 左右，甘蔗亩产为 4000 ～ 4500 kg。生产条件差，抗自然灾害能力弱，耕层及土层浅薄，耕层土壤大量元素含量中等偏低，有效硼含量极低，综合肥力属较低水平。

表 1-42　黄色石灰泥土耕层土壤养分含量统计表

统计样本数量：6

养分名称	平均值	标准差	变异系数（%）	养分名称	平均值	标准差	变异系数（%）
有机质（g/kg）	27.1	7.3	27.12	有效硫（mg/kg）	36.9	2.4	6.50
全氮（g/kg）	1.6	0.52	32.63	有效铁（mg/kg）	128.0	63.1	49.28
有效磷（mg/kg）	15.0	5	33.10	有效锰（mg/kg）	55.2	21.1	38.22
速效钾（mg/kg）	70.0	19.9	28.56	有效铜（mg/kg）	1.80	0.20	11.03
交换性钙（mg/kg）	1822.7	202.4	11.11	有效锌（mg/kg）	2.24	0.54	24.10
交换性镁（mg/kg）	71.6	17.9	25.06	有效硼（mg/kg）	0.18	0.11	61.93

（十九）火山灰泥土

广西 1991 年分类制土属代号：H1/2；广西第二次土壤普查土属代号：K30。

土属归属：砖红壤土类，砖红壤亚类。

本土属由玄武岩母质发育而成，共有 2.05 万亩，占广西耕地总面积 0.03%，主要分布于北海市。年平均有效积温为 7975 ℃，年平均降水量为 1626 mm，年平均日照时数为 2009 小时，年平均无霜期为 357.5 天；地形部位为平地和宽谷地，以平地为主，占 70.3%；土层较厚，厚度均大于 80 cm；剖面构型为 A-B-C 和 A-C；灌溉能力差，全部均为无灌溉条件；排水能力较好，均为中等以上等级；农田基础设施差，均为无农田基础设施；耕层平均厚度为 25.0 cm，质地为黏壤土和沙壤土，以黏壤土为主。耕层土壤养分平均含量：有机质为 23.7 g/kg、全氮为 1.18 g/kg、有效磷为 16.6 mg/kg、速效钾为 80 mg/kg、交换性钙为 1366.5 mg/kg、交换性镁为 93.8 mg/kg、有效硫为 109.4 mg/kg、有效铁为 21.6 mg/kg、有效锰为 44.2 mg/kg、有效铜为 1.32 mg/kg、有效锌为 0.98 mg/kg、有效硼为 0.88 mg/kg。土壤 pH 值为 5.1 ~ 7.1，主要呈中性和酸性，以酸性为主，占 70.3%。主要种植制度为一年一熟或一年两熟，种植作物以薯类和其他经济作物为主，薯类亩产 1500 kg 左右。生产条件差，抗自然灾害能力弱，耕层土壤大量元素含量中等偏低，有效锌和有效硼含量低，综合肥力属较低水平。

（二十）白粉泥土

广西 1991 年分类制土属代号：I1/2；广西第二次土壤普查土属代号：K18。

土属归属：粗骨土土类，硅质粗骨土亚类。

本土属由硅质页岩母质发育而成，共有 342.61 万亩，占广西耕地总面积 5.19%，主要分布于南宁市、来宾市、崇左市、河池市和百色市，其中来宾市及河池市分布面积较大。年平均有效积温为 6899 ℃，年平均降水量为 1451 mm，年平均日照时数为 1618.4 小时，年平均无霜期为 336.0 天；地形部位各类型均有分布，以缓坡地、山坡地和阶地为主；灌溉能力差，无灌溉条件面积所占的比例达 97.0%，有灌溉条件且达一般满足的比例只有 3.0%；排水能力较好，中等以上等级所占的比例达 92.8%，其他因地处低洼地则排水能力较弱；农田基础设施差，无农田基础设施所占比例达 95%；耕层平均厚度为 17.0 cm，质地为黏壤土、沙壤土和壤土，以黏壤土和沙壤土为主。耕层土壤养分含量情况见表 1-43。土壤 pH 值为 4.7 ～ 7.3，呈酸性和微酸性，以微酸性为主，占 64.4%。主要种植制度为一年一熟或一年两熟，种植作物以玉米、甘蔗、桑树和其他经济作物为主，玉米亩产为 300 ～ 350 kg，甘蔗亩产为 5000 ～ 5500 kg。生产条件差，抗自然灾害能力弱，耕层土壤大量元素及有效镁含量中等偏低，有效锌和有效硼含量低，综合肥力属低水平。

表 1-43　白粉泥土耕层土壤养分含量统计表

统计样本数量：309

养分名称	平均值	标准差	变异系数（%）	养分名称	平均值	标准差	变异系数（%）
有机质（g/kg）	26.3	4.3	16.21	有效硫（mg/kg）	45.6	19.1	41.81
全氮（g/kg）	1.49	0.25	16.73	有效铁（mg/kg）	60.6	26.4	43.54
有效磷（mg/kg）	19.3	6.4	33.04	有效锰（mg/kg）	52.7	32.7	62.06
速效钾（mg/kg）	73.0	19.3	26.54	有效铜（mg/kg）	1.88	1.19	63.25
交换性钙（mg/kg）	1319.3	452.6	34.31	有效锌（mg/kg）	2.17	1.81	83.48
交换性镁（mg/kg）	82.4	28.1	34.11	有效硼（mg/kg）	0.28	0.17	60.36

（二十一）复钙红黏泥土

广西 1991 年分类制土属代号：J1/2；广西第二次土壤普查土属代号：K8。

土属归属：红黏土土类，积钙红黏土亚类。

本土属由第四纪红土母质覆盖在石灰岩上发育而成，共有 26.27 万亩，占广西耕地总面积 0.40%，主要分布于南宁市、来宾市、崇左市、贵港市和百色市，其中南宁市、贵港市和百色市分布面积较大。年平均有效积温为 7316 ℃，年平均降水量为 1404 mm，年平均日照时数为 1662 小时，年平均无霜期为 341.7 天；地形部位为缓坡地、山坡地、平地和阶地，以缓坡地和平地为主，两者占 84.1%；灌溉能力差，无灌溉条件面积所占的比例达 94%，有灌溉条件且达一般满足的比例只有 5%；排水能力较好，全部达中等以上等级；农田基础设施差，无农田基础设施所占比例达 97%；耕层平均厚度为 14.4 cm，质地为黏壤土、沙壤土和壤土，以黏壤土和沙壤土为主，耕层含石砾量 10% ～ 30% 不等。耕层土壤养分含量情况见表 1-44。土壤 pH 值为 5.0 ～ 6.9，主要呈中性和微酸性，面积占比分别为 43.6% 和 46.8%。主要种植制度为一年一熟或一年两熟，种植作物以玉米、甘蔗、桑树和其他经济作物为主，玉米亩产为 300 ～ 350 kg，甘蔗亩产为 4500 ～ 5000 kg。生产条件差，抗自然灾害能力弱，耕层浅且含有一定的石砾，影响耕作，耕层土壤大量元素及有效镁含量中等偏低，有效硼含量低，综合肥力属中下水平。

表 1-44 复钙红粘泥土耕层土壤养分含量统计表

统计样本数量：23

养分名称	平均值	标准差	变异系数（%）	养分名称	平均值	标准差	变异系数（%）
有机质（g/kg）	28.8	7.9	27.54	有效硫（mg/kg）	26.6	7.80	29.36
全氮（g/kg）	1.58	0.41	26.28	有效铁（mg/kg）	53.8	31.5	58.46
有效磷（mg/kg）	16.9	3.9	22.98	有效锰（mg/kg）	47.5	32.3	68.02
速效钾（mg/kg）	77.0	16.7	21.64	有效铜（mg/kg）	1.15	0.66	57.31
交换性钙（mg/kg）	1135.5	291.6	25.68	有效锌（mg/kg）	1.31	0.55	41.61
交换性镁（mg/kg）	82.7	43.6	52.75	有效硼（mg/kg）	0.34	0.27	78.50

（二十二）洪积泥土

广西 1991 年分类制土属代号：K1/2；广西第二次土壤普查土属代号：X3。

土属归属：新积土土类，新积土亚类。

本土属由洪积物母质发育而成，共有 11.57 万亩，占广西耕地总面积 0.18%，主要分布于南宁市、柳州市、桂林市、来宾市、崇左市、贵港市和贺州市等，其中南宁市、桂林市、柳州市和贵港市面积较大。年平均有效积温为 6548 ℃，年平均降水量为 1564 mm，年平均日照时数为 1593.6 小时，年平均无霜期为 323.8 天；地形部位为缓坡地、山坡地、平地，以缓坡地和平地为主，两者面积占 75.0%；灌溉能力差，无灌溉条件面积所占的比例达 89.6%，有灌溉条件且达一般满足的比例只有 10.4%；排水能力较好，全部达中等以上等级；农田基础设施差，无农田基础设施占比达 90%；耕层平均厚度为 15.5 cm，质地为黏壤土、沙壤土和壤土，以黏壤土和沙壤土为主，耕层均含有不等的石砾。耕层土壤养分含量情况见表 1-45。土壤 pH 值为 5.1 ～ 7.5，主要呈酸性和微酸性，面积占比分别为 44.3% 和 44.8%。主要种植制度为一年一熟或一年两熟，种植作物以玉米、甘蔗和其他经济作物为主，玉米亩产为 350 ～ 400 kg，甘蔗亩产为 4500 ～ 5000 kg。生产条件差，抗自然灾害能力弱，耕层浅且含有一定量的石砾，影响耕作，耕层土壤大量元素及有效镁含量中等偏低，有效硼含量低，综合肥力属较低水平。

表 1-45 洪积泥土耕层土壤养分含量统计表

统计样本数量：19

养分名称	平均值	标准差	变异系数（%）	养分名称	平均值	标准差	变异系数（%）
有机质（g/kg）	29.6	6.9	23.18	有效硫（mg/kg）	39.6	15.5	39.06
全氮（g/kg）	1.73	0.46	26.47	有效铁（mg/kg）	98.6	37.3	37.84
有效磷（mg/kg）	18.6	5.1	27.37	有效锰（mg/kg）	46.7	29.4	62.93
速效钾（mg/kg）	74.0	22.7	30.88	有效铜（mg/kg）	2.64	1.03	39.18
交换性钙（mg/kg）	1259.6	434.8	34.52	有效锌（mg/kg）	2.34	1.22	52.05
交换性镁（mg/kg）	77.0	25.0	32.50	有效硼（mg/kg）	0.37	0.24	63.69

（二十三）海沙泥土

广西 1991 年分类制土属代号：K1/4；广西第二次土壤普查土属代号：Y4。

土属归属：新积土土类，新积土亚类。

本土属由滨海沉积物母质发育而成，分布于沿海河海过渡的滨海平原地带，共有 6.20 万亩，占广西耕地总面积 0.09%，主要分布于北海市等。年平均有效积温 7946 ℃，年平均降水量为 1817 mm，年平均日照时数为 1949.7 小时，年平均无霜期为 355.9 天；地形部位为阶地和平地；灌溉能力差，全部为无灌溉条件；排水能力较好，全部达中等以上等级；农田基础设施差，基本为无农田基础设施；耕层平均厚度为 20.0 cm，质地为沙壤土。耕层土壤养分含量情况见表 1-46。土壤 pH 值为 4.7 ～ 5.3，呈酸性。主要种植制度为一年一熟或一年两熟，种植作物以甘蔗、薯类和其他经济作物为主，甘蔗亩产为 4000 ～ 4500 kg，薯类亩产为 1000 ～ 1500 kg。生产条件差，抗自然灾害能力弱，耕层土壤大量元素含量中等偏低，有效镁、有效锰及有效硼含量低，综合肥力属较低水平。

表 1-46 海沙泥土耕层土壤养分含量统计表

统计样本数量：8

养分名称	平均值	标准差	变异系数（%）	养分名称	平均值	标准差	变异系数（%）
有机质（g/kg）	22.6	5.3	23.23	有效硫（mg/kg）	70.9	27.6	38.97
全氮（g/kg）	1.21	0.15	12.58	有效铁（mg/kg）	140.9	68.2	48.38
有效磷（mg/kg）	25.3	5.7	22.66	有效锰（mg/kg）	3.3	1.3	39.71
速效钾（mg/kg）	70.0	17.1	24.52	有效铜（mg/kg）	1.08	0.18	16.50
交换性钙（mg/kg）	830.9	178.6	21.50	有效锌（mg/kg）	0.87	0.23	26.42
交换性镁（mg/kg）	51.6	5.0	9.64	有效硼（mg/kg）	0.49	0.20	40.5

（二十四）黑黏泥土

广西 1991 年分类制土属代号：L1/2；广西第二次土壤普查土属代号：Z5。

土属归属：砂姜黑土土类，黑黏土亚类。

本土属由第三纪泥岩母质发育而成，分布的地区在历史上曾经是浅湖，上层为古沼泽湖积物地带，共有 10.86 万亩，占广西耕地总面积 0.16%，主要分布于百色市等。年平均有效积温为 7801 ℃，年平均降水量为 1241 mm，年平均日照时数为 1792.1 小时，年平均无霜期为 353.6 天；地形部位为阶地和平地；灌溉能力差，全部为无灌溉条件；排水能力较好，全部达中等以上等级；农田基础设施差，基本为无农田基础设施；耕层平均厚度为 21.5 cm，质地为黏壤土。耕层土壤养分含量情况见表 1–47。土壤 pH 值为 5.4 ～ 7.2，主要呈酸性和微酸性，面积分别占 14.9% 和 77.7%。主要种植制度为一年一熟，种植作物以甘蔗和其他经济作物为主，甘蔗亩产为 4000 ～ 4500 kg，生产条件差，抗自然灾害能力弱，耕层土壤大量元素含量中等偏低，有效硼含量极低，综合肥力属较低水平。

表 1–47 黑黏泥土耕层土壤养分含量统计表

统计样本数量：6

养分名称	平均值	标准差	变异系数（%）	养分名称	平均值	标准差	变异系数（%）
有机质（g/kg）	26.0	2.0	7.67	有效硫（mg/kg）	55.5	24.1	43.31
全氮（g/kg）	1.35	0.08	6.20	有效铁（mg/kg）	76.4	29.1	38.15
有效磷（mg/kg）	12.4	1.2	10.00	有效锰（mg/kg）	46.4	8.1	17.41
速效钾（mg/kg）	89.0	8.3	9.34	有效铜（mg/kg）	2.31	0.48	20.94
交换性钙（mg/kg）	1209.8	4.4	0.37	有效锌（mg/kg）	0.84	0.13	15.26
交换性镁（mg/kg）	138.0	3.9	2.85	有效硼（mg/kg）	0.13	0.09	0.72

（二十五）潮沙泥土

广西 1991 年分类制土属代号：N1/2；广西第二次土壤普查土属代号：W5。

土属归属：潮土土类，潮土亚类。

本土属由河流冲积物母质发育而成，广泛分布于广西各河流沿岸第一阶地或冲积平原地带，共有 12.66 万亩，占广西耕地总面积 0.19%，除百色市、河池市及防城港市分布面积较小外，其他各市均规模分布，其中桂林市、柳州市、贵港市和玉林市分布面积较大。年平均有效积温为 7223 ℃，年平均降水量为 1557 mm，年平均日照时数为 1686.3 小时，年平均无霜期为 338.4 天；地形部位主要为阶地、缓坡地和低洼地；灌溉能力一般，无灌溉条件占 48.3%，一般满足占 56.2%；排水能力较好，除有 9.7% 地处低洼地排水不良外，其余的均达中等以上等级；农田基础设施较差，完全配套和基本配套的比例仅为 18.2%，其余的为无农田基础设施或不配套；耕层平均厚度为 19.8 cm，质地为沙壤土或沙土。耕层土壤养分含量情况见表 1-48。土壤 pH 值为 4.8～6.5，主要呈酸性和微酸性，面积分别占 36.3% 和 63.2%。主要种植制度为一年一熟或一年两熟，种植作物以玉米、甘蔗和其他经济作物为主，甘蔗亩产为 4000～4500 kg，玉米亩产为 300 kg 左右；生产条件差，抗自然灾害能力弱，质地偏沙，耕层土壤大量元素含量中等偏低，交换性镁和有效硼含量低，综合肥力属中下水平。

表 1-48　潮沙泥土耕层土壤养分含量统计表

统计样本数量：21

养分名称	平均值	标准差	变异系数（%）	养分名称	平均值	标准差	变异系数（%）
有机质（g/kg）	25.8	3.7	14.43	有效硫（mg/kg）	40.6	19.6	48.22
全氮（g/kg）	1.49	0.23	15.66	有效铁（mg/kg）	70.6	34.6	49.01
有效磷（mg/kg）	18.3	6.6	36.39	有效锰（mg/kg）	26.7	22.1	82.84
速效钾（mg/kg）	65.0	9.6	14.75	有效铜（mg/kg）	2.03	1.43	70.42
交换性钙（mg/kg）	1094.8	324.3	29.62	有效锌（mg/kg）	2.08	2.08	99.92
交换性镁（mg/kg）	66.0	20.5	31.04	有效硼（mg/kg）	0.40	0.20	50.34

（二十六）潮泥土

广西 1991 年分类制土属代号：N1/4；广西第二次土壤普查土属代号：W6。

土属归属：潮土土类，潮土亚类。

本土属由河流冲积物母质发育而成，广泛分布于广西各河流沿岸第一阶地或冲积平原地带，共有 36.11 万亩，占广西耕地总面积 0.55%，广西各地均有分布，其中南宁市、桂林市、百色市、钦州市和玉林市分布面积较大。年平均有效积温为 7341 ℃，年平均降水量为 1467 mm，年平均日照时数为 1722.1 小时，年平均无霜期为 341.8 天；地形部位除谷地以外，其他 5 种类型均有分布，以缓坡地、阶地和平地为主，所占比例分别为 46.3%、29.4% 和 11.7%；灌溉能力一般，无灌溉条件占 51.2%，一般满足占 49.8%；排水能力较好，除 1.4% 地处低洼地排水不良外，其余的均达中等以上等级；农田基础设施一般，完全配套和基本配套的比例为 34.9%，其余的为无农田基础设施或不配套；耕层平均厚度为 19.2 cm，质地为沙壤土或壤土。耕层土壤养分含量情况见表 1-49。土壤 pH 值 4.8～6.8，微酸性、酸性和中性土壤面积所占比例分别为 49.3%、26.5% 和 24.2%。主要种植制度为一年一熟或一年两熟，种植作物以玉米、甘蔗和其他经济作物为主，甘蔗亩产为 5000～6000 kg，玉米亩产为 400～450 kg；生产条件一般，抗自然灾害能力不强，质地偏砂，耕层土壤大量元素含量中等偏低，有效硼含量低，综合肥力属中等水平。

表 1-49　潮泥土耕层土壤养分含量统计表

统计样本数量：51

养分名称	平均值	标准差	变异系数（%）	养分名称	平均值	标准差	变异系数（%）
有机质（g/kg）	27.1	5.4	19.88	有效硫（mg/kg）	40.7	19.8	48.66
全氮（g/kg）	1.52	0.27	17.50	有效铁（mg/kg）	84.2	36.0	42.75
有效磷（mg/kg）	22.4	7.8	34.83	有效锰（mg/kg）	32.5	18.9	58.35
速效钾（mg/kg）	74.0	18.2	24.48	有效铜（mg/kg）	2.45	1.05	43.01
交换性钙（mg/kg）	1204.6	389.5	32.34	有效锌（mg/kg）	1.70	1.23	72.30
交换性镁（mg/kg）	100.7	50.1	49.77	有效硼（mg/kg）	0.37	0.17	45.49

（二十七）石灰性潮沙泥土

广西 1991 年分类制土属代号：N2/2；广西第二次土壤普查土属代号：W7。

土属归属：潮土土类，石灰性潮土亚类。

本土属由河流冲积物母质发育而成，分布于岩溶地区河流冲积阶地或零星分布于其他冲积阶地，共有 0.96 万亩，占广西耕地总面积 0.01%，主要分布于梧州市。年平均有效积温为 7094 ℃，年平均降水量为 1473 mm，年平均日照时数为 1755.7 小时，年平均无霜期为 335.1 天；地形部位为阶地；灌溉能力差，均为无灌溉条件；排水能力较好，均为强等级；农田基础设施差，均为无农田基础设施或不配套；耕层平均厚度为 20.0 cm，质地为沙壤土。耕层土壤养分含量平均值：有机质为 36.4 g/kg、全氮 2.21 g/kg、有效磷为 23.3 mg/kg、速效钾为 58 mg/kg、交换性钙为 1053.8 mg/kg、交换性镁为 60.2 mg/kg、有效硫为 42.1 mg/kg、有效铁为 109.8 mg/kg、有效锰为 29.4 mg/kg、有效铜为 3.12 mg/kg、有效锌为 1.91 mg/kg、有效硼为 0.34 mg/kg。土壤 pH 值在 5.3 左右，呈酸性。主要种植制度为一年一熟或一年两熟，种植作物以经济作物为主，生产条件较差，抗自然灾害能力弱，质地偏沙，耕层土壤速效钾含量中等偏低，交换性镁和有效硼含量低，综合肥力属中下水平。

（二十八）浅红泥田

广西 1991 年分类制土属代号：Q1/1；广西第二次土壤普查土属代号：A1。

土属归属：水稻土土类，淹育型水稻土亚类。

本土属由第四纪红土母质发育而成，零星分布于剥蚀残丘和盆地边坡的梯田地带，共有 56.19 万亩，占广西耕地总面积 0.85%，除北海市、桂林市及贺州市外，广西其他各地均有分布，其中南宁市、贵港市和玉林市面积较大。年平均有效积温为 7419 ℃，年平均降水量为 1476 mm，年平均日照时数为 1688 小时，年平均无霜期为 345.1 天；地形部位除低洼地以外，其他 5 种类型均有分布，而以缓坡地、阶地和平地（灌溉条件较差平地）为主，所占比例分别为 20.6%、26.6% 和 41.3%；灌溉能力一般，主要有基本满足和一般满足两类，分别占 42.5% 和 54.6%；排水能力较好，中等以上等级面积占比达 93.4%；农田基础设施一般，完全配套和基本配套的比例仅为 68.1%，其余的为无农田基础设施或不配套；耕层平均厚度为 17.0 cm，质地为黏壤土或黏土。耕层土壤养分含量情况见表 1–50。土壤 pH 值为 5.2 ～ 7.7，主要呈微酸性和酸性，面积所占比例分别为 67.2% 和 18.8%。主要种植制度为一年一熟或一年两熟，种植作物以水稻、蔬菜和其他经济作物为主，水稻亩产为 450 ～ 500 kg。生产条件一般，抗自然灾害能力不强，质地偏黏，耕层土壤速效钾、交换性镁含量中等偏低，有效硼含量低，综合肥力属中上水平。

表 1–50　浅红泥田耕层土壤养分含量统计表

统计样本数量：77

养分名称	平均值	标准差	变异系数（%）	养分名称	平均值	标准差	变异系数（%）
有机质（g/kg）	30.7	6.4	21.01	有效硫（mg/kg）	46.5	21.1	45.48
全氮（g/kg）	1.75	0.33	18.99	有效铁（mg/kg）	114.7	52.6	45.86
有效磷（mg/kg）	19.2	6.5	33.90	有效锰（mg/kg）	29.7	20.8	70.06
速效钾（mg/kg）	71.0	16.4	23.06	有效铜（mg/kg）	2.54	1.10	43.21
交换性钙（mg/kg）	1286.5	366.6	28.50	有效锌（mg/kg）	1.52	1.27	83.72
交换性镁（mg/kg）	97.1	37.3	38.47	有效硼（mg/kg）	0.36	0.28	78.66

（二十九）浅沙泥田

广西 1991 年分类制土属代号：Q1/2；广西第二次土壤普查土属代号：A2。

土属归属：水稻土土类，淹育型水稻土亚类。

本土属由砂页岩母质发育而成，多分布于砂页岩山丘的缓坡地带，共有 38.63 万亩，占广西耕地总面积 0.58%，广西各地均有分布，其中南宁市、玉林市和钦州市面积较大。年平均有效积温为 7092 ℃，年平均降水量为 1555 mm，年平均日照时数为 1641 小时，年平均无霜期为 338.1 天；地形部位除低洼地外，其他 5 种类型均有分布，而以阶地、缓坡地和平地（灌溉条件较差的平地）为主，所占比例分别为 15.8%、28.2% 和 30.6%；灌溉能力一般，主要为基本满足和一般满足，分别占 42.4% 和 55.2%；排水能力较好，中等以上等级面积占比达 96.5%；农田基础设施一般，完全配套和基本配套的比例为 84.3%，其余的为无农田基础设施或不配套；耕层平均厚度为 17.3 cm，质地为沙壤土或壤土。耕层土壤养分含量情况见表 1–51。土壤 pH 值为 4.6 ～ 6.6，主要呈微酸性和酸性，面积所占比例分别为 50.2% 和 48.3%。主要种植制度为一年一熟或一年两熟，种植作物以水稻、蔬菜和其他经济作物为主，水稻亩产为 450～500 kg。生产条件一般，抗自然灾害能力不强，质地偏砂，耕层土壤速效钾、交换性镁含量中等偏低，有效硼含量低，综合肥力属中上水平。

表 1-51　浅沙泥田耕层土壤养分含量统计表

统计样本数量：94

养分名称	平均值	标准差	变异系数（%）	养分名称	平均值	标准差	变异系数（%）
有机质（g/kg）	30.0	5.7	19.10	有效硫（mg/kg）	40.3	18.2	45.07
全氮（g/kg）	1.72	0.35	20.12	有效铁（mg/kg）	117.1	65.9	56.30
有效磷（mg/kg）	20.3	8.8	43.24	有效锰（mg/kg）	31.3	36.1	115.20
速效钾（mg/kg）	66.0	16.9	25.58	有效铜（mg/kg）	3.69	5.36	145.18
交换性钙（mg/kg）	1079.3	430.7	39.90	有效锌（mg/kg）	1.99	2.41	121.20
交换性镁（mg/kg）	76.2	32.3	42.40	有效硼（mg/kg）	0.31	0.15	49.55

（三十）浅紫泥田

广西 1991 年分类制土属代号：Q1/3；广西第二次土壤普查土属代号：A7。

土属归属：水稻土土类，淹育型水稻土亚类。

本土属由紫色砂页岩母质发育而成，多分布于紫色砂岩、砾岩丘陵的梯田地带，共有 1.93 万亩，占广西耕地总面积 0.03%，南宁市、崇左市、钦州市和梧州市均有分布，其中崇左市和钦州市面积较大。年平均有效积温为 7334 ℃，年平均降水量为 1561 mm，年平均日照时数为 1692.8 小时，年平均无霜期为 340.1 天；地形部位以阶地和缓坡地为主，所占比例分别为 29% 和 43.7%；灌溉能力一般，主要有基本满足和一般满足两类，分别占 36.0% 和 64.0%；排水能力较好，中等以上等级面积占比达 85.8%；农田基础设施较差，完全配套和基本配套所占比例为 51.4%，其余的为无农田基础设施或不配套；耕层平均厚度为 18.8 cm，质地为沙壤土或壤土。耕层土壤养分含量情况见表 1-52。土壤 pH 值为 4.7～7.0，主要呈中性和酸性，面积所占比例分别为 23.2% 和 76.8%。主要种植制度为一年一熟或一年两熟，种植作物以水稻、蔬菜和其他经济作物为主，水稻亩产为 450～500 kg。生产条件一般，抗自然灾害能力不强，质地偏砂，耕层土壤大量元素含量中等偏低，交换性镁和有效硼含量低，综合肥力属中上水平。

表 1-52　浅紫泥田耕层土壤养分含量统计表

统计样本数量：9

养分名称	平均值	标准差	变异系数（％）	养分名称	平均值	标准差	变异系数（％）
有机质（g/kg）	27.2	6.7	24.69	有效硫（mg/kg）	35.9	11.0	30.62
全氮（g/kg）	1.63	0.29	17.83	有效铁（mg/kg）	98.9	26.7	27.01
有效磷（mg/kg）	18.2	5.8	31.78	有效锰（mg/kg）	24.5	17.2	70.12
速效钾（mg/kg）	84.0	25.9	31.00	有效铜（mg/kg）	1.46	0.38	26.04
交换性钙（mg/kg）	804.8	257.4	31.98	有效锌（mg/kg）	1.31	0.42	32.01
交换性镁（mg/kg）	67.6	38.9	57.56	有效硼（mg/kg）	0.26	0.12	46.85

（三十一）浅杂沙田

广西 1991 年分类制土属代号：Q1/4；广西第二次土壤普查土属代号：A5。

土属归属：水稻土土类，淹育型水稻土亚类。

本土属由花岗岩母质发育而成，共有 6.23 万亩，占广西耕地总面积 0.09%，钦州市、玉林市和防城港市等均有分布，其中钦州市和玉林市面积较大。年平均有效积温为 7492 ℃，年平均降水量为 1746 mm，年平均日照时数为 1703 小时，年平均无霜期为 347.1 天；地形部位除谷地外，其他各地形均有分布，以缓坡地、平地和山坡地为主，所占比例分别为 31.7%、28.1% 和 22.9%；灌溉能力一般，均达一般满足以上，以基本满足面积较大，比例达 77.9%；排水能力较好，中等以上等级面积占比达 96.9%；农田基础设施较好，完全配套和基本配套的比例为 76.1%，其余为无农田基础设施或不配套；耕层平均厚度为 17.1 cm，质地为沙壤土或壤土。耕层土壤养分含量情况见表 1-53。土壤 pH 值为 4.6 ～ 7.3，主要呈酸性，面积所占比例达 96.0%。主要种植制度为一年一熟或一年两熟，种植作物以水稻、蔬菜和其他经济作物为主，水稻亩产为 450 ～ 500 kg。生产条件一般，抗自然灾害能力不强，质地偏砂，耕层土壤速效钾含量中等偏低，交换性镁和有效硼含量低，综合肥力属中上水平。

表 1-53　浅杂沙田耕层土壤养分含量统计表

统计样本数量：34

养分名称	平均值	标准差	变异系数（％）	养分名称	平均值	标准差	变异系数（％）
有机质（g/kg）	30.4	6.2	20.46	有效硫（mg/kg）	47.7	15.4	32.25
全氮（g/kg）	1.74	0.29	16.90	有效铁（mg/kg）	105.5	38.8	36.75
有效磷（mg/kg）	26.9	6.2	23.20	有效锰（mg/kg）	20.3	24.5	120.56
速效钾（mg/kg）	58.0	7.5	12.93	有效铜（mg/kg）	3.21	0.96	29.81
交换性钙（mg/kg）	778.2	341.2	43.84	有效锌（mg/kg）	1.77	0.44	24.94
交换性镁（mg/kg）	51.7	18.6	35.97	有效硼（mg/kg）	0.46	0.19	41.44

（三十二）浅棕泥田

广西 1991 年分类制土属代号：Q1/6；广西第二次土壤普查土属代号：A6。

土属归属：水稻土土类，淹育型水稻土亚类。

本土属由石灰岩母质发育而成，主要分布于岩溶地区，共有 4.23 万亩，占广西耕地总面积 0.06%，主要分布于河池市、崇左市、百色市和南宁市等，其中河池市及崇左市面积较大。年平均有效积温为 7162 ℃，年平均降水量为 1477 mm，年平均日照时数为 1559.3 小时，年平均无霜期为 344.7 天；地形部位除低洼地以外，其他各地形均有分布，以谷地、平地（灌溉条件差的平地）和阶地为主，所占比例分别为 49.7%、17.8% 和13.2%；灌溉能力一般，为基本满足或一般满足以上，以基本满足为主，比例达 89.0%；排水能力较好，中等以上等级面积占比达 92.7%；农田基础设施较好，完全配套和基本配套的比例为 70.1%，其余的为无农田基础设施或不配套；耕层平均厚度为 17.1 cm，质地为黏壤土或黏土。耕层土壤养分含量情况见表 1–54。土壤 pH 值为 5.2 ～ 8.0，主要呈中性和微酸性，面积所占比例分别为 44.0% 和 38.0%。主要种植制度为一年一熟或一年两熟，种植作物以水稻、玉米和其他经济作物为主，水稻亩产为 450 ～ 500 kg，玉米亩产为 300 ～ 350 kg。生产条件一般，抗自然灾害能力不强，质地偏黏，耕层土壤速效钾含量中等偏低，有效硼含量低，综合肥力属中等水平。

表 1–54 浅棕泥田耕层土壤养分含量统计表

统计样本数量：17

养分名称	平均值	标准差	变异系数（%）	养分名称	平均值	标准差	变异系数（%）
有机质（g/kg）	30.5	5.2	16.97	有效硫（mg/kg）	37.4	20.1	53.61
全氮（g/kg）	1.77	0.33	18.46	有效铁（mg/kg）	85.0	44.7	52.58
有效磷（mg/kg）	19.1	5.8	30.60	有效锰（mg/kg）	38.7	16.8	43.44
速效钾（mg/kg）	70.0	22.4	31.96	有效铜（mg/kg）	3.1	0.70	22.53
交换性钙（mg/kg）	1199.6	447.4	37.30	有效锌（mg/kg）	1.78	0.89	50.30
交换性镁（mg/kg）	104.0	34.2	32.87	有效硼（mg/kg）	0.13	0.09	65.76

（三十三）浅石砾田

广西 1991 年分类制土属代号：Q1/7；广西第二次土壤普查土属代号：A4。

土属归属：水稻土土类，淹育型水稻土亚类。

本土属由石灰岩母质发育而成，主要分布于山区冲积扇、缓坡梯田及古河道河谷阶地等，共有 6.73 万亩，占广西耕地总面积 0.10%，主要分布于桂林市、河池市、贺州市和南宁市等，面积均在万亩以上。年平均有效积温为 6734 ℃，年平均降水量为

1614 mm，年平均日照时数为 1578.9 小时，年平均无霜期为 329.5 天；地形部位主要为缓坡地、平地（灌溉条件差的平地）和阶地，所占比例分别为 35.9%、28.3% 和 26.6%；灌溉能力一般，为基本满足或一般满足以上；排水能力较好，均达中等以上等级；农田基础设施较好，完全配套和基本配套所占比例为 80.1%，其余的为无农田基础设施或不配套；耕层平均厚度为 15.6 cm，质地为黏壤土或沙壤土。耕层土壤养分含量情况见表 1–55。土壤 pH 值为 5.1 ～ 6.0，呈微酸性和酸性，面积所占比例分别为 85.2% 和 14.8%。主要种植制度为一年一熟或一年两熟，种植作物以水稻和其他经济作物为主，水稻亩产为 450 ～ 500 kg。生产条件一般，抗自然灾害能力不强，耕层较浅，耕层土壤速效钾含量中等偏低，有效硼含量低，综合肥力属中等水平。

表 1–55 浅石砾田耕层土壤养分含量统计表

统计样本数量：11

养分名称	平均值	标准差	变异系数（%）	养分名称	平均值	标准差	变异系数（%）
有机质（g/kg）	31.5	2.9	9.14	有效硫（mg/kg）	36.7	13.1	35.78
全氮（g/kg）	1.87	0.2	10.70	有效铁（mg/kg）	123.9	33.6	27.14
有效磷（mg/kg）	22.0	7.1	32.40	有效锰（mg/kg）	25.0	17.0	68.26
速效钾（mg/kg）	64.0	10.9	16.93	有效铜（mg/kg）	3.06	1.42	46.42
交换性钙（mg/kg）	1195.4	267.7	22.40	有效锌（mg/kg）	1.65	0.81	49.14
交换性镁（mg/kg）	79.6	35.0	44.01	有效硼（mg/kg）	0.28	0.10	35.42

（三十四）浅潮泥田

广西 1991 年分类制土属代号：Q1/8；广西第二次土壤普查土属代号：A3。

土属归属：水稻土土类，淹育型水稻土亚类。

本土属由河流冲积物母质发育而成，分布于近河流的河漫滩和河流阶地等地带，共有 10.70 万亩，占广西耕地总面积 0.16%，主要分布于桂林市、河池市、北海市、钦州市、梧州市、玉林市和南宁市等，其中南宁市、玉林市和北海市面积较大。年平均有效积温为 7309 ℃，年平均降水量为 1638 mm，年平均日照时数为 1704.7 小时，年平均无霜期为 342.8 天；地形部位主要为缓坡地、阶地和平地（灌溉条件差的平地），面积所占比例分别为 42.8%、32.8% 和 23.2%；灌溉能力一般，为基本满足或一般满足以上；排水能力较好，均达中等以上等级，面积占 95.8%；农田基础设施一般，完全配套和基本配套的比例为 75.5%，其余的为无农田基础设施或不配套；耕层平均厚度为 17.3 cm，质地为黏壤土、沙壤土和壤土，以沙壤土为主。耕层土壤养分含量情况见表 1–56。土壤 pH 值为 4.7 ～ 7.0，主要呈微酸性和酸性，面积所占比例分别为 58.7% 和 39.4%。主要种植制度为一年一熟或一年两熟，种植作物以水稻和其他经济作物为主，水稻亩产为 500 kg 左右。生产条件一般，抗自然灾害能力不强，耕层较浅，耕层土壤速效钾含量中等偏低，有效硼含量低，综合肥力属中上水平。

表 1-56　浅潮泥田耕层土壤养分含量统计表

统计样本数量：16

养分名称	平均值	标准差	变异系数（%）	养分名称	平均值	标准差	变异系数（%）
有机质（g/kg）	28.9	6.3	21.65	有效硫（mg/kg）	42.0	36.3	86.49
全氮（g/kg）	1.68	0.41	24.64	有效铁（mg/kg）	113.9	42.4	37.24
有效磷（mg/kg）	19.0	7.1	37.52	有效锰（mg/kg）	17.7	12.6	71.17
速效钾（mg/kg）	65.0	18.3	27.99	有效铜（mg/kg）	2.58	0.98	38.00
交换性钙（mg/kg）	998.4	437.2	43.79	有效锌（mg/kg）	1.47	0.58	39.26
交换性镁（mg/kg）	63.6	20.5	32.19	有效硼（mg/kg）	0.43	0.45	102.43

（三十五）浅白粉泥田

广西 1991 年分类制土属代号：Q1/9；广西第二次土壤普查土属代号：A10。

土属归属：水稻土土类，淹育型水稻土亚类。

本土属由硅质页岩物母质发育而成，分布于硅质砂页岩与灰岩区等地带，共有 11.73 万亩，占广西耕地总面积 0.18%，主要分布于百色市、崇左市、来宾市和柳州市等，其中来宾市和柳州市面积较大。年平均有效积温为 6804 ℃，年平均降水量为 1437 mm，年平均日照时数为 1612 小时，年平均无霜期为 333.9 天；各地形部位均有分布，以平地（灌溉条件差的平地）、山坡地和缓坡地为主，面积所占比例分别为 29.3%、23.6% 和 18.7%；排水能力较好，均达中等以上等级，面积所占比例为 96.2%；农田基础设施一般，完全配套和基本配套所占比例为 77.5%，其余的为无农田基础设施或不配套；耕层平均厚度为 13.4 cm，质地为黏壤土、沙壤土和壤土，以沙壤土面积较大。耕层土壤养分含量情况见表 1-57。土壤 pH 值为 5.4 ~ 7.3，主要呈中性和微酸性，面积所占比例分别为 42.2% 和 50.1%。主要种植制度为一年一熟或一年两熟，种植作物以水稻、玉米和其他经济作物为主，水稻亩产为 400 ~ 450 kg，玉米亩产为 300 ~ 350 kg。生产条件一般，抗自然灾害能力弱，耕层较浅，质地偏砂，耕层土壤速效钾含量中等偏低，有效硼含量低，综合肥力属低水平。

表 1–57 浅白粉泥田耕层土壤养分含量统计表

统计样本数量：46

养分名称	平均值	标准差	变异系数（%）	养分名称	平均值	标准差	变异系数（%）
有机质（g/kg）	29.3	4.2	14.21	有效硫（mg/kg）	59.3	18.4	31.11
全氮（g/kg）	1.62	0.27	16.63	有效铁（mg/kg）	66.5	27.1	40.69
有效磷（mg/kg）	20.8	5.0	23.96	有效锰（mg/kg）	37.0	15.0	40.47
速效钾（mg/kg）	67.0	13.1	19.42	有效铜（mg/kg）	2.43	1.06	43.72
交换性钙（mg/kg）	1081.2	384.7	35.58	有效锌（mg/kg）	3.09	3.62	117.15
交换性镁（mg/kg）	95.2	35.8	37.59	有效硼（mg/kg）	0.29	0.13	43.76

（三十六）浅黄沙田

广西 1991 年分类制土属代号：Q1/10；广西第二次土壤普查土属代号：A11。

土属归属：水稻土土类，淹育型水稻土亚类。

本土属由滨海沉积物母质发育而成，分布于沿海台地等地带，共有 0.82 万亩，占广西耕地总面积 0.01%，主要分布于北海市等。年平均有效积温为 7981 ℃，年平均降水量为 1777 mm，年平均日照时数为 1970.3 小时，年平均无霜期为 354.2 天；地形部位为平地（灌溉条件差的平地）和阶地，面积所占比例分别为 42.5% 和 57.5%；灌溉能力较好，均为基本满足或一般满足以上；排水能力较差，均为较弱等级；农田基础设施较差，为无农田基础设施或不配套；耕层平均厚度为 17.3 cm，质地为沙壤土。耕层土壤养分含量情况见表 1–58。土壤 pH 值为 4.6 ～ 5.2，呈酸性。主要种植制度为一年一熟或一年两熟，种植作物以水稻、玉米和其他经济作物为主，水稻亩产为 400 kg 左右，玉米亩产为 300 ～ 350 kg。生产条件较差，抗自然灾害能力弱，耕层较浅，土壤酸度大，质地偏砂，耕层土壤速效钾含量中等偏低，有效锰含量极低，有效锌和有效硼含量低，综合肥力属中下水平。

表 1–58 浅黄沙田耕层土壤养分含量统计表

统计样本数量：6

养分名称	平均值	标准差	变异系数（%）	养分名称	平均值	标准差	变异系数（%）
有机质（g/kg）	26.6	2.7	10.16	有效硫（mg/kg）	53.1	23.9	44.98
全氮（g/kg）	1.14	0.17	14.61	有效铁（mg/kg）	76.6	23.9	31.18
有效磷（mg/kg）	43.5	4.1	9.34	有效锰（mg/kg）	1.7	0.40	21.36
速效钾（mg/kg）	72.0	15.9	22.15	有效铜（mg/kg）	1.00	0.51	51.00
交换性钙（mg/kg）	1012.5	46.2	4.57	有效锌（mg/kg）	0.45	0.10	21.56
交换性镁（mg/kg）	50.6	5.6	11.00	有效硼（mg/kg）	0.42	0.07	15.98

（三十七）黄泥田

广西 1991 年分类制土属代号：Q2/1；广西第二次土壤普查土属代号：B1。

土属归属：水稻土土类，潴育型水稻土亚类。

本土属由第四纪红土母质发育而成，主要分布于第四纪红土覆盖的丘陵、台地及盆地中垌田地带，共有 330.93 万亩，占广西耕地总面积 5.01%，广西各市均有分布，其中南宁市、百色市和贵港市面积较大，均在 50 万亩以上。年平均有效积温为 6763 ℃，年平均降水量为 1528 mm，年平均日照时数为 1601.1 小时，年平均无霜期为 332.8 天；各地形部位均有分布，主要以平地、阶地、缓坡地和谷地为主，面积所占比例分别为 34.8%、26.7%、15.5% 和 11.3%；灌溉能力较好，均为一般满足以上，其中充分满足占 8.7%，基本满足和一般满足分别占 59.1% 和 32.2%；排水能力较好，其中中等等级占 58.1%，弱和较弱两个等级仅占 9.4%；农田基础设施一般，无农田基础设施和不配套面积仅占 17.4%，其他农田均在基本配套以上等级；耕层平均厚度为 17.0 cm，质地为黏壤土、沙壤土和壤土，所占比例分别为 52.8%、23.5% 和 14.4%。耕层土壤养分含量情况见表 1-59。土壤 pH 值为 4.6 ～ 8.0，主要呈微酸性和酸性，面积分别占 48.7% 和 44.9%。主要种植制度为一年一熟或一年两熟，种植作物以水稻、蔬菜和其他经济作物为主，水稻亩产为 450 ～ 500 kg。生产条件较好，耕层较浅，耕层土壤速效钾及交换性镁含量中等偏低，有效硼含量低，综合肥力属中上水平。

表 1-59 黄泥田耕层土壤养分含量统计表

统计样本数量：584

养分名称	平均值	标准差	变异系数（%）	养分名称	平均值	标准差	变异系数（%）
有机质（g/kg）	32.4	5.9	18.17	有效硫（mg/kg）	39.2	18.6	47.41
全氮（g/kg）	1.87	0.34	18.09	有效铁（mg/kg）	129.6	65.6	50.67
有效磷（mg/kg）	17.9	5.8	32.56	有效锰（mg/kg）	27.0	20.9	77.22
速效钾（mg/kg）	68.0	17.6	26.02	有效铜（mg/kg）	3.97	3.84	96.65
交换性钙（mg/kg）	1149.7	375.7	32.68	有效锌（mg/kg）	2.20	1.51	68.60
交换性镁（mg/kg）	85.7	34.1	39.72	有效硼（mg/kg）	0.35	0.25	70.70

（三十八）沙泥田

广西 1991 年分类制土属代号：Q2/2；广西第二次土壤普查土属代号：B2。

土属归属：水稻土土类，潴育型水稻土亚类。

本土属由砂页岩母质发育而成，主要分布于砂页岩丘陵垌田及山区谷地地带，共有 1149.71 万亩，占广西耕地总面积 17.40%，广西各市均有分布，其中南宁市、桂林市、柳州市、玉林市、贵港市、来宾市和百色市面积较大，均在 100 万亩以上。年平均有效积温为 6763 ℃，年平均降水量为 1599 mm，年平均日照时数为 1596.6 小时，年平均无霜期为 330.9 天；各地形部位均有分布，主要以缓坡地、阶地、平地和谷地为主，面积所占比例分别 29.7%、23.8%、22.7% 和 11.4%；灌溉能力较好，均为一般满足以上，其中充分满足占 8.2%，基本满足和一般满足分别占 67.5% 和 24.3%；排水能力较好，弱和较弱两个等级面积仅占 9.2%；农田基础设施较好，无农田基础设施和不配套面积仅占 18.8%，其他农田均在基本配套以上等级；耕层平均厚度为 16.8 cm，质地主要为沙壤土、黏壤土和壤土，所占比例分别为 37.9%、34.5% 和 22.6%。耕层土壤养分含量情况见表 1-60。土壤 pH 值为 4.1 ～ 7.9，主要呈微酸性和酸性，面积分别占 40.6% 和 54.3%。主要种植制度为一年一熟或一年两熟，种植作物以水稻、蔬菜和其他经济作物为主，水稻亩产为 450 ～ 500 kg。生产条件较好，耕层较浅，耕层土壤速效钾及交换性镁含量中等偏低，有效硼含量低，综合肥力属中上水平。

表 1-60　沙泥田耕层土壤养分含量统计表

统计样本数量：2648

养分名称	平均值	标准差	变异系数（%）	养分名称	平均值	标准差	变异系数（%）
有机质（g/kg）	31.3	5.5	17.63	有效硫（mg/kg）	39.1	21.6	55.23
全氮（g/kg）	1.83	0.35	18.92	有效铁（mg/kg）	121.7	66.9	54.94
有效磷（mg/kg）	18.0	6.1	34.13	有效锰（mg/kg）	23.6	23.0	97.40
速效钾（mg/kg）	65.0	17.7	27.14	有效铜（mg/kg）	5.27	9.74	184.91
交换性钙（mg/kg）	1046.6	416.5	39.80	有效锌（mg/kg）	2.59	2.63	101.77
交换性镁（mg/kg）	76.8	33.7	43.90	有效硼（mg/kg）	0.33	0.23	69.43

（三十九）紫泥田

广西 1991 年分类制土属代号：Q2/3；广西第二次土壤普查土属代号：B7。

土属归属：水稻土土类，潴育型水稻土亚类。

本土属由紫色砂页岩母质发育而成，主要分布于紫色砂岩、砾岩丘陵峒田或冲田地带，共有 175.84 万亩，占广西耕地总面积 2.66%，广西除北海市、百色市、桂林市和河池市外，其他各市均有分布，其中南宁市、玉林市、贵港市、梧州市和崇左市面积较大，均在 10 万亩以上。年平均有效积温为 7218 ℃，年平均降水量为 1521 mm，年平均日照时数为 1696.5 小时，年平均无霜期为 337.6 天；各地形部位均有分布，主要以平地、缓坡地和阶地为主，面积所占比例分别为 40.5%、22.0% 和 15.5%；灌溉能力较好，均为一般满足以上，其中充分满足占 14.5%，基本满足和一般满足分别占 66.5% 和 19.0%；排水能力较好，弱和较弱两个等级面积仅占 9.7%；农田基础设施一般，无农田基础设施和不配套面积仅占 16.1%，其他农田均在基本配套以上等级；耕层平均厚度为 18.3 cm，质地主要为黏壤土、沙壤土和壤土，所占比例分别是 40.4%、26.3% 和 22.6%。耕层土壤养分含量情况见表 1–61。土壤 pH 值为 4.5 ~ 7.6，主要呈微酸性和酸性，面积分别占43.3% 和 55.58%。主要种植制度为一年一熟或一年两熟，种植作物以水稻、蔬菜和其他经济作物为主，水稻亩产为 450 ~ 500 kg。生产条件较好，耕层适中，耕层主要大量元素及交换性镁含量中等偏低，有效硼含量低，综合肥力属中上水平。

表 1–61 紫泥田耕层土壤养分含量统计表

统计样本数量：347

养分名称	平均值	标准差	变异系数（%）	养分名称	平均值	标准差	变异系数（%）
有机质（g/kg）	27.8	5.5	19.77	有效硫（mg/kg）	48.5	29.5	60.85
全氮（g/kg）	1.63	0.33	20.17	有效铁（mg/kg）	134.7	57.7	42.83
有效磷（mg/kg）	16.5	5.8	35.29	有效锰（mg/kg）	25.6	16.9	66.01
速效钾（mg/kg）	68.0	15	21.87	有效铜（mg/kg）	2.59	2.90	111.86
交换性钙（mg/kg）	1157.4	446.9	38.61	有效锌（mg/kg）	1.75	1.04	59.31
交换性镁（mg/kg）	86.3	40.1	46.52	有效硼（mg/kg）	0.23	0.13	59.78

（四十）杂沙田

广西 1991 年分类制土属代号：Q2/4；广西第二次土壤普查土属代号：B5。

土属归属：水稻土土类，潴育型水稻土亚类。

本土属由花岗岩及其他酸性岩风化物发育而成，主要分布于花岗岩谷地的山冲田和垌田地带，共有 339.45 万亩，占广西耕地总面积 5.14%，广西除桂林市、北海市、百色市、来宾市和河池市外，其他各市均有分布，其中玉林市、钦州市和梧州市面积较大，均在 50 万亩以上。年平均有效积温为 7120 ℃，年平均降水量为 1664 mm，年平均日照时数为 1681.3 小时，年平均无霜期为 337.2 天；各地形部位均有分布，主要以平地、缓坡地和阶地为主，面积所占比例分别为 30.7%、27.3% 和 14.1%；灌溉能力较好，均为一般满足以上，其中充分满足占 7.8%，基本满足和一般满足分别占 70.4% 和 21.8%；排水能力较好，弱和较弱两个等级面积仅占 8.1%；农田基础设施一般，无农田基础设施和不配套面积占 18.3%，其他农田均在基本配套以上等级；耕层平均厚度为 18.3 cm，质地主要为沙壤土、黏壤土和壤土，所占比例分别是 57.5%、30.5% 和 10.5%。耕层土壤养分含量情况见表 1–62。土壤 pH 值为 4.6 ~ 6.8，主要呈酸性，面积占 83.0%。主要种植制度为一年一熟或一年两熟，种植作物以水稻、蔬菜和其他经济作物为主，水稻亩产为500 kg 左右。生产条件较好，耕层适中，耕层土壤速效钾含量偏低，交换性镁和有效硼含量低，综合肥力属中上水平。

表 1-62 杂沙田耕层土壤养分含量统计表

统计样本数量：1015

养分名称	平均值	标准差	变异系数（%）	养分名称	平均值	标准差	变异系数（%）
有机质（g/kg）	33.6	5.9	17.53	有效硫（mg/kg）	37.1	16.2	43.70
全氮（g/kg）	1.87	0.35	18.73	有效铁（mg/kg）	133.3	50.3	37.75
有效磷（mg/kg）	21.2	6.0	28.37	有效锰（mg/kg）	17.5	16.0	91.77
速效钾（mg/kg）	64.0	15.3	24.01	有效铜（mg/kg）	2.51	1.29	51.15
交换性钙（mg/kg）	925.9	286.1	30.90	有效锌（mg/kg）	2.18	0.98	45.08
交换性镁（mg/kg）	63.5	21.8	34.36	有效硼（mg/kg）	0.34	0.24	70.25

（四十一）黏土田

广西 1991 年分类制土属代号：Q2/5；广西第二次土壤普查土属代号：B11。

土属归属：水稻土土类，潴育型水稻土亚类。

本土属由玄武岩母质发育而成，共有 0.53 万亩，占广西耕地总面积 0.01%，主要分布于北海市。年平均有效积温为 7778 ℃，年平均降水量为 1734 mm，年平均日照时数为 1888.5 小时，年平均无霜期为 353.8 天；地形部位以阶地为主；灌溉能力较好，均为基本满足等级，排水能力中等；农田基础设施一般，主要为基本配套；耕层平均厚度为 20.0 cm，质地为黏壤土。耕层土壤养分含量平均值：有机质为 30.6 g/kg、全氮为 1.69 g/kg、有效磷为 20.7 mg/kg、速效钾为 83 mg/kg、交换性钙为 1104.9 mg/kg、交换性镁为 65 mg/kg、有效硫为 203.0 mg/kg、有效铁为 57.7 mg/kg、有效锰为 23.5 mg/kg、有效铜为 1.31 mg/kg、有效锌为 0.97 mg/kg、有效硼为 2.3 mg/kg。土壤 pH 值为 5.3 左右，呈酸性。主要种植制度为一年一熟或一年两熟，种植作物以水稻、蔬菜和其他经济作物为主，水稻亩产为 450 kg 左右。生产条件较好，耕层较厚，耕层土壤速效钾含量中等偏低，交换性镁和有效锌含量低，综合肥力属较高水平。

（四十二）棕泥田

广西 1991 年分类制土属代号：Q2/6；广西第二次土壤普查土属代号：B6。

土属归属：水稻土土类，潴育型水稻土亚类。

本土属由石灰岩母质发育而成，主要分布于峰丛、峰林谷地及溶蚀盆地地带，共有 23.70 万亩，占广西耕地总面积 0.36%，广西除北海市、钦州市、防城港市、玉林市、贺州市和梧州市外，其他各市均有分布，其中贵港市、河池市、百色市和来宾市面积较大，均在 2 万亩以上。年平均有效积温为 6759 ℃，年平均降水量为 1518 mm，年平均日照时数为 1569.4 小时，年平均无霜期为 333.4 天；各地形部位均有分布，主要以平地和缓坡地为主，面积所占比例分别为 63.5% 和 17.8%；灌溉能力较好，均为一般满足以上，其中基本满足和一般满足分别占 76.0% 和 23.5%；排水能力较好，弱和较弱两个等级面积仅占 8.0%；农田基础设施一般，无农田基础设施和不配套面积占 22.9%，其他农田均在基本配套以上等级；耕层平均厚度为 16.1 cm，质地主要为黏壤土和壤土，所占比例分别为 38.9 和 34.6%。耕层土壤养分含量情况见表 1–63。土壤 pH 值为 5.0～7.5，主要呈中性和微酸性，面积分别占 18.4% 和 74.0%。主要种植制度为一年一熟或一年两熟，种植作物以水稻、玉米、蔬菜和其他经济作物为主，水稻亩产为 450～500 kg，玉米亩产为 350～400 kg。生产条件较好，耕层较浅，耕层土壤有效磷和速效钾含量中等偏低，有效硼含量低，综合肥力属中上水平。

表 1–63 棕泥田耕层土壤养分含量统计表

统计样本数量：42

养分名称	平均值	标准差	变异系数（%）	养分名称	平均值	标准差	变异系数（%）
有机质（g/kg）	33.3	7.9	23.57	有效硫（mg/kg）	40.0	17.0	42.59
全氮（g/kg）	1.88	0.43	23.04	有效铁（mg/kg）	88.8	31.4	35.34
有效磷（mg/kg）	16.8	4.9	29.02	有效锰（mg/kg）	41.3	31.8	77.11
速效钾（mg/kg）	79.0	21.1	26.62	有效铜（mg/kg）	3.24	1.86	57.34
交换性钙（mg/kg）	1432.3	391.5	27.33	有效锌（mg/kg）	3.34	3.65	109.19
交换性镁（mg/kg）	105.6	33.7	31.96	有效硼（mg/kg）	0.25	0.18	71.33

（四十三）石砾田

广西 1991 年分类制土属代号：Q2/7；广西第二次土壤普查土属代号：B4。

土属归属：水稻土土类，潴育型水稻土亚类。

本土属由洪积物母质发育而成，分布于山冲、谷地或低丘陵前的洪积地带，共有 70.68 万亩，占广西耕地总面积 1.07%，广西除北海市、钦州市、防城港市外，其他各市均有分布，其中桂林市、贺州市、百色市、玉林市、南宁市和河池市等面积较大，均在 5 万亩以上。年平均有效积温为 6548 ℃，年平均降水量为 1562 mm，年平均日照时数为 1578.9 小时，年平均无霜期为 329.5 天；各地形部位均有分布，主要以平地、缓坡地和阶地为主，面积所占比例分别为 32.5%、32.1% 和 20.8%；灌溉能力较好，均为一般满足以上，其中基本满足和一般满足分别占 78.1% 和 13.5%，充分满足面积只占 8.4%；排水能力较好，弱和较弱两个等级的面积仅占 10.9%；农田基础设施较好，无农田基础设施和不配套的面积仅占 9.2%，其他农田均在基本配套以上等级；耕层平均厚度为 16.1 cm，质地主要为黏壤土、沙壤土和壤土，所占比例分别为 49.5%、20.0% 和 19.6%。耕层土壤养分含量情况见表1-64。土壤pH值为4.9～7.5，主要呈微酸性和酸性，面积分别占49.6%和46.3%。主要种植制度为一年一熟或一年两熟，种植作物以水稻、玉米、蔬菜和其他经济作物为主，水稻亩产为450～500 kg，玉米亩产为350～400 kg。生产条件较好，耕层较浅，耕层土壤有效磷、速效钾和交换性镁含量中等偏低，有效硼含量低，综合肥力属中上水平。

表1-64　石砾田耕层土壤养分含量统计表

统计样本数量：172

养分名称	平均值	标准差	变异系数（%）	养分名称	平均值	标准差	变异系数（%）
有机质（g/kg）	31.1	4.7	14.99	有效硫（mg/kg）	39.1	22.1	56.44
全氮（g/kg）	1.79	0.32	17.67	有效铁（mg/kg）	141.4	88.0	62.20
有效磷（mg/kg）	19.2	6.9	35.96	有效锰（mg/kg）	27.3	22.3	81.80
速效钾（mg/kg）	67.0	21.4	32.19	有效铜（mg/kg）	4.04	4.71	116.66
交换性钙（mg/kg）	1068	298.2	27.92	有效锌（mg/kg）	2.33	1.57	67.53
交换性镁（mg/kg）	78.3	34.0	43.36	有效硼（mg/kg）	0.32	0.15	45.76

（四十四）潮泥田

广西1991年分类制土属代号：Q2/8；广西第二次土壤普查土属代号：B3。

土属归属：水稻土土类，潴育型水稻土亚类。

本土属由冲积物母质发育而成，分布于河流阶地、平原及近河地带，共有221.29万亩，占广西耕地总面积3.35%，广西各市均有分布，其中南宁市、桂林市、梧州市、北海市、贺州市、贵港市、玉林市、来宾市和防城港市等面积较大，均在10万亩以上。年平均有效积温为6988℃，年平均降水量为1635 mm，年平均日照时数为1657.5小时，年平均无霜期为334.3天；各地形部位均有分布，主要以阶地、平地和缓坡地为主，面积所占比例分别为53.2%、25.3%和14.4%；灌溉能力较好，均为一般满足以上，其中基本满足和一般满足分别占70.6%和20.3%，充分满足面积只占9.1%；排水能力较好，弱和较弱两个等级面积仅占8.3%；农田基础设施较好，无农田基础设施和不配套面积仅占8.8%，其他农田均在基本配套以上等级；耕层平均厚度为17.3 cm，质地主要为黏壤土、沙壤土和壤土，所占比例分别为38.4%、35.6%和22.8%。耕层土壤养分含量情况见表1-65。土壤pH值为4.7～7.5，呈微酸性和酸性，面积分别占17.0%和83.0%。主要种植制度为一年一熟或一年两熟，种植作物以水稻、玉米、蔬菜和其他经济作物为主，水稻亩产为450～500 kg，玉米亩产为350～400 kg。生产条件较好，耕层偏浅，耕层速效钾含量中等偏低，交换性镁和有效硼含量低，综合肥力属中上水平。

表 1-65 潮泥田耕层土壤养分含量统计表

统计样本数量：503

养分名称	平均值	标准差	变异系数（%）	养分名称	平均值	标准差	变异系数（%）
有机质（g/kg）	30.3	5.4	17.85	有效硫（mg/kg）	38.0	19.6	51.68
全氮（g/kg）	1.75	0.32	18.40	有效铁（mg/kg）	116.8	52.7	45.12
有效磷（mg/kg）	20.2	6.0	29.53	有效锰（mg/kg）	20.8	21.9	105.10
速效钾（mg/kg）	64.0	16.8	26.23	有效铜（mg/kg）	3.07	2.81	91.44
交换性钙（mg/kg）	980.2	356.2	36.34	有效锌（mg/kg）	2.05	1.54	75.19
交换性镁（mg/kg）	66.2	31.2	47.06	有效硼（mg/kg）	0.34	0.20	58.67

（四十五）白粉泥田

广西 1991 年分类制土属代号：Q2/9；广西第二次土壤普查土属代号：B9。

土属归属：水稻土土类，潴育型水稻土亚类。

本土属由硅质页岩母质发育而成，分布于岩溶地区的硅质灰岩及硅质岩地带，共有 54.06 万亩，占广西耕地总面积 0.82%，分布于南宁市、桂林市、柳州市、崇左市、百色市、河池市和来宾市等，其中面积较大的为来宾市、崇左市、南宁市和河池市，均在 5 万亩以上。年平均有效积温为 6974 ℃，年平均降水量为 1439 mm，年平均日照时数为 1601.9 小时，年平均无霜期为 339.3 天；各地形部位均有分布，主要以缓坡地、谷地、平地和阶地为主，面积所占比例分别为 36.9%、21.9%、18.3% 和 13.1%；灌溉能力较好，均为一般满足以上，其中基本满足和一般满足分别占 60.0% 和 40.0%；排水能力较好，弱和较弱两个等级面积仅占 7.4%；农田基础设施一般，无农田基础设施和不配套面积占 21.2%，其他农田均在基本配套以上等级；耕层平均厚度为 16.5 cm，质地主要为黏壤土、沙壤土和黏土，所占比例分别为 45.3%、30.1% 和 15.8%。耕层土壤养分含量情况见表 1-66。土壤 pH 值为 4.9～7.3，主要呈微酸性和酸性，面积分别占 55.7% 和 28.9%。主要种植制度为一年一熟或一年两熟，种植作物以水稻、玉米、蔬菜和其他经济作物为主，水稻亩产为 450～500 kg，玉米亩产为 350～400 kg。生产条件较好，耕层偏浅，耕层土壤有效磷、速效钾和交换性镁含量中等偏低，有效硼含量低，综合肥力属中等水平。

表 1-66　白粉泥田耕层土壤养分含量统计表

统计样本数量：77

养分名称	平均值	标准差	变异系数（%）	养分名称	平均值	标准差	变异系数（%）
有机质（g/kg）	29.4	6.4	21.82	有效硫（mg/kg）	36.5	18.4	50.59
全氮（g/kg）	1.67	0.36	21.27	有效铁（mg/kg）	75.8	35.5	46.77
有效磷（mg/kg）	17.2	5.4	31.30	有效锰（mg/kg）	42.1	26.3	62.45
速效钾（mg/kg）	69.0	18.6	27.07	有效铜（mg/kg）	3.31	2.42	73.22
交换性钙（mg/kg）	1338.6	401.4	29.99	有效锌（mg/kg）	2.32	2.76	119.02
交换性镁（mg/kg）	90.7	39.3	43.38	有效硼（mg/kg）	0.24	0.16	66.82

（四十六）黄沙田

广西 1991 年分类制土属代号：Q2/10；广西第二次土壤普查土属代号：B10。

土属归属：水稻土土类，潴育型水稻土亚类。

本土属由滨海沉积母质发育而成，分布于沿海坡塘地带，共有 24.36 万亩，占广西耕地总面积 0.37%，主要分布于北海市等。年平均有效积温为 7865 ℃，年平均降水量为 1762 mm，年平均日照时数为 1916.7 小时，年平均无霜期为 353.5 天；各地形部位均有分布，主要以阶地、平地、缓坡地为主，面积所占比例分别为 62.0%、21.4%、16.5%；灌溉能力较好，均为一般满足以上，其中基本满足和一般满足分别占 75.3% 和 24.7%；排水能力较差，弱和较弱两个等级面积占 44.9%，排水为强等级的面积仅 36.5%；农田基础设施一般，无农田基础设施和不配套面积占 23.2%，其他农田均在基本配套以上等级；耕层平均厚度为 18.2 cm，质地主要为黏壤土和沙壤土。耕层土壤养分含量情况见表 1-67。土壤 pH 值为 4.6 ～ 6.2，呈微酸性和酸性，面积分别占 17.0% 和 83.0%。主要种植制度为一年一熟或一年两熟，种植作物以水稻、蔬菜和其他经济作物为主，水稻亩产为 450 kg 左右。生产条件一般，耕层较浅，耕层土壤大量元素含量中等偏低，交换性镁、有效锰和有效硼含量低，综合肥力属中下水平。

表 1-67　黄沙田耕层土壤养分含量统计表

统计样本数量：65

养分名称	平均值	标准差	变异系数（%）	养分名称	平均值	标准差	变异系数（%）
有机质（g/kg）	22.9	3.8	16.71	有效硫（mg/kg）	51.4	23.3	45.29
全氮（g/kg）	1.26	0.23	18.22	有效铁（mg/kg）	96.7	35.1	36.28
有效磷（mg/kg）	25.7	7.7	29.87	有效锰（mg/kg）	3.7	2.9	76.69
速效钾（mg/kg）	66.0	12.3	18.54	有效铜（mg/kg）	1.38	0.90	65.09
交换性钙（mg/kg）	966.4	197.4	20.42	有效锌（mg/kg）	0.83	0.69	83.07
交换性镁（mg/kg）	59.5	22.3	37.55	有效硼（mg/kg）	0.65	0.29	43.74

（四十七）石灰性田

广西 1991 年分类制土属代号：Q2/11；广西第二次土壤普查土属代号：F2。

土属归属：水稻土土类，潴育型水稻土亚类。

本土属由石灰岩风化物或覆盖在溶蚀盆地的第四纪红土及砂页岩风化物等母质发育而成，分布于岩溶谷地、洼地、盆地，引用富含钙、镁的溶洞水灌溉地带，共有 426.02 万亩，占广西耕地总面积 6.45%，除北海市、钦州市、防城港市外，其他各市都有分布，其中桂林市、柳州市、河池市和崇左市等面积较大，均在 50 万亩以上。年平均有效积温为 6533 ℃，年平均降水量为 1577 mm，年平均日照时数为 1557.9 小时，年平均无霜期为 326.5 天；各地形部位均有分布，主要以平地、谷地、阶地和缓坡地为主，面积所占比例分别为 32.5%、27.0%、17.9% 和 13.3%；灌溉能力较好，均为一般满足以上，其中基本满足和一般满足分别占 76.2% 和 18.6%；排水能力较好，弱和较弱两个等级面积占 11.0%；农田基础设施较好，无农田基础设施和不配套面积仅占 12.2%，其他农田均在基本配套以上等级；耕层平均厚度为 16.0 cm，质地主要为黏壤土和沙壤土，面积分别占 51.9% 和 17.5%。耕层土壤养分含量情况见表 1-68。土壤 pH 值为 4.8～8.2，主要呈中性和微酸性，面积分别占 49.4% 和 34.5%。主要种植制度为一年一熟或一年两熟，种植作物以水稻、蔬菜和其他经济作物为主，水稻亩产为 450 kg 左右。生产条件一般，耕层浅，质地偏黏，耕层土壤有效磷、速效钾、交换性镁含量中等偏低，有效硼含量低，综合肥力属中下水平。

表 1-68 石灰性田耕层土壤养分含量统计表

统计样本数量：787

养分名称	平均值	标准差	变异系数（%）	养分名称	平均值	标准差	变异系数（%）
有机质（g/kg）	35.8	6.3	17.60	有效硫（mg/kg）	39.6	25.1	63.34
全氮（g/kg）	2.07	0.38	18.57	有效铁（mg/kg）	74.1	45.0	60.66
有效磷（mg/kg）	18.2	5.1	28.06	有效锰（mg/kg）	30.2	23.8	78.74
速效钾（mg/kg）	77.0	24.2	31.60	有效铜（mg/kg）	4.27	7.05	165.06
交换性钙（mg/kg）	1222.3	364.5	29.82	有效锌（mg/kg）	2.69	2.83	105.13
交换性镁（mg/kg）	87.9	33.3	37.90	有效硼（mg/kg）	0.24	0.15	62.06

（四十八）矿毒田

广西 1991 年分类制土属代号：Q2/12；广西第二次土壤普查土属代号：G1。

土属归属：水稻土土类，潴育型水稻土亚类。

本土属多处于平坦开阔的峒田，原为种稻历史久、熟化程度较好的潴育性水稻土，后因附近工厂废水长期淹浸，使土壤产生某些不良性状的农田，呈零星分布，共有 1.37 万亩，占广西耕地总面积 0.02%，除北海市、钦州市、防城港市外，其他各市均有分布，其中百色市和梧州市等面积较大，均在 0.5 万亩以上。年平均有效积温为 7865 ℃，年平均降水量为 1762 mm，年平均日照时数为 1916.7 小时，年平均无霜期为 353.5 天；地形部位以谷地和低洼地为主；灌溉能力较好，均为一般满足以上，其中基本满足和充分满足分别占 60% 和 40%；排水能力较好，弱和较弱两个等级的面积占 14.0%；农田基础设施较好，为基本配套等级；耕层平均厚度为 16.0 cm，质地主要为黏壤土和壤土，面积分别占 86% 和 14%。耕层土壤养分含量情况见表 1-69。土壤 pH 值为 4.7～7.4，主要呈中性和微酸性，面积分别占 49.4% 和 34.5%。主要种植制度为一年一熟或一年两熟，种植作物以水稻、蔬菜和其他经济作物为主，水稻亩产为 450 kg 左右。生产条件一般，耕层浅，质地偏黏，耕层土壤有效磷、速效钾、交换性镁含量中等偏低，有效硼含量低，综合肥力属中等水平，但存在障碍性因素影响。

表 1-69　矿毒田耕层土壤养分含量统计表

统计样本数量：5

养分名称	平均值	标准差	变异系数（%）	养分名称	平均值	标准差	变异系数（%）
有机质（g/kg）	35.0	2.8	7.92	有效硫（mg/kg）	24.2	5.9	24.56
全氮（g/kg）	2.29	0.25	10.82	有效铁（mg/kg）	94.8	52.6	55.49
有效磷（mg/kg）	18.0	2.6	14.19	有效锰（mg/kg）	16.7	5.7	33.93
速效钾（mg/kg）	78.0	22.5	28.70	有效铜（mg/kg）	3.03	0.41	13.37
交换性钙（mg/kg）	1305.6	428.1	32.79	有效锌（mg/kg）	1.94	0.93	47.82
交换性镁（mg/kg）	85.1	25.4	29.85	有效硼（mg/kg）	0.13	0.06	49.94

（四十九）冷浸田

广西 1991 年分类制土属代号：Q3/1；广西第二次土壤普查土属代号：C2。

土属归属：水稻土土类，潜育型水稻土亚类。

本土属主要分布于山间冲田、谷地、垌底等地势低洼处的农田，共有 19.96 万亩，占广西耕地总面积 0.30%，广西各地都有分布，其中钦州市、崇左市、来宾市、南宁市、梧州市和玉林市等面积较大，均在 1.5 万亩以上。年平均有效积温为 7107 ℃，年平均降水量为 1611 mm，年平均日照时数为 1662.7 小时，年平均无霜期为 337.5 天；地形部位以低洼地、谷地和平地为主，面积所占的比例分别为 31.9%、31.6% 和 17.5%；灌溉能力较好，为基本满足或充分满足；排水能力较差，弱和较弱两个等级面积占比达 78%；农田基础设施较差，不配套和无农田设施占 42.3%；耕层平均厚度为 18.0 cm，质地主要为沙壤土、黏壤土和壤土，面积比例大体相当。耕层土壤养分含量情况见表1-70。土壤pH值为4.7～6.8，主要呈中性和微酸性，面积分别占49.4%和34.5%。主要种植制度为一年一熟或一年两熟，种植作物以水稻为主，水稻亩产为400 kg左右。生产条件较差，耕层偏浅，耕层土壤有效磷、速效钾、交换性镁含量中等偏低，有效硼含量低，综合肥力属中下水平。

表1-70 冷浸田耕层土壤养分含量统计表

统计样本数量：74

养分名称	平均值	标准差	变异系数（%）	养分名称	平均值	标准差	变异系数（%）
有机质（g/kg）	31.7	7.0	22.22	有效硫（mg/kg）	43.1	18.8	43.69
全氮（g/kg）	1.78	0.4	22.55	有效铁（mg/kg）	131.6	51.6	39.19
有效磷（mg/kg）	18.5	6.9	37.12	有效锰（mg/kg）	22.2	16.4	73.83
速效钾（mg/kg）	65.0	15.7	24.01	有效铜（mg/kg）	3.45	5.67	164.22
交换性钙（mg/kg）	1010.9	317.4	31.40	有效锌（mg/kg）	2.25	2.05	90.80
交换性镁（mg/kg）	73.2	24.9	34.03	有效硼（mg/kg）	0.35	0.19	54.06

（五十）烂溻田

广西1991年分类制土属代号：Q3/2；广西第二次土壤普查土属代号：D1。

土属归属：水稻土土类，潜育型水稻土亚类。

本土属主要分布于山谷冲垌底田或低洼坑田的农田，多呈零星分布，共有2.38万亩，占广西耕地总面积0.04%，广西各地都有分布，其中南宁市、梧州市、桂林市、钦州市、崇左市、来宾市、玉林市和贵港市等面积较大。年平均有效积温为7418 ℃，年平均降水量为1553 mm，年平均日照时数为1770.1小时，年平均无霜期为342.2天；地形部位以低洼地、谷地和平地为主，面积所占比例分别为31.6%、29.8%和38.5%；灌溉能力较好，为基本满足和充分满足；排水能力较差，弱和较弱两个等级的面积占比达80.0%；农田基础设施较差，不配套和无农田设施占65.2%；耕层平均厚度为17.0 cm，质地主要为黏壤土、沙壤土和壤土，黏壤土面积较大，占45.6%。耕层土壤养分含量情况见表1-71。土壤pH值为4.6～5.3，呈酸性。主要种植制度为一年一熟或一年两熟，种植作物以水稻为主，水稻亩产为400 kg左右。生产条件较差，耕层偏浅，耕层土壤有效磷、速效钾、交换性镁含量中等偏低，有效硼含量低，综合肥力属低等水平。

表 1-71 烂湴田耕层土壤养分含量统计表

统计样本数量：10

养分名称	平均值	标准差	变异系数（%）	养分名称	平均值	标准差	变异系数（%）
有机质（g/kg）	36.4	7.5	20.71	有效硫（mg/kg）	52.1	36.1	69.34
全氮（g/kg）	1.96	0.21	10.96	有效铁（mg/kg）	229.3	80.2	34.97
有效磷（mg/kg）	14.1	7.9	55.69	有效锰（mg/kg）	37.7	28.6	75.94
速效钾（mg/kg）	56.0	8.8	15.57	有效铜（mg/kg）	2.14	1.07	49.88
交换性钙（mg/kg）	941.6	276.0	29.31	有效锌（mg/kg）	2.14	1.37	63.72
交换性镁（mg/kg）	67.4	41.8	62.01	有效硼（mg/kg）	0.35	0.18	52.83

（五十一）黑泥田

广西 1991 年分类制土属代号：Q3/3；广西第二次土壤普查土属代号：D2。

土属归属：水稻土土类，潜育型水稻土亚类。

本土属主要分布于滨海平原"坡塘"地带的垌田或冲田低洼处的农田，共有 3.77 万亩，占广西耕地总面积 0.06%，广西各地都有零星分布，主要集中于北海市。年平均有效积温为 7857 ℃，年平均降水量为 1763 mm，年平均日照时数为 1920.2 小时，年平均无霜期为 353.1 天；地形部位以低洼地和平地为主，面积所占比例分别为 65.2% 和 34.8%；灌溉能力较好，为基本满足和充分满足；排水能力较差，弱和较弱两个等级的面积占比达 98.7%；农田基础设施较差，不配套和无农田设施占 45.6%；耕层平均厚度为 19.0 cm，质地为沙壤土。耕层土壤养分含量情况见表 1-72。土壤 pH 值为 4.7～5.6，呈酸性和微酸性，面积分别占 84.4% 和 15.6%。主要种植制度为一年一熟或一年两熟，种植作物以水稻为主，水稻亩产为 350～400 kg。生产条件较差，耕层厚度适中，耕层土壤有效磷、速效钾、交换性镁含量中等偏低，有效锌和有效硼含量低，综合肥力属低等水平。

表 1-72 黑泥田耕层土壤养分含量统计表

统计样本数量：12

养分名称	平均值	标准差	变异系数（%）	养分名称	平均值	标准差	变异系数（%）
有机质（g/kg）	26.6	4.3	16.02	有效硫（mg/kg）	50.2	27.5	54.74
全氮（g/kg）	1.27	0.24	18.62	有效铁（mg/kg）	92.9	47.8	51.43
有效磷（mg/kg）	28.2	7.3	26.01	有效锰（mg/kg）	1.7	1.2	70.89
速效钾（mg/kg）	71.0	15.6	21.99	有效铜（mg/kg）	1.17	0.73	62.32
交换性钙（mg/kg）	924.7	327.6	35.43	有效锌（mg/kg）	0.78	0.71	91.34
交换性镁（mg/kg）	55.8	17.0	30.4	有效硼（mg/kg）	0.52	0.10	18.62

（五十二）咸田

广西 1991 年分类制土属代号：Q5/1；广西第二次土壤普查土属代号：F1。

土属归属：水稻土土类，咸酸水稻土亚类。

本土属母质由浅海沉积物发育而成，因地势低，近海，涨潮时受海水反渗影响，土壤含氯化物等盐类较高，一般在 0.1% 以上，主要分布于沿海低洼处的农田或沿海围堤内的垌田，共有 4.50 万亩，占广西耕地总面积 0.07%，主要集中于钦州市和防城港市。年平均有效积温为 7901 ℃，年平均降水量为 1916 mm，年平均日照时数为 1852.8 小时，年平均无霜期为 355.1 天；地形部位为低洼地；灌溉能力较好，为基本满足；排水能力较差，以弱和较弱两个等级为主，面积占比达 83.1%；农田基础设施较好，均为基本配套；耕层平均厚度为 20.2 cm，质地为沙壤土。耕层土壤养分含量情况见表 1–73。土壤 pH 值为 4.7 ～ 5.5，呈酸性。主要种植制度为一年一熟或一年两熟，种植作物以水稻、玉米和其他经济作物为主，水稻和玉米亩产均为 350 ～ 400 kg。生产条件较一般，耕层较厚，耕层土壤大量元素和交换性镁含量中等偏低，有效锰和有效硼含量低，综合肥力属低等水平。

表 1–73 咸田耕层土壤养分含量统计表

统计样本数量：12

养分名称	平均值	标准差	变异系数（%）	养分名称	平均值	标准差	变异系数（%）
有机质（g/kg）	26.2	4.1	15.50	有效硫（mg/kg）	193.2	49.7	25.72
全氮（g/kg）	1.54	0.2	13.27	有效铁（mg/kg）	156.0	53.6	34.36
有效磷（mg/kg）	14.4	3.6	24.92	有效锰（mg/kg）	8.4	5.2	62.46
速效钾（mg/kg）	52.0	14.3	27.65	有效铜（mg/kg）	1.61	0.29	17.91
交换性钙（mg/kg）	527.3	63.0	11.95	有效锌（mg/kg）	1.72	0.67	38.98
交换性镁（mg/kg）	72.2	19.8	27.43	有效硼（mg/kg）	0.68	0.03	4.64

（五十三）咸酸田

广西 1991 年分类制土属代号：Q5/2；广西第二次土壤普查土属代号：F1。

土属归属：水稻土土类，咸酸水稻土亚类。

本土属母质由浅海沉积物，经引淡水灌溉后种植水稻发育而成，土壤既咸又酸，盐分含量一般在 0.1% 以上，主要分布于沿海低洼处的农田或沿海围堤内的垌田，共有 22.33 万亩，占广西耕地总面积 0.34%，主要集中于北海市、钦州市和防城港市。年平均有效积温为 7901 ℃，年平均降水量为 1916 mm，年平均日照时数为 1852.8 小时，年平均无霜期为 355.1 天；地形部位为平地、缓坡地和阶地，面积比例分别为 66.7%、25.2% 和 8.1%；灌溉能力较好，为基本满足；排水能力较好，弱和较弱两个等级面积仅占 17.1% ；农田基础设施较好，基本配套和完全配套面积占 93.1% ；耕层平均厚度为 18.0 cm，质地为沙壤土。耕层土壤养分含量情况见表 1-74。土壤 pH 值为 4.0 ～ 6.3，酸性和强酸性占 98.8%，其中强酸性占 27.1%。主要种植制度为一年一熟或一年两熟，种植作物以水稻、玉米和其他经济作物为主，水稻和玉米亩产均为 350 ～ 400 kg。生产条件较一般，耕层厚度适中，耕层土壤大量元素和交换性镁含量中等偏低，有效锰和有效硼含量低，综合肥力属低等水平。

表 1-74 咸酸田耕层土壤养分含量统计表

统计样本数量：80

养分名称	平均值	标准差	变异系数（%）	养分名称	平均值	标准差	变异系数（%）
有机质（g/kg）	29.6	5.1	17.24	有效硫（mg/kg）	166.9	101.1	60.57
全氮（g/kg）	1.57	0.25	15.61	有效铁（mg/kg）	164.2	70.4	42.91
有效磷（mg/kg）	15.6	6.2	39.63	有效锰（mg/kg）	4.8	4.1	84.72
速效钾（mg/kg）	59.0	13.5	22.87	有效铜（mg/kg）	2.32	1.24	53.48
交换性钙（mg/kg）	567.9	195.1	34.36	有效锌（mg/kg）	1.92	0.74	38.68
交换性镁（mg/kg）	64.1	23.5	36.63	有效硼（mg/kg）	0.61	0.10	16.53

第二章　耕地质量评价

以《农业部关于印发〈测土配方施肥技术规范（2011年修订版）〉的通知》（农农发〔2011〕3号）、《测土配方施肥管理与技术培训教材》、《耕地地力评价指南》（第二版）、《全国农技中心关于印发〈省级耕地地力汇总评价工作方案〉的通知》（农技土肥水函〔2013〕137号）和《耕地质量划分规范》（NY/T 2872—2015）为主要技术依据，利用农业部提供的省级耕地资源管理系统软件开展广西耕地质量评价。主要工作步骤如下（见图2-1）：

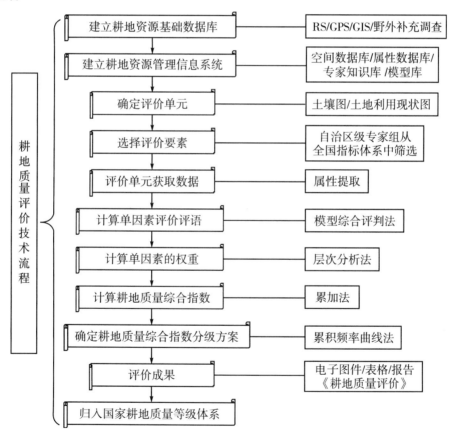

图2-1　耕地质量评价技术流程图

第一步：收集整理所有相关历史数据资料和98个项目单位的测土配方施肥数据资料，利用3S技术（RS/GPS/GIS）及野外补充调查，采用相应的方法和技术手段，建立耕地资源基础数据库。

第二步：对测土配方施肥及相关数据进行标准化处理和规范化管理，将广西第二次土壤普查相关的图件资料和数据资料数字化，建立规范的空间数据库，并将空间数据库和属性数据库相连接，利用省级耕地资源管理系统软件建立广西耕地资源管理信息系统。

第三步：利用数字化区级土壤图和土地利用现状图叠加生成评价单元。

第四步：在专家技术组的指导下，组织广西农业农村厅、广西农业科学院、广西大学农学院和各市有实践经验的专家召开研讨会，根据广西耕地的实际情况，从国家和自治区耕地质量评价指标体系中，选择 16 个评价因子作为广西耕地质量评价指标。

第五步：对每个评价单元进行赋值、标准化和计算每个因素的权重，为评价单元获取数据。不同性质的数据，赋值的方法不同。数据标准化使用隶属函数法，每个因素的权重采用层次分析法确定。

第六步：应用综合指数法进行耕地质量综合评价，应用累积频率曲线法进行耕地质量分级，将评价结果纳入国家耕地质量等级体系。

第一节　耕地质量评价样点的选取

广西测土配方施肥各项目单位进行县域耕地质量评价时选用了 35 万个土壤样品。因条件所限，如此大量的土壤样品不适宜全部作为耕地质量评价土壤样点，必须根据以下原则进行筛选：①选取用于耕地质量评价的土壤样点要避免其他因素的干扰，能反映出耕地质量的变化规律；②选取用于耕地质量评价的土壤样点要具有典型性和代表性；③样点尽可能在广西第二次土壤普查的样品点的范围内；④样点覆盖广西所有行政县（市、区）的耕作土属。

经过筛选和实地核实，选出有代表性的 46276 个样点作为耕地质量评价的评价样点。所选取的 46276 个评价样点中，水田土样 32884 个，覆盖了广西 3008.07 万亩水田；旱地土样 13392 个，覆盖了广西 3598.62 万亩旱地（见表 2-1）。

表 2-1　广西耕地质量评价各市评价样点统计表

行政区	评价样点数（个）		
	水田	旱地	合计
南宁市	2137	2998	5135
柳州市	2264	1339	3603
桂林市	6097	84	6181
梧州市	2127	67	2194
北海市	506	565	1071
防城港市	1163	338	1501

续表

行政区	评价样点数（个）		
	水田	旱地	合计
钦州市	1555	539	2094
贵港市	1650	878	2528
玉林市	3564	44	3608
百色市	3845	1125	4970
贺州市	2117	505	2622
河池市	3369	1038	4407
来宾市	1105	1779	2884
崇左市	1385	2093	3478
总计	32884	13392	46276

第二节　省级耕地资源管理系统建立

耕地质量评价大体可分为以产量为依据的耕地当前生产能力评价和以自然要素为主的生产潜力评价。本次耕地质量评价是指耕地用于一定方式下，在各种自然要素相互作用下所表现出来的潜在生产能力。在一个较小的区域范围内（县域），气候要素相对一致，耕地质量评价可以根据所在地的地形地貌、成土母质、土壤理化性状、农田基础设施等要素相互作用表现出来的综合特征，揭示耕地潜在生物生产力的高低。省级地域气候要素影响较大，生产潜力评价是以气候要素和土壤要素为主的潜力评价。

省级耕地资源管理信息系统以省级行政区域内耕地资源为管理对象，以土地利用现状与土壤类型的结合为管理单元，通过对辖区内耕地资源信息采集、管理、分析和评价，为农民、农业技术人员及农业决策者合理安排作物布局、科学施肥、节水灌溉等农事活动提供耕地资源信息服务和决策支持。

省级耕地资源管理信息系统的基本评价单元图的每个图斑都参与评价，建立省级耕地资源管理信息系统需要用到系统制作的数据，或已在外部制作好的数据——测土配方施肥属性数据库和空间数据库，然后再导入这些数据并建立系统。

一、系统概述

（一）系统简介

省级耕地资源管理信息系统是对一个省域耕地资源相关信息进行管理和应用的软件。省级耕地资源管理信息系统的任务在于应用计算机及 GIS 技术、遥感技术，存储、分析和管理耕地地力信息，定量化、自动化地完成耕地质量评价流程，提高耕地质量分析和管理的水平，为耕地资源的高效、可持续利用奠定基础。

（二）系统功能

省级耕地资源管理信息系统集空间数据、外部数据及各类多媒体数据为一体，可完成数据的采集、编辑、存储、分析和输出等一系列工作。系统主要功能包括数据（空间数据、外部数据及多媒体数据等）的录入、编辑、格式转换、输出，数据查询、统计、汇总、格式报表输出，专题制图、图件输出，各类模型的建立及管理，耕地质量评价、耕地适宜性评价、土壤环境质量评价、土壤养分丰缺状况评价等系列专题评价，测土配方施肥等数据应用。

1. 多种形式的耕地地力要素信息的输入输出功能

支持数字、矢量图形、图像等多种形式的信息输入与输出。

①统计资料形式：如耕地地力各要素调查分析数据、社会经济统计数据等。

②图形形式：不同时期、不同比例尺的地貌、土壤、土地利用等耕地地力相关专题图等。

③文献形式：如土壤调查报告、耕地利用专题报告等。

④其他形式：其他介质存储的系统数据等。

2. 耕地质量信息的存储及管理功能

存储各类耕地质量信息，实现图形与相应属性信息的连接，进行各类信息的查询及检索。完成统计数据的查询、检索、修改、删除、更新，图形数据的空间查询、检索、显示、数据转换、图幅拼接、坐标转换以及图像信息的显示与处理等。

3. 多途径的耕地质量分析功能

包括对调查分析数据的统计分析、矢量图形的叠加等空间分析和遥感信息处理分析等功能。

4. 定量化、自动化的耕地质量评价

通过定量化的评价模型与 GIS 连接，实现从信息输入、评价过程，到评价结果输出的定量化、自动化的耕地质量评价流程。

（三）工作流程

1. 名词解释

工作空间：省级耕地资源管理信息系统定义的特殊文件夹。该文件夹下有一系列系统定义的子文件夹和文件，存储该单位的全部空间数据、外部数据、多媒体数据、模型库、参数库及全部运算结果数据。该文件夹及其中的数据由系统定义、生成、管理，用户可拷贝、删除该文件夹，但不可以直接对其中的数据进行操作。

空间数据：指用来表示空间实体的位置、形状、大小及其分布特征等诸多方面信息的数据，它可以用来描述来自现实世界的实体，且具有定位、定性、时间和空间关系等特性。空间数据是一种用点、线、面及实体等基本空间数据结构表示人们赖以生存的自然世界的数据。

矢量图层：根据几何特性来绘制图形，矢量可以是一个点或一条线。矢量图层只能靠软件生成，文件占用内存空间较小，这种类型的图像文件包含独立的分离图像，可以自由无限制地重新组合。它的特点是放大后图像不会失真（与分辨率无关）。本系统中矢量图层是空间数据单位，是 Shape 图层文件。

属性数据：指与空间数据一起存储的图层属性数据，本系统中指 Shape 图层文件中的数据表。

外部数据：指独立存在的专题属性数据，本系统中指以 Access 存储的 MDB 文件，分为原始数据库和结果数据库。

数据表：是外部数据的单元，指 Access 数据库中的表，可以是原始数据库中的表，也可以是计算结果数据库中的表。

图集文件：图集文件是地图文档。一个图集文件由一系列图层组成，记载了图层在地图中的绘制顺序、图层连接数据表信息、图层符号化和标注等属性信息，但不包括图层数据本身，因此一个图集文件依附于工作空间而存在，离开工作空间而单独存在的图集文件没有任何意义。

2. 系统建立工作流程示意图

省级耕地资源管理信息系统只能管理和维护工作空间中的数据，因此任何空间数据及外部数据必须首先导入（或下载）到工作空间中，系统才能访问和应用它们，多媒体数据则是在连接的过程中自动拷贝到工作空间中，系统通过图集操作工作空间中的数据（见图 2-2）。

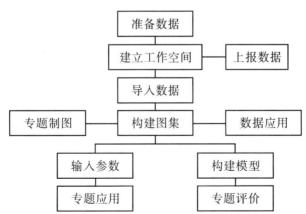

图 2-2　系统建立工作流程示意图

二、属性数据库的建立

属性数据库的建立与管理，是整个测土配方施肥和耕地质量评价工作的重要环节。通过建立规范化的测土配方施肥数据库，能够有效地管理和应用土壤调查和田间试验的有关数据，快速掌握项目区耕地土壤养分状况、土壤障碍因素现状、耕地生产能力及地力因素分布特征，为进行耕地土壤养分评价、科学施肥指标体系建立、土肥水资源合理配置及改良利用提出建议与措施，为进行土壤适宜性评价，粮食安全保障，调整农业结构等提供重要的数据支撑。

为了确保测土配方施肥数据质量，提高数据管理效率，还须建立规范化的数据获取、数据录入、数据分析和处理、数据汇总和管理的操作流程。

（一）属性数据库内容

属性数据库的内容主要包括野外调查数据、田间试验和示范数据、土壤检测数据、相关资料数据等 4 个方面。

①野外调查数据。包括采样地块基本情况调查、采样地块上年度农户施肥情况调查、实施测土配方施肥后农户的反馈调查等。采样地块基本情况调查（见表 2-2）包括采样点地理位置、自然条件、生产条件、土壤情况、来年种植意向、采样单位信息等。采样地块上年度农户施肥情况调查（见表 2-3）包括施肥相关情况、推荐施肥情况、实际施肥总体情况、实际施肥明细等。测土配方施肥后农户的反馈调查主要包括配方推荐与实际执行施肥量、养分比例、施肥成本、产量等的对比情况。

②田间试验和示范数据。田间试验数据包括试验地基本情况、试验地土壤及植株测试结果、试验气象因素、前季作物施肥情况、主要农事活动和生产管理信息、试验结果数据等；田间示范数据包括示范地基本情况、示范地土壤测试结果、示范地生产管理记载和产量情况等。

③土壤检测数据。主要包括土壤物理性状、有机质、pH 值及大量、中量和微量元素等检测数据。

④相关资料数据。主要是广西第二次土壤普查资料和历年的肥料试验资料等。

表 2-2　_____县测土配方施肥采样地块基本情况调查表

统一编号_____；　　　　　　　　参与质量评价（　）：1 是　2 否

采样组_____；采样组样品顺序号_____；

采样目的（　）D 示范田基础样；E 试验田基础样；F 农户调查；G 一般农化样；T 其他样品

采样日期____年____月____日　　上次采样日期____年____月____日

地理位置	乡（镇）名称		村组名称		邮政编码	
	代表农户姓名		地块名称（垌名）		联系电话	
	地块位置（　）	1 东 2 东南 3 南 4 西南 5 西 6 西北 7 北 8 东北	距村距离（米）		组名称	
	纬度（度、分、秒）		经度（度、分、秒）		海拔高度（m）	
自然条件	地貌类型（　）	1 山地 2 丘陵 3 高原 4 平原 5 盆地	地形部位（　）		1 谷坡地 2 山间平地 3 沟谷地 4 河流阶地 5 河流宽谷阶地 6 缓丘坡麓 7 平坝 8 盆式梯地 9 坡地中上部 10 山坡地下部 11 山地坡中部 12 封闭洼地 13 丘陵缓坡	
	地面坡度（度）		田面坡度（度）		坡向（　）	0 平地，其他同地块位置代码
	通常地下水位（cm）		最高地下水位（cm）		最低地下水位（cm）	
	常年降水量（mm）		常年有效积温（℃）		常年无霜期（天）	
生产条件	农田基础设施（　）	1 完全配套 2 配套 3 基本配套 4 不配套 5 无农田设施	排水能力（　）	1 强 2 较强 3 中 4 较弱 5 弱	灌溉能力（　）	1 充分满足 2 基本满足 3 一般满足 4 无灌溉条件
	水源条件（　）	1 水库 2 井水 3 河流 4 湖泊 5 塘堰 6 泉水 7 集水窖 8 无	输水方式（　）	1 土渠 2 防渗渠道 3 固定管道 4 移动管道 5 无输水方式	灌溉方式（　）	1 喷灌 2 间歇灌 3 坐水种 4 沟灌 5 微灌 6 漫（畦）灌 7 膜上灌 8 膜下灌 9 管灌 10 无
	熟制		典型种植制度		常年产量水平（kg/亩）	
土壤情况	土类		亚类		土属	
	土种		俗名			
	成土母质（　）	1 红土 2 砂页岩 3 冲积物 4 洪积物 5 花岗岩 6 石灰岩 7 紫色岩 8 硅质岩 9 浅海沉积物 10 玄武岩	剖面构型		土壤质地（　）	1 沙土 2 沙壤 3 壤土 4 黏壤 5 黏土
	土壤结构（　）	1 无 2 团粒状 3 微团状 4 块状 5 核状 6 柱状 7 粒状 8 棱柱状 9 片状 10 鳞片状 11 透镜状	主要障碍因素（　）	1 无明显障碍 2 灌溉改良型 3 渍潜稻田型 4 盐碱耕地型 5 坡地梯改型 6 渍涝排水型 7 沙化耕地型 8 障碍层次型 9 瘠瘦培肥型	侵蚀程度（　）	1 无明显 2 轻度 3 中度 4 强度 5 剧烈
	耕层厚度(cm)		采样深度(cm)			
	田块面积（亩）		代表面积（亩）			
来年种植意向	茬口	第一季	第二季	第三季	第四季	第五季
	作物名称					
	品种名称					
	目标产量（kg/亩）					

采样调查单位：　　　　　联系人：　　　　地址：　　　　　邮编：

联系电话：　　　　　传真：　　　　　调查人：

补充调查部分：

村规划图号			对应第二次土壤普查（二普）村速测地块样编号		
土种代号（二普）			土壤名称（二普）		
日照时数：		光能辐射量：		常年蒸发量（mm）：	
梯田化程度（　）	1 工程措施坡改梯或坡地田面坡度为 0 度 2 生物篱等防护 3 无任何措施	输水条件（　）	0 无 1 提水 2 自流	侵蚀类型（　） 0 无 1 片蚀 2 沟蚀	土壤容重
地表岩石露头情况（　）	1. 无　2. 2%～< 10%　3. 10%～< 25% 4. 25%～< 50%　5. 50%～< 90% 6. > 90%	障碍层： （障碍码）	发生层符号： ＋厚度_____cm	障碍码：1 结核 2 结盘 3 潜育 4 漂洗 5 盐碱 6 石砾 7 其他	

说明：每一取样地块一张统一编号要一致。

表 2-3　采样地块上年度农户施肥情况调查登记表

统一编号＿＿＿＿＿＿＿＿＿＿＿＿＿＿＿；　　采样组＿＿＿＿＿＿＿＿＿＿＿；　　采样组样品顺序号＿＿＿＿＿＿＿＿＿；

村规划图采样号＿＿＿＿＿＿＿＿＿＿＿；　　对应第二次土壤普查村速测地块样编号＿＿＿＿＿＿＿＿＿＿＿＿＿＿

	生长季节	第一季	第二季	第三季
施肥相关情况	作物名称			
	作物品种			
	播种时间	20　年　月日	20　年　月日	20　年　月日
	收获时间	20　年　月日	20　年　月日	20　年　月日
	产量水平（前3年平均产量，kg/亩）			
	生长期内降水情况：（mm）	次数　；总量	次数　；总量	次数　；总量
	生长期内灌溉情况：（方/亩）	次数　；总量	次数　；总量	次数　；总量
	灾害情况：（1风　2涝　3雪　4霜　5旱　6雹　7病虫　8人畜）	类型代码（　）程度：强、中、弱	类型代码（　）程度：强、中、弱	类型代码（　）程度：强、中、弱
推荐施肥实施情况（已实施就填，没实施不填）	推荐单位名称			
	推荐单位性质	1行政2科研3企业4其他	1行政2科研3企业4其他	1行政2科研3企业4其他
	推荐目标产量及肥料成本	产量　成本	产量　成本	产量　成本
	推荐化肥用量（折纯）	N　；P_2O_5；K_2O	N　；P_2O_5；K_2O	N　；P_2O_5；K_2O
	推荐有机肥品种与用量	品种　数量	品种　数量	品种　数量
实际施肥情况	基肥 氮肥（1尿素2碳铵3氯化铵4硫酸铵）	代码　数量	代码　数量	代码　数量
	磷肥（1过磷酸钙2钙镁磷肥）	代码　数量	代码　数量	代码　数量
	钾肥（1氯化钾2硫酸钾）	代码　数量	代码　数量	代码　数量
	复合肥（N-P_2O_5-K_2O 百分含量＋用量）			
	有机肥品种与用量	品种　数量	品种　数量	品种　数量
	其他品种与用量	品种　数量	品种　数量	品种　数量
	第一次追肥 氮肥（1尿素2碳铵3氯化铵）	代码　数量	代码　数量	代码　数量
	磷肥（1过磷酸钙2钙镁磷肥）	代码　数量	代码　数量	代码　数量
	钾肥（1氯化钾2硫酸钾）	代码　数量	代码　数量	代码　数量
	复合肥（N-P_2O_5-K_2O 百分含量＋用量）			
	有机肥品种与用量			
	其他品种与用量			
	第二次追肥 氮肥（1尿素2碳铵3氯化铵）	代码　数量	代码　数量	代码　数量
	磷肥（1过磷酸钙2钙镁磷肥）	代码　数量	代码　数量	代码　数量
	钾肥（1氯化钾2硫酸钾）	代码　数量	代码　数量	代码　数量
	复合肥（N-P_2O_5-K_2O 百分含量＋用量）			
	有机肥品种与用量			
	其他品种与用量			
	第三次追肥 氮肥（1尿素2碳铵3氯化铵）	代码　数量	代码　数量	代码　数量
	磷肥（1过磷酸钙2钙镁磷肥）	代码　数量	代码　数量	代码　数量
	钾肥（1氯化钾2硫酸钾）	代码　数量	代码　数量	代码　数量
	复合肥（N-P_2O_5-K_2O 百分含量＋用量）			
	有机肥品种与用量			
	其他品种与用量			
	实际肥料成本（元/亩）			
	实际作物产量（kg/亩）			

注：1. 请填写农户购买肥料（尿素、碳铵、氯化铵、硫酸铵、过磷酸钙、钙镁磷肥、氯化钾、硫酸钾、复合肥、有机肥、其他）价格（元/吨）＿＿＿＿＿＿＿＿＿＿＿＿＿＿＿＿＿＿＿＿；

　　2. 施肥量和作物产量统一折算成 kg/亩，肥料成本单位为元/亩。

（二）属性数据库建立基本流程

属性数据库建立流程如图 2-3 所示。

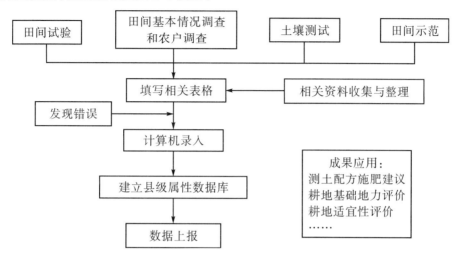

图 2-3 属性数据库建立流程图

（三）属性数据库建立步骤

1.收集和整理测土配方施肥试验、野外调查和土壤样品测试的数据及相关的属性数据资料，按照数据字典统一的规范填写相关表格。

2.按照农业部《测土配方施肥技术规范（2011 年修订版）》数据字典属性规范要求，对各个数据项的名称、数据类型、量纲、数据长度、小数位、取值范围等进行审核定案后，把数据录入到《广西测土配方施肥数据录入格式》的电子文档中。

在数据库建立相关资料收集完成后，除了要按照农业部《测土配方施肥技术规范（2011 年修订版）》的数据字典规范建立，还要根据广西的实际情况和农民对生产信息的需要，补充一些广西早年开展的土壤资源与施肥信息系统需要的部分信息内容。将必须完成的具体数据表和数据结构列于《测土配方施肥资金补贴县项目数据录入格式》电子表格，按照规定的字段名称、数据类型、量纲和数据长度等要求建立数据库。

3.数据录入方法包括用电子表格录入、直接输入数据、利用 XLS 函数导入数据、用 Access 软件直接录入。为确保录入的数据准确无误，要及时对数据库中的数据进行认真复查和审核。录入数据质量的控制措施，包括进行录入数据检查（主要是错漏检查与数据纠正）、异常值审核判断（包括过高过低值的判别与复查）、利用相互映证法处理一些存在逻辑矛盾的数据项等工作环节。

4.根据数据不同使用目的进行汇总，统一数据保存格式，并将各项目单位进行耕地质量评价的采样点数据汇总成测土配方施肥数据库；再从测土配方施肥数据库中选出46276 个样点的相关数据资料，建立《广西耕地质量评价属性数据库》，并按照测土配方施肥项目属性数据库建立要求，建立若干基础数据库。将数据库转为 Access 数据库 mdb 格式，再根据数据字典中的文件名编码，命名后保存在规定的目录中。

5. 建立数据安全保障机制。一是对数据进行存储和传输加密处理；二是通过数据存取控制，对数据存入、取出的方式和权限进行控制；三是采用数据库自动备份技术，定期备份数据，建立数据副本，并定期把数据刻录成光盘再存放在安全的地方或进行异地备份。

（四）属性资料的收集整理

相关资料收集与整理按照收集→登记→完整性检查→可靠性检查→筛选→分类→编码→整理→归档的流程进行。

根据广西测土配方施肥项目属性数据库建立及耕地质量评价属性数据库建设的实际需要，收集与整理相关资料。

图件资料：包括广西行政区图，县级行政区图，地形图，土壤图，土地利用现状图等。

数据和文本资料：包括邮政编码表，市、县、乡村行政编码表，广西第二次土壤普查资料的剖面记载表，地块速测样化验结果表，土壤分类系统表，土壤类型代码表，土壤养分丰缺指标体系，农业生产基本情况资料统计表及各种统计表格等。

测土配方施肥田间试验和示范数据：包括测土配方施肥土壤样品野外调查数据，测土配方施肥土壤样品测试数据。

（五）属性数据分类与编码

数据分类与编码是对数据资料进行有效管理的重要依据。编码的主要目的是让计算机易于识别数据内容，便于用户理解和使用。属性数据在进入数据库之前，必须进行正确的编码，才能实现空间数据库与属性数据库的准确连接，属性数据要与空间数据库中的图斑编码一一对应。

（六）数据检查与修正

1. 检查

（1）异常值审核判断法

对土壤测试值、试验结果、施肥量等数据，由当地的农业专家特别是土肥专家，拟定超过或低于某一值视为异常值，用数据筛选方法，选出异常记录，然后对照原始记录表逐一核实。

（2）相互映证法

一些土壤属性比如土壤名称、土壤障碍因素、土壤养分含量水平等都与环境条件相互联系，在检查时可利用这些特性，检查录入数据的错漏。

（3）应用数据链法

土壤剖面记载表是详细描述土壤属性的最原始数据，能够比较准确反映土壤的基本属性，在检查时应充分利用这些原始数据。

2. 修正

为确保录入的数据真实可靠，及时对数据库中的数据进行仔细检查、审核，确保数据库中的数据准确无误。

数据检查与修正一般要经过录入前、录入过程和录入后三道检查。

录入前检查：在送样时收到相关调查表格后，录入前请经验丰富的专家对相关表格进行审核和修正。

录入过程中检查：为保证采集到的信息指标符合全国测土配方施肥数据管理系统的指标要求，以便按国家标准上报汇总，相关表格设计已针对每个调查项目做进一步细化，用代码代表具体值或指标，并设置有数据间可相互映证的方法，在数据录入时，再次对数据进行核实。

数据录入后检查：录入后检查工作量较大，也是关键的一步。根据应用不同软件数据录入和历年建库经验，统一转成 Excel 表格，再进行检查修正工作，无误后根据需要导入汇总系统和存档。

（七）建立属性数据库取得的主要成果

① 完成电子表格（Excel）类型属性数据库。包括单位代码表、土壤名称表、第二次土壤普查剖面记载表、第二次土壤普查地块速测化验结果表、田间试验结果汇总表、土壤采样标签表、采样地块基本情况调查表、上年度地块施肥情况调查表、上年度地块用肥肥料价格调查表、测土配方施肥田间示范结果汇总表、测土配方施肥准确度的评价统计表、农户施肥情况调查表、测土配方施肥土壤测试结果汇总表、测土配方施肥植物测试结果表、实施情况汇总表、测土配方施肥工作汇总表等表格。

② 完成农业部测土配方施肥数据汇总系统。包括田间试验结果汇总表、地块基本情况调查表、测土配方施肥建议卡、田间示范结果汇总表、施肥准确评价统计表、采样地块上年度农户施肥情况调查表、土壤测试结果表、植物测试结果表等表格的数据输入或导入工作。

③ 完成农业部测土配方施肥数据管理系统。包括测土配方施肥土壤植株样品测试方法统计表、测土配方施肥田间试验结果汇总表、测土配方施肥采样地块基本情况调查表、测土配方施肥田间示范结果汇总表、农户施肥情况调查表、测土配方施肥土壤测试结果汇总表、测土配方施肥植物测试结果表等表格的数据输入工作。

④ 完成 Access 类型属性数据库。作为耕地质量评价的外部数据源。

三、空间数据库的建立

空间数据是对现实世界中空间对象（事物）的描述，其实质是指以地球表面空间位置为参照，用来描述空间实体的位置、形状、大小及其分布特征等诸多方面信息的数据。空间数据具有空间特征、时间特征和专题属性特征，是一种用点、线、面以及实体等基本空间数据结构表示的数据。空间数据库指以特定的信息结构和数据模型（如关系模型、面向对象模型等）表达、存储和管理从地理空间中获取的某类空间信息，以满足不同用户对空间信息需求的数据库。省级耕地资源管理信息系统所用的空间数据库是一系列耕地质量评价所用地图的以 Shape 图层格式表达的矢量图像文件。

（一）空间数据库建立流程

具体流程如图 2-4 所示。

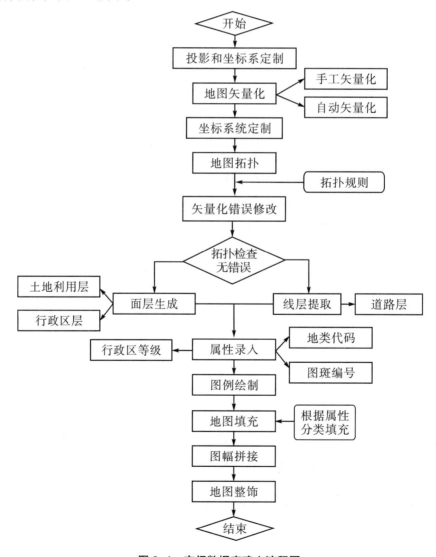

图 2-4 空间数据库建立流程图

空间数据库建库的流程主要有两类。一类是空间数据库建库空间数据操作，对空间数据进行全面检查，做好空间的矢量数据建立和定位等工作，如地图矢量化、拓扑、坐标系统等；另一类是空间数据库中的属性数据操作，对基本要素类属性的录入如编号、代码、等级等。

（二）空间数据库建立方法

GIS 软件是建立空间数据库的基础。空间数据主要通过图件来获取，首先将收集到的图形图件进行预处理，包括对图件的筛选、整理、命名、编码等，然后将经过筛选、整理的图件，通过大型扫描仪扫描成电子图件，再用 GIS 软件进行数字化，并建立相应的点图层、线图层、面图层等图层，最后进行图件编辑、坐标系转换、图幅拼接、地理统计、空间分析等处理。

1. 空间数据库的内容

空间数据库由多个图层组成，包括地名、道路、水系等背景图层和评价单元图层等，表 2-4 是空间数据库中使用的地图名称、主要来源和精度要求。

表 2-4 空间数据库主要内容及来源

图层名	图层属性	资料来源	备注
农用地地块图	多边形	国土 1∶500000 现状图绘制	–
市县位置图	点层	行政区划图	标记市县位置
土地利用现状图	多边形	国土 1∶500000 现状图绘制	–
土壤图	多边形	第二次土壤普查土壤图绘制	–
土壤养分图（有机质、全氮、有效磷、速效钾等）	多边形	空间插值生成	–
土壤 pH 值图	多边形	空间插值生成	–
点注记图	点层	国土 1∶500000 现状图绘制	标记高山名、高程等
线状水系图	线层	现状图、水利图修正	指河流
面状水系图	多边形	现状图、水利图修正	指湖泊、水库
耕地地力调查点点位图	点层	GPS 人工定位	–
耕地资源管理单元图	多边形	叠加生成	–
行政区划图	多边形	行政区划图绘制	–
装饰边界图	线图	行政区划图绘制	–
辖区边界图	线图	行政区划图绘制	–
道路图	线层	现状图、交通图修正	交通道路、铁路

2. 基本图层的制作

（1）图件资料的数字化

将收集到的广西行政区划图、土地利用现状图、土壤图等图件资料扫描成电子图件，用专业图形编辑软件进行地图拼接，纠正变形图形，校正方向、清晰度、对比度。

再用专业矢量化软件进行图件矢量化，勾画出图件主要地形标志、主要地理要素，在 GIS 系统下进行拓扑分析，检查勾绘是否正确并修正错误，生成形成图斑等新图层，对图斑等新图层实体格式化、加工、修饰、添加基础数据信息，最后转换生成 Shapefile 格式文件。

（2）图件的坐标转换

地理信息系统的重要功能是进行空间分析，因此，空间数据库内所有的地理数据必须建立在相同的坐标系基础上，但是地图是统一应用大地定位参数即经纬网来显示它所表达的地理位置信息的，投影坐标值必须通过测量和转换计算才能得到。矢量化土地利用现状图时可以定位投影坐标，而土壤图没有原始坐标，矢量化只根据扫描图产生一个平面坐标。在 GIS 系统下，由于坐标系不是统一的，用这两种坐标存储的数据，不能进行各个图层的相互照应，也不能进行数据的科学分析和计算。因此，广西耕地质量评价所有图件的空间数据均采用 GCS_Xian_1980 坐标系、高斯－克吕格（Gauss–Kruger）投影的参数进行投影转换，坐标系统选择"Xian_1980_3_Degree_GK_ cm_108E"。

（3）评价单元图的制作

用广西土地利用现状图和土壤图叠加生成耕地资源管理单元图，即评价单元图。该工作环节的工作量相当大，操作比较复杂。

评价单元图制作，这一工作环节主要是生成土壤管理单元图，这是耕地质量评价的重要图层。叠加前要在农用地的土地利用现状图上增加土地类型字段，即是土地利用现状图上的土壤类型，内容有水田、旱地。根据每一个图斑的用途，录入土地类型字段，字段用代码录入，如 111、112 为水田，114、115 为旱地等。用同样方式在土壤图上建立土壤类型字段，字段内容为水田、旱地、自然土，根据土属代号判断哪些是水田，哪些是旱地。然后通过叠加求交、管理单元图图斑土属代号修正、合并相同土属名的相邻图斑、用管理单元图与行政区划图叠加相交、面积平差等步骤完成评价单元图。

（4）耕地属性数据的提取

管理单元图中图斑比调查点多，要使调查点的数据代表图斑数据，化验数据使用插值法，如 pH、有机质、全氮、有效磷、速效钾、中微量元素等，而一些物理特性如海拔、质地、剖面构型等使用点代面方法。插值法和点代面方法在 ArcMap 中进行。

（三）属性数据库与空间数据库的连接

采用 GIS 系统对属性数据关系模型和空间数据网状模型进行存储管理。每个图形单元由唯一的标识码来确定。同时一个图层可以有若干个关系数据文件即要素属性表，以完成对地理要素的属性描述。图形单元标识码是要素属性表中的一个关键字段，空间数据与属性数据以字段形式关联成为一体。

在进行属性数据库和空间数据库连接时，在省级耕地资源管理信息系统中分别导入属性数据表和图层数据，利用预先建立的关键字段（一一对应编码）将属性数据表链接到空间图层的属性表中，将属性数据表中的数据内容赋予图层数据表，这样图形文件与所选择的外部数据——mdb格式属性数据库就能够连接起来。

（四）建立空间数据库取得的成果

1. 建立了统一标准和规范的空间数据库。

2. 制作生成一系列数字化成果图层与图件。包括广西农用地地块图、市县位置图、土地利用现状图、土壤图、土壤养分图（有机质、全氮、有效磷、速效钾、交换性钙、交换性镁、有效铁、有效锰、有效铜、有效锌、有效硫、有效硼）、土壤pH值图、点注记图、线状水系图、面状水系图、耕地地力调查点点位图、耕地资源管理单元图、行政区划图、装饰边界图、辖区边界图、道路图等。

3. 通过建立统一标准和规范的空间数据库和属性数据库，集成相关数据资料、分析模型和知识库，就可以建立省级耕地资源信息管理系统，可以有效地管理、分析利用包括测土配方施肥在内的数据资料，并为耕地质量评价提供数据来源。

四、省级耕地资源管理信息系统建立

省级耕地资源管理信息系统是对一个省耕地资源相关信息进行管理和应用的应用软件，该系统集空间数据、属性数据及各类多媒体数据于一体。系统以工作空间的形式管理数据，一个项目区的所有数据全部保存在一个工作空间中，包括空间数据、属性数据、多媒体数据、各类模型库、参数库图集文件等。

广西耕地质量评价以农业部提供的省级耕地资源管理信息系统为平台，根据系统的应用目标和技术规范，结合已经建立的属性数据库和空间数据库，构建广西耕地资源管理信息系统。系统工作流程如图2-5所示。

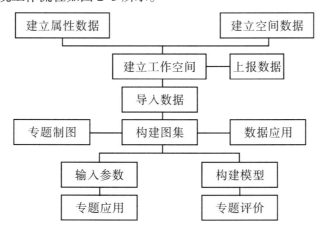

图2-5 广西省级耕地资源管理信息系统工作流程图

广西耕地资源管理信息系统只能管理和维护工作空间中的数据，因此，在实际操作中，属性数据及空间数据必须先导入（或通过关联外部数据）到工作空间中，系统才能访问和应用它们。系统通过图集操作工作空间中的数据，发挥其在农业生产中的作用。建立统一标准和规范的空间数据库和属性数据库，集成相关数据资料、分析模型和知识库，就建立了本地区的省级耕地资源管理信息系统，可以有效地管理、分析利用包括测土配方施肥在内的数据资料，并为耕地质量评价提供数据来源。

第三节　耕地质量评价程序与方法

耕地质量是指耕地的基础地力，也就是由耕地土壤的地形、地貌条件、成土母质特征、农田基础设施及培肥水平、土壤理化性状等综合构成的耕地生产力。及时掌握耕地资源的数量、质量及其变化对于合理规划和利用耕地，切实保护耕地具有十分重要的意义。

耕地质量调查与质量评价是对耕地的土壤属性、养分状况和影响耕地的环境质量因素等进行调查，选择一定数量对耕地质量有重要影响的评价因子，采用科学的方法对耕地的等级高低进行综合评判的过程，最终对耕地质量进行综合评价。耕地质量调查与质量评价不仅直接为当前的农业生产和农业生态环境建设服务，更是为培肥地力、建立安全的农业生产产地环境、提高农产品安全质量和保持农业可持续发展奠定基础。

一、耕地质量评价的依据

耕地质量评价主要依据是农业部制定的《全国耕地类型区、耕地地力等级划分》、《全国中低产田类型划分与改良技术规范》、《全国第二次土壤普查技术规程》、《测土配方施肥技术规范（2011年修订版）》（农农发〔2011〕3号）、《测土配方施肥管理与技术培训教材》、《耕地质量划分规范》（NY/T 2872—2015）和全国农业技术推广服务中心制定的《土壤监测技术规程》、《全国耕地地力调查与质量评价技术规程（试行）》、《耕地地力评价指南（第二版）》、《省级耕地地力汇总评价工作方案》（农技土肥水函〔2013〕137号）和国家有关土壤肥料标准以及农业农村部种植业管理司和全国农业技术推广服务中心确定的试点工作方法及相关规定。

二、评价因子的确立

（一）评价因子选择的原则

耕地质量评价实质是评价地形地貌、成土母质特征、土壤理化性状等自然要素对农作物生长限制程度的强弱。选取评价因子时应遵循以下几个原则。

1. 选取的评价因子必须对耕地地力有比较大的影响,如地形因素、土壤因素、灌排条件等。

2. 选取的评价因子在评价区域内应有较大的变异,便于划分耕地地力的等级。

3. 选取的评价因子在时间序列上具有相对的稳定性,如土壤的质地、有机质等,评价的结果能够有较长的有效期。

4. 选取评价因子与评价区域的大小有密切的关系。在一个县的范围内,气候因素变化较小,在进行县域耕地质量评价时,气候因素可以不作为参评因子。

5. 评价因子必须具有良好的操作性和重要意义。

(二)全国耕地质量评价因子总集

依据评价因子选择的原则,农业部建立了一个全国共用的耕地质量评价因子总集,这一评价因子总集包含了气候、立地条件、剖面性状、耕层土壤理化性状、耕层土壤养分状况、障碍因素、土壤管理七大类共64项指标(见表2-5)。

表2-5 全国耕地质量评价指标总集

代码	要素名称	代码	要素名称	代码	要素名称
气候		AL212000	地面破碎情况	AL501000	有机质
AL101000	≥0℃积温	AL213000	地表岩石露头状况	AL502000	全氮
AL102000	≥10℃积温	AL214000	地表砾石度	AL503000	有效磷
AL103000	年降水量	AL215000	田面坡度	AL504000	速效钾
AL104000	全年日照时数	剖面性状		AL505000	缓效钾
AL105000	光能辐射总量	AL301000	剖面构型	AL506000	有效锌
AL106000	无霜期	AL302000	质地构型	AL507000	水溶态硼
AL107000	干燥度	AL303000	有效土层厚度	AL508000	有效钼
立地条件		AL304000	耕层厚度	AL509000	有效铜
AL201000	经度	AL305000	腐殖层厚度	AL510000	有效硅
AL202000	纬度	AL306000	田间持水量	AL511000	有效锰
AL203000	高程	AL307000	旱季地下水位	AL512000	有效铁
AL204000	地貌类型	AL308000	潜水埋深	AL513000	交换性钙
AL205000	地形部位	AL309000	水型	AL514000	交换性镁
AL206000	坡度	耕层土壤理化性状		障碍因素	
AL207000	坡向	AL401000	质地	AL601000	障碍层类型
AL208000	成土母质	AL402000	容重	AL602000	障碍层出现位置
AL209000	土壤侵蚀类型	AL403000	pH	AL603000	障碍层厚度
AL210000	土壤侵蚀程度	AL404000	CEC	AL604000	耕层含盐量
AL211000	林地覆盖率	耕层土壤养分状况		AL605000	一米土层含盐量

续表

代码	要素名称	代码	要素名称	代码	要素名称
AL606000	盐化类型	AL702000	灌溉模数	AL706000	轮作制度
AL607000	地下水矿化度	AL703000	抗旱能力	AL707000	梯田化水平
土壤管理		AL704000	排涝能力	AL708000	设施类型（蔬菜地用）
AL701000	灌溉保证率	AL705000	排涝模数		

（三）广西省级耕地质量评价指标体系的建立

在自治区专家技术组的指导下，组织广西农业农村厅、广西农业科学院、广西大学农学院和各地市有关农业专家，对全国农业技术推广服务中心提出的全国耕地质量评价指标体系总集结合广西实际情况反复讨论研究，筛选出有效磷、速效钾、有机质、无霜期、年降水量、有效积温、障碍因素、pH 值、质地、排水能力、灌溉能力、东经、北纬、地形部位、耕层厚度、成土母质，共五大类 16 个评价因子，建成广西省级耕地质量评价指标体系。

三、评价方法

广西耕地质量评价将模糊数学以及计算机信息处理等方法引入到评价之中。建立 GIS 支持下的耕地资源管理信息系统，对收集的资料进行系统的分析和研究，并综合应用相关分析、因子分析、模糊评价、层次分析和计算机拟合、插值分析等方法，结合专家经验进行评价。

（一）确定评价单元

用土地利用现状图（比例尺为 1：500000）、土壤图（比例尺为 1：500000）叠加形成的图斑作为耕地质量评价单元，经过删除、合并面积过小的图斑后，广西耕地质量评价单元数最终由 29964 个图斑合并为 9794 个。

（二）评价单元赋值及确定评价因子权重

1. 根据各评价因子的空间分布图或属性数据库，将各评价因子数据赋值给评价单元。对点位分布图，采用插值的方法将其转换为栅格图，再与评价单元图叠加，通过加权统计给评价单元赋值；对矢量分布图，将其直接与评价单元图叠加，通过加权统计、属性提取，给评价单元赋值。

2. 采用特尔斐法与层次分析法相结合的方法确定各评价因子的权重。

特尔斐法是美国兰德公司于 1964 年首先采用的一种方法。这个方法的核心是充分发挥专家对问题的独立看法，然后归纳、反馈，逐步收缩、集中，最终产生评价与判断。特尔斐法的基本过程如图 2-6 所示。

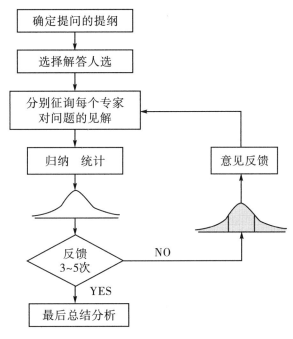

图 2-6　特尔斐法的基本过程流程图

①确定提问的提纲。列出的调查提纲应当用词准确，层次分明，集中于要判断和评价的问题。为了使专家易于回答，通常还要同时提供有关背景材料。

②选择专家。为了得到较好的评价结果，通常需要选择对问题了解较多的专家10 ～ 50 人，广西耕地质量评价共选择了 24 名专家参加这次评价和判断工作。

③调查结果的归纳、反馈和总结。收集到专家对问题的判断后，应进行归纳。定量判断的归纳结果通常符合正态分布。这时可在仔细听取了持极端意见专家的理由后，去掉两端各 25% 的意见，寻找出意见最集中的范围，然后把归纳结果反馈给专家，让他们再次提出自己的评价和判断。这样反复 3 ～ 5 次后，专家的意见会逐步趋近一致。这时就可做出最后的分析报告。为保证意见的相对集中，这项步骤在广西耕地质量评价工作中反复进行了 5 次。

④确定各评价因子的隶属度。在确定各评价因子的隶属度时，对定性数据采用特尔斐法直接给出隶属度；对定量数据采用特尔斐法与隶属函数法结合的方法确定各评价因子的隶属函数，根据专家打分值（0 ～ 1），可生成戒上型、戒下型和峰型函数。将各评价因子的值代入隶属函数，计算相应的隶属度。广西耕地质量评价定量数据（理化性状、养分状况、气候条件、立地条件）评价因子专家打分值如表 2-6 至表 2-9 所示。

表 2-6　广西耕地质量评价理化性状评价因子专家打分表

pH	8.0	7.5	7.0	6.5	6.0	5.5	5.0	4.5	4.0
分值	0.58	0.79	0.95	0.95	0.86	0.70	0.57	0.43	0.29

表 2-7　广西耕地质量评价养分状况评价因子专家打分表

有效磷	50	45	40	35	30	25	20	15	10	5
分值	0.99	0.96	0.95	0.85	0.80	0.72	0.63	0.53	0.42	0.27
速效钾	200	150	120	100	80	60	40	20	–	–
分值	0.99	0.95	0.90	0.83	0.73	0.62	0.49	0.35	–	–
有机质	60	50	40	35	30	25	20	10	5	–
分值	0.99	0.98	0.95	0.81	0.73	0.64	0.54	0.42	0.27	–

表 2-8　广西耕地质量评价气候条件评价因子专家打分表

降水量	1200	1400	1600	1800	2000	2200	2400	2600	–	–
分值	0.62	0.72	0.81	0.90	0.88	0.82	0.77	0.72	–	–
无霜天数	365	360	350	340	330	320	310	300	290	280
分值	0.99	0.96	0.91	0.88	0.85	0.70	0.63	0.55	0.45	0.36
有效积温	5000	5500	6000	6500	7000	7500	8000	8500	–	–
分值	0.55	0.64	0.73	0.81	0.87	0.91	0.93	0.96	–	–

表 2-9　广西耕地质量评价立地条件评价因子专家打分表

纬度	21	22	23	24	25	26	27	–	–
分值	0.88	0.89	0.90	0.85	0.78	0.74	0.68	–	–
经度	104	105	106	107	108	109	110	111	112
分值	0.91	0.90	0.89	0.87	0.85	0.82	0.79	0.75	0.71
耕层厚度	30	25	20	18	16	14	12	10	8
分值	0.99	0.94	0.87	0.79	0.69	0.60	0.50	0.42	0.30

　　广西耕地质量评价定量数据评价因子隶属函数如表 2-10 所示，其他定性数据评价因子隶属度如表 2-11 至表 2-16 所示。

表 2-10 广西耕地质量评价定量数据评价因子隶属函数

指标名称	函数类型	函数公式	a 值	c 值	u_1 值	u_2 值
pH	峰型	$y=1/\left[1+a\left(u-c\right)^2\right]$	0.335284	6.596966	1.41	11.77
纬度	峰型	$y=1/\left[1+a\left(u-c\right)^2\right]$	0.003777	16.413123	−32.41	65.22
降水量	峰型	$y=1/\left[1+a\left(u-c\right)^2\right]$	0.000001	1979.950770	−1020.05	4979.95
有效磷	戒上型	$y=1/\left[1+a\left(u-c\right)^2\right]$	0.001064	45.710182	−46.27	45.710182
速效钾	戒上型	$y=1/\left[1+a\left(u-c\right)^2\right]$	0.000059	167.205671	−223.37	167.205671
有机质	戒上型	$y=1/\left[1+a\left(u-c\right)^2\right]$	0.000871	51.302804	−50.35	51.302804
无霜期	戒上型	$y=1/\left[1+a\left(u-c\right)^2\right]$	0.000211	364.544614	158.01	364.544614
有效积温	戒上型	$y=1/\left[1+a\left(u-c\right)^2\right]$	0.046576	8.936734	−4.97	8.936734
耕层厚度	戒上型	$y=1/\left[1+a\left(u-c\right)^2\right]$	0.004803	26.309280	−16.98	26.309280
经度	戒下型	$y=1/\left[1+a\left(u-c\right)^2\right]$	0.001761	97.430819	97.430819	168.92

表 2-11 障碍因素隶属度及其描述

类型	无明显障碍	灌溉改良型	渍潜稻田型	盐碱耕地型	脊瘦培肥型	障碍层次型	渍涝排水型	坡地梯改型	沙化耕地型
隶属度值	0.99	0.89	0.75	0.64	0.68	0.61	0.50	0.57	0.30

表 2-12 土壤质地隶属度及其描述

描述	壤土	黏壤	沙壤	黏土	沙土
隶属度值	0.97	0.84	0.80	0.63	0.40

表 2-13 排水能力隶属度及其描述

级别	强	较强	中	较弱	弱
隶属度值	0.99	0.84	0.66	0.44	0.28

表 2-14 灌溉能力隶属度及其描述

级别	充分满足	基本满足	一般满足	无灌溉条件
隶属度值	1.00	0.82	0.61	0.30

表 2-15 地形部位隶属度及其描述

地形部位	平地	谷地	阶地	缓坡地	山坡地	低洼地
隶属度值	0.99	0.83	0.77	0.71	0.50	0.40

表 2-16　成土母质隶属度及其描述

成土母质	河流冲积物	砂页岩	紫色砂页岩	花岗岩	第四纪红土	洪积物	石灰岩	玄武岩	滨海沉积物	硅质页岩
隶属度值	0.97	0.85	0.83	0.81	0.77	0.75	0.62	0.52	0.32	0.26

（三）计算单因子权重（层次分析法）

利用专家打分值构成的判断矩阵和层次结构，用"层次分析法"计算各评价因子的单因素权重和组合权重，并进行一致性检验。

层次分析法就是把复杂问题中的各个因素按照相互之间的隶属关系排成从高到低的若干层次，再对每一层次进行相对重要性比较，最后得出它们之间的关系，从而确定它们各自的权重。

在确定权重时，首先要建立层次结构，对所分析的问题进行层层解剖，根据它们之间的所属关系，建立一种多层次的架构，利于问题的分析和研究。其次是构造判断矩阵，用三层结构来分析，即目标层（A层）、准则层（B层）和指标层（C层）。对于目标层 A，则要对准则层 B 中的各因素进行相对重要性判断，可参照相关分析以及因子分析的结果，请专家或有实践经验的土壤专家分别给予判断和评估，从而得到准则层 B 对于目标层 A 的判断矩阵。同样道理亦可得到指标层 C 相对于准则层 B 的判断矩阵。再次是权重的计算。

1.构造层次模型

经过专家技术组的研究和讨论，广西耕地质量评价从全国耕地质量评价因子总集中选择了 16 个因子作为耕地质量评价指标，并根据各个因子间的关系构造了以下层次模型（见图 2-7）。

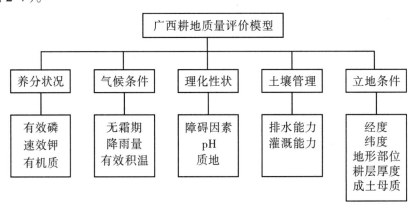

图 2-7　广西耕地质量评价要素层次模型

2.构造判断矩阵

专家比较了同一层次各因素对上一层的相对重要性，给出数量化的评估。将专家们评估的初步结果及实际计算后得出的结果反馈给各位专家，重新修改或确认，经多轮反复形成最终的判断矩阵（见表2-17至表2-22）。

表2-17 目标层判别矩阵

项目	养分状况 B1	气候条件 B2	理化性状 B3	土壤管理 B4	立地条件 B5
养分状况 B1	1.0000	0.6536	0.4608	0.3876	0.2132
气候条件 B2	1.5300	1.0000	0.5208	0.4673	0.2558
理化性状 B3	2.1700	1.9200	1.0000	0.6494	0.3333
土壤管理 B4	2.5800	2.1400	1.5400	1.0000	0.4425
立地条件 B5	4.6900	3.9100	3.0000	2.2600	1.0000

表2-18 准则层（1）判别矩阵

养分状况	有效磷	速效钾	有机质
有效磷	1.0000	0.5405	0.3021
速效钾	1.8500	1.0000	0.3876
有机质	3.3100	2.5800	1.0000

表2-19 准则层（2）判别矩阵

气候条件	无霜期	降水量	有效积温
无霜期	1.0000	0.4425	0.2994
降水量	2.2600	1.0000	0.4405
有效积温	3.3400	2.2700	1.0000

表2-20 准则层（3）判别矩阵

理化性状	障碍因素	pH	土壤质地
障碍因素	1.0000	0.5128	0.3257
pH	1.9500	1.0000	0.4673
土壤质地	3.0700	2.1400	1.0000

表2-21 准则层（4）判别矩阵

土壤管理	排水能力	灌溉能力
排水能力	1.0000	0.4202
灌溉能力	2.3800	1.0000

表 2-22　准则层（5）判别矩阵

立地条件	经度	纬度	地形部位	耕层厚度	成土母质
经度	1.0000	0.5102	0.3534	0.2681	0.2183
纬度	1.9600	1.0000	0.4545	0.3509	0.2710
地形部位	2.8300	2.2000	1.0000	0.4545	0.3279
耕层厚度	3.7300	2.8500	2.2000	1.0000	0.4274
成土母质	4.5800	3.6900	3.0500	2.3400	1.0000

3. 组合权重值计算

最后计算组合权重，由指标层 C 与准则层 B 相对应的权重值相乘求得各评价因素的组合权重，即为各评价指标对耕地生产潜力的贡献率。广西耕地质量评价层次分析结果如表 2-23 所示。

表 2-23　广西耕地质量评价层次分析结果表

准则层 B 指标层 C	养分状况	气候条件	理化性状	土壤管理	立地条件	组合权重
	0.0797	0.1047	0.1638	0.2162	0.4356	$\sum C_i A_i$
有效磷	0.1574	–	–	–	–	0.0125
速效钾	0.2575	–	–	–	–	0.0205
有机质	0.5851	–	–	–	–	0.0466
无霜期	–	0.1476	–	–	–	0.0155
降水量	–	0.2883	–	–	–	0.0302
有效积温	–	0.5641	–	–	–	0.0591
障碍因素	–	–	0.1627	–	–	0.0267
pH	–	–	0.2861	–	–	0.0469
土壤质地	–	–	0.5512	–	–	0.0903
排水能力	–	–	–	0.2959	–	0.0640
灌溉能力	–	–	–	0.7041	–	0.1522
经度	–	–	–	–	0.0658	0.0286
纬度	–	–	–	–	0.1002	0.0437
地形部位	–	–	–	–	0.1612	0.0702
耕层厚度	–	–	–	–	0.2543	0.1107
成土母质	–	–	–	–	0.4185	0.1823

注：上述层次分析结果由"省级耕地资源管理信息系统 V1.1.310"提供。

四、耕地生产性能综合指数计算

（一）加法模型

$$IFI = \sum F_i \times C_i; \ (i = 1, 2, 3, \cdots, n)$$

公式中：IFI（Integrated Fertility Index）代表耕地地力指数；

F_i = 第 i 个因素评语；

C_i = 第 i 个因素的组合权重。

（二）确定耕地地力综合指数分级方案，划分评价等级

利用广西耕地资源管理信息系统进行耕地生产潜力评价，用样点数与耕地地力综合指数制作累积频率曲线图。根据样点分布频率和等距法，分别用耕地地力综合指数 ≥ 0.8700、0.8300～<0.8700、0.7900～<0.8300、0.7500～<0.7900、0.7100～<0.7500、0.6800～<0.7100、0.6400～<0.6800、0.6000～<0.6400、0.5600～<0.6000、<0.5600 将广西耕地质量分为十级（见图 2-8）。

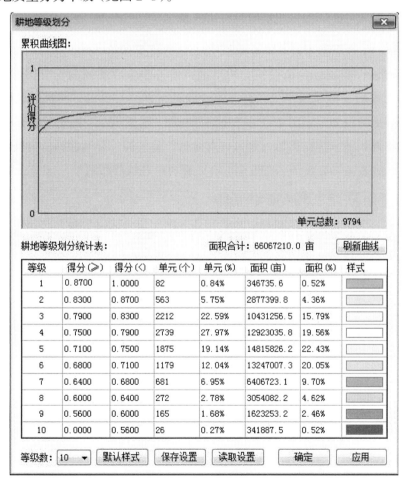

图 2-8　广西耕地质量等级划分累积曲线图

（三）评价结果检验

组织自治区、市、县农业部门技术专家，对评价结果进行审评，核对图上的等级与实际是否相符，然后组织市、县技术专家对部分县重要区域进行实地核实，确认评价结果与实际情况的吻合程度。

五、成果图件制作与输出

（一）广西耕地质量评价采样点分布图

将 GPS 定位的土壤样品经纬度数据输入计算机，利用 GIS 软件转换生成广西耕地质量评价采样点分布图（附图 2）。

（二）广西耕地质量等级分布图

利用省级耕地资源管理信息系统对 9794 个耕地质量评价单元进行综合评价，得出评价值，将评价结果分等定级，最后形成广西耕地质量等级分布图（附图 3），然后将图层导出，并导入 GIS 软件将成果图件打印出来。

（三）广西耕地土壤养分含量等级、pH 值分布图

利用 GIS 软件的统计分析模块，用空间插值方法生成不同的养分图层和 pH 值图层，根据多年来的田间试验结果结合专家经验进行划分，生成广西耕地土壤养分含量等级分布图（见附图 4 至附图 15）和 pH 值分布图（附图 16）。耕地土壤养分含量等级分布图包括广西耕地土壤有机质、全氮、有效磷、速效钾、交换性钙、交换性镁、有效硫、有效铁、有效锰、有效锌、有效铜、有效硼含量等级分布图。

（四）广西耕地土壤质地分布图

在建立的空间数据库中的耕地资源管理单元图图层，通过关联外部属性数据表，按照土壤质地字段的属性内容给图斑着色，输出广西耕地土壤质地分布图（附图 17）。

（五）广西耕地土壤分布图

在建立的空间数据库中，在土壤图图层上建立土壤类型字段，字段内容为水田、旱地、自然土，增加土属代号字段，按照原土壤图上的土属进行录入，如 A1/1、B2/2 等，再利用 GIS 软件按照相应土属代号字段给图斑着色，输出广西耕地土壤分布图（附图 18）。

（六）广西耕地利用现状分布图

在建立的空间数据库中土地利用现状图图层上建立地类号字段，即土地利用现状图上的土地用途，主要选择内容有水田、旱地。根据每一个图斑的用途，用 ArcGIS 软件按照相应地类号给图斑着色，输出广西耕地利用现状分布图（附图 19）。

第三章　耕地质量等级

耕地质量是耕地自然要素相互作用所表现出来的潜在生产能力。本次耕地质量评价采用以土壤要素为主的耕地生产潜力评价，耕地质量的高低用耕地自然要素评价的综合肥力指数来表示。为直观地反映耕地的质量和相互的可比性，采用以粮食产量的高低来反映耕地生产能力的方法，主要做法为在各耕地质量等级内随机选取若干比例的管理单元，通过对近3年实际的年平均产量（经济作物统一折算为谷类作物产量）进行相关研究，将耕地地力综合指数转换为概念性产量。

第一节　耕地质量等级面积及其分布

一、耕地质量等级面积

根据广西耕地成土条件、生产条件和耕地的培育与熟化程度具体情况，分析形成广西耕地质量现状和各肥力要素对耕地质量的贡献大小，选取对耕地质量影响较大、与农业生产有密切关系的土壤有效磷、土壤速效钾、土壤有机质、无霜期、降水量、有效积温、障碍因素、土壤pH、土壤质地、排水能力、灌溉能力、东经、北纬、地形部位、耕层厚度和成土母质共16个因子来建立耕地质量评价指标体系，以广西1：500000土壤图与1：500000土地利用现状图叠加生成的耕地图斑为评价单元，以《全国耕地类型区、耕地地力等级划分》(NY/1309–1996)为标准，运用省级耕地资源管理信息系统，按照农业部耕地质量评价规程和分级标准，对广西辖区内的6606.69万亩耕地质量进行评价，并根据参评因子和省级耕地资源管理信息系统的计算方法及标准，分别计算出各管理单元的综合肥力指数，根据综合肥力指数计算结果，将广西的耕地共划分为十个质量等级。具体为：一级耕地综合肥力指数≥0.8700，二级耕地0.8300～0.8700，三级耕地0.7900～0.8300，四级耕地0.7500～0.7900，五级耕地0.7100～0.7500，六级耕地0.6800～0.7100，七级耕地0.6400～0.6800，八级耕地0.6000～0.6400，九级耕地0.5600～0.6000，十级耕地<0.5600。以此为标准，划分为一级耕地的面积共有34.67万亩，占耕地总面积的0.52%；二级耕地为287.74万亩，占4.36%；三级耕地1042.77万亩，占15.78%；四级耕地为1291.53亩，占19.55%；五级耕地1481.49万亩，占22.42%；六

级耕地1325.52万亩，占20.06%；七级耕地640.99万亩，占9.70%；八级耕地305.47万亩，占4.62%；九级耕地162.32万亩，占2.46%；十级耕地34.19万亩，占0.52%。不同耕地类型的质量等级差异明显，水田高等级占的比例较大，低等级较小，旱地则相反，详见表3-1。

表3-1　不同耕地利用类型耕地质量各等级面积统计表

类型	项目	一级	二级	三级	四级	五级	六级	七级	八级	九级	十级	小计
旱地	面积（万亩）	1.48	12.57	47.64	213.42	1039.06	1224.01	597.96	269.41	158.87	34.19	3598.62
	占旱地（%）	0.04	0.35	1.32	5.93	28.87	34.01	16.62	7.49	4.41	0.95	
	占同等级（%）	4.28	4.37	4.57	16.52	70.14	92.34	93.29	88.20	97.87	100.00	
水田	面积（万亩）	33.19	275.16	995.13	1078.10	442.43	101.52	43.03	36.06	3.46	–	3008.07
	占水田（%）	1.10	9.15	33.08	35.84	14.71	3.37	1.43	1.20	0.11	–	
	占同等级（%）	95.72	95.63	95.43	83.48	29.86	7.66	6.71	11.80	2.13	–	
合计	面积（万亩）	34.67	287.74	1042.77	1291.53	1481.49	1325.52	640.99	305.47	162.32	34.19	6606.69
	占总面积（%）	0.52	4.36	15.78	19.55	22.42	20.06	9.70	4.62	2.46	0.52	

二、耕地质量等级分布情况

用省级耕地资源管理信息系统对辖区内的耕地质量全面评价后，分别对广西14个市进行分类统计，以了解各等级耕地在不同区域内的分布情况，详见表3-2。

高等级（一级、二级、三级）耕地共有1365.18万亩，占总耕地面积的20.66%。其主要分布于桂东南、桂南和桂北的玉林市、南宁市、贵港市和桂林市，面积分别为217.75万亩、187.65万亩、157.41万亩和136.61万亩；贺州市、北海市和防城港市的面积比较少，仅为48.37万亩、45.75万亩和33.54万亩。占辖区总耕地面积比例最大的前三位是玉林市、梧州市和贵港市，分别为60.30%、35.75%和32.60%，来宾市则低于10%。

中等级（四级、五级、六级）耕地共有4098.54万亩，占总耕地面积的62.04%。主要分布于南宁市、崇左市和百色市，面积分别为738.11万亩、540.93万亩和462.40万亩；防城港市和北海市面积比较少，分别为82.89万亩和55.32万亩。占辖区总耕地面积比例最大的是南宁市、崇左市、钦州市、百色市、桂林市和贵港市，分别为 72.08%、69.37%、69.12%、68.68%、68.14% 和 65.82%，玉林市和北海市占比相对较小，分别为 36.08% 和 29.67%。

低等级（七级、八级、九级和十级）耕地共有 1142.97 万亩，占总耕地面积的 14.33%，主要分布于桂西和桂中地区的来宾市、河池市和崇左市，面积分别为 273.56 万亩、172.68 万亩和 158.24 万亩，贵港市和钦州市面积比较少，分别为 7.26 万亩和 5.60 万亩。占辖区总耕地面积比例最大的是北海市、来宾市和河池市，分别达 45.78%、44.76% 和 30.77%，钦州市和贵港市占比相对较小，分别为 1.76% 和 1.51%。

表 3-2 各地市耕地质量等级面积统计表

行政区	项目	一级耕地	二级耕地	三级耕地	四级耕地	五级耕地	六级耕地	七级耕地	八级耕地	九级耕地	十级耕地	面积小计（万亩）
百色市	面积（万亩）	1.94	23.61	78.57	134.11	155.81	172.48	81.26	22.36	1.30	1.90	673.34
	占总面积（%）	0.29	3.51	11.67	19.92	23.14	25.62	12.07	3.32	0.19	0.28	
	占本等级（%）	5.60	8.21	7.53	10.38	10.52	13.01	12.68	7.32	0.80	5.56	
北海市	面积（万亩）	6.15	10.88	28.72	13.98	23.12	18.22	26.26	35.56	22.91	0.64	186.44
	占总面积（%）	3.30	5.84	15.40	7.50	12.40	9.77	14.08	19.07	12.29	0.34	
	占本等级（%）	17.74	3.78	2.75	1.08	1.56	1.37	4.10	11.64	14.11	1.87	
崇左市	面积（万亩）	14.33	19.74	46.58	81.76	165.06	294.11	129.53	23.19	5.52	–	779.82
	占总面积（%）	1.84	2.53	5.97	10.48	21.17	37.72	16.61	2.97	0.71	–	
	占本等级（%）	41.33	6.86	4.47	6.33	11.14	22.19	20.21	7.59	3.40	–	
防城港市	面积（万亩）	–	6.14	27.40	20.41	20.43	42.05	20.52	0.34	–	–	137.30
	占总面积（%）	–	4.47	19.96	14.87	14.88	30.63	14.95	0.25	–	–	
	占本等级（%）	–	2.13	2.63	1.58	1.38	3.17	3.20	0.11	–	–	

续表

行政区	项目	一级耕地	二级耕地	三级耕地	四级耕地	五级耕地	六级耕地	七级耕地	八级耕地	九级耕地	十级耕地	面积小计（万亩）
贵港市	面积（万亩）	2.01	24.22	131.18	139.14	122.70	55.18	7.09	0.17	–	–	481.68
	占总面积（%）	0.42	5.03	27.23	28.89	25.47	11.46	1.47	0.04	–	–	
	占本等级（%）	5.80	8.42	12.58	10.77	8.28	4.16	1.11	0.06	–	–	
桂林市	面积（万亩）	0.29	27.91	108.41	171.08	102.50	63.35	20.92	–	–	–	494.46
	占总面积（%）	0.06	5.64	21.92	34.60	20.73	12.81	4.23	–	–	–	
	占本等级（%）	0.84	9.70	10.40	13.25	6.92	4.78	3.26	–	–	–	
河池市	面积（万亩）	0.45	8.22	48.72	78.24	86.04	166.93	103.04	53.49	8.43	7.72	561.27
	占总面积（%）	0.08	1.46	8.68	13.94	15.33	29.74	18.36	9.53	1.50	1.38	
	占本等级（%）	1.30	2.86	4.67	6.06	5.81	12.59	16.08	17.51	5.19	22.58	
贺州市	面积（万亩）	–	6.95	41.42	66.37	40.01	43.66	39.15	7.03	–	–	244.59
	占总面积（%）	–	2.84	16.93	27.14	16.36	17.85	16.01	2.87	–	–	
	占本等级（%）	–	2.42	3.97	5.14	2.70	3.29	6.11	2.30	–	–	
来宾市	面积（万亩）	–	9.93	46.87	44.44	146.32	90.07	70.05	134.27	64.11	5.13	611.19
	占总面积（%）	–	1.62	7.67	7.27	23.94	14.74	11.46	21.97	10.49	0.84	
	占本等级（%）	–	3.45	4.49	3.44	9.88	6.80	10.93	43.96	39.50	15.00	
柳州市	面积（万亩）	–	6.68	65.38	123.88	135.85	79.22	42.43	24.29	39.19	8.06	524.97
	占总面积（%）	–	1.27	12.45	23.60	25.88	15.09	8.08	4.63	7.47	1.54	
	占本等级（%）	–	2.32	6.27	9.59	9.17	5.98	6.62	7.95	24.14	23.57	

续表

行政区	项目	一级耕地	二级耕地	三级耕地	四级耕地	五级耕地	六级耕地	七级耕地	八级耕地	九级耕地	十级耕地	面积小计（万亩）
南宁市	面积（万亩）	2.57	44.82	140.26	191.49	323.68	222.94	62.34	4.40	20.88	10.75	1024.13
	占总面积（%）	0.25	4.38	13.70	18.70	31.61	21.77	6.09	0.43	2.04	1.05	
	占本等级（%）	7.41	15.58	13.45	14.83	21.85	16.82	9.73	1.44	12.86	31.44	
钦州市	面积（万亩）	–	9.45	83.37	78.82	93.98	47.47	5.23	0.37	–	–	318.68
	占总面积（%）	–	2.97	26.16	24.73	29.49	14.90	1.64	0.12	–	–	
	占本等级（%）	–	3.28	8.00	6.10	6.34	3.58	0.82	0.12	–	–	
梧州市	面积（万亩）	0.73	8.91	64.62	71.11	31.08	11.17	20.06	–	–	–	207.69
	占总面积（%）	0.35	4.29	31.11	34.24	14.96	5.38	9.66	–	–	–	
	占本等级（%）	2.11	3.10	6.20	5.51	2.10	0.84	3.13	–	–	–	
玉林市	面积（万亩）	6.20	80.29	131.26	76.70	34.90	18.69	13.11	–	–	–	361.13
	占总面积（%）	1.72	22.23	36.35	21.24	9.66	5.18	3.63	–	–	–	
	占本等级（%）	17.88	27.90	12.59	5.94	2.36	1.41	2.05	–	–	–	
广西合计	面积（万亩）	34.67	287.74	1042.77	1291.53	1481.49	1325.52	640.99	305.47	162.32	34.19	6606.69
	占总面积（%）	0.52	4.36	15.78	19.55	22.42	20.06	9.70	4.62	2.46	0.52	

三、水田质量等级分布情况

耕地质量为高等级（一级、二级、三级）的水田共有1303.48万亩，占水田总面积的43.33%，主要分布于玉林市、南宁市和贵港市，面积分别为217.74万亩、165.47万亩和150.04万亩，防城港市和北海市面积比较小，分别仅为33.40万亩和45.76万亩。占辖区水田总面积比例最大的是玉林市和北海市，分别为70.40%和63.35%，河池市和柳州市占比相对较小，分别为 26.87% 和 27.31%（见表 3-3）。

耕地质量为中等级（四级、五级、六级）的水田共有 1622.05 万亩，占水田总面积的 53.92%，主要分布于桂林市、南宁市和柳州市，面积分别为 267.11 万亩、189.20 万亩和 168.05 万亩，北海市和防城港市面积比较小，分别为 21.94 万亩和 29.25 万亩。占辖区水田总面积比例最大的是柳州市和桂林市，分别达 68.75% 和 66.42%，玉林市和北海市占比相对较小，分别为 29.60% 和 30.37%（见表 3-3）。

耕地质量为低等级（七级、八级、九级）的水田共有 82.54 万亩，占水田总面积的 2.74%，主要分布于来宾市、河池市和柳州市，面积分别为 34.34 万亩、17.29 万亩和 9.63 万亩，玉林市和贵港市低等级水田面积均为 0。占辖区水田总面积比例最大的是来宾市、河池市和北海市，分别达 21.09%、8.10% 和 6.28%，玉林市和贵港市没有低等级水田分布（见表 3-3）。

表 3-3　各地市水田质量等级面积统计表

行政区	项目	一级耕地	二级耕地	三级耕地	四级耕地	五级耕地	六级耕地	七级耕地	八级耕地	九级耕地	面积小计（万亩）
百色市	面积（万亩）	0.46	18.86	74.09	115.97	27.30	5.65	2.38	1.13	0.86	246.71
	占总面积（%）	0.19	7.64	30.03	47.01	11.07	2.29	0.97	0.46	0.35	
	占本等级（%）	1.39	6.85	7.45	10.76	6.17	5.57	5.54	3.14	24.83	
北海市	面积（万亩）	6.15	10.88	28.72	11.58	6.20	4.16	2.04	2.50	–	72.23
	占总面积（%）	8.52	15.07	39.76	16.02	8.58	5.76	2.82	3.46	–	
	占本等级（%）	18.54	3.96	2.89	1.07	1.40	4.10	4.73	6.93	–	
崇左市	面积（万亩）	14.33	19.74	43.29	68.96	15.47	5.42	2.16	0.38	–	169.75
	占总面积（%）	8.44	11.63	25.50	40.62	9.12	3.20	1.27	0.22	–	
	占本等级（%）	43.19	7.17	4.35	6.40	3.50	5.34	5.01	1.05	–	
防城港市	面积（万亩）	–	6.14	27.26	17.18	3.80	8.27	0.56	–	–	63.21
	占总面积（%）	–	9.71	43.13	27.18	6.01	13.08	0.88	–	–	
	占本等级（%）	–	6.14	27.26	17.18	3.80	8.27	0.56	–	–	
贵港市	面积（万亩）	2.01	20.13	127.90	96.38	17.89	2.93	–	–	–	267.23
	占总面积（%）	0.75	7.53	47.86	36.06	6.69	1.10	–	–	–	
	占本等级（%）	6.04	7.32	12.85	8.94	4.04	2.88	–	–	–	
桂林市	面积（万亩）	0.29	27.15	104.99	160.16	88.06	18.89	2.63	–	–	402.17
	占总面积（%）	0.07	6.75	26.11	39.82	21.90	4.70	0.65	–	–	
	占本等级（%）	0.87	9.87	10.55	14.86	19.90	18.61	6.11	–	–	

续表

行政区	项目	一级耕地	二级耕地	三级耕地	四级耕地	五级耕地	六级耕地	七级耕地	八级耕地	九级耕地	面积小计（万亩）
河池市	面积（万亩）	0.45	8.22	48.72	78.24	43.72	16.92	13.24	2.27	1.78	213.56
	占总面积（%）	0.21	3.85	22.81	36.64	20.47	7.92	6.20	1.06	0.83	
	占本等级（%）	1.35	2.99	4.90	7.26	9.88	16.67	30.78	6.29	51.44	
贺州市	面积（万亩）	–	6.95	41.42	65.75	24.47	6.35	1.85	–	–	146.79
	占总面积（%）	–	4.74	28.22	44.79	16.67	4.32	1.26	–	–	
	占本等级（%）	–	2.53	4.16	6.10	5.53	6.25	4.30	–	–	
来宾市	面积（万亩）	–	9.93	46.87	35.94	28.90	6.84	7.95	25.57	0.82	162.82
	占总面积（%）	–	6.10	28.79	22.07	17.75	4.20	4.88	15.70	0.50	
	占本等级（%）	–	3.61	4.71	3.33	6.53	6.74	18.47	70.91	23.73	
柳州市	面积（万亩）	–	6.68	60.07	98.75	56.67	12.63	6.93	2.70	–	244.43
	占总面积（%）	–	2.73	24.58	40.40	23.18	5.17	2.84	1.10	–	
	占本等级（%）	–	2.43	6.04	9.16	12.81	12.44	16.11	7.49		
南宁市	面积（万亩）	2.57	41.84	121.06	132.07	52.39	4.74	1.44	1.14	–	357.25
	占总面积（%）	0.72	11.71	33.89	36.97	14.66	1.33	0.40	0.32	–	
	占本等级（%）	7.74	15.21	12.17	12.25	11.84	4.67	3.35	3.17		
钦州市	面积（万亩）	–	9.45	78.41	60.99	36.65	5.55	1.75	0.37	–	193.16
	占总面积（%）	–	4.89	40.59	31.57	18.97	2.87	0.91	0.19	–	
	占本等级（%）	–	3.43	7.88	5.66	8.28	5.46	4.08	1.03		
梧州市	面积（万亩）	0.73	8.91	61.06	64.46	22.62	1.57	0.10	–	–	159.46
	占总面积（%）	0.46	5.59	38.29	40.43	14.19	0.98	0.06	–	–	
	占本等级（%）	2.21	3.24	6.14	5.98	5.11	1.55	0.23	–	–	
玉林市	面积（万亩）	6.20	80.29	131.26	71.68	18.28	1.60	–	–	–	309.30
	占总面积（%）	2.00	25.96	42.44	23.17	5.91	0.52	–	–	–	
	占本等级（%）	18.67	29.18	13.19	6.65	4.13	1.58	–	–	–	
广西合计	面积（万亩）	33.19	275.16	995.13	1078.10	442.43	101.52	43.03	36.06	3.46	3008.07
	占总面积（%）	1.10	9.15	33.08	35.84	14.71	3.37	1.43	1.20	0.11	

四、旱地质量等级分布情况

耕地质量为高等级（一级、二级、三级）的旱地共有 61.70 万亩，占旱地总面积的 1.71%，主要分布于南宁市、百色市、贵港市、柳州市、钦州市、桂林市、梧州市、崇左市和防城港市，各市面积均比较小，在0.14～22.18万亩不等，其他各市均没有该等级旱地（见表3-4）。

耕地质量为中等级（四级、五级、六级）的旱地共有2476.49万亩，占旱地总面积的68.82%，主要分布于南宁市、崇左市、百色市和来宾市，面积分别为548.92万亩、451.07万亩、313.47万亩和209.14万亩，梧州市和北海市面积比较小，分别为24.71万亩和33.38万亩。占辖区旱地总面积比例最大的是钦州市、贵港市和南宁市，分别达93.28%、93.18%和82.31%，北海市和来宾市占比相对较小，分别为29.23%和46.65%（见表3-4）。

耕地质量为低等级（七级、八级、九级、十级）的旱地共有1060.43万亩，占旱地总面积的29.47%，来宾市和崇左市面积较大，分别为239.22万亩和155.70万亩，钦州市和贵港市面积比较小，分别为3.47万亩和7.26万亩。占辖区旱地总面积比例最大的是北海市、来宾市和贺州市，分别达70.77%、53.35%和45.33%，钦州市和贵港市占比相对较小，分别仅为2.77%和3.39%（见表3-4）。

表3-4　各地市旱地质量等级面积统计表

行政区	项目	一级耕地	二级耕地	三级耕地	四级耕地	五级耕地	六级耕地	七级耕地	八级耕地	九级耕地	十级耕地	面积小计（万亩）
百色市	面积（万亩）	1.48	4.75	4.48	18.14	128.51	166.82	78.88	21.23	0.44	1.90	426.64
	占总面积（%）	0.35	1.11	1.05	4.25	30.12	39.10	18.49	4.98	0.10	0.44	
	占本等级（%）	100.00	37.79	9.41	8.50	12.37	13.63	13.19	7.88	0.28	5.55	
北海市	面积（万亩）	-	-	-	2.40	16.92	14.06	24.22	33.06	22.91	0.64	114.21
	占总面积（%）	-	-	-	2.10	14.81	12.31	21.21	28.95	20.06	0.56	
	占本等级（%）	-	-	-	1.13	1.63	1.15	4.05	12.27	14.42	1.86	
崇左市	面积（万亩）	-	-	3.30	12.80	149.58	288.68	127.37	22.81	5.52	-	610.07
	占总面积（%）	-	-	0.54	2.10	24.52	47.32	20.88	3.74	0.90	-	
	占本等级（%）	-	-	6.92	6.00	14.40	23.59	21.30	8.47	3.47	-	
防城港市	面积（万亩）	-	-	0.14	3.23	16.63	33.79	19.96	0.34	-	-	74.09
	占总面积（%）	-	-	0.19	4.36	22.45	45.61	26.94	0.46	-	-	
	占本等级（%）	-	-	9.29	25.71	34.91	15.83	1.92	0.03	-	-	

续表

行政区	项目	一级耕地	二级耕地	三级耕地	四级耕地	五级耕地	六级耕地	七级耕地	八级耕地	九级耕地	十级耕地	面积小计（万亩）
贵港市	面积（万亩）	–	4.09	3.27	42.76	104.81	52.25	7.09	0.17	–	–	214.45
	占总面积（%）	–	1.91	1.53	19.94	48.87	24.37	3.31	0.08	–	–	
	占本等级（%）	–	32.55	6.87	20.04	10.09	4.27	1.19	0.06	–	–	
桂林市	面积（万亩）	–	0.75	3.42	10.92	14.44	44.46	18.29	–	–	–	92.29
	占总面积（%）	–	0.82	3.71	11.84	15.65	48.17	19.82	–	–	–	
	占本等级（%）	–	5.99	7.18	5.12	1.39	3.63	3.06	–	–	–	
河池市	面积（万亩）	–	–	–	–	42.32	150.01	89.80	51.22	6.65	7.72	347.71
	占总面积（%）	–	–	–	–	12.17	43.14	25.83	14.73	1.91	2.22	
	占本等级（%）	–	–	–	–	4.07	12.26	15.02	19.01	4.19	22.57	
贺州市	面积（万亩）	–	–	–	0.63	15.54	37.31	37.30	7.03	–	–	97.80
	占总面积（%）	–	–	–	0.64	15.89	38.15	38.14	7.19	–	–	
	占本等级（%）	–	–	–	0.29	1.50	3.05	6.24	2.61	–	–	
来宾市	面积（万亩）	–	–	–	8.50	117.42	83.22	62.10	108.70	63.29	5.13	448.37
	占总面积（%）	–	–	–	1.89	26.19	18.56	13.85	24.24	14.11	1.14	
	占本等级（%）	–	–	–	3.98	11.30	6.80	10.39	40.35	39.84	15.01	
柳州市	面积（万亩）	–	–	5.31	25.12	79.19	66.59	35.50	21.59	39.19	8.06	280.55
	占总面积（%）	–	–	1.89	8.96	28.23	23.74	12.65	7.69	13.97	2.87	
	占本等级（%）	–	–	11.15	11.77	7.62	5.44	5.94	8.01	24.67	23.57	

续表

行政区	项目	一级耕地	二级耕地	三级耕地	四级耕地	五级耕地	六级耕地	七级耕地	八级耕地	九级耕地	十级耕地	面积小计（万亩）
南宁市	面积（万亩）	–	2.98	19.20	59.42	271.29	218.21	60.90	3.26	20.88	10.75	666.88
	占总面积（%）	–	0.45	2.88	8.91	40.68	32.72	9.13	0.49	3.13	1.61	
	占本等级（%）	–	23.67	40.31	27.84	26.11	17.83	10.18	1.21	13.14	31.43	
钦州市	面积（万亩）	–	–	4.96	17.83	57.33	41.92	3.47	–	–	–	125.52
	占总面积（%）	–	–	3.95	14.20	45.68	33.40	2.77	–	–	–	
	占本等级（%）	–	–	10.41	8.35	5.52	3.42	0.58	–	–	–	
梧州市	面积（万亩）	–	–	3.55	6.65	8.46	9.60	19.96	–	–	–	48.23
	占总面积（%）	–	–	7.37	13.79	17.55	19.91	41.39	–	–	–	
	占本等级（%）	–	–	7.46	3.12	0.81	0.78	3.34	–	–	–	
玉林市	面积（万亩）	–	–	–	5.02	16.62	17.08	13.11	–	–	–	51.82
	占总面积（%）	–	–	–	9.68	32.06	32.96	25.29	–	–	–	
	占本等级（%）	–	–	–	2.35	1.60	1.40	2.19	–	–	–	
广西合计	面积（万亩）	1.48	12.57	47.64	213.42	1039.06	1224.01	597.96	269.41	158.87	34.19	3598.62
	占总面积（%）	0.04	0.35	1.32	5.93	28.87	34.01	16.62	7.49	4.41	0.95	

五、广西耕地质量等级归入全国耕地质量等级体系情况

根据评价结果和随机选取各地力等级管理单元近三年实际粮食年平均产量（经济作物统一折算为谷类作物产量）的调查结果，我们将耕地质量综合指数转换为概念性产量，按照农业部耕地地力等级划分标准。广西耕地质量等级按全国耕地质量等级体系，分为十个等级，形成了直观反映耕地地力等级的数字体系，这可为农业生产决策提供依据，详见表3-5。

表 3-5 广西耕地质量等级划分表

耕地等级	常年平均粮食亩产（kg）	占耕地总面积比例（%）	生产性能分级
一级耕地	≥ 900	0.52	高产田
二级耕地	800 ～< 900	4.36	
三级耕地	700 ～< 800	15.78	
四级耕地	600 ～< 700	19.55	中产田
五级耕地	500 ～< 600	22.42	
六级耕地	400 ～< 500	20.06	
七级耕地	300 ～< 400	9.70	低产田
八级耕地	200 ～< 300	4.62	
九级耕地	100 ～< 200	2.46	
十级耕地	< 100	0.52	

第二节 耕地质量等级概述

一、一级耕地

（一）面积与分布

广西一级耕地共有 34.67 万亩，占耕地总面积的 0.52%。其中，水田面积 33.19 万亩，占本等级耕地面积的 95.72%；旱地面积 1.48 万亩，占本等级耕地面积的 4.28%，广西 111 个县（市、区）中，本等级耕地只有 13 个县（市、区）有分布，1 万亩以上的县（市、区）有 4 个，分别是宁明县、合浦县、港南区和上林县。面积较大的是崇左市、玉林市和北海市，分别为 14.33 万亩、6.20 万亩和 6.15 万亩，本等级耕地占辖区耕地面积比例较大的是崇左市、玉林市与北海市，分别是 43.19%、18.67% 和 18.54%；防城港市、贺州市、来宾市、柳州市和钦州市无水田分布。

（二）立地条件

1. 地形部位

主要以平地为主，共有 19.91 万亩，占本等级耕地的 57.42%；其次为阶地，面积 10.15 万亩，占本等级耕地的 29.27%。缓坡地和谷地面积分别为 1.61 万亩和 3.01 万亩，分别占本等级耕地的 4.64% 和 8.67%。由于地形部位以平地、阶地、谷地为主，地面坡度小，水土流失发生率极小，肥水保持的能力条件较好。根据实地采样调查结果统计，全部地形部位无明显土壤侵蚀发生，详见表 3-6。

表 3-6　一级耕地各地形部位面积统计表

地形部位	谷地	缓坡地	阶地	平地
面积（万亩）	3.01	1.61	10.15	19.91
占比（%）	8.67	4.64	29.27	57.42

2. 气候条件

本等级的耕地具有良好的温热条件以及充足的光照和适度的降水量。一级耕地所处的年平均有效积温集中于大于 6000 ℃以上范围，以大于 7000 ℃占绝对多数，共有 33.94 万亩，占 97.88%；年平均降水量集中于 1900 mm 以下范围，以 1300～1900 mm 范围为主，共有 27.21 万亩，占 78.47%，年平均降水量小于 1300 mm 的面积为 7.47 万亩，仅占本等级耕地总面积的 21.53%；年平均日照时数主要集中在 1500 小时以上范围，共有 34.22 万亩，占本等级耕地面积的 98.72%，小于 1400 小时的面积仅有 0.45 万亩，占 1.28%。年平均无霜期集中在 320 天以上，详见表 3-7。

表 3-7　一级耕地所处气候条件统计表

	范围（℃）	<5500	5500～<6000	6000～<6500	6500～<7000	≥7000	–
有效积温	面积（万亩）	–	–	0.29	0.45	33.94	–
	占比（%）	–	–	0.84	1.29	97.88	–
	范围（mm）	<1300	1300～<1500	1500～<1700	1700～<1900	1900～<2000	≥2000
年降水量	面积（万亩）	7.47	11.12	9.28	6.81	–	–
	占比（%）	21.53	32.06	26.77	19.64	–	–
	范围（小时）	<1400	1400～<1500	1500～<1600	1600～<1700	1700～<1800	≥1800
日照时数	面积（万亩）	0.45	–	2.19	2.77	21.22	8.04
	占比（%）	1.29	–	6.32	7.99	61.22	23.19
	范围（天）	<300	300～<310	310～<320	320～<330	330～<340	≥340
无霜期	面积（万亩）	–	–	–	0.29	4.09	30.29
	占比（%）	–	–	–	0.84	11.80	87.38

3. 成土母质

成土母质以壤质母质及偏黏质母质为主，主要成土母质有河流冲积物、砂页岩、紫色砂页岩、花岗岩、第四纪红土母质和洪积物等，前三者最大，面积分别为 18.64 万亩、8.98 万亩和 6.83 万亩，分别占本等级耕地面积的 53.67%、25.89% 和 19.71%，详见表3-8。

表 3-8　一级耕地成土母质统计表

项目	滨海沉积物	第四纪红土	硅质页岩	河流冲积物	洪积物	花岗岩	砂页岩	石灰岩	玄武岩	紫色砂页岩
面积（万亩）	–	0.22	–	18.64	–	–	8.98	–	–	6.83
占比（%）	–	0.64	–	53.76	–	–	25.89	–	–	19.71

4. 土壤类型

主要分布于 53 个耕地土属当中的 6 个土属，以河流冲积物、砂页岩、紫色砂页岩、花岗岩和第四纪红土等母质发育而成的潴育水稻土为主，少部分为经多年改良的淹育水稻土，主要土属有潮泥土、浅紫泥田、黄泥田、沙泥田和紫泥田，土属面积分别为 1.48 万亩、0.09 万亩、0.22 万亩、8.98 万亩和 6.75 万亩，分别占本等级耕地的 4.27%、0.26%、0.63%、25.89% 和 19.46%，详见表 3-9。

表 3-9　一级耕地主要分布土属统计表

广西 1991 年分类制土属 代号	名称	广西 1980 年分类制土属 代号	名称	面积（万亩）	占本等级（%）	占本土属（%）	土属总面积（万亩）
N1/4	潮泥土	W6	耕型酸性潮泥土	1.48	4.27	4.10	36.11
Q1/3	浅紫泥田	A7	紫色岩母质淹育水稻土	0.09	0.26	4.66	1.93
Q2/1	黄泥田	B1	红土母质潴育水稻土	0.22	0.63	0.07	330.93
Q2/2	沙泥田	B2	砂页岩母质潴育水稻土	8.98	25.89	0.78	1149.71
Q2/3	紫泥田	B7	紫色岩母质潴育水稻土	6.75	19.46	3.84	175.84
Q2/8	潮泥田	B3	河流冲积母质潴育水稻土	17.16	49.48	7.75	221.29
小计				34.68	100.00	–	1915.81

5. 耕层厚度

耕作层是作物根系的主要活动场所，也是养分富集层，耕层厚度与土壤容水保肥能力呈正相关。因此，深厚肥沃、结构良好的耕作层，是耕地高等级质量的必备条件之一。据评价结果统计，本等级耕地的平均耕层厚度为 26.33 cm，总体为较厚，厚度均在 25 cm 以上，总面积为 34.68 万亩。

（三）生产条件

1. 水源条件

本等级的耕地具有良好的供水水源条件，以河流、水库、井水、塘堰及泉水等为主要的灌溉水源，前三者占本等级耕地面积的 90.71%。其中河流为灌溉水源的面积为

21.67 万亩，占 62.49%；水库为灌溉水源的面积为 5.84 万亩，占 16.84%；井水为灌溉水源的面积为 3.95 万亩，占 11.39%，详见表 3–10。

表 3–10　一级耕地水源条件统计表

项目	河流	井水	泉水	水库	塘堰	合计
面积（万亩）	21.67	3.95	1.51	5.84	1.71	34.68
占比（%）	62.49	11.39	4.35	16.84	4.93	100.00

2. 输水方式

本等级耕地具有良好的输水条件，为满足作物生长发育需水打下良好的基础，主要为固定输水方式，其中以固定管道为输水方式的面积最大，为 15.11 万亩，占 43.58%，其次为以土渠为输水方式的，面积 13.13 万亩，占 37.87%，详见表 3–11。

表 3–11　一级耕地输水条件统计表

输水方式	防渗渠道	固定管道	提水＋固定管道	土渠	移动管道	合计
面积（万亩）	2.11	15.11	3.95	13.13	0.38	34.68
占比（%）	6.07	43.58	11.39	37.87	1.09	100.00

3. 灌溉及排水能力

本等级耕地具有良好的农田灌排条件，灌溉条件满足作物需水的等级均在充分满足和基本满足两个等级内。排水条件集中于中等、较强和强三个等级，其中中等等级的有 2.76 万亩，占本等级面积的 7.96%；较强等级的有 22.72 万亩，占 65.53%；强等级的有 9.19 万亩，占 26.51%。

4. 农田基础设施

山水田林路等农田基础设施协调完善，是优良农田的重要标志之一。本等级耕地的农田基础设施较好，均在完全配套、配套和基本配套范围之内，其中完全配套的为 0.87 万亩，占 2.51%；配套的为 17.22 万亩，占 49.68%；基本配套的为 16.57 万亩，占 47.80%。

（四）土壤理化性状

1. 土壤质地

土壤质地对土壤的通透性、保水保肥能力、宜耕性及养分含量等都有较大的影响。本等级耕地以壤质母质及偏黏质母质为主发育而成，故质地集中于壤质，土壤质地为壤土的面积有 22.66 万亩，占本等级耕地面积 65.35%；沙壤面积有 5.11 万亩，占 14.75%；黏壤面积有 6.90 万亩，占 19.90%。

2. 土壤 pH 值

耕地土壤偏酸，酸性面积占的比例较大，是本等级耕地的特点之一，土壤 pH 值在

4.5 ～ 7.5 之间，即酸性到中性范围，以酸性土壤面积最大，为 20.88 万亩，占本等级耕地面积的 60.22%；其次为微酸性土壤，面积有 12.59 万亩，占 36.31%；中性土壤面积仅有 1.2 万亩，占 3.46%。

（五）土壤养分

1. 有机质

土壤有机质含量范围为 15 ～ 39.4 g/kg，平均含量为 27.1 g/kg，按照广西土壤养分分级标准，总体表观为高含量等级。中含量等级面积较大，达 22.96 万亩，占本等级耕地面积的 66.21%；其次为高含量等级，为 8.12 万亩，占 23.42%；极高和低含量等级分别仅有 0.38 万亩和 3.22 万亩，分别占 1.1% 和 9.28%。

2. 全氮

全氮含量范围为 0.92 ～ 2.4 g/kg，平均含量为 1.58 g/kg，总体含量水平达高等水平。其中，高含量等级面积 17.67 万亩，占 50.96%；中含量等级面积 15.54 万亩，占 44.83%；低含量等级面积 1.46 万亩，占 4.21%。

3. 有效磷

有效磷含量范围为 6.6 ～ 42.4 mg/kg，平均含量为 17.2 mg/kg，总体水平达高含量等级。面积最大的是中含量等级，面积 17.71 万亩，占本等级耕地总面积的 51.08%；其次是高含量等级，面积为 9.03 万亩，占 26.05%；再次为极高含量等级，面积为 4.77 万亩，占 13.77%；低含量等级仅有 3.16 万亩，占 9.10%。

4. 速效钾

速效钾含量范围为 40 ～ 105 mg/kg，平均含量为 65 mg/kg，总评属中等含量水平。主要分布于中和低含量等级，面积最大的是中含量等级，面积 29.72 万亩，占本等级耕地总面积的 85.72%；其次是低含量等级，面积 3.61 万亩，占 10.42%；高含量等级仅有 1.34 万亩，占 3.86%，无极高和极低含量等级。

5. 交换性钙

交换性钙含量范围为 489.5 ～ 2003.9 mg/kg，平均含量为 1055.9 mg/kg，总评属极高水平。主要分布于高和极高含量等级，面积以极高含量等级占绝对多数，为 21.23 万亩，占本等级耕地总面积的 61.23%；其次是高含量等级，面积 12.03 万亩，占 34.68%；中含量等级面积 1.42 万亩，占 4.09%，无低和极低含量等级。

6. 交换性镁

交换性镁含量范围为 31 ～ 202.4 mg/kg，平均含量为 81 mg/kg，总评属中等水平。主要分布在中和低含量等级，面积以低含量等级占多数，为 15.95 万亩，占本等级耕地总面积的 45.99%；其次是中含量等级，面积 12.5 万亩，占 36.05%；高含量等级面积为 5.98 万亩，占 17.23%；极低含量等级面积仅有 0.25 万亩，占 0.73%，无极高含量等级。

7. 有效硫

有效硫含量范围为 17.7～82.7 mg/kg，平均含量为 37.4 mg/kg，总评属极高含量等级水平。主要分布在高和极高含量等级，以极高含量等级占绝对多数，面积为 13.34 万亩，占本等级耕地总面积的 38.47%；高含量等级面积 13.23 万亩，占 38.15%；中含量等级面积 7.32 万亩，占 21.12%；低含量等级面积仅有 0.78 万亩，占 2.26%，无极低含量等级。

8. 有效铁

有效铁含量范围为 20.6～362.4 mg/kg，平均含量为 114.7 mg/kg，属极高水平，无高、中、低和极低含量等级。

9. 有效锰

有效锰含量范围为 2.7～113 mg/kg，平均含量为 23.8 mg/kg，总体含量属高水平。其中，极高含量等级面积为 11.97 万亩，占本等级耕地总面积的 34.52%；高含量等级面积 7.94 万亩，占 22.9%；中含量等级面积 12.09 万亩，占 34.87%；低含量等级面积 2.67 万亩，占 7.71%，无极低含量等级。

10. 有效铜

有效铜含量范围为 0.46～8.8 mg/kg，平均含量为 2.44 mg/kg，总体含量属极高水平。其中，极高含量等级面积有 22.33 万亩，占本等级耕地总面积的 64.40%；高含量等级面积 11.75 万亩，占 33.89%；中含量等级面积 0.59 万亩，占 1.70%，无低和极低含量等级。

11. 有效锌

有效锌含量范围为 0.43～6.53 mg/kg，平均含量为 1.63 mg/kg，总体含量属高水平。其中，极高含量等级面积有 1.85 万亩，占本等级耕地总面积的 5.34%；高含量等级面积 24.21 万亩，占 69.83%；中含量等级面积 6.6 万亩，占 19.04%；低含量等级面积 1.97 万亩，占 5.69%；极低含量等级仅有 0.03 万亩，占 0.10%。

12. 有效硼

有效硼含量范围为 0.04～1.07 mg/kg，平均含量为 0.33 mg/kg，总体含量为低水平。其中，中含量等级面积 6.69 万亩，占 19.29%；低含量等级面积 4.95 万亩，占 14.29%；极低含量等级面积 23.03 万亩，占 66.42%，没有极高和高含量等级。

（六）耕地利用

本等级耕地因是优质的农田，耕地既用于种植粮食作物，又用于种植经济作物，因此耕地的复种指数比较高，农业熟制主要为一年一熟和一年两熟制，两者总面积达 33.50 万亩，占本等级耕地面积的 96.63%，一年三熟仅有 1.17 万亩，占 3.37%。典型种植制度详见表 3-12。

表 3-12 一级耕地利用情况统计表

典型种植制	面积（万亩）	占比（%）	典型种植制	面积（万亩）	占比（%）
稻—稻	20.73	59.79	其他—玉米—稻	0.49	1.40
甘蔗	5.20	14.98	水稻	0.69	2.00
花—菜	0.43	1.23	水稻—水稻—马铃薯	1.17	3.39
其他—菜—稻	1.94	5.59	西瓜—甘蔗	0.38	1.09
其他—麻—稻	0.78	2.24	玉米	0.08	0.25
其他—油—稻	2.79	8.05	总计	34.68	100.00

（七）障碍因素及管理利用存在潜在问题

1. 主要障碍因子。高质量耕地是经过漫长积累且不断培育和改造形成的，据野外实地调查结果统计，本等级耕地无明显障碍因素的耕地面积达 31.72 万亩，占本等级耕地总面积的 91.49%。但值得提出的是，由于不合理利用和不注意保护等原因，还存在一些影响耕地质量进一步提高的因素，如渍潜稻田型、灌溉改良型和瘠瘦培肥型的面积分别有 1.6 万亩、1.06 万亩和 0.3 万亩，分别占 4.60%、3.04% 和 0.86%，耕地灌溉条件还需完善，有关的改土培肥还需加强。

2. 土壤有机质含量总体并不高。本等级耕地土壤有机质含量中低等面积大，占 75.49%，加上酸性条件下，土壤可溶性有机物较低，因此，本等级耕地土壤有机质含量总体不高。

3. 土壤酸性面积较大。耕层土壤为酸性的面积达 20.88 万亩，占 60.23%。土壤酸度大，不仅影响作物生长环境、必需营养元素的转化及供给水平，而且会引起有害元素的可溶性增加，从而影响农产品的质量。造成土壤酸度大或土壤酸化的原因是土壤有机质含量低而缓冲性能差以及一些盐基离子被淋失；农田土壤酸度大主要是人为所致，特别是过量施用氮肥和磷肥，游离的硝态氮和五氧化二磷是农田酸性物质的主要注入源。

4. 土壤交换性镁和有效硼含量偏低。本等级耕地土壤交换性镁属低和极低等级面积有 16.2 万亩，占 46.72%；有效硼属低和极低等级面积有 27.98 万亩，占 80.71%。所以在本等级耕地的养分管理上，土壤镁、硼不足是不可忽视的问题。

5. 潜在质量问题。本等级耕地所处的位置特殊，人为因素影响较大，特别是靠近城镇的耕地，如果不重视保护和培肥，会造成耕地的地力水平下降。主要的潜在问题有：一是靠近城镇，生活废水和工矿三废的排放，土壤容易被污染，保护难度大；二是人为活动频繁，复种指数高，用养结合难协调，耕地休养生息机会少，耕地缺少自我调整的空间；三是经营作物种类多，养分投入与产出失衡潜在问题可能性加大，如重视大量元素，轻视微量元素的现象在实际生产中还是比较普遍。

（八）主要管理措施

1. 加强耕地保护意识

本等级耕地所处的位置多靠近城镇和工矿区等特殊部位，容易受生活废弃物和工矿排放物的影响或入侵，土壤容易被污染。而污染土壤容易，治理和消除污染却十分困难，因此，强化耕地保护意识绝对不可放松。

2. 推广测土配方施肥技术

本等级耕地肥力较好，处于城镇经济圈，复种指数高，需要大力推广测土配方施肥技术，做到因土施肥，因作物施肥，因肥料品种施肥和因作物产量施肥。

3. 重视有机肥的积累和提高施用水平

本等级耕地的成土母质为河流冲积物、砂页岩、花岗岩等，土壤质地偏砂，通透性较好，土壤有机质矿化过程比较强烈，腐质化相对较弱，不利于有机质的积累。据相关资料统计，广西稳产高产的农田，有机质含量应为 35 ~ 40 g/kg。根据本等级耕地统计，土壤有机质总体水平与广西高产稳产农田的水平还有一定的差距，其次是耕地土壤速效钾含量并不高。因此，要通过加强有机肥源的建设，不断提高农田有机肥投入水平，提高土壤相关养分的供给与土壤缓冲能力。

4. 推广标准化栽培技术

要根据本等级耕地的土壤肥力特点和作物生长发育特点，特别是作物的需肥规律特点，做好试验示范工作，根据本地区的自然条件制定作物标准化技术，规范栽培管理，合理轮作，真正做到用养结合，不断提高土壤肥力水平。

5. 继续完善农田基础设施建设

一级耕地虽然农田基础设施较好，但还有相当一部分排灌能力不足。因此，应加强排灌系统建设，按高标准农田格网式设计和实施，做到农田园田化管理，与现代农业的机械化操作相符合，为农业全面向机械化推进奠定基础。

6. 加强耕地土壤肥力的动态监测

本等级耕地靠近城镇，随着现代农业的不断发展，轮作制度的更新、农业产业结构的调整和农业新技术推广与应用的相关技术，基本都在这些耕地上试点，以高投入高产出为特点的现代化农业生产系统，打破原有封闭的生产体系，实现物质能量平衡，如果不能遵循能量循环的客观规律，不能按照土壤条件和作物需求规律均衡供应各种必需的营养元素，则会破坏土壤资源，降低土壤肥力和生产力，影响农业生产持续稳定发展和环境质量。因此，应加强土壤肥力的动态监测工作，及时调整和纠正破坏耕地肥力的行为和相关技术。

二、二级耕地

（一）面积与分布

广西二级耕地面积共有 287.74 万亩，占耕地总面积的 4.36%，其中水田面积达 275.16 万亩，占本等级耕地面积的 95.63%，占绝对多数；旱地仅 12.57 万亩，占 4.37%。本级耕地分布于 75 个县（市、区），其中 5 万亩以上的县（市、区）有 16 个，1 万～5 万亩的县（市、区）有 33 个，1 万亩以下的县（市、区）有 26 个。玉林市面积较大，超过 50 万亩，20 万～50 万亩的有南宁市、桂林市、贵港市、百色市，其他各市均小于 20 万亩，详见表 3-13。

表 3-13 二级耕地分布情况统计表

行政区	分布县（市、区）数量情况				面积（万亩）	占辖区耕地面积（%）	占本等级耕地面积（%）
	总数量	≥5万亩	（1～<5）万亩	<1万亩			
百色市	9	1	3	5	23.61	3.51	8.20
北海市	1	1	–	–	10.88	5.84	3.78
崇左市	5	1	–	4	19.74	2.53	6.86
防城港市	4	–	2	2	19.74	14.38	6.86
贵港市	5	1	2	2	24.22	5.03	8.42
桂林市	11	2	6	3	27.91	5.64	9.70
河池市	7	–	4	3	8.22	1.46	2.86
贺州市	4	–	3	1	6.95	2.84	2.42
来宾市	2	1	1	–	9.93	1.62	3.45
柳州市	5	–	3	2	6.68	1.27	2.32
南宁市	7	4	3	–	44.82	4.38	15.58
钦州市	4	1	1	2	9.45	2.97	3.28
梧州市	4	–	2	2	8.91	4.29	3.10
玉林市	7	4	3	–	80.29	22.23	27.90
广西合计	75	16	33	26	287.74	4.36	100.00

（二）立地条件

1. 地形部位

本等级耕地的主要地形部位有平地、谷地、阶地、缓坡地、山坡地和低洼地，六者共有 287.74 万亩，其中平地 166.73 万亩，占本等级耕地的 57.94%；谷地 25.69 万亩，占 8.93%；阶地 63.01 万亩，占 21.90%；缓坡地 27.96 万亩，占 9.72%；山坡地和低洼地面积分别为 3.12 万亩和 1.22 万亩，分别占 1.09% 和 0.42%。由于地形部位以平地、阶地、谷地为主，地面坡度小，水土流失发生率极小，肥水保持能力较好。根据实地采样调查结果统计，本等级耕地无明显发生土壤侵蚀面积达 280.16 万亩，占本等级耕地面积的 97.37%，发生轻度侵蚀的面积只有 5.81 万亩，占 2.02%，详见表 3-14。

表 3-14　二级耕地各地形部位面积统计表

地形部位	平地	谷地	阶地	缓坡地	山坡地	低洼地	合计
面积（万亩）	166.73	25.69	63.01	27.96	3.12	1.22	287.74
占比（%）	57.94	8.93	21.90	9.72	1.09	0.42	100.00

2. 气候条件

本等级的耕地具有良好的温热条件，以及充足的光照和适度的降水量。耕地所处的年平均有效积温集中在大于 6000 ℃ 以上，共有 267.88 万亩，占本等级耕地面积的 93.10%，以大于 7000 ℃ 占绝对多数，共有 221.42 万亩，占 76.95%；年平均降水量多集中于 1300～1900 mm 之间，共有 256.21 万亩，占本等级耕地面积的 89.04%，1500～1700 mm 范围占主要地位，共有 145.86 万亩，占 50.69%，小于 1300 mm 及大于 1900 mm 的共有 31.53 万亩，仅占本等级耕地总面积的 10.96%；年平均日照时数主要集中在 1500 小时以上，共有 264.93 万亩，占本等级耕地面积的 92.07%，小于 1500 小时的面积仅有 22.81 万亩，占 7.93%。年平均无霜期集中在 330 天以上，共有 231.89 万亩，占本等级耕地面积的 80.59%，小于 330 天的面积仅有 55.85 万亩，仅占本等级耕地面积的 19.41%，详见表 3-15。

表 3-15　二级耕地所处气候条件统计表

有效积温	范围（℃）	< 5500	5500～< 6000	6000～< 6500	6500～< 7000	≥ 7000	–
	面积（万亩）	4.25	15.62	35.32	11.14	221.42	–
	占比（%）	1.48	5.43	12.27	3.87	76.95	–
年降水量	范围（mm）	< 1300	1300～< 1500	1500～< 1700	1700～< 1900	1900～< 2000	≥ 2000
	面积（万亩）	23.42	66.75	145.86	43.60	5.71	2.40
	占比（%）	8.14	23.20	50.69	15.15	1.98	0.83
日照时数	范围（小时）	< 1400	1400～< 1500	1500～< 1600	1600～< 1700	1700～< 1800	≥ 1800
	面积（万亩）	8.54	14.27	56.21	30.67	146.62	31.43
	占比（%）	2.97	4.96	19.54	10.66	50.95	10.92
年无霜期	范围（天）	< 300	300～< 310	310～< 320	320～< 330	330～< 340	≥ 340
	面积（万亩）	9.84	10.54	16.66	18.81	42.28	189.61
	占比（%）	3.42	3.66	5.79	6.54	14.69	65.90

3. 成土母质

本等级耕地的成土母质，在广西十种主要成土母质中，除玄武岩、石灰岩、滨海沉积物和硅质页岩外，其余均有分布。占本等级耕地总面积 10% 以上的成土母质有河流冲积物、花岗岩、砂页岩和紫色砂页岩等，面积分别为 79.65 万亩、28.84 万亩、119.11 万亩和 28.82 万亩，分别占本等级耕地面积的 27.68%、10.02%、41.39% 和 10.02%；其他的成土母质面积均小于 28 万亩，占本等级耕地总面积比例均小于 10%，详见表 3-16。

表 3-16　二级耕地成土母质统计表

项目	滨海沉积物	第四纪红土	硅质页岩	河流冲积物	洪积物	花岗岩	砂页岩	石灰岩	玄武岩	紫色砂页岩
面积（万亩）	–	27.48	–	79.65	3.85	28.84	119.11	–	–	28.82
占比（%）	–	9.55	–	27.68	1.34	10.02	41.39	–	–	10.02

4. 土壤类型

本级耕地主要分布于 53 个耕地土属当中的 16 个土属，以河流冲积物、砂页岩、紫色砂页岩、花岗岩、第四纪红土和洪积物等母质发育而成的耕地为主。旱地面积 12.57 万亩，占 4.37%，主要土壤类型为赤红壤和潮泥土。水田以潴育水稻土为主，少量淹育水稻土和潜育水稻土，其中经多年改良的淹育水稻土面积 15.44 万亩，占 5.34%；潴育水稻土面积 259.41 万亩，占 90.15%；潜育水稻土面积 0.31 万亩，占 0.11%，详见表 3-17。

表 3-17　二级耕地主要分布土属统计表

广西 1991 年分类制土属		广西 1980 年分类制土属		面积（万亩）	占本等级（%）	占本土属（%）	土属总面积（万亩）
代号	名称	代号	名称				
B1/4	赤红壤土	K4	耕型砂页岩赤红壤	7.07	2.46	0.63	1123.83
N1/2	潮沙泥土	W5	耕型酸性潮沙土	0.75	0.26	5.92	12.66
N1/4	潮泥土	W6	耕型酸性潮泥土	4.75	1.65	13.15	36.11
Q1/1	浅红泥田	A1	红土母质淹育水稻土	7.55	2.62	13.44	56.19
Q1/2	浅沙泥田	A2	砂页岩母质淹育水稻土	3.34	1.16	8.65	38.63
Q1/4	浅杂沙田	A5	花岗岩母质淹育水稻土	0.67	0.23	10.75	6.23
Q1/8	浅潮泥田	A3	河流冲积母质淹育水稻土	3.88	1.35	36.26	10.70
Q2/1	黄泥田	B1	红土母质潴育水稻土	12.85	4.47	3.88	330.93
Q2/2	沙泥田	B2	砂页岩母质潴育水稻土	113.55	39.46	9.88	1149.71
Q2/3	紫泥田	B7	紫色岩母质潴育水稻土	28.82	10.02	16.39	175.84
Q2/4	杂沙田	B5	花岗岩母质潴育水稻土	27.92	9.70	8.23	339.45

续表

广西 1991 年分类制土属		广西 1980 年分类制土属		面积（万亩）	占本等级（%）	占本土属（%）	土属总面积（万亩）
代号	名称	代号	名称				
Q2/7	石砾田	B4	洪积母质潴育水稻土	3.85	1.34	5.45	70.68
Q2/8	潮泥田	B3	河流冲积母质潴育水稻土	70.26	24.42	31.75	221.29
Q2/10	黄沙田	B10	滨海沉积母质潴育水稻土	1.91	0.66	7.84	24.36
Q2/12	矿毒田	G3	花岗岩潴育杂沙田	0.25	0.09	18.25	1.37
Q3/1	冷浸田	C2	冷浸田	0.31	0.11	1.55	19.96
合计				287.74	100.00	—	3617.94

5. 耕层厚度

本等级耕地的平均厚度为 19.3 cm，总体为适中偏浅。其中，厚等级耕地的面积为 83.44 万亩，仅占本等级耕地面积的 29%；较厚等级面积较大，共有 136.75 万亩，占 47.53%；中等等级面积 61.24 万亩，占 21.28%；较浅等级面积 6.31 万亩，占 2.19%。

（三）生产条件

1. 水源条件

本等级耕地具有良好的水源条件，主要以河流、水库、泉水及塘堰等为灌溉水源，四者共有 275.60 万亩，占本等级耕地的 95.78%。其中，河流为灌溉水源的耕地面积有 117.11 万亩，占本等级耕地面积的 40.70%；水库为灌溉水源的耕地面积有 116.90 万亩，占 40.63%；泉水为灌溉水源的耕地面积有 20.02 万亩，占 6.96%；塘堰为灌溉水源的耕地面积有 21.57 万亩，占 7.50%，详见表 3-18。

表 3-18　二级耕地水源条件统计表

项目	河流	湖泊	集水窖	井水	泉水	山塘	水库	塘堰	无水源条件	小计
面积（万亩）	117.11	0.81	—	7.71	20.02	2.96	116.90	21.57	0.66	287.74
占比（%）	40.70	0.28	—	2.68	6.96	1.03	40.63	7.50	0.23	100.00

2. 输水方式

本等级耕地具有良好的输水条件，为满足作物生长发育需水打下良好的基础，具有固定输水方式（防渗渠道、固定管道、提水 + 固定管道和土渠）的耕地面积达 280.48 万亩，占本等级耕地的 97.48%，其中以土渠方式输水的面积最大，为 217.96 万亩，占 75.75%；以防渗渠道方式输水的面积达 39.80 万亩，占 13.83%，详见表 3-19。

表 3-19　二级耕地输水条件统计表

输水方式	防渗渠道	固定管道	简易管道	泉水	提水+固定管道	土渠	无输水方式	移动管道	合计
面积（万亩）	39.80	19.40	–	0.64	3.33	217.96	0.55	6.06	287.74
占比（％）	13.83	6.74		0.22	1.16	75.75	0.19	2.11	100.00

3. 灌溉及排水能力

本等级耕地具有良好的农田灌排条件，灌溉能力均集中于充分满足、基本满足和一般满足三个等级，其中以基本满足等级面积最大，达 190.14 万亩，占本等级耕地面积的 66.08%；充分满足等级面积 93.86 万亩，占 32.62%；一般满足等级面积 3.74 万亩，占 1.30%。排水能力集中于中等、较强和强三个等级，其中中等等级有 107.82 万亩，占本等级耕地面积的 37.47%；较强等级有 95.88 万亩，占 33.32%；强等级有 80.81 万亩，占 28.09%；弱和较弱两等级共有 3.23 万亩，仅占 1.13%。

4. 农田基础设施

山水田林路等农田基础设施良性协调，是优良农田的重要标志之一，根据评价结果资料统计结果，本等级耕地的农田基础设施总评为较好，主要集中于配套和基本配套两个等级，共有 262.10 万亩，占本等级耕地面积的 91.09%。其中配套为 54.70 万亩，占 19.01%；基本配套的有 207.40 万亩，占 72.08%；充分配套仅有 18.02 万亩，占 6.26%；不配套和无农田基础设施共有 7.62 万亩，占 2.65%。

（四）土壤理化性状

1. 土壤质地

本等级耕地均包含广西主要成土母质，所以耕地各类型的土壤质地均有分布，但主要集中于黏壤、沙壤、壤土和黏土等质地类型。土壤质地为壤土的面积有 94.02 万亩，占本等级耕地面积的 32.68%；沙壤面积 89.66 万亩，占 31.16%；黏壤面积 97.03 万亩，占 33.72%；黏土面积是 7.04 万亩，占 2.45%。

2. 土壤 pH 值

耕地土壤偏酸，酸性面积占的比例大，是本等级耕地的特点之一，土壤 pH 值在 4.1 ～ 7.5 之间，即强酸性到微碱性范围。酸性面积 132.89 万亩，占本等级耕地面积的 46.18%；微酸性面积 133.47 万亩，占 46.39%；中性面积 21.38 万亩，占 7.43%。

（五）土壤养分

1. 有机质

有机质含量范围为 14.6 ～ 55.7 g/kg，平均含量为 30.2 g/kg，有机质含量表观总体评价为高等级。其中高含量等级面积达 102.95 万亩，占本等级耕地面积的 35.78%；中含量等级面积有 170.54 万亩，占 59.27%；极高和低含量等级分别仅有 7.33 万亩和 6.92 万亩，分别占 2.55% 和 2.40%。

2. 全氮

全氮含量范围为 0.8 ～ 3.36 g/kg，平均含量为 1.73 g/kg，总体含量水平达高水平。其中，极高含量等级面积 1.88 万亩，占本等级耕地总面积的 0.66%；高含量等级面积 198.16 万亩，占 68.87%；中含量等级面积 87.07 万亩，占 30.26%；低含量等级面积 0.63 万亩，占 0.22%。

3. 有效磷

有效磷含量范围为 6.1 ～ 48 mg/kg，平均含量为 19.5 mg/kg，总体水平达中上水平。面积最大的是中含量等级，面积 128.22 万亩，占本等级耕地总面积的 44.56%；其次为高含量等级，面积 126.93 万亩，占 44.11%；极高含量等级排第三，面积 23.73 万亩，占 8.25%；低含量等级仅有 8.86 万亩，占 3.08%。

4. 速效钾

速效钾含量范围为 32 ～ 136 mg/kg，平均含量为 66 mg/kg，总评属中下水平。主要分布于中含量和低含量等级，面积最大的是中含量等级，面积 256.6 万亩，占本等级耕地总面积的 89.18%；其次是低含量等级，面积 21.74 万亩，占 7.56%；高含量等级仅有 9.4 万亩，占 3.27%。

5. 交换性钙

交换性钙含量范围为 320.7 ～ 2252.1 mg/kg，平均含量为 1089 mg/kg，总评属极高等水平。面积以极高含量等级占多数，为 155.56 万亩，占本等级耕地总面积的 54.06%；其次是高含量等级，面积 97.75 万亩，占 33.97%；中含量等级面积 30.25 万亩，占 10.51%；低含量等级面积仅有 4.18 万亩，占 1.45%。

6. 交换性镁

交换性镁含量范围为 23.6 ～ 205.2 mg/kg，平均含量为 78 mg/kg，总评属中下水平。主要分布于中含量和低含量等级，面积以低含量等级占多数，为 145.16 万亩，占本等级耕地总面积的 50.45%；其次是中含量等级，面积 117.09 万亩，占 40.69%；再次是高含量等级，面积 22.25 万亩，占 7.73%；极低含量等级面积 3.24 万亩，占 1.13%，无极高含量等级。

7. 有效硫

有效硫含量范围为 6 ～ 409 mg/kg，平均含量为 43.3 mg/kg，总评属极高等水平。主要分布于高和极高含量等级，面积以极高含量等级占多数，为 141.69 万亩，占本等级耕地总面积的 49.24%；高含量等级面积 69.83 万亩，占 24.27%；中含量等级面积 61.06 万亩，占 21.22%；低含量等级面积 15.08 万亩，占 5.24%；极低含量等级面积仅有 0.08 万亩，占 0.03%。

8. 有效铁

有效铁含量范围为 12.3 ～ 562.8 mg/kg，平均含量为 119.6 mg/kg，总评属极高等水平。主要分布于高和极高含量等级，面积以极高含量等级占绝对多数，为 283.3 万亩，占本等级耕地面积的 98.46%；其次是高含量等级，面积 3.47 万亩，占 1.21%；其他各含量等级面积共仅有 0.96 万亩，占 0.33%。

9. 有效锰

有效锰含量范围为 0.1 ～ 252.3 mg/kg，平均含量为 26.7 mg/kg，总体含量水平达高等级水平。其中，极高含量等级面积有 84.1 万亩，占本等级耕地总面积的 29.23%；高含量等级面积 89.94 万亩，占 31.26%；中含量等级面积 96.54 万亩，占 33.55%；低含量等级面积 17.11 万亩，占 5.95%；极低含量等级面积 0.05 万亩，占 0.02%。

10. 有效铜

有效铜含量范围为 0.51 ～ 13.77 mg/kg，平均含量为 2.93 mg/kg，总体含量属极高水平。其中，极高含量等级面积有 196.58 万亩，占本等级耕地总面积的 68.32%；高含量等级面积 81.76 万亩，占 28.42%；中含量等级面积 9.4 万亩，占 3.27%；无低和极低含量等级。

11. 有效锌

有效锌含量范围为 0.25 ～ 26.32 mg/kg，平均含量为 2.04 mg/kg，总体含量水平达高水平。其中，极高含量等级面积有 24.7 万亩，占本等级耕地总面积的 8.59%；高含量等级面积 210.26 万亩，占 73.07%；中含量等级面积 48.12 万亩，占 16.73%；低含量等级面积 4.65 万亩，占 1.62%。

12. 有效硼

有效硼含量范围为 0.04 ～ 1.27 mg/kg，平均含量为 0.31 mg/kg，含量总评为低水平。其中，高含量等级面积仅有 0.94 万亩，占 0.33%；中含量等级面积 64.05 万亩，占 22.26%；低含量等级面积 83.27 万亩，占 28.94%；极低含量等级面积达 139.47 万亩，占 48.47%。

（六）耕地利用

本等级耕地因是优质的农田，耕地既用于种植粮食作物，又用于种植经济作物，耕地的复种指数比较高，农业熟制主要有一年一熟、一年两熟和一年三熟制，三者面积达 287.26 万亩，占本等级耕地面积的 99.83%。典型种植制度详见表 3-20。

表 3-20　二级耕地利用情况统计表

典型种植制	面积（万亩）	占比（%）	典型种植制	面积（万亩）	占比（%）
菜—菜	0.75	0.26	其他—薯	1.58	0.55
菜—菜—菜	1.08	0.37	其他—油—稻	0.65	0.23
菜—稻	4.44	1.54	其他—油—豆—薯	0.72	0.25
菜—稻—菜	1.85	0.64	其他—玉米—稻	2.52	0.87
稻	22.47	7.81	桑园	0.38	0.13
稻—菜	6.28	2.18	蔬菜	0.05	0.02
稻—稻	194.85	67.72	双季稻	0.26	0.09
稻—稻—菜	2.69	0.94	水稻—水稻—马铃薯	0.57	0.20
稻—稻—蒜	3.12	1.08	水稻—小白菜—小白菜	0.62	0.22
甘蔗	12.48	4.34	西瓜—水稻	0.84	0.29
果园	3.41	1.18	西瓜—菜—小番茄	0.11	0.04
果蔗	1.09	0.38	西瓜—豆角	1.92	0.67
红薯—水稻	0.22	0.08	西瓜—西瓜—西瓜	0.30	0.10
花生—玉米	2.23	0.78	香蕉	2.25	0.78
莲藕—稻	0.99	0.34	玉米	0.76	0.26
木薯	0.78	0.27	玉米—菜	1.77	0.61
南瓜—水稻	1.13	0.39	玉米—草莓	0.48	0.17
葡萄	0.46	0.16	玉米—玉米	5.67	1.97
其他	4.85	1.68	中稻	0.28	0.10
其他—菜—稻	0.64	0.22	总计	287.74	100.00
其他—菜—稻—菜	0.23	0.08	—	—	—

（七）障碍因素及管理利用存在的问题

1. 耕地主要存在的障碍因素

本等级耕地无明显障碍因素的耕地面积达 262.24 万亩，占本等级耕地总面积的 91.14%。与此同时，由于不合理利用和不注意保护等原因，还存在一些影响耕地质量进一步提高的因素或改造不到位等问题，如调查发现还有渍潜稻田型、灌溉改良型和瘠瘦培肥型等障碍因子，耕地灌溉条件等还需完善，有关的改土培肥技术还需加强，需要经营者有针对性地改良，详见表 3-21。

表 3-21　二级耕地存在障碍因素统计表

障碍因素	灌溉改良型	瘠瘦培肥型	无明显障碍	盐碱耕地型	渍潜稻田型
面积（万亩）	12.11	7.36	262.24	3.80	2.24
占比（％）	4.21	2.56	91.14	1.32	0.78

2. 耕层厚度问题

本等级耕地耕层小于 15 cm 的共有 6.31 万亩，占本等级耕地面积的 2.19%。

3. 有机质含量总体属中下水平

与一级耕地所述原因一样，本等级耕地表观土壤有机质中等级面积共 170.54 万亩，占本等级耕地面积的 59.27%，比例较大。低含量等级面积 6.92 万亩，占本等级耕地面积的 46.18%。因此，本等级耕地土壤有机质含量实际以中低等级为主。

4. 耕层酸性面积大

本等级耕地耕层土壤 pH 为酸性的面积为 132.89 万亩，占本等级耕地面积的 46.18%。耕地质量、农产品品质以及致酸或酸化的原因与一级耕地所述一样，不另作论述。

5. 土壤交换性镁和有效硼含量偏低

本等级耕地的交换性镁属低和极低等级的面积有 148.4 万亩，占 51.58%，有效硼为 222.74 万亩，占 77.41%，所以在耕地复种指数高和养分投入大的情况下，土壤镁、硼不足是不可忽视的问题。

6. 潜在问题

一是本等级耕地立地条件和生产条件相对较好，又离城镇比较近，多为技术引进、试验示范和农业产业化的主要区域，各种因素都会导致耕地质量退化或被破坏。二是人为经营活动频繁，复种指数高，用养结合难协调，耕地休养生息机会少，缺少自我调整的空间；三是经营作物种类多，养分投入与产出失衡潜在问题较多，因各作物各方面的施肥规律处于探讨阶段，施肥的盲目性比较突出，由此造成营养失衡问题比较普遍。

（八）主要管理措施

1. 加强耕地保护意识

本等级耕地所处的位置多靠近城镇，又是农业新技术引进、各种试验示范和农业产业化的重点区域，在实际运作过程中，以试验示范为借口，一些决策往往对耕地造成伤害或破坏，如以大农业之名改作他用，对耕地造成实质性的伤害。因此，提高耕地保护意识，强化耕地质量保护不可放松，耕地的国家战略功能不能偏离。

2. 加强作物科学施肥的技术引导工作

积极配合农业新技术引进、各种试验示范和农业产业化行动，探索新技术、新品种和规模产业化生产的作物需肥规律和解决存在问题的方法，建立不同作物、不同生产技术和不同生产规模的施肥模式，并及时提供与生产有关的施肥量、施用方法和注意事宜等信息，促进耕地质量良性循环和可持续发展。

3. 推广测土配方施肥技术

本等级耕地总体肥力较高，各种营养条件也比较好，但这类耕地多处于城镇经济圈，复种指数高，物质交换频繁，营养失衡时有发生，如本次调查得到这类耕地土壤交换性镁属低和极低级别的面积达 148.4 万亩，占 51.58%；有效硼属低和极低级别面积达 222.74 万亩，占 77.41%。因此，需要大力推广测土配方施肥技术，做到因土、因作物、因肥料和因作物产量等平衡施肥，促进农业资源利用效率最大化。

4. 重视有机肥的积累和提高施用水平

本等级耕地的成土母质为河流冲积物、砂页岩、花岗岩等，土壤质地偏砂，通透性较好，土壤有机质矿化过程比较强烈，腐质化相对较弱，不利于有机质的积累，极易造成本等级耕地总体有机质含量下降。另外，本等级耕地耕层土壤为酸性的面积有 464.73 万亩，面积占 50.1%，也是因土壤有机质含量不高，缓冲性能较差，抗逆能力不强的具体体现。因此，增加农田有机肥投入，提高土壤有机质水平，是本等级耕地不可缺少的内容。据相关资料统计，广西稳产高产的农田有机质含量为 35 ～ 40 g/kg。本等级耕地土壤有机质总体水平与广西高产稳产农田水平还有一定的差距。因此，要通过加强有机肥源的建设，不断提高农田有机肥投入水平，提高土壤相关养分的供给与土壤缓冲能力。可因地制宜，发展冬种绿肥、夏季绿肥和兼用绿肥，加大作物秸秆的还田力度，确保农田每年亩有机物折成有机质的投入量不低于 700 kg。

5. 推广标准化栽培技术

要根据本等级耕地的土壤肥力特点和作物生长发育特点，特别是作物的需肥规律特点，做好试验示范工作，根据本地区的自然条件制定作物标准化技术，规范栽培管理，合理轮作，真正做到用养结合，不断提高土壤肥力水平。

6. 完善农田基础设施建设

本等级耕地虽然农田基础设施较好，但还有相当一部分排灌能力不尽如人意，应该加强排灌系统建设，按高标准农田格网式设计和实施，做到农田园田化管理，与现代农业的机械化操作相符合，为农业全面向机械化推进奠定基础。

7. 加强耕地土壤肥力的动态监测

本等级耕地邻近城镇，一些现代农业的不断发展、轮作制度的更新、农业产业结构的调整和农业新技术应用与推广的相关技术，基本都在这些耕地上试点，以高投入高产出为特点的现代化农业生产系统，打破原有封闭的生产体系，实现物质能量平衡，如果不能遵循能量循环的客观规律，不能按照土壤条件和作物需求规律均衡供应各种必需的营养元素，则会破坏土壤资源，降低土壤肥力和生产力，影响农业生产持续稳定发展和环境质量。因此，应加强土壤肥力的动态监测工作，及时调整和纠正破坏耕地肥力的行为和相关技术。

三、三级耕地

（一）面积与分布

广西三级耕地面积共有 1042.77 万亩，占耕地总面积的 15.78%，其中水田面积 995.13 万亩，占本等级耕地面积的 95.43%；旱地 47.64 万亩，占 4.57%。本级耕地分布在除几个无耕地城区以外的 95 个县（市、区），其中 30 万亩以上的县（市、区）有 6 个，15 万亩至 30 万亩的县（市、区）有 16 个，5 万亩至 15 万亩的县（市、区）有 46 个，5 万亩以下的县（市、区）有 27 个。南宁市、玉林市、贵港市和桂林市三级耕地面积较大，均超过 100 万亩，50 万～100 万亩的有梧州市、柳州市、百色市和钦州市等四个地市，其他各市均小于 50 万亩，详见表 3-22。

表 3-22　三级耕地分布情况统计表

行政区	分布县（市、区）数量情况					面积（万亩）	占辖区耕地面积（%）	占本等级耕地面积（%）
	总数量	≥30万亩	（15～<30）万亩	（5～<15）万亩	<5万亩			
百色市	12	–	–	7	5	78.57	11.67	7.53
北海市	2	–	1	–	1	28.72	15.41	2.75
崇左市	7	–	–	4	3	46.58	5.97	4.47
防城港市	4	–	–	2	2	46.58	33.93	4.47
贵港市	5	2	2	1	–	131.18	27.23	12.58
桂林市	13	–	1	8	4	108.41	21.92	10.40
河池市	11	–	–	4	7	48.72	8.68	4.67
贺州市	5	–	1	3	1	41.42	16.94	3.97
来宾市	4	–	1	3	–	46.87	7.67	4.49
柳州市	6	–	2	2	2	65.38	12.45	6.27
南宁市	10	2	1	6	1	140.26	13.70	13.45
钦州市	4	1	1	2	–	83.37	26.16	7.99
梧州市	5	–	2	2	1	64.62	31.11	6.20
玉林市	7	1	4	2	–	131.26	36.35	12.59
广西	95	6	16	46	27	1042.77	15.78	100.00

（二）立地条件

1. 地形部位

本等级耕地的地形部位呈多样性，主要有平地、阶地、缓坡地和谷地等，其中平地面积最大，为 345.18 万亩，占本等级耕地总面积的 33.10%；阶地面积 285.48 万亩，占 27.38%；缓坡地面积 270.10 万亩，占 25.90%；谷地面积 82.40 万亩，占 7.90%；低洼地和山坡地分别为 30.67 万亩和 28.94 万亩，分别占 2.94% 和 2.78%，详见表 3–23。由于地形部位以缓坡地、阶地、谷地和山坡地为主，地面存在一定的坡度，加上预防水土流失的相关措施不到位等原因，部分耕地不同程度地发生水土流失。根据实地采样调查结果统计，本等级耕地发生土壤侵蚀面积达 20.37 万亩，占本等级耕地面积的 1.95%，其中轻度侵蚀面积 11.32 万亩，占本等级耕地面积的 1.09%；中度侵蚀面积 0.87 万亩，占本等级耕地面积的 0.08%；过强度侵蚀面积 7.81 万亩，占 0.75%；沟蚀面积 0.38 万亩，占 0.04%。

表 3–23　三级耕地各地形部位面积统计表

地形部位	平地	谷地	阶地	缓坡地	山坡地	低洼地
面积（万亩）	345.18	82.40	285.48	270.10	28.94	30.67
占比（%）	33.10	7.90	27.38	25.90	2.78	2.94

2. 气候条件

本等级耕地具有良好的温热条件，以及充足的光照和适度的降水量。耕地所处的年平均有效积温集中在 6000 ℃以上，共有 972.41 万亩，占本等级耕地面积的 93.25%，以大于 7000 ℃占绝对多数，共有 667.95 万亩，占 64.06%；年平均降水量多集中在 1300 ～ 1900 mm 之间，共有 952.95 万亩，占本等级耕地面积的 91.39%，其中 1500 ～ 1700 mm 范围占主要地位，共有 468.07 万亩，占本等级耕地面积的 44.89%，小于 1300 mm 及大于 1900 mm 共有 64.56 万亩，仅占 6.19%；年平均日照时数主要集中在 1500 小时以上，共有 908.49 万亩，占本等级耕地面积的 87.12%，小于 1500 小时的面积仅有 134.28 万亩，占 12.88%；年平均无霜期集中在 330 天以上，共有 772.6 万亩，占本等级耕地面积的 74.09%，小于 330 天的面积仅有 270.18 万亩，占 25.91%，详见表 3–24。

表 3–24　三级耕地所处气候条件统计表

	范围（℃）	＜5500	5500～＜6000	6000～＜6500	6500～＜7000	≥7000	–
有效积温	面积（万亩）	10.70	59.66	205.72	98.74	667.95	–
	占比（%）	1.03	5.72	19.73	9.47	64.06	–
	范围（mm）	＜1300	1300～＜1500	1500～＜1700	1700～＜1900	1900～＜2000	≥2000
年降水量	面积（万亩）	47.61	274.88	468.07	210.00	25.26	16.95
	占比（%）	4.57	26.36	44.89	20.14	2.42	1.63
	范围（小时）	＜1400	1400～＜1500	1500～＜1600	1600～＜1700	1700～＜1800	≥1800
日照时数	面积（万亩）	36.14	98.14	229.88	195.72	397.51	85.37
	占比（%）	3.47	9.41	22.05	18.77	38.12	8.19
	范围（天）	＜300	300～＜310	310～＜320	320～＜330	330～＜340	≥340
无霜期	面积（万亩）	39.73	31.63	106.47	92.36	233.87	538.73
	占比（%）	3.81	3.03	10.21	8.86	22.43	51.66

3. 成土母质

本等级耕地的成土母质，除玄武岩、滨海沉积物和硅质页岩外，其余的成土母质均有分布。占本等级耕地总面积 10% 以上的成土母质有砂页岩、第四纪红土、花岗岩和河流冲积物，面积分别为 513.38 万亩、159.07 万亩、146.52 万亩和 106.46 万亩，分别占本等级耕地面积的 49.23%、15.25%、14.05% 和 10.21%；成土母质面积小于 100 万亩的有洪积物、石灰岩和紫色砂页岩，占本等级耕地总面积比例均小于 10%，其他成土母质面积均超过 100 万亩，详见表 3–25。

表 3–25　三级耕地成土母质统计表

项目	滨海沉积物	第四纪红土	硅质页岩	河流冲积物	洪积物	花岗岩	砂页岩	石灰岩	玄武岩	紫色砂页岩
面积（万亩）	–	159.07	–	106.46	16.97	146.52	513.38	36.51	–	63.86
占比（%）	–	15.25	–	10.21	1.63	14.05	49.23	3.50	–	6.12

4. 土壤类型

本等级耕地显示成土条件的多样性，土壤类型众多，广西 53 个耕地土属中有 30 个土属在本等级当中，以河流冲积物、砂页岩、紫色砂页岩、花岗岩、第四纪红土和石灰岩等母质发育而成的耕地为主。旱地面积 47.64 万亩，占本等级耕地面积的 4.57%，集中于耕型赤红壤、红壤、潮土、紫色土等土壤类型，面积分别为 23.70 万亩、11.19 万亩、7.13 万亩和 5.62 万亩，分别占本等级耕地面积的 0.22%、0.10%、0.07% 和 0.54%。水田 995.13 万亩，占 95.43%，主要集中于淹育水稻土、潴育水稻土和潜育水稻土等三个亚类，面积分别为 48.02 万亩、941.17 万亩和 5.93 万亩，分别占本等级耕地总面积的 0.44%、8.66% 和 0.05%，详见表 3–26。

表 3–26　三级耕地主要分布土属统计表

广西 1991 年分类制土属		广西 1980 年分类制土属		面积（万亩）	占本等级（%）	占本土属（%）	土属总面积（万亩）
代号	名称	代号	名称				
B1/2	赤红泥土	K2	耕型第四纪红土母质赤红壤	7.20	0.69	2.83	254.34
B1/4	赤红壤土	K4	耕型砂页岩赤红壤	15.82	1.52	1.41	1123.83
B1/6	杂沙赤红泥土	K6	耕型花岗岩赤红壤	0.68	0.07	0.91	74.98
C1/2	红泥土	H2	耕型第四纪红土红壤	2.81	0.27	6.13	45.86
C1/4	红壤土	H10	耕型页岩红壤	5.08	0.49	1.29	393.73
C2/2	黄红泥土	I2	耕型砂页岩黄红壤	3.31	0.32	5.77	57.26
F1/2	酸紫泥土	T2	耕型砂页岩酸性紫色土	5.62	0.54	2.53	222.37

续表

广西 1991 年分类制土属		广西 1980 年分类制土属		面积（万亩）	占本等级（%）	占本土属（%）	土属总面积（万亩）
代号	名称	代号	名称				
N1/2	潮沙泥土	W5	耕型酸性潮沙土	1.44	0.14	11.34	12.66
N1/4	潮泥土	W6	耕型酸性潮泥土	4.74	0.45	13.12	36.11
N2/2	石灰性潮沙泥土	N2	石灰性潮沙泥土	0.96	0.09	100.00	0.96
Q1/1	浅红泥田	A1	红土母质淹育水稻土	20.66	1.98	36.77	56.19
Q1/2	浅沙泥田	A2	砂页岩母质淹育水稻土	21.23	2.04	54.96	38.63
Q1/3	浅紫泥田	A7	紫色岩母质淹育水稻土	0.77	0.07	40.11	1.93
Q1/4	浅杂沙田	A5	花岗岩母质淹育水稻土	1.92	0.18	30.83	6.23
Q1/6	浅棕泥田	A6	棕色石灰土母质淹育水稻土	0.59	0.06	13.97	4.23
Q1/7	浅石砾田	A4	洪积母质淹育水稻土	1.35	0.13	20.11	6.73
Q1/8	浅潮泥田	A3	河流冲积母质淹育水稻土	1.49	0.14	13.94	10.70
Q2/1	黄泥田	B1	红土母质潴育水稻土	105.73	10.14	31.95	330.93
Q2/10	黄沙田	B10	滨海沉积母质潴育水稻土	8.46	0.81	34.72	24.36
Q2/11	石灰性田	F2	碳酸盐渍水稻土	29.84	2.86	7.00	426.02
Q2/12	矿毒田	G1	废水田	0.90	0.09	65.80	1.37
Q2/2	沙泥田	B2	砂页岩母质潴育水稻土	477.48	45.79	41.53	1149.71
Q2/3	紫泥田	B7	紫色岩母质潴育水稻土	57.07	5.47	32.46	175.84
Q2/4	杂沙田	B5	花岗岩母质潴育水稻土	142.28	13.64	41.91	339.45
Q2/5	黏土田	Q2	潴育水稻土	0.53	0.05	100.00	0.53
Q2/6	棕泥田	B6	棕色石灰土母质潴育水稻土	6.08	0.58	25.65	23.70
Q2/7	石砾田	B4	洪积母质潴育水稻土	15.61	1.50	22.09	70.68
Q2/8	潮泥田	B3	河流冲积母质潴育水稻土	97.20	9.32	43.92	221.29
Q3/1	冷浸田	C2	冷浸田	5.07	0.49	25.40	19.96
Q3/2	烂湴田	D1	烂湴田	0.86	0.08	36.07	2.38
合计				1042.77	100.00	–	5132.96

5. 耕层厚度

本等级耕地的平均厚度为 18.4 cm，总体为适中偏浅，其中厚等级的面积为 104.81 万亩，仅占本等级耕地面积的 10.05%；较厚等级的面积为 414.1 万亩，占 39.71%；中等等级的面积为 406.05 万亩，占 38.94%；较浅等级的面积为 117.81 万亩，占 11.30%。

（三）生产条件

1. 水源条件

本等级耕地具有较好的水源条件，总体水田水源条件良好，旱地条件则一般。主要以河流、水库及泉水为灌溉水源，三者共有 890.34 万亩，占本等级耕地的 85.38%。其中河流为灌溉水源的面积为 408.63 万亩，占本等级耕地的 39.19%；水库为灌溉水源的面积为 351.15 万亩，占 33.67%；泉水为灌溉水源的面积为 130.56 万亩，占 12.25%，详见表 3-27。

表 3-27 三级耕地水源条件统计表

项目	河流	湖泊	集水窖	井水	泉水	山塘	水库	塘堰	无水源条件	小计
面积（万亩）	408.63	0.62	3.27	31.42	130.56	2.35	351.15	99.60	15.17	1042.77
占比（%）	39.19	0.06	0.31	3.01	12.52	0.23	33.67	9.55	1.45	100.00

2. 输水方式

本等级耕地具有较好的输水条件，具有固定输水方式（防渗渠道、固定管道和土渠）的面积达 984.16 万亩，占本等级耕地的 94.38%，其中以土渠的面积为最大，为 882.31 万亩，占本等级耕地的 84.61%；其次为防渗渠道 77.55 万亩，占 7.44%；无输水条件的面积 23.47 万亩，占 2.25%，详见表 3-28。

表 3-28 三级耕地输水条件统计表

输水方式	防渗渠道	固定管道	简易管道	提水+固定管道	土渠	无输水方式	移动管道	合计
面积（万亩）	77.55	24.30	–	6.32	882.31	23.47	28.82	1042.77
占比（%）	7.44	2.33	–	0.61	84.61	2.25	2.76	100.00

3. 灌溉及排水能力

本等级耕地具有良好的农田灌排条件，灌溉条件基本满足作物需水要求，集中于基本满足和一般满足两个等级之中，两者面积达 936.14 万亩，占本等级耕地面积的 89.77%。其中，以基本满足等级的面积最大，为 822.53 万亩，占 78.88%；一般满足等级面积有 113.61 万亩，占 10.89%；充分满足等级面积 105.23 万亩，占 10.09%，还有占 0.14% 的 1.41 万亩的耕地无灌溉条件。排水条件集中于中等、较强和强三个等级，其中排水条件中等的有 498.78 万亩，占本等级耕地面积的 47.83%；较强等级的有 277.48 万亩，占 26.61%；强等级的有 226.90 万亩，占 21.76%；弱和较弱两等级的面积较小，分别有 12.91 万亩和 26.70 万亩，分别仅占 1.24% 和 2.56%。

4. 农田基础设施

根据评价结果资料统计，本等级耕地的农田基础设施总评为一般，以基本配套为主，面积 773 万亩，占本等级耕地总面积的 74.13%；配套和完全配套等级的面积比较小，各自有 106.03 万亩和 24.48 万亩，分别占 10.17% 和 2.35%；不配套等级的面积有 106.54 万亩，占 10.22%，尚有占 3.14% 的 32.72 万亩耕地无农田基础设施。

（四）土壤理化性状

1. 土壤质地

本等级耕地均包含广西主要成土母质，所以耕地各类型的土壤质地均有分布，但主要集中于黏壤、沙壤、壤土、黏土和沙土等质地类型。土壤质地为壤土的面积 237.28 万亩，占本等级耕地面积的 22.76%；沙壤面积 352.46 万亩，占 33.8%；黏壤面积 424.07 万亩，占 40.67%；黏土面积 26.39 万亩，占 2.53%；沙土面积 2.57 万亩，占 0.25%。

2. 土壤 pH 值

耕地土壤偏酸，酸性面积占的比例大，是本等级耕地的特点之一，土壤 pH 值在 4.1 ~ 8 之间，即从强酸性到微碱性范围，以酸性面积最大，为 523.53 万亩，占本等级耕地面积的 50.21%；其次为微酸性，面积 455.51 万亩，占 43.68%；中性面积 61.71 万亩，占 5.92%。

（五）土壤养分

1. 有机质

有机质含量范围为 15.3 ~ 53.7 g/kg，平均含量为 31.4 g/kg，有机质含量表观总体评价为高等级。本等级耕地多数集中于高含量和中含量等级，面积分别为 468.99 万亩和 475.91 万亩，分别占本等级耕地面积的 44.98% 和 45.64%；极高含量和低含量等级分别仅有 79.39 万亩和 18.48 万亩，分别占 7.61% 和 1.77%。

2. 全氮

全氮含量范围为 0.84 ~ 3.29 g/kg，平均含量为 1.8 g/kg，总体含量水平达高水平。其中，极高含量等级面积 20.21 万亩，占本等级耕地总面积的 1.94%；高含量等级面积 777.3 万亩，占 74.54%；中含量等级面积 242.87 万亩，占 23.29%；低含量等级面积 2.39 万亩，占 0.23%。

3. 有效磷

有效磷含量范围为 5.5 ~ 46.1 mg/kg，平均含量为 19.2 mg/kg，总体水平达中上水平。面积最大的是中含量等级，面积为 546.89 万亩，占本等级耕地总面积的 39.21%；其次为高含量等级，面积 408.9 万亩，占 39.21%；极高含量等级排第三，面积 45.19 万亩，占 4.33%；低含量等级面积仅有 41.79 万亩，占 4.01%。

4. 速效钾

速效钾含量范围为 29 ～ 161 mg/kg，平均含量为 67 mg/kg，总评属中下水平。主要分布于中含量和低含量等级，面积最大的是中含量等级，面积 883.96 万亩，占本等级耕地总面积的 84.77%；其次是低含量等级，面积 122.6 万亩，占 11.76%；高含量等级面积仅有 35.88 万亩，占 3.44%。

5. 交换性钙

交换性钙含量范围为 279.7 ～ 2267.4 mg/kg，平均含量为 1057 mg/kg，总评属极高等水平。面积以极高含量等级占绝对多数，为 584.88 万亩，占本等级耕地总面积的 56.09%；其次是高含量等级，面积 314.11 万亩，占 30.12%；中含量等级面积 110.54 万亩，占 10.60%；低含量等级面积仅有 32.77 万亩，占 3.14%。

6. 交换性镁

交换性镁含量范围为 14.8 ～ 212.9 mg/kg，平均含量为 75.5 mg/kg，总评属中下水平。主要分布于中含量和低含量等级，面积以低含量等级最多，为 509.82 万亩，占本等级耕地总面积的 48.89%；其次是中含量等级，面积 470.71 万亩，占 45.14%；再次是高含量等级，面积 32.08 万亩，占 3.08%；极低含量等级面积 30.16 万亩，占 2.89%，无极高含量等级。

7. 有效硫

有效硫含量范围为 2.1 ～ 408.2 mg/kg，平均含量为 39.4 mg/kg，总评属极高等水平。主要分布于高和极高含量等级，面积以极高含量等级占多数，为 446.35 万亩，占本等级耕地总面积的 42.80%；高含量等级面积 279.67 万亩，占 26.82%；中含量等级面积 260.47 万亩，占 24.98%；低含量等级面积 55.26 万亩，占 5.30%；极低含量等级面积仅有 1.02 万亩，占 0.10%。

8. 有效铁

有效铁含量范围为 2.6 ～ 642.5 mg/kg，平均含量为 116.7 mg/kg，总评属极高等水平。主要分布于高和极高含量等级，面积以极高含量等级占绝对多数，为 1027.24 万亩，占本等级耕地总面积的 98.51%；其次是高含量等级，面积 10.12 万亩，占 0.97%；其他各含量等级面积共有 5.42 万亩，仅占 0.52%。

9. 有效锰

有效锰含量范围为 0.8 ～ 244.6 mg/kg，平均含量为 24.6 mg/kg，总体含量水平达高等级水平。其中，极高含量等级面积有 286.01 万亩，占本等级耕地总面积的 27.43%；高含量等级面积 372.56 万亩，占 35.73%；中含量等级面积 319.47 万亩，占 30.64%；低含量等级面积 63.63 万亩，占 6.10%；极低含量等级面积 1.1 万亩，占 0.11%。

10. 有效铜

有效铜含量范围为 0.34 ～ 73.61 mg/kg，平均含量为 3.64 mg/kg，总体含量属极高水平。其中，极高含量等级面积有762.67万亩，占本等级耕地总面积的73.14%；高含量等级面积232.38万亩，占22.28%；中含量等级面积47.72万亩，占4.58%；无低和极低含量等级。

11. 有效锌

有效锌含量范围为0.13～21.88 mg/kg，平均含量为2.18 mg/kg，总体含量水平达高水平。其中，极高含量等级面积有146.41万亩，占本等级耕地总面积的14.04%；高含量等级面积744.77万亩，占71.42%；中含量等级面积141.56万亩，占13.58%；低含量等级面积8.65万亩，占0.83%；极低含量等级面积1.39万亩，占0.13%。

12. 有效硼

有效硼含量范围为0.03～4 mg/kg，平均含量为0.34 mg/kg，含量总评为低水平。其中，极高含量等级面积仅有1.12万亩，占0.11%；高含量等级面积仅有15.34万亩，占1.47%；中含量等级面积196.12万亩，占18.81%；低含量等级面积322.7万亩，占30.95%；极低含量等级面积507.49万亩，占48.67%。

（六）耕地利用

本等级耕地属质量中上水平的农田，耕地利用呈多样性，耕地的复种指数一般，农业熟制主要有一年两熟和一年一熟制，以一年两熟的面积最大，多熟制和多年生的作物面积相对较小。一年两熟以上的面积达785.43万亩，占本等级耕地面积的75.32%；一年一熟及多年生作物面积248.06万亩，占23.79%。主要种植水稻、玉米、甘蔗、蔬菜及水果等经济作物。典型种植制度以水稻、玉米、甘蔗等作物轮作、连作为主，详见表3-29。

表3-29　三级耕地利用情况统计表

典型种植制	面积（万亩）	占比（%）	典型种植制	面积（万亩）	占比（%）
稻—稻	714.60	68.53	葛根	3.71	0.36
稻	136.92	13.13	花生—玉米	2.93	0.28
甘蔗	65.54	6.29	稻—菜	3.07	0.29
其他	20.33	1.95	香蕉	2.77	0.27
果园	9.21	0.88	稻—豆	2.49	0.24
玉米—稻	8.00	0.77	菜—稻—菜	3.37	0.32
木薯	6.52	0.62	玉米	3.25	0.31
其他—油—稻	6.29	0.60	其他—甘蔗	1.92	0.18
玉米—玉米	6.55	0.63	其他—薯	1.88	0.18
蔬菜	4.51	0.43	桑树	2.14	0.21
烟—稻	4.41	0.42	金橘	1.39	0.13

续表

典型种植制	面积（万亩）	占比（%）	典型种植制	面积（万亩）	占比（%）
稻—马蹄	1.36	0.13	南瓜—稻	0.62	0.06
稻—稻—菜	1.30	0.12	萝卜	0.52	0.05
其他—菜—稻	1.26	0.12	柿子	0.51	0.05
椪柑	1.45	0.14	麦—稻	0.50	0.05
稻—稻—蒜	1.21	0.12	辣椒—稻	0.78	0.07
菜—菜—菜	1.15	0.11	淮山	0.41	0.04
玉米—菜	1.10	0.11	油—豆	0.40	0.04
稻—玉米	1.04	0.10	玉米—花生	0.39	0.04
龙眼	0.94	0.09	稻—慈姑	0.36	0.03
瓜—红瓜子	0.87	0.08	蔬菜—蔬菜	0.33	0.03
稻—稻—闲	0.87	0.08	稻—蔬菜	0.32	0.03
花卉	0.85	0.08	其他—油—稻—马铃薯	0.31	0.03
西红柿	0.81	0.08	稻—瓜	0.30	0.03
稻—稻—马铃薯	0.80	0.08	稻—番茄	0.24	0.02
豆—稻	0.78	0.07	莪术	0.22	0.02
其他—稻—稻—马铃薯	0.75	0.07	红薯	0.18	0.02
稻—油	0.75	0.07	其他—豆—稻	0.17	0.02
油—玉米	0.74	0.07	稻—闲	0.15	0.01
花生—稻	0.71	0.07	淮山—稻	0.12	0.01
其他—玉米—稻	0.69	0.07	水稻—小番茄	0.12	0.01
花生—萝卜	0.68	0.07	其他—稻—稻—菜	0.11	0.01
荔枝	0.66	0.06	总计	1042.77	100.00
橙子	0.64	0.06	—	—	—

（七）障碍因素及管理利用存在潜在问题

1. 耕地主要存在的障碍因素

本等级耕地无明显障碍因素的耕地面积达 857.94 万亩，占本等级耕地总面积的 82.27%。与此同时，由于不合理利用和不注意保护等原因，还存在一些影响耕地质量进一步提高的因素或改造不到位等问题，如调查发现还有渍潜稻田型、灌溉改良型、瘠瘦培肥型、坡地梯改型和盐碱耕地型等障碍因子，耕地灌溉条件等还需完善，有关改土培肥技术还需加强，需要经营者有针对性地进行改良，详见表 3-30。

表 3-30　三级耕地存在障碍因素统计表

障碍因素	灌溉改良型	瘠瘦培肥型	坡地梯改型	沙化耕地型	无明显障碍	盐碱耕地型	障碍层次型	渍涝排水型	渍潜稻田型
面积（万亩）	59.43	59.43	5.75	0.31	857.94	19.17	9.64	2.53	28.57
占比（%）	5.70	5.70	0.55	0.03	82.27	1.84	0.92	0.24	2.74

2. 农田的生产条件问题

本等级耕地生产条件总体属中上水平，但仍然存在不足。139.26 万亩的耕地属不配套或没有农田基础设施，占本等级耕地面积的 13.35%；完全靠自然降水供作物利用，属无水源利用条件的面积有 15.17 万亩，占 1.45%；缺乏输水条件等相关设施而属无灌溉条件的面积有 1.41 万亩，占 0.14%；有 39.6 万亩的耕地排水不良（弱和较弱），占 3.80%。这些农业生产条件的缺陷，直接影响耕地的生产能力。

3. 立地条件问题

一是本等级耕地立地条件为低洼地、缓坡地和山坡地，共有 329.71 万亩，占 31.62%，这些耕地都有一定的坡度，且未经整治，加上我区的气候条件，雨水分布不均，雨季时或多或少会发生水土流失，有 20.37 万亩会发生不同程度的土壤侵蚀，占本等级耕地面积的 1.95%。二是耕层浅面积较大。本等级耕地耕层小于 17 cm 的共有 287.74 万亩，占本等级耕地面积的 10.53%。

4. 土壤有机质含量问题

本等级耕地表观土壤有机质含量平均达到高等级水平，但中低含量等级面积仍有 494.39 万亩，占本等级耕地面积的 47.41%。加上酸性土壤面积大，土壤有机质矿化程度高，因此，本等级耕地土壤面临有机质含量下降的压力。

5. 主要存在化学性质和土壤营养问题

一是土壤偏酸，耕层土壤 pH 值为酸性和强酸性的面积达 523.76 万亩，占 50.23%；二是土壤交换性镁含量低面积大，属低和极低等级的面积达 539.98 万亩，占 51.78%；三是土壤缺硼严重，有效硼含量低和极低等级面积达 830.19 万亩，占 79.62%。

6. 潜在问题

本等级耕地是农业生产耕种的主要耕地，面积大，范围广，自然条件、成土条件和管理条件等复杂，耕种模式呈多样性，容易出现技术引导和生产技术需求脱节问题，从而导致施肥、栽培管理等生产环节的盲从性，致使土壤质量退化或两极分化。

（八）主要管理措施

1. 提高耕地经营者对耕地的保护意识

本等级耕地是生产人们生活必需农产品的主要耕地类型，质量好坏关系到是否能满足人们对农产品的数量和质量需求。因此，向经营者灌输耕地质量意识，应常抓不懈，并将耕地保护、用地养地、肥地技术贯穿于耕种管理的整个过程，保证耕地质量稳步提升。

2. 推广信息化测土配方施肥技术

本等级耕地面积大，涉及土壤类型多，生产条件多样，地域间耕地质量因子构成差异大，耕种模式繁多等问题，迫切需要相关信息引导。生产经营者之所以产生耕种的盲从性，是相关生产技术信息获取途径出了问题，因此应积极配合农业新技术引进、各种试验示范和农业产业化的动向，探索解决不同作物、不同生产技术和不同生产规模的施肥模式，并及时提供与生产有关的施肥量、施用方法和注意事宜，利用信息技术，拓宽信息获取渠道，促使经营者方便、快捷、准确地获取先进实用的耕地利用、土壤培肥、作物施肥等信息，并转变成生产力，做到因土、因作物、因肥料和因作物产量等平衡施肥，促进农业资源利用效率最大化，促进耕地质量良性循环和可持续发展。

3. 重视有机肥的积累和提高施用水平

增施有机肥是提高土壤有机质含量，增强土壤抗逆性和作物微量元素安全补给的重要方式。本等级耕地的耕层土壤有机质含量不算高，原因是多方面的，主要是第二次土壤普查以来，特别是耕地经营责任到户以来，化学肥料施用取得很好的效果，对农田的有机肥投入积极性大大降低，加上生产条件和自然条件的因素，冬种绿肥的产量不高等原因，农田有机肥投入量较少。本等级耕地土壤有机质总体水平与广西高产稳产农田的水平还有一定的差距，为此，要通过加强有机肥源的建设，不断提高农田有机肥投入水平，提高土壤相关养分的供给与土壤缓冲能力。可因地制宜，发展冬种绿肥、夏季绿肥和兼用绿肥，加大作物秸秆还田力度，确保农田每年亩有机物折成有机质的投入量不低于 700 kg。

4. 做好酸性土壤和土壤酸化治理工作

本等级耕地耕层土壤 pH 值为酸性和强酸性面积的比例达 50.23% 之多，是不可忽视的问题。治理酸性土壤或土壤酸化，应立足于治本、标本兼治的原则。一是提升土壤有机质含量水平，解决土壤缓冲力不强的问题；二是采用测土配方施肥技术，促进农业资源利用效率最大化，减少如硝态氮、五氧化二磷等致酸物质的注入量；三是采用间套种生物技术，将土壤中的游离致酸物质固定于生物体，减少致酸物质在土壤中的残留量，并将秸秆还田，实现多重效应的治理效果；四是碱性物料辅助治理。

5. 完善农田基础设施建设

本等级耕地农田基础设施总体水平为一般，在农田排灌能力、农田灌溉、水土流失治理等多方面存在缺陷，灌溉改良型、坡地梯改型、渍涝排水型、渍潜稻田型等耕地需要采用工程措施治理。因此，要根据耕地自身的具体情况，扎实做好农田基础设施建设，特别要强化农田灌溉的排涝渠系建设、水土流失防治的防洪工程建设、采用集雨工程解决无水源耕地的水源条件问题、坡地整治等，逐步解决农田基础设施存在的问题。

6. 加强培育土壤的抗逆能力

本等级耕地存在八个障碍类型，应根据难度和措施的可操作性进行综合治理，本着先易后难的原则，逐步消除土壤障碍因子。本等级耕地耕作层总体较浅薄，其保水保肥能力相对较差，作物根系生长环境也受到制约，不利于作物生长发育对水肥的需求，抗干旱缺水和抗水土肥流失的能力也不高；存在黏、浅、瘦等障碍因子的耕地面积大，耕层薄、质地不良和养分贫瘠，在作物生长期间，脱水跑肥时有发生，作物生长环境不良。针对这一现状，可采用工程、生物和农艺措施，逐步加深耕作层厚度，为作物生长发育提供良好的环境。

7. 加强耕地土壤肥力的动态监测

本等级耕地涉及土壤类型和利用模式较多，生产管理水平差异大，因此，必须加强耕地质量动态监测工作，根据不同条件，分类设点，跟踪监测土壤肥力的动态变化，及时调整、纠正和制止破坏耕地肥力的行为和相关技术。

四、四级耕地

（一）面积与分布

广西四级耕地面积共有1291.53万亩，占耕地总面积的19.55%，其中水田面积1078.1万亩，占本等级耕地面积的83.48%；旱地213.42万亩，占16.52%。本等级耕地分布于97个县（市、区），其中面积30万亩以上的县（市、区）有8个，15万～30万亩的县（市、区）有26个，5万～15万亩的县（市、区）有40个，5万亩以下有23个县（市、区）。南宁市面积最大，达191.49万亩，100万～200万亩的有南宁市、桂林市、来宾市、贵港市、百色市和柳州市六个地市，其他各市均小于100万亩，详见表3-31。

表3-31 四级耕地分布情况统计表

行政区	分布县（市、区）数量情况					面积（万亩）	占辖区耕地面积（%）	占本等级耕地面积（%）
	总数量	≥30万亩	（15～<30）万亩	（5～<15）万亩	<5万亩			
百色市	12	–	3	6	3	134.11	19.92	10.38
北海市	2	–	–	1	1	13.98	7.50	1.08
崇左市	7	–	2	3	2	81.76	10.48	6.33
防城港市	3	–	–	2	1	81.76	59.55	6.33

续表

行政区	分布县（市、区）数量情况					面积（万亩）	占辖区耕地面积（%）	占本等级耕地面积（%）
	总数量	≥30万亩	（15～<30）万亩	（5～<15）万亩	<5万亩			
贵港市	5	2	2	1	–	139.14	28.89	10.77
桂林市	13	1	4	6	2	171.08	34.60	13.25
河池市	11	–	1	5	5	78.24	13.94	6.06
贺州市	5		1	4	–	66.37	27.14	5.14
来宾市	6	–	1	1	4	44.44	7.27	3.44
柳州市	7	1	4	–	2	123.88	23.60	9.59
南宁市	10	2	4	4	–	191.49	18.70	14.83
钦州市	4	1	1	2	–	78.82	24.73	6.10
梧州市	5		2	2	1	71.11	34.24	5.51
玉林市	7	1	1	3	2	76.70	21.24	5.94
广西合计	97	8	26	40	23	1291.53	19.55	100.00

（二）立地条件

1. 地形部位

本等级耕地的地形部位呈多样性，主要集中于平地、阶地、缓坡地和谷地等四个类型，其中缓坡地面积最大，为375.66万亩，占四级耕地总面积的29.09%；平地面积338.93万亩，占26.24%；阶地面积245.71万亩，占19.02%；谷地面积135.46万亩，占10.49%；低洼地和山坡地分别为106.29万亩和89.47万亩，分别占8.23%和6.93%，详见表3-32。由于地形部位以缓坡地、阶地和山坡地为主，地面存在一定的坡度，加上预防水土流失的相关措施不到位，部分耕地不同程度地发生水土流失。根据实地采样调查结果统计，本等级耕地发生土壤侵蚀面积达29.4万亩，占本等级耕地面积的2.28%，其中轻度侵蚀面积有20.79万亩，占本等级耕地面积的1.61%；中度侵蚀面积3.6万亩，占0.28%；强度侵蚀面积1.75万亩，占0.14%；过强度侵蚀面积3.26万亩，占0.25%。

表3-32　四级耕地各地形部位面积统计表

地形部位	平地	谷地	阶地	缓坡地	山坡地	低洼地
面积（万亩）	338.93	135.46	245.71	375.66	89.47	106.29
占比（%）	26.24	10.49	19.02	29.09	6.93	8.23

2. 气候条件

本等级耕地具有良好的温热条件以及充足的光照和适度的降水量。本等级耕地所处的年平均有效积温集中在6000℃以上，共有1186.60万亩，占本等级耕面积的 91.88%，以大于 7000 ℃占绝对多数，面积 717.37 万亩，占 55.54%；年平均降水量多集中在 1300～1900 mm 之间，共有 1158.55 万亩，占本等级耕地面积的 89.70%，1500～1700 mm 范围占主要地位，共有 503.53 万亩，占 38.99%，其次为 1300～1500 mm 范围，面积 432.32 万亩，占 33.47%，小于 1300 mm 及大于 1900 mm 的共有 132.97 万亩，仅占 10.30%；年平均日照时数主要集中在 1400 小时以上，共有 1241.86 万亩，占本等级耕地面积的 96.15%，小于 1400 小时的面积仅有 49.67 万亩，占 3.85%；年平均无霜期集中在 310 天以上，共有 1209.02 万亩，占本等级耕地面积的 93.61%，小于 310 天的面积有 82.51 万亩，占 6.39%，详见表 3-33。

表 3-33　四级耕地所处气候条件统计表

	范围（℃）	<5500	5500～<6000	6000～<6500	6500～<7000	≥7000	—
有效积温	面积（万亩）	10.73	94.20	329.11	140.12	717.37	—
	占比（%）	0.83	7.29	25.48	10.85	55.54	—
	范围（mm）	<1300	1300～<1500	1500～<1700	1700～<1900	1900～<2000	≥2000
年降水量	面积（万亩）	78.15	432.32	503.53	222.70	40.72	14.10
	占比（%）	6.05	33.47	38.99	17.24	3.15	1.09
	范围（小时）	<1400	1400～<1500	1500～<1600	1600～<1700	1700～<1800	≥1800
年日照时数	面积（万亩）	49.67	147.56	350.62	280.19	411.90	51.59
	占比（%）	3.85	11.43	27.15	21.69	31.89	3.99
	范围（天）	<300	300～<310	310～<320	320～<330	330～<340	≥340
年无霜期	面积（万亩）	45.67	36.84	169.10	175.81	265.44	598.67
	占比（%）	3.54	2.85	13.09	13.61	20.55	46.35

3. 成土母质

本等级耕地成土母质，广西十种主要成土母质均有分布，面积超过 100 万亩的成土母质有第四纪红土、花岗岩、砂页岩和石灰岩等四种，且面积均占本等级耕地总面积的 10.00% 以上，分别为 332.07 万亩、137.79 万亩、438.43 万亩和 194.71 万亩，分别占 25.71%、10.67%、33.95% 和 15.08%；洪积物、滨海沉积物和河流冲积物等成土母质面积较小，占本等级耕地总面积的比例均小于 5.00%，详见表 3-34。

表 3-34　四级耕地成土母质统计表

项目	滨海沉积物	第四纪红土	硅质页岩	河流冲积物	洪积物	花岗岩	砂页岩	石灰岩	玄武岩	紫色砂页岩
面积（万亩）	0.67	332.07	—	56.58	39.52	137.79	438.43	194.71	—	91.76
占比（%）	0.05	25.71	—	4.38	3.06	10.67	33.95	15.08	—	7.10

4. 土壤类型

本等级耕地显示成土条件的多样性，土壤类型众多，广西 53 个耕地土属中有 37 个土属在本等级当中，旱地 14 个土属，水田 23 个土属，以第四纪红土、花岗岩、砂页岩和石灰岩等母质发育而成的耕地为主。旱地面积 213.42 万亩，占本等级耕地面积的16.52%，集中于耕型赤红壤、砖红壤、红壤和紫色土等土壤类型，面积分别为 0.73 万亩、117.40 万亩、29.96 万亩和 25.46 万亩，分别占本等级耕地面积的 0.06%、9.09%、2.32%、1.97%。水田 1078.10 万亩，占 83.48%，主要集中于淹育水稻土、潴育水稻土、潜育水稻土等三个亚类，面积分别为 41.56 万亩、1025.51 万亩和 10.81 万亩，分别占本等级耕地总面积的 3.22%、79.40% 和 0.84%，详见表 3-35。

表 3-35　四级耕地主要分布土属统计表

广西 1991 年分类制土属		广西 1980 年分类制土属		面积（万亩）	占本等级（%）	占本土属（%）	土属总面积（万亩）
代号	名称	代号	名称				
A1/4	砖红壤土	K24	耕型砂页岩砖红壤	0.29	0.02	1.38	20.80
A1/8	海积砖红泥土	K28	耕型浅海沉积砖红壤	0.44	0.03	0.51	86.54
B1/2	赤红泥土	K2	耕型第四纪红土母质赤红壤	32.72	2.53	12.87	254.34
B1/4	赤红壤土	K4	耕型砂页岩赤红壤	81.66	6.32	7.27	1123.83
B1/6	杂沙赤红泥土	K6	耕型花岗岩赤红壤	3.02	0.23	4.03	74.98
C1/2	红泥土	H2	耕型第四纪红土红壤	9.88	0.76	21.54	45.86
C1/4	红壤土	H10	耕型页岩红壤	26.43	2.05	6.71	393.73
C2/2	黄红泥土	I2	耕型砂页岩黄红壤	3.53	0.27	6.17	57.26
F1/2	酸紫泥土	T2	耕型砂页岩酸性紫色土	16.72	1.29	7.52	222.37
F2/2	紫泥土	U2	耕型沙岩中性紫沙土	8.00	0.62	42.41	18.86
F3/2	石灰性紫泥土	V2	耕型石灰性紫沙土	0.74	0.06	13.34	5.53
G2/2	棕色石灰泥土	R2	耕型棕色石灰土	6.12	0.47	0.76	800.21
J1/2	洪积泥土	X3	石砾泥土	3.93	0.30	14.97	26.27
N1/2	海沙泥土	K10	滨海沉积物	3.71	0.29	29.27	12.66
N1/4	浅红泥田	A1	红土母质淹育水稻土	16.24	1.26	44.98	36.11
Q1/1	浅黄沙田	A11	滨海沉积母质淹育水稻土	16.91	1.31	30.09	56.19
Q1/10	浅沙泥田	A2	砂页岩母质淹育水稻土	0.37	0.03	44.29	0.82
Q1/2	浅紫泥田	A7	紫色岩母质淹育水稻土	9.82	0.76	25.43	38.63
Q1/3	浅杂沙田	A5	花岗岩母质淹育水稻土	0.76	0.06	39.49	1.93
Q1/4	浅棕泥田	A6	棕色石灰土母质淹育水稻土	3.48	0.27	55.83	6.23
Q1/6	浅石砾田	A4	洪积母质淹育水稻土	2.69	0.21	63.66	4.23

续表

广西 1991 年分类制土属		广西 1980 年分类制土属		面积（万亩）	占本等级（%）	占本土属（%）	土属总面积（万亩）
代号	名称	代号	名称				
Q1/7	浅潮泥田	A3	潮沙土	2.92	0.23	43.36	6.73
Q1/8	浅白粉泥田	A10	硅质页岩母质淹育水稻土	4.61	0.36	43.11	10.70
Q2/1	黄泥田	B1	红土母质潴育水稻土	160.38	12.42	48.46	330.93
Q2/10	石灰性田	B10	滨海沉积母质潴育水稻土	8.45	0.65	34.70	24.36
Q2/11	矿毒田	F2	碳酸盐渍性水稻土	172.36	13.35	40.46	426.02
Q2/12	沙泥田	B2	砂页岩母质潴育水稻土	0.22	0.02	15.86	1.37
Q2/2	紫泥田	B7	紫色岩母质潴育水稻土	413.84	32.04	36.00	1149.71
Q2/3	杂沙田	B5	花岗岩母质潴育水稻土	63.68	4.93	36.21	175.84
Q2/4	黏土田	–	–	126.80	9.82	37.35	339.45
Q2/6	棕泥田	B6	棕色石灰土母质潴育水稻土	11.31	0.88	47.75	23.70
Q2/7	潮泥田	B3	河流冲积母质潴育水稻土	36.45	2.82	51.57	70.68
Q2/8	白粉泥田	B9	硅质灰岩母质潴育水稻土	32.02	2.48	14.47	221.29
Q3/1	冷浸田	C2	冷浸田	9.81	0.76	49.12	19.96
Q3/2	黑泥田	D2	碳质黑泥田	1.00	0.08	41.99	2.38
Q5/1	咸田	F1	咸酸田（氯化物盐渍田）	1.00	0.08	41.99	2.38
Q5/2	咸酸田	F1	咸酸田（氯化物盐渍田）	0.23	0.02	1.01	22.33
合计				1291.53	100.00	–	6115.21

5. 耕层厚度

据评价结果统计，本等级耕地的平均厚度为 17.5 cm，总体为适中偏浅。其中，厚等级的面积为 76.07 亩，仅占本等级耕地面积的 5.89%；较厚等级面积共有 383.07 万亩，占 29.66%；中等等级面积 506.91 万亩，占 39.25%；较浅等级面积 325.47 万亩，占 25.20%。

（三）生产条件

1. 水源条件

本等级耕地水源条件总体旱地较差，水田较好，有水源条件面积大，占本等级耕地面积 91.56%。以河流、水库、泉水及塘堰等为主要灌溉水源，四者共有 1128.17 万亩，占本等级耕地的 87.35%；其中以河流为灌溉水源的面积有 467.06 万亩，占本等级耕地面积的 36.16%；以水库为灌溉水源的面积有 393.45 万亩，占 30.46%；以泉水为灌溉水源的面积有 157.90 万亩，占 12.23%，详见表 3–36。

表 3-36 四级耕地水源条件统计表

耕地类型	项目	河流	湖泊	集水窖	井水	泉水	山塘	水库	塘堰	无水源条件	小计
合计	面积（万亩）	467.06	1.82	7.06	37.74	157.90	7.76	393.45	109.76	108.96	1291.53
	占比（%）	36.16	0.14	0.55	2.92	12.23	0.60	30.46	8.50	8.44	100.00

2. 输水方式

本等级耕地有水源条件面积大，输水条件一般，由评价结果统计，具有固定输水方式（防渗渠道、固定管道和土渠）的面积为 1118.47 万亩，占本等级耕地的 86.61%，其中以土渠方式输水的面积最大，为 999.63 万亩，占本等级耕地的 77.40%；其次为以防渗渠道方式输水的面积，只有 88.54 万亩，仅占 6.86%；无输水条件的耕地面积共有 139.83 万亩，占 10.83%，详见表 3-37。

表 3-37 四级耕地输水条件统计表

输水方式	防渗渠道	固定管道	简易管道	提水+固定管道	土渠	其他	无输水方式	合计
面积（万亩）	88.54	30.30	–	–	999.63	33.23	139.83	1291.53
占比（%）	6.86	2.35	–	–	77.40	2.57	10.83	100.00

3. 灌溉及排水能力

本等级耕地无灌溉条件的面积达 86.99 万亩，占本等级耕地面积的 6.74%；一般满足的面积有 370.77 万亩，占 28.71%；基本满足的面积有 770.59 万亩，占 59.66%；充分满足的仅有 63.18 万亩，占 4.89%，多属于洼地排水不良的农田。本等级耕地排水能力多集中于中、较强和强几个等级，其中排水能力较强等级 282.09 万亩，占本等级耕地总面积的 21.84%；强等级 218.66 万亩，占 16.93%；中等级 659.86 万亩，占 51.09%；弱和较弱两等级所占的比例比较小，面积分别为 51.4 万亩和 79.53 万亩，分别占 3.98% 和 6.16%。

4. 农田基础设施

本等级耕地的农田基础设施总评为基本配套等级，配套和基本配套的面积分别只有 76.84 万亩和 902.6 万亩，分别占 5.95% 和 69.89%；完全配套的面积为 24.48 万亩，占 2.35%；无农田基础设施的面积为 97.03 万亩，占本等级耕地总面积的 7.51%；不配套的面积为 193.84 万亩，占 15.01%。

（四）土壤理化性状

1. 土壤质地

本等级耕地均包含广西主要成土母质，所以耕地各类型的土壤质地均有分布，但主要集中于黏壤、沙壤和壤土等质地类型。土壤质地为壤土的面积有 206.28 万亩，占本等级耕地面积的 15.97%；沙壤面积 499.38 万亩，占 38.67%；黏壤面积 525.14 万亩，占 40.66%；黏土和沙土面积分别是 55.08 万亩和 5.65 万亩，分别占 4.26% 和 0.44%。

2. 土壤 pH 值

耕地土壤偏酸，是本等级耕地的特点之一。土壤 pH 值在 4.3 ~ 8 之间，即从强酸性到微碱性范围，以酸性面积最大，为 579.29 万亩，占本等级耕地面积的 44.85%；其次为微酸性，面积 531.31 万亩，占 41.14%；中性面积 157.41 万亩，占 12.19%；微碱性面积 23.19 万亩，占 1.80%；强酸性面积仅有 0.32 万亩，占 0.03%。

（五）土壤养分

1. 有机质

有机质含量范围为 14.2 ~ 52.2 g/kg，平均含量为 31.7 g/kg，有机质含量总体评价为较高水平。多数集中于高等含量等级，面积达 624.56 万亩，占本等级耕地面积的 48.36%；其次为中含量等级，面积有 529.3 万亩，占 40.98%；极高和低含量等级分别仅有 113.74 万亩和 23.93 万亩，分别占 8.81% 和 1.85%。

2. 全氮

全氮含量范围为 0.72 ~ 3.06 g/kg，平均含量为 1.83 g/kg，总体含量水平达高水平，其中极高含量等级面积有 47.18 万亩，占本等级耕地面积的 3.65%；高含量等级面积有 979.79 万亩，占 75.86%；中含量等级面积有 247.24 万亩，占 19.14%；低含量等级面积有 16.92 万亩，占 1.31%；极低含量等级面积仅有 0.4 万亩，比例不足 0.03%。

3. 有效磷

有效磷含量范围为 5.2 ~ 48.1 mg/kg，平均含量为 18.4 mg/kg，总体水平达中上水平。面积最大的是中含量等级，为 768.34 万亩，占本等级耕地面积的 59.49%；其次为高含量等级，面积 409.18 万亩，占 31.68%；低含量等级排第三，面积 71.86 万亩，占 5.56%；极高含量等级面积仅有 42.15 万亩，占 3.26%。

4. 速效钾

速效钾含量范围为 31 ~ 167 mg/kg，平均含量为 68 mg/kg，总评属中下等水平。主要分布于中和低含量等级，面积最大的是中含量等级，面积 1085.49 万亩，占本等级耕地面积的 84.05%；其次是低含量等级，面积 118.57 万亩，占 9.18%；高含量等级有 83.73 万亩，占 6.48%；极高含量等级仅有 3.73 万亩，占 0.29%。

5. 交换性钙

交换性钙含量范围为 248.5 ～ 2296.9 mg/kg，平均含量为 1057.5 mg/kg，总评属极高等水平。主要分布于高和极高含量等级，面积以极高含量等级占多数，为 774.33 万亩，占本等级耕地面积的 59.95%；其次是高含量等级，面积 354.06 万亩，占 27.41%；中含量等级面积 125.49 万亩，占 9.72%；低含量等级面积仅有 37.11 万亩，占 2.87%；极低含量等级面积 0.54 万亩，占 0.04%。

6. 交换性镁

交换性镁含量范围为 15.9 ～ 218.2 mg/kg，平均含量为 77.2 mg/kg，总评属中等水平。主要分布于中和低含量等级，面积以中含量等级占优，为 642.30 万亩，占本等级耕地面积的 49.73%；其次是低含量等级，面积 560.28 万亩，占 43.38%；再次是高含量等级，面积 43.98 万亩，占 3.41%；极低含量等级面积仅有 44.96 万亩，占 3.48%；无极高含量等级。

7. 有效硫

有效硫含量范围为 2.1 ～ 413.4 mg/kg，平均含量为 39.3 mg/kg，总评属极高水平。主要分布于高和极高含量等级，面积以极高含量等级占多数，面积 571.90 万亩，占本等级耕地面积的 44.28%；高含量等级面积 316.56 万亩，占 24.51%；中含量等级面积 295.79 万亩，占 22.90%；低含量等级面积 100.92 万亩，占 7.81%；极低含量等级面积仅有 6.35 万亩，占比例不到 0.49%。

8. 有效铁

有效铁含量范围为 2.3 ～ 677.9 mg/kg，平均含量为 112 mg/kg，总评属极高等水平。主要分布于高和极高含量等级，面积以极高含量等级占绝对多数，为 1240.77 万亩，占本等级耕地面积的 96.07%；其次是高含量等级，面积 28.37 万亩，占 2.20%；其他各含量等级面积共仅有 22.38 万亩，占 1.73%。

9. 有效锰

有效锰含量范围为 0.5 ～ 388.5 mg/kg，平均含量为 27.20 mg/kg，总体含量水平达高等级水平。其中，极高含量等级面积 427.58 万亩，占本等级耕地面积的 33.11%；高含量等级面积 441.53 万亩，占 34.19%；中含量等级面积 357.93 万亩，占 27.71%；低含量等级面积 62.79 万亩，占 4.86%；极低含量等级面积 1.70 万亩，占 0.13%。

10. 有效铜

有效铜含量范围为 0.28 ～ 69.56 mg/kg，平均含量为 4.24 mg/kg，总体含量属极高水平，其中极高含量等级面积有 962.18 万亩，占本等级耕地面积的 74.50%；高含量等级面积 266.12 万亩，占 20.61%；中含量等级面积 63.22 万亩，占 4.90%；无低和极低含量等级。

11. 有效锌

有效锌含量范围为 0.2 ～ 24.13 mg/kg，平均含量为 2.41 mg/kg，总体含量水平达高水平，其中极高含量等级面积有 168.6 万亩，占本等级耕地面积的 13.05%；高含量等级面积 918.33 万亩，占 71.10%；中含量等级面积 192.76 万亩，占 14.92%；低和极低含量等级面积 11.84 万亩，占 1.82%。

12. 有效硼

有效硼含量范围为 0.03 ～ 2.71 mg/kg，平均含量为 0.32 mg/kg，含量总评为低水平，其中高含量等级面积仅有 21.33 万亩，占 1.65%；中含量等级面积 186.65 万亩，占 14.45%；低含量等级面积 421.42 万亩，占 32.63%；极低含量等级面积达 662.13 万亩，占 51.27%。

（六）耕地利用

本等级耕地属质量中等水平的农田，耕地利用呈多样性，农业熟制主要有一年两熟和一年一熟制，以一年一熟的面积最大，多熟制和多年生的作物面积相对较小。一年一熟的面积达 436.03 万亩，占本等级耕地面积的 33.76%；一年两熟的面积 836.26 万亩，占 64.75%，其他各类种植制度共有 19.23 万亩，只占 1.49%；主要种植水稻、玉米、甘蔗、木薯、蔬菜及水果等经济作物。典型种植制度详见表 3-38。

表 3-38 四级耕地利用情况统计表

典型种植制	面积（万亩）	占比（%）	典型种植制	面积（万亩）	占比（%）
菜—菜	2.43	0.19	经作—玉米	6.69	0.52
稻—菜	0.81	0.06	其他	344.16	26.65
稻—稻	709.18	54.91	桑树	1.05	0.08
稻—经作	4.67	0.36	薯	2.63	0.20
稻—玉米	3.31	0.26	水果	13.01	1.01
甘蔗	124.84	9.67	玉米—玉米	29.09	2.25
经作—经作	49.66	3.61	合计	1291.53	100.00

（七）障碍因素及管理利用存在的问题

1. 耕地主要存在的障碍因素

据野外实地调查结果统计，本等级耕地有障碍因素的耕地面积有 510.34 万亩，占本等级耕地总面积的 39.51%，主要有坡地梯改型、渍潜稻田型、灌溉改良型和瘠瘦培肥型等障碍因子，耕地灌溉条件等还需完善，有关改土培肥技术还需加强，需要经营者有针对性地进行改良，详见表 3-39。

表 3-39 四级耕地存在障碍因素统计表

障碍因素	灌溉改良型	瘠瘦培肥型	坡地梯改型	沙化耕地型	无明显障碍	盐碱耕地型	障碍层次型	渍涝排水型	渍潜稻田型
面积（万亩）	113.99	127.23	24.00	6.85	781.19	137.33	15.83	11.53	73.57
占比（%）	8.83	9.85	1.86	0.53	60.49	10.63	1.23	0.89	5.70

2. 农田的生产条件问题

本等级耕地生产条件总体属中下水平，无农田基础设施面积达 97.03 万亩，占本等级耕地面积的 7.51%，设施不配套的有 193.84 万亩，占 15.01%，两者共占 22.52%；完全靠自然降水供作物利用，属无水源利用条件的面积有 108.96 万亩，占 8.44%；缺乏输水条件等相关设施而属无灌溉条件的面积有 139.83 万亩，占 10.83%；有 298.19 万亩的耕地排水不良（弱和较弱），占 10.14%，这些农业生产条件的缺陷，直接影响耕地的生产能力。

3. 立地条件问题

一是本等级耕地立地条件为低洼地、缓坡地和山坡地，共有 571.42 万亩，占 44.24%，这些耕地都有一定的坡度，且未经整治，加上我区的气候条件，雨水分布不均，雨季时或多或少发生水土流失，发生轻度侵蚀面积的有 20.79 万亩，占本等级耕地面积的 1.61%；中度侵蚀面积 3.6 万亩，占 0.28%。二是耕层浅面积较大。本等级耕地耕层小于 17 cm 共有 613.09 万亩，占本等级耕地面积的 47.47%。

4. 土壤有机质含量问题

本等级耕地表观土壤有机质含量达高和极高等级的面积为 738.30 万亩，占 57.16%，但中低含量等级为 553.23 万亩，占 42.84%，占比较大。土壤存在有机质含量不稳定的问题。

5. 土壤化学性质和营养问题

一是土壤偏酸，耕层土壤 pH 值为酸性和强酸性面积达 579.61 万亩，占 44.88%；二是土壤交换性镁含量低面积大，属低和极低的面积达 605.24 万亩，占 46.86%；三是土壤缺硼严重，有效硼含量低、极低面积共有 1083.55 万亩，占 83.90%。

6. 潜在问题

本等级耕地是农业生产耕种的主要耕地，面积大，范围广，自然条件、成土条件和生产管理类型众多，耕种模式呈多样性，容易出现技术引导和生产技术需求脱节问题，从而导致施肥、栽培管理等生产环节的盲从性，致使土壤质量退化或两极分化。

（八）主要管理措施

1. 提高耕地经营者对耕地的保护意识

本等级耕地是生产人们生活必需农产品的主要耕地类型，质量好坏关系到是否能满足人们对农产品数量和质量的需求。因此，向经营者灌输耕地质量意识，应常抓不懈，并将耕地保护、用地养地、肥力技术贯穿于耕种管理整个过程，保证耕地质量稳步提升。

2. 推广信息化测土配方施肥技术

本等级耕地面积大，涉及土壤类型多，生产条件多样，地域间耕地质量因子差异大，耕种模式繁多等问题，迫切需要相关信息引导。生产经营者之所以产生耕种的盲从性，是相关生产技术信息获取途径出了问题，因此应积极配合农业新技术引进、各种试验示范和农业产业化动向，探索解决不同作物、不同生产技术和不同生产规模的施肥模式，并及时提供与生产有关的施肥量、施用方法和注意事宜，利用信息技术，拓宽信息获取渠道，促使经营者方便、快捷、准确地获取先进实用的耕地利用、土壤培肥、作物施肥等信息，并转变成生产力，做到因土、因作物、因肥料和因作物产量等平衡施肥，促进农业资源利用效率最大化，促进耕地质量良性循环和可持续发展。

3. 重视有机肥的积累和提高施用水平

增施有机肥是提高土壤有机质含量，增强土壤抗逆性和作物微量元素安全补给的重要方式。本等级耕地的耕层土壤有机质含量不算高，原因是多方面的，主要是第二次土壤普查以来，特别是耕地经营责任到户以来，化学肥料施用取得很好的效果，对农田的有机肥投入积极性大大降低，加上生产条件和自然条件的因素，冬种绿肥的产量不高等原因，农田有机肥投入量较少。本等级耕地土壤有机质总体水平与广西高产稳产农田的水平还有一定的差距，为此，应通过加强有机肥源的建设，不断提高农田有机肥投入水平，提高土壤相关养分的供给与土壤缓冲能力。可因地制宜，发展冬种绿肥、夏季绿肥和兼用绿肥，加大作物秸秆还田力度，确保农田每年亩有机物折成有机质的投入量不低于 700 kg。

4. 做好土壤酸性和土壤酸化治理工作

本等级耕地耕层土壤 pH 值为酸性和强酸性的面积达 44.88% 之多，是不可忽视的问题。治理土壤酸性或酸化，应立足于治本、标本兼治的原则。首先提升土壤有机质含量水平，解决土壤缓冲力不强的问题；其次采用测土配方施肥技术，促进农业资源利用效率最大化，减少如硝态氮、过磷酸钙、含氯化肥等致酸物质的注入量；三是采用间套种生物技术，将土壤中的游离致酸物质固定于生物体，减少致酸物质在土壤中的残留量，并将秸秆还田，实现多重效应治理效果；四是碱性物料辅助治理。

5. 完善农田基础设施建设

本等级耕地农田基础设施总体水平为一般，在农田排灌能力、农田灌溉、水土流失治理等方面存在缺陷，灌溉改良型、坡地梯改型、渍涝排水型、渍潜稻田型等耕地需要采用工程措施治理。因此，要根据耕地自身的具体情况，扎实做好农田基础设施建设，特别要强化农田灌溉的排涝渠系、水土流失防治的防洪工程、集雨工程等建设，改善耕地水源条件，逐步解决农田基础设施存在的问题。

6. 加强培育土壤的抗逆能力

本等级耕地存在八个障碍类型，应根据难度和措施的可操作性进行综合治理，本着先易后难的原则，逐步消除土壤障碍因子。本等级耕地耕作层总体较浅薄，其保水保肥的能力相对较差，作物根系生长环境也受到制约，不利于作物生长发育对水肥的需求，抗干旱缺水和水土肥流失的能力也不高；存在黏、浅、瘦等障碍因子的耕地面积大，耕层薄、不良的质地和养分贫瘠，在作物生长期间，脱水跑肥时有发生，作物生长改良不足。针对这一现状，可采用工程、生物和农艺措施，逐步加深耕作层厚度，为作物生长发育提供良好的环境。

7. 加强耕地土壤肥力的动态监测

本等级耕地涉及土壤类型、利用模式较多，生产管理水平差异大，因此，必须加强耕地质量动态监测工作，根据不同条件，分类设点，跟踪监测土壤肥力及水土流失的动态变化，及时调整生产技术，纠正和制止破坏耕地肥力的行为和相关技术。

五、五级耕地

（一）面积与分布

广西五级耕地共有 1481.49 万亩，占耕地总面积的 22.42%，其中，水田面积 442.43 万亩，占本等级耕地面积的 29.86%；旱地 1039.06 万亩，占 70.14%。五级耕地分布于 94 个县（市、区），其中 10 万亩以上的县（市、区）有 47 个，5 万～10 万亩的县（市、区）有 16 个，5 万亩以下有 31 个县（市、区）。南宁五级耕地面积较大，达 323.68 万亩，100 万～200 万亩的地市有百色市、崇左市、防城港市、桂林市、贵港市、来宾市和柳州市七个地市，其他各市均小于 100 万亩，详见表 3-40。

表 3-40　五级耕地分布情况统计表

行政区	分布县（市、区）数量情况				面积（万亩）	占辖区耕地面积（％）	占本等级耕地面积（％）
	总数量	≥10万亩	（5～<10）万亩	（0～<5）万亩			
百色市	11	5	1	5	155.81	23.14	10.52
北海市	2	1	–	1	23.12	12.40	1.56
崇左市	7	5	2	–	165.06	21.17	11.14
防城港市	4	1	–	3	20.43	14.88	1.38

续表

行政区	分布县（市、区）数量情况				面积（万亩）	占辖区耕地面积（%）	占本等级耕地面积（%）
	总数量	≥10万亩	（5～＜10）万亩	（0～＜5）万亩			
贵港市	5	5	－	－	122.70	25.47	8.28
桂林市	13	3	4	6	102.50	20.73	6.92
河池市	10	3	－	7	86.04	15.33	5.81
贺州市	5	1	2	2	40.01	16.36	2.70
来宾市	6	3	1	2	146.32	23.94	9.88
柳州市	7	5	2	－	135.85	25.88	9.17
南宁市	10	9	1	－	323.68	31.61	21.85
钦州市	4	4	－	－	93.98	29.49	6.34
梧州市	5	1	1	3	31.08	14.97	2.10
玉林市	5	1	2	2	34.90	9.66	2.36
广西合计	94	47	16	31	1481.49	22.42	100.00

（二）立地条件

1. 地形部位

本等级耕地的地形部位呈多样性，主要集中于有一定坡度地形的缓坡地、阶地、山坡地和谷地等四个类型，其中缓坡地面积最大，为614.59万亩，占本等级耕地面积的41.48%；山坡地面积141.23万亩，占9.53%；谷地面积174.45万亩，占11.70%；阶地面积179.55万亩，占12.12%；低洼地和平地分别为78.36万亩和293.31万亩，分别占5.29%和19.80%，详见表3-41。由于地形部位以缓坡地、阶地和山坡地为主，地面存在一定的坡度，加上气候条件和预防水土流失的相关措施不到位，耕地不同程度地发生水土流失。根据实地采样调查结果统计，本等级耕地发生土壤侵蚀的面积达153.93万亩，占本等级耕地面积的10.39%，其中轻度侵蚀的面积有137.20万亩，占本等级耕地面积的9.26%；中度侵蚀面积14.28万亩，占0.96%。

表3-41　五级耕地各地形部位面积统计表

地形部位	平地	谷地	阶地	缓坡地	山坡地	低洼地
面积（万亩）	293.31	174.45	179.55	614.59	141.23	78.36
占比（%）	19.80	11.78	12.12	41.48	9.53	5.29

2. 气候条件

本等级耕地具有良好的温热条件、充足的光照和适度的降水量。本等级耕地所处的年平均有效积温集中在6000 ℃以上范围，共有1418.90万亩，占本等级耕地面积的 95.78%，以大于 7000 ℃占绝对多数，面积 937.92 万亩，占 63.31%；年平均降水量多集中在 1300～1700 mm 之间，共有 1196.22 万亩，占本等级耕地面积的 80.74%，以 1300～1500 mm 范围占主要地位，共有 751.99 万亩，占 50.76%，其次为 1500～1700 mm 范围，面积 444.23 万亩，占 29.99%，小于 1300 mm 及大于等于 2000 mm 范围有 114.80 万亩，仅占 7.75%，降水量偏小，是本等级耕地的气象条件的特点之一；年平均日照时数主要集中在 1500 小时以上，共有 1349.40 万亩，占本等级耕地面积的 91.08%，小于 1500 小时的面积仅有 132.10 万亩，占 8.92%；年平均无霜期集中在 330 天以上，共有 1177.34 万亩，占本等级耕地面积的 79.47%，小于 330 天的面积 304.14 万亩，仅占 20.53%，详见表 3-42。

表 3-42 五级耕地所处气候条件统计表

	范围（℃）	<5500	5500～<6000	6000～<6500	6500～<7000	≥7000	－
有效积温	面积（万亩）	1.14	61.45	260.19	220.79	937.92	－
	占比（%）	0.08	4.15	17.56	14.90	63.31	－
	范围（mm）	<1300	1300～<1500	1500～<1700	1700～<1900	1900～<2000	≥2000
年降水量	面积（万亩）	105.71	751.99	444.23	140.49	29.99	9.09
	占比（%）	7.14	50.76	29.99	9.48	2.02	0.61
	范围（小时）	<1400	1400～<1500	1500～<1600	1600～<1700	1700～<1800	≥1800
日照时数	面积（万亩）	20.90	111.20	341.15	402.93	461.99	143.33
	占比（%）	1.41	7.51	23.03	27.20	31.18	9.67
	范围（天）	<300	300～<310	310～<320	320～<330	330～<340	≥340
无霜期	面积（万亩）	32.30	30.87	102.42	138.55	393.43	783.91
	占比（%）	2.18	2.08	6.91	9.35	26.56	52.91

3. 成土母质

本等级耕地中广西十种主要成土母质均有分布，面积超过 50 万亩的成土母质有第四纪红土、石灰岩、砂页岩、紫色砂页岩和花岗岩等五种，主要集中于第四纪红土、石灰岩和砂页岩等三种母质，这三种面积均占本等级耕地总面积 10% 以上，分别为 753.72 万亩、283.27 万亩和 179.33 万亩，分别占 50.88%、19.12% 和 12.10%；河流冲积物、硅质页岩、滨海沉积物、玄武岩和紫色砂页岩等成土母质面积较小，占本等级耕地总面积的比例均小于 9%，详见表 3-43。

表 3-43　五级耕地成土母质统计表

项目	滨海沉积物	第四纪红土	硅质页岩	河流冲积物	洪积物	花岗岩	砂页岩	石灰岩	玄武岩	紫色砂页岩
面积（万亩）	10.20	753.72	10.83	17.18	19.27	81.93	179.33	283.27	0.67	125.10
占比（％）	0.69	50.88	0.73	1.16	1.30	5.53	12.10	19.12	0.05	8.44

4. 土壤类型

五级耕地显示成土条件的多样性，土壤类型较多，广西 53 个耕地土属中，有 49 个土属在本等级当中，其中水田 24 个，旱地 25 个，以砂页岩、第四纪红土和石灰岩等母质发育而成的耕地为主。旱地面积 1039.06 万亩，占本等级耕地面积的 70.14%，集中于耕型赤红壤（含砖红壤）、红壤、石灰岩土等土壤类型，其中赤红壤面积 562.65 万亩，占本等级耕地面积的 40%；红壤面积 175.89 万亩，占 11.87%；石灰岩土面积 116.37 万亩，占 7.86%。水田 442.43 万亩，占 29.86%，主要集中于淹育水稻土、潴育水稻土、潜育水稻土等三个亚类，面积分别为 19.08 万亩、408.55 万亩和 5.62 万亩，分别占本等级耕地总面积的 1.29%、27.58% 和 0.38%，详见表 3-44。

表 3-44　五级耕地主要分布土属统计表

广西 1991 年分类制土属		广西 1980 年分类制土属		面积（万亩）	占本等级（％）	占本土属（％）	土属总面积（万亩）
代号	名称	代号	名称				
A1/2	砖红泥土	H2	耕型第四纪红土母质砖红壤	2.49	0.17	100.00	2.49
A1/4	砖红壤土	K24	耕型砂页岩砖红壤	14.97	1.01	71.98	20.80
A1/6	杂沙砖红泥土	H6	耕型花岗岩砖红壤	0.98	0.07	100.00	0.98
A1/8	海积砖红泥土	K28	耕型浅海沉积砖红壤	0.26	0.02	0.30	86.54
B1/2	赤红泥土	K2	耕型第四纪红土母质赤红壤	103.54	6.99	40.71	254.34
B1/4	赤红壤土	K4	耕型砂页岩赤红壤	431.03	29.09	38.35	1123.83
B1/6	杂沙赤红泥土	K6	耕型花岗岩赤红壤	39.39	2.66	52.54	74.98
C1/2	红泥土	H2	耕型第四纪红土红壤	8.30	0.56	18.11	45.86
C1/4	红壤土	H10	耕型页岩红壤	138.60	9.36	35.20	393.73
C1/6	杂沙红泥土	H6	耕型花岗岩红壤	0.37	0.02	18.19	2.01
C2/2	黄红泥土	I2	耕型砂页岩黄红壤	26.96	1.82	47.08	57.26
C3/2	砾质红泥土	J2	耕型砾石红壤性土	1.67	0.11	42.85	3.89
D1/2	黄泥土	L4	耕型砂页岩黄壤	9.57	0.65	29.63	32.30

续表

广西1991年分类制土属		广西1980年分类制土属		面积（万亩）	占本等级（%）	占本土属（%）	土属总面积（万亩）
代号	名称	代号	名称				
F1/2	酸紫泥土	T2	耕型砂页岩酸性紫色土	90.45	6.11	40.67	222.37
F2/2	紫泥土	U2	耕型沙岩中性紫沙土	10.86	0.73	57.59	18.86
F3/2	石灰性紫泥土	V2	耕型石灰性紫沙土	4.79	0.32	86.66	5.53
G2/2	棕色石灰泥土	R2	耕型棕色石灰土	116.37	7.86	14.54	800.21
G3/2	火山灰泥土	K30	耕型玄武岩砖红壤	0.67	0.05	32.56	2.05
H1/2	白粉泥土	K18	耕型硅质页岩赤红壤	1.05	0.07	0.31	342.61
I1/2	复钙红黏泥土	K8	耕型铁砾赤红壤	15.71	1.06	59.80	26.27
J1/2	洪积泥土	X3	石砾泥土	3.59	0.24	31.01	11.57
K1/2	黑黏泥土	Z5	黑黏泥土	5.64	0.38	51.93	10.86
K1/4	潮沙泥土	Y4	耕型固定滨海沙土	4.00	0.27	31.58	12.66
L1/2	黑黏泥土	Z5	黑黏泥土	7.82	0.53	21.65	36.11
N1/2	浅沙泥田	A2	砂页岩母质淹育水稻土	10.80	0.73	19.23	56.19
N1/4	潮泥土	W6	耕型酸性潮泥土	0.24	0.02	29.69	0.82
Q1/1	浅红泥田	A1	红土母质淹育水稻土	10.80	0.73	19.23	56.19
Q1/10	浅黄沙田	A11	滨海沉积母质淹育水稻土	0.24	0.02	29.69	0.82
Q1/2	浅白粉泥田	A10	硅质页岩母质淹育水稻土	3.56	0.24	9.22	38.63
Q1/4	浅杂沙田	A5	花岗岩母质淹育水稻土	0.16	0.01	2.53	6.23
Q1/6	石灰性田	F2	碳酸盐渍性水稻土	0.46	0.03	10.77	4.23
Q1/7	沙泥田	B2	砂页岩母质潴育水稻土	2.46	0.17	36.53	6.73
Q1/8	紫泥田	B7	紫色岩母质潴育水稻土	0.72	0.05	6.70	10.70
Q1/9	浅白粉泥田	A10	硅质页岩母质淹育水稻土	0.68	0.05	5.77	11.73
Q2/1	棕泥田	B6	棕色石灰土母质潴育水稻土	44.53	3.01	13.46	330.93
Q2/10	石砾田	B4	洪积母质潴育水稻土	4.62	0.31	18.98	24.36
Q2/11	白粉泥田	B9	硅质灰岩母质潴育水稻土	157.74	10.65	37.03	426.02
Q2/2	沙泥田	B2	砂页岩母质潴育水稻土	115.70	7.81	10.06	1149.71
Q2/3	黑泥田	D2	碳质黑泥田	19.00	1.28	10.81	175.84
Q2/4	咸田	F1	咸酸田（氯化物盐渍田）	38.77	2.62	11.42	339.45
Q2/6	棕泥田	B6	棕色石灰土母质潴育水稻土	2.88	0.19	12.15	23.70
Q2/7	石砾田	B4	洪积母质潴育水稻土	11.55	0.78	16.34	70.68
Q2/8	潮泥田	B3	河流冲积母质潴育水稻土	4.65	0.31	2.10	221.29

续表

广西 1991 年分类制土属		广西 1980 年分类制土属		面积（万亩）	占本等级（%）	占本土属（%）	土属总面积（万亩）
代号	名称	代号	名称				
Q2/9	白粉泥田	B9	硅质灰岩母质潴育水稻土	9.11	0.61	16.85	54.06
Q3/1	冷浸田	C2	冷浸田	4.33	0.29	21.69	19.96
Q3/2	烂涳田	D1	烂涳田	0.52	0.04	21.94	2.38
Q3/3	黑泥田	D2	碳质黑泥田	0.77	0.05	20.37	3.77
Q5/1	咸田	F1	咸酸田（氯化物盐渍田）	1.77	0.12	39.45	4.50
Q5/2	咸酸田	F1	咸酸田（氯化物盐渍田）	7.40	0.50	33.12	22.33
总计				1481.49	100.00	—	6649.36

5. 耕层厚度

据评价结果统计，本等级耕地的平均厚度为 17.6 cm，总体为适中偏浅。其中，厚等级的面积为 149.25 亩，仅占本等级耕地面积的 10.07%；较厚等级面积较大，共有 580.73 万亩，占 39.20%；中等等级面积 483.29 万亩，占 32.62%；较浅等级面积 268.22 万亩，占 18.10%。

（三）生产条件

1. 水源条件

本等级耕地水源条件总体为旱地差，水田较好，无水源条件面积大。无水源条件的耕地面积占本等级耕地面积的 58.77%。主要以河流、水库、泉水及塘堰等为灌溉水源，四者共有 581.71 万亩，占本等级耕地的 39.26%；其中以河流为灌溉水源的面积为 204.59 万亩，占本等级耕地面积的 13.81%；以水库为灌溉水源的面积为 203.36 万亩，占 13.73%；以塘堰为灌溉水源的面积为 77.92 万亩，占 5.26%；泉水为灌溉水源的面积为 95.84 万亩，占 6.47%，详见表 3–45。

表 3–45　五级耕地水源条件统计表

项目	河流	湖泊	集水窖	井水	泉水	山塘	水库	塘堰	无水源条件	小计
面积（万亩）	204.59	1.95	1.46	25.77	95.84	—	203.36	77.92	870.61	1481.49
占比（%）	13.81	0.13	0.10	1.74	6.47	—	13.73	5.26	58.77	100.00

2. 输水方式

本等级耕地无水源条件面积大，输水条件也相应较差，无输水条件的面积大，是本等级耕地的特点之一。据评价结果统计，无输水条件面积和非稳定的输水管道等设施面积大，两者面积共有933.3万亩，占本等级耕地总面积的63%，具有固定输水方式（防渗渠道、固定管道和土渠）面积的仅有547.18万亩，占36.93%，其中以土渠方式输水的有483.96万亩，占本等级耕地的32.67%；以防渗渠道方式输水的有54.99万亩，仅占3.71%，详见表3-46。

表 3-46 五级耕地输水条件统计表

输水方式	防渗渠道	固定管道	简易管道	提水+固定管道	土渠	无输水方式	移动管道	合计
面积（万亩）	54.99	8.23	0.29	–	483.96	894.38	38.92	1481.49
占比（%）	3.71	0.56	0.02	–	32.67	60.37	2.63	100.00

3. 灌溉及排水能力

本等级耕地因无水源条件及无输水条件面积大，以天然降水作为作物需水的供给方式所占的比例高，故作物需水的满足率总体不高，即使有农田基础设施，但由于年久失修，也无法发挥应有的功能。据评价结果统计，本等级耕地无灌溉条件面积高达993.41万亩，占本等级耕地面积的67.05%；一般满足面积264.91万亩，占17.88%；基本满足的面积只有218.25万亩，占14.73%；而充分满足的仅4.92万亩，只占0.33%，多属于洼地排水不良的耕地。由于本等级耕地多属旱地，排水能力多集中于较强和强两个等级，其中排水能力强等级的有650.52万亩，占本等级耕地面积的43.91%；较强等级334.42万亩，占22.57%；中等等级366.15万亩，占24.71%；弱和较弱两等级所占的比例比较小，面积分别为28.16万亩和102.24万亩，分别占1.90%和6.90%。

4. 农田基础设施

本等级耕地的农田基础设施总评为较差，无农田基础设施所占的比例大，不配套的面积也较大，是本等级耕地农田基础设施的明显特点。无农田基础设施面积达710.23万亩，占本等级耕地面积的47.94%；基础设施不配套的面积有357.05万亩，占24.10%，两者共占72.04%；配套和基本配套的面积分别只有16.63万亩和397.45万亩，分别占1.12%和26.83%。

（四）土壤理化性状

1. 土壤质地

本等级耕地均包含广西主要成土母质，所以耕地各类型的土壤质地均有分布，但主要集中于黏壤和沙壤等质地类型。土壤质地为壤土的面积有217.02万亩，占本等级耕地面积的14.65%；沙壤面积546.29万亩，占36.87%；黏壤面积553.95万亩，占37.39%；

黏土和沙土面积分别是 142.57 万亩和 21.67 万亩，分别占 9.62% 和 1.46%。

2. 土壤 pH 值

耕地土壤偏酸，微酸性面积占的比例大，是本等级耕地化学性质的特点，土壤 pH 值在 4.0 ～ 8.2 之间，即从强酸性到微碱性范围，以微酸性面积最大，为 757.93 万亩，占本等级耕地面积的 51.16%；其次为酸性，面积有 485.87 万亩，占 32.80%；中性面积有 208.30 万亩，占 14.06%；微碱性面积有 28.15 万亩，占 1.90%；强酸性面积仅有 1.25 万亩，只占 0.08%。

（五）土壤养分

1. 有机质

有机质含量范围为 14.6 ～ 53.8 g/kg，平均含量为 30.7 g/kg，有机质含量总体评价为中上水平。多数集中于中等含量等级，面积达 767.53 万亩，占本等级耕地面积的 51.81%；其次为高含量等级，面积有 569.03 万亩，占 38.41%；极高和低含量等级分别仅有 114.90 万亩和 30.03 万亩，分别占 7.76% 和 2.03%。

2. 全氮

全氮含量范围为 0.53 ～ 3.17 g/kg，平均含量为 1.75 g/kg，总体含量水平为高水平。其中，极高含量等级面积有 29.56 万亩，占本等级耕地面积的 2.00%；高含量等级面积有 990.55 万亩，占 66.86%；中含量等级面积 450.78 万亩，占 30.43%；低含量等级面积 10.50 万亩，占 0.71%；极低含量等级面积仅有 0.11 万亩，所占比例不足 0.01%。

3. 有效磷

有效磷含量范围为 4.8 ～ 47.4 mg/kg，平均含量为 18.9 mg/kg，总体水平达中上水平。面积最大的是中含量等级，面积为 890.73 万亩，占本等级耕地面积的 60.12%；其次为高含量等级，面积 445.54 万亩，占 30.07%；低含量等级排第三，面积 75.76 万亩，占 5.11%；极高含量等级面积 69.46 万亩，占 4.69%。

4. 速效钾

速效钾含量范围为 30 ～ 168 mg/kg，平均含量为 72 mg/kg，总评属中等水平。主要分布于中和高含量等级，面积最大的是中含量等级，达 1188.13 万亩，占本等级耕地面积的 80.20%；其次是高含量等级，面积 218.25 万亩，占 14.73%；低含量等级面积有 67.76 万亩，占 4.57%；极高含量等级面积 7.36 万亩，占 0.50%。

5. 交换性钙

交换性钙含量范围为 284.7 ～ 2469.2 mg/kg，平均含量为 1070.1 mg/kg，总评属极高水平。主要分布于高和极高含量等级，面积以极高含量等级占多数，为 832.76 万亩，占本等级耕地面积的 56.21%；其次是高含量等级，面积 473.80 万亩，占 31.98%；中含量等级面积 144.34 万亩，占 9.74%；低含量等级面积仅有 29.82 万亩，占 2.01%；极低含量等级面积 0.78 万亩，占 0.05%。

6. 交换性镁

交换性镁含量范围为 15.8 ～ 207.7 mg/kg，平均含量为 77.7 mg/kg，总评属中下水平。主要分布于中和低含量等级，面积以中含量等级为主，为 783.54 万亩，占本等级耕地面积的 52.89%；其次是低含量等级，面积 570.32 万亩，占 38.5%；再次是高含量等级，面积 65.43 万亩，占 4.42%；极低含量等级面积仅有 62.20 万亩，占 4.20%；无极高含量等级。

7. 有效硫

有效硫含量范围为 3.5 ～ 401.7 mg/kg，平均含量为 42.8 mg/kg，总评属极高等水平。主要分布于高和极高含量等级，面积以极高含量等级占多数，面积 741.27 万亩，占本等级耕地面积的 50.04%；高含量等级面积 358.58 万亩，占 24.20%；中含量等级面积 305.8 万亩，占 20.64%；低含量等级面积 74.79 万亩，占 5.05%；极低含量等级面积仅有 1.05 万亩，占 0.07%。

8. 有效铁

有效铁含量范围为 1.5 ～ 596.1 mg/kg，平均含量为 99.8 mg/kg，总评属极高水平。主要分布于高和极高含量等级，面积以极高含量等级占绝对多数，为 1415.8 万亩，占本等级耕地面积的 95.57%；其次是高含量等级，面积 59.81 万亩，占 4.04%；其他各含量等级面积共有 5.87 万亩，占 0.39%。

9. 有效锰

有效锰含量范围为 0.4 ～ 291.3 mg/kg，平均含量为 30.4 mg/kg，总体含量水平达极高等级水平。其中，极高含量等级面积有 758.04 万亩，占本等级耕地面积的 51.17%；高含量等级面积 482.03 万亩，占 32.54%；中含量等级面积 193.38 万亩，占 13.05%；低含量等级面积 47.15 万亩，占 3.18%；极低含量等级面积 0.89 万亩，占 0.06%。

10. 有效铜

有效铜含量范围为 0.29 ～ 65.83 mg/kg，平均含量为 3.34 mg/kg，总体含量属极高水平，集中于极高和高含量等级范围。其中极高含量等级面积有 826.35 万亩，占本等级耕地面积的 55.78%；高含量等级面积 464.08 万亩，占 31.33%；中含量等级面积 191.07 万亩，占 12.90%，无低和极低含量等级。

11. 有效锌

有效锌含量范围为 0.2 ～ 27.16 mg/kg，平均含量为 2.18 mg/kg，总体含量属高水平。主要集中于高和中含量等级范围，其中极高含量等级面积有 139.10 万亩，占本等级耕地面积的 9.39%；高含量等级面积 1093.77 万亩，占 73.83%；中含量等级面积 230.36 万亩，占 15.55%；低和极低含量等级面积仅有 18.26 万亩，只占 1.24%。

12. 有效硼

有效硼含量范围为 0.04 ～ 1.68 mg/kg，平均含量为 0.33 mg/kg，含量总评为低水平。其中，极高含量等级面积仅有 0.02 万亩，占本等级耕地面积不足 0.10%；高含量等级面积仅有 9.3 万亩，占 0.63%；中含量等级面积 234.07 万亩，占 15.80%；低含量等级面积 503.03 万亩，占 33.95%；极低含量等级面积达 735.06 万亩，占 49.62%。

（六）耕地利用

本等级耕地属质量较差的农田，耕地利用呈多样性，耕地的复种指数一般，熟制主要有一年两熟和一年一熟制，以一年一熟的面积最大，多熟制和多年生的作物面积相对较小，以玉米、甘蔗及经济作物等旱地作物为主。一年一熟的面积达 889.64 万亩，占本等级耕地面积的 60.05%；一年两熟的面积 576.72 万亩，占 38.93%，其他各类种植制度共有 15.13 万亩，只占 1.02%。主要种植水稻、玉米、甘蔗、木薯、蔬菜及水果等经济作物。典型种植制度以甘蔗、水稻等作物轮作、连作为主，详见表 3-47。

表 3-47　五级耕地利用情况统计表

典型种植制	面积（万亩）	占比（%）	典型种植制	面积（万亩）	占比（%）
菜—菜	1.77	0.12	经作—玉米	42.71	2.88
稻—菜	0.50	0.03	桑树	33.83	2.28
稻—稻	298.44	20.14	木薯	71.33	4.81
稻—经作	7.03	0.47	水果	9.01	0.61
稻—玉米	1.00	0.07	玉米—玉米	106.15	7.17
甘蔗	531.48	35.87	其他	290.85	19.63
经作—经作	87.39	5.90	合计	1481.49	100.00

（七）障碍因素及管理利用存在的问题

1. 耕地存在的障碍因子

本等级耕地绝大多数存在一个或多个障碍因素，无明显障碍因素的耕地面积仅有 558.11 万亩，仅占本等级耕地面积的 37.67%。与此同时，由于不合理利用和不注意保护等原因，还存在一些影响耕地质量进一步提高的因素或改造不到位等问题，如调查发现还有渍潜稻田型、灌溉改良型和瘠瘦培肥型等障碍因子，耕地灌溉条件等还需完善，有关改土培肥技术还需加强，需要经营者有针对性地进行改良，详见表 3-48。

表 3-48 五级耕地存在障碍因素统计表

障碍因素	灌溉改良型	瘠瘦培肥型	坡地梯改型	沙化耕地型	无明显障碍	盐碱耕地型	障碍层次型	渍涝排水型	渍潜稻田型
面积（万亩）	252.74	374.25	81.81	14.20	558.11	128.62	34.26	3.99	33.52
占比（%）	17.06	25.26	5.52	0.96	37.67	8.68	2.31	0.27	2.26

2. 农田的生产条件问题

本等级耕地生产条件总体属中下等水平，无农田基础设施面积达 710.23 万亩，占本等级耕地面积的 47.97%，不配套的面积 357.05 万亩，占 24.10%，两者共占 72.07%。完全靠自然降水供作物利用，属无水源利用条件的面积有 870.61 万亩，占 58.77%；缺乏输水条件等相关设施而属无灌溉条件的面积有 993.41 万亩，占 67.05%；有 192.0 万亩的耕地排水不良（弱和较弱），占 12.96%，这些农业生产条件存在的缺陷，直接影响耕地的生产能力。

3. 立地条件问题

一是本等级耕地立地条件为低洼地、缓坡地和山坡地，面积共有 834.18 万亩，占56.30%。这些耕地都有一定的坡度，且未经整治，加上我区的气候条件影响，雨水分布不均，雨季时或多或少发生水土流失，发生不同程度的土壤侵蚀面积达 153.93 万亩，占本等级耕地面积的 10.39%。二是耕层浅面积较大，本等级耕地耕层小于 17 cm 的面积共有 526.53 万亩，占本等级耕地面积的 35.54%。

4. 土壤有机质含量问题

本等级耕地表观土壤有机质含量达高和极高等级为 683.93 万亩，占 46.17%，但中低含量的耕地面积为 797.56 万亩，占 63.83%，因此，本等级耕地土壤有机质中低含量的面积较大。

5. 主要存在化学性质和土壤营养问题

一是土壤偏酸，耕层土壤 pH 值为酸性和强酸性的面积达 487.12 万亩，占 32.88%；二是土壤交换性镁含量低的面积大，属低和极低的面积达 632.52 万亩，占 42.70%；三是土壤缺硼严重，有效硼含量低和极低面积达 1238.09 万亩，占 83.57%。

6. 潜在问题

本等级耕地是农业生产耕种的主要耕地，面积大，范围广，自然条件、成土条件和管理条件等较为复杂，耕种模式呈多样性，容易产生技术引导和生产技术需求脱节问题，从而导致施肥、栽培管理等生产环节的盲从性，致使土壤质量退化或两极分化。

（八）主要管理措施

本等级耕地存在问题与四级耕地基本相同，不同的仅是问题差异程度的大小，因此所采用的措施与四级耕地相同。但要更加注重有机肥的积累和提升施用水平，充分利用我区的夏季水热条件，采用间种套种豆科作物，发展夏季绿肥，并与治理水土流失、治理土壤酸化和土壤改良培肥等内容相结合，特别是治理难度大，且目前无采用工程治理条件的缓坡地和山坡地耕地，将它列入水土流失治理主要内容，实现改土多赢效果。同时加大农田基础设施和土壤培肥建设力度，提高耕地抗旱、抗洪、土壤养分供给的能力和耕地的综合生产能力水平。

六、六级耕地

（一）面积与分布

广西六级耕地共有 1325.52 万亩，占耕地总面积的 20.06%，其中水田面积 101.52 万亩，占本等级耕地面积的 7.66%；旱地 1224.01 万亩，占 92.34%。本等级耕地分布于 14 个市的 88 个县（市、区），其中 10 万亩以上的县（市、区）有 51 个，5 万～10 万亩的县（市、区）有 11 个，小于 5 万亩的县（市、区）有 26 个。崇左市本等级耕地面积较大，达 294.11 万亩，详见表 3-49。

表 3-49　六级耕地分布情况统计表

行政区	分布县（市、区）数量情况				面积（万亩）	占辖区耕地面积（%）	占本等级耕地面积（%）
	总数量	≥10万亩	(5～<10)万亩	<5万亩			
百色市	9	8	–	1	172.48	25.62	13.01
北海市	2	1	–	1	18.22	9.78	1.37
崇左市	7	6	–	1	294.11	37.72	22.19
防城港市	4	2	–	2	42.05	30.63	3.17
贵港市	5	3	1	1	55.18	11.46	4.16
桂林市	11	2	4	5	63.35	12.81	4.78
河池市	11	8	–	3	166.93	29.74	12.59
贺州市	4	3	–	1	43.66	17.85	3.29
来宾市	6	4	–	2	90.07	14.74	6.79
柳州市	7	4	1	2	79.22	15.09	5.98
南宁市	10	8	2	–	222.94	21.77	16.82
钦州市	4	2	–	2	47.47	14.89	3.58
梧州市	4	–	1	3	11.17	5.38	0.84
玉林市	4	–	2	2	18.69	5.17	1.41
广西合计	88	51	11	26	1325.52	20.06	100.00

（二）立地条件

1. 地形部位

本等级耕地的地形部位主要集中于有一定坡度地形的缓坡地、阶地、山坡地等类型，其中缓坡地面积最大，为741.37万亩，占本等级耕地面积的55.93%；其次是山坡地，面积149万亩，占11.24%；再次是平地，面积131.59万亩，占9.93%；阶地面积111.77万亩，占8.43%，详见表3-50。由于地形部位以缓坡地、阶地和山坡地为主，地面存在一定的坡度，加上气候条件和预防水土流失的相关措施不到位，会不同程度地发生水土流失。根据实地采样调查结果统计，本等级耕地发生土壤侵蚀面积达267.66万亩，占本等级耕地面积的20.19%，其中轻度侵蚀的面积有248.75万亩，占本等级耕地面积的18.77%；中度侵蚀的面积17.75万亩，占1.34%。

表3-50 六级耕地各地形部位面积统计表

地形部位	平地	谷地	阶地	缓坡地	山坡地	低洼地
面积（万亩）	131.59	112.8	111.77	741.37	149.00	79.00
占比（%）	9.93	8.51	8.43	55.93	11.24	5.96

2. 气候条件

本等级耕地温热条件好，光照充足且降水量偏小。本等级耕地所处的年平均有效积温主要集中在6000℃以上，以大于7000℃占绝对多数，面积812.05万亩，占61.26%；年平均降水量多集中于1300～1700 mm，共有1091.21万亩，占本等级耕地面积的82.32%，以1300～1500 mm范围占主要地位，共有770.21万亩，占58.11%，降水量偏小，是本等级耕地气象条件的特点之一；年平均日照时数主要集中在1400小时以上，共有1306.95万亩，占本等级耕地面积的98.60%，小于1400小时的面积仅有18.57万亩，占1.40%；年平均无霜期集中在320天以上，共有1194.58万亩，占本等级耕地面积的90.12%，小于320天的面积仅有130.95万亩，仅占本等级耕地面积的9.88%，详见表3-51。

表3-51 六级耕地所处气候条件统计表

	范围（℃）	<5500	5500～<6000	6000～<6500	6500～<7000	≥7000	–
有效积温	面积（万亩）	17.44	51.51	237.85	206.66	812.05	–
	占比（%）	1.32	3.89	17.94	15.59	61.26	–
	范围（mm）	<1300	1300～<1500	1500～<1700	1700～<1900	1900～<2000	≥2000
年降水量	面积（万亩）	98.97	770.21	321.00	105.92	23.24	6.18
	占比（%）	7.47	58.11	24.22	7.99	1.75	0.47

续表

日照时数	范围（小时）	＜1400	1400～＜1500	1500～＜1600	1600～＜1700	1700～＜1800	≥1800
	面积（万亩）	18.57	182.95	269.31	461.68	299.46	93.56
	占比（%）	1.40	13.80	20.32	34.83	22.59	7.06
无霜期	范围（天）	＜300	300～＜310	310～＜320	320～＜330	330～＜340	≥340
	面积（万亩）	20.54	35.43	74.98	140.02	241.25	813.31
	占比（%）	1.55	2.67	5.66	10.56	18.20	61.36

3. 成土母质

本等级耕地主要成土母质有石灰岩、第四纪红土、紫色砂页岩、花岗岩和滨海沉积物等十种成土母质，主要集中于石灰岩、第四纪红土两种，面积分别为418.34万亩和674.34万亩，分别占本等级耕地面积的31.56%和50.87%；其他八种成土母质面积较小，占本等级耕地面积的比例均小于10%，详见表3-52。

表3-52 六级耕地成土母质统计表

项目	滨海沉积物	第四纪红土	硅质页岩	河流冲积物	洪积物	花岗岩	砂页岩	石灰岩	玄武岩	紫色砂页岩
面积（万亩）	25.56	674.34	13.73	3.40	9.74	32.67	58.01	418.34	1.38	88.36
占比（%）	1.93	50.87	1.04	0.26	0.73	2.46	4.38	31.56	0.10	6.67

4. 土壤类型

本等级耕地的土壤类型有39个土属，其中旱地20个，水田19个。旱地集中于耕型赤红壤（含砖红壤）、红壤、石灰岩土等土壤类型，其中赤红壤面积524.8万亩，占本等级耕地面积的39.6%；红壤面积201.73万亩，占15.22%；石灰岩土面积370.33万亩，占27.94%。水田主要集中于淹育水稻土、潴育水稻土、潜育水稻土和咸酸型水稻土四个亚类，面积分别为2.77万亩、83.95万亩、1.15万亩和13.65万亩，分别占本等级耕地面积的0.21%、6.33%、0.09%和1.03%，详见表3-53。

表3-53 六级耕地主要分布土属统计表

广西1991年分类制土属		广西1980年分类制土属		面积（万亩）	占本等级（%）	占本土属（%）	土属面积（万亩）
代号	名称	代号	名称				
A1/4	砖红壤土	K24	耕型砂页岩砖红壤	2.37	0.18	11.39	20.80
A1/8	海积砖红泥土	K28	耕型浅海沉积砖红壤	10.91	0.82	12.60	86.54
B1/2	赤红泥土	K2	耕型第四纪红土母质赤红壤	58.59	4.42	23.04	254.34

续表

广西 1991 年分类制土属		广西 1980 年分类制土属		面积（万亩）	占本等级（%）	占本土属（%）	土属面积（万亩）
代号	名称	代号	名称				
B1/4	赤红壤土	K4	耕型砂页岩赤红壤	424.65	32.04	37.79	1123.83
B1/6	杂沙赤红泥土	K6	耕型花岗岩赤红壤	28.28	2.13	37.71	74.98
C1/2	红泥土	H2	耕型第四纪红土红壤	19.91	1.50	43.41	45.86
C1/4	红壤土	H10	耕型页岩红壤	160.48	12.11	40.76	393.73
C1/6	杂沙红泥土	H6	耕型花岗岩红壤	0.88	0.07	43.73	2.01
C2/2	黄红泥土	I2	耕型砂页岩黄红壤	20.30	1.53	35.45	57.26
C3/2	砾质红泥土	J2	耕型砾石红壤性土	0.16	0.01	4.20	3.89
D1/2	黄泥土	L4	耕型砂页岩黄壤	17.98	1.36	55.67	32.30
F1/2	酸紫泥土	T2	耕型砂页岩酸性紫色土	87.62	6.61	39.40	222.37
G2/2	棕色石灰泥土	R2	耕型棕色石灰土	370.33	27.94	46.28	800.21
H1/2	白粉泥土	K18	耕型硅质页岩赤红壤	1.38	0.10	67.44	2.05
I1/2	复钙红黏泥土	K8	耕型铁砾赤红壤	6.00	0.45	1.75	342.61
J1/2	洪积泥土	X3	石砾泥土	3.91	0.29	14.87	26.27
K1/2	黑黏泥土	Z5	黑黏泥土	6.36	0.48	54.97	11.57
L1/2	黑黏泥土	Z5	黑黏泥土	0.50	0.04	4.59	10.86
N1/2	浅沙泥田	A2	砂页岩母质淹育水稻土	2.32	0.18	18.34	12.66
N1/4	潮泥土	W6	耕型酸性潮泥土	1.08	0.08	2.98	36.11
Q1/1	浅红泥田	A1	红土母质淹育水稻土	0.26	0.02	0.46	56.19
Q1/10	浅黄沙田	A11	滨海沉积母质淹育水稻土	0.21	0.02	26.02	0.82
Q1/2	浅白粉泥田	A10	硅质页岩母质淹育水稻土	0.15	0.01	0.40	38.63
Q1/3	浅紫泥土	A7	紫色岩母质淹育水稻土	0.31	0.02	15.92	1.93
Q1/6	石灰性田	F2	碳酸盐渍性水稻土	0.12	0.01	2.94	4.23
Q1/9	浅白粉泥田	A10	硅质页岩母质淹育水稻土	1.71	0.13	14.57	11.73
Q2/1	棕泥田	B6	棕色石灰土母质潴育水稻土	6.40	0.48	1.93	330.93
Q2/10	石砾田	B4	洪积母质潴育水稻土	0.92	0.07	3.76	24.36
Q2/11	白粉泥田	B9	硅质灰岩母质潴育水稻土	45.47	3.43	10.67	426.02
Q2/2	沙泥田	B2	砂页岩母质潴育水稻土	16.07	1.21	1.40	1149.71
Q2/3	黑泥田	D2	碳质黑泥田	0.43	0.03	0.24	175.84
Q2/4	咸田	F1	咸酸田（氯化物盐渍田）	3.52	0.27	1.04	339.45
Q2/6	棕泥田	B6	棕色石灰土母质潴育水稻土	1.91	0.14	8.07	23.70
Q2/7	石砾田	B4	洪积母质潴育水稻土	3.22	0.24	4.55	70.68

续表

广西1991年分类制土属		广西1980年分类制土属		面积（万亩）	占本等级（%）	占本土属（%）	土属面积（万亩）
代号	名称	代号	名称				
Q2/9	白粉泥田	B9	硅质灰岩母质潴育水稻土	6.02	0.45	11.14	54.06
Q3/1	冷浸田	C2	冷浸田	0.45	0.03	2.24	19.96
Q3/3	黑泥田	D2	碳质黑泥田	0.71	0.05	18.70	3.77
Q5/1	咸田	F1	咸酸田（氯化物盐渍田）	2.72	0.21	60.55	4.50
Q5/2	咸酸田	F1	咸酸田（氯化物盐渍田）	10.92	0.82	48.92	22.33
合计				1325.52	100.00	—	6319.09

5. 耕层厚度

据评价结果统计，本等级耕地的平均厚度为17.2 cm，总体为适中偏浅。其中，厚等级面积为50.83万亩，仅占本等级耕地面积的3.83%；较厚等级面积共有311.39万亩，占23.49%；中等级面积588.08万亩，占44.37%；较浅等级面积375.22万亩，占28.31%。

（三）生产条件

1. 水源条件

本等级耕地水源条件总体旱地差，水田较好，无水源条件面积大，占本等级耕地面积的84.58%。以河流、水库、塘堰等为主要灌溉水源，其中以河流为灌溉水源的面积为53.30万亩，占本等级耕地面积的4.02%；以水库为灌溉水源的面积为66.74万亩，占5.04%；以塘堰为灌溉水源的面积为38.50万亩，占2.90%，详见表3-54。

表3-54　六级耕地水源条件统计表

项目	河流	湖泊	集水窖	井水	泉水	山塘	水库	塘堰	无水源条件	小计
面积（万亩）	53.30	0.09	0.23	18.68	26.86	—	66.74	38.50	1121.12	1325.52
占比（%）	4.02	0.01	0.02	1.41	2.03	—	5.04	2.90	84.58	100.00

2. 输水方式

本等级耕地无水源条件面积大，输水条件也相应较差，无输水条件的农田面积多，是本等级耕地的特点之一。无输水条件面积和非稳定的输水管道等设施面积高达1127.38万亩，占本等级耕地总面积的85.05%，具有固定输水方式（防渗渠道、固定管道和土渠）的面积仅有198.15万亩，仅占14.95%，详见表3-55。

表 3-55 六级耕地输水条件统计表

输水方式	防渗渠道	固定管道	简易管道	提水+固定管道	土渠	无输水方式	移动管道	合计
面积（万亩）	18.13	13.38	—	—	166.65	1115.00	12.38	1325.52
占比（%）	1.37	1.01	—	—	12.57	84.12	0.93	100.00

3. 灌溉及排水能力

本等级耕地靠天然降水作为作物需水的主要供给方式所占比例高，故作物需水的满足率总体较低，即使有农田基础设施，但由于年久失修，也无法发挥应有的功能。耕地无灌溉条件面积高达1228.9万亩，占本等级耕地面积的92.71%；一般满足面积50.28万亩，占3.79%；基本满足面积45.63万亩，仅占3.44%。由于本等级耕地多属旱地，排水能力多集中于较强和强两个等级，面积达955.62万亩，其中排水能力强等级582.98万亩，占本等级耕地面积的43.98%；较强等级372.64万亩，占28.11%；中等等级260.07万亩，占19.62%；弱和较弱两等级所占的比例比较小，面积分别为22.81万亩和87.03万亩，分别占1.72%和6.57%，主要分布于沿海地区和峰丛洼地的低洼地耕地。

4. 农田基础设施

本等级耕地的农田基础设施总评为较差，无农田基础设施所占的比例大，不配套的面积也较多，是本等级耕地农田基础设施的明显特点。无农田基础设施面积达948.28万亩，占本等级耕地面积的71.54%；不配套的面积有236.98万亩，占17.88%；无农田基础设施及不配套的面积共占89.42%。配套和基本配套的面积分别只有3.96万亩和136.30万亩，分别占0.30%和10.28%。

（四）土壤理化性状

1. 土壤质地

本等级耕地主要集中于黏壤和沙壤等质地类型，质地偏砂是本等级耕地质地特点。土壤质地为壤土的面积179.81万亩，占本等级耕地面积的13.56%；沙壤面积436.64万亩，占32.94%；黏壤面积587.20万亩，占44.30%；黏土和沙土面积分别是107.28万亩和14.60万亩，分别占8.09%和1.10%。

2. 土壤 pH 值

耕地土壤偏酸，微酸性面积比例大，土壤pH值在4.2～8.1之间，即从强酸性到微碱性范围，以微酸性面积最大，为673.14万亩，占本等级耕地面积的50.78%；其次为酸性，面积398.12万亩，占30.03%；中性面积240.88万亩，占18.87%；微碱性面积11.13万亩，占0.84%；强酸性面积2.24万亩，仅占0.17%；无碱性耕地。

（五）土壤养分

1. 有机质

有机质含量范围为 15.7 ～ 56.3 g/kg，平均含量为 29.1 g/kg，有机质含量总体评价为中等水平。主要集中于中含量等级，面积达 707.34 万亩，占本等级耕地面积的 53.36%；其次为高含量等级，面积有 510.49 万亩，占 38.51%；极高和低含量等级分别仅有 69.72 万亩和 37.97 万亩，分别占 5.26% 和 2.86%。

2. 全氮

全氮含量范围为 0.76 ～ 3.24 g/kg，平均含量为 11.67 g/kg，总体含量水平为高等水平。其中高含量等级面积有 863.41 万亩，占 65.14%；中含量等级面积 408.07 万亩，占 30.79%；低含量等级面积 11.62 万亩，占 0.88%；无极低含量。

3. 有效磷

有效磷含量范围为 5 ～ 48.1 mg/kg，平均含量为 17.7 mg/kg，总体含量水平达高等水平。面积最大的是中含量等级，为 774.23 万亩，占本等级耕地面积的 58.41%；其次为高含量等级，面积 366.99 万亩，占 27.69%；极高含量等级 40.9 万亩，占 3.09%；低含量等级 143.41 万亩，占 10.82%；无极低含量。

4. 速效钾

速效钾含量范围为 33 ～ 169 mg/kg，平均含量为 74 mg/kg，总评属中等水平。主要分布于中和高含量等级，面积最大的是中含量等级，面积 1014.16 万亩，占本等级耕地面积的 76.51%；其次是高含量等级，面积 223.62 万亩，占 16.87%；低含量等级面积有 82.41 万亩，占 6.22%；极高含量等级面积 5.33 万亩，占 0.40%。

5. 交换性钙

交换性钙含量范围为 326.8 ～ 2457.9 mg/kg，平均含量为 1116.8 mg/kg，总评属极高等水平。主要分布于高和极高含量等级，面积以极高含量等级占多数，为 752.51 万亩，占本等级耕地面积的 56.77%；其次是高含量等级，面积 437.66 万亩，占 33.02%；中含量等级面积仅有 99.91 万亩，占 7.54%；低含量等级面积只有 35.44 万亩，占 2.67%；无极低含量等级分布。

6. 交换性镁

交换性镁含量范围为 14.3 ～ 198.9 mg/kg，平均含量为 83.7 mg/kg，总评属中等水平。主要分布于中和低含量等级，面积以中含量等级占多数，为 766.2 万亩，占本等级耕地面积的 57.80%；其次是低含量等级，面积 459.48 万亩，占 34.66%；高含量等级面积 59.88 万亩，仅占 4.52%；极低含量等级面积 39.97 万亩，占 3.02%；无极高含量等级。

7. 有效硫

有效硫含量范围为 7.8 ～ 392.3 mg/kg，平均含量为 44 mg/kg，总评属极高等水平。

主要分布于高和极高含量等级，面积以极高含量等级占多数，有 415.99 万亩，占本等级耕地面积的 31.38%；高含量等级面积 374.06 万亩，占 28.22%；中含量等级面积 382.61 万亩，占 28.86%；低含量等级面积 114.37 万亩，占 8.63%；极低含量等级面积仅有 38.5 万亩，占 2.90%。

8. 有效铁

有效铁含量范围为 1.2 ～ 520.3 mg/kg，平均含量为 90.2 mg/kg，总评属极高水平。主要分布于极高含量等级，面积为 1271.70 万亩，占本等级耕地面积的 95.94%；其他各等级面积有 53.82 万亩，所占的比例总和不足 5%。

9. 有效锰

有效锰含量范围为 0.4 ～ 331 mg/kg，平均含量为 41.7 mg/kg，总体含量水平达极高等水平。其中，极高含量等级面积有 917.70 万亩，占本等级耕地面积的 69.23%；高含量等级面积 246.39 万亩，占 18.59%；中含量等级面积 117.36 万亩，占 8.85%；低含量等级面积 38.35 万亩，占 2.89%；极低含量等级面积 5.72 万亩，占 0.43%。

10. 有效铜

有效铜含量范围为 0.24 ～ 58.58 mg/kg，平均含量为 2.77 mg/kg，总体含量属极高等水平，主要集中于极高和高含量等级范围，其中极高含量等级面积有 757.60 万亩，占本等级耕地面积的 57.15%；高含量等级面积 418.40 万亩，占 31.56%；中含量等级面积 149.53 万亩，占 11.28%；无低和极低含量等级。

11. 有效锌

有效锌含量范围为 0.19 ～ 27.64 mg/kg，平均含量为 2.06 mg/kg，总体含量水平达高等水平。主要集中于高含量等级，其中极高含量等级面积 131.85 万亩，占本等级耕地面积的 9.95%；高含量等级面积 952.26 万亩，占 71.84%；中含量等级面积 222.68 万亩，占 16.80%；低和极低含量等级面积仅有 18.74 万亩，只占 1.42%。

12. 有效硼

有效硼含量范围为 0.03 ～ 2.61 mg/kg，平均含量为 0.32 mg/kg，含量总评为低水平。其中，高含量等级面积仅有 9.18 万亩，只占本等级耕地面积的 0.69%；中含量等级面积 188.76 万亩，占 14.24%；低含量等级面积 376.1 万亩，占 28.37%；极低含量等级面积达 751.48 万亩，占 56.69%。

（六）耕地利用

本等级耕地质量较差，耕地的复种指数不高，农业熟制主要有一年两熟和一年一熟制，以一年一熟的面积最大，多熟制和多年生的作物面积相对较小，以玉米、甘蔗及经济作物等旱地作物为主。一年一熟的面积达 1015.77 万亩，占本等级耕地面积的 76.63%；一年两熟的面积 304.72 万亩，占 22.99%，其他各类种植制度共仅有 5.04 万亩，只占 0.38%；主要种植水稻、玉米、甘蔗、木薯及蔬菜及水果等作物。典型种植制度详见表 3-56。

表 3-56　六级耕地利用情况统计表

典型种植制	面积（万亩）	占比（%）	典型种植制	面积（万亩）	占比（%）
稻—稻	75.01	5.66	桑树	35.76	2.70
甘蔗	610.11	46.03	木薯	66.67	5.03
经作—经作	56.46	4.26	水果	21.81	1.65
经作—玉米	36.41	2.75	玉米—玉米	103.29	7.79
其他	320.00	24.14	合计	1325.52	100.00

（七）障碍因素及管理利用存在潜在问题

1. 耕地主要存在的障碍因子

本等级耕地绝大多数存在一个或多个障碍因素，在八种类型的障碍因子中，除渍潜稻田型外的七种障碍类型都有分布。无明显障碍因素的耕地面积只有 310.50 万亩，仅占本等级耕地面积的 23.42%，有 76.58% 的耕地存在一些障碍因子影响耕地质量，主要有渍涝排水型、灌溉改良型和瘠瘦培肥型等障碍因子，耕地灌溉条件等还需完善，有关改土培肥技术还需加强，需要经营者有针对性地进行改良，详见表 3-57。

表 3-57　六级耕地存在障碍因素统计表

障碍因素	灌溉改良型	瘠瘦培肥型	坡地梯改型	沙化耕地型	无明显障碍	盐碱耕地型	障碍层次型	渍涝排水型	渍潜稻田型
面积（万亩）	174.15	550.10	99.74	23.41	310.50	45.61	93.93	1.92	26.16
占比（%）	13.14	41.50	7.52	1.77	23.42	3.44	7.09	0.15	1.97

2. 农田的生产条件问题

本等级耕地生产条件总体属差水平，无农田基础设施面积达 948.28 万亩，占本等级耕地面积的 71.54%；不配套的面积 236.98 万亩，占 17.88%，无农田基础设施及不配套的面积共占 89.42%。完全靠自然降水供作物利用，属无水源利用条件的面积有 1121.12 万亩，占 84.58%；缺乏输水条件等相关设施而属无灌溉条件的面积有 1115 万亩，占 84.12%，这些农业生产条件的缺陷，直接影响耕地的生产能力。

3. 立地条件问题

一是本等级耕地立地条件为低洼地、缓坡地和山坡地，共有 969.37 万亩，占 73.13%，这些耕地都有一定的坡度，且未经整治，加上我区的气候条件影响，雨水分布不均，雨季时或多或少发生水土流失，发生不同程度的土壤侵蚀面积达 267.66 万亩，占本等级耕地面积的 20.19%。二是耕层浅面积较大，本等级耕地耕层小于 17 cm 的共有 639.88 万亩，占本等级耕地面积的 48.27%。

4. 土壤有机质含量问题

本等级耕地表观土壤有机质含量属于中低水平面积达 745.31 万亩，占 56.23%；加上土壤酸性的影响，土壤有机质总体含量水平不算高。

5. 主要化学性质和土壤营养问题

一是土壤偏酸，耕层土壤 pH 值为酸性和强酸性的面积达 400.36 万亩，占本等级耕地总面积的 30.20%；二是土壤交换性镁含量低面积大，属低和极低的面积达 499.45 万亩，占 37.68%；三是土壤缺硼严重，有效硼含量低和极低的面积达 1127.58 万亩，占 85.06%。

6. 潜在问题

本等级耕地远离村镇，交通不便，管理粗放，用地养地相关措施到位率低，存在耕地质量进一步恶化的风险；此外耕地地面有一定的坡度且未治理面积大，水土流失的风险较大。

（八）主要管理措施

本等级耕地存在问题与五级耕地基本相同，不同的是存在问题差异程度的大小，因此所采用的措施与五级耕地基本相同。重点在于防治水土流失、改善耕地的生产条件和更加注重有机肥的积累及提高其施用水平。要充分利用我区的夏季水热条件，发展夏季绿肥，采用间种套种豆科作物，并与治理水土流失、治理土壤酸化等内容相结合，特别是治理难度大且目前无采用工程治理条件的缓坡地和山坡地耕地，将其列入水土流失治理主要内容，实现改土多赢效果。同时加大农田基础设施和土壤培肥建设力度，提高耕地抗旱、抗洪、土壤养分供给的能力和耕地的综合生产能力水平。

七、七级耕地

（一）面积与分布

广西本等级耕地共有 640.99 万亩，占耕地总面积的 9.70%，大部分为旱地，其中，水田面积 43.03 万亩，占本等级耕地面积的 6.71%；旱地面积 597.96 万亩，占 93.29%。本等级耕地分布于 14 个市的 71 个县（市、区），其中 10 万亩以上的县（市、区）有 25 个，5 万～ 10 万亩的县（市、区）有 12 个，5 万亩以下有 34 个县（市、区）。崇左市本等级耕地面积较大，达 129.53 万亩，详见表 3-58。

表 3-58　七级耕地分布情况统计表

行政区	分布县（市、区）数量情况				面积（万亩）	占辖区耕地面积（%）	占本等级耕地面积（%）
	总数量	≥ 10万亩	（5～< 10）万亩	< 5万亩			
百色市	7	4	2	1	81.26	12.07	12.68
北海市	2	1	–	1	26.26	14.08	4.10
崇左市	6	5	1	–	129.53	16.61	20.21
防城港市	3	1		2	20.52	14.95	3.20
贵港市	5	–	–	5	7.09	1.47	1.11
桂林市	7	1		6	20.92	4.23	3.26
河池市	10	2	4	4	103.04	18.36	16.08
贺州市	4	1	3	–	39.15	16.01	6.11
来宾市	5	3	1	1	70.05	11.46	10.93
柳州市	7	1	–	6	42.43	8.08	6.62
南宁市	10	4	1	5	62.34	6.09	9.73
钦州市	2	–	–	2	5.23	1.64	0.82
梧州市	2	1	–	1	20.06	9.66	3.13
玉林市	1	1	–	–	13.11	3.63	2.04
广西合计	71	25	12	34	640.99	9.70	100.00

（二）立地条件

1. 地形部位

本等级耕地的地形部位多为带有一定坡度的地形部位，主要有缓坡地、阶地、山坡地和低洼地（峰丛洼地）等类型，其中缓坡地面积最大，为 257.72 万亩，占本等级耕地面积的 40.21%；其次是山坡地，面积 133.07 万亩，占 20.76%；再次是低洼地，面积 77.59 万亩，占 12.10%；阶地面积 70.35 万亩，占 10.98%，详见表 3-59。由于地形部位以缓坡地、阶地和山坡地为主，地面存在一定的坡度，加上气候条件和预防水土流失的相关措施不到位，会不同程度地发生水土流失。根据实地采样调查结果统计，本等级耕地发生土壤侵蚀的面积达 124.07 万亩，占本等级耕地面积的 19.36%。

表 3-59　七级耕地各地形部位面积统计表

地形部位	平地	谷地	阶地	缓坡地	山坡地	低洼地
面积（万亩）	25.78	76.48	70.35	257.72	133.07	77.59
占比（%）	4.02	11.93	10.98	40.21	20.76	12.10

2. 气候条件

本等级耕地温热条件好，光照充足且降水量偏小。七级耕地所处的年平均有效积温多数在 6500 ℃以上范围，以 6500～7000 ℃占绝对多数，面积 345.12 万亩，占 53.84%；年平均降水量多集中在 1300～1700 mm，共有 506.92 万亩，占本等级耕地面积的 79.08%，以 1300～1500 mm 范围为主，共有 381.93 万亩，占 59.58%；年平均日照时数主要集中在 1500 小时以上，共有 575.38 万亩，占本等级耕地面积的 89.76%，小于 1500 小时的面积仅有 65.61 万亩，占 10.24%；年平均无霜期集中在 320 天以上，共有 595.71 万亩，占本等级耕地面积的 92.94%，小于 320 天的面积仅有 45.28 万亩，仅占 7.06%，详见表 3-60。

表 3-60　七级耕地所处气候条件统计表

有效积温	范围（℃）	＜5500	5500～＜6000	6000～＜6500	6500～＜7000	≥7000	－
	面积（万亩）	17.53	96.75	181.59	345.12	17.53	－
	占比（%）	2.74	15.09	28.33	53.84	2.74	－
年降水量	范围（mm）	＜1300	1300～＜1500	1500～＜1700	1700～＜1900	1900～＜2000	≥2000
	面积（万亩）	68.59	381.93	124.99	62.09	1.39	2.00
	占比（%）	10.70	59.58	19.50	9.69	0.22	0.31
日照时数	范围（小时）	＜1400	1400～＜1500	1500～＜1600	1600～＜1700	1700～＜1800	≥1800
	面积（万亩）	10.82	54.79	178.79	229.76	118.39	48.44
	占比（%）	1.69	8.55	27.89	35.84	18.47	7.56
无霜期	范围（天）	＜300	300～＜310	310～＜320	320～＜330	330～＜340	≥340
	面积（万亩）	16.05	4.62	24.61	84.24	172.37	339.10
	占比（%）	2.50	0.72	3.84	13.14	26.89	52.90

3. 成土母质

本等级耕地主要成土母质有石灰岩、第四纪红土、紫色砂页岩、花岗岩和滨海沉积物等九种成土母质，主要集中于石灰岩和第四纪红土两种，面积分别为 270.95 万亩和 268.21 万亩，分别占本等级耕地面积的 42.27% 和 41.84%；其他七种成土母质面积较小，占本等级耕地总面积的比例均小于 5%，详见表 3-61。

表 3-61　七级耕地成土母质统计表

项目	滨海沉积物	第四纪红土	硅质页岩	河流冲积物	洪积物	花岗岩	砂页岩	石灰岩	玄武岩	紫色砂页岩
面积（万亩）	27.74	268.21	29.56	0.44	3.69	4.54	15.69	270.95	－	20.17
占比（%）	4.33	41.84	4.61	0.07	0.57	0.71	2.45	42.27	－	3.15

4. 土壤类型

本等级耕地的土壤类型有 32 个土属，其中水田 20 个，旱地 12 个。旱地集中于耕型赤红壤（含砖红壤）、红壤、石灰岩土等土壤类型，其中赤红壤面积 227.90 万亩，占本等级耕地面积的 35.55%；红壤面积 68.61 万亩，占 10.70%；石灰岩土面积 245.80 万亩，占 38.35%。水田主要集中于淹育水稻土、潴育水稻土、潜育水稻土和咸酸型水稻土四个亚类，面积分别为 5.35 万亩、34.47 万亩、1.19 万亩和 2.02 万亩，分别占本等级耕地面积的 0.83%、5.38%、0.19% 和 0.32%，详见表 3-62。

表 3-62　七级耕地主要分布土属统计表

广西 1991 年分类制土属		广西 1980 年分类制土属		面积（万亩）	占本等级（%）	占本土属（%）	土属总面积（万亩）
代号	名称	代号	名称				
A1/4	砖红壤土	K24	耕型砂页岩砖红壤	3.17	0.49	15.25	20.80
A1/8	海积砖红泥土	K28	耕型浅海沉积砖红壤	18.76	2.93	21.68	86.54
B1/2	赤红泥土	K2	耕型第四纪红土母质赤红壤	42.45	6.62	16.69	254.34
B1/4	赤红壤土	K4	耕型砂页岩赤红壤	159.91	24.95	14.23	1123.83
B1/6	杂沙赤红泥土	K6	耕型花岗岩赤红壤	3.61	0.56	4.81	74.98
C1/2	红泥土	H2	耕型第四纪红土红壤	4.93	0.77	10.75	45.86
C1/4	红壤土	H10	耕型页岩红壤	57.70	9.00	14.65	393.73
C1/6	杂沙红泥土	H6	耕型花岗岩红壤	0.76	0.12	38.08	2.01
C2/2	黄红泥土	I2	耕型砂页岩黄红壤	3.16	0.49	5.52	57.26
C3/2	砾质红泥土	J2	耕型砾石红壤性土	2.06	0.32	52.95	3.89
D1/2	黄泥土	L4	耕型砂页岩黄壤	4.75	0.74	14.69	32.30
F1/2	酸紫泥土	T2	耕型砂页岩酸性紫色土	20.07	3.13	9.02	222.37
G2/2	棕色石灰泥土	R2	耕型棕色石灰土	242.44	37.82	30.30	800.21
G3/2	黄色石灰泥土	（R2	耕型黄色石灰土	3.36	0.52	100.00	3.36
I1/2	复钙红黏泥土	K8	耕型铁砾赤红壤	15.56	2.43	4.54	342.61
J1/2	洪积泥土	X3	石砾泥土	2.72	0.42	10.36	26.27
K1/2	黑黏泥土	Z5	黑黏泥土	1.63	0.25	14.05	11.57
K1/4	海沙泥土	Y4	耕型固定滨海沙土	5.76	0.90	92.94	6.20
L1/2	黑黏泥土	Z5	黑黏泥土	4.72	0.74	43.48	10.86
N1/2	浅沙泥田	A2	砂页岩母质淹育水稻土	0.44	0.07	3.51	12.66
Q1/2	浅白粉泥田	A10	硅质页岩母质淹育水稻土	0.52	0.08	1.34	38.63
Q1/6	石灰性田	F2	碳酸盐渍性水稻土	0.37	0.06	8.66	4.23
Q1/9	浅白粉泥田	A10	硅质页岩母质淹育水稻土	4.46	0.70	38.05	11.73

续表

广西 1991 年分类制土属		广西 1980 年分类制土属		面积 （万亩）	占本 等级 （%）	占本 土属 （%）	土属 总面积 （万亩）
代号	名称	代号	名称				
Q2/1	棕泥田	B6	棕色石灰土母质潴育水稻土	0.51	0.08	0.15	330.93
Q2/11	白粉泥田	B9	硅质灰岩母质潴育水稻土	19.02	2.97	4.47	426.02
Q2/2	沙泥田	B2	砂页岩母质潴育水稻土	4.09	0.64	0.36	1149.71
Q2/3	黑泥田	D2	碳质黑泥田	0.10	0.02	0.06	175.84
Q2/4	咸田	F1	咸酸田（氯化物盐渍田）	0.17	0.03	0.05	339.45
Q2/6	棕泥田	B6	棕色石灰土母质潴育水稻土	1.04	0.16	4.39	23.70
Q2/9	白粉泥田	B9	硅质灰岩母质潴育水稻土	9.54	1.49	17.64	54.06
Q3/3	黑泥田	D2	碳质黑泥田	1.19	0.19	31.61	3.77
Q5/2	咸酸田	F1	咸酸田（氯化物盐渍田）	2.02	0.32	9.05	22.33
合计				640.99	100.00	—	6112.05

5. 耕层厚度

据评价结果统计，本等级耕地的平均厚度为 16.5 cm，总体为较浅。较浅和适中两个等级所占面积比较大，其中较浅面积为 307.64 万亩，占本等级耕地面积的 47.99%；中等面积 255.23 万亩，占 39.82%；厚面积 69.39 万亩，占 10.83%；较厚面积 8.72 万亩，占 1.36%。

（三）生产条件

1. 水源条件和输水方式

本等级耕地多为零星分布，水源条件较差，无水源条件面积大，达 549.76 万亩，占本等级耕地面积的 85.77%；有水源条件的面积只有 91.23 万亩，仅占本等级耕地面积的 14.23%，详见表 3-63。

表 3-63　七级耕地水源条件统计表

项目	河流	湖泊	集水窖	井水	泉水	山塘	水库	塘堰	无水源条件	小计
面积 （万亩）	23.77	—	0.06	3.86	8.02	0.90	39.12	15.50	549.76	640.99
占比 （%）	3.71	—	0.01	0.60	1.25	0.14	6.10	2.42	85.77	100.00

2. 灌溉及排水能力

本等级耕地因无水源条件及无输水条件面积大，无灌溉条件的面积为 611.07 万亩，占本等级耕地面积的 95.33%；基本满足和一般满足面积仅为 29.91 万亩，占 4.67%；无输水方式面积达 556.89 万亩，占 86.88%；作物需水基本靠天然降水，故作物需水的满足率较低。排水能力多集中于较强、强和中等三个等级，只有部分低洼地，受特殊地形部位影响，也有少部分耕地排水不良，排水弱的面积有 40.30 万亩，占本等级耕地总面积的 6.29%；较弱的面积有 71.93 万亩，占 11.22%；中等的面积有 169.10 万亩，占 26.38%；强和较强两等级，面积分别为 170.14 万亩和 189.51 万亩，分别占 26.54% 和 29.57%，详见表 3-64。

表 3-64　七级耕地输水条件统计表

输水方式	防渗渠道	固定管道	简易管道	提水＋固定管道	土渠	无输水方式	移动管道	合计
面积（万亩）	3.03	2.51	－	－	74.18	556.89	4.38	640.99
占比（%）	0.47	0.39	－	－	11.57	86.88	0.68	100.00

3. 农田基础设施

本等级耕地立地条件较差，且远离村镇，相关的配套设施较差，不配套和无农田基础设施所占的比例大，是本等级耕地农田基础设施的明显特点。无农田基础设施面积达 476.24 万亩，占本等级耕地面积的 74.30%；不配套的面积 120.14 万亩，占 18.74%；无农田基础设施及不配套的面积占 93.04%；基本配套和配套的面积分别为 41.70 万亩和 2.91 万亩，仅占 6.51% 和 0.45%。

（四）土壤理化性状

1. 土壤质地

本等级耕地的土壤主要由硅质页岩和滨海沉积物等成土母质发育而成，土壤质地主要集中于沙壤、黏土、壤土和沙土等质地类型。沙壤面积 210.56 万亩，占 32.85%；黏土面积 99.16 万亩，占 15.47%；壤土的面积仅有 73.96 万亩，占本等级耕地面积的 11.54%；沙土面积 34.98 万亩，占 5.46%。

2. 土壤 pH 值

耕地土壤偏酸，微酸性面积占的比例大，土壤 pH 值在 4.3 ～ 8.2 之间，即从酸性到中性范围，以微酸性面积最大，为 322.84 万亩，占本等级耕地面积的 50.37%；其次为酸性，面积有 200.99 万亩，占 31.36%；中性面积有 99.43 万亩，占 15.51%；微碱性面积 7.41 万亩，占 1.16%；强酸性面积 0.32 万亩，占 0.05%；无碱性耕地。

（五）土壤养分

1. 有机质

有机质含量范围为 13.2 ～ 53.5 g/kg，平均含量为 28.9 g/kg，有机质含量总体评价为中等水平。绝大多数属于中等含量等级，面积 359.43 万亩，占本等级耕地面积的 56.07%；其次为高含量等级，面积 229.70 万亩，占 35.84%；再次为极高含量等级，面积为 16.84 万亩，占 2.63%；低含量等级仅有 35.02 万亩，占 5.46%；无极低含量等级分布。

2. 全氮

全氮含量范围为 0.62 ～ 2.81 g/kg，平均含量为 1.67 g/kg，总体含量水平为中等水平。主要分布于高和中含量等级，面积分别为 382.66 万亩和 237.91 万亩，分别占本等级耕地面积的 59.70% 和 37.12%；极高含量等级面积 13.08 万亩，占 2.04%；低含量等级面积 6.84 万亩，占 1.07%；极低含量等级面积 0.51 万亩，占 0.08%。

3. 有效磷

有效磷含量范围为 5.2 ～ 37.8 mg/kg，平均含量为 17.6 mg/kg，总体水平达中上等水平，面积最大的是中含量等级，面积为 400.68 万亩，占本等级耕地面积的 62.51%；其次为高含量等级，面积 170.93 万亩，占 26.67%；低含量等级排第三，面积 44.78 万亩，占 6.99%；极高含量等级面积 24.21 万亩，占 3.78%；极低含量等级面积 0.39 万亩，占 0.06%。

4. 速效钾

速效钾含量范围为 35 ～ 152 mg/kg，平均含量为 73 mg/kg，总评属中下等水平。主要分布于中、高和低含量等级，面积最大的是中含量等级，为 511.87 万亩，占本等级耕地面积的 79.86%；其次是高含量等级，面积 99.18 万亩，占 15.47%；低含量等级面积 29.93 万亩，占 4.67%；无极高和极低含量等级。

5. 交换性钙

交换性钙含量范围为 391.7 ～ 2334.8 mg/kg，平均含量为 1172.3 mg/kg，总评属极高等水平。主要分布于高和极高含量等级，以极高含量等级占多数，面积为 387.81 万亩，占本等级耕地面积的 60.50%；其次是高含量等级，面积 206.15 万亩，占 32.16%；中含量等级面积有 42.24 万亩，占 6.59%；低含量等级面积仅有 4.79 万亩，占 0.75%；无极低含量等级分布。

6. 交换性镁

交换性镁含量范围为 19.2 ～ 214.6 mg/kg，平均含量为 86.8 mg/kg，总评属中下等水平。主要分布于中和低含量等级，以中含量等级为主，面积为 399.15 万亩，占本等级耕地面积的 62.27%；其次是低含量等级，面积 217.98 万亩，占 34.01%；再次是高含量等级，面积 14.98 万亩，占 2.34%；极低含量等级面积仅有 8.88 万亩，只占 1.39%；无极高含量等级。

7. 有效硫

有效硫含量范围为 4.7 ～ 435 mg/kg，平均含量为 42.6 mg/kg，总评属极高等水平。主要分布于中、高和极高含量等级，中含量等级面积 217.91 万亩，占 34.00%；高等级面积 193.27 万亩，占 30.15%；极高含量等级面积 190.18 万亩，占本等级耕地面积的 29.67%；低含量等级面积 37.77 万亩，占 5.89%；极低含量等级面积 1.86 万亩，占 0.29%。

8. 有效铁

有效铁含量范围为 1.5 ～ 526.6 mg/kg，平均含量为 85.4 mg/kg，总评属极高等水平。主要分布在极高含量等级，面积 590.01 万亩，占本等级耕地总面积的 92.05%；高含量等级面积 43.12 万亩，占 6.73%；中含量等级面积 5.09 万亩，占 0.79%；低含量等级面积 1.98 万亩，占 0.31%；极低含量等级面积 0.79 万亩，占 0.12%。

9. 有效锰

有效锰含量范围为 0.5 ～ 277.7 mg/kg，平均含量为 44.1 mg/kg，总体含量水平达极高等水平。其中极高含量等级面积有 401.20 万亩，占本等级耕地面积的 62.59%；高含量等级面积 166.85 万亩，占 26.03%；中含量等级面积 34.53 万亩，占 5.39%；低含量等级面积 38.04 万亩，占 5.93%；极低含量等级面积 0.37 万亩，占 0.06%。

10. 有效铜

有效铜含量范围为 0.24 ～ 59.63 mg/kg，平均含量为 2.7 mg/kg，总体含量属极高等水平。主要分布于极高、高和中等含量等级，其中极高含量等级面积有 332.7 万亩，占本等级耕地面积的 51.90%；高含量等级面积 220.93 万亩，占 34.47%；中含量等级面积 87.36 万亩，占 13.63%；无低和极低含量等级。

11. 有效锌

有效锌含量范围为 0.3 ～ 34.82 mg/kg，平均含量为 2.17 mg/kg，总体含量水平达高等水平。主要分布于高和中等含量等级，占本等级耕地面积近九成，其中高含量等级面积 462.82 万亩，占本等级耕地面积的 72.20%；中含量等级面积 109.93 万亩，占 17.15%；极高含量等级面积有 59.41 万亩，占 9.27%；低含量等级面积仅有 7.44 万亩，占 1.16%；极低含量等级面积仅有 1.38 万亩，占 0.22%。

12. 有效硼

有效硼含量范围为 0.04 ～ 1.1 mg/kg，平均含量为 0.32 mg/kg，含量总评为低等水平。其中，低含量等级面积 191.06 万亩，占 29.81%；极低含量等级面积达 367.69 万亩，占 57.36%；中含量等级面积 78.77 万亩，占 12.29%；极高含量等级面积达 3.47 万亩，占 0.54%；无高含量等级。

（六）耕地利用

本等级耕地属质量较差的农田，耕地的复种指数较低，农业熟制主要有一年两熟、一年一熟和常年生三种，以一年一熟的面积最大，其他两种面积相对较小，以玉米、甘蔗及经济作物等旱地作物为主。一年一熟的面积达476.97万亩，占本等级耕地面积的74.41%；一年两熟的面积162.95万亩，占25.42%；常年生的面积仅有0.41万亩，只占0.06%。主要种植水稻、玉米、甘蔗、木薯、蔬菜及水果等作物。典型种植制度详见表3-65。

表3-65　七级耕地利用情况统计表

典型种植制	面积（万亩）	占比（%）	典型种植制	面积（万亩）	占比（%）
甘蔗	257.65	40.20	木薯	28.84	4.50
经作—玉米	6.94	1.08	水果	1.76	0.27
其他	139.04	21.69	玉米—玉米	21.49	3.35
桑树	37.50	5.85	经作—经作	76.81	11.98
稻—稻	37.11	5.79	总计	640.99	100.00

（七）障碍因素及管理利用存在的问题

1. 耕地主要存在的障碍因子

本等级耕地绝大多数存在一个或多个障碍因素，共有九个障碍类型，主要集中于瘠瘦培肥型、坡地梯改型和灌溉改良型三个障碍类型，其中面积最大的是瘠瘦培肥型，面积有211.46万亩，占本等级耕地面积的32.99%；坡地梯改型面积42.24万亩，占6.59%；灌溉改良型面积60.56万亩，占9.45%，详见表3-66。

表3-66　七级耕地存在障碍因素统计表

障碍因素	灌溉改良型	瘠瘦培肥型	坡地梯改型	沙化耕地型	无明显障碍	盐碱耕地型	障碍层次型	渍涝排水型	渍潜稻田型
面积（万亩）	60.56	211.46	42.24	22.71	214.18	37.64	40.62	7.27	4.30
占比（%）	9.45	32.99	6.59	3.54	33.41	5.87	6.34	1.13	0.67

2. 农田的生产条件问题

本等级耕地生产条件最差，无农田基础设施面积达476.24万亩，占本等级耕地面积的74.30%；不配套的面积120.14万亩，占18.74%；无农田基础设施及不配套的面积共占93.04%。耕地多为零星分布，水源条件较差，无水源条件面积大，占本等级耕地面积近九成。有水源条件的仅占本等级耕地面积的13.12%，所有耕地基本靠自然降水供作物利用，严重影响耕地的生产能力。

3. 立地条件问题

一是本等级耕地立地条件为低洼地、缓坡地和山坡地等地形部位，共有 468.38 万亩，占 73.07%，这类耕地都有一定的坡度，且未经整治，加上我区的气候条件影响，雨水分布不均，雨季时或多或少发生水土流失，发生不同程度的土壤侵蚀面积达 124.07 万亩，占本等级耕地面积的 19.35%。二是耕层浅面积较大，耕层小于 17 cm 共有 494.86 万亩，占本等级耕地面积的 77.20%。

4. 土壤有机质含量总体水平低

本等级耕地表观土壤有机质含量达高和极高等级的只有 246.59 万亩，占 38.47%；属于中低水平的面积达 394.40 万亩，占 61.53%；总体含量属低水平。

5. 主要化学性质和土壤营养问题

一是土壤偏酸，耕层土壤 pH 值为酸性和强酸性面积达 201.31 万亩，占 31.41%；二是土壤缺硼严重，有效硼含量低，极低面积达 558.75 万亩，占 87.17%。

6. 潜在问题

本等级耕地远离村镇，交通不便，加上地块破碎，分布零星，管理粗放，用地养地相关措施失衡，存在耕地质量进一步下降的风险；此外，耕地地面有一定的坡度，未治理面积大，水土流失的风险较大。

（八）主要管理措施

本等级耕地存在问题与六级耕地基本相同，不同的是存在问题差异程度的大小，因此所采用的措施与六级耕地相同。应重点防治水土流失、改善耕地的生产条件和重视有机肥的积累及提高施用水平。要充分利用我区的夏季水热条件，发展夏季绿肥，采用间种套种豆科作物，并与治理水土流失、治理土壤酸化等内容相结合，特别是治理难度大且目前无采用工程治理条件的缓坡地和山坡地耕地，将其列入水土流失治理主要内容，实现改土多赢效果。同时加大农田基础设施和土壤培肥建设力度，提高耕地抗旱、抗洪、土壤养分供给的能力和耕地的综合生产能力水平。

八、八级耕地

（一）面积与分布

广西八级耕地共有 305.47 万亩，占耕地总面积的 4.62%，其中，水田面积 36.06 万亩，占本等级耕地面积的 11.80%；旱地面积 269.41 万亩，占 88.20%。本等级耕地分布于 11 个市的 34 个县（市、区），其中 10 万亩以上的县（市、区）有 8 个，5 万～10 万亩的县（市、区）有 6 个，5 万亩以下的县（市、区）有 20 个。来宾市本等级耕地面积较大，达 134.27 万亩，详见表 3-67。

表 3-67　八级耕地分布情况统计表

行政区	分布县（市、区）数量情况				面积（万亩）	占辖区耕地面积（%）	占本等级耕地面积（%）
	总数量	≥ 10万亩	（5～＜10）万亩	＜ 5万亩			
百色市	3	1	–	2	22.36	3.32	7.32
北海市	2	1	1	–	35.56	19.07	11.64
崇左市	4	1	1	2	23.19	2.97	7.59
防城港市	1	–	–	1	0.34	0.25	0.11
贵港市	1	–	–	1	0.17	0.04	0.06
河池市	7	2	2	3	53.49	9.53	17.51
贺州市	3	–	1	2	7.03	2.87	2.30
来宾市	4	2	1	1	134.27	21.97	43.96
柳州市	4	1	–	3	24.29	4.63	7.95
南宁市	4	–	–	4	4.40	0.43	1.44
钦州市	1	–	–	1	0.37	0.12	0.12
广西合计	34	8	6	20	305.47	4.62	100.00

（二）立地条件

1. 地形部位

本等级耕地多为带有一定坡度的地形部位，主要有缓坡地、阶地、山坡地和低洼地（峰丛洼地）等类型，其中缓坡地面积最大，为 143.97 万亩，占本等级耕地面积的47.13%；其次是山坡地，面积 59.37 万亩，占 19.44%；再次是平地，面积 34.02 万亩，占 11.14%；阶地 25.28 万亩，占 8.28%；谷地 22.44 万亩，占 7.35%；低洼地 20.38 万亩，占 6.67%，详见表 3-68。由于地形部位以缓坡地、阶地和山坡地为主，地面存在一定的坡度，加上气候条件和预防水土流失的相关措施不到位，会不同程度地发生水土流失。根据实地采样调查结果统计，本等级耕地发生土壤侵蚀的面积达 18.95 万亩，占本等级耕地面积的 6.20%。

表 3-68　八级耕地各地形部位面积统计表

地形部位	平地	谷地	阶地	缓坡地	山坡地	低洼地
面积（万亩）	34.02	22.44	25.28	143.97	59.37	20.38
占比（%）	11.14	7.35	8.28	47.13	19.44	6.67

2. 气候条件

本等级耕地温热条件好，光照充足且降水量偏小。八级耕地所处的年平均有效积温均在 6000 ℃以上范围，以 6500～7000 ℃占绝对多数，面积 196.18 万亩，占 64.22%；

年平均降水量多集中于 1300 ～ 1500 mm，面积 177.81 万亩，占 58.21%；年平均日照时数均在 1400 小时以上；年平均无霜期集中在 330 天以上，面积 268.94 万亩，占本等级耕地面积的 88.04%，小于 330 天的面积仅有 36.53 万亩，仅占 11.96%，详见表 3-69。

表 3-69　八级耕地所处气候条件统计表

	范围（℃）	<5500	5500～<6000	6000～<6500	6500～<7000	≥7000	-
有效积温	面积（万亩）	-	-	8.37	196.18	100.92	-
	占比（%）	-	-	2.74	64.22	33.04	-
	范围（mm）	<1300	1300～<1500	1500～<1700	1700～<1900	1900～<2000	≥2000
年降水量	面积（万亩）	5.44	177.81	79.23	42.61	-	0.37
	占比（%）	1.78	58.21	25.94	13.95	-	0.12
	范围（小时）	<1400	1400～<1500	1500～<1600	1600～<1700	1700～<1800	≥1800
日照时数	面积（万亩）	-	43.48	58.34	123.05	44.27	36.33
	占比（%）	-	14.23	19.10	40.28	14.49	11.89
	范围（天）	<300	300～<310	310～<320	320～<330	330～<340	≥340
无霜期	面积（万亩）	-	-	3.30	33.23	135.62	133.32
	占比（%）	-	-	1.08	10.88	44.40	43.64

3. 成土母质

本等级耕地只有滨海沉积物、第四纪红土、硅质页岩、石灰岩和紫色砂页岩五种成土母质，硅质页岩母质面积 181.30 万亩，占本等级耕地面积的 59.35%；滨海沉积物面积 35.93 万亩，占 11.76%；第四纪红土面积 19.32 万亩，占 6.33%；石灰岩面积 67.02 万亩，占 21.94%；紫色砂页岩面积 1.89 万亩，占 0.62%。

4. 土壤类型

本等级耕地的土壤类型有 16 个土属，其中旱地 9 个，水田 7 个。旱地集中于耕型赤红壤（含砖红壤）、红壤、石灰岩土和白粉泥土等土壤类型，其中赤红壤面积 46.16 万亩，占本等级耕地面积的 15.11%；红壤面积 5.48 万亩，占 1.79%；石灰岩土面积 64.96 万亩，占 21.26%；白粉泥土面积 150.48 万亩，占 49.26%。水田主要集中于淹育水稻土、潴育水稻土、潜育水稻土和咸酸型水稻土四个亚类，面积分别为 4.23 万亩、28.96 万亩、1.11 万亩和 1.76 万亩，分别占本等级耕地总面积的 1.38%、9.48%、0.36% 和 0.58%，详见表 3-70。

表 3-70 八级耕地主要分布土属统计表

广西 1991 年分类制土属		广西 1980 年分类土属		面积（万亩）	占本等级（%）	占本土属（%）	土属总面积（万亩）
代号	名称	代号	名称				
A1/8	海积砖红泥土	K28	耕型浅海沉积砖红壤	32.62	10.68	37.69	86.54
B1/2	赤红泥土	K2	耕型第四纪红土母质赤红壤	9.84	3.22	3.87	254.34
B1/4	赤红壤土	K4	耕型砂页岩赤红壤	3.70	1.21	0.33	1123.83
C1/2	红泥土	H2	耕型第四纪红土红壤	0.03	0.01	0.07	45.86
C1/4	红壤土	H10	耕型页岩红壤	5.45	1.78	1.38	393.73
F1/2	酸紫泥土	T2	耕型砂页岩酸性紫色土	1.89	0.62	0.85	222.37
G2/2	棕色石灰泥土	R2	耕型棕色石灰土	64.96	21.27	8.12	800.21
I1/2	复钙红黏泥土	K8	耕型铁砾赤红壤	150.48	49.26	43.92	342.61
K1/4	海沙泥土	Y4	耕型固定滨海沙土	0.44	0.14	7.10	6.20
Q1/9	浅白粉泥田	A10	硅质页岩母质淹育水稻土	4.23	1.38	36.06	11.73
Q2/1	棕泥田	B6	棕色石灰土母质潴育水稻土	0.31	0.10	0.09	330.93
Q2/11	白粉泥田	B9	硅质灰岩母质潴育水稻土	1.59	0.52	0.37	426.02
Q2/6	棕泥田	B6	棕色石灰土母质潴育水稻土	0.47	0.15	1.98	23.70
Q2/9	白粉泥田	B9	硅质灰岩母质潴育水稻土	26.59	8.70	49.19	54.06
Q3/3	黑泥田	D2	碳质黑泥田	1.11	0.36	29.44	3.77
Q5/2	咸酸田	F1	咸酸田（氯化物盐渍田）	1.76	0.58	7.88	22.33
合计				305.47	100.00	–	4148.23

5. 耕层厚度

据评价结果统计，本等级耕地的平均厚度为 17.2 cm，总体为中等水平。其中，中等面积 103.33 万亩，占本等级耕地面积的 33.83%；较浅面积 91.43 万亩，占 29.93%；较厚面积 75.25 万亩，占 24.64%；厚面积 35.45 万亩，占 11.61%。

（三）生产条件

1. 水源条件和输水方式

本等级耕地多为零星分布，水源条件较差，无水源条件面积达 262.69 万亩，占本等级耕地面积的 86.00%。水源条件有井水、河流、水库和塘堰，面积分别为河流 29.88 万亩，占本等级耕地面积的 9.78%；井水 1.41 万亩，占 0.46%；水库 11.26 万亩，占 3.68%；塘堰 0.22 万亩，占 0.07%。

2. 灌溉及排水能力

本等级耕地因无水源条件及无输水条件面积大，无灌溉条件的面积占 90.08%，作物需水基本靠天然降水，故作物需水的满足率较低。本等级耕地排水能力多集中于强和中等两个等级，只有部分低洼地，受特殊地形部位影响，也有少部分耕地排水不良，排水弱的面积为45.20万亩，占本等级耕地面积的14.80%；较弱的面积为6.95万亩，占2.28%；中等的面积为93.04万亩，占30.46%；强和较强两等级，面积分别为117.35万亩和42.92万亩，分别占38.42%和14.05%。

3. 农田基础设施

本等级耕地立地条件较差，且远离村镇，相关的配套设施较差，不配套和无农田基础设施所占的比例大，是本等级耕地农田基础设施的明显特点。无农田基础设施面积达209.00万亩，占本等级耕地面积的68.42%；不配套的面积50.98万亩，占16.69%；无农田基础设施及不配套的面积占近九成；基本配套的面积只有19.17万亩，仅占6.28%。

（四）土壤理化性状

1. 土壤质地

本等级耕地的土壤主要由硅质页岩和滨海沉积物等成土母质发育而成，土壤质地主要集中于沙壤和黏壤等质地类型，壤土的面积有26.95万亩，占本等级耕地面积的8.82%；沙壤面积127.62万亩，占41.78%；沙土面积11.83万亩，占3.87%；黏壤面积107.05万亩，占35.04%；黏土面积32.03万亩，占10.48%。

2. 土壤pH值

耕地土壤偏酸，微酸性面积占的比例大，土壤pH值在4.6～8.0之间，即从酸性到中性范围，以微酸性面积最大，为186.48万亩，占本等级耕地面积的61.05%；其次为酸性，面积有84.05万亩，占27.51%；中性面积有33.88万亩，占11.09%；强酸性面积有0.37万亩，占0.12%；微碱性面积有0.69万亩，占0.23%；无碱性耕地。

（五）土壤养分

1. 有机质

有机质含量范围为14.4～447.5 g/kg，平均含量为27.7 g/kg，有机质含量总体评价为中等水平。绝大多数属于中等含量等级，面积250.31万亩，占本等级耕地面积的81.94%；其次为高含量等级，面积38.52万亩，占12.61%；低含量等级面积15.93万亩，占5.21%；极高含量等级面积0.71万亩，占0.23%；无极低含量等级分布。

2. 全氮

全氮含量范围为0.7～2.88 g/kg，平均含量为1.56 g/kg，总体含量水平为中等水平。主要分布于高和中含量等级，面积分别为109.85万亩和179.17万亩，分别占本等级耕地面积的35.96%和58.66%；极高含量等级面积0.11万亩，占0.03%；低含量等级面积15.56万亩，占5.09%；极低含量等级面积0.78万亩，占0.26%。

3. 有效磷

有效磷含量范围为 6.3 ～ 49.7 mg/kg，平均含量为 20.7 mg/kg，总体水平达中上等水平。面积最大的是中含量等级，为 137.61 万亩，占本等级耕地面积的 45.05%；其次为高含量等级，面积 120.81 万亩，占 39.55%；低含量等级排第三，面积 29.10 万亩，占 9.53%；极高含量等级面积 17.95 万亩，占 5.88%；无极低含量等级分布。

4. 速效钾

速效钾含量范围为 31 ～ 162 mg/kg，平均含量为 73 mg/kg，总评属中下水平。面积最大的是中含量等级，为 266.05 万亩，占本等级耕地面积的 87.10%；其次是高含量等级，面积 23.56 万亩，占 7.71%；低含量等级面积 15.01 万亩，占 4.91%；极高含量等级面积 0.84 万亩，占 0.28%；无极低含量等级。

5. 交换性钙

交换性钙含量范围为 412.9 ～ 2248.8 mg/kg，平均含量为 1169.4 mg/kg，总评属极高水平。主要分布于高和极高含量等级，以极高含量等级占多数，为 209.29 万亩，占本等级耕地面积的 68.52%；其次是高含量等级，面积 66.82 万亩，占 21.87%；中含量等级面积 26.76 万亩，占 8.76%；低含量等级面积 2.60 万亩，占 0.85%；无极低含量等级分布。

6. 交换性镁

交换性镁含量范围为 19.5 ～ 185.8 mg/kg，平均含量为 76.7 mg/kg，总评属中下等水平。主要分布于中和低含量等级，面积以中含量等级为主，为 192.63 万亩，占本等级耕地面积的 63.06%；其次是低含量等级，面积 104.06 万亩，占 34.06%；再次是极低含量等级，面积 7.48 万亩，占 2.45%；高含量等级面积仅有 1.30 万亩，只占 0.42%；无极高含量等级。

7. 有效硫

有效硫含量范围为 8.3 ～ 240.7 mg/kg，平均含量为 45 mg/kg，总评属极高等水平。主要分布于高和极高含量等级，极高含量等级面积 136.03 万亩，占本等级耕地面积的 44.53%；高含量等级面积 109.98 万亩，占 36.00%；中含量等级面积 54.65 万亩，占 17.89%；低含量等级面积 4.57 万亩，占 1.50%；极低含量等级面积 0.24 万亩，占 0.08%。

8. 有效铁

有效铁含量范围为 3.1 ～ 264.5 mg/kg，平均含量为 70.9 mg/kg，总评属极高等水平。主要分布在极高含量等级，面积 298.71 万亩，占 97.79%；高含量等级面积 4.82 万亩，占 1.58%；低含量等级面积 1.94 万亩，占 0.63%；无中含量和极低含量等级分布。

9. 有效锰

有效锰含量范围为 0.7 ～ 197.9 mg/kg，平均含量为 38.1 mg/kg，总体含量水平达极高等水平。其中极高含量等级面积有 200.87 万亩，占本等级耕地面积的 65.76%；高含量等级面积 64.91 万亩，占 21.25%；中含量等级面积 5.67 万亩，占 1.86%；低含量等级面积 33.58 万亩，占 10.99%；极低含量等级面积 0.43 万亩，占 0.14%。

10. 有效铜

有效铜含量范围为 0.33 ～ 43.15 mg/kg，平均含量为 2.41 mg/kg，总体含量属极高等级水平，主要分布于极高和高含量等级，其中极高含量等级面积有 133.31 万亩，占本等级耕地面积的 43.64%；高含量等级面积 103.95 万亩，占 34.03%；中含量等级面积 68.2 万亩，占 22.33%；无低和极低含量等级。

11. 有效锌

有效锌含量范围为 0.28 ～ 22.45 mg/kg，平均含量为 1.99 mg/kg，总体含量水平达高水平。主要分布于高含量等级，其中极高含量等级面积有 20.53 万亩，占本等级耕地面积的 6.72%；高含量等级面积 243.13 万亩，占 79.59%；中含量等级面积 29.76 万亩，占 9.74%；低含量等级面积仅有 12.04 万亩，占 3.94%；无极低含量等级。

12. 有效硼

有效硼含量范围为 0.04 ～ 1.58 mg/kg，平均含量为 0.34 mg/kg，含量总评为低等水平。其中，中含量等级面积 48.50 万亩，占 15.88%；低含量等级面积 83.15 万亩，占 27.22%；极低含量等级面积达 173.81 万亩，占 56.90%；无高和极高含量等级。

（六）耕地利用

本等级耕地属质量较差的农田，耕地的复种指数较低，农业熟制主要有一年两熟、一年一熟和一年三熟三种，一年一熟的面积最大，以玉米、甘蔗及经济作物等旱地作物为主。一年一熟的面积达 249.63 万亩，占本等级耕地面积的 81.72%；一年两熟的面积 54.89 万亩，占 17.97%；一年三熟的面积仅有 0.95 万亩，只占 0.31%。主要种植甘蔗、水稻、玉米、木薯及水果等作物。典型种植制度详见表 3-71。

表 3-71　八级耕地利用情况统计表

典型种植制	面积（万亩）	占比（%）	典型种植制	面积（万亩）	占比（%）
甘蔗	144.57	47.33	水稻	5.71	1.87
玉米—经作	10.77	3.53	水果	0.96	0.31
玉米	38.11	12.48	玉米—玉米	3.51	1.15
桑树	24.42	7.99	其他	39.31	12.87
木薯	13.88	4.54	合计	305.47	100.00
稻—稻	24.41	7.99	–	–	–

（七）障碍因素及管理利用存在潜在问题

1. 耕地主要存在的障碍因子

本等级耕地绝大多数存在一个或多个障碍因素，共有八个障碍类型，主要集中于瘠瘦培肥型、坡地梯改型和盐碱耕地型三个障碍类型，其中面积最大的是瘠瘦培肥型，面积有 88.09 万亩，占本等级耕地面积的 28.84%；坡地梯改型面积 21.74 万亩，占 7.12%；盐碱耕地型面积 15.89 万亩，占 5.20%，详见表 3-72。

表 3-72 八级耕地存在障碍因素统计表

障碍因素	灌溉改良型	瘠瘦培肥型	坡地梯改型	沙化耕地型	无明显障碍	盐碱耕地型	障碍层次型	渍涝排水型	渍潜稻田型
面积（万亩）	7.47	88.09	21.74	7.10	156.78	15.89	5.87	1.85	0.67
占比（%）	2.45	28.84	7.12	2.32	51.32	5.20	1.92	0.61	0.22

2. 农田的生产条件问题

本等级耕地生产条件差，无农田基础设施面积达 209.00 万亩，占本等级耕地面积的 68.42%；不配套的面积 50.98 万亩，占 16.69%；无农田基础设施及不配套的面积共占 85.11%。耕地多为零星分布，水源条件较差，无水源条件面积大，为 262.69 万亩，占本等级耕地面积的 86.00%；水源条件只有河流、井水、水库和塘堰，共占本等级耕地面积的 14%，所有耕地基本靠自然降水供作物利用，严重影响耕地的生产能力。

3. 立地条件问题

一是本等级耕地立地条件为低洼地、缓坡地和山坡地等地形部位，共有 223.72 万亩，占 73.24%，这类耕地都有一定的坡度，且未经整治，加上我区的气候条件影响，雨水分布不均，雨季时或多或少发生水土流失，发生不同程度的土壤侵蚀面积达 64.70 万亩，占本等级耕地面积的 21.18%。二是耕层浅的面积较大，耕层小于 17 cm 的共有 152.30 万亩，占本等级耕地面积的 49.86%。

4. 土壤有机质含量总体水平低

本等级耕地土壤有机质含量达高和极高等级的只有 39.23 万亩，占 12.84%；属于中低水平的面积达 266.24 万亩，占 87.15%；总体含量属低水平。

5. 主要化学性质和土壤营养问题

一是土壤偏酸，耕层土壤 pH 值为酸性和强酸性的面积达 84.42 万亩，占 27.63%；二是土壤缺硼严重，有效硼含量极低面积达 256.96 万亩，占 84.12%。

6. 潜在问题

本等级耕地远离村镇，交通不便，加上地块破碎，分布零星，管理粗放，用地养地相关措施失衡，存在耕地质量进一步恶化的风险；此外耕地地面有一定的坡度，未治理面积大，水土流失的风险较大。

（八）主要管理措施

本等级耕地存在问题与七级耕地基本相同，不同的是存在问题程度差异的大小，因此所采用的措施与七级耕地相同。应重点防治水土流失、改善耕地的生产条件和重视有机肥的积累及提高施用水平。要充分利用我区的夏季水热条件，发展夏季绿肥，采用间种套种豆科作物，并与治理水土流失、治理土壤酸化等内容相结合，特别是治理难度大且目前无采用工程治理条件的缓坡地和山坡地耕地，将其列入水土流失治理主要内容，实现改土多赢效果。同时加大农田基础设施和土壤培肥建设力度，提高耕地抗旱、抗洪、土壤养分的供给能力和耕地的综合生产能力水平。

九、九级耕地

（一）面积与分布

广西本等级耕地共有 162.32 万亩，占耕地总面积的 2.46%，其中，水田面积 3.46 万亩，占本等级耕地面积的 2.13%；旱地面积 158.87 万亩，占 97.87%。本等级耕地分布于 7 个市的 16 个县（市、区），其中 10 万亩以上的县（市、区）有 6 个，5 万～ 10 万亩的有 1 个县（市、区），小于 5 万亩的有 9 个县（市、区）。来宾市本等级耕地面积较大，达 64.11 万亩，详见表 3-73。

表 3-73　九级耕地分布情况统计表

行政区	分布县（市、区）数量情况				面积（万亩）	占辖区耕地面积（%）	占本等级耕地面积（%）
	总数量	≥ 10 万亩	（5～＜ 10）万亩	＜ 5 万亩			
百色市	1	–	–	1	1.30	0.19	0.80
北海市	2	2	–	–	22.91	12.29	14.11
崇左市	2	–	–	2	5.52	0.71	3.40
河池市	4	–	–	4	8.43	1.50	5.19
来宾市	4	2	–	2	64.11	10.49	39.49
柳州市	1	1	–	–	39.19	7.47	24.14
南宁市	2	1	–	–	20.88	2.04	12.86
广西合计	16	6	1	9	162.32	2.46	100.00

（二）立地条件

1. 地形部位

本等级耕地多为带有一定坡度的地形部位，主要有缓坡地、阶地、山坡地和低洼地（峰丛洼地）等类型，其中缓坡地面积最大，为 61.86 万亩，占本等级耕地面积的 38.11%；其次是山坡地，面积 55.43 万亩，占 34.14%；再次是阶地，面积 22.74 万亩，占 14.01%；低洼地面积 8.32 万亩，占 5.12%，详见表 3-74。由于地形部位以缓坡地、阶地和山坡地为主，地面存在一定的坡度，加上气候条件和预防水土流失的相关措施不到位，会不同程度地发生水土流失。根据实地采样调查结果统计，本等级耕地发生土壤侵蚀面积达 42.23 万亩，占本等级耕地面积的 26.01%。

表 3-74　七级耕地各地形部位面积统计表

地形部位	平地	谷地	阶地	缓坡地	山坡地	低洼地
面积（万亩）	11.50	2.49	22.74	61.86	55.43	8.32
占比（%）	7.08	1.53	14.01	38.11	34.14	5.12

2. 气候条件

本等级耕地温热条件好，光照充足但降水量偏小。本等级耕地所处的年平均有效积温均在 6000 ℃以上范围，以 6500 ～ 7000 ℃占绝对多数，面积 92.55 万亩，占 57.02%；年平均降水量多集中于 1300 ～ 1500 mm 之间，面积 111.25 万亩，占 68.53%；年平均日照时数主要集中在 1500 小时以上，共有 159.97 万亩，占本等级耕地面积的 98.55%，小于 1500 小时的面积仅有 2.35 万亩，占 1.45%；年平均无霜期集中在 330 天以上，共有 139.71 万亩，占本等级耕地面积的 86.07%，小于 330 天的面积仅有 22.62 万亩，仅占 13.93%，详见表 3-75。

表 3-75　九级耕地所处气候条件统计表

	范围（℃）	＜5500	5500 ～＜6000	6000 ～＜6500	6500 ～＜7000	≥ 7000	–
有效积温	面积（万亩）	–	–	5.25	92.55	64.52	–
	占比（%）	–	–	3.23	57.02	39.75	
	范围（mm）	＜1300	1300 ～＜1500	1500 ～＜1700	1700 ～＜1900	1900 ～＜2000	≥ 2000
年降水量	面积（万亩）	–	111.25	28.17	22.91	–	–
	占比（%）	–	68.53	17.36	14.11		
	范围（小时）	＜1400	1400 ～＜1500	1500 ～＜1600	1600 ～＜1700	1700 ～＜1800	≥ 1800
日照时数	面积（万亩）	–	2.35	51.32	81.04	4.70	22.91
	占比（%）	–	1.45	31.61	49.93	2.90	14.11
	范围（天）	＜300	300 ～＜310	310 ～＜320	320 ～＜330	330 ～＜340	≥ 340
无霜期	面积（万亩）	–	–	3.47	19.15	82.37	57.34
	占比（%）	–	–	2.14	11.79	50.74	35.32

3. 成土母质

本等级耕地只有硅质页岩和滨海沉积物两种成土母质，以硅质页岩母质占绝对数量，达 139.42 万亩，占本等级耕地面积的 85.89%；滨海沉积物只有 22.91 万亩，占 14.11%。

4. 土壤类型

九级耕地的土壤类型仅有 4 个土属，绝大部分为旱地，一个是由硅质页岩发育而成的赤红壤，占绝对数量，面积为 135.96 万亩，占本等级耕地总面积的 83.76%；另一个是滨海沉积砖红壤，面积为 22.91 万亩，占 14.11%，详见表 3-76。

表 3-76　九级耕地主要分布土属统计表

广西 1991 年分类制土属		广西 1980 年分类制土属		面积（万亩）	占本等级（%）	占本土属（%）	土属总面积（万亩）
代号	名称	代号	名称				
A1/8	海积砖红泥土	K28	耕型浅海沉积砖红壤	22.91	14.11	26.47	86.54
I1/2	白粉泥土	K18	耕型硅质页岩赤红壤	135.96	83.76	39.68	342.61
Q1/9	浅白粉泥田	A10	硅质页岩母质淹育水稻土	0.65	0.40	5.54	11.73
Q2/9	白粉泥田	B9	硅质灰岩母质潴育水稻土	2.81	1.73	5.20	54.06
合计				162.33	100.00	—	494.94

5. 耕层厚度

据评价结果统计，本等级耕地的平均厚度为 16.6 cm，总体为较浅水平。只有较浅和适中两个等级，其中较浅等级面积为 72.97 万亩，占本等级耕地面积的 44.95%；中等等级面积 81.64 万亩，占 50.30%。

（三）生产条件

1. 水源条件和输水方式

本等级耕地多为零星分布，水源条件较差，无水源条件面积大，占本等级耕地面积近九成。水源条件只有河流和水库，面积分别为 6.06 万亩和 11.23 万亩，分别占本等级耕地面积的 3.73% 和 6.92%。本等级耕地基本属无输水条件。

2. 灌溉及排水能力

本等级耕地因无水源条件及无输水条件面积大，无灌溉条件的面积占 90.08%，作物需水基本靠天然降水，故作物需水的满足率较低。本等级耕地基本为旱地，占 97.87%，排水能力多集中于强和中等两个等级，只有部分低洼地，受特殊地形部位影响，耕地排水不良，其中，排水弱的面积 22.51 万亩，占本等级耕地面积的 13.87%；较弱的面积 16.28 万亩，占 10.03%；中等的面积 53.53 万亩，占 32.97%；强和较强两等级，面积分别为 58.49 万亩和 11.52 万亩，分别占 36.03% 和 7.10%。

3. 农田基础设施

本等级耕地立地条件较差，且远离村镇，相关的配套设施较差，不配套和无农田基础设施所占的比例大，是本等级耕地农田基础设施的明显特点。无农田基础设施面积达 138.85 万亩，占本等级耕地面积的 85.54%；不配套面积 15.14 万亩，占 9.33%；无农田基础设施及不配套的面积占 94.86%；基本配套的面积只有 8.34 万亩，仅占 5.14%。

（四）土壤理化性状

1. 土壤质地

本等级耕地的土壤主要由硅质页岩和滨海沉积物等成土母质发育而成，土壤质地主要集中于沙土、沙壤和黏壤等质地类型，壤土的面积有 11.45 万亩，占本等级耕地面积的 7.05%；沙壤面积 33.98 万亩，占 20.93%；沙土面积 23.99 万亩，占 14.78%；黏壤面积 88.93 万亩，占 54.79%；黏土面积 10.48 万亩，占 6.46%。

2. 土壤 pH 值

本等级耕地土壤偏酸，微酸性面积占的比例大，土壤 pH 值在 4.6 ～ 7.1 之间，即从酸性到中性范围，以微酸性面积最大，为 84.81 万亩，占本等级耕地面积的 52.25%；其次为酸性，面积有 72.02 万亩，占 44.37%；中性面积有 5.50 万亩，占 3.39%；无强酸性、微碱性和碱性耕地。

（五）土壤养分

1. 有机质

有机质含量范围为 15.1 ～ 43 g/kg，平均含量为 26.4 g/kg，有机质含量总体评价为中等水平。绝大多数属于中等含量等级，面积 138.18 万亩，占本等级耕地面积的 85.12%；其次为高含量等级，面积 15.56 万亩，占 9.59%；低含量等级仅有 8.27 万亩，占 5.09%；极高含量等级仅有 0.32 万亩，占 0.20%；无极低含量等级分布。

2. 全氮

全氮含量范围为 0.95 ～ 2.45 g/kg，平均含量为 1.49 g/kg，总体含量水平为中等水平。主要分布于高和中含量等级，面积分别为 57.94 万亩和 101.32 万亩，分别占本等级耕地面积的 35.70% 和 62.42%；低含量等级仅有 3.06 万亩，占 1.89%；无极高和极低含量等级分布。

3. 有效磷

有效磷含量范围为 7.5 ～ 43.8 mg/kg，平均含量为 20.2 mg/kg，总体水平达中上等水平。面积最大的是中含量等级，为 74.78 万亩，占本等级耕地面积的 46.07%；其次为高含量等级，面积 73.07 万亩，占 45.01%；极高含量等级排第三，面积为 10.81 万亩，占 6.66%；低含量等级面积 3.67 万亩，占 2.26%；无极低含量等级分布。

4. 速效钾

速效钾含量范围为 35 ～ 130 mg/kg，平均含量为 73 mg/kg，总评属中下等水平。主要分布于中和低含量等级，面积最大的是中含量等级，为 138.54 万亩，占本等级耕地面积的 85.35%；其次是低含量等级，面积 14.36 万亩，占 8.84%；高含量等级面积 9.42 万亩，占 5.81%；无极高和极低含量等级。

5. 交换性钙

交换性钙含量范围为 575.9 ~ 2441.7 mg/kg，平均含量为 1236.5 mg/kg，总评属极高等水平。主要分布于高和极高含量等级，以极高含量等级占多数，为 84.17 万亩，占本等级耕地面积的 51.85%；其次是高含量等级，面积 70.98 万亩，占 43.73%；中含量等级面积仅有 7.17 万亩，占 4.42%；无低和极低含量等级分布。

6. 交换性镁

交换性镁含量范围为 21.5 ~ 158.4 mg/kg，平均含量为 77 mg/kg，总评属中下等水平。主要分布于中和低含量等级，面积以中含量等级为主，为 94.83 万亩，占本等级耕地面积的 58.42%；其次是低含量等级，面积 60.25 万亩，占 37.12%；再次是极低含量等级，面积 4.89 万亩，占 3.01%；高含量等级面积仅有 2.35 万亩，只占 1.44%；无极高含量等级。

7. 有效硫

有效硫含量范围为 12.2 ~ 141.1 mg/kg，平均含量为 46.5 mg/kg，总评属极高等水平。主要分布于高和极高含量等级，极高含量等级面积 89.91 万亩，占本等级耕地面积的 55.39%；高含量等级面积 53.74 万亩，占 33.11%；中含量等级面积 15.66 万亩，占 9.65%；低含量等级面积 2.92 万亩，占 1.80%；极低含量等级面积 0.09 万亩，占 0.06%。

8. 有效铁

有效铁含量范围为 15.2 ~ 170.1 mg/kg，平均含量为 67.9 mg/kg，总评属极高水平。极高含量等级面积 161.96 万亩，占本等级耕地面积的 99.78%。

9. 有效锰

有效锰含量范围为 0.6 ~ 225.6 mg/kg，平均含量为 42.3 mg/kg，总体含量水平达极高等水平。其中极高含量等级面积有 82.56 万亩，占本等级耕地面积的 50.86%；高含量等级面积 49.14 万亩，占 30.28%；中含量等级面积 12.51 万亩，占 7.71%；低含量等级面积 17.65 万亩，占 10.87%；极低含量等级面积 0.47 万亩，占 0.29%。

10. 有效铜

有效铜含量范围为 0.32 ~ 9.52 mg/kg，平均含量为 1.97 mg/kg，总体含量属极高等水平。分布主要集中于极高和高含量等级，其中极高含量等级面积有 56.21 万亩，占本等级耕地面积的 34.63%；高含量等级面积 67.36 万亩，占 41.49%；中含量等级面积 38.76 万亩，占 23.88%；无低和极低含量等级。

11. 有效锌

有效锌含量范围为 0.24 ~ 19.5 mg/kg，平均含量为 2.18 mg/kg，总体含量水平达高等水平。主要集中分布于高和极高含量等级，占本等级面积近九成，其中极高含量等级面积有 15.73 万亩，占本等级耕地面积的 9.69%；高含量等级面积 127.21 万亩，占 78.36%；中含量等级面积 14.61 万亩，占 9.00%；低含量等级面积仅有 4.78 万亩，占 2.95%；无极低含量等级。

12. 有效硼

有效硼含量范围为 0.07 ～ 0.95 mg/kg，平均含量为 0.35 mg/kg，含量总评为低水平。其中高含量等级面积 0.66 万亩，占 0.41%；中含量等级面积 44.15 万亩，占 27.20%；低含量等级面积 59.96 万亩，占 36.94%；极低含量等级面积达 57.55 万亩，占 35.45%；无极高含量等级。

（六）耕地利用

本等级耕地质量差，耕地的复种指数较低，农业熟制主要有一年两熟、一年一熟制和常年生三种，以一年一熟的面积最大，其他两种面积相对较小，以玉米、甘蔗及经济作物等旱地作物为主。一年一熟的面积达 131.17 万亩，占本等级耕地面积的 80.81%；一年两熟的面积 28.37 万亩，占 17.48%；常年生的面积仅有 2.78 万亩，只占 1.72%。主要种植水稻、玉米、甘蔗、木薯及水果等作物。典型种植制度详见表 3-77。

表 3-77　九级耕地利用情况统计表

典型种植制	面积（万亩）	占比（%）	典型种植制	面积（万亩）	占比（%）
甘蔗	76.55	47.16	桑树	1.02	0.63
玉米—经作	0.19	0.12	稻—稻	6.28	3.87
木薯	4.47	2.75	玉米	12.03	7.41
水果	3.13	1.93	其他	48.02	29.58
玉米—玉米	10.63	6.55	总计	162.32	100.00

（七）障碍因素及管理利用存在的问题

1. 耕地主要存在的障碍因子

本等级耕地绝大多数存在一个或多个障碍因素，共有五个障碍类型，主要集中于瘠瘦培肥型、坡地梯改型和灌溉改良型三个障碍类型，其中面积最大的是瘠瘦培肥型，面积有 53.88 万亩，占本等级耕地面积的 33.19%；坡地梯改型面积 32.93 万亩，占 20.29%；灌溉改良型面积 15.76 万亩，占 9.71%，详见表 3-78。

表 3-78　九级耕地存在障碍因素统计表

障碍因素	灌溉改良型	瘠瘦培肥型	坡地梯改型	沙化耕地型	无明显障碍	盐碱耕地型	障碍层次型	渍涝排水型	渍潜稻田型
面积（万亩）	15.76	53.88	32.93	1.43	56.71	–	1.61	–	–
占比（%）	9.71	33.19	20.29	0.88	34.94	–	0.99	–	–

2. 农田的生产条件问题

本等级耕地生产条件最差，无农田基础设施面积达 138.85 万亩，占本等级耕地面积的 85.54%；不配套的面积 15.14 万亩，占 9.33%；无农田基础设施及不配套的面积共占 94.86%。耕地多为零星分布，水源条件较差，无水源条件面积大，占本等级耕地面积近九成。水源条件只有河流和水库，仅占本等级耕地面积的 10.65%，所有耕地基本靠自然降水供作物利用，严重影响耕地的生产能力。

3. 立地条件问题

一是本等级耕地立地条件为低洼地、缓坡地和山坡地等地形部位，共有 125.61 万亩，占 77.37%，这类耕地都有一定的坡度，且未经整治，加上我区的气候条件影响，雨水分布不均，雨季时或多或少发生水土流失，发生不同程度的土壤侵蚀面积达 42.23 万亩，占本等级耕地面积的 26.01%。二是耕层浅的面积较大，耕层小于 17 cm 共有 126.90 万亩，占本等级耕地面积的 78.18%。

4. 土壤有机质含量总体水平低

本等级耕地土壤有机质含量达高和极高等级的只有 15.88 万亩，占 9.79%；属于中低水平的面积达 146.45 万亩，占 90.21%；总体含量属低水平。

5. 主要化学性质和土壤营养问题

一是土壤偏酸，耕层土壤 pH 值为酸性的面积达 72.02 万亩，占 44.37%；二是土壤缺硼严重，有效硼含量低，极低含量的面积达 117.51 万亩，占 72.39%。

6. 潜在问题

本等级耕地远离村镇，交通不便，加上地块破碎，分布零星，管理粗放，用地养地相关措施失衡，存在耕地质量进一步恶化的风险；此外，耕地地面有一定的坡度，未治理面积大，水土流失的风险较大。

（八）主要管理措施

本等级耕地存在问题与八级耕地基本相同，不同的是存在问题差异程度的大小，因此所采用的措施与八级耕地相同。应重点防治水土流失、改善耕地的生产条件和重视有机肥的积累及提高施用水平。要充分利用我区的夏季水热条件，发展夏季绿肥，采用间种套种豆科作物，并与治理水土流失、治理土壤酸化等内容相结合，特别是治理难度大且目前无条件采用工程治理的缓坡地和山坡地耕地，将其列入水土流失治理主要内容，实现改土多赢效果。同时加大农田基础设施和土壤培肥建设力度，提高耕地抗旱、抗洪、土壤养分的供给能力和耕地的综合生产能力水平。

十、十级耕地

（一）面积与分布

广西本等级耕地共有 34.19 万亩，占耕地总面积的 0.52%，全部为旱地，分布于兴宾区、柳江县、忻城县、宜州市、平果县、合浦县、马山县等 7 个县（市、区），桂中地区面积较大，柳江县面积在 5 万亩以上，其余各县均小于 5 万亩。

（二）立地条件

1. 地形部位

本等级耕地多为带有一定坡度的地形部位，主要有缓坡地、阶地、山坡地和低洼地（峰丛洼地）等类型，其中山坡地面积最大，为 17.18 万亩，占本等级耕地面积的 50.26%；其次是缓坡地，面积 6.61 万亩，占 19.33%；再次是低洼地，面积 6.40 万亩，占 18.72%；阶地面积 3.73 万亩，占 10.92%；谷地面积 0.26 万亩，占 0.76%，详见表 3–79。由于本等级耕地地形部位以缓坡地、阶地和山坡地为主，地面存在一定的坡度，加上气候条件和预防水土流失的相关措施不到位，会不同程度地发生水土流失。根据实地采样调查结果统计，本等级耕地发生土壤侵蚀的面积达 2.49 万亩，占本等级耕地面积的 7.28%。

表 3–79　十级耕地各地形部位面积统计表

地形部位	平地	谷地	阶地	缓坡地	山坡地	低洼地
面积（万亩）	–	0.26	3.73	6.61	17.18	6.40
占比（%）	–	0.76	10.92	19.33	50.26	18.72

2. 气候条件

本等级耕地温热条件好，光照充足、降水量偏小。本等级耕地所处的年平均有效积温均在 6500 ℃以上范围，以 6500～7000 ℃占绝对多数，面积 20.91 万亩，占 61.15%；年平均降水量多集中于 1300～1700 mm 之间，共有 33.55 万亩，占本等级耕地面积的 98.14%，以 1300～1500 mm 为主，共有 23.46 万亩，占 68.63%；年平均日照时数主要集中在 1500～1600 小时，面积 24.83 万亩，占本等级耕地面积的 72.62%；小于 1500 小时的面积仅有 2.12 万亩，占 6.19%，大于 1600 小时的面积有 7.25 万亩，占 21.20%；年平均无霜期集中在 320 天以上，详见表 3–80。

表 3-80 十级耕地所处气候条件统计表

有效积温	范围（℃）	<5500	5500～<6000	6000～<6500	6500～<7000	≥7000	－
	面积（万亩）	－	－	－	20.91	13.28	－
	占比（%）	－	－	－	61.15	38.85	－
年降水量	范围（mm）	<1300	1300～<1500	1500～<1700	1700～<1900	1900～<2000	≥2000
	面积（万亩）	－	23.46	10.09	0.64	－	－
	占比（%）	－	68.63	29.51	1.86	－	－
日照时数	范围（小时）	<1400	1400～<1500	1500～<1600	1600～<1700	1700～<1800	≥1800
	面积（万亩）	－	2.12	24.83	6.61	－	0.64
	占比（%）	－	6.19	72.62	19.33	－	1.87
无霜期	范围（天）	<300	300～<310	310～<320	320～<330	330～<340	≥340
	面积（万亩）	－	－	－	7.68	10.20	16.30
	占比（%）	－	－	－	22.47	29.85	47.69

3. 成土母质

本等级耕地只有硅质页岩和滨海沉积物两种成土母质，以硅质页岩母质占绝对数量，达 33.55 万亩，占本等级耕地面积的 98.13%；滨海沉积物只有 0.64 万亩，占 1.87%。

4. 土壤类型

十级耕地的土壤类型仅有 2 个土属，均为旱地，一个是由硅质页岩发育而成的赤红壤，占绝对数量，面积为 33.55 万亩，占本等级耕地面积的 98.13%；另一个是滨海沉积砖红壤，面积为 0.64 万亩，占 1.87%，详见表 3-81。

表 3-81 十级耕地主要分布土属统计表

广西 1991 年分类制土属		广西 1980 年分类制土属		面积（万亩）	占本等级（%）	占本土属（%）	土属总面积（万亩）
代号	名称	代号	名称				
A1/8	海积砖红泥土	K28	耕型浅海沉积砖红壤	0.64	1.87	0.74	86.54
I1/2	白粉泥土	K18	耕型硅质页岩赤红壤	33.55	98.13	9.79	342.61
合计				34.19	100.00	－	429.15

5. 耕层厚度

据评价结果统计，本等级耕地的平均厚度为 15.2 cm，总体为较浅水平。只有较浅和适中两个等级，其中较浅面积为 30.82 万亩，占本等级耕地面积的 90.14%；中等面积 3.37 万亩，占 9.86%。

（三）生产条件

1. 水源条件和输水方式

本等级耕地多为零星分布，水源条件较差，无水源条件面积大，达 21.04 万亩，占本等级耕地面积的 61.53%；水源条件只有河流、集水窖和水库，河流面积只有 5.08 万亩，占本等级耕地面积的 14.86%；集水窖面积只有 3.76 万亩，占本等级耕地面积的 11.01%；水库面积只有 4.31 万亩，占本等级耕地面积的 12.60%。

2. 灌溉及排水能力

本等级耕地因无水源条件及无输水条件面积大，全部为无灌溉条件，作物需水全靠天然降水，故作物需水的满足率较低。本等级耕地全为旱地，排水能力多集中于较强和中等两个等级，只有部分低洼地，受特殊地形部位影响，也有少部分耕地排水不良，排水弱的面积 4.11 万亩，占本等级耕地面积的 12.01%；较弱的面积 7.12 万亩，占 20.81%；中等的面积 11.97 万亩，占 35.01%；强和较强两等级，面积分别为 9.1 万亩和 1.9 万亩，分别占 26.61% 和 5.55%。

3. 农田基础设施

本等级耕地立地条件较差，且远离村镇，相关的配套设施较差，不配套和无农田基础设施所占的比例大，是本等级耕地农田基础设施的明显特点。无农田基础设施面积达 18.57 万亩，占本等级耕地面积的 54.33%；不配套的面积 6.86 万亩，占 20.07%；无农田基础设施及不配套的面积占 74.40%；基本配套的面积只有 8.75 万亩，仅占 25.60%。

（四）土壤理化性状

1. 土壤质地

本等级耕地的土壤主要由硅质页岩和滨海沉积物等成土母质发育而成，土壤质地主要集中于沙土和黏壤等质地类型。壤土的面积仅有 0.25 万亩，占本等级耕地面积的 0.74%；黏壤面积 10.30 万亩，占 30.11%；沙壤面积 12.91 万亩，占 37.77%；沙土面积 6.40 万亩，占 18.71%；黏土面积 4.33 万亩，占 12.67%。

2. 土壤 pH 值

耕地土壤偏酸，酸性面积占的比例大，土壤 pH 值在 4.8 ～ 6.9 之间，即从酸性到中性范围，以酸性面积最大，为 16.94 万亩，占本等级耕地面积的 49.56%；其次为微酸性，面积有 14.04 万亩，占 41.08%；中性面积有 3.20 万亩，占 9.36%；无强酸性、微碱性和碱性耕地。

（五）土壤养分

1. 有机质

有机质含量范围为 17.7 ～ 35.8 g/kg，平均含量为 26.7 g/kg，有机质含量总体评价为中等水平。绝大多数属于中等含量等级，面积 28.49 万亩，占本等级耕地面积的

83.33%；其次为高含量等级，面积 5.70 万亩，占 16.67%；无极高、低和极低含量等级分布。

2. 全氮

全氮含量范围为 1.08 ～ 2.13 g/kg，平均含量为 1.55 g/kg，总体含量水平为中等水平。只有高和中含量等级，面积分别为 17.12 万亩和 17.07 万亩，分别占本等级耕地面积的 50.08% 和 49.92%。

3. 有效磷

有效磷含量范围为 8.8 ～ 29.3 mg/kg，平均含量为 18 mg/kg，总体水平达中上等水平。只有中等和高含量等级，中含量等级 18.89 万亩，占本等级耕地面积的 55.27%；高含量等级面积 15.29 万亩，占 44.73%。

4. 速效钾

速效钾含量范围为 45 ～ 150 mg/kg，平均含量为 78 mg/kg，总评属中下等水平。主要分布于中和低含量等级，面积最大的是中含量等级，为 15.36 万亩，占本等级耕地面积的 44.93%；其次是低含量等级，面积 12.64 万亩，占 36.97%；高含量等级 6.18 万亩，占 18.08%；无极高和极低含量等级。

5. 交换性钙

交换性钙含量范围为 618.4 ～ 2124.3 mg/kg，平均含量为 1380.7 mg/kg，总评属极高等水平。主要分布于高、极高和中等含量等级，以极高含量等级占多数，为 27.49 万亩，占本等级耕地面积的 80.41%；其次是高含量等级，面积 6.06 万亩，占 17.73%；中含量等级面积仅有 0.64 万亩，占 1.86%；无低和极低含量等级分布。

6. 交换性镁

交换性镁含量范围为 29.5 ～ 153 mg/kg，平均含量为 81.6 mg/kg，总评属中下等水平。主要分布于中、低和极低含量等级，面积以中含量等级为主，为 28.24 万亩，占本等级耕地面积的 82.60%；其次是低含量等级，面积 5.31 万亩，占 15.54%；再次是极低含量等级，面积 0.64 万亩，占 1.86%；无高和极高含量等级。

7. 有效硫

有效硫含量范围为 13.4 ～ 105.5 mg/kg，平均含量为 39.9 mg/kg，总评属极高等水平。主要分布于高和极高含量等级，极高含量等级面积 12.69 万亩，占本等级耕地面积的 37.13%；高含量等级面积 13.73 万亩，占 40.16%；中含量等级面积 7.77 万亩，占 22.72%；无低和极低含量等级。

8. 有效铁

有效铁含量范围为 26.5 ～ 214.3 mg/kg，平均含量为 71.6 mg/kg，总评属极高等水平。全部分布在极高含量等级。

9. 有效锰

有效锰含量范围为 2～120.1 mg/kg，平均含量为 55.3 mg/kg，总体含量水平达极高等水平。其中极高含量等级面积有 25.23 万亩，占本等级耕地面积的 73.79%；高含量等级面积 7.04 万亩，占 20.58%；中含量等级面积 1.29 万亩，占 3.77%；低含量等级面积 0.64 万亩，占 1.86%；无极低含量等级分布。

10. 有效铜

有效铜含量范围为 0.83～8.41 mg/kg，平均含量为 2.54 mg/kg，总体含量属极高等水平。分布主要集中于极高和高含量等级，其中极高含量等级面积有 17.59 万亩，占本等级耕地面积的 51.44%；高含量等级面积 16.06 万亩，占 46.98%；中含量等级面积 0.54 万亩，占 1.59%；无低和极低含量等级。

11. 有效锌

有效锌含量范围为 0.75～4.55 mg/kg，平均含量为 1.91 mg/kg，总体含量水平达高水平。主要集中分布于高和极高含量等级，占本等级耕地面积的 92.00%，其中，极高含量等级面积有 8.63 万亩，占本等级耕地面积的 25.25%；高含量等级面积 22.80 万亩，占 66.70%；中含量等级面积 2.75 万亩，占 8.05%；无低和极低含量等级。

12. 有效硼

有效硼含量范围为 0.04～0.54 mg/kg，平均含量为 0.26 mg/kg，含量总评为低等水平。其中低含量等级面积 22.24 万亩，占 65.04%；极低含量等级面积达 11.95 万亩，占 34.96%；无其他含量等级。

（六）耕地利用

本等级耕地属质量差的农田，耕地的复种指数较低，农业熟制主要有一年两熟和一年一熟制两种，以一年一熟的面积最大，一年两熟的面积相对较小，以玉米、甘蔗及经济作物等旱地作物为主。一年一熟的面积达 21.76 万亩，占本等级耕地面积的 63.66%；一年两熟的面积 12.43 万亩，占 36.34%。主要种植水稻、玉米和甘蔗等作物。典型种植制度详见表 3-82。

表 3-82　十级耕地利用情况统计表

典型种植制	面积（万亩）	占比（%）	典型种植制	面积（万亩）	占比（%）
甘蔗	9.94	29.07	玉米—玉米	0.78	2.28
玉米—经作	0.26	0.76	玉米	1.99	5.82
桑树	3.76	11.00	其他	8.05	23.54
稻—稻	9.39	27.46	合计	34.19	100.00

（七）障碍因素及管理利用存在的问题

1. 耕地主要存在的障碍因子

本等级耕地绝大多数存在一个或多个障碍因素，共有四个障碍类型，主要集中于瘠瘦培肥型、坡地梯改型和灌溉改良型三个障碍类型，其中面积最大的是灌溉改良型，面积有 10.75 万亩，占本等级耕地面积的 31.43%；坡地梯改型面积 6.44 万亩，占 18.83%；瘠瘦培肥型面积 4.31 万亩，占 12.60%，详见表 3-83。

表 3-83　十级耕地存在障碍因素统计表

障碍因素	灌溉改良型	瘠瘦培肥型	坡地梯改型	沙化耕地型	无明显障碍	盐碱耕地型	障碍层次型	渍涝排水型	渍潜稻田型
面积（万亩）	10.75	4.31	6.44	0.38	12.31	–	–	–	–
占比（%）	31.43	12.60	18.83	1.12	36.02	–	–	–	–

2. 农田的生产条件问题

本等级耕地生产条件最差，无农田基础设施面积达 18.57 万亩，占本等级耕地面积的 54.33%；不配套的面积 6.86 万亩，占 20.07%；无农田基础设施及不配套两者共占 74.40%。耕地多为零星分布，水源条件较差，无水源条件面积大，占本等级耕地面积的 61.53%；水源条件有河流、集水窖和水库，面积分别为 5.08 万亩、3.76 万亩和 4.31 万亩，分别占本等级耕地面积的 14.86%、11.01% 和 12.60%，耕地大部分靠自然降水供作物利用，严重影响耕地的生产能力。

3. 立地条件问题

一是本等级耕地立地条件为低洼地、缓坡地和山坡地等地形部位，共有 30.19 万亩，占 88.31%，这类耕地都有一定的坡度，且未经整治，加上我区的气候条件影响，雨水分布不均，雨季时或多或少发生水土流失，发生不同程度的土壤侵蚀面积达 2.49 万亩，占本等级耕地面积的 7.29%。二是耕层浅面积较大，耕层小于 17 cm 的共有 33.91 万亩，占本等级耕地面积的 99.20%。

4. 土壤有机质含量总体中等

本等级耕地表观土壤有机质含量达高等级的只有 4.21 万亩，占 12.31%；属于中等面积的达 28.49 万亩，占 83.33%；总体含量属中等水平。

5. 主要化学性质和土壤营养问题

一是土壤偏酸，耕层土壤 pH 值为酸性的面积达 16.94 万亩，占 49.56%；二是土壤缺硼严重，有效硼含量全部分布在低和极低含量范围。

6. 潜在问题

本等级耕地远离村镇，交通不便，加上地块破碎，分布零星，管理粗放，用地养地相关措施失衡，存在耕地质量进一步恶化的风险；此外耕地地面有一定的坡度，未治理面积大，水土流失的风险较大。

（八）主要管理措施

本等级耕地存在问题与九级耕地基本相同，不同的是存在问题差异程度的大小，因此所采用的措施与九级耕地相同。应重点防治水土流失、改善耕地的生产条件和重视有机肥的积累及提高施用水平。要充分利用我区的夏季水热条件，发展夏季绿肥，采用间种套种豆科作物，并与治理水土流失、治理土壤酸化等内容相结合，特别是治理难度大且目前无采用工程治理条件的缓坡地和山坡地耕地，将其列入水土流失治理主要内容，实现改土多赢效果。同时加大农田基础设施和土壤培肥建设力度，提高耕地抗旱、抗洪、土壤养分供给的能力和耕地的综合生产能力水平。

第四章　耕地土壤属性

耕地土壤肥力是土壤的物理和化学等属性的综合表现，分析土壤属性的状况，对于耕地合理利用、土壤改良、作物科学施肥以及农业产业结构调整和布局具有重要意义。本章论述的广西耕地土壤属性包括以下15种：有机质、全氮、有效磷、速效钾、交换性钙、交换性镁、有效硫、有效铁、有效锰、有效铜、有效锌、有效硼、pH值、质地和耕层厚度。

这些属性值是通过46276个土壤采样点化验值在ArcMap中用反距离权重法（IDW）进行空间插值而得到的。相关属性的分级标准参照广西第二次土壤普查养分及化学性质分级标准，并结合近年来开展的大田小区试验结果，由专家讨论审定，详见表4-1、4-2和4-3。

表4-1　广西耕地土壤养分分级标准

等级描述	极高	高	中等	低	极低	计量单位
有机质	≥40.0	30.0～<40.0	20.0～<30.0	10.0～<20.0	<10.0	g/kg
全氮	≥2.50	1.50～<2.50	1.00～<1.50	0.75～<1.00	<0.75	g/kg
有效磷	≥30.0	20.0～<30.0	10.0～<20.0	5.0～<10.0	<5.0	mg/kg
速效钾	≥150	100～<150	50～<100	30～<50	<30	mg/kg
交换性钙	≥1000	700～<1000	500～<700	300～<500	<300	mg/kg
交换性镁	≥250	150～<250	70～<150	30～<70	<30	mg/kg
有效硫	≥40.0	30.0～<40.0	20.0～<30.0	10.0～<20.0	<10.0	mg/kg
有效铁	≥20.0	10.0～<20.0	4.5～<10.0	2.5～<4.5	<2.5	mg/kg
有效锰	≥30.0	15.0～<30.0	5.0～<15.0	1.0～<5.0	<1.0	mg/kg
有效锌	≥3.0	1.0～<3.0	0.5～<1.0	0.3～<0.5	<0.3	mg/kg
有效铜	≥1.8	1.0～<1.8	0.2～<1.0	0.1～<0.2	<0.1	mg/kg
有效硼	≥2.0	1.0～<2.0	0.5～<1.0	0.2～<0.5	<0.2	mg/kg

表4-2　广西耕地土壤耕层厚度分级标准

等级描述	厚	较厚	中等	较浅	浅
耕层厚度（cm）	≥25	20～<25	15～<20	10～<15	<10

表 4-3 广西耕地土壤 pH 值分级标准

等级描述	碱性	微碱性	中性	微酸性	酸性	强酸性
pH 值	≥ 8.5	7.5 ～< 8.5	6.5 ～< 7.5	5.5 ～< 6.5	4.5 ～< 5.5	< 4.5

第一节　有机质和大量元素

一、土壤有机质

土壤有机质是土壤的重要组成部分，它的含量在不同土壤中差异很大，如黑散泥可达 213.3 mg/kg，而硅质白粉土仅含 2.5 mg/kg，多数在 10 ～ 40 mg/kg 范围内。土壤有机质含量大部分虽不到 50 mg/kg，但在土壤肥力中起到很大的作用。土壤有机质不仅含有植物所需要的多种营养元素，而且是土壤微生物能源的主要来源，腐殖质胶体具有很好的吸附保肥性能，有利于改善土壤结构和耕作性能。因此，土壤有机质可作为评价土壤肥力高低的综合性指标。

（一）耕地土壤有机质含量

广西耕地土壤有机质含量范围在 13.2 ～ 56.3 mg/kg，平均值为 30.6 g/kg（见表 4-4）。土壤有机质含量处于高、极高水平（≥ 30.0 g/kg）的面积共有 2976.97 万亩，占耕地总面积的 45.06%，其中，极高含量（≥ 40.0 g/kg）的面积为 403.33 万亩，占耕地总面积的 6.10%；高含量（30.0 ～< 40.0 g/kg）的面积为 2573.64 万亩，占耕地总面积的 38.96%。土壤有机质含量处于中等水平（20.0 ～< 30.0 g/kg）的面积共有 3449.97 万亩，占耕地总面积的 52.22%。土壤有机质含量处于低、极低水平（< 20.0 g/kg）的面积共有 179.75 万亩，占耕地总面积的 2.72%，其中，低含量（10.0 ～< 20.0 g/kg）的面积为 179.75 万亩，占耕地总面积的 2.72%；广西无土壤有机质含量极低（< 10.0 g/kg）的耕地。

广西绝大部分耕地土壤有机质含量处于中等偏高水平（≥ 20.0 g/kg）。其中，有机质含量属极高等级耕地占比大的地区主要有桂林市和百色市；有机质含量高耕地占比大的地区主要有贺州市、梧州市和桂林市；有机质含量中等耕地占比大的地区主要有北海市、玉林市、贵港市、钦州市、崇左市、百色市、南宁市和防城港市；有机质含量比较低耕地占比大的地区主要有北海市，百色市、河池市、来宾市、贺州市，其余 9 个市都有少量分布。

从各市耕地土壤有机质含量分布来看，桂林市、贺州市和梧州市约 65% 的耕地土壤有机质含量属于高水平；北海市土壤有机质含量中等水平的耕地比例达 74.31%，其余 13 个市土壤有机质含量属中等偏高水平，占比都达到 90.00% 以上。

表4-4 广西耕地土壤有机质含量状况

行政区	范围 （g/kg）	平均值 （g/kg）	各等级面积及占比						合计 （万亩）
			等级	1	2	3	4	5	
			范围 （g/kg）	≥40.0	30.0～ <40.0	20.0～ <30.0	10.0～ <20.0	<10.0	
			等级描述	极高	高	中等	低	极低	
百色市	15.9～ 55.7	31.83	面积（万亩）	135.43	266.14	270.58	1.18	-	673.34
			占比（%）	20.11	39.53	40.18	0.18	-	-
北海市	13.2～ 41.7	23.5	面积（万亩）	0.52	11.01	138.55	36.36	-	186.44
			占比（%）	0.28	5.91	74.31	19.50	-	-
崇左市	14.6～ 56.3	27.2	面积（万亩）	9.94	195.65	523.41	50.80	-	779.82
			占比（%）	1.28	25.09	67.12	6.51	-	-
防城 港市	14.5～ 51.4	28.2	面积（万亩）	0.93	26.00	100.85	9.51	-	137.30
			占比（%）	0.68	18.94	73.46	6.93	-	-
贵港市	14.2～ 51.1	29.3	面积（万亩）	12.19	167.39	294.86	7.25	-	481.68
			占比（%）	2.53	34.75	61.22	1.50	-	-
桂林市	16.5～ 54.1	35.5	面积（万亩）	94.61	316.71	77.55	5.59	-	494.46
			占比（%）	19.13	64.05	15.68	1.13	-	-
河池市	15.9～ 51.8	31.4	面积（万亩）	23.55	246.70	288.41	2.61	-	561.27
			占比（%）	4.20	43.95	51.39	0.47	-	-
贺州市	18.3～ 47.8	32.9	面积（万亩）	16.88	157.51	69.67	0.53	-	244.59
			占比（%）	6.90	64.40	28.49	0.22	-	-
来宾市	17.8～ 48.0	28.9	面积（万亩）	15.88	177.47	415.52	2.32	-	611.19
			占比（%）	2.60	29.04	67.99	0.38	-	-
柳州市	16.5～ 49.9	31.0	面积（万亩）	29.45	242.85	242.14	10.52	-	524.97
			占比（%）	5.61	46.26	46.13	2.00	-	-
南宁市	15.1～ 53.4	29.0	面积（万亩）	46.96	360.79	575.63	40.75	-	1024.13
			占比（%）	4.59	35.23	56.21	3.98	-	-
钦州市	14.9～ 47.0	30.7	面积（万亩）	5.60	163.42	146.31	3.35	-	318.68
			占比（%）	1.76	51.28	45.91	1.05	-	-
梧州市	18.6～ 45.9	33.1	面积（万亩）	7.07	134.27	58.50	7.85	-	207.69
			占比（%）	3.40	64.65	28.17	3.78	-	-
玉林市	18.2～ 44.4	29.1	面积（万亩）	4.31	107.72	247.97	1.12	-	361.13
			占比（%）	1.19	29.83	68.67	0.31	-	-
广西	13.2～ 56.3	30.6	面积（万亩）	403.33	2573.64	3449.97	179.75	-	6606.69
			占比（%）	6.10	38.96	52.22	2.72	-	-

（二）不同利用类型耕地土壤有机质含量

1. 水田土壤有机质含量

广西水田土壤有机质含量范围在 14.6～56.3 mg/kg，平均值为 31.9 mg/kg（见表 4-5）。土壤有机质含量处于高、极高水平的面积共有 1700.28 万亩，占水田总面积的 56.52%。其中，极高含量的面积为 258.73 万亩，占水田总面积的 8.60%；高含量的面积为 1441.55 万亩，占水田总面积的 47.92%；土壤有机质含量处于中等水平的面积共有 1260.47 万亩，占水田总面积的 41.90%；土壤有机质含量处于低水平的面积共有 47.32 万亩，占水田总面积的 1.57%；广西无有机质含量极低等级的水田。广西水田土壤有机质含量总体属于中等偏高水平，平均值比耕地土壤有机质含量平均值高 1.3 mg/kg。

表 4-5 广西水田土壤有机质含量状况

行政区	范围（g/kg）	平均值（g/kg）	各等级面积及占比						合计（万亩）
			等级	1	2	3	4	5	
			范围（g/kg）	≥ 40.0	30.0～< 40.0	20.0～< 30.0	10.0～< 20.0	< 10.0	
			等级描述	极高	高	中等	低	极低	
百色市	15.9～55.7	32	面积（万亩）	40.16	102.49	104.05	0.01	－	246.71
			占比（%）	16.28	41.54	42.17	－	－	－
北海市	15.1～33.3	23.2	面积（万亩）	－	1.79	58.32	12.12	－	72.23
			占比（%）	－	2.48	80.74	16.78	－	－
崇左市	14.6～56.3	28	面积（万亩）	8.32	54.36	95.07	11.99	－	169.75
			占比（%）	4.90	32.02	56.01	7.06	－	－
防城港市	16.3～51.4	29.8	面积（万亩）	0.93	21.84	35.31	5.12	－	63.21
			占比（%）	1.47	34.56	55.87	8.10	－	－
贵港市	16.9～51.1	30.1	面积（万亩）	9.62	87.21	165.85	4.55	－	267.23
			占比（%）	3.60	32.63	62.06	1.70	－	－
桂林市	19.4～53.8	35.6	面积（万亩）	81.52	265.49	53.63	1.54	－	402.17
			占比（%）	20.27	66.01	13.33	0.38	－	－
河池市	16.7～51.8	32.5	面积（万亩）	21.76	122.54	68.46	0.81	－	213.56
			占比（%）	10.19	57.38	32.06	0.38	－	－
贺州市	22.9～47.8	33.2	面积（万亩）	11.20	101.01	34.58	－	－	146.79
			占比（%）	7.63	68.81	23.56	－	－	－
来宾市	19.6～48.0	31.7	面积（万亩）	11.51	74.65	76.39	0.28	－	162.82
			占比（%）	7.07	45.85	46.92	0.17	－	－
柳州市	17.7～49.9	33.2	面积（万亩）	29.23	154.68	58.87	1.65	－	244.43
			占比（%）	11.96	63.28	24.08	0.67	－	－

续表

行政区	范围 （g/kg）	平均值 （g/kg）	各等级面积及占比						合计 （万亩）
			等级	1	2	3	4	5	
			范围 （g/kg）	≥ 40.0	30.0 ～ < 40.0	20.0 ～ < 30.0	10.0 ～ < 20.0	< 10.0	
			等级描述	极高	高	中等	低	极低	
南宁市	16.1 ～ 53.4	31.4	面积（万亩）	28.14	143.00	179.67	6.44	–	357.25
			占比（%）	7.88	40.03	50.29	1.80	–	–
钦州市	14.9 ～ 47.0	31	面积（万亩）	5.60	99.10	86.77	1.69	–	193.16
			占比（%）	2.90	51.31	44.92	0.88		
梧州市	21.4 ～ 45.9	33.3	面积（万亩）	6.45	107.53	45.48	–	–	159.46
			占比（%）	4.04	67.43	28.52			
玉林市	18.2 ～ 44.4	29.2	面积（万亩）	4.31	105.85	198.02	1.12	–	309.30
			占比（%）	1.39	34.22	64.02	0.36		
广西	14.6 ～ 56.3	31.9	面积（万亩）	258.73	1441.55	1260.47	47.32	–	3008.07
			占比（%）	8.60	47.92	41.90	1.57	–	–

2. 旱地土壤有机质含量

广西旱地土壤有机质含量范围在 13.2 ～ 54.1 g/kg，平均值为 27.9 g/kg（见表 4-6）。土壤有机质含量处于高、极高水平的面积共有 1276.68 万亩，占旱地总面积的 35.48%。其中，极高含量的面积为 144.59 万亩，占旱地总面积的 4.02%；高含量的面积为 1132.09 万亩，占旱地总面积的 31.46%。土壤有机质含量处于中等水平的面积共有 2189.51 万亩，占旱地总面积的 60.84%。土壤有机质含量处于低水平的面积共有 132.43 万亩，占旱地总面积的 3.68%。广西旱地土壤有机质含量总体属于中等水平，平均值比耕地土壤有机质含量平均值低 2.7 g/kg。桂林市、贺州市、百色市、梧州市、钦州市旱地土壤有机质含量为高水平以上的占比都达 50.00% 以上，这几个市的旱地土壤有机质含量属于中等偏高水平。

表 4-6 广西旱地土壤有机质含量状况

行政区	范围 （g/kg）	平均值 （g/kg）	各等级面积及占比						合计 （万亩）
			等级	1	2	3	4	5	
			范围 （g/kg）	≥ 40.0	30.0 ～ < 40.0	20.0 ～ < 30.0	10.0 ～ < 20.0	< 10.0	
			等级描述	极高	高	中等	低	极低	
百色市	16.9 ～ 48.0	31.3	面积（万亩）	95.27	163.65	166.53	1.18	–	426.63
			占比（%）	22.33	38.36	39.03	0.28	–	–

续表

行政区	范围（g/kg）	平均值（g/kg）	各等级面积及占比						合计（万亩）
			等级	1	2	3	4	5	
			范围（g/kg）	≥ 40.0	30.0 ～ < 40.0	20.0 ～ < 30.0	10.0 ～ < 20.0	< 10.0	
			等级描述	极高	高	中等	低	极低	
北海市	13.2 ～ 41.7	23.8	面积（万亩）	0.52	9.22	80.22	24.24	–	114.21
			占比（%）	0.45	8.07	70.25	21.23	–	–
崇左市	16.0 ～ 45.5	26.6	面积（万亩）	1.62	141.30	428.34	38.81	–	610.07
			占比（%）	0.27	23.16	70.21	6.36	–	–
防城港市	14.5 ～ 33.1	23.9	面积（万亩）	–	4.16	65.54	4.39	–	74.09
			占比（%）	–	5.61	88.46	5.93	–	–
贵港市	14.2 ～ 43.4	28.2	面积（万亩）	2.57	80.18	129.01	2.69	–	214.45
			占比（%）	1.20	37.39	60.16	1.26	–	–
桂林市	16.5 ～ 54.1	34.6	面积（万亩）	13.10	51.21	23.93	4.05	–	92.29
			占比（%）	14.19	55.49	25.93	4.39	–	–
河池市	15.9 ～ 41.3	29.0	面积（万亩）	1.79	124.16	219.95	1.80	–	347.71
			占比（%）	0.52	35.71	63.26	0.52	–	–
贺州市	18.3 ～ 45.2	31.6	面积（万亩）	5.68	56.50	35.09	0.53	–	97.80
			占比（%）	5.81	57.77	35.88	0.54	–	–
来宾市	17.8 ～ 45.1	27.5	面积（万亩）	4.38	102.82	339.14	2.04	–	448.37
			占比（%）	0.98	22.93	75.64	0.45	–	–
柳州市	16.5 ～ 42.4	27.5	面积（万亩）	0.22	88.17	183.28	8.87	–	280.55
			占比（%）	0.08	31.43	65.33	3.16	–	–
南宁市	15.1 ～ 47.5	27.1	面积（万亩）	18.82	217.79	395.96	34.32	–	666.88
			占比（%）	2.82	32.66	59.37	5.15	–	–
钦州市	16.1 ～ 39.9	29.5	面积（万亩）	–	64.32	59.54	1.66	–	125.52
			占比（%）	–	51.24	47.44	1.32	–	–
梧州市	18.6 ～ 41.1	31.0	面积（万亩）	0.62	26.74	13.02	7.85	–	48.23
			占比（%）	1.29	55.44	27.00	16.27	–	–
玉林市	21.1 ～ 32.1	25.7	面积（万亩）	–	1.87	49.95	–	–	51.82
			占比（%）	–	3.61	96.39	–	–	–
广西	13.2 ～ 54.1	27.9	面积（万亩）	144.59	1132.09	2189.51	132.43	–	3598.62
			占比（%）	4.02	31.46	60.84	3.68	–	–

3. 不同成土母质发育的耕地土壤中的有机质含量

不同成土母质所形成的土壤，其有机质含量有一定差异。表 4-7 表明，石灰岩、花岗岩、洪积物、砂页岩等成土母质发育的土壤耕层有机质含量较高（比例由高到低排列）；硅质页岩、紫色砂页岩、玄武岩、滨海沉积物等成土母质发育的土壤耕层有机质含量主要处于中等水平；而第四纪红土、河流冲积物成土母质发育的土壤耕层有机质含量为中等偏高。

表 4-7 不同成土母质发育的土壤有机质分布状况

成土母质	范围（mg/kg）	平均值（mg/kg）	各等级面积及占比						合计（万亩）
			等级	1	2	3	4	5	
			范围（mg/kg）	≥ 40.0	30.0 ～ < 40.0	20.0 ～ < 30.0	10.0 ～ < 20.0	< 10.0	
			等级描述	极高	高	中等	低	极低	
滨海沉积物	13.2 ～ 41.7	25.8	面积（万亩）	0.52	9.89	92.32	20.90	–	123.63
			占比（%）	0.42	8.00	74.67	16.91	–	–
第四纪红土	14.2 ～ 54.1	29.2	面积（万亩）	70.85	765.55	1331.34	66.69	–	2234.43
			占比（%）	3.17	34.26	59.58	2.98	–	–
硅质页岩	16.9 ～ 47.5	27.2	面积（万亩）	1.48	69.57	327.56	9.78	–	408.39
			占比（%）	0.36	17.04	80.21	2.40	–	–
河流冲积物	15.8 ～ 48.1	29.9	面积（万亩）	8.15	113.55	145.29	15.37	–	282.36
			占比（%）	2.89	40.21	51.46	5.44	–	–
洪积物	18.3 ～ 51.3	31	面积（万亩）	3.36	56.24	32.17	1.26	–	93.03
			占比（%）	3.61	60.46	34.58	1.36	–	–
花岗岩	15.8 ～ 51.9	33.3	面积（万亩）	40.46	241.99	149.27	0.57	–	432.30
			占比（%）	9.36	55.98	34.53	0.13	–	–
砂页岩	14.6 ～ 52.0	31	面积（万亩）	78.25	625.60	603.05	26.03	–	1332.92
			占比（%）	5.87	46.93	45.24	1.95	–	–
石灰岩	16.7 ～ 56.3	33.3	面积（万亩）	198.95	635.75	426.75	9.34	–	1270.79
			占比（%）	15.66	50.03	33.58	0.73	–	–
玄武岩	16.4 ～ 27.7	23.7	面积（万亩）	–	–	1.57	0.48	–	2.05
			占比（%）	–	–	76.68	23.32	–	–
紫色砂页岩	14.5 ～ 48.5	26.6	面积（万亩）	1.31	55.49	340.65	29.33	–	426.79
			占比（%）	0.31	13.00	79.82	6.87	–	–

4. 土壤有机质含量变化情况

与第二次土壤普查结果比较，耕地的土壤有机质含量总体有明显提高（表 4-8 和图 4-1）。耕地土壤有机质含量 ≥ 40.0 mg/kg 的比例由第二次土壤普查时的 10.76% 下降到

6.10%，下降了 4.66 个百分点；有机质含量 30.0 ～ 40.0 mg/kg 的比例由第二次土壤普查时的 22.39% 上升到 38.96%，上升了 16.57 个百分点；有机质含量 20.0 ～ 30.0 mg/kg 的比例由第二次土壤普查时的 39.65% 上升到 52.22%，上升了 12.57 个百分点；有机质含量范围在 10.0 ～ 20.0 mg/kg 的比例由第二次土壤普查时的 22.29% 下降为 2.72%，下降了 19.57 个百分点；有机质含量＜ 10.0 mg/kg 的比例由第二次土壤普查的 4.91% 下降为 0，下降了 4.91 个百分点。

表 4-8　本次调查与第二次土壤普查耕地土壤有机质含量分级统计表

含量（mg/kg）	面积及占比	水田		旱地		合计	
		本次调查	二次普查	本次调查	二次普查	本次调查	二次普查
≥ 40.0	面积（万亩）	258.73	327.84	144.59	75.68	403.33	403.53
	占比（%）	8.60	13.64	4.02	5.62	6.10	10.76
30.0 ～<40.0	面积（万亩）	1441.55	642.71	1132.09	196.89	2573.64	839.60
	占比（%）	47.92	26.74	31.46	14.63	38.96	22.39
20.0 ～<30.0	面积（万亩）	1260.47	1012.43	2189.51	474.19	3449.97	1486.62
	占比（%）	41.90	42.12	60.84	35.24	52.22	39.65
10.0 ～<20.0	面积（万亩）	47.32	388.89	132.43	446.7	179.75	835.59
	占比（%）	1.57	16.18	3.68	33.20	2.72	22.29
＜10.0	面积（万亩）	0	31.82	0	152.15	0	183.97
	占比（%）	0	1.32	0	11.31	0	4.91
≥ 40.0	增加（+）或减少（-）的百分点数	−5.04	−	−1.60	−	−4.66	−
30.0 ～<40.0		21.18	−	16.83	−	16.57	−
20.0 ～<30.0		−0.22	−	25.60	−	12.57	−
10.0 ～<20.0		−14.61	−	−29.52	−	−19.57	−
＜ 10.0		−1.32	−	−11.31	−	−4.91	−

水田土壤有机质含量≥ 40.0 mg/kg 的比例由第二次土壤普查时的 13.64% 下降为 8.60%，下降了 5.04 个百分点；有机质含量范围在 30.0 ～ 40.0 mg/kg 的比例由第二次土壤普查时的 26.74% 上升到 47.92%，上升了 21.18 个百分点；有机质含量 20.0 ～ 30.0 mg/kg 的比例由第二次土壤普查的 42.12% 下降为 41.90%，下降了 0.22 个百分点；有机质含量范围在 10.0 ～ 20.0 mg/kg 的比例由第二次土壤普查时的 16.18% 下降为 1.57%，下降了 14.61 个百分点；有机质含量＜ 10.0 mg/kg 的比例由第二次土壤普查的 1.32% 下降为 0，下降了 1.32 个百分点。

旱地土壤有机质含量≥ 40.0 mg/kg 的比例由第二次土壤普查时的 5.62% 下降为 4.02%，下降了 1.60 个百分点；有机质含量范围在 30.0 ～ 40.0 mg/kg 的比例由第二次土壤普查时的 14.63% 上升到 31.46%，上升了 16.83 个百分点；有机质含量 20.0 ～ 30.0 mg/kg 的比例由第二次土壤普查的 35.24% 上升到 60.84%，上升了 25.60 个百分点；有机质含量范围在 10.0 ～ 20.0 mg/kg 的比例由第二次土壤普查时的 33.20% 下降为 3.68%，下降了 29.52 个百分点；有机质含量＜ 10.0 mg/kg 的比例由第二次土壤普查的 11.31% 下降为 0，下降了 11.31 个百分点。

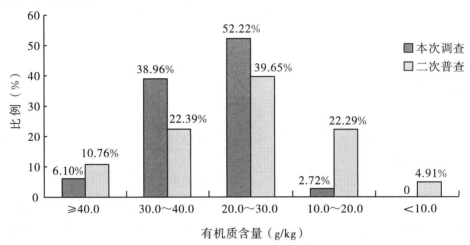

图 4-1　本次调查与第二次土壤普查耕地土壤有机质含量变化图

二、土壤全氮

氮素是作物生长所需的大量营养元素之一，在土壤肥力中起重要作用。土壤氮分为有机态和无机态两部分，两部分之和称为土壤全氮。土壤全氮含量是评价土壤肥力和合理使用氮肥的主要依据，是反映耕地地力的重要指标。

（一）耕地土壤全氮含量

用于耕地质量评价的 46276 个耕地土壤样品分析化验结果表明，广西耕地土壤全氮含量范围在 0.53 ～ 3.36 g/kg，平均值为 1.76 g/kg。结合多年来田间试验结果及专家建议，把广西耕地土壤全氮含量划分为 5 级（见表 4-9）。土壤全氮含量处于高、极高水平（≥ 1.50 g/kg）的面积共有 4548.88 万亩，占耕地总面积的 68.86%，其中，极高含量（≥ 2.50 g/kg）的面积为 154.44 万亩，占耕地总面积的 2.34%；高含量（1.50 ～ 2.50 g/kg）的面积 4394.44 万亩，占耕地总面积的 66.52%。土壤全氮含量处于中等水平（1.00 ～ 1.50 g/kg）的面积共有 1987.04 万亩，占耕地总面积的 30.08%。土壤全氮含量处于低、极低水平（＜ 1.00 g/kg）的面积共有 70.76 万亩，占耕地总面积的 1.07%，其中，低含量（0.75 ～ 1.00 g/kg）的面积为 68.96 万亩，占耕地总面积的 1.04%；极低含量（＜ 0.75 g/kg）的面积为 1.80 万亩，占耕地总面积的 0.03%。

表 4-9 广西耕地土壤全氮含量状况

行政区	范围（g/kg）	平均值（g/kg）	各等级面积及占比						合计（万亩）
			等级	1	2	3	4	5	
			范围（g/kg）	≥ 2.50	1.50 ～ < 2.50	1.00 ～ < 1.50	0.75 ～ < 1.00	< 0.75	
			等级描述	极高	高	中等	低	极低	
百色市	0.85 ～ 3.36	1.89	面积（万亩）	58.77	509.66	104.28	0.63	－	673.34
			占比（%）	8.73	75.69	15.49	0.09	－	－
北海市	0.62 ～ 1.97	1.25	面积（万亩）	－	26.76	126.10	32.28	1.30	186.44
			占比（%）	－	14.36	67.64	17.31	0.69	－
崇左市	0.53 ～ 3.21	1.63	面积（万亩）	4.87	466.23	304.80	3.52	0.40	779.82
			占比（%）	0.62	59.79	39.09	0.45	0.05	－
防城港市	0.72 ～ 2.17	1.51	面积（万亩）	－	42.74	92.91	1.54	0.11	137.30
			占比（%）	－	31.13	67.67	1.12	0.08	－
贵港市	0.77 ～ 2.93	1.63	面积（万亩）	2.28	310.24	166.93	2.24	－	481.68
			占比（%）	0.47	64.41	34.65	0.46	－	－
桂林市	1.06 ～ 3.24	2.09	面积（万亩）	48.58	428.56	17.33	－	－	494.46
			占比（%）	9.82	86.67	3.50	－	－	－
河池市	1.01 ～ 2.91	1.87	面积（万亩）	10.59	457.84	92.84	－	－	561.27
			占比（%）	1.89	81.57	16.54	－	－	－
贺州市	0.98 ～ 3.02	1.77	面积（万亩）	6.74	190.98	46.81	0.06	－	244.59
			占比（%）	2.75	78.08	19.14	0.03	－	－
来宾市	0.90 ～ 2.96	1.65	面积（万亩）	5.42	328.98	275.93	0.86	－	611.19
			占比（%）	0.89	53.83	45.15	0.14	－	－
柳州市	0.87 ～ 3.08	1.78	面积（万亩）	10.65	350.36	162.52	1.45	－	524.97
			占比（%）	2.03	66.74	30.96	0.28	－	－
南宁市	0.82 ～ 2.92	1.6	面积（万亩）	1.16	641.22	356.26	25.49	－	1024.13
			占比（%）	0.11	62.61	34.79	2.49	－	－
钦州市	0.94 ～ 2.64	1.69	面积（万亩）	0.16	232.21	85.83	0.48	－	318.68
			占比（%）	0.05	72.87	26.93	0.15	－	－
梧州市	1.10 ～ 2.70	2.01	面积（万亩）	5.23	182.94	19.52	－	－	207.69
			占比（%）	2.52	88.08	9.40	－	－	－
玉林市	0.97 ～ 2.41	1.61	面积（万亩）	－	225.72	134.99	0.41	－	361.13
			占比（%）	－	62.50	37.38	0.11	－	－
广西	0.53 ～ 3.36	1.76	面积（万亩）	154.44	4394.44	1987.04	68.96	1.81	6606.69
			占比（%）	2.34	66.52	30.08	1.04	0.03	－

广西绝大部分耕地土壤全氮含量处于中等偏高水平。全氮含量高耕地占比大的地区有梧州市、桂林市、河池市、贺州市、百色市、钦州市、柳州市、贵港市、南宁市、玉林市、崇左市、来宾市；全氮含量中等耕地占比大的地区有防城港市和北海市。

从各市耕地土壤全氮含量分布来看，桂林市、梧州市、百色市、河池市、贺州市、钦州市的大部分耕地土壤全氮含量属于高水平以上；玉林市、来宾市、柳州市、贵港市、崇左市、防城港市、南宁市、北海市的耕地土壤全氮含量总体属于中等偏高水平（≥ 1.00 g/kg）。

（二）不同利用类型耕地土壤全氮含量

1. 水田土壤全氮含量

广西水田土壤全氮含量范围在 0.53 ～ 3.36 g/kg，平均值为 1.83 g/kg（见表 4–10）。土壤全氮含量处于高、极高水平的面积共有 2398.70 万亩，占水田总面积的 79.74%，其中，极高含量的面积为 96.63 万亩，占水田总面积的 3.21%；高含量的面积为 2302.07 万亩，占水田总面积的 76.53%。土壤全氮含量处于中等水平的面积共有 589.66 万亩，占水田总面积的 19.60%。土壤全氮含量处于低、极低水平的面积共有 19.71 万亩，占水田总面积的 0.65%，其中，低含量的面积为 19.31 万亩，占水田总面积的 0.64%；极低含量的面积为 0.40 万亩，占水田总面积的 0.01%。广西水田土壤全氮含量总体属于高水平，平均值比广西耕地土壤全氮含量平均值高 0.07 g/kg。但玉林市、防城港市和北海市多数水田土壤全氮含量属于中等偏高水平。

表 4–10　广西水田土壤全氮含量状况

行政区	范围（g/kg）	平均值（g/kg）	各等级面积及占比						合计（万亩）
			等级	1	2	3	4	5	
			范围（g/kg）	≥ 2.50	1.50 ～ < 2.50	1.00 ～ < 1.50	0.75 ～ < 1.00	< 0.75	
			等级描述	极高	高	中等	低	极低	
百色市	1.01 ～ 3.36	1.91	面积（万亩）	23.30	196.40	27.01	－	－	246.71
			占比（%）	9.44	79.61	10.95	－	－	－
北海市	0.76 ～ 1.86	1.28	面积（万亩）	－	11.34	52.42	8.47	－	72.23
			占比（%）	－	15.70	72.58	11.72	－	－
崇左市	0.53 ～ 3.21	1.68	面积（万亩）	4.84	112.92	48.67	2.92	0.40	169.75
			占比（%）	2.85	66.52	28.67	1.72	0.23	－
防城港市	0.91 ～ 2.17	1.58	面积（万亩）	－	27.77	34.32	1.12	－	63.21
			占比（%）	－	43.93	54.30	1.77	－	－
贵港市	0.89 ～ 2.93	1.67	面积（万亩）	2.28	182.37	80.94	1.65	－	267.23
			占比（%）	0.85	68.24	30.29	0.62	－	－

续表

行政区	范围（g/kg）	平均值（g/kg）	各等级面积及占比						合计（万亩）
			等级	1	2	3	4	5	
			范围（g/kg）	≥ 2.50	1.50 ~ < 2.50	1.00 ~ < 1.50	0.75 ~ < 1.00	< 0.75	
			等级描述	极高	高	中等	低	极低	
桂林市	1.06 ~ 3.09	2.1	面积（万亩）	32.92	358.58	10.67	—	—	402.17
			占比（%）	8.19	89.16	2.65	—	—	—
河池市	1.10 ~ 2.91	1.94	面积（万亩）	10.08	192.00	11.49	—	—	213.56
			占比（%）	4.72	89.90	5.38	—	—	—
贺州市	1.20 ~ 3.02	1.78	面积（万亩）	3.61	122.21	20.97	—	—	146.79
			占比（%）	2.46	83.26	14.28	—	—	—
来宾市	1.12 ~ 2.96	1.81	面积（万亩）	3.07	126.02	33.73	—	—	162.82
			占比（%）	1.88	77.40	20.72	—	—	—
柳州市	1.03 ~ 3.08	1.93	面积（万亩）	10.65	209.34	24.44	—	—	244.43
			占比（%）	4.36	85.65	10.00	—	—	—
南宁市	0.93 ~ 2.92	1.73	面积（万亩）	1.16	257.08	94.75	4.27	—	357.25
			占比（%）	0.32	71.96	26.52	1.19	—	—
钦州市	0.94 ~ 2.64	1.73	面积（万亩）	0.16	152.18	40.34	0.48	—	193.16
			占比（%）	0.08	78.78	20.89	0.25	—	—
梧州市	1.23 ~ 2.70	2.02	面积（万亩）	4.57	147.52	7.37	—	—	159.46
			占比（%）	2.87	92.51	4.62	—	—	—
玉林市	0.97 ~ 2.41	1.62	面积（万亩）	—	206.35	102.54	0.41	—	309.30
			占比（%）	—	66.72	33.15	0.13	—	—
广西	0.53 ~ 3.36	1.83	面积（万亩）	96.63	2302.07	589.66	19.31	0.40	3008.07
			占比（%）	3.21	76.53	19.60	0.64	0.01	—

2. 旱地土壤全氮含量

广西旱地土壤全氮含量范围在 0.62 ~ 3.24 g/kg，平均值为 1.58 g/kg（见表 4–11）。土壤全氮含量处于高、极高水平的面积共有 2150.18 万亩，占旱地总面积的 59.75%，其中，极高含量的面积为 57.81 万亩，占旱地总面积的 1.61%；高含量的面积为 2092.37 万亩，占旱地总面积的 58.14%。土壤全氮含量处于中等水平的面积共有 1397.38 万亩，占旱地总面积的 38.83%。土壤全氮含量处于低、极低水平的面积共有 51.06 万亩，占旱地总面积的 1.42%，其中，低含量的面积为 49.65 万亩，占旱地总面积的 1.38%；极低含量的面积为 1.41 万亩，占旱地总面积的 0.04%。广西旱地土壤全氮含量总体属于中等偏高水平，平均值比广西耕地土壤全氮含量平均值低 0.18 g/kg。桂林市、百色市、河池市、梧州市、贺州市等市的旱地土壤全氮含量等级为高水平，所占比例都超过 70.00%。

表 4-11　广西旱地土壤全氮含量状况

行政区	范围（g/kg）	平均值（g/kg）	各等级面积及占比						合计（万亩）
			等级	1	2	3	4	5	
			范围（g/kg）	≥ 2.50	1.50～<2.50	1.00～<1.50	0.75～<1.00	<0.75	
			等级描述	极高	高	中等	低	极低	
百色市	0.85～3.00	1.83	面积（万亩）	35.48	313.26	77.26	0.63	–	426.63
			占比（%）	8.32	73.43	18.11	0.15	–	–
北海市	0.62～1.97	1.22	面积（万亩）	–	15.42	73.68	23.81	1.30	114.21
			占比（%）	–	13.50	64.51	20.85	1.13	–
崇左市	0.85～2.79	1.59	面积（万亩）	0.03	353.31	256.13	0.60	–	610.07
			占比（%）	0.01	57.91	41.98	0.10	–	–
防城港市	0.72～1.83	1.32	面积（万亩）	–	14.97	58.59	0.42	0.11	74.09
			占比（%）	–	20.21	79.07	0.57	0.15	–
贵港市	0.77～2.47	1.58	面积（万亩）	–	127.87	85.99	0.59	–	214.45
			占比（%）	–	59.63	40.10	0.28	–	–
桂林市	1.09～3.24	2.02	面积（万亩）	15.66	69.98	6.66	–	–	92.29
			占比（%）	16.96	75.82	7.21	–	–	–
河池市	1.01～2.54	1.73	面积（万亩）	0.51	265.85	81.36	–	–	347.71
			占比（%）	0.15	76.46	23.40	–	–	–
贺州市	0.98～2.88	1.73	面积（万亩）	3.13	68.77	25.84	0.06	–	97.80
			占比（%）	3.20	70.32	26.42	0.07	–	–
来宾市	0.90～2.67	1.56	面积（万亩）	2.35	202.96	242.20	0.86	–	448.37
			占比（%）	0.53	45.27	54.02	0.19	–	–
柳州市	0.87～2.35	1.56	面积（万亩）	–	141.02	138.08	1.45	–	280.55
			占比（%）	–	50.26	49.22	0.52	–	–
南宁市	0.82～2.44	1.50	面积（万亩）	–	384.15	261.51	21.22	–	666.88
			占比（%）	–	57.60	39.21	3.18	–	–
钦州市	1.02～2.22	1.58	面积（万亩）	–	80.03	45.49	–	–	125.52
			占比（%）	–	63.76	36.24	–	–	–
梧州市	1.1～2.55	1.84	面积（万亩）	0.66	35.42	12.15	–	–	48.23
			占比（%）	1.36	73.44	25.20	–	–	–

续表

行政区	范围（g/kg）	平均值（g/kg）	各等级面积及占比						合计（万亩）
			等级	1	2	3	4	5	
			范围（g/kg）	≥ 2.50	1.50 ～ < 2.50	1.00 ～ < 1.50	0.75 ～ < 1.00	< 0.75	
			等级描述	极高	高	中等	低	极低	
玉林市	1.22 ～ 1.92	1.49	面积（万亩）	–	19.37	32.46	–	–	51.82
			占比（%）	–	37.37	62.63	–	–	
广西	0.62 ～ 3.24	1.58	面积（万亩）	57.81	2092.37	1397.38	49.65	1.41	3598.62
			占比（%）	1.61	58.14	38.83	1.38	0.04	–

3. 不同成土母质发育的耕地土壤中的全氮含量

不同成土母质所形成的土壤，其全氮含量有一定差异（见表4-12）。花岗岩、洪积物、石灰岩、砂页岩、河流冲积物、第四纪红土等成土母质发育的土壤耕层全氮含量较高，玄武岩、紫色砂页岩、滨海沉积物等成土母质发育的土壤耕层全氮含量多数为中等水平，而硅质页岩母质发育的土壤耕层全氮含量为中等偏高水平。

表 4-12 不同成土母质发育的土壤全氮含量分布状况

成土母质	范围（g/kg）	平均值（g/kg）	各等级面积及占比						合计（万亩）
			等级	1	2	3	4	5	
			范围（g/kg）	≥ 2.50	1.50 ～ < 2.50	1.00 ～ < 1.50	0.75 ～ < 1.00	< 0.75	
			等级描述	极高	高	中等	低	极低	
滨海沉积物	0.62 ～ 2.13	1.34	面积（万亩）	–	16.79	81.09	24.45	1.30	123.63
			占比（%）		13.58	65.59	19.78	1.05	
第四纪红土	0.77 ～ 3.24	1.66	面积（万亩）	14.14	1423.02	777.69	19.58	–	2234.43
			占比（%）	0.63	63.69	34.80	0.88	–	
硅质页岩	0.85 ～ 2.85	1.53	面积（万亩）	1.08	174.63	231.40	1.29	–	408.39
			占比（%）	0.26	42.76	56.66	0.32	–	
河流冲积物	0.92 ～ 2.76	1.72	面积（万亩）	3.80	189.96	81.91	6.70	–	282.36
			占比（%）	1.35	67.27	29.01	2.37	–	
洪积物	1.01 ～ 2.99	1.79	面积（万亩）	2.72	76.86	13.45	–	–	93.03
			占比（%）	2.92	82.62	14.46	–	–	
花岗岩	0.94 ～ 3.02	1.85	面积（万亩）	9.15	364.74	57.92	0.48	–	432.30
			占比（%）	2.12	84.37	13.40	0.11	–	

续表

成土母质	范围（g/kg）	平均值（g/kg）	各等级面积及占比						合计（万亩）
			等级	1	2	3	4	5	
			范围（g/kg）	≥ 2.50	1.50 ～ < 2.50	1.00 ～ < 1.50	0.75 ～ < 1.00	< 0.75	
			等级描述	极高	高	中等	低	极低	
砂页岩	0.80 ～ 2.97	1.81	面积（万亩）	20.80	1016.22	285.78	10.11	－	1332.92
			占比（%）	1.56	76.24	21.44	0.76	－	
石灰岩	0.53 ～ 3.36	1.94	面积（万亩）	101.93	976.21	190.87	1.40	0.40	1270.79
			占比（%）	8.02	76.82	15.02	0.11	0.03	－
玄武岩	0.82 ～ 1.47	1.18	面积（万亩）	－	－	1.57	0.48	－	2.05
			占比（%）	－	－	76.68	23.32	－	－
紫色砂页岩	0.72 ～ 2.67	1.53	面积（万亩）	0.82	156.02	265.35	4.49	0.11	426.79
			占比（%）	0.19	36.56	62.17	1.05	0.03	－

4. 土壤全氮含量变化情况

与第二次土壤普查结果比较，耕地的土壤全氮含量总体有明显提高（见表 4-13 和图 4-2）。耕地土壤全氮含量 ≥ 1.50 g/kg 的比例由第二次土壤普查时的 41.46% 上升到 68.86%，上升了 27.40 个百分点；全氮含量范围在 1.00 ～ 1.50 g/kg 的比例由第二次土壤普查时的 34.32% 下降为 30.08%，下降了 4.24 个百分点；全氮含量范围在 0.75 ～ 1.00 g/kg 的比例由第二次土壤普查时的 13.56% 下降为 1.04%，下降了 12.52 个百分点；全氮含量 < 0.75 g/kg 的比例由第二次土壤普查的 10.66% 下降为 0.03%，下降了 10.63 个百分点。

水田土壤全氮含量 ≥ 1.50 g/kg 的比例由第二次土壤普查时的 47.24% 上升到 79.74%，上升了 32.50 个百分点；全氮含量范围在 1.00 ～ 1.50 g/kg 的比例由第二次土壤普查时的 36.52% 下降为 19.60%，下降了 16.92 个百分点；全氮含量范围在 0.75 ～ 1.00 g/kg 的比例由第二次土壤普查时的 11.81% 下降为 0.64%，下降了 11.17 个百分点；全氮含量 < 0.75 g/kg 的比例由第二次土壤普查的 4.43% 下降为 0.01%，下降了 4.42 个百分点。

旱地土壤全氮含量 ≥ 1.50 g/kg 的比例由第二次土壤普查时的 31.02% 上升到 59.75%，上升了 28.73 个百分点；全氮含量范围在 1.00 ～ 1.50 g/kg 的比例由第二次土壤普查时的 30.34% 上升到 38.83%，上升了 8.49 个百分点；全氮含量范围在 0.75 ～ 1.00 g/kg 的比例由第二次土壤普查时的 16.73% 下降为 1.38%，下降了 15.35 个百分点；全氮含量 < 0.75 g/kg 的比例由第二次土壤普查时的 21.92% 下降为 0.04%，下降了 21.88 个百分点。

表 4-13 本次调查与第二次土壤普查耕地土壤全氮含量分级统计表

含量（g/kg）	面积及占比	水田		旱地		合计	
		本次调查	二次普查	本次调查	二次普查	本次调查	二次普查
≥ 1.50	面积（万亩）	2398.70	1167.11	2150.18	424.21	4548.88	1591.32
	占比（%）	79.74	47.24	59.75	31.02	68.86	41.46
1.00 ~ < 1.50	面积（万亩）	589.66	902.38	1397.38	414.93	1987.04	1317.31
	占比（%）	19.60	36.52	38.83	30.34	30.08	34.32
0.75 ~ < 1.00	面积（万亩）	19.31	291.79	49.65	228.82	68.96	520.61
	占比（%）	0.64	11.81	1.38	16.73	1.04	13.56
< 0.75	面积（万亩）	0.40	109.46	1.41	299.77	1.81	409.22
	占比（%）	0.01	4.43	0.04	21.92	0.03	10.66
≥ 1.50	增加（＋）或减少（－）的百分点数	32.50	–	28.73	–	27.40	–
1.00 ~ < 1.50		–16.92	–	8.49	–	–4.24	–
0.75 ~ < 1.00		–11.17	–	–15.35	–	–12.52	–
< 0.75		–4.42	–	–21.88	–	–10.63	–

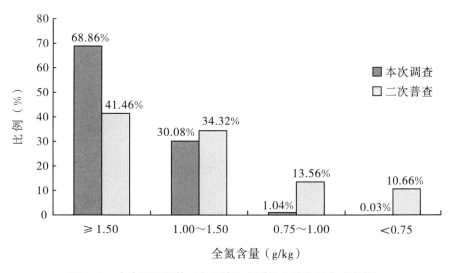

图 4-2 本次调查与第二次土壤普查耕地土壤全氮含量变化图

三、土壤有效磷

磷是作物生长必需的大量营养元素之一，在土壤肥力中起重要作用。土壤中的磷主要来自成土母质、有机质和所施用的磷肥。土壤有效磷含量是评价土壤肥力和合理施用磷肥的主要依据，是反映耕地地力的重要指标。

（一）耕地土壤有效磷含量

广西耕地土壤有效磷含量范围在 4.8 ～ 49.7 mg/kg，平均值为 18.7 mg/kg（见表 4-14）。土壤有效磷含量处于高、极高水平（≥ 20.0 mg/kg）的面积共有 2425.83 万亩，占耕地总面积的 36.72%，其中，极高含量（≥ 30.0 mg/kg）的面积为 279.17 万亩，占耕地总面积的 4.23%；高含量（20.0 ～ 30.0 mg/kg）的面积为 2146.66 万亩，占耕地总面积的 32.49%。土壤有效磷含量处于中等水平（10.0 ～ 20.0 mg/kg）的面积共有 3758.07 万亩，占耕地总面积的 56.88%。土壤有效磷含量处于低、极低水平（＜ 10.0 mg/kg）的共有 422.78 万亩，占耕地总面积的 6.40%，其中，低含量（5.0 ～ 10.0 mg/kg）的面积为 422.39 万亩，占耕地总面积的 6.39%；极低含量（＜ 5.0 mg/kg）的面积为 0.39 万亩，占耕地总面积的 0.01%。

表 4-14　广西耕地土壤有效磷含量状况

行政区	范围（mg/kg）	平均值（mg/kg）	各等级面积及占比						合计（万亩）
			等级	1	2	3	4	5	
			范围（mg/kg）	≥ 30.0	20.0 ～ < 30.0	10.0 ～ < 20.0	5.0 ～ < 10.0	< 5.0	
			等级描述	极高	高	中等	低	极低	
百色市	5.4 ～ 48.0	14.9	面积（万亩）	22.93	84.14	452.78	113.50	–	673.34
			占比（%）	3.41	12.50	67.24	16.86	–	–
北海市	10.5 ～ 49.7	26.1	面积（万亩）	50.16	96.95	39.33	–	–	186.44
			占比（%）	26.90	52.00	21.09	–	–	–
崇左市	5.0 ～ 33.2	16.0	面积（万亩）	3.19	202.82	476.74	97.07	–	779.82
			占比（%）	0.41	26.01	61.13	12.45	–	–
防城港市	5.6 ～ 32.7	16.0	面积（万亩）	0.75	24.44	96.43	15.67	–	137.30
			占比（%）	0.55	17.80	70.24	11.41	–	–
贵港市	6.6 ～ 34.0	18.2	面积（万亩）	1.10	159.64	314.31	6.64	–	481.68
			占比（%）	0.23	33.14	65.25	1.38	–	–
桂林市	8.0 ～ 48.1	18.6	面积（万亩）	15.74	133.47	330.01	15.24	–	494.46
			占比（%）	3.18	26.99	66.74	3.08	–	–
河池市	4.8 ～ 37.1	16.1	面积（万亩）	7.65	179.69	288.06	85.48	0.39	561.27
			占比（%）	1.36	32.02	51.32	15.23	0.07	–
贺州市	7.3 ～ 40.4	19	面积（万亩）	2.71	70.51	168.14	3.22	–	244.59
			占比（%）	1.11	28.83	68.75	1.32	–	–

续表

行政区	范围（mg/kg）	平均值（mg/kg）	各等级面积及占比						合计（万亩）
			等级	1	2	3	4	5	
			范围（mg/kg）	≥ 30.0	20.0 ～ < 30.0	10.0 ～ < 20.0	5.0 ～ < 10.0	< 5.0	
			等级描述	极高	高	中等	低	极低	
来宾市	6.7 ～ 43.1	17.2	面积（万亩）	32.42	128.65	429.25	20.87	–	611.19
			占比（%）	5.30	21.05	70.23	3.41	–	–
柳州市	7.5 ～ 38.1	19.5	面积（万亩）	14.22	250.73	255.73	4.29	–	524.97
			占比（%）	2.71	47.76	48.71	0.82	–	–
南宁市	6.4 ～ 38.0	18.8	面积（万亩）	55.21	378.47	543.66	46.80	–	1024.13
			占比（%）	5.39	36.96	53.08	4.57	–	–
钦州市	6.6 ～ 43.8	20.7	面积（万亩）	30.34	109.55	169.75	9.04	–	318.68
			占比（%）	9.52	34.38	53.27	2.84	–	–
梧州市	7.2 ～ 41.8	21.0	面积（万亩）	10.40	89.19	103.52	4.58	–	207.69
			占比（%）	5.01	42.94	49.85	2.20	–	–
玉林市	10.1 ～ 40.0	23.6	面积（万亩）	32.34	238.43	90.35	–	–	361.13
			占比（%）	8.96	66.02	25.02	–	–	–
广西	4.8 ～ 49.7	18.7	面积（万亩）	279.17	2146.66	3758.07	422.39	0.39	6606.69
			占比（%）	4.23	32.49	56.88	6.39	0.01	

广西绝大部分耕地土壤有效磷含量处于中等偏高水平（≥ 10.0 mg/kg），占 93.60%。其中，有效磷含量极高耕地占比大的地区主要是北海市；有效磷含量高耕地占比大的地区主要有玉林市和北海市；有效磷含量中等耕地占比大的地区有防城港市、来宾市、贺州市、百色市、桂林市、贵港市、崇左市、钦州市、南宁市、河池市等等；有效磷含量低的地区除北海市和玉林市外，在广西都有分布；有效磷含量极低的耕地只在河池市有零星分布。

从各市耕地土壤有效磷含量分布来看，北海市和玉林市的 70.00% 以上耕地土壤有效磷含量属于高水平以上；柳州市、贺州市、贵港市、梧州市、钦州市、桂林市、来宾市和南宁市 95.00% 以上的耕地土壤有效磷含量属于中等偏高水平；其余 4 个市的耕地土壤有效磷含量以中等水平为主。

（二）不同利用类型耕地土壤有效磷含量

1. 水田土壤有效磷含量

广西水田土壤有效磷含量范围在 5.2 ～ 49.7 mg/kg，平均值为 18.8 mg/kg（见表

4-15）。土壤有效磷含量处于高、极高水平的面积共有 1156.36 万亩，占水田总面积的 38.44%，其中，极高含量的面积为 117.12 万亩，占水田总面积的 3.89%；高含量的面积 为 1039.24 万亩，占水田总面积的 34.55%。土壤有效磷含量处于中等水平的面积共有 1700.59 万亩，占水田总面积的 56.53%。土壤有效磷含量处于低水平的面积共有 151.12 万亩，占水田总面积的 5.02%；广西没有土壤有效磷为极低含量（< 5.0 mg/kg）的水田。 广西水田土壤有效磷含量总体属于中等偏高水平，平均值比耕地土壤有效磷含量平均值 高 0.1 mg/kg。但玉林和北海市超过 75.00% 的水田土壤有效磷含量属于高水平以上。

表 4-15　广西水田土壤有效磷含量状况

行政区	范围（mg/kg）	平均值（mg/kg）	各等级面积及占比						合计（万亩）
			等级	1	2	3	4	5	
			范围（mg/kg）	≥ 30.0	20.0 ～ < 30.0	10.0 ～ < 20.0	5.0 ～ < 10.0	< 5.0	
			等级描述	极高	高	中等	低	极低	
百色市	5.4 ～ 34.7	14.7	面积（万亩）	2.05	41.24	157.43	45.97	－	246.71
			占比（%）	0.83	16.72	63.81	18.64	－	
北海市	12 ～ 49.7	25.3	面积（万亩）	14.07	44.10	14.06	－	－	72.23
			占比（%）	19.49	61.05	19.47	－	－	
崇左市	5.2 ～ 32.9	15.8	面积（万亩）	1.58	44.83	105.05	18.30	－	169.75
			占比（%）	0.93	26.41	61.88	10.78	－	
防城港市	5.6 ～ 32.7	16.8	面积（万亩）	0.71	17.27	40.75	4.47	－	63.21
			占比（%）	1.13	27.33	64.48	7.07	－	
贵港市	9.4 ～ 33.4	18.0	面积（万亩）	0.86	86.82	177.15	2.40	－	267.23
			占比（%）	0.32	32.49	66.29	0.90	－	
桂林市	8.0 ～ 43.8	18.7	面积（万亩）	6.88	115.44	276.68	3.17	－	402.17
			占比（%）	1.71	28.70	68.80	0.79	－	
河池市	5.2 ～ 37.0	15.7	面积（万亩）	3.34	43.30	129.32	37.60	－	213.56
			占比（%）	1.56	20.27	60.56	17.60	－	
贺州市	7.3 ～ 40.4	19.3	面积（万亩）	2.71	53.64	88.60	1.83	－	146.79
			占比（%）	1.85	36.54	60.36	1.25	－	
来宾市	8.8 ～ 41.8	16.3	面积（万亩）	3.09	21.76	131.81	6.16	－	162.82
			占比（%）	1.90	13.37	80.95	3.79	－	
柳州市	7.5 ～ 33.8	18.5	面积（万亩）	4.37	83.21	155.24	1.60	－	244.43
			占比（%）	1.79	34.04	63.51	0.65	－	
南宁市	6.9 ～ 36.4	19.3	面积（万亩）	24.78	152.49	159.02	20.95	－	357.25
			占比（%）	6.94	42.69	44.51	5.86	－	

续表

行政区	范围（mg/kg）	平均值（mg/kg）	各等级面积及占比						合计（万亩）
			等级	1	2	3	4	5	
			范围（mg/kg）	≥ 30.0	20.0～< 30.0	10.0～< 20.0	5.0～< 10.0	< 5.0	
			等级描述	极高	高	中等	低	极低	
钦州市	6.6～43.8	20.4	面积（万亩）	15.93	56.93	112.75	7.56	–	193.16
			占比（%）	8.24	29.47	58.37	3.91	–	–
梧州市	8.6～41.8	21.2	面积（万亩）	10.40	71.26	76.68	1.12	–	159.46
			占比（%）	6.52	44.69	48.08	0.71	–	–
玉林市	10.1～40.0	23.7	面积（万亩）	26.32	206.95	76.03	–	–	309.30
			占比（%）	8.51	66.91	24.58	–	–	–
广西	5.2～49.7	18.8	面积（万亩）	117.12	1039.24	1700.59	151.12	–	3008.07
			占比（%）	3.89	34.55	56.53	5.02	–	–

2. 旱地土壤有效磷含量

广西旱地土壤有效磷含量范围在 4.8～48.7 mg/kg，平均值为 18.4 mg/kg（见表 4-16）。土壤有效磷含量处于高、极高水平的面积共有 1269.48 万亩，占旱地总面积的 35.27%，其中，极高含量的面积为 162.06 万亩，占旱地总面积的 4.50%；高含量的面积为 1107.42 万亩，占旱地总面积的 30.77%。土壤有效磷含量处于中等水平的面积共有 2057.48 万亩，占旱地总面积的 57.17%。土壤有效磷含量处于低、极低水平的面积共有 271.66 万亩，占旱地总面积的 7.55%，其中，低含量的面积为 271.27 万亩，占旱地总面积的 7.54%；极低含量的面积为 0.39 万亩，占旱地总面积的 0.01%。广西旱地土壤有效磷含量总体属于中等偏高水平，平均值比耕地土壤有效磷含量平均值低 0.3 mg/kg。北海市和玉林市 70.00% 以上的旱地土壤有效磷含量属于高水平以上，柳州市超过 60.00% 的旱地土壤有效磷含量属于高水平以上。

表 4-16　广西旱地土壤有效磷含量状况

行政区	范围（mg/kg）	平均值（mg/kg）	各等级面积及占比						合计（万亩）
			等级	1	2	3	4	5	
			范围（mg/kg）	≥ 30.0	20.0～< 30.0	10.0～< 20.0	5.0～< 10.0	< 5.0	
			等级描述	极高	高	中等	低	极低	
百色市	5.9～48.0	15.6	面积（万亩）	20.87	42.90	295.34	67.52	–	426.63
			占比（%）	4.89	10.05	69.23	15.83	–	–
北海市	10.5～48.7	27.1	面积（万亩）	36.09	52.86	25.26	–	–	114.21
			占比（%）	31.60	46.28	22.12	–	–	–

续表

行政区	范围（mg/kg）	平均值（mg/kg）	各等级面积及占比						合计（万亩）
			等级	1	2	3	4	5	
			范围（mg/kg）	≥ 30.0	20.0 ～< 30.0	10.0 ～< 20.0	5.0 ～< 10.0	< 5.0	
			等级描述	极高	高	中等	低	极低	
崇左市	5.0 ～ 33.2	16.1	面积（万亩）	1.61	157.99	371.69	78.77	－	610.07
			占比（%）	0.26	25.90	60.93	12.91	－	－
防城港市	7.0 ～ 31.8	14.0	面积（万亩）	0.04	7.17	55.68	11.20	－	74.09
			占比（%）	0.05	9.68	75.15	15.12	－	－
贵港市	6.6 ～ 34.0	18.4	面积（万亩）	0.23	72.82	137.16	4.24	－	214.45
			占比（%）	0.11	33.96	63.96	1.98	－	－
桂林市	8.2 ～ 48.1	18.1	面积（万亩）	8.86	18.02	53.33	12.08	－	92.29
			占比（%）	9.60	19.53	57.79	13.09	－	－
河池市	4.8 ～ 37.1	17.1	面积（万亩）	4.31	136.39	158.74	47.89	0.39	347.71
			占比（%）	1.24	39.23	45.65	13.77	0.11	－
贺州市	7.4 ～ 29.9	17.6	面积（万亩）	－	16.87	79.54	1.39	－	97.80
			占比（%）	－	17.25	81.33	1.42	－	－
来宾市	6.7 ～ 43.1	17.7	面积（万亩）	29.33	106.88	297.45	14.71	－	448.37
			占比（%）	6.54	23.84	66.34	3.28	－	－
柳州市	8.2 ～ 38.1	20.9	面积（万亩）	9.85	167.51	100.49	2.69	－	280.55
			占比（%）	3.51	59.71	35.82	0.96	－	－
南宁市	6.4 ～ 38.0	18.5	面积（万亩）	30.42	225.97	384.64	25.85	－	666.88
			占比（%）	4.56	33.89	57.68	3.88	－	－
钦州市	7.0 ～ 39.8	21.6	面积（万亩）	14.42	52.62	57.00	1.49	－	125.52
			占比（%）	11.49	41.92	45.41	1.18	－	－
梧州市	7.2 ～ 30.0	18.6	面积（万亩）	－	17.93	26.85	3.45	－	48.23
			占比（%）	－	37.17	55.67	7.16	－	－
玉林市	13.4 ～ 31.0	22.2	面积（万亩）	6.02	31.48	14.32	－	－	51.82
			占比（%）	11.62	60.75	27.63	－	－	－
广西	4.8 ～ 48.7	18.4	面积（万亩）	162.06	1107.42	2057.48	271.27	0.39	3598.62
			占比（%）	4.50	30.77	57.17	7.54	0.01	－

3. 不同成土母质发育的耕地土壤中的有效磷含量

不同成土母质所形成的土壤，其有效磷含量有一定差异（见表 4-17）。滨海沉积物、花岗岩、河流冲积物、硅质页岩、第四纪红土、石灰岩、洪积物、砂页岩等成土母质发育的土壤耕层有效磷含量处于中等偏高水平；紫色砂页岩和玄武岩母质发育的土壤耕层有效磷含量处于中等水平，所占比例超过 65.00%。

表 4-17　不同成土母质发育的土壤有效磷含量分布状况

成土母质	范围（mg/kg）	平均值（mg/kg）	各等级面积及占比					合计（万亩）
			等级	1	2	3	4	5	
			范围（mg/kg）	≥ 30.0	20.0 ～< 30.0	10.0 ～< 20.0	5.0 ～< 10.0	< 5.0	
			等级描述	极高	高	中等	低	极低	
滨海沉积物	6.6 ～ 48.7	22.5	面积（万亩）	34.35	45.47	42.34	1.48	–	123.63
			占比（%）	27.78	36.78	34.24	1.20	–	–
第四纪红土	4.8 ～ 48.1	18.2	面积（万亩）	87.29	737.98	1281.53	127.24	0.39	2234.43
			占比（%）	3.91	33.03	57.35	5.69	0.02	–
硅质页岩	6.8 ～ 37.8	19.1	面积（万亩）	6.41	162.48	227.48	12.03	–	408.39
			占比（%）	1.57	39.78	55.70	2.95	–	–
河流冲积物	6.7 ～ 48.0	20.4	面积（万亩）	19.64	126.58	128.84	7.30	–	282.36
			占比（%）	6.95	44.83	45.63	2.59	–	–
洪积物	6.8 ～ 37.0	19.2	面积（万亩）	4.14	32.20	50.12	6.57	–	93.03
			占比（%）	4.45	34.61	53.88	7.06	–	–
花岗岩	7.0 ～ 40.4	21.5	面积（万亩）	35.02	209.80	178.79	8.69	–	432.30
			占比（%）	8.10	48.53	41.36	2.01	–	–
砂页岩	5.2 ～ 49.7	18.2	面积（万亩）	49.00	391.11	793.02	99.79	–	1332.92
			占比（%）	3.68	29.34	59.49	7.49	–	–
石灰岩	5.4 ～ 42.0	18.0	面积（万亩）	40.39	380.56	761.22	88.63	–	1270.79
			占比（%）	3.18	29.95	59.90	6.97	–	–
玄武岩	10.5 ～ 20.9	16.6	面积（万亩）	–	0.67	1.38	–	–	2.05
			占比（%）	–	32.56	67.44	–	–	–
紫色砂页岩	5.0 ～ 32.6	15.4	面积（万亩）	2.95	59.82	293.36	70.66	–	426.79
			占比（%）	0.69	14.02	68.74	16.56	–	–

4. 土壤有效磷含量变化情况

与第二次土壤普查结果比较，耕地的土壤有效磷含量总体有明显提高（见表 4-18 和图 4-3）。耕地土壤有效磷含量 ≥ 20.0 mg/kg 的比例由第二次土壤普查时的 4.40% 上升到 36.72%，上升了 32.32 个百分点；有效磷含量范围在 10.0 ～ 20.0 mg/kg 的比例由第二次土壤普查时的 12.18% 上升到 56.88%，上升了 44.70 个百分点；有效磷含量范围在 5.0 ～ 10.0 mg/kg 的比例由第二次土壤普查时的 29.11% 下降为 6.39%，下降了 22.72 个百分点；有效磷含量＜5 mg/kg 的比例由第二次土壤普查的 54.31% 下降为 0.01%，下降了 54.30 个百分点。

表 4-18　本次调查与第二次土壤普查耕地土壤有效磷含量分级统计表

含量（mg/kg）	面积及占比	水田		旱地		合计	
		本次调查	二次普查	本次调查	二次普查	本次调查	二次普查
≥ 20.0	面积（万亩）	1156.40	95.24	1269.50	73.60	2425.80	168.84
	占比（%）	38.44	3.85	35.27	5.38	36.72	4.40
10.0 ～< 20.0	面积（万亩）	1700.60	318.09	2057.50	149.39	3758.10	467.48
	占比（%）	56.53	12.87	57.17	10.92	56.88	12.18
5.0 ～< 10.0	面积（万亩）	151.12	793.37	271.27	324.15	422.39	1117.52
	占比（%）	5.02	32.11	7.54	23.70	6.39	29.11
< 5.0	面积（万亩）	0	1264.03	0.39	820.59	0.39	2084.63
	占比（%）	0	51.16	0.01	60.00	0.01	54.31
≥ 20.0	增加（+）或减少（-）的百分点数	34.59	－	29.89	－	32.32	－
10.0 ～< 20.0		43.66	－	46.25	－	44.70	－
5.0 ～< 100		-27.09	－	-16.16	－	-22.72	－
< 5.0		-51.16	－	-59.99	－	-54.30	－

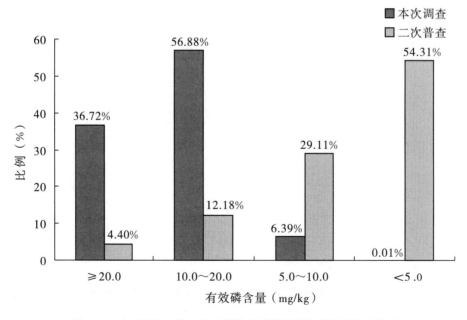

图 4-3　本次调查与第二次土壤普查耕地土壤有效磷含量变化图

　　水田土壤有效磷含量 ≥ 20.0 mg/kg 的比例由第二次土壤普查时的 3.85% 上升到 38.44%，上升了 34.59 个百分点；有效磷含量范围在 10.0 ～ 20.0 mg/kg 的比例由第二次土壤普查时的 12.87% 上升到 56.53%，上升了 43.66 个百分点；有效磷含量范围在

5.0 ～ 10.0 mg/kg 的比例由第二次土壤普查时的 32.11% 下降为 5.02%，下降了 27.09 个百分点；有效磷含量＜ 5.0 mg/kg 的比例由第二次土壤普查时的 51.16% 下降为 0，下降了 51.16 个百分点。

旱地土壤有效磷含量≥ 20.0 mg/kg 的比例由第二次土壤普查时的 5.38% 上升到 35.27%，上升了 29.89 个百分点；有效磷含量范围在 10.0 ～ 20.0 mg/kg 的比例由第二次土壤普查时的 10.92% 上升到 57.17%，上升了 46.25 个百分点；有效磷含量范围在 5.0 ～ 10.0 mg/kg 的比例由第二次土壤普查时的 23.70% 下降为 7.54%，下降了 16.16 个百分点；有效磷含量＜ 5.0 mg/kg 的比例由第二次土壤普查时的 60.00% 下降为 0.01%，下降了 59.99 个百分点。

四、土壤速效钾

钾是作物生长必需的大量营养元素之一，在土壤肥力中起重要作用，土壤中的钾主要来自成土母质和所施用的含钾肥料。土壤速效钾含量是评价土壤肥力和合理施用钾肥的主要依据，是反映耕地地力的重要指标。

（一）耕地土壤速效钾含量

广西耕地土壤速效钾含量范围在 29 ～ 169 mg/kg，平均值为 70 mg/kg（见表 4-19）。土壤速效钾含量处于高、极高水平（≥ 100 mg/kg）的面积共有 728.01 万亩，占耕地总面积的 11.02%，其中，极高含量（≥ 150 mg/kg）的面积为 17.45 万亩，占耕地总面积的 0.26%；高含量（100 ～ 150 mg/kg）的面积为 710.56 万亩，占耕地总面积的 10.76%。土壤速效钾含量处于中等水平（50 ～ 100 mg/kg）的面积共有 5389.89 万亩，占耕地总面积的 81.58%。土壤速效钾含量处于低、极低水平（＜ 50 mg/kg）的面积共有 488.80 万亩，占耕地总面积的 7.40%，其中，低含量（30 ～ 50 mg/kg）的面积为 488.64 万亩，占耕地总面积的 7.40%；极低含量（＜ 30 mg/kg）的面积为 0.16 万亩，占耕地总面积的 0.002%。

广西绝大部分耕地土壤速效钾含量处于中等水平。速效钾含量极高的耕地分布在来宾市，桂林市和河池市有零星分布；速效钾含量高的耕地占比大的地区主要有河池市和桂林市；速效钾含量中等的耕地在广西 14 个市均有分布，所占比例都超过 60.00%；速效钾含量低的耕地占比大的地区主要有防城港市和贺州市；速效钾含量极低的耕地仅在玉林市有零星分布。

从各市耕地土壤速效钾含量分布情况来看，桂林市和河池市的大部分耕地土壤速效钾属于中等偏高水平；北海市、梧州市、柳州市、崇左市、来宾市、南宁市、玉林市、钦州市、百色市、贵港市的大部分耕地土壤速效钾含量属于中等水平；防城港市和贺州市的大部分耕地土壤速效钾含量属于中等偏低水平。

表 4-19　广西耕地土壤速效钾含量状况

行政区	范围（mg/kg）	平均值（mg/kg）		各等级面积及占比					合计（万亩）
			等级	1	2	3	4	5	
			范围（mg/kg）	≥ 150	100 ～ < 150	50 ～ < 100	30 ～ < 50	< 30	
			等级描述	极高	高	中等	低	极低	
百色市	36 ～ 144	71	面积（万亩）	–	127.96	521.76	23.62	–	673.34
			占比（%）	–	19.00	77.49	3.51	–	–
北海市	37 ～ 114	69	面积（万亩）	–	2.25	176.11	8.08	–	186.44
			占比（%）	–	1.21	94.46	4.33	–	–
崇左市	34 ～ 143	75	面积（万亩）	–	76.42	684.26	19.13	–	779.82
			占比（%）	–	9.80	87.75	2.45	–	–
防城港市	31 ～ 127	55	面积（万亩）	–	5.35	82.73	49.22	–	137.30
			占比（%）	–	3.90	60.25	35.85	–	–
贵港市	39 ～ 143	69	面积（万亩）	–	39.53	385.05	57.11	–	481.68
			占比（%）	–	8.21	79.94	11.86	–	–
桂林市	34 ～ 169	75	面积（万亩）	2.98	105.61	357.70	28.17	–	494.46
			占比（%）	0.60	21.36	72.34	5.70	–	–
河池市	30 ～ 152	72	面积（万亩）	1.75	131.80	376.61	51.13	–	561.27
			占比（%）	0.31	23.48	67.10	9.11	–	–
贺州市	36 ～ 125	61	面积（万亩）	–	19.03	164.15	61.41	–	244.59
			占比（%）	–	7.78	67.12	25.11	–	–
来宾市	33 ～ 168	78	面积（万亩）	12.72	70.35	520.72	7.39	–	611.19
			占比（%）	2.08	11.51	85.20	1.21	–	–
柳州市	35 ～ 132	70	面积（万亩）	–	29.53	475.51	19.94	–	524.97
			占比（%）	–	5.62	90.58	3.80	–	–
南宁市	37 ～ 130	73	面积（万亩）	–	89.70	872.45	61.98	–	1024.13
			占比（%）	–	8.76	85.19	6.05	–	–
钦州市	32 ～ 129	63	面积（万亩）	–	1.15	269.84	47.69	–	318.68
			占比（%）	–	0.36	84.67	14.96	–	–
梧州市	36 ～ 129	65	面积（万亩）	–	2.31	188.33	17.05	–	207.69
			占比（%）	–	1.11	90.68	8.21	–	–
玉林市	29 ～ 114	62	面积（万亩）	–	9.57	314.67	36.72	0.16	361.13
			占比（%）	–	2.65	87.14	10.17	0.04	–
广西	29 ～ 169	70	面积（万亩）	17.45	710.56	5389.89	488.64	0.16	6606.69
			占比（%）	0.26	10.76	81.58	7.40	0.002	

（二）不同利用类型耕地土壤速效钾含量

1. 水田土壤速效钾含量

广西水田土壤速效钾含量范围在 29 ～ 163 mg/kg，平均值为 67 mg/kg（见表 4-20）。土壤速效钾含量处于高、极高水平的面积共有 189.96 万亩，占水田总面积的 6.31%，其中，极高含量的面积为 2.80 万亩，占水田总面积的 0.09%；高含量的面积为 187.16 万亩，占水田总面积的 6.22%。土壤速效钾含量处于中等水平的面积共有 2493.60 万亩，占水田总面积的 82.90%。土壤速效钾含量处于低、极低水平的面积共有 324.51 万亩，占水田总面积的 10.79%，其中，低含量的面积为 324.35 万亩，占水田总面积的 10.78%；极低含量的面积为 0.16 万亩，占水田总面积的 0.01%。广西水田土壤速效钾含量总体属于中等水平，平均值比耕地土壤速效钾含量平均值低 3 mg/kg。但防城港市和贺州市水田土壤速效钾含量总体为中等偏低水平。

表 4-20　广西水田土壤速效钾含量状况

行政区	范围（mg/kg）	平均值（mg/kg）	各等级面积及占比						合计（万亩）
			等级	1	2	3	4	5	
			范围（mg/kg）	≥ 150	100 ～ < 150	50 ～ < 100	30 ～ < 50	< 30	
			等级描述	极高	高	中等	低	极低	
百色市	36 ～ 142	69	面积（万亩）	－	14.75	214.44	17.51	－	246.71
			占比（%）	－	5.98	86.92	7.10	－	－
北海市	39 ～ 103	69	面积（万亩）	－	0.31	68.93	2.99	－	72.23
			占比（%）	－	0.43	95.42	4.15	－	－
崇左市	34 ～ 137	71	面积（万亩）	－	6.70	155.24	7.81	－	169.75
			占比（%）	－	3.95	91.45	4.60	－	－
防城港市	31 ～ 127	52	面积（万亩）	－	0.30	31.96	30.95	－	63.21
			占比（%）	－	0.48	50.56	48.96	－	－
贵港市	39 ～ 116	67	面积（万亩）	－	3.53	226.05	37.65	－	267.23
			占比（%）	－	1.32	84.59	14.09	－	－
桂林市	34 ～ 163	74	面积（万亩）	1.13	81.15	292.03	27.86	－	402.17
			占比（%）	0.28	20.18	72.61	6.93	－	－
河池市	30 ～ 145	68	面积（万亩）	－	40.62	142.38	30.56	－	213.56
			占比（%）	－	19.02	66.67	14.31	－	－
贺州市	36 ～ 121	59	面积（万亩）	－	5.47	90.26	51.07	－	146.79
			占比（%）	－	3.72	61.49	34.79	－	－

续表

行政区	范围（mg/kg）	平均值（mg/kg）	各等级面积及占比						合计（万亩）
			等级	1	2	3	4	5	
			范围（mg/kg）	≥ 150	100 ~ < 150	50 ~ < 100	30 ~ < 50	< 30	
			等级描述	极高	高	中等	低	极低	
来宾市	33 ~ 160	72	面积（万亩）	1.68	11.03	145.59	4.52	–	162.82
			占比（%）	1.03	6.77	89.42	2.78	–	
柳州市	37 ~ 119	66	面积（万亩）	–	4.97	220.96	18.49	–	244.43
			占比（%）	–	2.03	90.40	7.57	–	
南宁市	41 ~ 108	70	面积（万亩）	–	11.89	324.69	20.67	–	357.25
			占比（%）	–	3.33	90.89	5.79	–	
钦州市	32 ~ 129	63	面积（万亩）	–	0.55	170.82	21.80	–	193.16
			占比（%）	–	0.28	88.43	11.28	–	
梧州市	37 ~ 129	65	面积（万亩）	–	1.35	142.37	15.74	–	159.46
			占比（%）	–	0.85	89.28	9.87	–	
玉林市	29 ~ 114	62	面积（万亩）	–	4.54	267.88	36.72	0.16	309.30
			占比（%）	–	1.47	86.61	11.87	0.05	–
广西	29 ~ 163	67	面积（万亩）	2.80	187.16	2493.60	324.35	0.16	3008.07
			占比（%）	0.09	6.22	82.90	10.78	0.01	–

2. 旱地土壤速效钾含量

广西旱地土壤速效钾含量范围在 33 ~ 169 mg/kg，平均值为 76 mg/kg（见表 4-21）。土壤速效钾含量处于高、极高水平的面积共有 538.04 万亩，占旱地总面积的 14.95%，其中，极高含量的面积为 14.64 万亩，占旱地总面积的 0.41%；高含量的面积为 523.40 万亩，占旱地总面积的 14.54%。土壤速效钾含量处于中等水平的面积共有 2896.29 万亩，占旱地总面积的 80.48%。土壤速效钾含量处于低、极低水平的面积共有 164.28 万亩，占旱地总面积的 4.57%，其中，低含量的面积为 164.28 万亩，占旱地总面积的 4.57%，广西无土壤速效钾含量极低的耕地。广西旱地土壤速效钾含量总体属于中等水平，平均值比耕地土壤速效钾含量平均值高 6 mg/kg。钦州市旱地土壤速效钾含量总体属于中等偏低水平，河池市和桂林市旱地土壤速效钾含量总体属于中等偏高水平（≥ 50 mg/kg）。

表 4-21 广西旱地土壤速效钾含量状况

行政区	范围（mg/kg）	平均值（mg/kg）	各等级面积及占比						合计（万亩）
			等级	1	2	3	4	5	
			范围（mg/kg）	≥150	100～<150	50～<100	30～<50	<30	
			等级描述	极高	高	中等	低	极低	
百色市	36～144	78	面积（万亩）	－	113.21	307.32	6.11	－	426.63
			占比（%）	－	26.53	72.03	1.43	－	－
北海市	37～114	70	面积（万亩）	－	1.94	107.19	5.08	－	114.21
			占比（%）	－	1.70	93.85	4.45	－	－
崇左市	39～143	78	面积（万亩）	－	69.72	529.02	11.33	－	610.07
			占比（%）	－	11.43	86.72	1.86	－	－
防城港市	39～120	61	面积（万亩）	－	5.05	50.77	18.27	－	74.09
			占比（%）	－	6.81	68.52	24.67	－	－
贵港市	41～143	73	面积（万亩）	－	36.00	158.99	19.46	－	214.45
			占比（%）	－	16.79	74.14	9.07	－	－
桂林市	46～169	98	面积（万亩）	1.85	24.46	65.67	0.31	－	92.29
			占比（%）	2.01	26.51	71.15	0.33	－	－
河池市	35～152	81	面积（万亩）	1.75	91.18	234.23	20.56	－	347.71
			占比（%）	0.50	26.22	67.36	5.91	－	－
贺州市	41～125	68	面积（万亩）	－	13.56	73.90	10.34	－	97.80
			占比（%）	－	13.86	75.56	10.57	－	－
来宾市	44～168	81	面积（万亩）	11.04	59.32	375.13	2.88	－	448.37
			占比（%）	2.46	13.23	83.66	0.64	－	－
柳州市	35～132	76	面积（万亩）	－	24.56	254.55	1.44	－	280.55
			占比（%）	－	8.75	90.73	0.51	－	－
南宁市	37～130	76	面积（万亩）	－	77.81	547.76	41.31	－	666.88
			占比（%）	－	11.67	82.14	6.19	－	－
钦州市	33～108	62	面积（万亩）	－	0.60	99.02	25.89	－	125.52
			占比（%）	－	0.48	78.89	20.63	－	－
梧州市	36～110	67	面积（万亩）	－	0.96	45.96	1.30	－	48.23
			占比（%）	－	2.00	95.30	2.70	－	－
玉林市	55～106	71	面积（万亩）	－	5.03	46.79	－	－	51.82
			占比（%）	－	9.71	90.29	－	－	－
广西	33～169	76	面积（万亩）	14.64	523.40	2896.29	164.28	－	3598.62
			占比（%）	0.41	14.54	80.48	4.57	－	－

3.不同成土母质发育的耕地土壤中的速效钾含量

不同成土母质所形成的土壤，其速效钾含量有一定差异（见表4-22）。各成土母质发育的土壤耕层速效钾含量总体属于中等水平，但玄武岩、石灰岩、紫色砂页岩、第四纪红土和硅质页岩等成土母质发育的土壤耕层速效钾含量超过90%为中等偏高水平。

表4-22　不同成土母质发育的土壤速效钾含量分布状况

成土母质	范围（mg/kg）	平均值（mg/kg）		各等级面积及占比					合计（万亩）
			等级	1	2	3	4	5	
			范围（mg/kg）	≥150	100～<150	50～<100	30～<50	<30	
			等级描述	极高	高	中等	低	极低	
滨海沉积物	37～114	65	面积（万亩）	-	1.77	106.99	14.87	-	123.63
			占比（%）	-	1.43	86.54	12.02	-	-
第四纪红土	31～169	74	面积（万亩）	13.92	285.61	1833.21	101.68	-	2234.43
			占比（%）	0.62	12.78	82.04	4.55	-	-
硅质页岩	35～162	71	面积（万亩）	0.21	20.81	347.03	40.34	-	408.39
			占比（%）	0.05	5.10	84.97	9.88	-	-
河流冲积物	34～141	65	面积（万亩）	-	12.44	234.77	35.15	-	282.36
			占比（%）	-	4.41	83.15	12.45	-	-
洪积物	29～159	67	面积（万亩）	1.55	9.03	72.38	9.90	0.16	93.03
			占比（%）	1.67	9.71	77.81	10.65	0.17	-
花岗岩	31～151	64	面积（万亩）	0.20	6.44	362.42	63.23	-	432.30
			占比（%）	0.05	1.49	83.84	14.63	-	-
砂页岩	31～161	65	面积（万亩）	0.29	85.90	1079.15	167.58	-	1332.92
			占比（%）	0.02	6.44	80.96	12.57	-	-
石灰岩	30～163	79	面积（万亩）	1.27	273.65	954.36	41.51	-	1270.79
			占比（%）	0.10	21.53	75.10	3.27	-	-
玄武岩	66～103	80	面积（万亩）	-	0.48	1.57	-	-	2.05
			占比（%）	-	23.32	76.68	-	-	-
紫色砂页岩	34～122	70	面积（万亩）	-	14.42	398.00	14.37	-	426.79
			占比（%）	-	3.38	93.25	3.37	-	-

4.土壤速效钾含量变化情况

与第二次土壤普查结果比较，耕地的土壤速效钾含量总体有明显提高（见表4-23和图4-4）。耕地土壤速效钾含量≥150 mg/kg的比例由第二次土壤普查时的3.52%下降到0.26%，下降了3.26个百分点；速效钾含量范围在100～150 mg/kg的比例由第二次土壤普查时的 8.83% 上升到 10.76%，上升了 1.93 个百分点；速效钾含量 50～100 mg/kg 的比例由第二次土壤普查时的 36.18% 上升到 81.58%，上升了 45.40 个百分点；速效钾含量范围在 30～50 mg/kg 的比例由第二次土壤普查时的 32.69% 下降为 7.40%，下降了 25.29 个百分点；速效钾含量 < 30 mg/kg 的比例由第二次土壤普查时的 18.78% 下降为 0.002%，下降了 18.778 个百分点。

水田土壤速效钾含量 ≥ 150 mg/kg 的比例由第二次土壤普查时的 2.20% 下降到 0.09%，下降了 2.11 个百分点；速效钾含量范围在 100～150 mg/kg 的比例由第二次土壤普查时的 6.40% 下降到 6.22%，下降了 0.18 个百分点；速效钾含量 50～100 mg/kg 的比例由第二次土壤普查时的 34.88% 上升到 82.90%，上升了 48.02 个百分点；速效钾含量范围在 30～50 mg/kg 的比例由第二次土壤普查时的 36.18% 下降为 10.78%，下降了 25.40 个百分点；速效钾含量 < 30 mg/kg 的比例由第二次土壤普查时的 20.34% 下降为 0.01%，下降了 20.33 个百分点。

表 4-23 本次调查与第二次土壤普查耕地土壤速效钾含量分级统计表

含量（mg/kg）	面积及占比	水田		旱地		合计	
		本次调查	二次普查	本次调查	二次普查	本次调查	二次普查
≥ 150	面积（万亩）	2.80	54.29	14.64	80.99	17.44	135.28
	占比（%）	0.09	2.20	0.41	5.92	0.26	3.52
100～< 150	面积（万亩）	187.16	158.21	523.40	180.62	710.56	338.83
	占比（%）	6.22	6.40	14.54	13.21	10.76	8.83
50～< 100	面积（万亩）	2493.60	861.77	2896.29	527.13	5389.89	1388.9
	占比（%）	82.90	34.88	80.48	38.54	81.58	36.18
30～< 50	面积（万亩）	324.35	893.99	164.28	360.67	488.63	1254.66
	占比（%）	10.78	36.18	4.57	26.37	7.40	32.69
< 30	面积（万亩）	0.16	502.48	0	218.32	0.16	720.80
	占比（%）	0.01	20.34	0	15.96	0.002	18.78
≥ 150	增加（+）或减少（-）的百分点数	-2.11	-	-5.51	-	-3.26	-
100～< 150		-0.18	-	1.33	-	1.93	-
50～< 100		48.02	-	41.94	-	45.40	-
30～< 50		-25.40	-	-21.80	-	-25.29	-
< 30		-20.33	-	-15.96	-	-18.778	-

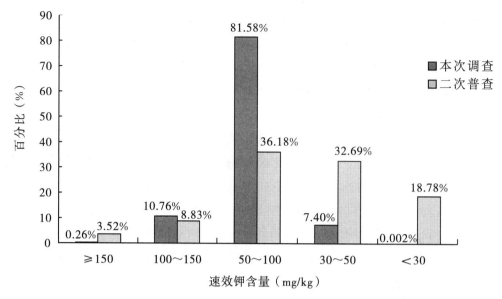

图 4-4　本次调查与第二次土壤普查耕地土壤速效钾含量变化图

旱地土壤速效钾含量 ≥ 150 mg/kg 的比例由第二次土壤普查时的 5.92% 下降到 0.41%，下降了 5.51 个百分点；速效钾含量范围在 100 ~ 150 mg/kg 的比例由第二次土壤普查时的 13.21% 上升到 14.54%，上升了 1.33 个百分点；速效钾含量 50 ~ 100 mg/kg 的比例由第二次土壤普查时的 38.54% 上升到 80.48%，上升了 41.94 个百分点；速效钾含量范围在 30 ~ 50 mg/kg 的比例由第二次土壤普查时的 26.37% 下降为 4.57%，下降了 21.80 个百分点；速效钾含量 < 30 mg/kg 的比例由第二次土壤普查时的 15.96% 下降为 0，下降了 15.96 个百分点。

第二节　中、微量元素

一、交换性钙

（一）耕地土壤交换性钙含量

广西耕地土壤交换性钙含量范围在 248.5 ~ 2469.2 mg/kg，平均值为 1083.7 mg/kg（见表 4-24）。土壤交换性钙含量处于高、极高水平（≥ 700 mg/kg）的面积共有 5869.45 万亩，占耕地总面积的 88.84%，其中，极高含量（≥ 1000 mg/kg）的面积为 3830.03 万亩，占耕地总面积的 57.97%；高含量（700 ~ 1000 mg/kg）的面积为 2039.42 万亩，占耕地总面积的 30.87%。土壤交换性钙含量处于中等水平（500 ~ 700 mg/kg）的面积共有 588.75 万亩，占耕地总面积的 8.91%。土壤交换性钙含量处于低、极低水平（< 500 mg/kg）

的面积共有 148.49 万亩，占耕地总面积的 2.25%，其中，低含量（300～500 mg/kg）的面积为 146.71 万亩，占耕地总面积的 2.22%；极低含量（＜300 mg/kg）的面积为 1.78 万亩，占耕地总面积的 0.03%。广西绝大部分耕地土壤交换性钙含量处于高、极高水平。交换性钙含量极高的耕地占比大的地区主要有百色市、河池市、来宾市、贵港市、贺州市、南宁市和玉林市等；交换性钙含量高的耕地占比大的地区主要有北海市和崇左市；交换性钙含量中等的耕地在 14 个市均有分布；除北海市外，交换性钙含量低的耕地在广西其余 13 个市均有分布；交换性钙含量极低的耕地仅在桂林市和玉林市有零星分布。

表 4-24　广西耕地土壤交换性钙含量状况

行政区	范围（mg/kg）	平均值（mg/kg）	各等级面积及占比						合计（万亩）
			等级	1	2	3	4	5	
			范围（mg/kg）	≥ 1000	700～< 1000	500～< 700	300～< 500	< 300	
			等级描述	极高	高	中等	低	极低	
百色市	443.6～2276	1402.4	面积（万亩）	632.28	40.68	0.34	0.04	－	673.34
			占比（%）	93.90	6.04	0.05	0.01	－	－
北海市	504.3～2469.2	874.1	面积（万亩）	27.88	131.56	27.00	－	－	186.44
			占比（%）	14.95	70.56	14.48	－	－	－
崇左市	330～2178.5	1008.7	面积（万亩）	298.36	399.65	77.60	4.20	－	779.82
			占比（%）	38.26	51.25	9.95	0.54	－	－
防城港市	343.5～1536.1	662.7	面积（万亩）	18.12	62.83	21.22	35.12	－	137.30
			占比（%）	13.20	45.76	15.46	25.58	－	－
贵港市	312～2296.9	1158	面积（万亩）	323.23	122.50	26.71	9.25	－	481.68
			占比（%）	67.10	25.43	5.54	1.92	－	－
桂林市	248.5～2136.0	910.4	面积（万亩）	229.35	187.53	62.76	13.51	1.31	494.46
			占比（%）	46.38	37.93	12.69	2.73	0.27	－
河池市	352.8～2457.9	1436.2	面积（万亩）	447.53	68.10	40.81	4.84	－	561.27
			占比（%）	79.73	12.13	7.27	0.86	－	－
贺州市	487.1～2184.4	1090.2	面积（万亩）	155.40	66.17	22.16	0.85	－	244.59
			占比（%）	63.53	27.06	9.06	0.35	－	－
来宾市	412.9～2441.7	1372.4	面积（万亩）	419.01	125.75	52.24	14.19	－	611.19
			占比（%）	68.56	20.57	8.55	2.32	－	－
柳州市	306.2～2409.4	1020.9	面积（万亩）	241.58	206.16	56.78	20.46	－	524.97
			占比（%）	46.02	39.27	10.82	3.90	－	－

续表

行政区	范围 （mg/kg）	平均值 （mg/kg）	各等级面积及占比						合计 （万亩）
			等级	1	2	3	4	5	
			范围 （mg/kg）	≥ 1000	700 ～ < 1000	500 ～ < 700	300 ～ < 500	< 300	
			等级描述	极高	高	中等	低	极低	
南宁市	353.1 ～ 2197.6	1179.3	面积（万亩）	636.32	332.91	46.52	8.38	－	1024.13
			占比（%）	62.13	32.51	4.54	0.82		－
钦州市	318.2 ～ 1806.9	928.1	面积（万亩）	146.62	78.05	65.36	28.65	－	318.68
			占比（%）	46.01	24.49	20.51	8.99		－
梧州市	367.1 ～ 1607.8	808.1	面积（万亩）	52.18	100.47	50.79	4.25	－	207.69
			占比（%）	25.13	48.38	24.45	2.04		－
玉林市	279.7 ～ 2156.5	1030.8	面积（万亩）	202.17	117.06	38.45	2.98	0.47	361.13
			占比（%）	55.98	32.41	10.65	0.82	0.13	－
广西	248.5 ～ 2469.2	1083.7	面积（万亩）	3830.03	2039.42	588.75	146.71	1.78	6606.69
			占比（%）	57.97	30.87	8.91	2.22	0.03	－

从各市耕地土壤交换性钙含量分布情况来看，百色市和河池市超过 75% 的耕地土壤交换性钙含量属于极高水平（≥ 1000 mg/kg）；南宁市、贵港市、贺州市、崇左市、来宾市、玉林市、北海市、柳州市和桂林市等的耕地土壤交换性钙含量总体属于高、极高水平；梧州市、钦州市和防城港市的耕地土壤交换性钙含量总体属于中等偏高水平（≥ 500 mg/kg）。

（二）不同利用类型耕地土壤交换性钙含量

1. 水田土壤交换性钙含量

广西水田土壤交换性钙含量范围在 248.5 ～ 2409.4 mg/kg，平均值为 1059.2 mg/kg（见表 4-25）。土壤交换性钙含量处于高、极高水平的面积共有 2600.03 万亩，占水田总面积的 86.44%，其中，极高含量的面积为 1738.34 万亩，占水田总面积的 57.79%；高含量的面积为 861.69 万亩，占水田总面积的 28.65%。土壤交换性钙含量处于中等水平的面积共有 317.04 万亩，占水田总面积的 10.54%。土壤交换性钙含量处于低、极低水平的面积共有 91.00 万亩，占水田总面积的 3.03%，其中，低含量的面积为 89.22 万亩，占水田总面积 2.97%；极低含量的面积为 1.78 万亩，占水田总面积的 0.06%。广西水田土壤交换性钙含量总体属于高、极高水平，平均值比耕地土壤交换性钙含量平均值低 24.5 mg/kg。梧州市和防城港市的水田土壤交换性钙含量总体属于中等偏高水平。

表 4-25 广西水田土壤交换性钙含量状况

行政区	范围 (mg/kg)	平均值 (mg/kg)	各等级面积及占比						合计 (万亩)
			等级	1	2	3	4	5	
			范围 (mg/kg)	≥ 1000	700 ~ < 1000	500 ~ < 700	300 ~ < 500	< 300	
			等级描述	极高	高	中等	低	极低	
百色市	443.6 ~ 2276.0	1429.3	面积（万亩）	231.98	14.34	0.34	0.04	–	246.71
			占比（%）	94.03	5.81	0.14	0.02	–	–
北海市	504.3 ~ 1574.1	901.3	面积（万亩）	13.43	52.78	6.02	–	–	72.23
			占比（%）	18.60	73.07	8.33	–	–	–
崇左市	330.0 ~ 2178.5	1062	面积（万亩）	95.24	64.94	8.32	1.26	–	169.75
			占比（%）	56.11	38.25	4.90	0.74	–	–
防城港市	343.5 ~ 1536.1	591.7	面积（万亩）	6.16	18.19	16.91	21.95	–	63.21
			占比（%）	9.74	28.78	26.75	34.73	–	–
贵港市	357.7 ~ 2296.9	1172.7	面积（万亩）	174.95	70.76	15.39	6.14	–	267.23
			占比（%）	65.47	26.48	5.76	2.30	–	–
桂林市	248.5 ~ 2136.0	892.7	面积（万亩）	170.74	155.11	62.76	12.25	1.31	402.17
			占比（%）	42.45	38.57	15.61	3.05	0.33	–
河池市	352.8 ~ 2334.8	1409.5	面积（万亩）	169.27	23.31	16.14	4.84	–	213.56
			占比（%）	79.26	10.92	7.56	2.26	–	–
贺州市	487.1 ~ 2184.4	1070.9	面积（万亩）	94.79	35.95	15.19	0.85	–	146.79
			占比（%）	64.58	24.49	10.35	0.58	–	–
来宾市	545.3 ~ 2124.6	1232.8	面积（万亩）	123.12	23.57	16.13	–	–	162.82
			占比（%）	75.62	14.48	9.91	–	–	–
柳州市	306.2 ~ 2409.4	995	面积（万亩）	116.17	88.80	22.76	16.69	–	244.43
			占比（%）	47.53	36.33	9.31	6.83	–	–
南宁市	353.1 ~ 2197.6	1240.7	面积（万亩）	250.45	94.58	12.17	0.04	–	357.25
			占比（%）	70.11	26.48	3.41	0.01	–	–
钦州市	318.2 ~ 1806.9	964.6	面积（万亩）	96.24	43.32	35.67	17.94	–	193.16
			占比（%）	49.82	22.43	18.46	9.29	–	–
梧州市	367.1 ~ 1607.8	795.9	面积（万亩）	28.44	75.99	50.79	4.25	–	159.46
			占比（%）	17.83	47.65	31.85	2.66	–	–
玉林市	279.7 ~ 2156.5	1027.7	面积（万亩）	167.36	100.04	38.45	2.98	0.47	309.30
			占比（%）	54.11	32.34	12.43	0.96	0.15	–
广西	248.5 ~ 2409.4	1059.2	面积（万亩）	1738.34	861.69	317.04	89.22	1.78	3008.07
			占比（%）	57.79	28.65	10.54	2.97	0.06	–

2. 旱地土壤交换性钙含量

广西旱地土壤交换性钙含量范围在 312.0 ～ 2469.2 mg/kg，平均值为 1137.8 mg/kg（见表 4-26）。土壤交换性钙含量处于高、极高水平的面积共有 3269.43 万亩，占旱地总面积的 90.85%，其中，极高含量的面积为 2091.69 万亩，占旱地总面积的 58.12%；高含量的面积为 1177.74 万亩，占旱地总面积的 32.73%。土壤交换性钙含量处于中等水平的面积共有 271.71 万亩，占旱地总面积的 7.55%。土壤交换性钙含量处于低水平的面积共有 57.49 万亩，占旱地总面积的 1.60%。广西旱地土壤交换性钙含量总体属于高、极高水平，平均值比耕地土壤交换性钙含量平均值高 54.1 mg/kg，钦州市的旱地土壤交换性钙含量总体属于中等偏高水平。

表 4-26　广西旱地土壤交换性钙含量状况

行政区	范围（mg/kg）	平均值（mg/kg）	各等级面积及占比						合计（万亩）
			等级	1	2	3	4	5	
			范围（mg/kg）	≥ 1000	700 ～ < 1000	500 ～ < 700	300 ～ < 500	< 300	
			等级描述	极高	高	中等	低	极低	
百色市	876.2 ～ 2089.0	1321.2	面积（万亩）	400.30	26.34	–	–	–	426.63
			占比（%）	93.83	6.17	–	–	–	–
北海市	516.7 ～ 2469.2	839.1	面积（万亩）	14.45	78.78	20.98	–	–	114.21
			占比（%）	12.65	68.98	18.37	–	–	–
崇左市	423.5 ～ 2112.5	968.7	面积（万亩）	203.12	334.72	69.29	2.94	–	610.07
			占比（%）	33.30	54.87	11.36	0.48	–	–
防城港市	391.7 ～ 1500.9	841.8	面积（万亩）	11.96	44.64	4.32	13.17	–	74.09
			占比（%）	16.14	60.25	5.83	17.78	–	–
贵港市	312.0 ～ 2171.8	1136.5	面积（万亩）	148.28	51.74	11.32	3.11	–	214.45
			占比（%）	69.15	24.13	5.28	1.45	–	–
桂林市	490.3 ～ 1654.0	1221.1	面积（万亩）	58.61	32.42	–	1.26	–	92.29
			占比（%）	63.51	35.13	–	1.36	–	–
河池市	569.1 ～ 2457.9	1496.9	面积（万亩）	278.26	44.79	24.67	–	–	347.71
			占比（%）	80.03	12.88	7.09	–	–	–
贺州市	599.8 ～ 1860.2	1164.8	面积（万亩）	60.60	30.22	6.97	–	–	97.80
			占比（%）	61.97	30.90	7.13	–	–	–
来宾市	412.9 ～ 2441.7	1440.7	面积（万亩）	295.90	102.17	36.11	14.19	–	448.37
			占比（%）	65.99	22.79	8.05	3.17	–	–
柳州市	470.5 ～ 2215.3	1060.5	面积（万亩）	125.40	117.36	34.01	3.78	–	280.55
			占比（%）	44.70	41.83	12.12	1.35	–	–

续表

行政区	范围 （mg/kg）	平均值 （mg/kg）	各等级面积及占比							合计 （万亩）
			等级	1	2	3	4	5		
			范围 （mg/kg）	≥ 1000	700 ～ < 1000	500 ～ < 700	300 ～ < 500	< 300		
			等级描述	极高	高	中等	低	极低		
南宁市	389.2 ～ 2112.1	1128.2	面积（万亩）	385.87	238.32	34.35	8.34	—		666.88
			占比（%）	57.86	35.74	5.15	1.25	—		—
钦州市	326.8 ～ 1563.7	819.9	面积（万亩）	50.39	34.73	29.69	10.71	—		125.52
			占比（%）	40.14	27.67	23.65	8.53	—		—
梧州市	928.6 ～ 1135.4	1011.5	面积（万亩）	23.74	24.48	—	—	—		48.23
			占比（%）	49.24	50.76	—	—	—		—
玉林市	727.5 ～ 1763.0	1153.5	面积（万亩）	34.80	17.02	—	—	—		51.82
			占比（%）	67.16	32.84	—	—	—		—
广西	312.0 ～ 2469.2	1137.8	面积（万亩）	2091.69	1177.74	271.71	57.49	—		3598.62
			占比（%）	58.12	32.73	7.55	1.60	—		—

3. 不同成土母质发育的耕地土壤中的交换性钙含量

不同成土母质所形成的土壤，其交换性钙含量有一定差异（见表 4-27）。玄武岩、紫色砂页岩、石灰岩、硅质页岩、洪积物、第四纪红土砂页岩、河流冲积物和花岗岩等成土母质发育的土壤耕层交换性钙含量较高，超过 80% 为高、极高水平；而滨海沉积物母质发育的土壤只有 72.13% 为高、极高水平。

表 4-27　不同成土母质发育的土壤交换性钙含量分布状况

成土 母质	范围 （mg/kg）	平均值 （mg/kg）	各等级面积及占比							合计 （万亩）
			等级	1	2	3	4	5		
			范围 （mg/kg）	≥ 1000	700 ～ < 1000	500 ～ < 700	300 ～ < 500	< 300		
			等级描述	极高	高	中等	低	极低		
滨海 沉积物	343.5 ～ 1530.3	738.3	面积（万亩）	16.38	72.79	23.26	11.21	—		123.63
			占比（%）	13.25	58.88	18.81	9.06	—		—
第四纪 红土	288.6 ～ 2296.9	1099.0	面积（万亩）	1259.69	761.74	167.34	45.43	0.23		2234.43
			占比（%）	56.38	34.09	7.49	2.03	0.01		—
硅质 页岩	306.2 ～ 2441.7	1297.4	面积（万亩）	266.75	108.80	30.12	2.73	—		408.39
			占比（%）	65.32	26.64	7.38	0.67	—		—

续表

成土母质	范围（mg/kg）	平均值（mg/kg）	各等级面积及占比						合计（万亩）
			等级	1	2	3	4	5	
			范围（mg/kg）	≥ 1000	700 ～ < 1000	500 ～ < 700	300 ～ < 500	< 300	
			等级描述	极高	高	中等	低	极低	
河流冲积物	351.6 ～ 2124.9	1004.9	面积（万亩）	125.96	110.41	38.52	7.47	－	282.36
			占比（%）	44.61	39.10	13.64	2.65	－	－
洪积物	515.7 ～ 2201.4	1093.3	面积（万亩）	54.85	30.33	7.84	－	－	93.03
			占比（%）	58.96	32.61	8.43	－	－	－
花岗岩	279.7 ～ 1756.8	925.0	面积（万亩）	189.09	160.07	62.95	19.72	0.47	432.30
			占比（%）	43.74	37.03	14.56	4.56	0.11	－
砂页岩	248.5 ～ 2334.8	1046.3	面积（万亩）	752.28	364.03	162.68	52.85	1.08	1332.92
			占比（%）	56.44	27.31	12.20	3.96	0.08	－
石灰岩	396.5 ～ 2457.9	1256.2	面积（万亩）	845.12	347.01	74.95	3.71	－	1270.79
			占比（%）	66.50	27.31	5.90	0.29	－	－
玄武岩	812.9 ～ 2469.2	1366.5	面积（万亩）	0.48	1.57	－	－	－	2.05
			占比（%）	23.32	76.68	－	－	－	－
紫色砂页岩	326.8 ～ 2178.5	1150.7	面积（万亩）	319.42	82.68	21.09	3.59	－	426.79
			占比（%）	74.84	19.37	4.94	0.84	－	－

二、交换性镁

（一）耕地土壤交换性镁含量

广西耕地土壤交换性镁含量范围在 14.3 ～ 218.2 mg/kg，平均值为 78.4 mg/kg（见表 4-28）。土壤交换性镁含量处于高水平（150 ～ 250 mg/kg）的面积共有 248.21 万亩，占耕地总面积的 3.76%。土壤交换性镁含量处于中等水平（70 ～ 150 mg/kg）的面积共有 3507.18 万亩，占耕地总面积的 53.09%。土壤交换性镁含量处于低、极低水平（< 70 mg/kg）的面积共有 2851.30 万亩，占耕地总面积的 43.16%，其中，低含量（30 ～ 70 mg/kg）的面积为 2648.61 万亩，占耕地总面积的 40.09%；极低含量（< 30 mg/kg）的面积为 202.69 万亩，占耕地总面积的 3.07%。

表 4-28 广西耕地土壤交换性镁含量状况

行政区	范围（mg/kg）	平均值（mg/kg）	各等级面积及占比						合计（万亩）
			等级	1	2	3	4	5	
			范围（mg/kg）	≥250	150～<250	70～<150	30～<70	<30	
			等级描述	极高	高	中等	低	极低	
百色市	25.9～218.2	116.2	面积（万亩）	－	139.99	434.56	98.74	0.05	673.34
			占比（%）	－	20.79	64.54	14.66	0.01	－
北海市	24.1～181.8	52.7	面积（万亩）	－	0.48	13.22	158.25	14.49	186.44
			占比（%）	－	0.26	7.09	84.88	7.77	－
崇左市	27.0～210.6	92.1	面积（万亩）	－	9.44	575.72	193.69	0.97	779.82
			占比（%）	－	1.21	73.83	24.84	0.12	－
防城港市	14.8～175.2	56.7	面积（万亩）	－	1.02	55.52	63.21	17.54	137.30
			占比（%）	－	0.74	40.44	46.04	12.78	－
贵港市	14.3～182.1	67.6	面积（万亩）	－	11.12	180.78	257.90	31.89	481.68
			占比（%）	－	2.31	37.53	53.54	6.62	－
桂林市	14.4～184.0	67.0	面积（万亩）	－	1.64	218.76	245.36	28.70	494.46
			占比（%）	－	0.33	44.24	49.62	5.80	－
河池市	21.3～205.2	103.9	面积（万亩）	－	27.32	427.21	105.19	1.55	561.27
			占比（%）	－	4.87	76.11	18.74	0.28	－
贺州市	23.7～202.3	81.4	面积（万亩）	－	1.06	179.26	62.64	1.63	244.59
			占比（%）	－	0.43	73.29	25.61	0.67	－
来宾市	17.2～160.8	72.1	面积（万亩）	－	1.93	328.53	219.09	61.64	611.19
			占比（%）	－	0.31	53.75	35.85	10.09	－
柳州市	22.1～195.8	80.3	面积（万亩）	－	16.44	330.14	177.50	0.90	524.97
			占比（%）	－	3.13	62.89	33.81	0.17	－
南宁市	16.7～207.2	81.2	面积（万亩）	－	29.25	505.04	474.40	15.44	1024.13
			占比（%）	－	2.86	49.31	46.32	1.51	－
钦州市	18.9～144.0	58.5	面积（万亩）	－	－	89.67	208.03	20.98	318.68
			占比（%）	－	－	28.14	65.28	6.58	－
梧州市	20.6～148.4	56.3	面积（万亩）	－	－	19.77	187.63	0.28	207.69
			占比（%）	－	－	9.52	90.34	0.14	－
玉林市	18.0～195.2	69.3	面积（万亩）	－	8.54	149.00	196.98	6.62	361.13
			占比（%）	－	2.36	41.26	54.54	1.83	－
广西	14.3～218.2	78.4	面积（万亩）	－	248.21	3507.18	2648.61	202.69	6606.69
			占比（%）	－	3.76	53.09	40.09	3.07	－

广西绝大部分耕地土壤交换性镁含量处于中等偏低水平（< 150 mg/kg）。广西无交换性镁含量极高的耕地；钦州市和梧州市无交换性镁含量高的耕地，其他 12 个市均有分布；交换性镁含量中等的耕地占比大的地区主要有河池市、崇左市、贺州市、百色市、柳州市和来宾市等；交换性镁含量低的耕地占比大的地区主要有梧州市、北海市、钦州市、玉林市和贵港市等；交换性镁含量极低的耕地在 14 个市均有分布。

从各市耕地土壤交换性镁含量分布情况来看，河池市、崇左市、贺州市、百色市和柳州市的大部分耕地土壤交换性镁含量属于中等水平；玉林市、南宁市、桂林市、贵港市、来宾市和防城港市的耕地土壤交换性镁含量总体属中等偏低水平；梧州市、北海市和钦州市的大部分耕地土壤交换性镁含量为低水平。

（二）不同利用类型耕地土壤交换性镁含量

1. 水田土壤交换性镁含量

广西水田土壤交换性镁含量范围在 14.9 ～ 218.2 mg/kg，平均值为 76.8 mg/kg（见表 4-29）。土壤交换性镁含量处于高水平的面积共有 115.69 万亩，占水田总面积的 3.85%。土壤交换性镁含量处于中等水平的面积共有 1446.48 万亩，占水田总面积的 48.09%。土壤交换性镁含量处于低、极低水平的面积共有 1445.90 万亩，占水田总面积的 48.06%，其中，低含量的面积为 1369.39 万亩，占水田总面积的 45.52%；极低含量的面积为 76.51 万亩，占水田总面积的 2.54%。广西水田土壤交换性镁含量总体属于中等偏低水平，平均值比耕地土壤交换性镁含量平均值低 1.6 mg/kg。百色市、崇左市、河池市、贺州市和柳州市大部分水田土壤交换性镁含量为中等偏高水平。

表 4-29　广西水田土壤交换性镁含量状况

行政区	范围（mg/kg）	平均值（mg/kg）		各等级面积及占比					合计（万亩）
			等级	1	2	3	4	5	
			范围（mg/kg）	≥ 250	150 ～ < 250	70 ～ < 150	30 ～ < 70	< 30	
			等级描述	极高	高	中等	低	极低	
百色市	25.9 ～ 218.2	114	面积（万亩）	－	43.01	185.12	18.52	0.05	246.71
			占比（%）	－	17.43	75.04	7.51	0.02	－
北海市	25.3 ～ 124.6	56.2	面积（万亩）	－	－	12.92	58.66	0.65	72.23
			占比（%）	－	－	17.89	81.21	0.90	－
崇左市	27.0 ～ 210.6	99	面积（万亩）	－	6.04	136.86	25.88	0.97	169.75
			占比（%）	－	3.56	80.62	15.25	0.57	－
防城港市	14.8 ～ 175.2	49.4	面积（万亩）	－	0.95	10.76	41.37	10.13	63.21
			占比（%）	－	1.50	17.02	65.45	16.03	－

续表

行政区	范围 （mg/kg）	平均值 （mg/kg）	各等级面积及占比						合计 （万亩）
			等级	1	2	3	4	5	
			范围 （mg/kg）	≥ 250	150 ～ < 250	70 ～ < 150	30 ～ < 70	< 30	
			等级描述	极高	高	中等	低	极低	
贵港市	23.6 ～ 182.1	73.7	面积（万亩）	–	11.12	114.87	131.58	9.66	267.23
			占比（%）	–	4.16	42.99	49.24	3.61	–
桂林市	16.7 ～ 184.0	66.6	面积（万亩）	–	1.64	163.65	212.39	24.49	402.17
			占比（%）	–	0.41	40.69	52.81	6.09	–
河池市	21.3 ～ 205.2	102.5	面积（万亩）	–	12.81	157.51	41.69	1.55	213.56
			占比（%）	–	6.00	73.75	19.52	0.73	–
贺州市	23.7 ～ 202.3	78	面积（万亩）	–	1.06	89.18	54.92	1.63	146.79
			占比（%）	–	0.72	60.75	37.42	1.11	–
来宾市	30.5 ～ 157.7	74.6	面积（万亩）	–	0.61	89.76	72.45	–	162.82
			占比（%）	–	0.38	55.13	44.50	–	–
柳州市	22.1 ～ 195.8	77.3	面积（万亩）	–	9.70	139.35	94.48	0.90	244.43
			占比（%）	–	3.97	57.01	38.65	0.37	–
南宁市	16.7 ～ 207.2	79.1	面积（万亩）	–	20.22	163.96	171.06	2.00	357.25
			占比（%）	–	5.66	45.89	47.88	0.56	–
钦州市	18.9 ～ 144.0	59.3	面积（万亩）	–	–	43.94	131.65	17.57	193.16
			占比（%）	–	–	22.75	68.16	9.09	–
梧州市	20.6 ～ 148.4	56.3	面积（万亩）	–	–	19.77	139.41	0.28	159.46
			占比（%）	–	–	12.40	87.42	0.18	–
玉林市	18.0 ～ 195.2	68.9	面积（万亩）	–	8.54	118.83	175.32	6.62	309.30
			占比（%）	–	2.76	38.42	56.68	2.14	–
广西	14.9 ～ 218.2	76.8	面积（万亩）	–	115.69	1446.48	1369.39	76.51	3008.07
			占比（%）	–	3.85	48.09	45.52	2.54	–

2. 旱地土壤交换性镁含量

广西旱地土壤交换性镁含量范围在 14.3 ～ 214.6 mg/kg，平均值为 82.1 mg/kg（见表 4-30）。土壤交换性镁含量处于高水平的面积共有 132.52 万亩，占旱地总面积的 3.68%。土壤交换性镁含量处于中等水平的面积共有 2060.70 万亩，占旱地总面积的 57.26%。土壤交换性镁含量处于低、极低水平的面积共有 1405.40 万亩，占旱地总面积的 39.06%，其中，低含量的面积为 1279.22 万亩，占旱地总面积的 35.55%；极低含量的面积为 126.18 万亩，占旱地总面积的 3.51%。广西旱地土壤交换性镁含量总体属于中等偏低水平，平均值比耕地土壤交换性镁含量平均值高 3.7 mg/kg。梧州市旱地土壤交换性镁含量为低水平，贺州市旱地土壤交换性镁含量为中等水平，百色市旱地土壤交换性镁含量总体属于中等偏高水平。

表 4-30　广西旱地土壤交换性镁含量状况

行政区	范围（mg/kg）	平均值（mg/kg）	各等级面积及占比						合计（万亩）
			等级	1	2	3	4	5	
			范围（mg/kg）	≥ 250	150 ～ < 250	70 ～ < 150	30 ～ < 70	< 30	
			等级描述	极高	高	中等	低	极低	
百色市	50.1 ～ 214.6	122.7	面积（万亩）	–	96.98	249.44	80.22	–	426.63
			占比（%）	–	22.73	58.47	18.80	–	–
北海市	24.1 ～ 181.8	48.1	面积（万亩）	–	0.48	0.30	99.59	13.84	114.21
			占比（%）	–	0.42	0.26	87.20	12.12	–
崇左市	34.4 ～ 187.3	86.9	面积（万亩）	–	3.40	438.86	167.81	–	610.07
			占比（%）	–	0.56	71.94	27.51	–	–
防城港市	21.0 ～ 154.7	75.2	面积（万亩）	–	0.07	44.76	21.85	7.41	74.09
			占比（%）	–	0.09	60.42	29.48	10.00	–
贵港市	14.3 ～ 135.8	58.6	面积（万亩）	–	–	65.91	126.32	22.23	214.45
			占比（%）	–	–	30.73	58.90	10.37	–
桂林市	14.4 ～ 110.9	75.3	面积（万亩）	–	–	55.11	32.97	4.21	92.29
			占比（%）	–	–	59.71	35.73	4.56	–
河池市	30.2 ～ 185.8	107.2	面积（万亩）	–	14.51	269.70	63.50	–	347.71
			占比（%）	–	4.17	77.56	18.26	–	–
贺州市	36.7 ～ 146.7	94.4	面积（万亩）	–	–	90.09	7.71	–	97.80
			占比（%）	–	–	92.11	7.89	–	–
来宾市	17.2 ～ 160.8	70.8	面积（万亩）	–	1.31	238.78	146.64	61.64	448.37
			占比（%）	–	0.29	53.25	32.70	13.75	–
柳州市	31.1 ～ 161	84.9	面积（万亩）	–	6.74	190.79	83.02	–	280.55
			占比（%）	–	2.40	68.01	29.59	–	–
南宁市	20.9 ～ 192.6	83.1	面积（万亩）	–	9.03	341.08	303.34	13.43	666.88
			占比（%）	–	1.35	51.15	45.49	2.01	–
钦州市	21.6 ～ 112.8	56.2	面积（万亩）	–	–	45.73	76.38	3.41	125.52
			占比（%）	–	–	36.43	60.85	2.72	–
梧州市	48.0 ～ 60.4	56.4	面积（万亩）	–	–	–	48.23	–	48.23
			占比（%）	–	–	–	100.00	–	–

续表

行政区	范围（mg/kg）	平均值（mg/kg）	各等级面积及占比						合计（万亩）
			等级	1	2	3	4	5	
			范围（mg/kg）	≥250	150～<250	70～<150	30～<70	<30	
			等级描述	极高	高	中等	低	极低	
玉林市	43.2～137.1	85.0	面积（万亩）	－	－	30.17	21.65	－	51.82
			占比（%）	－	－	58.22	41.78	－	－
广西	14.3～214.6	82.1	面积（万亩）	－	132.52	2060.70	1279.22	126.18	3598.62
			占比（%）	－	3.68	57.26	35.55	3.51	－

3. 不同成土母质发育的耕地土壤中的交换性镁含量

不同成土母质所形成的土壤，其交换性镁含量有一定差异。表 4-31 的结果表明，滨海沉积物、玄武岩、花岗岩和河流冲积物等成土母质发育的土壤耕层交换性镁含量较低，洪积物、硅质页岩、砂页岩、第四纪红土、石灰岩和紫色砂页岩等成土母质发育的土壤耕层交换性镁含量以中等偏低为主。

表 4-31 不同成土母质发育的土壤交换性镁含量分布状况

成土母质	范围（mg/kg）	平均值（mg/kg）	各等级面积及占比						合计（万亩）
			等级	1	2	3	4	5	
			范围（mg/kg）	≥250	150～<250	70～<150	30～<70	<30	
			等级描述	极高	高	中等	低	极低	
滨海沉积物	21.6～126.7	56.6	面积（万亩）	－	－	12.11	106.70	4.82	123.63
			占比（%）	－	－	9.80	86.31	3.89	－
第四纪红土	14.3～210.6	80.9	面积（万亩）	－	52.30	1248.71	848.62	84.80	2234.43
			占比（%）	－	2.34	55.89	37.98	3.80	－
硅质页岩	17.7～165.6	85.2	面积（万亩）	－	4.56	277.32	110.50	16.02	408.39
			占比（%）	－	1.12	67.90	27.06	3.92	－
河流冲积物	22.1～202.4	69.1	面积（万亩）	－	15.94	91.23	163.49	11.70	282.36
			占比（%）	－	5.65	32.31	57.90	4.14	－
洪积物	21.3～202.3	78.7	面积（万亩）	－	0.75	51.65	36.75	3.88	93.03
			占比（%）	－	0.80	55.52	39.51	4.17	－
花岗岩	18.0～166.8	63.2	面积（万亩）	－	0.32	151.87	262.98	17.13	432.30
			占比（%）	－	0.07	35.13	60.83	3.96	－

续表

成土母质	范围（mg/kg）	平均值（mg/kg）	各等级面积及占比						合计（万亩）
			等级	1	2	3	4	5	
			范围（mg/kg）	≥ 250	150 ～ < 250	70 ～ < 150	30 ～ < 70	< 30	
			等级描述	极高	高	中等	低	极低	
砂页岩	14.8 ～ 212.9	76.7	面积（万亩）	–	38.24	637.84	613.84	42.99	1332.92
			占比（%）	–	2.87	47.85	46.05	3.23	–
石灰岩	16.7 ～ 218.2	90.8	面积（万亩）	–	85.72	798.88	365.99	20.20	1270.79
			占比（%）	–	6.75	62.86	28.80	1.59	–
玄武岩	49.7 ～ 181.8	93.8	面积（万亩）	–	0.48	–	1.57	–	2.05
			占比（%）	–	23.32	–	76.68	–	–
紫色砂页岩	22.9 ～ 207.2	89.8	面积（万亩）	–	49.90	237.57	138.17	1.15	426.79
			占比（%）	–	11.69	55.66	32.37	0.27	–

三、有效硫

（一）耕地土壤有效硫含量

广西耕地土壤有效硫含量范围在 2.1 ～ 435.0 mg/kg，平均值为 41.3 mg/kg（见表 4-32）。土壤有效硫含量处于高、极高水平（≥ 30.0 mg/kg）的面积共有 4542.01 万亩，占耕地总面积的 68.75%，其中：极高含量（≥ 40.0 mg/kg）的面积为 2759.37 万亩，占耕地总面积的 41.77%；高含量（30.0 ～ 40.0 mg/kg）的面积为 1782.64 万亩，占耕地总面积的 26.98%。土壤有效硫含量处于中等水平（20.0 ～ 30.0 mg/kg）的面积共有 1609.03 万亩，占耕地总面积的 24.35%。土壤有效硫含量处于低、极低水平（< 20.0 mg/kg）的面积共有 455.65 万亩，占耕地总面积的 6.89%，其中：低含量（10.0 ～ 20.0 mg/kg）的面积为 406.46 万亩，占耕地总面积的 6.15%；极低含量（< 10.0 mg/kg）的面积为 49.19 万亩，占耕地总面积的 0.74%。

广西耕地土壤有效硫含量总体属于高、极高水平。有效硫含量极高占比大的地区主要有钦州市、来宾市、柳州市、防城港市、南宁市和北海市等市；有效硫含量高占比大的地区主要有崇左市；有效硫含量中等占比大的地区主要有河池市、桂林市、贺州市、梧州市和百色市等市；有效硫含量极低的耕地在百色市、桂林市、玉林市、贺州市、北海市、河池市、防城港市、南宁市和崇左市等市有零星分布。

表 4-32 广西耕地土壤有效硫含量状况

行政区	范围（mg/kg）	平均值（mg/kg）	各等级面积及占比						合计（万亩）
			等级	1	2	3	4	5	
			范围（mg/kg）	≥ 40.0	30.0 ～< 40.0	20.0 ～< 30.0	10.0 ～< 20.0	< 10.0	
			等级描述	极高	高	中等	低	极低	
百色市	3.9 ～ 249.9	36.5	面积（万亩）	164.83	171.36	195.94	100.05	41.16	673.34
			占比（%）	24.48	25.45	29.10	14.86	6.11	–
北海市	9.0 ～ 203.0	46.8	面积（万亩）	95.61	60.11	29.01	1.36	0.35	186.44
			占比（%）	51.28	32.24	15.56	0.73	0.19	–
崇左市	4.7 ～ 120.5	35.0	面积（万亩）	135.79	338.25	245.25	60.36	0.17	779.82
			占比（%）	17.41	43.38	31.45	7.74	0.02	–
防城港市	7.1 ～ 435.0	64.8	面积（万亩）	72.59	34.87	28.20	1.55	0.08	137.30
			占比（%）	52.87	25.40	20.54	1.13	0.06	–
贵港市	14.2 ～ 183.8	46.4	面积（万亩）	239.77	124.33	104.93	12.65	–	481.68
			占比（%）	49.78	25.81	21.78	2.63	–	–
桂林市	2.1 ～ 392.3	34.8	面积（万亩）	133.69	119.45	186.63	50.75	3.94	494.46
			占比（%）	27.04	24.16	37.74	10.26	0.80	–
河池市	6.0 ～ 147.9	34.3	面积（万亩）	94.45	149.73	256.93	59.38	0.79	561.27
			占比（%）	16.83	26.68	45.78	10.58	0.14	–
贺州市	9.1 ～ 173.7	38.4	面积（万亩）	78.59	57.31	87.13	21.07	0.48	244.59
			占比（%）	32.13	23.43	35.62	8.61	0.20	–
来宾市	15.4 ～ 141.1	52.9	面积（万亩）	430.00	148.79	29.94	2.46	–	611.19
			占比（%）	70.35	24.34	4.90	0.40	–	–
柳州市	13.5 ～ 158.6	44.0	面积（万亩）	313.09	102.27	98.41	11.21	–	524.97
			占比（%）	59.64	19.48	18.75	2.13	–	–
南宁市	5.9 ～ 101.9	42.8	面积（万亩）	536.47	307.91	159.38	19.88	0.49	1024.13
			占比（%）	52.38	30.07	15.56	1.94	0.05	–
钦州市	23.9 ～ 319.8	52.7	面积（万亩）	249.70	55.65	13.34	–	–	318.68
			占比（%）	78.35	17.46	4.18	–	–	–
梧州市	11.6 ～ 82.2	27.7	面积（万亩）	42.79	53.38	71.07	40.44	–	207.69
			占比（%）	20.60	25.70	34.22	19.47	–	–
玉林市	7.8 ～ 198.8	42.6	面积（万亩）	171.99	59.23	102.86	25.32	1.72	361.13
			占比（%）	47.63	16.40	28.48	7.01	0.48	–
广西	2.1 ～ 435.0	41.3	面积（万亩）	2759.37	1782.64	1609.03	406.46	49.19	6606.69
			占比（%）	41.77	26.98	24.35	6.15	0.74	–

从各市耕地土壤有效硫含量分布情况来看，钦州市、来宾市、北海市、南宁市、柳州市、防城港市、贵港市、玉林市和崇左市的耕地土壤有效硫含量总体属于高水平；贺州市、河池市、桂林市、梧州市和百色市的耕地土壤有效硫含量总体属于中等偏高水平。

（二）不同利用类型耕地土壤有效硫含量

1. 水田土壤有效硫含量

广西水田土壤有效硫含量范围在 2.1～435.0 mg/kg，平均值为 41.5 mg/kg（见表4-33）。土壤有效硫含量处于高、极高水平的面积共有 2106.62 万亩，占水田总面积的70.03%，其中：极高含量的面积为 1371.16 万亩，占水田总面积的 45.58%；高含量的面积为 735.46 万亩，占水田总面积的 24.45%。土壤有效硫含量处于中等水平的面积共有705.63 万亩，占水田总面积的 23.46%。土壤有效硫含量处于低、极低水平的面积共有195.82 万亩，占水田总面积的 6.51%，其中：低含量的面积为 188.65 万亩，占水田总面积的 6.27%；极低含量的面积为 7.17 万亩，占水田总面积的 0.24%。广西水田土壤有效硫含量总体属于高、极高水平，平均值比耕地土壤有效硫含量平均值高 0.2 mg/kg。贺州市、桂林市、河池市和梧州市的大部分水田土壤有效硫含量属于中等偏高水平。

表 4-33　广西水田土壤有效硫含量状况

行政区	范围（mg/kg）	平均值（mg/kg）	各等级面积及占比						合计（万亩）
			等级	1	2	3	4	5	
			范围（mg/kg）	≥ 40.0	30.0～< 40.0	20.0～< 30.0	10.0～< 20.0	< 10.0	
			等级描述	极高	高	中等	低	极低	
百色市	3.9～249.9	38.1	面积（万亩）	87.87	55.96	57.90	41.99	2.99	246.71
			占比（%）	35.62	22.68	23.47	17.02	1.21	－
北海市	15.8～203.0	48.9	面积（万亩）	37.22	27.40	7.50	0.11	－	72.23
			占比（%）	51.53	37.93	10.38	0.15	－	－
崇左市	4.7～120.5	39.9	面积（万亩）	66.87	51.72	38.02	13.11	0.03	169.75
			占比（%）	39.39	30.47	22.40	7.72	0.02	－
防城港市	7.1～435.0	73.6	面积（万亩）	32.32	12.10	17.27	1.44	0.08	63.21
			占比（%）	51.13	19.14	27.32	2.28	0.12	－
贵港市	15.9～183.8	50.9	面积（万亩）	164.09	64.03	34.21	4.90	－	267.23
			占比（%）	61.40	23.96	12.80	1.83	－	－
桂林市	2.1～392.3	34.6	面积（万亩）	107.44	116.19	146.12	29.46	2.97	402.17
			占比（%）	26.71	28.89	36.33	7.33	0.74	－
河池市	6.0～125.4	35.6	面积（万亩）	54.33	64.87	75.48	18.75	0.13	213.56
			占比（%）	25.44	30.38	35.34	8.78	0.06	－

续表

行政区	范围 （mg/kg）	平均值 （mg/kg）	各等级面积及占比						合计 （万亩）
			等级	1	2	3	4	5	
			范围 （mg/kg）	≥ 40.0	30.0 ～ < 40.0	20.0 ～ < 30.0	10.0 ～ < 20.0	< 10.0	
			等级描述	极高	高	中等	低	极低	
贺州市	9.1 ～ 173.7	38.3	面积（万亩）	43.65	32.93	62.26	7.46	0.48	146.79
			占比（%）	29.74	22.43	42.42	5.08	0.33	–
来宾市	22.1 ～ 118.3	60.9	面积（万亩）	123.50	24.21	15.11	–	–	162.82
			占比（%）	75.85	14.87	9.28	–	–	–
柳州市	13.5 ～ 112.2	38.2	面积（万亩）	105.23	48.91	80.99	9.30	–	244.43
			占比（%）	43.05	20.01	33.13	3.80	–	–
南宁市	5.9 ～ 101.9	45.9	面积（万亩）	223.13	102.37	19.68	11.58	0.49	357.25
			占比（%）	62.46	28.66	5.51	3.24	0.14	–
钦州市	25.2 ～ 319.8	53.2	面积（万亩）	149.33	38.98	4.84	–	–	193.16
			占比（%）	77.31	20.18	2.51	–	–	–
梧州市	11.6 ～ 82.2	27.2	面积（万亩）	17.10	39.11	63.49	39.76	–	159.46
			占比（%）	10.72	24.53	39.82	24.93	–	–
玉林市	10.3 ～ 198.8	42.9	面积（万亩）	159.09	56.67	82.75	10.79	–	309.30
			占比（%）	51.44	18.32	26.75	3.49	–	–
广西	2.1 ～ 435.0	41.5	面积（万亩）	1371.16	735.46	705.63	188.65	7.17	3008.07
			占比（%）	45.58	24.45	23.46	6.27	0.24	–

2. 旱地土壤有效硫含量

广西旱地土壤有效硫含量范围在 7.8 ～ 202.6 mg/kg，平均值为 40.8 mg/kg（见表 4-34）。土壤有效硫含量处于极高 – 高水平的面积共有 2435.38 万亩，占旱地总面积的 67.68%，其中：极高含量的面积为 1388.20 万亩，占旱地总面积的 38.58%；高含量的面积为 1047.18 万亩，占旱地总面积的 29.10%。土壤有效硫含量处于中等水平的面积共有 903.40 万亩，占旱地总面积的 25.10%。土壤有效硫含量处于低、极低水平的面积共有 259.84 万亩，占旱地总面积的 7.22%，其中：低含量的面积为 217.82 万亩，占旱地总面积的 6.05%；极低含量的面积为 42.02 万亩，占旱地总面积的 1.17%。广西旱地土壤有效硫含量总体属于高、极高水平，平均值比耕地土壤有效硫含量平均值低 0.5 mg/kg。河池市、百色市、桂林市和玉林市的旱地土壤有效硫含量总体属于中等偏高水平。

表 4–34　广西旱地土壤有效硫含量状况

行政区	范围（mg/kg）	平均值（mg/kg）	各等级面积及占比						合计（万亩）
			等级	1	2	3	4	5	
			范围（mg/kg）	≥ 40.0	30.0 ～ < 40.0	20.0 ～ < 30.0	10.0 ～ < 20.0	< 10.0	
			等级描述	极高	高	中等	低	极低	
百色市	8.4 ～ 90.9	31.8	面积（万亩）	76.96	115.40	138.04	58.06	38.17	426.63
			占比（%）	18.04	27.05	32.36	13.61	8.95	–
北海市	9.0 ～ 202.6	44.1	面积（万亩）	58.39	32.71	21.51	1.25	0.35	114.21
			占比（%）	51.13	28.64	18.83	1.10	0.31	–
崇左市	9.2 ～ 70.1	31.3	面积（万亩）	68.92	286.53	207.23	47.25	0.14	610.07
			占比（%）	11.30	46.97	33.97	7.74	0.02	–
防城港市	16.4 ～ 65.2	42.5	面积（万亩）	40.27	22.77	10.94	0.11	–	74.09
			占比（%）	54.35	30.73	14.76	0.15	–	–
贵港市	14.2 ～ 147.2	39.8	面积（万亩）	75.68	60.30	70.72	7.75	–	214.45
			占比（%）	35.29	28.12	32.98	3.61	–	–
桂林市	9.3 ～ 108.8	37.3	面积（万亩）	26.26	3.26	40.52	21.28	0.97	92.29
			占比（%）	28.45	3.53	43.91	23.06	1.05	–
河池市	8.0 ～ 147.9	31.2	面积（万亩）	40.11	84.86	181.45	40.63	0.66	347.71
			占比（%）	11.54	24.41	52.18	11.69	0.19	–
贺州市	14.6 ～ 94.9	38.8	面积（万亩）	34.94	24.38	24.87	13.61	–	97.80
			占比（%）	35.73	24.93	25.43	13.92	–	–
来宾市	15.4 ～ 141.1	48.9	面积（万亩）	306.50	124.58	14.83	2.46	–	448.37
			占比（%）	68.36	27.79	3.31	0.55	–	–
柳州市	17.4 ～ 158.6	52.9	面积（万亩）	207.87	53.36	17.42	1.90	–	280.55
			占比（%）	74.09	19.02	6.21	0.68	–	–
南宁市	14.7 ～ 74.4	40.2	面积（万亩）	313.35	205.54	139.70	8.30	–	666.88
			占比（%）	46.99	30.82	20.95	1.24	–	–
钦州市	23.9 ～ 118.1	51.2	面积（万亩）	100.37	16.66	8.49	–	–	125.52
			占比（%）	79.96	13.27	6.77	–	–	–
梧州市	12.6 ～ 44.9	35.8	面积（万亩）	25.69	14.28	7.58	0.68	–	48.23
			占比（%）	53.27	29.61	15.72	1.41	–	–
玉林市	7.8 ～ 85.4	32.3	面积（万亩）	12.90	2.56	20.11	14.53	1.72	51.82
			占比（%）	24.89	4.94	38.81	28.04	3.32	–
广西	7.8 ～ 202.6	40.8	面积（万亩）	1388.20	1047.18	903.40	217.82	42.02	3598.62
			占比（%）	38.58	29.10	25.10	6.05	1.17	–

3. 不同成土母质发育的耕地土壤中的有效硫含量

不同成土母质所形成的土壤，其有效硫含量有一定差异（见表 4-35）。玄武岩母质发育的土壤耕层有效硫含量全部为极高含量；石灰岩母质发育的土壤耕层有效硫含量总体属于中等偏高水平；其他成土母质发育的土壤耕层有效硫含量总体属于高、极高水平。

表 4-35　不同成土母质发育的土壤有效硫含量分布状况

成土母质	范围（mg/kg）	平均值（mg/kg）	各等级面积及占比						合计（万亩）
			等级	1	2	3	4	5	
			范围（mg/kg）	≥ 40.0	30.0 ～< 40.0	20.0 ～< 30.0	10.0 ～< 20.0	< 10.0	
			等级描述	极高	高	中等	低	极低	
滨海沉积物	9.0 ～435.0	97.2	面积（万亩）	67.74	33.79	20.50	1.25	0.35	123.63
			占比（%）	54.79	27.33	16.58	1.01	0.28	－
第四纪红土	7.8 ～147.9	40.5	面积（万亩）	963.75	641.18	534.00	93.78	1.72	2234.43
			占比（%）	43.13	28.70	23.90	4.20	0.08	－
硅质页岩	4.7 ～141.1	45.4	面积（万亩）	204.42	153.22	42.48	7.63	0.66	408.39
			占比（%）	50.05	37.52	10.40	1.87	0.16	－
河流冲积物	7.1 ～198.8	38.5	面积（万亩）	114.12	62.36	82.45	22.39	1.05	282.36
			占比（%）	40.42	22.08	29.20	7.93	0.37	－
洪积物	12.3 ～166.2	39.1	面积（万亩）	35.67	27.90	24.86	4.60	－	93.03
			占比（%）	38.34	29.99	26.72	4.95	－	－
花岗岩	9.1 ～126.2	38.2	面积（万亩）	185.86	101.62	104.72	39.55	0.55	432.30
			占比（%）	42.99	23.51	24.22	9.15	0.13	－
砂页岩	2.1 ～294.9	39.6	面积（万亩）	542.44	338.78	372.87	76.17	2.66	1332.92
			占比（%）	40.70	25.42	27.97	5.71	0.20	－
石灰岩	2.8 ～392.3	38.3	面积（万亩）	372.16	318.36	386.99	151.09	42.20	1270.79
			占比（%）	29.29	25.05	30.45	11.89	3.32	－
玄武岩	46.8 ～202.6	109.4	面积（万亩）	2.05	－	－	－	－	2.05
			占比（%）	100.00	－	－	－	－	－
紫色砂页岩	14.3 ～189.3	45.6	面积（万亩）	271.17	105.44	40.17	10.01	－	426.79
			占比（%）	63.54	24.71	9.41	2.34	－	－

四、有效铁

（一）耕地土壤有效铁含量

广西耕地土壤有效铁含量范围在 1.2 ～ 677.9 mg/kg，平均值为 104.7mg/kg（见表 4-36）。土壤有效铁含量处于高、极高水平（≥ 10 mg/kg）的面积共有 6552.27 万亩，占耕地总面积的99.18%，其中：极高含量（≥ 20 mg/kg）的面积为6358.36万亩，占耕地总面积的96.24%；高含量（10 ~ < 20 mg/kg）的面积为193.91万亩，占耕地总面积的2.94%。土壤有效铁含量处于中等水平（4.5 ~ < 10.0 mg/kg）的面积共有24.11万亩，占耕地总面积的0.36%。土壤有效铁含量处于低、极低水平（< 4.5 mg/kg）的面积共有30.31万亩，占耕地总面积的0.46%，其中：低含量（2.5 ~ < 4.5 mg/kg）的面积为24.92万亩，占耕地总面积的0.38%；极低含量（< 2.5 mg /kg）的面积为5.39万亩，占耕地总面积的0.08%。

广西耕地土壤有效铁含量总体属于极高水平。防城港市、钦州市和玉林市的全部耕地土壤有效铁含量为极高；有效铁含量高的耕地在除防城港市、钦州市和玉林市外的其余各市都有少量分布；有效铁含量中等的耕地在柳州市、桂林市、贺州市、百色市、梧州市、崇左市、贵港市和南宁市有少量分布；有效铁含量低的耕地在柳州市和贺州市有零星分布；有效铁含量极低的耕地在柳州市有零星分布。

从各市耕地土壤有效铁含量分布情况来看，广西各市超过88.00%的耕地土壤有效铁含量属于极高水平；有效铁其他含量等级的耕地只在有些市有少量零星分布。

表 4-36 广西耕地土壤有效铁含量状况

行政区	范围（mg/kg）	平均值（mg/kg）	各等级面积及占比						合计（万亩）
			等级	1	2	3	4	5	
			范围（mg/kg）	≥ 20.0	10.0 ~ < 20.0	4.5 ~ < 10.0	2.5 ~ < 4.5	< 2.5	
			等级描述	极高	高	中等	低	极低	
百色市	9.1 ~ 677.9	133.2	面积（万亩）	637.18	34.05	2.11	–	–	673.34
			占比（%）	94.63	5.06	0.31	–	–	–
北海市	12.5 ~ 209.8	96.4	面积（万亩）	181.93	4.52	–	–	–	186.44
			占比（%）	97.58	2.42	–	–	–	–
崇左市	9.2 ~ 291.7	75.5	面积（万亩）	714.84	64.18	0.79	–	–	779.82
			占比（%）	91.67	8.23	0.10	–	–	–
防城港市	22.9 ~ 340.4	138.1	面积（万亩）	137.30	–	–	–	–	137.30
			占比（%）	100.00	–	–	–	–	–
贵港市	9.3 ~ 341.9	105.1	面积（万亩）	455.26	26.27	0.16	–	–	481.68
			占比（%）	94.51	5.45	0.03	–	–	–
桂林市	7.9 ~ 566.9	109.5	面积（万亩）	467.34	17.74	9.39	–	–	494.46
			占比（%）	94.51	3.59	1.90	–	–	–
河池市	12.4 ~ 439.1	109.2	面积（万亩）	560.78	0.50	–	–	–	561.27
			占比（%）	99.91	0.09	–	–	–	–

续表

行政区	范围（mg/kg）	平均值（mg/kg）	各等级面积及占比						合计（万亩）
			等级	1	2	3	4	5	
			范围（mg/kg）	≥ 20.0	10.0 ～< 20.0	4.5 ～< 10.0	2.5 ～< 4.5	< 2.5	
			等级描述	极高	高	中等	低	极低	
贺州市	3.0 ～200.6	78.0	面积（万亩）	215.61	27.81	1.07	0.10	–	244.59
			占比（%）	88.15	11.37	0.44	0.04	–	–
来宾市	14.0 ～318.2	67.4	面积（万亩）	607.52	3.67	–	–	–	611.19
			占比（%）	99.40	0.60	–	–	–	–
柳州市	1.2 ～292.8	63.9	面积（万亩）	482.92	1.53	10.31	24.82	5.39	524.97
			占比（%）	91.99	0.29	1.96	4.73	1.03	–
南宁市	8.7 ～432.7	98.3	面积（万亩）	1022.5	1.62	0.01	–	–	1024.13
			占比（%）	99.84	0.16	0.001	–	–	–
钦州市	31.0 ～347.5	147.0	面积（万亩）	318.68	–	–	–	–	318.68
			占比（%）	100.00	–	–	–	–	–
梧州市	9.2 ～380.9	131.9	面积（万亩）	195.38	12.04	0.28	–	–	207.69
			占比（%）	94.07	5.80	0.13	–	–	–
玉林市	20.6 ～364.2	126.5	面积（万亩）	361.13	–	–	–	–	361.13
			占比（%）	100.00	–	–	–	–	–
广西	1.2 ～677.9	104.7	面积（万亩）	6358.36	193.91	24.11	24.92	5.39	6606.69
			占比（%）	96.24	2.94	0.36	0.38	0.08	–

（二）不同利用类型耕地土壤有效铁含量

1. 水田土壤有效铁含量

广西水田土壤有效铁含量范围在 1.5 ～ 677.9 mg/kg，平均值为 118.4 mg/kg（见表 4-37）。土壤有效铁含量处于高、极高水平的面积共有 2972.58 万亩，占水田总面积的 98.82%，其中：极高含量的面积为 2935.97 万亩，占水田总面积的 97.60%；高含量的面积为 36.61 万亩，占水田总面积的 1.22%。土壤有效铁含量处于中等水平的面积共有 15.07 万亩，占水田总面积的 0.50%。土壤有效铁含量处于低、极低水平的面积共有 20.43 万亩，占水田总面积的 0.68%，其中：低含量的面积为 17.42 万亩，占水田总面积的 0.58%；极低含量的面积为 3.01 万亩，占水田总面积的 0.10%。广西水田土壤有效铁含量总体属于高水平，平均值比耕地土壤有效铁含量平均值高 13.7 mg/kg。

表 4-37　广西水田土壤有效铁含量状况

行政区	范围（mg/kg）	平均值（mg/kg）	各等级面积及占比						合计（万亩）
			等级	1	2	3	4	5	
			范围（mg/kg）	≥ 20.0	10.0 ~ < 20.0	4.5 ~ < 10.0	2.5 ~ < 4.5	< 2.5	
			等级描述	极高	高	中等	低	极低	
百色市	12.2 ~ 677.9	156.2	面积（万亩）	246.56	0.15	–	–	–	246.71
			占比（%）	99.94	0.06	–	–	–	–
北海市	28.6 ~ 209.8	112.9	面积（万亩）	72.23	–	–	–	–	72.23
			占比（%）	100.00	–	–	–	–	–
崇左市	10.7 ~ 291.7	92.7	面积（万亩）	160.11	9.63	–	–	–	169.75
			占比（%）	94.33	5.67	–	–	–	–
防城港市	55.3 ~ 340.4	137.2	面积（万亩）	63.21	–	–	–	–	63.21
			占比（%）	100.00	–	–	–	–	–
贵港市	10.1 ~ 341.9	122.5	面积（万亩）	265.48	1.75	–	–	–	267.23
			占比（%）	99.35	0.65	–	–	–	–
桂林市	7.9 ~ 566.9	112.4	面积（万亩）	388.87	5.44	7.87	–	–	402.17
			占比（%）	96.69	1.35	1.96	–	–	–
河池市	12.4 ~ 439.1	121.1	面积（万亩）	213.07	0.50	–	–	–	213.56
			占比（%）	99.77	0.23	–	–	–	–
贺州市	3.0 ~ 200.6	86.1	面积（万亩）	141.15	5.46	0.08	0.10	–	146.79
			占比（%）	96.16	3.72	0.05	0.07	–	–
来宾市	14.0 ~ 318.2	78.4	面积（万亩）	161.81	1.01	–	–	–	162.82
			占比（%）	99.38	0.62	–	–	–	–
柳州市	1.5 ~ 292.8	72.4	面积（万亩）	217.19	0.06	6.84	17.32	3.01	244.43
			占比（%）	88.86	0.02	2.80	7.09	1.23	–
南宁市	15.1 ~ 432.7	126.5	面积（万亩）	356.67	0.58	–	–	–	357.25
			占比（%）	99.84	0.16	–	–	–	–
钦州市	53.7 ~ 347.5	144.4	面积（万亩）	193.16	–	–	–	–	193.16
			占比（%）	100.00	–	–	–	–	–
梧州市	9.2 ~ 380.9	132.6	面积（万亩）	147.15	12.04	0.28	–	–	159.46
			占比（%）	92.27	7.55	0.18	–	–	–
玉林市	20.6 ~ 364.2	127.4	面积（万亩）	309.30	–	–	–	–	309.30
			占比（%）	100.00	–	–	–	–	–
广西	1.5 ~ 677.9	118.4	面积（万亩）	2935.97	36.61	15.07	17.42	3.01	3008.07
			占比（%）	97.60	1.22	0.50	0.58	0.10	–

2. 旱地土壤有效铁含量

广西旱地土壤有效铁含量范围在 1.2 ～ 380.1 mg/kg，平均值为 74.5 mg/kg（见表 4-38）。土壤有效铁含量处于高、极高水平的面积共有 3579.69 万亩，占旱地总面积的 99.47%，其中：极高含量的面积为 3422.39 万亩，占旱地总面积的 95.10%；高含量的面积为 157.30 万亩，占旱地总面积的 4.37%。土壤有效铁含量处于中等水平的面积共有 9.05 万亩，占旱地总面积的 0.25%。土壤有效铁含量处于低、极低水平的面积共有 9.88 万亩，占旱地总面积的 0.28%，其中：低含量的面积为 7.50 万亩，占旱地总面积的 0.21%；极低含量的面积为 2.38 万亩，占旱地总面积的 0.07%。广西旱地土壤有效铁含量总体属于高水平，平均值比耕地土壤有效铁含量平均值低 30.2 mg/kg。

表 4-38 广西旱地土壤有效铁含量状况

行政区	范围（mg/kg）	平均值（mg/kg）	各等级面积及占比						合计（万亩）
			等级	1	2	3	4	5	
			范围（mg/kg）	≥ 20.0	10.0 ～ < 20.0	4.5 ～ < 10.0	2.5 ～ < 4.5	< 2.5	
			等级描述	极高	高	中等	低	极低	
百色市	9.1 ～ 209.0	63.9	面积（万亩）	390.62	33.90	2.11	－	－	426.63
			占比（%）	91.56	7.95	0.49	－	－	－
北海市	12.5 ～ 209.8	75.2	面积（万亩）	109.69	4.52	－	－	－	114.21
			占比（%）	96.04	3.96	－	－	－	－
崇左市	9.2 ～ 220.5	62.6	面积（万亩）	554.73	54.55	0.79	－	－	610.07
			占比（%）	90.93	8.94	0.13	－	－	－
防城港市	22.9 ～ 314.5	140.2	面积（万亩）	74.09	－	－	－	－	74.09
			占比（%）	100.00	－	－	－	－	－
贵港市	9.3 ～ 292.4	79.5	面积（万亩）	189.77	24.52	0.16	－	－	214.45
			占比（%）	88.49	11.43	0.07	－	－	－
桂林市	9.6 ～ 173.2	57.7	面积（万亩）	78.46	12.30	1.52	－	－	92.29
			占比（%）	85.02	13.33	1.65	－	－	－
河池市	20.3 ～ 380.1	82.3	面积（万亩）	347.71	－	－	－	－	347.71
			占比（%）	100.00	－	－	－	－	－
贺州市	9.4 ～ 173.0	46.6	面积（万亩）	74.46	22.35	1.00	－	－	97.80
			占比（%）	76.13	22.85	1.02	－	－	－
来宾市	15.3 ～ 214.3	62.0	面积（万亩）	445.71	2.66	－	－	－	448.37
			占比（%）	99.41	0.59	－	－	－	－

续表

行政区	范围（mg/kg）	平均值（mg/kg）	各等级面积及占比						合计（万亩）
			等级	1	2	3	4	5	
			范围（mg/kg）	≥ 20.0	10.0 ～ < 20.0	4.5 ～ < 10.0	2.5 ～ < 4.5	< 2.5	
			等级描述	极高	高	中等	低	极低	
柳州市	1.2 ～ 131.5	50.9	面积（万亩）	265.73	1.47	3.46	7.50	2.38	280.55
			占比（%）	94.72	0.52	1.23	2.67	0.85	–
南宁市	8.7 ～ 236.9	74.9	面积（万亩）	665.83	1.04	0.01	–	–	666.88
			占比（%）	99.84	0.16	0.001	–	–	–
钦州市	31.0 ～ 345.7	154.9	面积（万亩）	125.52	–	–	–	–	125.52
			占比（%）	100.00	–	–	–	–	–
梧州市	81.2 ～ 216.3	119.3	面积（万亩）	48.23	–	–	–	–	48.23
			占比（%）	100.00	–	–	–	–	–
玉林市	25.1 ～ 236.0	91.3	面积（万亩）	51.82	–	–	–	–	51.82
			占比（%）	100.00	–	–	–	–	–
广西	1.2 ～ 380.1	74.5	面积（万亩）	3422.39	157.3	9.05	7.50	2.38	3598.62
			占比（%）	95.10	4.37	0.25	0.21	0.07	–

3. 不同成土母质发育的耕地土壤中的有效铁含量

不同的成土母质所形成的土壤，其有效铁含量无明显差异（见表4-39）。所有成土母质发育的土壤耕层有效铁含量98.00%以上都处于高、极高水平。

表 4-39　不同成土母质发育的土壤有效铁含量分布状况

成土母质	范围（mg/kg）	平均值（mg/kg）	各等级面积及占比						合计（万亩）
			等级	1	2	3	4	5	
			范围（mg/kg）	≥ 20.0	10.0 ～ < 20.0	4.5 ～ < 10.0	2.5 ～ < 4.5	< 2.5	
			等级描述	极高	高	中等	低	极低	
滨海沉积物	12.5 ～ 335.4	109.7	面积（万亩）	119.59	4.04	–	–	–	123.63
			占比（%）	96.73	3.27	–	–	–	–
第四纪红土	1.2 ～ 580.6	90.9	面积（万亩）	2159.42	63.97	3.69	5.74	1.59	2234.43
			占比（%）	96.64	2.86	0.17	0.26	0.07	–
硅质页岩	19.1 ～ 214.3	64.0	面积（万亩）	407.87	0.53	–	–	–	408.39
			占比（%）	99.87	0.13	–	–	–	–

续表

成土母质	范围（mg/kg）	平均值（mg/kg）	各等级面积及占比						合计（万亩）
			等级	1	2	3	4	5	
			范围（mg/kg）	≥ 20.0	10.0 ～< 20.0	4.5 ～< 10.0	2.5 ～< 4.5	< 2.5	
			等级描述	极高	高	中等	低	极低	
河流冲积物	2.6 ～519.9	112.3	面积（万亩）	275.12	5.85	0.89	0.50	－	282.36
			占比（%）	97.44	2.07	0.32	0.18	－	－
洪积物	5.3 ～677.9	134.0	面积（万亩）	92.88	－	0.15	－	－	93.03
			占比（%）	99.84	－	0.16	－	－	－
花岗岩	12.1 ～364.2	133.8	面积（万亩）	432.06	0.24	－	－	－	432.30
			占比（%）	99.94	0.06	－	－	－	－
砂页岩	1.5 ～596.1	120.8	面积（万亩）	1304.05	6.71	6.93	12.46	2.76	1332.92
			占比（%）	97.83	0.50	0.52	0.93	0.21	－
石灰岩	2.3 ～257.3	65.3	面积（万亩）	1140.30	110.8	12.44	6.21	1.04	1270.79
			占比（%）	89.73	8.72	0.98	0.49	0.08	－
玄武岩	15.1 ～27.6	21.6	面积（万亩）	1.57	0.48	－	－	－	2.05
			占比（%）	76.59	23.41	－	－	－	－
紫色砂页岩	11.8 ～380.9	123.4	面积（万亩）	425.49	1.30	－	－	－	426.79
			占比（%）	99.70	0.30	－	－	－	－

五、有效锰

（一）耕地土壤有效锰含量

广西耕地土壤有效锰含量范围在 0.4 ～ 388.5 mg/kg，平均值为 30.7 mg/kg（见表 4-40）。土壤有效锰含量处于高、极高水平（≥ 15.0 mg/kg）的面积共有 5123.61 万亩，占耕地总面积的 77.55%，其中：极高含量（≥ 30.0 mg/kg）的面积为 3195.27 万亩，占耕地总面积的 48.36%；高含量（15.0 ～< 30.0 mg/kg）的面积为 1928.34 万亩，占耕地总面积的 29.19%。土壤有效锰含量处于中等水平（5.0 ～< 15.0 mg/kg）共有 1150.76 万亩，占耕地总面积的 17.42%。土壤有效锰含量处于低、极低水平（< 5.0 mg/kg）的共有 332.33 万亩，占耕地总面积的 5.03%，其中：低含量（1.0 ～< 5.0 mg/kg）的面积为 321.61 万亩，占耕地总面积的 4.87%；极低含量（1.0 mg/kg）的面积为 10.72 万亩，占耕地总面积的 0.16%。

表 4–40 广西耕地土壤有效锰含量状况

行政区	范围 （mg/kg）	平均值 （mg/kg）	各等级面积及占比						合计 （万亩）
			等级	1	2	3	4	5	
			范围 （mg/kg）	≥ 30.0	15.0 ～ < 30.0	5.0 ～ < 15.0	1.0 ～ < 5.0	< 1.0	
			等级描述	极高	高	中等	低	极低	
百色市	4.9 ～ 252.3	46.9	面积（万亩）	578.51	83.03	11.59	0.21	－	673.34
			占比（%）	85.92	12.33	1.72	0.03	－	－
北海市	0.4 ～ 105.1	5.0	面积（万亩）	4.08	6.27	35.08	130.62	10.40	186.44
			占比（%）	2.19	3.36	18.81	70.06	5.58	－
崇左市	1.0 ～ 277.7	55.4	面积（万亩）	620.19	131.62	27.17	0.61	0.22	779.82
			占比（%）	79.53	16.88	3.48	0.08	0.03	－
防城 港市	0.8 ～ 202.6	16.4	面积（万亩）	45.85	30.90	34.91	25.53	0.10	137.30
			占比（%）	33.40	22.51	25.43	18.60	0.07	－
贵港市	1.6 ～ 280.0	28.5	面积（万亩）	213.99	139.30	118.17	10.23	－	481.68
			占比（%）	44.42	28.92	24.53	2.12	－	－
桂林市	2.4 ～ 262.8	23.0	面积（万亩）	119.58	210.32	151.06	13.50	－	494.46
			占比（%）	24.18	42.54	30.55	2.73	－	－
河池市	2.4 ～ 331.0	44.4	面积（万亩）	368.28	141.22	49.33	2.44	－	561.27
			占比（%）	65.62	25.16	8.79	0.43	－	－
贺州市	1.5 ～ 167.7	23.2	面积（万亩）	70.67	99.35	69.02	5.54	－	244.59
			占比（%）	28.90	40.62	28.22	2.27	－	－
来宾市	3.5 ～ 154.7	45.9	面积（万亩）	347.95	234.77	27.09	1.38	－	611.19
			占比（%）	56.93	38.41	4.43	0.23	－	－
柳州市	1.6 ～ 117.8	23.1	面积（万亩）	163.96	206.77	112.57	41.68	－	524.97
			占比（%）	31.23	39.39	21.44	7.94	－	－
南宁市	2.9 ～ 388.5	36.5	面积（万亩）	546.21	350.26	125.16	2.50	－	1024.13
			占比（%）	53.33	34.20	12.22	0.24	－	－
钦州市	1.1 ～ 255.9	20.3	面积（万亩）	36.68	103.20	137.38	41.42	－	318.68
			占比（%）	11.51	32.38	43.11	13.00	－	－
梧州市	4.8 ～ 72.0	19.1	面积（万亩）	29.40	112.47	65.18	0.64	－	207.69
			占比（%）	14.16	54.15	31.38	0.31	－	－
玉林市	1.7 ～ 93.3	15.2	面积（万亩）	49.91	78.85	187.03	45.33	－	361.13
			占比（%）	13.82	21.83	51.79	12.55	－	－
广西	0.4 ～ 388.5	30.7	面积（万亩）	3195.27	1928.34	1150.76	321.61	10.72	6606.69
			占比（%）	48.36	29.19	17.42	4.87	0.16	－

广西耕地土壤有效锰含量总体属于高、极高水平。其中，有效锰含量极高占比大的地区有百色市、崇左市、河池市、来宾市、南宁市和贵港市；有效锰含量高占比大的地区有梧州市、桂林市、贺州市和柳州市；有效锰含量中等占比大的地区有玉林市和钦州市；有效锰含量低占比大的地区有北海市；有效锰含量极低的耕地仅在北海市、防城港市和崇左市有零星分布。

从各市耕地土壤有效锰含量分布情况来看，百色市、崇左市和河池市的耕地土壤有效锰含量总体属于极高水平；来宾市、南宁市、贵港市、柳州市和贺州市的耕地土壤有效锰含量总体属于高、极高水平；梧州市、桂林市、玉林市、钦州市和防城港市的耕地土壤有效锰含量总体属于中等偏高水平（≥ 5.0 mg/kg）；北海市的耕地土壤有效锰含量总体属于低水平（< 5.0 mg/kg）。

（二）不同利用类型耕地土壤有效锰含量

1. 水田土壤有效锰含量

广西水田土壤有效锰含量范围在 0.5 ～ 291.3 mg/kg，平均值为 23.9 mg/kg（见表 4-41）。土壤有效锰含量处于高、极高水平的面积共有 1938.41 万亩，占水田总面积的 64.44%，其中：极高含量的面积为 874.88 万亩，占水田总面积的 29.08%；高含量的面积为 1063.53 万亩，占水田总面积的 35.36%。土壤有效锰含量处于中等水平的面积共有 887.06 万亩，占水田总面积的 29.49%。土壤有效锰含量处于低、极低水平的面积共有 182.60 万亩，占水田总面积的 6.07%，其中：低含量的面积为 178.54 万亩，占水田总面积的 5.94%；极低含量的面积为 4.06 万亩，占水田总面积的 0.13%。广西水田土壤有效锰含量总体属于高、极高水平，平均值比耕地土壤有效锰含量平均值低 6.8 mg/kg。梧州市、贵港市、桂林市、贺州市、钦州市、柳州市和玉林市的水田土壤有效锰含量总体属于中等偏高水平；北海市和防城港市的大部分水田土壤有效锰含量处于中等偏低水平。

表 4-41　广西水田土壤有效锰含量状况

行政区	范围（mg/kg）	平均值（mg/kg）	各等级面积及占比						合计（万亩）
			等级	1	2	3	4	5	
			范围（mg/kg）	≥ 30.0	15.0 ～ < 30.0	5.0 ～ < 15.0	1.0 ～ < 5.0	< 1.0	
			等级描述	极高	高	中等	低	极低	
百色市	4.9 ～ 252.3	40.5	面积（万亩）	165.59	69.51	11.40	0.21	—	246.71
			占比（%）	67.12	28.17	4.62	0.09	—	—
北海市	0.5 ～ 35.4	5.2	面积（万亩）	0.53	5.06	27.29	35.61	3.74	72.23
			占比（%）	0.73	7.01	37.78	49.30	5.18	—
崇左市	1.0 ～ 169.0	37.1	面积（万亩）	100.62	54.07	14.22	0.61	0.22	169.74
			占比（%）	59.28	31.85	8.38	0.36	0.13	—

续表

行政区	范围（mg/kg）	平均值（mg/kg）	各等级面积及占比						合计（万亩）
			等级	1	2	3	4	5	
			范围（mg/kg）	≥ 30.0	15.0 ～ < 30.0	5.0 ～ < 15.0	1.0 ～ < 5.0	< 1.0	
			等级描述	极高	高	中等	低	极低	
防城港市	0.8 ～ 202.6	12.1	面积（万亩）	8.79	12.53	16.36	25.42	0.10	63.21
			占比（%）	13.91	19.83	25.89	40.22	0.15	–
贵港市	1.6 ～ 128.7	23.7	面积（万亩）	100.93	78.04	80.35	7.91	–	267.23
			占比（%）	37.77	29.20	30.07	2.96	–	–
桂林市	2.4 ～ 262.8	22.5	面积（万亩）	78.56	167.64	142.47	13.50	–	402.17
			占比（%）	19.53	41.68	35.43	3.36	–	–
河池市	2.4 ～ 291.3	36.3	面积（万亩）	109.87	71.12	30.35	2.23	–	213.56
			占比（%）	51.44	33.30	14.21	1.04	–	–
贺州市	1.5 ～ 112.0	15.2	面积（万亩）	8.69	66.48	66.18	5.43	–	146.79
			占比（%）	5.92	45.29	45.09	3.70	–	–
来宾市	3.5 ～ 127.4	37.9	面积（万亩）	74.31	72.14	14.99	1.38	–	162.82
			占比（%）	45.64	44.31	9.21	0.85	–	–
柳州市	1.8 ～ 64.3	15.5	面积（万亩）	37.35	83.51	93.89	29.68	–	244.43
			占比（%）	15.28	34.17	38.41	12.14	–	–
南宁市	2.9 ～ 125.2	25.2	面积（万亩）	99.41	167.75	87.60	2.49	–	357.25
			占比（%）	27.83	46.96	24.52	0.70	–	–
钦州市	1.8 ～ 255.9	23.1	面积（万亩）	32.06	72.62	76.07	12.41	–	193.16
			占比（%）	16.60	37.60	39.38	6.42	–	–
梧州市	4.8 ～ 72.0	18.5	面积（万亩）	21.97	71.67	65.18	0.64	–	159.46
			占比（%）	13.78	44.95	40.88	0.40	–	–
玉林市	1.7 ～ 93.3	15.2	面积（万亩）	36.19	71.38	160.70	41.03	–	309.30
			占比（%）	11.70	23.08	51.96	13.27	–	–
广西	0.5 ～ 291.3	23.9	面积（万亩）	874.88	1063.53	887.06	178.54	4.06	3008.07
			占比（%）	29.08	35.36	29.49	5.94	0.13	–

2. 旱地土壤有效锰含量

广西旱地土壤有效锰含量范围在 0.4 ～ 388.5 mg/kg，平均值为 45.9 mg/kg（见表4-42）。土壤有效锰含量处于高、极高水平的面积共有 3185.20 万亩，占旱地总面积的 88.51%，其中：极高含量的面积为 2320.39 万亩，占旱地总面积的 64.48%；高含量的面积为 864.81 万亩，占旱地总面积的 24.03%。土壤有效锰含量处于中等水平的面积共有 263.70 万亩，占旱地总面积的 7.33%。土壤有效锰含量处于低、极低水平的面积共有 149.72 万亩，占旱地总面积的 4.17%，其中：低含量的面积为 143.06 万亩，占旱地总面积的 3.98%；极低含量的面积为 6.66 万亩，占旱地总面积的 0.19%。广西旱地土壤有效锰含量总体属于高、极高水平，平均值比耕地土壤有效锰含量平均值高 15.2 mg/kg。玉林市和钦州市的大部分旱地土壤有效锰含量处于中等偏高水平，北海市的旱地土壤有效锰含量总体属于低水平。

表 4-42　广西旱地土壤有效锰含量状况

行政区	范围（mg/kg）	平均值（mg/kg）	各等级面积及占比						合计（万亩）
			等级	1	2	3	4	5	
			范围（mg/kg）	≥ 30.0	15.0 ～< 30.0	5.0 ～< 15.0	1.0 ～< 5.0	< 1.0	
			等级描述	极高	高	中等	低	极低	
百色市	11.0 ～211.3	66.4	面积（万亩）	412.92	13.52	0.20	－	－	426.63
			占比（%）	96.78	3.17	0.05			－
北海市	0.4 ～105.1	4.7	面积（万亩）	3.55	1.21	7.78	95.01	6.66	114.21
			占比（%）	3.11	1.06	6.81	83.19	5.83	－
崇左市	10.8 ～277.7	69.1	面积（万亩）	519.56	77.55	12.96	－	－	610.07
			占比（%）	85.16	12.71	2.12			－
防城港市	3.9 ～167.0	27.2	面积（万亩）	37.06	18.36	18.56	0.11	－	74.09
			占比（%）	50.02	24.78	25.04	0.15		－
贵港市	3.2 ～280.0	35.6	面积（万亩）	113.06	61.26	37.82	2.32	－	214.45
			占比（%）	52.72	28.56	17.63	1.08		－
桂林市	5.9 ～135.9	31.8	面积（万亩）	41.02	42.68	8.59	－	－	92.29
			占比（%）	44.45	46.25	9.31			－
河池市	4.2 ～331.0	62.8	面积（万亩）	258.41	70.10	18.99	0.21	－	347.71
			占比（%）	74.32	20.16	5.46	0.06		－
贺州市	4.8 ～167.7	54.5	面积（万亩）	61.98	32.86	2.84	0.11	－	97.80
			占比（%）	63.38	33.60	2.90	0.11		－
来宾市	6.5 ～154.7	49.8	面积（万亩）	273.64	162.63	12.10	－	－	448.37
			占比（%）	61.03	36.27	2.70			－
柳州市	1.6 ～117.8	34.5	面积（万亩）	126.61	123.26	18.68	11.99	－	280.55
			占比（%）	45.13	43.94	6.66	4.27		－
南宁市	4.1 ～388.5	45.9	面积（万亩）	446.80	182.51	37.56	0.01	－	666.88
			占比（%）	67.00	27.37	5.63	0.001		－
钦州市	1.1 ～52.2	11.9	面积（万亩）	4.62	30.58	61.30	29.01	－	125.52
			占比（%）	3.68	24.36	48.84	23.11		－

续表

行政区	范围（mg/kg）	平均值（mg/kg）	各等级面积及占比						合计（万亩）
			等级	1	2	3	4	5	
			范围（mg/kg）	≥ 30.0	15.0 ～ < 30.0	5.0 ～ < 15.0	1.0 ～ < 5.0	< 1.0	
			等级描述	极高	高	中等	低	极低	
梧州市	19.9 ～ 52.4	29.4	面积（万亩）	7.43	40.80	–	–	–	48.23
			占比（%）	15.41	84.59				
玉林市	2.9 ～ 80.4	16.5	面积（万亩）	13.72	7.48	26.33	4.30	–	51.82
			占比（%）	26.47	14.42	50.80	8.30		
广西	0.4 ～ 388.5	45.9	面积（万亩）	2320.39	864.81	263.70	143.06	6.66	3598.62
			占比（%）	64.48	24.03	7.33	3.98	0.19	–

3. 不同成土母质发育的耕地土壤中的有效锰含量

不同成土母质所形成的土壤，其有效锰含量有一定差异（见表 4-43）。玄武岩母质发育的土壤耕层有效锰含量全部为极高；硅质页岩、石灰岩、紫色砂页岩和第四纪红土和洪积物等成土母质发育的土壤耕层有效锰含量总体属于高、极高水平；河流冲积物、花岗岩和砂页岩等成土母质发育的土壤耕层有效锰含量总体属于中等偏高水平；滨海沉积物成土母质发育的土壤耕层有效锰含量总体属于低水平。

表 4-43　不同成土母质发育的土壤有效锰含量分布状况

成土母质	范围（mg/kg）	平均值（mg/kg）	各等级面积及占比						合计（万亩）
			等级	1	2	3	4	5	
			范围（mg/kg）	≥ 30.0	15.0 ～ < 30.0	5.0 ～ < 15.0	1.0 ～ < 5.0	< 1.0	
			等级描述	极高	高	中等	低	极低	
滨海沉积物	0.4 ～ 105.1	4.4	面积（万亩）	1.50	5.70	14.76	94.81	6.87	123.63
			占比（%）	1.21	4.61	11.94	76.68	5.55	–
第四纪红土	0.5 ～ 266.4	36.3	面积（万亩）	1211.82	707.81	276.76	37.40	0.65	2234.43
			占比（%）	54.23	31.68	12.39	1.67	0.03	–
硅质页岩	6.5 ～ 205.0	49.1	面积（万亩）	269.36	123.21	15.82	–	–	408.39
			占比（%）	65.96	30.17	3.87			–
河流冲积物	1.0 ～ 201.2	22.0	面积（万亩）	60.86	97.38	106.92	17.15	0.05	282.36
			占比（%）	21.55	34.49	37.87	6.07	0.02	–
洪积物	3.2 ～ 141.4	29.2	面积（万亩）	39.99	25.47	26.37	1.19	–	93.03
			占比（%）	42.99	27.38	28.35	1.28		–

续表

成土母质	范围（mg/kg）	平均值（mg/kg）	各等级面积及占比						合计（万亩）
			等级	1	2	3	4	5	
			范围（mg/kg）	≥ 30.0	15.0 ～ < 30.0	5.0 ～ < 15.0	1.0 ～ < 5.0	< 1.0	
			等级描述	极高	高	中等	低	极低	
花岗岩	1.2 ～ 231.1	18.3	面积（万亩）	75.19	144.02	180.68	32.41	–	432.30
			占比（%）	17.39	33.31	41.80	7.50	–	–
砂页岩	0.5 ～ 331.0	24.1	面积（万亩）	407.25	410.52	393.70	118.29	3.16	1332.92
			占比（%）	30.55	30.80	29.54	8.87	0.24	–
石灰岩	1.9 ～ 388.5	49.1	面积（万亩）	920.70	252.50	80.15	17.44	–	1270.79
			占比（%）	72.45	19.87	6.31	1.37	–	–
玄武岩	35.9 ～ 50.5	44.2	面积（万亩）	2.05	–	–	–	–	2.05
			占比（%）	100.00	–	–	–	–	–
紫色砂页岩	2.2 ～ 280.0	28.7	面积（万亩）	206.54	161.73	55.60	2.91	–	426.79
			占比（%）	48.39	37.90	13.03	0.68	–	–

六、有效锌

（一）耕地土壤有效锌含量

广西耕地土壤有效锌含量范围在 0.13 ～ 34.82 mg/kg，平均值为 2.21 mg/kg（见表 4-44）。土壤有效锌含量处于高、极高水平（≥ 1.0 mg/kg）的面积共有 5516.38 万亩，占耕地总面积的 83.50%，其中：极高含量（≥ 3.0 mg/kg）的面积为 716.82 万亩，占耕地总面积的 10.85%；高含量（1.0 ～ 3.0 mg/kg）的面积为 4799.56 万亩，占耕地总面积的 72.65%。土壤有效锌含量处于中等水平（0.5 ～ 1.0 mg/kg）共有 999.14 万亩，占耕地总面积的 15.12%。土壤有效锌含量处于低、极低水平（< 0.5 mg/kg）的共有 91.18 万亩，占耕地总面积的 1.38%，其中：低含量（0.3 ～ 0.5 mg/kg）的面积为 81.09 万亩，占耕地总面积的 1.23%；极低含量（< 0.3 mg/kg）的面积为 10.09 万亩，占耕地总面积的 0.15%。

表 4-44　广西耕地土壤有效锌含量状况

行政区	范围（mg/kg）	平均值（mg/kg）	各等级面积及占比						合计（万亩）
			等级	1	2	3	4	5	
			范围（mg/kg）	≥ 3.0	1.0 ～ < 3.0	0.5 ～ < 1.0	0.3 ～ < 0.5	< 0.3	
			等级描述	极高	高	中等	低	极低	
百色市	0.46 ～ 8.97	2.13	面积（万亩）	94.98	498.19	78.17	1.99	—	673.34
			占比（%）	14.11	73.99	11.61	0.30	—	—
北海市	0.16 ～ 5.51	0.84	面积（万亩）	1.05	40.57	104.89	32.65	7.28	186.44
			占比（%）	0.56	21.76	56.26	17.51	3.90	—
崇左市	0.23 ～ 16.60	1.72	面积（万亩）	16.81	659.00	102.13	1.28	0.60	779.82
			占比（%）	2.16	84.51	13.10	0.16	0.08	—
防城港市	0.20 ～ 5.94	1.47	面积（万亩）	2.19	59.53	62.93	12.42	0.22	137.30
			占比（%）	1.60	43.36	45.84	9.05	0.16	—
贵港市	0.43 ～ 11.73	1.54	面积（万亩）	16.13	311.29	145.99	8.28	—	481.68
			占比（%）	3.35	64.62	30.31	1.72	—	—
桂林市	0.26 ～ 16.62	2.17	面积（万亩）	56.11	400.04	36.34	0.60	1.38	494.46
			占比（%）	11.35	80.90	7.35	0.12	0.28	—
河池市	0.49 ～ 34.82	3.44	面积（万亩）	189.38	349.08	21.65	1.17	—	561.27
			占比（%）	33.74	62.19	3.86	0.21	—	—
贺州市	0.25 ～ 8.92	2.26	面积（万亩）	41.90	181.14	15.69	5.83	0.03	244.59
			占比（%）	17.13	74.06	6.41	2.38	0.01	—
来宾市	0.55 ～ 19.50	2.28	面积（万亩）	62.98	503.32	44.89	—	—	611.19
			占比（%）	10.30	82.35	7.34	—	—	—
柳州市	0.46 ～ 27.15	3.64	面积（万亩）	98.52	405.09	20.26	1.11	—	524.97
			占比（%）	18.77	77.16	3.86	0.21	—	—
南宁市	0.19 ～ 27.16	1.69	面积（万亩）	61.45	698.65	257.47	6.10	0.46	1024.13
			占比（%）	6.00	68.22	25.14	0.60	0.04	—
钦州市	0.45 ～ 14.35	1.85	面积（万亩）	13.17	260.39	44.61	0.51	—	318.68
			占比（%）	4.13	81.71	14.00	0.16	—	—
梧州市	0.77 ～ 11.58	2.42	面积（万亩）	35.70	166.59	5.40	—	—	207.69
			占比（%）	17.19	80.21	2.60	—	—	—
玉林市	0.13 ～ 7.71	1.83	面积（万亩）	26.45	266.69	58.71	9.15	0.13	361.13
			占比（%）	7.32	73.85	16.26	2.53	0.04	—
广西	0.13 ～ 34.82	2.21	面积（万亩）	716.82	4799.56	999.14	81.09	10.09	6606.69
			占比（%）	10.85	72.65	15.12	1.23	0.15	—

广西绝大部分耕地土壤有效锌含量处于高水平。其中，河池市 33.74% 耕地的有效锌含量为极高；有效锌含量高占比大的地区有崇左市、钦州市、来宾市、梧州市、桂林市、柳州市、贺州市、玉林市、百色市、南宁市和贵港市；有效锌含量中等占比大的地区主要有北海市和防城港市；除来宾市和梧州市外，有效锌含量低的耕地在其余 12 个市均有分布；有效锌含量极低的耕地在北海市、桂林市、防城港市、崇左市、南宁市、玉林市和贺州市有零星分布。

从各市耕地土壤有效锌含量分布情况来看，南宁市、贵港市、防城港市和北海市大部分耕地土壤有效锌含量处于中等偏高水平（≥ 0.5 mg/kg）；其余 10 个市的大部分耕地土壤有效锌含量为高水平。

（二）不同利用类型耕地土壤有效锌含量

1. 水田土壤有效锌含量

广西水田土壤有效锌含量范围在 0.13 ～ 27.16 mg/kg，平均值为 2.35 mg/kg（见表 4-45）。土壤有效锌含量处于高、极高水平的面积共有 2606.63 万亩，占水田总面积的 86.65%，其中：极高含量的面积为 413.65 万亩，占水田总面积的 13.75%；高含量的面积为 2192.98 万亩，占水田总面积的 72.90%。土壤有效锌含量处于中等水平的面积共有 366.43 万亩，占水田总面积的 12.18%。土壤有效锌含量处于低、极低水平的面积共有 35.01 万亩，占水田总面积的 1.16%，其中：低含量的面积为 31.69 万亩，占水田总面积的 1.05%；极低含量的面积为 3.32 万亩，占水田总面积的 0.11%。广西水田土壤有效锌含量总体属于高、极高水平，平均值比耕地土壤有效锌含量平均值高 0.14 mg/kg。北海市水田土壤有效锌含量总体属于中等偏高水平。

表 4-45　广西水田土壤有效锌含量状况

行政区	范围 （mg/kg）	平均值 （mg/kg）	各等级面积及占比						合计 （万亩）
			等级	1	2	3	4	5	
			范围 （mg/kg）	≥ 3.0	1.0 ～ ＜ 3.0	0.5 ～ ＜ 1.0	0.3 ～ ＜ 0.5	＜ 0.3	
			等级描述	极高	高	中等	低	极低	
百色市	0.48 ～ 8.37	2.26	面积（万亩）	44.25	191.70	10.39	0.37	－	246.71
			占比（%）	17.94	77.70	4.21	0.15	－	－
北海市	0.20 ～ 5.51	0.88	面积（万亩）	0.59	19.41	38.13	11.98	2.12	72.23
			占比（%）	0.82	26.87	52.79	16.59	2.94	－
崇左市	0.23 ～ 16.60	1.90	面积（万亩）	11.85	129.93	26.10	1.28	0.60	169.75
			占比（%）	6.98	76.54	15.37	0.75	0.35	－
防城 港市	0.41 ～ 5.94	1.77	面积（万亩）	2.19	41.77	18.57	0.67	－	63.21
			占比（%）	3.47	66.09	29.38	1.06	－	－

续表

行政区	范围（mg/kg）	平均值（mg/kg）	各等级面积及占比						合计（万亩）
			等级	1	2	3	4	5	
			范围（mg/kg）	≥ 3.0	1.0 ～ < 3.0	0.5 ～ < 1.0	0.3 ～ < 0.5	< 0.3	
			等级描述	极高	高	中等	低	极低	
贵港市	0.47 ～ 11.73	1.59	面积（万亩）	13.03	173.85	74.14	6.21	–	267.23
			占比（%）	4.88	65.06	27.74	2.32	–	
桂林市	0.50 ～ 12.98	2.12	面积（万亩）	36.10	337.61	28.46	–	–	402.17
			占比（%）	8.98	83.95	7.08	–	–	
河池市	0.67 ～ 24.13	3.41	面积（万亩）	89.25	117.39	6.93	–	–	213.56
			占比（%）	41.79	54.97	3.24	–	–	
贺州市	0.25 ～ 8.92	2.31	面积（万亩）	32.63	101.18	12.85	0.11	0.03	146.79
			占比（%）	22.23	68.92	8.75	0.07	0.02	
来宾市	0.55 ～ 19.50	2.57	面积（万亩）	26.83	110.85	25.15	–	–	162.82
			占比（%）	16.48	68.08	15.45	–	–	
柳州市	0.63 ～ 27.15	4.39	面积（万亩）	63.51	174.96	5.96	–	–	244.43
			占比（%）	25.98	71.58	2.44	–	–	
南宁市	0.26 ～ 27.16	1.88	面积（万亩）	22.71	262.21	66.77	5.10	0.46	357.25
			占比（%）	6.36	73.40	18.69	1.43	0.13	
钦州市	0.58 ～ 6.79	1.93	面积（万亩）	12.02	169.71	11.43	–	–	193.16
			占比（%）	6.22	87.86	5.92	–	–	
梧州市	0.77 ～ 11.58	2.44	面积（万亩）	32.25	121.82	5.40	–	–	159.46
			占比（%）	20.22	76.39	3.39	–	–	
玉林市	0.13 ～ 7.71	1.85	面积（万亩）	26.45	240.59	36.16	5.98	0.13	309.30
			占比（%）	8.55	77.79	11.69	1.93	0.04	
广西	0.13 ～ 27.16	2.35	面积（万亩）	413.65	2192.98	366.43	31.69	3.32	3008.07
			占比（%）	13.75	72.90	12.18	1.05	0.11	

2. 旱地土壤有效锌含量

广西旱地土壤有效锌含量范围在 0.16 ～ 34.82 mg/kg，平均值为 1.89 mg/kg（见表 4-46）。土壤有效锌含量处于高、极高水平的面积共有 2909.75 万亩，占旱地总面积的 80.85%，其中：极高含量的面积为 303.17 万亩，占旱地总面积的 8.42%；高含量的面积为 2606.58 万亩，占旱地总面积的 72.43%。土壤有效锌含量处于中等水平的面积共有 632.70 万亩，占旱地总面积的 17.58%。土壤有效锌含量处于低、极低水平的面积共有

56.16 万亩，占旱地总面积的 1.56%，其中：低含量的面积为 49.39 万亩，占旱地总面积的 1.37%；极低含量的面积为 6.77 万亩，占旱地总面积的 0.19%。广西旱地土壤有效锌含量总体属于高水平，平均值比耕地土壤有效锌含量平均值低 0.32 mg/kg。玉林市、防城港市和北海市的旱地土壤有效锌含量总体属于中等偏高水平。

表 4-46　广西旱地土壤有效锌含量状况

行政区	范围（mg/kg）	平均值（mg/kg）	各等级面积及占比						合计（万亩）
			等级	1	2	3	4	5	
			范围（mg/kg）	≥ 3.0	1.0 ～< 3.0	0.5 ～< 1.0	0.3 ～< 0.5	< 0.3	
			等级描述	极高	高	中等	低	极低	
百色市	0.46 ～8.97	1.72	面积（万亩）	50.73	306.49	67.79	1.63	－	426.63
			占比（%）	11.89	71.84	15.89	0.38	－	
北海市	0.16 ～3.06	0.78	面积（万亩）	0.46	21.15	66.76	20.68	5.16	114.21
			占比（%）	0.40	18.52	58.45	18.10	4.52	
崇左市	0.56 ～4.84	1.58	面积（万亩）	4.96	529.08	76.03	－	－	610.07
			占比（%）	0.81	86.72	12.46	－	－	
防城港市	0.20 ～2.47	0.71	面积（万亩）	－	17.76	44.37	11.75	0.22	74.09
			占比（%）	－	23.97	59.88	15.86	0.29	－
贵港市	0.43 ～8.04	1.46	面积（万亩）	3.10	137.44	71.84	2.07	－	214.45
			占比（%）	1.45	64.09	33.50	0.97	－	
桂林市	0.26 ～16.62	3.01	面积（万亩）	20.00	62.42	7.88	0.60	1.38	92.29
			占比（%）	21.67	67.64	8.54	0.65	1.50	－
河池市	0.49 ～34.82	3.51	面积（万亩）	100.13	231.69	14.73	1.17	－	347.71
			占比（%）	28.80	66.63	4.24	0.34	－	
贺州市	0.40 ～6.82	2.07	面积（万亩）	9.27	79.96	2.84	5.72	－	97.80
			占比（%）	9.48	81.77	2.90	5.85	－	
来宾市	0.56 ～7.35	2.13	面积（万亩）	36.15	392.47	19.75	－	－	448.37
			占比（%）	8.06	87.53	4.40	－	－	
柳州市	0.46 ～22.81	2.49	面积（万亩）	35.02	230.13	14.29	1.11	－	280.55
			占比（%）	12.48	82.03	5.10	0.40	－	
南宁市	0.19 ～5.56	1.52	面积（万亩）	38.73	436.45	190.71	0.99	0.01	666.88
			占比（%）	5.81	65.45	28.60	0.15	0.002	－
钦州市	0.45 ～14.35	1.61	面积（万亩）	1.16	90.67	33.18	0.51	－	125.52
			占比（%）	0.92	72.24	26.43	0.41	－	

续表

行政区	范围（mg/kg）	平均值（mg/kg）	各等级面积及占比						合计（万亩）
			等级	1	2	3	4	5	
			范围（mg/kg）	≥ 3.0	1.0 ～ < 3.0	0.5 ～ < 1.0	0.3 ～ < 0.5	< 0.3	
			等级描述	极高	高	中等	低	极低	
梧州市	1.15 ～ 3.46	2.14	面积（万亩）	3.45	44.77	–	–	–	48.23
			占比（%）	7.15	92.85	–	–	–	–
玉林市	0.49 ～ 2.23	1.33	面积（万亩）	–	26.10	22.55	3.17	–	51.82
			占比（%）	–	50.37	43.52	6.12	–	–
广西	0.16 ～ 34.82	1.89	面积（万亩）	303.17	2606.58	632.70	49.39	6.77	3598.62
			占比（%）	8.42	72.43	17.58	1.37	0.19	–

3. 不同成土母质发育的耕地土壤中的有效锌含量

不同成土母质所形成的土壤，其有效锌含量有一定差异（见表 4-47）。硅质页岩、石灰岩、花岗岩、洪积物、砂页岩、河流冲积物和第四纪红土等成土母质发育的土壤耕层有效锌含量总体属于高水平，玄武岩、紫色砂页岩和滨海沉积物等成土母质发育的土壤耕层有效锌含量总体属于中等偏高水平。

表 4-47　不同成土母质发育的土壤有效锌含量分布状况

成土母质	范围（mg/kg）	平均值（mg/kg）	各等级面积及占比						合计（万亩）
			等级	1	2	3	4	5	
			范围（mg/kg）	≥ 3.0	1.0 ～ < 3.0	0.5 ～ < 1.0	0.3 ～ < 0.5	< 0.3	
			等级描述	极高	高	中等	低	极低	
滨海沉积物	0.20 ～ 4.16	1.22	面积（万亩）	0.80	36.36	58.96	22.64	4.87	123.63
			占比（%）	0.65	29.41	47.69	18.31	3.94	–
第四纪红土	0.19 ～ 21.49	1.91	面积（万亩）	152.48	1678.72	376.72	24.90	1.61	2234.43
			占比（%）	6.82	75.13	16.86	1.11	0.07	–
硅质页岩	0.31 ～ 24.13	2.29	面积（万亩）	44.49	353.15	10.72	0.03	–	408.39
			占比（%）	10.89	86.47	2.62	0.01	–	–
河流冲积物	0.45 ～ 20.66	2.01	面积（万亩）	27.13	209.57	45.04	0.62	–	282.36
			占比（%）	9.61	74.22	15.95	0.22	–	–
洪积物	0.37 ～ 12.97	2.29	面积（万亩）	13.02	69.56	10.30	0.15	–	93.03
			占比（%）	14.00	74.77	11.07	0.16	–	–

续表

成土母质	范围（mg/kg）	平均值（mg/kg）	各等级面积及占比						合计（万亩）
			等级	1	2	3	4	5	
			范围（mg/kg）	≥3.0	1.0～<3.0	0.5～<1.0	0.3～<0.5	<0.3	
			等级描述	极高	高	中等	低	极低	
花岗岩	0.13～8.92	2.15	面积（万亩）	51.91	355.26	23.58	1.47	0.09	432.30
			占比（%）	12.01	82.18	5.45	0.34	0.02	–
砂页岩	0.16～27.16	2.5	面积（万亩）	209.6	925.87	180.23	14.79	2.43	1332.92
			占比（%）	15.72	69.46	13.52	1.11	0.18	–
石灰岩	0.49～34.82	2.62	面积（万亩）	202.37	982.93	84.33	1.17	–	1270.79
			占比（%）	15.92	77.35	6.64	0.09	–	–
玄武岩	0.52～1.83	0.98	面积（万亩）	–	0.48	1.57	–	–	2.05
			占比（%）	–	23.41	76.59	–	–	–
紫色砂页岩	0.20～6.56	1.47	面积（万亩）	15.03	187.66	207.68	15.34	1.08	426.79
			占比（%）	3.52	43.97	48.66	3.59	0.25	–

七、有效铜

（一）耕地土壤有效铜含量

广西耕地土壤有效铜含量范围在 0.24～73.61 mg/kg，平均值为 3.47 mg/kg（见表 4-48）。土壤有效铜含量处于高、极高水平（≥1.0 mg/kg）的面积共有 5950.31 万亩，占耕地总面积的 90.07%，其中：极高含量（≥1.8 mg/kg）的面积为 4067.52 万亩，占耕地总面积的 61.57%；高含量（1.0～<1.8 mg/kg）的面积为 1882.79 万亩，占耕地总面积的 28.50%。土壤有效铜含量处于中等水平（0.2～<1.0 mg/kg）的面积共有 656.39 万亩，占耕地总面积的 9.94%。广西没有土壤有效铜含量低和极低的耕地分布。

广西耕地土壤有效铜含量总体属于高、极高水平。其中，有效铜含量极高占比大的地区有百色市、桂林市、河池市、梧州市、钦州市、贵港市、贺州市、崇左市、南宁市、柳州市和来宾市；有效铜含量高占比大的地区主要是防城港市；有效铜含量中等占比较大的地区有北海市。

从各市耕地土壤有效铜含量分布情况来看，北海市的耕地土壤有效铜含量总体属于中等偏高水平（≥0.2 mg/kg），其余 13 个市的耕地土壤有效铜含量总体属于高、极高水平。

表 4-48　广西耕地土壤有效铜含量状况

行政区	范围（mg/kg）	平均值（mg/kg）	各等级面积及占比						合计（万亩）
			等级	1	2	3	4	5	
			范围（mg/kg）	≥ 1.8	1.0 ～ < 1.8	0.2 ～ < 1.0	0.1 ～ < 0.2	< 0.1	
			等级描述	极高	高	中等	低	极低	
百色市	1.27 ～ 26.22	4.63	面积（万亩）	626.59	46.75	–	–	–	673.34
			占比（%）	93.06	6.94	–	–	–	–
北海市	0.32 ～ 10.15	1.55	面积（万亩）	57.54	49.79	79.11	–	–	186.44
			占比（%）	30.86	26.71	42.43	–	–	–
崇左市	0.50 ～ 8.90	2.31	面积（万亩）	434.78	321.09	23.94	–	–	779.82
			占比（%）	55.75	41.18	3.07	–	–	–
防城港市	0.46 ～ 4.92	1.73	面积（万亩）	47.08	72.53	17.69	–	–	137.30
			占比（%）	34.29	52.83	12.88	–	–	–
贵港市	0.44 ～ 37.67	2.75	面积（万亩）	309.46	138.61	33.62	–	–	481.68
			占比（%）	64.24	28.78	6.98	–	–	–
桂林市	0.70 ～ 42.36	3.75	面积（万亩）	442.92	46.58	4.97	–	–	494.46
			占比（%）	89.57	9.42	1.01	–	–	–
河池市	0.47 ～ 13.86	3.54	面积（万亩）	438.77	115.33	7.17	–	–	561.27
			占比（%）	78.17	20.55	1.28	–	–	–
贺州市	0.61 ～ 10.84	2.97	面积（万亩）	149.30	68.54	26.75	–	–	244.59
			占比（%）	61.04	28.02	10.94	–	–	–
来宾市	0.29 ～ 7.84	2.03	面积（万亩）	248.75	185.75	176.69	–	–	611.19
			占比（%）	40.70	30.39	28.91	–	–	–
柳州市	0.24 ～ 73.61	8.8	面积（万亩）	244.70	182.83	97.44	–	–	524.97
			占比（%）	46.61	34.83	18.56	–	–	–
南宁市	0.24 ～ 11.56	2.41	面积（万亩）	546.83	358.31	118.99	–	–	1024.13
			占比（%）	53.39	34.99	11.62	–	–	–
钦州市	0.41 ～ 10.77	2.58	面积（万亩）	209.32	81.96	27.40	–	–	318.68
			占比（%）	65.68	25.72	8.60	–	–	–
梧州市	0.60 ～ 10.31	2.79	面积（万亩）	146.89	56.57	4.23	–	–	207.69
			占比（%）	70.73	27.24	2.04	–	–	–
玉林市	0.28 ～ 7.74	2.06	面积（万亩）	164.59	158.14	38.40	–	–	361.13
			占比（%）	45.58	43.79	10.63	–	–	–
广西	0.24 ～ 73.61	3.47	面积（万亩）	4067.52	1882.79	656.39	–	–	6606.69
			占比（%）	61.57	28.50	9.94	–	–	–

（二）不同利用类型耕地土壤有效铜含量

1. 水田土壤有效铜含量

广西水田土壤有效铜含量范围在 0.28 ～ 73.61 mg/kg，平均值为 4.04 mg/kg（见表 4-49）。土壤有效铜含量处于高、极高水平的面积共有 2884.11 万亩，占水田总面积的 95.88%，其中：极高含量的面积为 2278.96 万亩，占水田总面积的 75.76%；高含量的面积为 605.15 万亩，占水田总面积的 20.12%。土壤有效铜含量处于中等水平的面积共有 123.97 万亩，占水田总面积的 4.12%。广西没有土壤有效铜含量低和极低的水田分布。广西水田土壤有效铜含量总体属于高、极高水平，平均值比耕地土壤有效铜含量平均值高 0.57 mg/kg。

表 4-49 广西水田土壤有效铜含量状况

行政区	范围（mg/kg）	平均值（mg/kg）		各等级面积及占比					合计（万亩）
			等级	1	2	3	4	5	
			范围（mg/kg）	≥ 1.8	1.0 ～ < 1.8	0.2 ～ < 1.0	0.1 ～ < 0.2	< 0.1	
			等级描述	极高	高	中等	低	极低	
百色市	1.70 ～ 26.22	5.03	面积（万亩）	245.92	0.78	—	—	—	246.71
			占比（%）	99.68	0.32	—	—	—	—
北海市	0.33 ～ 10.15	1.71	面积（万亩）	32.41	19.52	20.31	—	—	72.23
			占比（%）	44.86	27.02	28.12	—	—	—
崇左市	0.53 ～ 8.90	2.86	面积（万亩）	124.91	42.12	2.72	—	—	169.75
			占比（%）	73.58	24.81	1.60	—	—	—
防城港市	0.66 ～ 4.92	1.94	面积（万亩）	25.67	34.52	3.01	—	—	63.21
			占比（%）	40.62	54.62	4.76	—	—	—
贵港市	0.80 ～ 37.67	2.94	面积（万亩）	227.63	38.41	1.19	—	—	267.23
			占比（%）	85.18	14.37	0.45	—	—	—
桂林市	0.81 ～ 42.36	3.76	面积（万亩）	386.66	15.46	0.06	—	—	402.17
			占比（%）	96.14	3.84	0.01	—	—	—
河池市	1.11 ～ 13.86	4.00	面积（万亩）	198.75	14.81	—	—	—	213.56
			占比（%）	93.07	6.93	—	—	—	—
贺州市	0.78 ～ 10.84	3.22	面积（万亩）	119.80	26.73	0.26	—	—	146.79
			占比（%）	81.61	18.21	0.18	—	—	—
来宾市	0.46 ～ 7.84	2.88	面积（万亩）	100.16	30.82	31.84	—	—	162.82
			占比（%）	61.52	18.93	19.55	—	—	—
柳州市	0.42 ～ 73.61	12.57	面积（万亩）	152.14	70.79	21.50	—	—	244.43
			占比（%）	62.24	28.96	8.80	—	—	—

续表

行政区	范围（mg/kg）	平均值（mg/kg）	各等级面积及占比						合计（万亩）
			等级	1	2	3	4	5	
			范围（mg/kg）	≥ 1.8	1.0 ～ < 1.8	0.2 ～ < 1.0	0.1 ～ < 0.2	< 0.1	
			等级描述	极高	高	中等	低	极低	
南宁市	0.97 ～ 11.56	3.02	面积（万亩）	262.82	92.25	2.17	－	－	357.25
			占比（%）	73.57	25.82	0.61	－	－	－
钦州市	0.64 ～ 10.77	2.85	面积（万亩）	143.16	43.14	6.87	－	－	193.16
			占比（%）	74.11	22.33	3.56	－	－	－
梧州市	0.60 ～ 10.31	2.74	面积（万亩）	109.60	45.63	4.23	－	－	159.46
			占比（%）	68.73	28.62	2.65	－	－	－
玉林市	0.28 ～ 7.74	2.07	面积（万亩）	149.32	130.17	29.81	－	－	309.30
			占比（%）	48.28	42.09	9.64	－	－	－
广西	0.28 ～ 73.61	4.04	面积（万亩）	2278.96	605.15	123.97	－	－	3008.07
			占比（%）	75.76	20.12	4.12	－	－	－

2. 旱地土壤有效铜含量

广西旱地土壤有效铜含量范围在 0.24 ～ 53.23 mg/kg，平均值为 2.20 mg/kg（见表 4-50）。土壤有效铜含量处于高、极高水平的面积共有 3066.20 万亩，占旱地总面积的 85.20%，其中：极高含量的面积为 1788.56 万亩，占旱地总面积的 49.70%；高含量的面积为 1277.64 万亩，占旱地总面积的 35.50%。土壤有效铜含量处于中等水平的面积共有 532.42 万亩，占旱地总面积的 14.80%。广西没有土壤有效铜含量低和极低的旱地分布。广西旱地土壤有效铜含量总体属于高、极高水平，平均值比耕地土壤有效铜含量平均值低 1.27 mg/kg。北海市旱地土壤有效铜含量处于中等偏高水平。

表 4-50　广西旱地土壤有效铜含量状况

行政区	范围（mg/kg）	平均值（mg/kg）	各等级面积及占比						合计（万亩）
			等级	1	2	3	4	5	
			范围（mg/kg）	≥ 1.8	1.0 ～ < 1.8	0.2 ～ < 1.0	0.1 ～ < 0.2	< 0.1	
			等级描述	极高	高	中等	低	极低	
百色市	1.27 ～ 9.71	3.40	面积（万亩）	380.67	45.97	－	－	－	426.64
			占比（%）	89.23	10.77	－	－	－	－
北海市	0.32 ～ 6.12	1.35	面积（万亩）	25.13	30.28	58.80	－	－	114.21
			占比（%）	22.00	26.51	51.48	－	－	－

续表

行政区	范围（mg/kg）	平均值（mg/kg）	各等级面积及占比						合计（万亩）
			等级	1	2	3	4	5	
			范围（mg/kg）	≥1.8	1.0～<1.8	0.2～<1.0	0.1～<0.2	<0.1	
			等级描述	极高	高	中等	低	极低	
崇左市	0.50～7.12	1.90	面积（万亩）	309.87	278.97	21.22	－	－	610.07
			占比（%）	50.79	45.73	3.48	－	－	－
防城港市	0.46～4.81	1.22	面积（万亩）	21.41	38.00	14.68	－	－	74.09
			占比（%）	28.90	51.29	19.81	－	－	－
贵港市	0.44～15.50	2.48	面积（万亩）	81.83	100.20	32.43	－	－	214.45
			占比（%）	38.16	46.72	15.12	－	－	－
桂林市	0.70～32.59	3.62	面积（万亩）	56.26	31.12	4.91	－	－	92.29
			占比（%）	60.96	33.72	5.32	－	－	－
河池市	0.47～12.99	2.48	面积（万亩）	240.02	100.52	7.17	－	－	347.71
			占比（%）	69.03	28.91	2.06	－	－	－
贺州市	0.61～5.67	2.02	面积（万亩）	29.50	41.81	26.49	－	－	97.80
			占比（%）	30.16	42.75	27.09	－	－	－
来宾市	0.29～5.20	1.61	面积（万亩）	148.59	154.93	144.85	－	－	448.37
			占比（%）	33.14	34.55	32.31	－	－	－
柳州市	0.24～53.23	3.02	面积（万亩）	92.56	112.05	75.94	－	－	280.55
			占比（%）	32.99	39.94	27.07	－	－	－
南宁市	0.24～9.52	1.90	面积（万亩）	284.00	266.06	116.82	－	－	666.88
			占比（%）	42.59	39.90	17.52	－	－	－
钦州市	0.41～5.17	1.80	面积（万亩）	66.16	38.83	20.53	－	－	125.52
			占比（%）	52.71	30.94	16.36	－	－	－
梧州市	1.35～6.64	3.69	面积（万亩）	37.29	10.94	－	－	－	48.23
			占比（%）	77.32	22.68	－	－	－	－
玉林市	0.59～2.74	1.54	面积（万亩）	15.27	27.97	8.59	－	－	51.82
			占比（%）	29.46	53.97	16.57	－	－	－
广西	0.24～53.23	2.20	面积（万亩）	1788.56	1277.64	532.42	－	－	3598.62
			占比（%）	49.70	35.50	14.80	－	－	－

3. 不同成土母质发育的耕地土壤中的有效铜含量

不同成土母质所形成的土壤，其有效铜含量有一定差异（见表4-51）。洪积物、河流冲积物、砂页岩、花岗岩、石灰岩、第四纪红土、硅质页岩和紫色砂页岩等成土母质

发育的土壤耕层有效铜含量较高，滨海沉积物和玄武岩母质发育的土壤耕层有效铜含量
较低。

表 4-51　不同成土母质发育的土壤有效铜含量分布状况

成土母质	范围（mg/kg）	平均值（mg/kg）	各等级面积及占比						合计（万亩）
			等级	1	2	3	4	5	
			范围（mg/kg）	≥ 1.8	1.0 ～ < 1.8	0.2 ～ < 1.0	0.1 ～ < 0.2	< 0.1	
			等级描述	极高	高	中等	低	极低	
滨海沉积物	0.32 ～ 10.15	1.64	面积（万亩）	27.07	38.64	57.92	–	–	123.63
			占比（%）	21.90	31.25	46.85	–	–	–
第四纪红土	0.24 ～ 58.58	2.71	面积（万亩）	1222.34	762.78	249.30	–	–	2234.43
			占比（%）	54.71	34.14	11.16	–	–	–
硅质页岩	0.29 ～ 18.40	2.19	面积（万亩）	168.58	157.88	81.93	–	–	408.39
			占比（%）	41.28	38.66	20.06	–	–	–
河流冲积物	0.42 ～ 48.86	2.97	面积（万亩）	212.07	60.85	9.44	–	–	282.36
			占比（%）	75.11	21.55	3.34	–	–	–
洪积物	0.87 ～ 55.91	3.80	面积（万亩）	76.45	14.24	2.34	–	–	93.03
			占比（%）	82.18	15.31	2.51	–	–	–
花岗岩	0.28 ～ 10.16	2.55	面积（万亩）	281.99	125.64	24.67	–	–	432.30
			占比（%）	65.23	29.06	5.71	–	–	–
砂页岩	0.33 ～ 73.61	5.04	面积（万亩）	1047.91	237.32	47.68	–	–	1332.92
			占比（%）	78.62	17.80	3.58	–	–	–
石灰岩	0.40 ～ 56.1	3.49	面积（万亩）	893.76	281.50	95.53	–	–	1270.79
			占比（%）	70.33	22.15	7.52	–	–	–
玄武岩	1.19 ～ 1.40	1.32	面积（万亩）	–	2.05	–	–	–	2.05
			占比（%）	–	100.00	–	–	–	–
紫色砂页岩	0.50 ～ 37.67	2.18	面积（万亩）	137.32	201.89	87.58	–	–	426.79
			占比（%）	32.18	47.30	20.52	–	–	–

八、有效硼

（一）耕地土壤有效硼含量

广西耕地土壤有效硼含量范围在 0.03 ～ 4.00 mg/kg，平均值为 0.33 mg/kg（见表
4-52）。土壤有效硼含量处于高、极高水平（≥ 1.0 mg/kg）的面积共有 61.36 万亩，占
耕地总面积的 0.93%，其中：极高含量（≥ 2.0 mg/kg）的面积为 4.60 万亩，占耕地总面

积的 0.07%；高含量（1.0～2.0 mg/kg）的面积为 56.76 万亩，占耕地总面积的 0.86%。土壤有效硼含量处于中等水平（0.5～1.0 mg/kg）共有 1047.77 万亩，占耕地总面积的 15.86%。土壤有效硼含量处低、极低水平（<0.5 mg/kg）的面积共有 5497.57 万亩，占耕地总面积的 83.21%，其中：低含量（0.2～0.5 mg/kg）的面积为 2067.89 万亩，占耕地总面积的 31.30%；极低含量（<0.2 mg/kg）的面积为 3429.68 万亩，占耕地总面积的 51.91%。

表 4-52　广西耕地土壤有效硼含量状况

行政区	范围（mg/kg）	平均值（mg/kg）	各等级面积及占比						合计（万亩）
			等级	1	2	3	4	5	
			范围（mg/kg）	≥2.0	1.0～<2.0	0.5～<1.0	0.2～<0.5	<0.2	
			等级描述	极高	高	中等	低	极低	
百色市	0.04～4.00	0.24	面积（万亩）	3.77	0.53	8.01	209.38	451.65	673.34
			占比（%）	0.56	0.08	1.19	31.10	67.08	-
北海市	0.10～2.30	0.62	面积（万亩）	0.53	1.72	144.53	37.67	1.99	186.44
			占比（%）	0.28	0.92	77.52	20.21	1.07	-
崇左市	0.03～0.73	0.20	面积（万亩）	-	-	57.85	87.09	634.88	779.82
			占比（%）			7.42	11.17	81.41	-
防城港市	0.18～0.89	0.49	面积（万亩）	-	-	61.05	58.18	18.07	137.30
			占比（%）			44.47	42.37	13.16	-
贵港市	0.03～2.65	0.34	面积（万亩）	0.02	5.37	62.92	98.48	314.9	481.68
			占比（%）	0.004	1.11	13.06	20.44	65.37	-
桂林市	0.04～1.27	0.29	面积（万亩）	-	0.84	50.63	168.90	274.10	494.46
			占比（%）		0.17	10.24	34.16	55.43	-
河池市	0.05～0.82	0.27	面积（万亩）	-	-	17.76	155.44	388.08	561.27
			占比（%）			3.16	27.69	69.14	-
贺州市	0.04～0.72	0.31	面积（万亩）	-	-	25.14	136.92	82.52	244.59
			占比（%）			10.28	55.98	33.74	-
来宾市	0.06～0.84	0.32	面积（万亩）	-	-	73.57	278.74	258.88	611.19
			占比（%）			12.04	45.61	42.36	-
柳州市	0.13～0.89	0.37	面积（万亩）	-	-	59.52	331.62	133.83	524.97
			占比（%）			11.34	63.17	25.49	-
南宁市	0.06～1.86	0.41	面积（万亩）	-	31.79	221.80	314.95	455.59	1024.13
			占比（%）	-	3.10	21.66	30.75	44.49	-

续表

行政区	范围（mg/kg）	平均值（mg/kg）	各等级面积及占比						合计（万亩）
			等级	1	2	3	4	5	
			范围（mg/kg）	≥ 2.0	1.0 ～ < 2.0	0.5 ～ < 1.0	0.2 ～ < 0.5	< 0.2	
			等级描述	极高	高	中等	低	极低	
钦州市	0.12 ～ 1.73	0.44	面积（万亩）	–	2.87	141.00	63.79	111.03	318.68
			占比（%）	–	0.90	44.24	20.02	34.84	–
梧州市	0.03 ～ 0.44	0.14	面积（万亩）	–	–	–	61.18	146.51	207.69
			占比（%）	–	–	–	29.46	70.54	–
玉林市	0.05 ～ 2.33	0.38	面积（万亩）	0.28	13.65	123.98	65.56	157.65	361.13
			占比（%）	0.08	3.78	34.33	18.15	43.66	–
广西	0.03 ～ 4.00	0.33	面积（万亩）	4.60	56.76	1047.77	2067.89	3429.68	6606.69
			占比（%）	0.07	0.86	15.86	31.30	51.91	–

广西绝大部分耕地土壤有效硼含量处于低、极低水平。有效硼含量极高的耕地在百色市、北海市、玉林市和贵港市有零星分布；有效硼含量高的耕地在玉林市、南宁市、贵港市、北海市、钦州市、桂林市和百色市有零星分布；有效硼含量中等占比大的地区主要有北海市、防城港市和钦州市；有效硼含量低占比大的地区主要有柳州市、贺州市和来宾市；有效硼含量极低占比大的地区主要有崇左市、梧州市、河池市、百色市、贵港市、桂林市和南宁市。

从各市耕地土壤有效硼含量分布情况来看，北海市的耕地土壤有效硼含量总体属于中等水平；防城港市和钦州市的大部分耕地土壤有效硼含量处于中等偏低水平（< 1.0 mg/kg）；其余 11 个市的大部分耕地土壤有效硼含量处于低、极低水平。

（二）不同利用类型耕地土壤有效硼含量

1. 水田土壤有效硼含量

广西水田土壤有效硼含量范围在 0.03 ～ 4.00 mg/kg，平均值为 0.32 mg/kg（见表 4-53）。土壤有效硼含量处于高、极高水平的面积共有 40.95 万亩，占水田总面积的 1.36%，其中：极高含量的面积为 1.12 万亩，占水田总面积的 0.04%；高含量的面积为 39.83 万亩，占水田总面积的 1.32%。土壤有效硼含量处于中等水平的面积共有 477.11 万亩，占水田总面积的 15.86%。土壤有效硼含量处于低、极低水平的面积共有 2490.02 万亩，占水田总面积的 82.78%，其中：低含量的面积为 957.75 万亩，占水田总面积的 31.84%；极低含量的面积为 1532.27 万亩，占水田总面积的 50.94%。广西水田土壤有效硼含量总体属于低、极低水平，平均值比耕地土壤有效硼含量平均值低 0.01 mg/kg。北海市水田土壤有效硼含量多数处于中等水平；防城港市和钦州市水田土壤有效硼含量多数处于中等偏低水平。

表 4–53　广西水田土壤有效硼含量状况

行政区	范围 （mg/kg）	平均值 （mg/kg）	各等级面积及占比						合计 （万亩）
			等级	1	2	3	4	5	
			范围 （mg/kg）	≥ 2.0	1.0 ～ < 2.0	0.5 ～ < 1.0	0.2 ～ < 0.5	< 0.2	
			等级描述	极高	高	中等	低	极低	
百色市	0.04 ～ 4.00	0.25	面积（万亩）	0.30	0.53	8.01	81.96	155.91	246.71
			占比（%）	0.12	0.21	3.25	33.22	63.20	–
北海市	0.30 ～ 2.30	0.60	面积（万亩）	0.53	0.81	49.70	21.19	–	72.23
			占比（%）	0.73	1.12	68.81	29.34	–	–
崇左市	0.03 ～ 0.51	0.19	面积（万亩）	–	–	0.28	26.31	143.16	169.75
			占比（%）			0.16	15.50	84.34	–
防城 港市	0.19 ～ 0.89	0.48	面积（万亩）	–	–	33.86	17.65	11.69	63.21
			占比（%）			53.58	27.92	18.50	–
贵港市	0.03 ～ 1.74	0.30	面积（万亩）	–	2.23	28.81	52.34	183.85	267.23
			占比（%）		0.83	10.78	19.59	68.80	–
桂林市	0.04 ～ 1.27	0.28	面积（万亩）	–	0.38	15.65	152.66	233.48	402.17
			占比（%）		0.09	3.89	37.96	58.06	–
河池市	0.05 ～ 0.82	0.29	面积（万亩）	–	–	12.05	59.64	141.87	213.56
			占比（%）			5.64	27.93	66.43	–
贺州市	0.04 ～ 0.64	0.30	面积（万亩）	–	–	12.21	92.13	42.45	146.79
			占比（%）			8.32	62.76	28.92	–
来宾市	0.08 ～ 0.72	0.35	面积（万亩）	–	–	10.84	87.60	64.39	162.82
			占比（%）			6.66	53.80	39.54	–
柳州市	0.13 ～ 0.88	0.36	面积（万亩）	–	–	25.63	145.04	73.76	244.43
			占比（%）			10.49	59.33	30.18	–
南宁市	0.09 ～ 1.86	0.49	面积（万亩）	–	26.38	90.16	111.01	129.70	357.25
			占比（%）		7.38	25.24	31.07	36.31	–
钦州市	0.12 ～ 1.73	0.44	面积（万亩）	–	2.87	85.22	42.37	62.70	193.16
			占比（%）		1.49	44.12	21.94	32.46	–
梧州市	0.03 ～ 0.44	0.13	面积（万亩）	–	–	–	14.09	145.37	159.46
			占比（%）				8.84	91.16	–
玉林市	0.05 ～ 2.33	0.38	面积（万亩）	0.28	6.62	104.70	53.77	143.93	309.30
			占比（%）	0.09	2.14	33.85	17.38	46.53	–
广西	0.03 ～ 4.00	0.32	面积（万亩）	1.12	39.83	477.11	957.75	1532.27	3008.07
			占比（%）	0.04	1.32	15.86	31.84	50.94	–

2. 旱地土壤有效硼含量

广西旱地土壤有效硼含量范围在 0.04 ～ 2.65 mg/kg，平均值为 0.34 mg/kg（见表 4-54）。土壤有效硼含量处于高、极高水平的面积共有 20.42 万亩，占旱地总面积的 0.57%，其中：极高含量的面积为 3.49 万亩，占旱地总面积的 0.10%；高含量的面积为 16.93 万亩，占旱地总面积的 0.47%。土壤有效硼含量处于中等水平的面积共有 570.66 万亩，占旱地总面积的 15.86%。土壤有效硼含量处于低水平的面积共有 3007.55 万亩，占旱地总面积的 83.58%，其中：低含量的面积为 1110.14 万亩，占旱地总面积的 30.85%；极低含量的面积为 1897.41 万亩，占旱地总面积的 52.73%。广西旱地土壤有效硼含量总体属于低、极低水平，平均值比耕地土壤有效硼含量平均值高 0.01 mg/kg。北海市旱地土壤有效硼含量总体属于中等水平；防城港市、钦州市和玉林市旱地土壤有效硼含量总体属于中等偏低水平。

表 4-54 广西旱地土壤有效硼含量状况

行政区	范围（mg/kg）	平均值（mg/kg）	各等级面积及占比						合计（万亩）
			等级	1	2	3	4	5	
			范围（mg/kg）	≥ 2.0	1.0 ～ < 2.0	0.5 ～ < 1.0	0.2 ～ < 0.5	< 0.2	
			等级描述	极高	高	中等	低	极低	
百色市	0.06 ～ 2.61	0.21	面积（万亩）	3.47	–	–	127.43	295.74	426.63
			占比（%）	0.81	–	–	29.87	69.32	–
北海市	0.10 ～ 1.58	0.64	面积（万亩）	–	0.91	94.82	16.49	1.99	114.21
			占比（%）	–	0.79	83.03	14.44	1.74	–
崇左市	0.04 ～ 0.73	0.21	面积（万亩）	–	–	57.57	60.78	491.72	610.07
			占比（%）	–	–	9.44	9.96	80.60	–
防城港市	0.18 ～ 0.87	0.51	面积（万亩）	–	–	27.19	40.53	6.37	74.09
			占比（%）	–	–	36.70	54.70	8.60	–
贵港市	0.06 ～ 2.65	0.41	面积（万亩）	0.02	3.14	34.11	46.14	131.05	214.45
			占比（%）	0.01	1.46	15.91	21.51	61.11	–
桂林市	0.10 ～ 1.27	0.38	面积（万亩）	–	0.45	34.98	16.23	40.62	92.29
			占比（%）	–	0.49	37.91	17.59	44.01	–
河池市	0.07 ～ 0.61	0.24	面积（万亩）	–	–	5.71	95.80	246.21	347.71
			占比（%）	–	–	1.64	27.55	70.81	–
贺州市	0.22 ～ 0.72	0.35	面积（万亩）	–	–	12.93	44.80	40.07	97.80
			占比（%）	–	–	13.22	45.80	40.97	–
来宾市	0.06 ～ 0.84	0.30	面积（万亩）	–	–	62.74	191.14	194.49	448.37
			占比（%）	–	–	13.99	42.63	43.38	–

续表

行政区	范围（mg/kg）	平均值（mg/kg）	各等级面积及占比						合计（万亩）
			等级	1	2	3	4	5	
			范围（mg/kg）	≥ 2.0	1.0 ～ < 2.0	0.5 ～ < 1.0	0.2 ～ < 0.5	< 0.2	
			等级描述	极高	高	中等	低	极低	
柳州市	0.13 ～ 0.89	0.38	面积（万亩）	—	—	33.90	186.57	60.07	280.55
			占比（%）			12.08	66.50	21.41	—
南宁市	0.06 ～ 1.53	0.35	面积（万亩）	—	5.40	131.64	203.95	325.89	666.88
			占比（%）		0.81	19.74	30.58	48.87	—
钦州市	0.13 ～ 0.80	0.43	面积（万亩）	—	—	55.78	21.41	48.33	125.52
			占比（%）			44.44	17.06	38.50	—
梧州市	0.28 ～ 0.40	0.34	面积（万亩）	—	—	—	47.09	1.14	48.23
			占比（%）				97.63	2.37	—
玉林市	0.15 ～ 1.31	0.63	面积（万亩）	—	7.03	19.28	11.79	13.72	51.82
			占比（%）		13.56	37.20	22.76	26.48	—
广西	0.04 ～ 2.65	0.34	面积（万亩）	3.49	16.93	570.66	1110.14	1897.41	3598.62
			占比（%）	0.10	0.47	15.86	30.85	52.73	—

3. 不同成土母质发育的耕地土壤中的有效硼含量

不同成土母质所形成的土壤，其有效硼含量有一定差异（见表 4-55）。玄武岩成土母质发育的土壤耕层有效硼含量较高，滨海沉积物成土母质发育的土壤耕层有效硼含量中等，石灰岩、洪积物、紫色砂页岩、硅质页岩、砂页岩、第四纪红土、河流冲积物和花岗岩等成土母质发育的土壤耕层有效硼含量较低。

表 4-55 不同成土母质发育的土壤有效硼含量分布状况

成土母质	范围（mg/kg）	平均值（mg/kg）	各等级面积及占比						合计（万亩）
			等级	1	2	3	4	5	
			范围（mg/kg）	≥ 2.0	1.0 ～ < 2.0	0.5 ～ < 1.0	0.2 ～ < 0.5	< 0.2	
			等级描述	极高	高	中等	低	极低	
滨海沉积物	0.10 ～ 1.00	0.64	面积（万亩）	—	0.50	111.58	10.13	1.42	123.63
			占比（%）	—	0.40	90.25	8.19	1.15	—
第四纪红土	0.04 ～ 2.65	0.36	面积（万亩）	0.02	23.39	404.18	764.27	1042.57	2234.43
			占比（%）	0.001	1.05	18.09	34.20	46.66	—

续表

成土母质	范围（mg/kg）	平均值（mg/kg）	各等级面积及占比						合计（万亩）
			等级	1	2	3	4	5	
			范围（mg/kg）	≥ 2.0	1.0 ~ < 2.0	0.5 ~ < 1.0	0.2 ~ < 0.5	< 0.2	
			等级描述	极高	高	中等	低	极低	
硅质页岩	0.04 ~ 1.53	0.27	面积（万亩）	–	0.66	40.50	152.07	215.16	408.39
			占比（%）	–	0.16	9.92	37.24	52.68	–
河流冲积物	0.05 ~ 1.79	0.35	面积（万亩）	–	1.54	68.15	103.91	108.76	282.36
			占比（%）	–	0.54	24.14	36.80	38.52	–
洪积物	0.06 ~ 1.10	0.32	面积（万亩）	–	0.48	5.54	48.07	38.94	93.03
			占比（%）	–	0.51	5.96	51.67	41.86	–
花岗岩	0.05 ~ 1.73	0.34	面积（万亩）	–	5.99	109.98	82.49	233.84	432.30
			占比（%）	–	1.39	25.44	19.08	54.09	–
砂页岩	0.03 ~ 4.00	0.34	面积（万亩）	1.12	20.72	207.84	506.24	597.00	1332.92
			占比（%）	0.08	1.55	15.59	37.98	44.79	–
石灰岩	0.03 ~ 2.61	0.23	面积（万亩）	3.47	1.33	61.99	307.40	896.61	1270.79
			占比（%）	0.27	0.10	4.88	24.19	70.56	–
玄武岩	0.29 ~ 1.58	0.88	面积（万亩）	–	0.91	0.67	–	0.48	2.05
			占比（%）	–	44.17	32.52	–	23.30	–
紫色砂页岩	0.04 ~ 1.00	0.26	面积（万亩）	–	1.24	37.34	93.31	294.89	426.79
			占比（%）	–	0.29	8.75	21.86	69.10	–

第三节　耕地土壤其他属性

一、土壤 pH 值

土壤 pH 值是土壤在其形成过程中受生物、气候、地质、水文等因素综合作用下所产生的重要属性之一。土壤 pH 值还受施肥、耕作、灌溉、排水等一系列因素的影响。土壤 pH 不仅是鉴定土壤发生分类的重要依据，也是土壤利用、改良和施肥、灌溉等的必要参考因素，也是反映耕地地力的一项重要指标。

（一）耕地土壤 pH 值概况

广西耕地土壤 pH 值范围在 4.0 ~ 8.2 之间（见表 4-56）。土壤处于碱性水平（pH

值≥7.5）的面积共有82.36万亩，占耕地总面积的1.25%，全部为微碱性（pH值在7.5～＜8.5），广西没有碱性（pH值≥8.5）耕地分布。土壤处于中性水平（pH值在6.5～＜7.5）的面积共有832.90万亩，占耕地总面积的12.61%。土壤处于酸性水平（pH值＜6.5）的面积共有5691.43万亩，占耕地总面积的86.14%，其中微酸性（pH值在5.5～＜6.5）的面积为3172.23万亩，占耕地总面积的48.01%；酸性（pH值在4.5～＜5.5）的面积为2514.57万亩，占耕地总面积的38.06%；强酸性（pH值＜4.5）的面积为4.73万亩，占耕地总面积的0.07%。

表 4–56　广西耕地土壤 pH 值状况

行政区	pH 值	pH 值	各等级面积及占比						合计（万亩）
			≥ 8.5	7.5 ～＜ 8.5	6.5 ～＜ 7.5	5.5 ～＜ 6.5	4.5 ～＜ 5.5	＜ 4.5	
		等级描述	碱性	微碱性	中性	微酸性	酸性	强酸性	
百色市	4.9 ～ 8.2	面积（万亩）	–	13.99	228.73	358.54	72.09	–	673.34
		占比（%）	–	2.08	33.97	53.25	10.71	–	–
北海市	4.4 ～ 7.1	面积（万亩）	–	–	0.48	10.55	175.27	0.14	186.44
		占比（%）	–	–	0.26	5.66	94.01	0.08	–
崇左市	4.4 ～ 8.0	面积（万亩）	–	12.06	127.47	412.47	227.55	0.26	779.82
		占比（%）	–	1.55	16.35	52.89	29.18	0.03	–
防城港市	4.0 ～ 6.4	面积（万亩）	–	–	–	32.98	101.38	2.93	137.30
		占比（%）	–	–	–	24.02	73.84	2.14	–
贵港市	4.7 ～ 7.6	面积（万亩）	–	0.30	24.84	276.64	179.91	–	481.68
		占比（%）	–	0.06	5.16	57.43	37.35	–	–
桂林市	4.6 ～ 8.1	面积（万亩）	–	3.07	114.38	219.87	157.14	–	494.46
		占比（%）	–	0.62	23.13	44.47	31.78	–	–
河池市	4.7 ～ 8.0	面积（万亩）	–	8.65	128.09	350.07	74.47	–	561.27
		占比（%）	–	1.54	22.82	62.37	13.27	–	–
贺州市	4.9 ～ 8.2	面积（万亩）	–	28.03	31.09	92.63	92.84	–	244.59
		占比（%）	–	11.46	12.71	37.87	37.96	–	–
来宾市	4.7 ～ 7.6	面积（万亩）	–	1.12	46.03	396.46	167.59	–	611.19
		占比（%）	–	0.18	7.53	64.87	27.42	–	–
柳州市	4.6 ～ 7.8	面积（万亩）	–	13.75	80.13	211.85	219.25	–	524.97
		占比（%）	–	2.62	15.26	40.35	41.76	–	–
南宁市	4.8 ～ 7.6	面积（万亩）	–	1.40	49.76	633.53	339.44	–	1024.13
		占比（%）	–	0.14	4.86	61.86	33.14	–	–

续表

行政区	pH 值	各等级面积及占比							合计（万亩）
		pH 值	≥ 8.5	7.5 ～ < 8.5	6.5 ～ < 7.5	5.5 ～ < 6.5	4.5 ～ < 5.5	< 4.5	
		等级描述	碱性	微碱性	中性	微酸性	酸性	强酸性	
钦州市	4.1 ～ 6.1	面积（万亩）	－	－	－	22.90	294.38	1.39	318.68
		占比（%）	－	－	－	7.19	92.38	0.44	－
梧州市	4.6 ～ 6.8	面积（万亩）	－	－	1.58	46.28	159.83	－	207.69
		占比（%）	－	－	0.76	22.28	76.96	－	－
玉林市	4.7 ～ 6.7	面积（万亩）	－	－	0.32	107.38	253.43	－	361.13
		占比（%）	－	－	0.09	29.73	70.18	－	－
广西	4.0 ～ 8.2	面积（万亩）	－	82.36	832.90	3172.13	2514.57	4.73	6606.69
		占比（%）	－	1.25	12.61	48.01	38.06	0.07	－

广西耕地土壤总体属于酸性水平。碱性的耕地在广西没有分布；微碱性的耕地在贺州市有少量分布，在百色市、柳州市、崇左市、河池市、桂林市、来宾市、南宁市和贵港市有零星分布；中性的耕地主要在百色市、桂林市和河池市等市分布；微酸性的耕地主要在来宾市、河池市、南宁市、贵港市和百色市等市分布；酸性的耕地主要在北海市、钦州市、梧州市、玉林市和防城港市等市分布；强酸性的耕地在防城港市、钦州市、北海市和崇左市有零星分布。

（二）不同利用类型耕地土壤 pH 状况

1. 水田土壤 pH 状况

广西水田土壤 pH 范围在 4.0 ～ 8.2 之间（见表 4-57）。土壤处于碱性水平的面积共有 56.11 万亩，占水田总面积的 1.87%，全部为微碱性，广西没有碱性水田分布。土壤处于中性水平的面积共有 334.74 万亩，占水田总面积的 11.13%。土壤处于酸性水平的面积共有 2617.22 万亩，占水田总面积的 87.00%，其中微酸性的面积为 1187.41 万亩，占水田总面积的 39.47%；酸性的面积为 1425.34 万亩，占水田总面积的 47.38%；强酸性的面积为 4.47 万亩，占水田总面积的 0.15%。广西水田土壤总体属于酸性水平。百色市大部分水田土壤处于中性到微酸性水平。

表 4-57 广西水田土壤 pH 状况

行政区	pH 值	各等级面积及占比						合计（万亩）
		pH 值	≥ 8.5	7.5 ～ < 8.5	6.5 ～ < 7.5	5.5 ～ < 6.5	4.5 ～ < 5.5	< 4.5	
		等级描述	碱性	微碱性	中性	微酸性	酸性	强酸性	
百色市	4.9 ～ 8.2	面积（万亩）	-	9.94	51.87	142.39	42.50	-	246.71
		占比（%）	-	4.03	21.03	57.72	17.23	-	-
北海市	4.4 ～ 6.3	面积（万亩）	-	-	-	5.70	66.39	0.14	72.23
		占比（%）	-	-	-	7.89	91.91	0.20	-
崇左市	4.5 ～ 8.0	面积（万亩）	-	7.00	36.26	65.74	60.76	-	169.75
		占比（%）	-	4.12	21.36	38.73	35.79	-	-
防城港市	4.0 ～ 6.3	面积（万亩）	-	-	-	10.73	49.54	2.93	63.21
		占比（%）	-	-	-	16.98	78.38	4.64	-
贵港市	4.9 ～ 7.6	面积（万亩）	-	0.30	7.83	145.66	113.45	-	267.23
		占比（%）	-	0.11	2.93	54.51	42.45	-	-
桂林市	4.6 ～ 8.1	面积（万亩）	-	2.78	86.52	167.74	145.13	-	402.17
		占比（%）	-	0.69	21.51	41.71	36.09	-	-
河池市	4.7 ～ 8.0	面积（万亩）	-	7.00	42.28	129.15	35.14	-	213.56
		占比（%）	-	3.28	19.80	60.47	16.45	-	-
贺州市	4.9 ～ 8.1	面积（万亩）	-	14.69	16.48	48.66	66.95	-	146.79
		占比（%）	-	10.01	11.23	33.15	45.61	-	-
来宾市	4.8 ～ 7.6	面积（万亩）	-	1.12	25.68	98.33	37.69	-	162.82
		占比（%）	-	0.69	15.77	60.39	23.15	-	-
柳州市	4.6 ～ 7.8	面积（万亩）	-	13.28	45.48	51.37	134.29	-	244.43
		占比（%）	-	5.44	18.61	21.02	54.94	-	-
南宁市	4.8 ～ 7.4	面积（万亩）	-	-	20.44	178.95	157.86	-	357.25
		占比（%）	-	-	5.72	50.09	44.19	-	-
钦州市	4.1 ～ 6.1	面积（万亩）	-	-	-	17.90	173.87	1.39	193.16
		占比（%）	-	-	-	9.27	90.01	0.72	-
梧州市	4.6 ～ 6.8	面积（万亩）	-	-	1.58	29.79	128.10	-	159.46
		占比（%）	-	-	0.99	18.68	80.33	-	-
玉林市	4.7 ～ 6.7	面积（万亩）	-	-	0.32	95.30	213.68	-	309.30
		占比（%）	-	-	0.10	30.81	69.08	-	-
广西	4.0 ～ 8.2	面积（万亩）	-	56.11	334.74	1187.41	1425.34	4.47	3008.07
		占比（%）	-	1.87	11.13	39.47	47.38	0.15	-

2. 旱地土壤 pH 值状况

广西旱地土壤 pH 值范围在 4.4 ~ 8.2 之间（见表 4-58）。土壤处于碱性水平的面积共有 26.25 万亩，占旱地总面积的 0.73%，全部为微碱性，广西没有碱性旱地分布。土壤处于中性的面积共有 498.16 万亩，占旱地总面积的 13.84%。土壤处于酸性水平的面积共有 3074.20 万亩，占旱地总面积的 85.43%，其中微酸性的面积为 1984.72 万亩，占旱地总面积的 55.15%；酸性的面积为 1089.22 万亩，占旱地总面积的 30.27%；强酸性的面积为 0.26 万亩，占旱地总面积的 0.01%。广西旱地土壤总体属于微酸至酸性水平。

表 4-58　广西旱地土壤 pH 状况

行政区	pH 值	pH 值	≥ 8.5	7.5 ~ < 8.5	6.5 ~ < 7.5	5.5 ~ < 6.5	4.5 ~ < 5.5	< 4.5	合计（万亩）
		等级描述	碱性	微碱性	中性	微酸性	酸性	强酸性	
百色市	5.1 ~ 7.8	面积（万亩）	–	4.05	176.86	216.15	29.58	–	426.63
		占比（%）	–	0.95	41.45	50.66	6.93	–	–
北海市	4.6 ~ 7.1	面积（万亩）	–	–	0.48	4.84	108.89	–	114.21
		占比（%）	–	–	0.42	4.24	95.34	–	–
崇左市	4.4 ~ 7.8	面积（万亩）	–	5.06	91.21	346.74	166.80	0.26	610.07
		占比（%）	–	0.83	14.95	56.84	27.34	0.04	–
防城港市	4.7 ~ 6.4	面积（万亩）	–	–	–	22.25	51.84	–	74.09
		占比（%）	–	–	–	30.03	69.97	–	–
贵港市	4.7 ~ 7.1	面积（万亩）	–	–	17.02	130.98	66.46	–	214.45
		占比（%）	–	–	7.94	61.08	30.99	–	–
桂林市	5.2 ~ 7.6	面积（万亩）	–	0.29	27.86	52.13	12.00	–	92.29
		占比（%）	–	0.31	30.19	56.49	13.01	–	–
河池市	5.0 ~ 7.8	面积（万亩）	–	1.64	85.81	220.93	39.33	–	347.71
		占比（%）	–	0.47	24.68	63.54	11.31	–	–
贺州市	5.1 ~ 8.2	面积（万亩）	–	13.34	14.61	43.96	25.89	–	97.80
		占比（%）	–	13.64	14.94	44.95	26.47	–	–
来宾市	4.7 ~ 7.4	面积（万亩）	–	–	20.35	298.12	129.89	–	448.37
		占比（%）	–	–	4.54	66.49	28.97	–	–
柳州市	4.7 ~ 7.7	面积（万亩）	–	0.46	34.65	160.48	84.96	–	280.55
		占比（%）	–	0.16	12.35	57.20	30.28	–	–
南宁市	4.8 ~ 7.6	面积（万亩）	–	1.40	29.31	454.58	181.58	–	666.88
		占比（%）	–	0.21	4.40	68.16	27.23	–	–

续表

行政区	pH 值	pH 值	≥ 8.5	7.5 ～ < 8.5	6.5 ～ < 7.5	5.5 ～ < 6.5	4.5 ～ < 5.5	< 4.5	合计 （万亩）
		等级描述	碱性	微碱性	中性	微酸性	酸性	强酸性	
钦州市	4.6 ～ 5.9	面积（万亩）	–		–	5.00	120.52	–	125.52
		占比（%）	–		–	3.99	96.01		–
梧州市	5.0 ～ 6.3	面积（万亩）			–	16.49	31.74		48.23
		占比（%）			–	34.20	65.80		–
玉林市	4.8 ～ 6.0	面积（万亩）			–	12.07	39.75		51.82
		占比（%）			–	23.30	76.70		–
广西	4.4 ～ 8.2	面积（万亩）	–	26.25	498.16	1984.72	1089.22	0.26	3598.62
		占比（%）	–	0.73	13.84	55.15	30.27	0.01	–

3. 不同成土母质发育的耕地土壤中的 pH 值状况

不同成土母质所形成的土壤，其 pH 值有一定差异（见表 4-59）。滨海沉积物、花岗岩和玄武岩等成土母质发育的土壤耕层以酸性为主；紫色砂页岩、砂页岩、第四纪红土、硅质页岩、洪积物和河流冲积物等成土母质发育的土壤耕层以微酸性到酸性为主；石灰岩成土母质发育的土壤耕层以中性到微酸性为主。

表 4-59 不同成土母质发育的耕地土壤 pH 值状况

成土 母质	pH 值	pH 值	≥ 8.5	7.5 ～ < 8.5	6.5 ～ < 7.5	5.5 ～ < 6.5	4.5 ～ < 5.5	< 4.5	合计 （万亩）
		等级描述	碱性	微碱性	中性	微酸性	酸性	强酸性	
滨海 沉积物	4..0 ～ 6.3	面积（万亩）	–	–	–	4.00	115.72	3.91	123.63
		占比（%）	–			3.24	93.60	3.16	–
第四纪 红土	4.4 ～ 8.2	面积（万亩）	–	12.5	119.80	1372.28	729.58	0.26	2234.43
		占比（%）	–	0.56	5.36	61.42	32.65	0.01	–
硅质 页岩	4.7 ～ 7.3	面积（万亩）			27.93	267.79	112.67	–	408.39
		占比（%）			6.84	65.57	27.59	–	–
河流 冲积物	4.7 ～ 7.5	面积（万亩）		0.28	20.19	115.24	146.66	–	282.36
		占比（%）		0.10	7.15	40.81	51.94	–	–
洪积物	4.9 ～ 7.5	面积（万亩）	–	–	6.55	51.26	35.22		93.03
		占比（%）	–	–	7.05	55.10	37.86		–

续表

成土母质	pH 值	各等级面积及占比							合计（万亩）
		pH 值	≥ 8.5	7.5 ～ < 8.5	6.5 ～ < 7.5	5.5 ～ < 6.5	4.5 ～ < 5.5	< 4.5	
		等级描述	碱性	微碱性	中性	微酸性	酸性	强酸性	
花岗岩	4.6 ～ 7.3	面积（万亩）	–	–	2.16	77.84	352.30	–	432.30
		占比（%）	–	–	0.50	18.00	81.49	–	–
砂页岩	4.1 ～ 7.9	面积（万亩）	–	3.90	61.22	570.07	697.17	0.56	1332.92
		占比（%）	–	0.29	4.59	42.77	52.30	0.04	–
石灰岩	4.8 ～ 8.2	面积（万亩）	–	65.24	588.96	556.95	59.64	–	1270.79
		占比（%）	–	5.13	46.35	43.83	4.69	–	–
玄武岩	5.1 ～ 7.1	面积（万亩）	–	–	0.48	–	1.57	–	2.05
		占比（%）	–	–	23.32	–	76.68	–	–
紫色砂页岩	4.5 ～ 7.6	面积（万亩）	–	0.43	5.60	156.71	264.04	–	426.79
		占比（%）	–	0.10	1.31	36.72	61.87	–	–

4. 土壤 pH 值变化情况

与第二次土壤普查结果比较，耕地的土壤有明显酸化趋势（见表 4-60 和图 4-5）。耕地土壤 pH 值 ≥ 8.5 的比例由第二次土壤普查时的 1.20% 下降到 0，下降了 1.20 个百分点；pH 值在 7.5 ～ < 8.5 的比例由第二次土壤普查时的 11.80% 下降到 1.25%，下降了 10.55 个百分点；pH 值在 6.5 ～ < 7.5 的比例由第二次土壤普查时的 31.27% 下降到 12.61%，下降了 18.66 个百分点；pH 值在 5.5 ～ < 6.5 的比例由第二次土壤普查时的 33.46% 上升到 48.01%，增加了 14.55 个百分点；pH 值在 4.5 ～ < 5.5 的比例由第二次土壤普查时的 20.44% 上升到 38.06%，增加了 17.62 个百分点；pH 值 < 4.5 的比例由第二次土壤普查时的 1.82% 下降到 0.07%，下降了 1.75 个百分点。

表 4-60　本次调查与第二次土壤普查耕地土壤 pH 值分级统计表

pH 值	面积及占比	水田		旱地		合计	
		本次调查	二次普查	本次调查	二次普查	本次调查	二次普查
≥ 8.5	面积（万亩）	–	38.92	–	7.28	–	46.20
	占比（%）	–	1.58	–	0.53	–	1.20
7.5 ～ < 8.5	面积（万亩）	56.11	318.71	26.25	134.31	82.36	453.02
	占比（%）	1.87	12.90	0.73	9.82	1.25	11.80
6.5 ～ < 7.5	面积（万亩）	334.74	632.05	498.16	568.20	832.90	1200.30
	占比（%）	11.13	25.58	13.84	41.54	12.61	31.27

续表

pH 值	面积及占比	水田		旱地		合计	
		本次调查	二次普查	本次调查	二次普查	本次调查	二次普查
5.5～< 6.5	面积（万亩）	1187.41	854.92	1984.72	429.45	3172.13	1284.40
	占比（%）	39.47	34.60	55.15	31.40	48.01	33.46
4.5～< 5.5	面积（万亩）	1425.34	582.56	1089.22	202.17	2514.57	784.73
	占比（%）	47.38	23.58	30.27	14.78	38.06	20.44
< 4.5	面积（万亩）	4.47	43.57	0.26	26.32	4.73	69.89
	占比（%）	0.15	1.76	0.01	1.92	0.07	1.82
≥ 8.5	增加（+）或减少（-）的百分点数	-1.58	-	-0.53	-	-1.20	-
7.5～< 8.5		-11.03	-	-9.09	-	-10.55	-
6.5～< 7.5		-14.45	-	-27.70	-	-18.66	-
5.5～< 6.5		4.87	-	23.75	-	14.55	-
4.5～< 5.5		23.80	-	15.49	-	17.62	-
< 4.5		-1.61	-	-1.91	-	-1.75	-

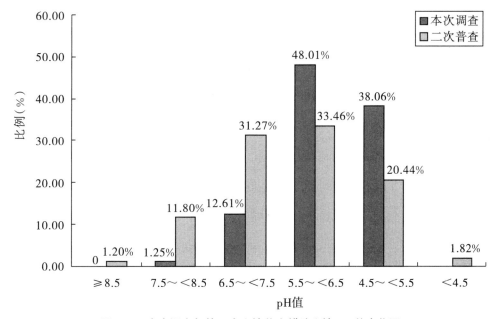

图 4-5　本次调查与第二次土壤普查耕地土壤 pH 值变化图

水田土壤 pH 值≥ 8.5 的比例由第二次土壤普查时的 1.58% 下降到 0，下降了 1.58
个百分点；pH 值在 7.5～< 8.5 的比例由第二次土壤普查时的 12.90% 下降到 1.87%，下
降了 11.03 个百分点；pH 值在 6.5～< 7.5 的比例由第二次土壤普查时的 25.58% 下降
到 11.13%，下降了 14.45 个百分点；pH 值在 5.5～< 6.5 的比例由第二次土壤普查时的

34.60% 上升到 39.47%，增加了 4.87 个百分点；pH 值在 4.5～＜5.5 的比例由第二次土壤普查时的 23.58% 上升到 47.38%，增加了 23.80 个百分点；pH 值＜4.5 的比例由第二次土壤普查时的 1.76% 下降到 0.15%，下降了 1.61 个百分点。

旱地土壤 pH 值 ≥ 8.5 的比例由第二次土壤普查时的 0.53% 下降到 0，下降了 0.53 个百分点；pH 值在 7.5～＜8.5 的比例由第二次土壤普查时的 9.82% 下降到 0.73%，下降了 9.09 个百分点；pH 值在 6.5～＜7.5 的比例由第二次土壤普查时的 41.54% 下降到 13.84%，下降了 27.70 个百分点；pH 值在 5.5～＜6.5 的比例由第二次土壤普查时的 31.40% 上升到 55.15%，增加了 23.75 个百分点；pH 值在 4.5～＜5.5 的比例由第二次土壤普查时的 14.78% 上升到 30.27%，增加了 15.49 个百分点；pH 值＜4.5 的比例由第二次土壤普查时的 1.92% 下降到 0.01%，下降了 1.91 个百分点。

二、土壤质地

土壤质地对土壤的通透性、宜耕性、保温和导温、水肥的保持与供应影响很大，是影响土壤肥力的重要因素。

（一）耕地土壤质地

广西土壤质地划分为沙土、沙壤、壤土、黏壤和黏土 5 种，不同土壤质地的耕地面积统计见表 4-61。广西耕地土壤质地为黏壤的比例最大，面积 2622.89 万亩，占耕地总面积的 39.70%；其次是沙壤，面积 2314.60 万亩，占耕地总面积的 35.03%；再次是壤土，面积 1069.68 万亩，占耕地总面积的 16.19%；然后是黏土，面积 477.84 万亩，占耕地总面积的 7.23%；比例最小的是沙土，面积 121.67 万亩，占耕地总面积的 1.84%。广西耕地土壤质地以黏壤、沙壤和壤土为主。

表 4-61　广西耕地土壤质地状况

行政区	描述	沙土	沙壤	壤土	黏壤	黏土	合计（万亩）
百色市	面积（万亩）	7.77	150.75	154.30	330.79	29.73	673.34
	占比（%）	1.15	22.39	22.92	49.13	4.42	–
北海市	面积（万亩）	38.45	64.21	7.34	76.44	–	186.44
	占比（%）	20.62	34.44	3.94	41.00	–	–
崇左市	面积（万亩）	9.53	254.82	177.45	276.34	61.67	779.82
	占比（%）	1.22	32.68	22.76	35.44	7.91	–
防城港市	面积（万亩）	3.22	57.51	17.35	38.57	20.64	137.30
	占比（%）	2.34	41.89	12.64	28.09	15.04	–
贵港市	面积（万亩）	20.60	175.08	70.55	169.91	45.54	481.68
	占比（%）	4.28	36.35	14.65	35.27	9.46	–

续表

行政区	描述	沙土	沙壤	壤土	黏壤	黏土	合计（万亩）
桂林市	面积（万亩）	0.70	116.77	150.39	176.21	50.39	494.46
	占比（%）	0.14	23.62	30.41	35.64	10.19	–
河池市	面积（万亩）	3.25	160.88	46.25	299.08	51.81	561.27
	占比（%）	0.58	28.66	8.24	53.29	9.23	–
贺州市	面积（万亩）	0.06	82.72	55.60	59.61	46.59	244.59
	占比（%）	0.03	33.82	22.73	24.37	19.05	–
来宾市	面积（万亩）	5.11	222.71	85.79	249.32	48.26	611.19
	占比（%）	0.84	36.44	14.04	40.79	7.90	–
柳州市	面积（万亩）	6.04	225.55	17.06	254.60	21.72	524.97
	占比（%）	1.15	42.96	3.25	48.50	4.14	–
南宁市	面积（万亩）	12.49	338.60	153.65	442.54	76.85	1024.13
	占比（%）	1.22	33.06	15.00	43.21	7.50	–
钦州市	面积（万亩）	–	190.42	–	117.12	11.15	318.68
	占比（%）	–	59.75	–	36.75	3.50	–
梧州市	面积（万亩）	–	114.54	67.44	19.02	6.70	207.69
	占比（%）	–	55.15	32.47	9.16	3.22	–
玉林市	面积（万亩）	14.46	160.03	66.50	113.34	6.80	361.13
	占比（%）	4.00	44.31	18.42	31.38	1.88	–
广西	面积（万亩）	121.67	2314.60	1069.68	2622.89	477.84	6606.69
	占比（%）	1.84	35.03	16.19	39.70	7.23	–

（二）不同利用类型耕地土壤质地

1. 水田土壤质地

广西水田不同土壤质地的面积统计见表 4-62。广西水田土壤质地为黏壤的比例最大，面积 1220.70 万亩，占水田总面积的 40.58%；其次是沙壤，面积 1006.53 万亩，占水田总面积的 33.46%；再次是壤土，面积 573.88 万亩，占水田总面积的 19.08%；然后是黏土，面积 185.47 万亩，占耕地总面积的 6.17%；比例最小的是沙土，面积 21.50 万亩，占水田总面积的 0.71%。广西水田土壤质地以黏壤、沙壤和壤土为主。

表 4-62　广西水田土壤质地状况

行政区	描述	沙土	沙壤	壤土	黏壤	黏土	合计（万亩）
百色市	面积（万亩）	0.82	50.91	46.42	144.6	3.95	246.71
	占比（%）	0.33	20.64	18.82	58.61	1.60	–

续表

行政区	描述	沙土	沙壤	壤土	黏壤	黏土	合计（万亩）
北海市	面积（万亩）	1.56	17.70	2.15	50.83	-	72.23
	占比（%）	2.16	24.50	2.97	70.36	-	-
崇左市	面积（万亩）	2.36	41.83	54.75	49.64	21.18	169.75
	占比（%）	1.39	24.64	32.25	29.24	12.48	-
防城港市	面积（万亩）	-	30.47	6.91	24.16	1.67	63.21
	占比（%）	-	48.20	10.93	38.22	2.65	-
贵港市	面积（万亩）	10.13	92.14	42.00	109.22	13.75	267.23
	占比（%）	3.79	34.48	15.72	40.87	5.14	-
桂林市	面积（万亩）	0.70	107.53	126.61	131.93	35.41	402.17
	占比（%）	0.18	26.74	31.48	32.80	8.80	-
河池市	面积（万亩）	1.83	63.35	16.60	94.24	37.55	213.56
	占比（%）	0.86	29.66	7.77	44.13	17.58	-
贺州市	面积（万亩）	0.06	46.38	37.97	45.26	17.12	146.79
	占比（%）	0.04	31.60	25.87	30.83	11.66	-
来宾市	面积（万亩）	0.21	52.24	11.68	87.35	11.35	162.82
	占比（%）	0.13	32.08	7.17	53.65	6.97	-
柳州市	面积（万亩）	1.25	125.50	9.51	98.55	9.61	244.43
	占比（%）	0.51	51.35	3.89	40.32	3.93	-
南宁市	面积（万亩）	1.22	74.68	96.78	167.97	16.59	357.25
	占比（%）	0.34	20.90	27.09	47.02	4.64	-
钦州市	面积（万亩）	-	95.52	-	93.49	4.15	193.16
	占比（%）	-	49.45	-	48.40	2.15	-
梧州市	面积（万亩）	-	77.30	59.18	16.64	6.34	159.46
	占比（%）	-	48.48	37.11	10.44	3.98	-
玉林市	面积（万亩）	1.35	130.99	63.33	106.83	6.80	309.30
	占比（%）	0.44	42.35	20.48	34.54	2.20	-
广西	面积（万亩）	21.50	1006.53	573.88	1220.70	185.47	3008.07
	占比（%）	0.71	33.46	19.08	40.58	6.17	-

2. 旱地土壤质地

广西旱地不同土壤质地的面积统计见表 4-63。广西旱地土壤质地为黏壤的比例最大，面积 1402.20 万亩，占旱地总面积的 38.96%；其次是沙壤，面积 1308.08 万亩，占旱地总面积的 36.35%；再次是壤土，面积 495.80 万亩，占旱地总面积的 13.78%；然后是黏土，面积 292.37 万亩，占旱地总面积的 8.12%；比例最小的是沙土，面积 100.17 万亩，占旱地总面积的 2.78%。广西旱地土壤质地以黏壤、沙壤和壤土为主。

表 4-63　广西旱地土壤质地状况

行政区	描述	沙土	沙壤	壤土	黏壤	黏土	合计（万亩）
百色市	面积（万亩）	6.95	99.84	107.88	186.19	25.78	426.64
	占比（%）	1.63	23.40	25.29	43.64	6.04	–
北海市	面积（万亩）	36.88	46.52	5.19	25.62	–	114.21
	占比（%）	32.30	40.73	4.55	22.43	–	–
崇左市	面积（万亩）	7.17	212.99	122.70	226.71	40.49	610.07
	占比（%）	1.18	34.91	20.11	37.16	6.64	–
防城港市	面积（万亩）	3.22	27.05	10.44	14.41	18.97	74.09
	占比（%）	4.34	36.50	14.10	19.45	25.61	–
贵港市	面积（万亩）	10.47	82.95	28.54	60.69	31.80	214.45
	占比（%）	4.88	38.68	13.31	28.30	14.83	–
桂林市	面积（万亩）	–	9.25	23.78	44.29	14.98	92.29
	占比（%）	–	10.02	25.76	47.99	16.23	–
河池市	面积（万亩）	1.42	97.53	29.65	204.84	14.26	347.71
	占比（%）	0.41	28.05	8.53	58.91	4.10	–
贺州市	面积（万亩）	–	36.34	17.63	14.35	29.47	97.80
	占比（%）	–	37.16	18.03	14.68	30.13	–
来宾市	面积（万亩）	4.91	170.48	74.11	161.97	36.91	448.37
	占比（%）	1.09	38.02	16.53	36.12	8.23	–
柳州市	面积（万亩）	4.78	100.05	7.55	156.06	12.11	280.55
	占比（%）	1.70	35.66	2.69	55.63	4.32	–
南宁市	面积（万亩）	11.26	263.92	56.88	274.57	60.26	666.88
	占比（%）	1.69	39.58	8.53	41.17	9.04	–
钦州市	面积（万亩）	–	94.89	–	23.63	6.99	125.52
	占比（%）	–	75.60	–	18.83	5.57	–
梧州市	面积（万亩）	–	37.24	8.26	2.38	0.35	48.23
	占比（%）	–	77.21	17.12	4.93	0.74	–
玉林市	面积（万亩）	13.11	29.04	3.17	6.51	–	51.82
	占比（%）	25.29	56.03	6.12	12.55	–	–
广西	面积（万亩）	100.17	1308.08	495.80	1402.20	292.37	3598.62
	占比（%）	2.78	36.35	13.78	38.96	8.12	–

3. 不同成土母质发育的耕地土壤质地

不同成土母质所形成的土壤，其质地有一定差异（见表 4-64）。玄武岩成土母质发育的土壤耕层质地以黏壤和沙壤为主；石灰岩、紫色砂页岩成土母质发育的土壤耕层质地以黏壤、沙壤、壤土和黏土为主；河流冲积物、砂页岩和第四纪红土等成土母质发育的土壤耕层质地以沙壤、黏壤和壤土为主；滨海沉积物成土母质发育的土壤耕层质地以沙壤、沙土和黏壤为主；硅质页岩和洪积物等成土母质发育的土壤耕层质地以黏壤、沙壤和壤土为主；花岗岩成土母质发育的土壤耕层质地以沙壤和黏壤为主。

表 4-64　不同成土母质发育的耕地土壤质地状况

成土母质	描述	沙土	沙壤	壤土	黏壤	黏土	合计（万亩）
滨海沉积物	面积（万亩）	29.71	56.07	6.26	29.44	2.15	123.63
	占比（%）	24.03	45.35	5.06	23.82	1.74	–
第四纪红土	面积（万亩）	39.16	908.63	251.15	876.07	159.42	2234.43
	占比（%）	1.75	40.66	11.24	39.21	7.13	–
硅质页岩	面积（万亩）	8.17	147.87	46.35	185.42	20.58	408.39
	占比（%）	2.00	36.21	11.35	45.40	5.04	–
河流冲积物	面积（万亩）	2.64	105.52	67.67	97.43	9.09	282.36
	占比（%）	0.94	37.37	23.97	34.51	3.22	–
洪积物	面积（万亩）	1.07	18.82	15.93	50.24	6.97	93.03
	占比（%）	1.15	20.23	17.12	54.00	7.49	–
花岗岩	面积（万亩）	1.19	262.35	39.74	123.47	5.54	432.30
	占比（%）	0.28	60.69	9.19	28.56	1.28	–
砂页岩	面积（万亩）	18.93	497.87	298.66	469.37	48.10	1332.92
	占比（%）	1.42	37.35	22.41	35.21	3.61	–
石灰岩	面积（万亩）	2.85	208.79	248.94	654.33	155.88	1270.79
	占比（%）	0.22	16.43	19.59	51.49	12.27	–
玄武岩	面积（万亩）	–	0.48	–	1.57	–	2.05
	占比（%）	–	23.31	–	76.68	–	–
紫色砂页岩	面积（万亩）	17.95	108.20	94.98	135.54	70.11	426.79
	占比（%）	4.21	25.35	22.25	31.76	16.43	–

三、耕层厚度

耕层是作物养分的蓄供区域，也是作物根系活动的主要场所。耕层厚薄和好坏与土壤养分储蓄能力和供给能力呈正相关。在正常情况下，深厚的耕层能储蓄较多的水分、养分和空气，有利于作物的生长，是重要的肥力指标之一。

（一）耕地土壤总体耕层厚度

广西耕地土壤总体耕层厚度在 10 ～ 45 cm 之间，平均值为 17.7 cm（见表 4-65）。广西耕地土壤耕层厚度 ≥ 20 cm 的面积共有 2521.64 万亩，占耕地总面积的 38.17%，其中：耕层厚度 ≥ 25 cm 的面积为 538.33 万亩，占耕地总面积的 8.15%；耕层厚度在 20 ～< 25 cm 的面积为 1983.31 万亩，占耕地总面积的 30.02%。广西耕地土壤耕层厚度在 15 ～< 20 cm 的面积共有 2489.15 万亩，占耕地总面积的 37.68%。广西耕地土壤耕层厚度 < 15 cm 的面积共有 1595.90 万亩，占耕地总面积的 24.16%，全部为 10 ～< 15 cm，广西无耕层厚度 < 10 cm 的耕地。广西超过 75.00% 的耕地土壤耕层厚度在 15 cm 以上，总体属于中等偏厚水平（≥ 15 cm）。

表 4-65 广西耕地土壤总体耕层厚度状况

行政区	范围（cm）	平均值（cm）		各等级面积及占比					合计（万亩）
			等级	1	2	3	4	5	
			范围（cm）	≥ 25	20 ～< 25	15 ～< 20	10 ～< 15	< 10	
			等级描述	厚	较厚	中等	较浅	浅	
百色市	10 ～ 35	16.2	面积（万亩）	15.79	119.51	251.16	286.87	–	673.34
			占比（%）	2.35	17.75	37.30	42.60	–	–
北海市	12 ～ 45	20.2	面积（万亩）	38.17	67.54	56.47	24.25	–	186.44
			占比（%）	20.47	36.23	30.29	13.01	–	–
崇左市	10 ～ 45	18.4	面积（万亩）	64.96	172.31	418.85	123.70	–	779.82
			占比（%）	8.33	22.10	53.71	15.86	–	–
防城港市	10 ～ 30	15.1	面积（万亩）	1.77	12.96	37.18	85.39	–	137.30
			占比（%）	1.29	9.44	27.08	62.19	–	–
贵港市	10 ～ 35	18.5	面积（万亩）	46.05	257.93	131.90	45.81	–	481.68
			占比（%）	9.56	53.55	27.38	9.51	–	–
桂林市	10 ～ 40	17.3	面积（万亩）	19.93	152.81	179.85	141.88	–	494.46
			占比（%）	4.03	30.90	36.37	28.69	–	–
河池市	10 ～ 24	16.1	面积（万亩）	–	114.15	217.76	229.36	–	561.27
			占比（%）	–	20.34	38.80	40.86	–	–
贺州市	10 ～ 35	15.2	面积（万亩）	8.64	27.26	105.96	102.72	–	244.59
			占比（%）	3.53	11.15	43.32	42.00	–	–
来宾市	10 ～ 40	18.1	面积（万亩）	98.18	222.91	199.96	90.14	–	611.19
			占比（%）	16.06	36.47	32.72	14.75	–	–
柳州市	10 ～ 40	18.8	面积（万亩）	50.93	174.39	187.11	112.55	–	524.97
			占比（%）	9.70	33.22	35.64	21.44	–	–

续表

行政区	范围 （cm）	平均值 （cm）	各等级面积及占比						合计 （万亩）
			等级	1	2	3	4	5	
			范围 （cm）	≥25	20～ <25	15～ <20	10～ <15	<10	
			等级描述	厚	较厚	中等	较浅	浅	
南宁市	10～40	17.7	面积（万亩）	96.82	313.71	372.15	241.45	–	1024.13
			占比（%）	9.45	30.63	36.34	23.58	–	–
钦州市	10～45	20.5	面积（万亩）	56.97	174.87	78.45	8.39	–	318.68
			占比（%）	17.88	54.87	24.62	2.63	–	–
梧州市	11～30	17.3	面积（万亩）	7.17	75.97	82.53	42.02	–	207.69
			占比（%）	3.45	36.58	39.74	20.23	–	–
玉林市	10～45	18.4	面积（万亩）	32.95	96.99	169.82	61.36	–	361.13
			占比（%）	9.12	26.86	47.03	16.99	–	–
广西	10～45	17.7	面积（万亩）	538.33	1983.31	2489.15	1595.90	–	6606.69
			占比（%）	8.15	30.02	37.68	24.16	–	–

（二）不同利用类型耕地土壤耕层厚度

1. 水田土壤耕层厚度

广西水田土壤总体耕层厚度在 10～45 cm 之间，平均值为 17.8 cm（见表 4-66）。广西水田土壤耕层厚度 ≥ 20 cm 的面积共有 1178.14 万亩，占耕地总面积的 39.17%，其中：耕层厚度 ≥ 25 cm 的面积为 269.17 万亩，占水田总面积的 8.95%；耕层厚度在 20～< 25 cm 的面积为 908.97 万亩，占耕地总面积的 30.22%。广西水田土壤耕层厚度在 15～< 20 cm 的面积共有 1163.18 万亩，占耕地总面积的 38.67%。广西水田土壤耕层厚度 < 15 cm 的面积共有 666.75 万亩，占耕地总面积的 22.17%，全部为 10～< 15 cm，广西无耕层厚度 < 10 cm 的水田。广西水田土壤耕层厚度总体属于中等偏厚水平。

表 4-66　广西水田土壤耕层厚度状况

行政区	范围 （cm）	平均值 （cm）	各等级面积及占比						合计 （万亩）
			等级	1	2	3	4	5	
			范围 （cm）	≥25	20～ <25	15～ <20	10～ <15	<10	
			等级描述	厚	较厚	中等	较浅	浅	
百色市	10～35	16.4	面积（万亩）	10.35	33.40	109.15	93.81	–	246.71
			占比（%）	4.20	13.54	44.24	38.02	–	–

续表

行政区	范围（cm）	平均值（cm）	各等级面积及占比						合计（万亩）
			等级	1	2	3	4	5	
			范围（cm）	≥ 25	20 ～ < 25	15 ～ < 20	10 ～ < 15	< 10	
			等级描述	厚	较厚	中等	较浅	浅	
北海市	12 ～ 45	21.0	面积（万亩）	21.84	20.68	19.15	10.56	－	72.23
			占比（%）	30.24	28.63	26.51	14.62	－	－
崇左市	10 ～ 33	19.7	面积（万亩）	42.84	42.75	55.05	29.11	－	169.75
			占比（%）	25.24	25.19	32.43	17.15	－	－
防城港市	10 ～ 30	16.1	面积（万亩）	0.48	10.89	35.59	16.25	－	63.21
			占比（%）	0.76	17.23	56.30	25.71	－	－
贵港市	10 ～ 35	18.7	面积（万亩）	30.64	140.56	66.01	30.02	－	267.23
			占比（%）	11.47	52.60	24.70	11.24	－	－
桂林市	10 ～ 40	17.3	面积（万亩）	19.93	110.17	141.62	130.46	－	402.17
			占比（%）	4.95	27.39	35.21	32.44	－	－
河池市	10 ～ 24	16.2	面积（万亩）	－	50.61	83.29	79.66	－	213.56
			占比（%）	－	23.70	39.00	37.30	－	－
贺州市	10 ～ 30	15.1	面积（万亩）	0.44	11.34	73.93	61.08	－	146.79
			占比（%）	0.30	7.72	50.36	41.61	－	－
来宾市	10 ～ 30	17.7	面积（万亩）	21.37	55.55	50.10	35.80	－	162.82
			占比（%）	13.12	34.12	30.77	21.99	－	－
柳州市	10 ～ 40	19.0	面积（万亩）	26.97	70.46	100.48	46.51	－	244.43
			占比（%）	11.03	28.83	41.11	19.03	－	－
南宁市	10 ～ 35	17.3	面积（万亩）	21.01	113.34	150.25	72.65	－	357.25
			占比（%）	5.88	31.73	42.06	20.34	－	－
钦州市	10 ～ 45	20.8	面积（万亩）	33.18	112.98	44.31	2.70	－	193.16
			占比（%）	17.18	58.49	22.94	1.40	－	－
梧州市	11 ～ 30	17.4	面积（万亩）	7.17	53.03	74.82	24.43	－	159.46
			占比（%）	4.50	33.26	46.92	15.32	－	－
玉林市	10 ～ 45	18.5	面积（万亩）	32.95	83.20	159.45	33.70	－	309.30
			占比（%）	10.65	26.90	51.55	10.90	－	－
广西	10 ～ 45	17.8	面积（万亩）	269.17	908.97	1163.18	666.75	－	3008.07
			占比（%）	8.95	30.22	38.67	22.17	－	－

2. 旱地土壤耕层厚度

广西旱地土壤总体耕层厚度在 10 ～ 45 cm 之间，平均值为 17.5 cm（见表 4-67）。广西旱地土壤耕层厚度 ≥ 20 cm 的面积共有 1343.49 万亩，占旱地总面积的 37.33%，其中：耕层厚度 ≥ 25 cm 的面积为 269.16 万亩，占旱地总面积的 7.48%；耕层厚度在 20 ～ < 25 cm 的面积为 1074.33 万亩，占旱地总面积的 29.85%。广西旱地土壤耕层厚度在 15 ～ < 20 cm 的面积共有 1325.98 万亩，占旱地总面积的 36.85%。广西旱地土壤耕层厚度 < 15 cm 的面积共有 929.15 万亩，占旱地总面积的 25.82%，全部为 10 ～ < 15 cm，广西无耕层厚度 < 10 cm 的旱地。广西旱地土壤耕层厚度总体属于中等偏厚水平。

表 4-67　广西旱地土壤耕层厚度状况

行政区	范围（cm）	平均值（cm）		各等级面积及占比					合计（万亩）
			等级	1	2	3	4	5	
			范围（cm）	≥ 25	20 ～ < 25	15 ～ < 20	10 ～ < 15	< 10	
			等级描述	厚	较厚	中等	较浅	浅	
百色市	10 ～ 30	15.5	面积（万亩）	5.44	86.11	142.02	193.07	–	426.63
			占比（%）	1.27	20.18	33.29	45.25	–	–
北海市	12 ～ 30	19.1	面积（万亩）	16.33	46.86	37.33	13.69	–	114.21
			占比（%）	14.30	41.03	32.68	11.99	–	–
崇左市	10 ～ 45	17.5	面积（万亩）	22.13	129.56	363.80	94.59	–	610.07
			占比（%）	3.63	21.24	59.63	15.50	–	–
防城港市	10 ～ 30	12.8	面积（万亩）	1.29	2.06	1.59	69.14	–	74.09
			占比（%）	1.74	2.79	2.15	93.32	–	–
贵港市	10 ～ 25	18.1	面积（万亩）	15.40	117.37	65.89	15.79	–	214.45
			占比（%）	7.18	54.73	30.73	7.36	–	–
桂林市	12 ～ 23	17.4	面积（万亩）	–	42.64	38.23	11.42	–	92.29
			占比（%）	–	46.20	41.42	12.38	–	–
河池市	10 ～ 22	15.9	面积（万亩）	–	63.54	134.47	149.70	–	347.71
			占比（%）	–	18.27	38.67	43.05	–	–
贺州市	10 ～ 35	15.6	面积（万亩）	8.20	15.93	32.03	41.64	–	97.80
			占比（%）	8.38	16.29	32.75	42.58	–	–
来宾市	10 ～ 40	18.4	面积（万亩）	76.81	167.35	149.87	54.33	–	448.37
			占比（%）	17.13	37.33	33.43	12.12	–	–
柳州市	10 ～ 34	18.5	面积（万亩）	23.96	103.93	86.62	66.04	–	280.55
			占比（%）	8.54	37.04	30.88	23.54	–	–

续表

行政区	范围（cm）	平均值（cm）	各等级面积及占比						合计（万亩）
			等级	1	2	3	4	5	
			范围（cm）	≥25	20～<25	15～<20	10～<15	<10	
			等级描述	厚	较厚	中等	较浅	浅	
南宁市	10～40	18.1	面积（万亩）	75.81	200.36	221.91	168.80	－	666.88
			占比（%）	11.37	30.04	33.28	25.31	－	
钦州市	14～30	19.6	面积（万亩）	23.79	61.89	34.13	5.70	－	125.52
			占比（%）	18.96	49.31	27.19	4.54	－	
梧州市	14～20	17.0	面积（万亩）	－	22.94	7.71	17.58	－	48.23
			占比（%）	－	47.56	15.99	36.46	－	
玉林市	10～22	15.4	面积（万亩）	－	13.80	10.37	27.66	－	51.82
			占比（%）	－	26.62	20.01	53.37	－	
广西	10～45	17.5	面积（万亩）	269.16	1074.33	1325.98	929.15	－	3598.62
			占比（%）	7.48	29.85	36.85	25.82	－	

3. 不同成土母质发育的土壤耕层厚度

不同成土母质所形成的土壤，其耕层厚度有一定差异（见表4-68）。玄武岩、滨海沉积物、紫色砂页岩、花岗岩、河流冲积物、第四纪红土和砂页岩等成土母质发育的土壤耕层厚度总体≥15 cm；硅质页岩、洪积物和石灰岩成土母质发育的土壤耕层厚度大部分在10～<20 cm。

表4-68　不同成土母质发育的土壤耕层厚度状况

成土母质	范围（cm）	平均值（cm）	各等级面积及占比						合计（万亩）
			等级	1	2	3	4	5	
			范围（cm）	≥25	20～<25	15～<20	10～<15	<10	
			等级描述	厚	较厚	中等	较浅	浅	
滨海沉积物	11～30	19.4	面积（万亩）	16.82	55.21	45.35	6.25	－	123.63
			占比（%）	13.60	44.66	36.68	5.06	－	－
第四纪红土	10～45	17.9	面积（万亩）	211.71	714.70	774.47	533.54	－	2234.43
			占比（%）	9.48	31.99	34.66	23.88	－	－
硅质页岩	10～35	16.7	面积（万亩）	44.84	83.99	150.27	129.30	－	408.39
			占比（%）	10.98	20.57	36.80	31.66	－	－

续表

成土母质	范围（cm）	平均值（cm）	各等级面积及占比						合计（万亩）
			等级	1	2	3	4	5	
			范围（cm）	≥ 25	20 ～ < 25	15 ～ < 20	10 ～ < 15	< 10	
			等级描述	厚	较厚	中等	较浅	浅	
河流冲积物	10 ～ 40	18.0	面积（万亩）	28.99	92.44	102.57	58.36	－	282.36
			占比（%）	10.27	32.74	36.33	20.67	－	－
洪积物	10 ～ 35	16.3	面积（万亩）	4.16	18.67	45.33	24.88	－	93.03
			占比（%）	4.47	20.07	48.72	26.74	－	－
花岗岩	10 ～ 45	19.0	面积（万亩）	43.91	134.90	185.02	68.48	－	432.3
			占比（%）	10.16	31.20	42.80	15.84	－	－
砂页岩	10 ～ 45	17.5	面积（万亩）	97.14	401.00	496.18	338.60	－	1332.92
			占比（%）	7.29	30.08	37.22	25.40	－	－
石灰岩	10 ～ 40	16.4	面积（万亩）	36.87	305.59	548.88	379.46	－	1270.79
			占比（%）	2.90	24.05	43.19	29.86	－	－
玄武岩	15 ～ 30	25.0	面积（万亩）	1.57	－	0.48	－	－	2.05
			占比（%）	76.68	－	23.32	－	－	－
紫色砂页岩	10 ～ 35	19.0	面积（万亩）	52.33	176.82	140.61	57.03	－	426.79
			占比（%）	12.26	41.43	32.95	13.36	－	－

第五章 中低产耕地改良

第一节 中低产耕地的分布及主要障碍因素

中低产耕地是指土壤环境因素不良或土体内存在一种或几种制约农业生产的障碍因素，影响了土壤生产能力的发挥，从而导致农作物单位面积产量相对低而不稳的耕地。根据《全国中低产耕地类型划分与改良技术规范》（NY/T310–1996），结合广西第二次土壤普查成果和三十年来土壤改良的经验，本次耕地地力等级的评价结果将四、五、六级耕地划为中产耕地，七、八、九、十级耕地划为低产耕地。

一、中低产耕地的区域分布

从耕地质量评价结果看（见表5–1），中低产耕地面积较大，有5241.5万亩，占耕地总面积的79.3%。其中，中产耕地面积4098.5万亩，占耕地总面积62.0%；低产耕地面积1143.0万亩，占耕地总面积17.3%。按耕地利用类型分，中低产旱地3537.0万亩，占旱地面积98.3%，其中，中产旱地2476.5万亩，占旱地面积68.8%，低产旱地1060.5万亩，占旱地面积29.5%；中低产水田1704.6万亩，占水田面积56.7%，其中，中产水田1622.0万亩，占水田面积53.9%，低产水田82.6万亩，占水田面积2.7%。

表5–1 广西耕地各地力等级面积统计表

地力等级	高产耕地			中产耕地			低产耕地				总计（万亩）
	一	二	三	四	五	六	七	八	九	十	
南宁市	2.6	44.8	140.3	191.5	323.7	222.9	62.3	4.4	20.9	10.7	1024.1
柳州市	–	6.7	65.4	123.9	135.9	79.2	42.4	24.3	39.2	8.1	525.0
桂林市	0.3	27.9	108.4	171.1	102.5	63.3	20.9	–	–	–	494.5
梧州市	0.7	8.9	64.6	71.1	31.1	11.2	20.1	–	–	–	207.7
北海市	6.2	10.9	28.7	14.0	23.1	18.2	26.3	35.6	22.9	0.6	186.4
防城港市	–	6.1	27.4	20.4	20.4	42.1	20.5	0.3	–	–	137.3
钦州市	–	9.4	83.4	78.8	94.0	47.5	5.2	0.4	–	–	318.7
贵港市	2.0	24.2	131.2	139.1	122.7	55.2	7.1	0.2	–	–	481.7
玉林市	6.2	80.3	131.3	76.7	34.9	18.7	13.1	–	–	–	361.1
百色市	1.9	23.6	78.6	134.1	155.8	172.5	81.3	22.4	1.3	1.9	673.3

续表

地力等级	高产耕地			中产耕地			低产耕地				总计（万亩）
	一	二	三	四	五	六	七	八	九	十	
贺州市	–	7.0	41.4	66.4	40.0	43.7	39.1	7.0	–	–	244.6
河池市	0.4	8.2	48.7	78.2	86.0	166.9	103.0	53.5	8.4	7.7	561.3
来宾市	–	9.9	46.9	44.4	146.3	90.1	70.1	134.3	64.1	5.1	611.2
崇左市	14.3	19.7	46.6	81.8	165.1	294.1	129.5	23.2	5.5	–	779.8
总计	34.7	287.7	1042.8	1291.5	1481.5	1325.5	641.0	305.5	162.3	34.2	6606.7

（一）面积及分布比例

广西各市都有中低产耕地分布（见表5-2、图5-1和图5-2），但地域分布明显，按占耕地总面积比例衡量，呈东部低西部高，南部低北部高。中低产耕地占耕地面积90%以上的有来宾市；中低产耕地占耕地面积80%～90%的有南宁市、柳州市、百色市、贺州市、河池市、崇左市；玉林市、北海市、防城港市、梧州市、贵港市、桂林市中低产耕地比例相对较低。

表5-2　广西中低产耕地分布状况统计表

行政区	耕地总面积	中产耕地		低产耕地		中低产耕地合计	
		面积（万亩）	占耕地面积（%）	面积（万亩）	占耕地面积（%）	面积（万亩）	占耕地面积（%）
南宁市	1024.1	738.1	72.1	98.3	9.6	836.4	81.7
柳州市	525.0	339.0	64.6	114.0	21.7	453.0	86.3
桂林市	494.5	336.9	68.1	20.9	4.2	357.8	72.4
梧州市	207.7	113.4	54.6	20.1	9.7	133.5	64.3
北海市	186.4	55.3	29.7	85.4	45.8	140.7	75.5
防城港市	137.3	82.9	60.4	20.8	15.1	103.7	75.5
钦州市	318.7	220.3	69.1	5.6	1.8	225.9	70.9
贵港市	481.7	317.0	65.8	7.3	1.5	324.3	67.3
玉林市	361.1	130.3	36.1	13.1	3.6	143.4	39.7
百色市	673.3	462.4	68.7	106.9	15.9	569.3	84.6
贺州市	244.6	150.1	61.4	46.1	18.8	196.2	80.2
河池市	561.3	331.1	59.0	172.6	30.8	503.7	89.7
来宾市	611.2	280.8	45.9	273.6	44.8	554.4	90.7
崇左市	779.8	541.0	69.4	158.2	20.3	699.2	89.7
总计	6606.7	4098.5	62.0	1143.0	17.3	5241.5	79.3

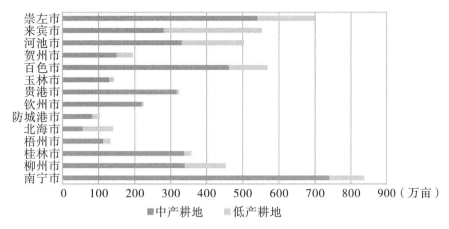

图 5-1　各市中低产耕地面积分布情况

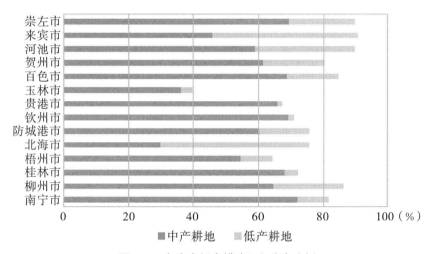

图 5-2　各市中低产耕地面积分布比例

（二）水田及旱地分布

广西的水田中有 56.7% 是中低产水田。14 个市中，中低产水田占比低于广西平均值的有梧州市、北海市、防城港市、钦州市、玉林市、贵港市、崇左市和南宁市，其中最低为玉林市 29.6%，其次为北海市 36.7%，而河池市、柳州市中低产水田占比都超过 70%，桂林市、贺州市中低产水田占比也较高，分别为 67.1% 和 67.0%（见表 5-3）。

表 5-3　广西各市中低产水田分布状况

行政区	水田总面积（万亩）	中产水田		低产水田		中低产水田合计	
		面积（万亩）	占水田（%）	面积（万亩）	占水田（%）	面积（万亩）	占水田（%）
南宁市	357.2	189.2	53.0	2.5	0.7	191.7	53.7
柳州市	244.4	168.1	68.8	9.6	3.9	177.7	72.7
桂林市	402.2	267.2	66.4	2.6	0.6	269.8	67.1

续表

行政区	水田总面积（万亩）	中产水田		低产水田		中低产水田合计	
		面积（万亩）	占水田（%）	面积（万亩）	占水田（%）	面积（万亩）	占水田（%）
梧州市	159.5	88.7	55.6	0.1	0.1	88.8	55.7
北海市	72.2	22.0	30.5	4.5	6.2	26.5	36.7
防城港市	63.2	29.3	46.4	0.6	0.9	29.9	47.3
钦州市	193.2	103.1	53.4	2.2	1.1	105.3	54.5
贵港市	267.2	117.2	43.9	–	–	117.2	43.9
玉林市	309.3	91.6	29.6	–	–	91.6	29.6
百色市	246.7	149.0	60.4	4.4	1.8	153.4	62.2
贺州市	146.8	96.5	65.7	1.8	1.2	98.3	67.0
河池市	213.6	138.8	65.0	17.3	8.1	156.1	73.1
来宾市	162.8	71.6	44.0	34.3	21.1	105.9	65.0
崇左市	169.7	89.9	53.0	2.6	1.5	92.5	54.5
水田合计	3008.1	1622.0	53.9	82.6	2.7	1704.6	56.7

广西的旱地中有98.3%是中低产旱地。14个市中，中低产旱地都超过90%（见表5-4）。

表5-4 广西各市中低产旱地分布状况

行政区	耕地总面积（万亩）	中产耕地		低产耕地		中低产耕地合计	
		面积（万亩）	占耕地（%）	面积（万亩）	占耕地（%）	面积（万亩）	占耕地（%）
南宁市	666.9	548.9	82.3	95.8	14.4	644.7	96.7
柳州市	280.5	170.9	60.9	104.4	37.2	275.3	98.1
桂林市	92.3	69.8	75.6	18.3	19.8	88.1	95.4
梧州市	48.2	24.8	51.5	20.0	41.5	44.8	92.9
北海市	114.2	33.4	29.2	80.8	70.8	114.2	100.0
防城港市	74.1	53.6	72.3	20.3	27.4	73.9	99.7
钦州市	125.5	117.0	93.2	3.5	2.8	120.5	96.0
贵港市	214.5	199.9	93.2	7.3	3.4	207.2	96.6
玉林市	51.8	38.7	74.7	13.1	25.3	51.8	100.0
百色市	426.6	313.4	73.5	102.4	24.0	415.8	97.5
贺州市	97.8	53.4	54.6	44.3	45.3	97.7	99.9
河池市	347.7	192.3	55.3	155.4	44.7	347.7	100.0
来宾市	448.4	209.1	46.6	239.2	53.3	448.3	100.0
崇左市	610.1	451.1	73.9	155.7	25.5	606.8	99.5
旱地合计	3598.6	2476.5	68.8	1060.5	29.5	3537.0	98.3

二、中低产耕地的主要障碍因素

土壤障碍因素符合最小因子律，当某一障碍因素存在时，其生产力主要决定于这个因素，其他良好的土壤属性都不能很好地发挥作用；当几个障碍因素并存时，其中有一个是主要因素，作物生长出现以主要障碍因素为主的症状或并发症状，故低产土壤改良首先要有针对性地抓住主要障碍因素。

随着生产的发展，土壤障碍因素会不断变化，在一个矛盾解决之后，又会出现新的矛盾。各障碍因素又相互渗透和转化，但又有主次之分，土壤生产力既与内部因素有关，又受外部环境因素制约，土壤改良既要针对土壤本身，又要改变土壤环境。因此，中低产耕地的障碍因素，在时间和空间上都具有相对性，土壤改良是长期而艰巨的任务，只有不断地排除各种障碍因素，才能使土壤越种越好，生产能力才能得到充分发挥。

（一）土壤障碍类型

根据土壤障碍因素产生的原因可分为以下三个层次。

①由气候、地形等自然环境因素诱发的土壤属性障碍，如干旱缺水、坡陡侵蚀、荫蔽土冷、低洼渍涝等。

②与母质及土壤发生有关的，如物质颗粒粗细（质地）、有效土体厚度、障碍层次、土体构型、过酸过碱、吸附容量、矿物质养分含量等。

③人为作用，如与耕作管理相关的耕作层厚度、犁底层厚度，有效养分丰缺程度、矿毒污染、有机质含量等。

根据土壤障碍因素产生的原因，参考农田基础设施和经济技术投入条件等方面实际和特点，依照《全国中低产耕地类型划分与改良技术规范》（NY/T310–1996）的有关技术规范，我们将广西中低产耕地类型划为无明显障碍、灌溉改良型、渍潜稻田型、盐碱耕地型、坡地梯改型、渍涝排水型、沙化耕地型、障碍层次型、瘠瘦培肥型九个类型（见表5–5和图5–3、5–4）。在广西所有耕地中无明显障碍的耕地面积最大，有3241.7万亩，占耕地的49.1%；其次为瘠瘦培肥型，有1476.4万亩，占耕地的22.4%；灌溉改良型有708.0万亩，占耕地的10.7%；坡地梯改型有314.7万亩，占耕地4.8%；盐碱耕地型有388.1万亩，占耕地5.9%；障碍层次型和渍潜稻田型的面积分别为201.8万亩和170.6万亩，两者分别占耕地的3.1%和2.6%；渍涝排水型有29.1万亩，占耕地的0.4%，详见表5–5。

表 5-5　广西耕地障碍类型统计表

耕地类型		面积及占比	合计	无明显障碍	灌溉改良型	渍潜稻田型	盐碱耕地型	坡地梯改型	渍涝排水型	沙化耕地型	障碍层次型	瘠瘦培肥型
耕地	合计	面积（万亩）	6606.7	3241.7	708.0	170.6	388.1	314.7	29.1	76.4	201.8	1476.4
		占比（%）	100	49.1	10.7	2.6	5.9	4.8	0.4	1.2	3.1	22.4
	旱地	面积（万亩）	3598.6	1160.6	500.3	24.1	62.9	311.1	14.4	66.7	171.1	1287.5
		占比（%）	100	32.3	13.9	0.7	1.8	8.6	0.4	1.9	4.8	35.8
	水田	面积（万亩）	3008.1	2081.1	207.7	146.6	325.2	3.6	14.7	9.7	30.7	188.9
		占比（%）	100	69.2	6.9	4.9	10.8	0.1	0.5	0.3	1.0	6.3
中低产耕地	合计	面积（万亩）	5241.5	2089.8	635.4	138.2	365.1	308.9	26.6	76.1	192.1	1409.3
		占比（%）	100	39.9	12.1	2.6	7.0	5.9	0.5	1.5	3.7	26.9
	旱地	面积（万亩）	3536.9	1135.0	489.3	24.1	61.1	305.7	14.4	66.7	171.1	1269.6
		占比（%）	100	32.1	13.8	0.7	1.7	8.6	0.4	1.9	4.8	35.9
	水田	面积（万亩）	1704.6	954.8	146.1	114.2	304.0	3.2	12.1	9.4	21.0	139.7
		占比（%）	100	56.0	8.6	6.7	17.8	0.2	0.7	0.6	1.2	8.2

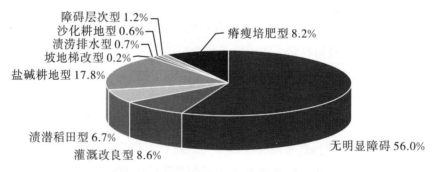

图 5-3　广西中低产水田障碍类型分布状况

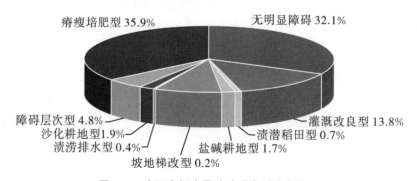

图 5-4　广西中低产旱地障碍类型分布状况

（二）各等级耕地中障碍类型分布

土壤生产力的高低可用作物的产量水平来衡量，其影响因素除了土壤肥力属性外，还受环境条件（如气候、地形、水文）和人为因素（如耕作、施肥、品种、种植技术、管理水平等）的制约，因此，高产的土壤是肥沃的，但肥沃的土壤并一定高产。低产的土壤在不同的栽培管理水平下，产量的变幅也可以很大。所以，土壤肥力和土壤生产力是两种不同的概念，但是它们又是密切联系的。按 NY/T310–1996 分类，将广西耕地地力划分为 10 个等级，耕地质量按升序从优到劣依次划分为：1 级、2 级和 3 级为高产耕地，4 级及以上等级为中低产耕地。对各等级的障碍类型进行统计，各等级障碍因子面积占本等级的比例和无明显障碍因子的比例，随着耕地等级的增加而减小，反之亦然。地力等级在 1 级耕地中无明显障碍占 91.5%，其余的 8.5% 主要分布于灌溉改良型、渍潜稻田型、瘠瘦培肥型等类型；地力等级为 2 级的耕地中无明显障碍占 91.1%，灌溉改良型和瘠瘦培肥型占 6.8%，其余少量分布于渍潜稻田型、盐碱耕地型等类型。可见，在 1 级和 2 级耕地中也存在着一定的障碍因素。

中低产耕地中，4、5、6、7 四个地力等级中分布有较多的障碍因素类型，8、9、10 三级分布有较少的障碍因素类型，中低产耕地改良潜力大。需要指出的是，8、9、10 三级中低产耕地主要以无明显障碍和瘠瘦培肥型的面积和占比较大，原因是这一类耕地远离居民区、交通不便和历年培肥改土措施不力的结果。

表 5–6 不同地力等级障碍类型面积统计表

地力等级	面积及占比	合计	无明显障碍	灌溉改良型	渍潜稻田型	盐碱耕地型	坡地梯改型	渍涝排水型	沙化耕地型	障碍层次型	瘠瘦培肥型
1级	面积（万亩）	34.7	31.7	1.1	1.6	–	–	–	–	–	0.3
	占比（%）	100	91.5	3.0	4.6	–	–	–	–	–	0.9
2级	面积（万亩）	287.7	262.2	12.1	2.2	3.8	–	–	–	–	7.4
	占比（%）	100	91.1	4.2	0.8	1.3	–	–	–	–	2.6
3级	面积（万亩）	1042.8	857.9	59.4	28.6	19.2	5.8	2.5	0.3	9.6	59.4
	占比（%）	100	82.3	5.7	2.7	1.8	0.6	0.2	0.0	0.9	5.7
4级	面积（万亩）	1291.5	781.2	114.0	73.6	137.3	24.0	11.5	6.9	15.8	127.2
	占比（%）	100	60.5	8.8	5.7	10.6	1.9	0.9	0.5	1.2	9.9
5级	面积（万亩）	1481.5	558.1	252.7	33.5	128.6	81.8	4.0	14.2	34.3	374.3
	占比（%）	100	37.7	17.1	2.3	8.7	5.5	0.3	1.0	2.3	25.3
6级	面积（万亩）	1325.5	310.5	174.2	26.2	45.6	99.7	1.9	23.4	93.9	550.1
	占比（%）	100	23.4	13.1	2.0	3.4	7.5	0.2	1.8	7.1	41.5
7级	面积（万亩）	641.0	214.2	60.6	4.3	37.6	42.2	7.3	22.7	40.6	211.5
	占比（%）	100	33.4	9.5	0.7	5.9	6.6	1.1	3.5	6.3	33.0
8级	面积（万亩）	305.5	156.8	7.5	0.7	15.9	21.7	1.9	7.1	5.9	88.1
	占比（%）	100	51.3	2.5	0.2	5.2	7.1	0.6	2.3	1.9	28.8

续表

地力等级	面积及占比	合计	无明显障碍	灌溉改良型	渍潜稻田型	盐碱耕地型	坡地梯改型	渍涝排水型	沙化耕地型	障碍层次型	瘠瘦培肥型
9级	面积（万亩）	162.3	56.7	15.8	–	–	32.9	–	1.4	1.6	53.9
	占比（%）	100	34.9	9.7	–	–	20.3	–	0.9	1.0	33.2
10级	面积（万亩）	34.2	12.3	10.8	–	–	6.4	–	0.4	–	4.3
	占比（%）	100	36.0	31.4	–	–	18.8	–	1.1	–	12.6

（三）障碍类型地域分布状况

广西中低产耕地种类较多，分布区域也广。桂西和桂中即河池市、百色市、崇左市、来宾市是广西中低耕地分布障碍类型最集中的地区之一，其中低产耕地包含了《全国中低产耕地类型划分与改良技术规范》所述的所有类型，八种障碍因素面积分别占所在市耕地面积的 55.7%、55.4%、84.1%、34.3%；桂中的柳州市、来宾市以瘠瘦培肥型为主，分别占两市耕地 24.7% 和 20.9%，其次是坡地梯改型和灌溉改良型；桂北的桂林市以盐碱耕地型最多，有 100.9 万亩，占全市耕地的 20.4%，渍潜稻田型有 24.6 万亩，瘠瘦培肥型有 29.5 万亩；桂东的贺州市以盐碱耕地型和瘠瘦培肥型为主，分别占耕地的 15.9% 和 13.3%，梧州市以障碍层次型和灌溉改良型为主，分别占耕地的 10.4% 和 10.5%；桂东南的玉林市、贵港市和桂南的北海市、南宁市、钦州市、防城港市以瘠瘦培肥型、坡地梯改型、灌溉改良型为主，其他土壤障碍因素也有少量分布。

表 5-7　各市中低产耕地障碍类型分布表

地市名称	面积及占比	合计	无明显障碍	灌溉改良型	渍潜稻田型	盐碱耕地型	坡地梯改型	渍涝排水型	沙化耕地型	障碍层次型	瘠瘦培肥型
南宁市	面积（万亩）	1024.1	330.4	196.4	42.6	21.1	157.1	0.5	33.1	36.9	206.1
	占比（%）	100	32.3	19.2	4.2	2.1	15.3	0.1	3.2	3.6	20.1
柳州市	面积（万亩）	525.0	248.1	12.8	18.5	46.8	63.6	–	–	5.9	129.4
	占比（%）	100	47.3	2.4	3.5	8.9	12.1	–	–	1.1	24.7
桂林市	面积（万亩）	494.5	319.6	18.5	24.6	100.9	0.4	–	–	1.0	29.5
	占比（%）	100	64.6	3.7	5.0	20.4	0.1	–	–	0.2	6.0
梧州市	面积（万亩）	207.7	137.2	21.8	5.7	1.7	9.9	2.0	–	21.5	7.9
	占比（%）	100	66.1	10.5	2.7	0.8	4.8	1.0	–	10.4	3.8
北海市	面积（万亩）	186.4	105.3	5.0	12.5	6.0	–	4.8	–	8.6	44.3
	占比（%）	100	56.5	2.7	6.7	3.2	–	2.6	–	4.6	23.8

续表

地市名称	面积及占比	合计	无明显障碍	灌溉改良型	渍潜稻田型	盐碱耕地型	坡地梯改型	渍涝排水型	沙化耕地型	障碍层次型	瘠瘦培肥型
防城港市	面积（万亩）	137.3	100.3	14.4	1.6	11.1	–	–	–	0.3	9.6
	占比（%）	100	73.1	10.5	1.1	8.1	–	–	–	0.2	7.0
钦州市	面积（万亩）	318.7	138.0	91.5	9.6	12.1	10.4	4.9	–	0.1	52.1
	占比（%）	100	43.3	28.7	3.0	3.8	3.3	1.5	–	0.02	16.4
贵港市	面积（万亩）	481.7	344.8	20.2	1.3	3.7	4.9	0.1	1.1	–	105.7
	占比（%）	100	71.6	4.2	0.3	0.8	1.0	0.02	0.2		21.9
玉林市	面积（万亩）	361.1	319.6	14.0	10.1	0.6	–	2.6	7.5	–	6.7
	占比（%）	100	88.5	3.9	2.8	0.2	–	0.7	2.1	–	1.9
百色市	面积（万亩）	673.3	300.1	81.8	6.3	34.5	5.7	6.2	10.2	17.6	211.0
	占比（%）	100	44.6	12.2	0.9	5.1	0.9	0.9	1.5	2.6	31.3
贺州市	面积（万亩）	244.6	124.4	21.4	5.2	39.0	5.3	1.2	5.8	9.8	32.6
	占比（%）	100	50.9	8.8	2.1	15.9	2.2	0.5	2.4	4.0	13.3
河池市	面积（万亩）	561.3	248.5	17.3	6.7	67.5	29.6	2.2	10.2	31.1	148.2
	占比（%）	100	44.3	3.1	1.2	12.0	5.3	0.4	1.8	5.5	26.4
来宾市	面积（万亩）	611.2	401.3	50.7	2.8	2.8	10.1	1.4	3.4	10.7	127.9
	占比（%）	100	65.7	8.3	0.5	0.5	1.7	0.2	0.6	1.8	20.9
崇左市	面积（万亩）	779.8	124.3	142.1	23.4	40.3	17.7	3.1	5.2	58.4	365.5
	占比（%）	100	15.9	18.2	3.0	5.2	2.3	0.4	0.7	7.5	46.9
广西	面积（万亩）	6606.7	3241.7	708.0	170.6	388.1	314.7	29.1	76.4	201.8	1476.4
	占比（%）	100	49.1	10.7	2.6	5.9	4.8	0.4	1.2	3.1	22.4

（四）中低产耕地土壤养分状况

中低产耕地除各种障碍因素外，养分缺乏、偏酸偏碱、耕层浅薄也是低产的主要原因。耕地有效养分丰缺程度是土壤肥力状况的指标，土壤养分的缺乏是中低产田的一个原因，与综合评价的瘠瘦培肥型不一样，瘠瘦培肥型有人为主观评价因素影响，养分丰缺是土壤化验并进行耕地地力统计后的结果，数据显示广西的耕地土壤有机质和全氮含量低的耕地并不是很多，分别只有2.9%和1.3%的耕地。有1.4%的耕地缺锌、7.0%的耕地缺磷、6.5%的耕地缺钾、4.7%的耕地缺锰，养分缺乏最严重的是有效硼，有82.9%的耕地缺硼（见表5-8）。

土壤酸化及耕层浅也是广西耕地的重要障碍因素，广西有35.1%的耕地土壤是酸性的，有28.1%耕地的耕层厚度<15 cm。低养分含量中低产耕地分布统计见表5-9。

表 5-8　低养分含量耕地土壤的面积及比例

养分名称	类型	在所有等级耕地中面积（万亩）	占所有耕地面积（%）	在中低产耕地中面积（万亩）	占中低产耕地面积（%）
有机质	含量 < 20 g/kg	179.8	2.7	151.2	2.9
全氮	含量 < 1 g/kg	70.8	1.1	66.3	1.3
有效磷	含量 < 10 mg/kg	422.8	6.4	369.0	7.0
速效钾	含量 < 50 mg/kg	488.8	7.4	340.7	6.5
有效锰	含量 < 5 mg/kg	332.3	5.0	247.3	4.7
有效锌	含量 < 0.5 mg/kg	91.2	1.4	74.5	1.4
有效硫	含量 < 50 mg/kg	455.7	6.9	383.3	7.3
有效硼	含量 < 0.5 mg/kg	5497.6	83.2	4347.1	82.9
pH 值	酸性	2519.3	38.1	1841.8	35.1
耕层厚度	< 15 cm	1595.9	24.2	1471.8	28.1

表 5-9　低养分含量中低产耕地分布统计

地力等级	4		5		6		7		8		9		10	
等级描述	面积（万亩）	占比（%）	面积（万亩）	占比（%）	面积（万亩）	占比（%）	面积（万亩）	占比（%）	面积（万亩）	占比（%）	面积（万亩）	占比（%）	面积（万亩）	占比（%）
有机质	23.9	1.9	30.0	2.0	38.0	2.9	35.0	5.5	15.9	5.2	8.3	5.1	–	–
全氮	17.3	1.3	10.6	0.7	11.6	0.9	7.4	1.2	16.3	5.4	3.1	1.9	–	–
有效磷	71.9	5.6	75.8	5.1	143.4	10.8	45.2	7.1	29.1	9.5	3.7	2.3	–	–
速效钾	118.6	9.2	67.8	4.6	82.4	6.2	29.9	4.7	15.0	4.9	14.4	8.8	12.6	37.0
有效铁	12.1	0.9	5.0	0.3	6.1	0.5	2.8	0.4	1.9	0.6	–	–	–	–
有效锰	64.5	5.0	48.0	3.2	44.1	3.3	38.4	6.0	34.0	11.1	18.1	11.2	0.6	1.9
有效锌	11.8	0.9	18.3	1.2	18.7	1.4	8.8	1.4	12.0	3.9	4.8	3.0	–	–
有效硫	107.3	8.3	75.8	5.1	152.9	11.5	39.6	6.2	4.8	1.6	3.0	1.9	–	–
有效硼	1083.6	83.9	1238.1	83.6	1127.6	85.1	558.8	87.2	257.0	84.1	117.5	72.4	34.2	100.0
酸性、强酸性	579.6	44.9	487.1	32.9	400.4	30.2	201.3	31.4	84.4	27.6	72.0	44.4	16.9	49.6
耕层厚度 < 15 cm	325.5	25.2	268.2	18.1	375.2	28.3	307.6	48.0	91.4	29.9	73.0	45.0	30.8	90.1

注：低养分含量指土壤养分含低和极低等级。

（五）障碍因素与成土母质分布

不同成土母质形成于不同的地形地貌中，因而可能产生不同的耕地土壤障碍因素。耕地的成土母质中第四纪红土母质耕地面积最大，其中，灌溉改良型障碍有 339.1 万亩，坡地梯改型有 182.4 万亩，瘠瘦型有 641.9 万亩；砂页岩母质的耕地面积中，灌溉改良型障碍有 128.6 万亩，瘠瘦型有 128.7 万亩；石灰岩母质的耕地面积中，盐碱障碍有 311.3 万亩，瘠瘦型有 433.4 万亩。

表 5-10 不同成土母质障碍因素面积统计表

成土母质	内容	合计（万亩）	无明显障碍	灌溉改良型	渍潜稻田型	盐碱耕地型	坡地梯改型	渍涝排水型	沙化耕地型	障碍层次型	瘠瘦培肥型
滨海沉积物	面积（万亩）	123.6	55.4	0.4	1.5	24.5	–	7.5	–	4.7	29.7
	占比（%）		44.8	0.3	1.2	19.8	–	6.1	–	3.8	24.0
第四纪红土	面积（万亩）	2234.4	876.6	339.1	20.2	20.7	182.4	7.4	30.9	115.3	641.9
	占比（%）		39.2	15.2	0.9	0.9	8.2	0.3	1.4	5.2	28.7
硅质页岩	面积（万亩）	408.4	211.1	31.8	0.6	4.5	52.5	–	6.5	7.3	94.3
	占比（%）		51.7	7.8	0.2	1.1	12.9	–	1.6	1.8	23.1
河流冲积物	面积（万亩）	282.4	220.6	19.3	8.2	4.7	2.0	0.6	1.4	0.3	25.1
	占比（%）		78.1	6.9	2.9	1.7	0.7	0.2	0.5	0.1	8.9
洪积物	面积（万亩）	93.0	69.7	6.8	3.6	2.7	1.4	1.3	0.5	2.9	4.2
	占比（%）		75.0	7.3	3.9	2.9	1.5	1.4	0.5	3.1	4.5
花岗岩	面积（万亩）	432.3	309.4	54.8	15.4	0.5	12.5	–	7.5	10.2	22.1
	占比（%）		71.6	12.7	3.6	0.1	2.9	–	1.7	2.4	5.1
砂页岩	面积（万亩）	1332.9	962.9	128.6	63.8	18.3	0.5	5.4	8.7	16.1	128.7
	占比（%）		72.2	9.7	4.8	1.4	–	0.4	0.7	1.2	9.7
石灰岩	面积（万亩）	1270.8	310.9	89.8	21.5	311.3	41.1	3.1	16.7	43.1	433.4
	占比（%）		24.5	7.1	1.7	24.5	3.2	0.2	1.3	3.4	34.1
玄武岩	面积（万亩）	2.1	0.5	–	–	–	–	0.9	–	–	0.7
	占比（%）		23.3	–	–	–	–	44.1	–	–	32.6
紫色砂页岩	面积（万亩）	426.8	224.6	37.6	35.8	0.9	22.3	2.9	4.3	1.9	96.5
	占比（%）		52.6	8.8	8.4	0.2	5.2	0.7	1.0	0.4	22.6

第二节 中低产耕地的改良利用对策与措施

据第二次全国土地调查数据显示，2015 年广西耕地面积为 6606.7 万亩，人均耕地约为 1.44 亩，低于全国平均水平。广西耕地后备资源不多，据 2001 年广西耕地后备资源调查评价结果显示，广西耕地后备资源有 295 万亩，占广西土地总面积的 0.83%，其中可开垦耕地后备资源 290 万亩，占耕地后备资源的 98.57%。但是，利用可开垦的耕地在变成良好耕地之前将耗费更多的资源。虽然广西在节约耕地，严格保护耕地等方面做了大量工作，但是在人口不断增长、建设用地不断增加的情况下，耕地数量减少不可逆转。在土地资源日益紧缺、建设用地持续刚性需求的当前形势下，提升耕地质量、改良中低产耕地、充分挖掘耕地的增产潜力，是保障粮食生产和农业可持续发展的必由之路。

一、广西中低产耕地改良成果与经验回顾

长期以来，广西农业部门对中低产耕地改造十分重视，继 1986 年农业部在福建省建阳区召开"土壤改良培肥地力经验交流会"后，广西各级土肥部门一直把狠抓中低产耕地改良工作作为土肥技术推广的重要任务，提出以"生物技术措施为基础，化学技术措施为先导，工程技术措施为保证"的综合改良思路，制定了整套既有针对不同低产障碍因素的改良技术措施，又有与共性改良措施相结合的综合改良技术方针，不断把中低产耕地改良技术推向深度和广度。

在改造中低产耕地工作中，自治区土肥部门针对广西中低产耕地面积大、任务重，改造工作具有艰巨性、长期性和复杂性的实际情况，坚持从抓项目入手，争取各方的支持。从 1990 年起十年间，争取各方财政投入总计 5497.62 万元。1989 年组织实施"大面积中低产耕地改良综合技术开发"项目，改造各类中低产耕地 235.5 万亩；1990年"以工代赈、以粮代赈"改造中低产耕地项目投资 1521 万元，在桂西北和边境地区17 个县实施；1990～1992 年和 1993～1997 年先后两次组织实施广西科技厅下达的"广西中低产耕地综合改良技术应用示范""广西中低产耕地综合改良技术示范推广"两个重大项目，以项目为依托，不断探索和实践，形成了《广西中低产耕地综合改良技术规程》，把中低产耕地改良技术推向新的深度和广度。1994～2002 年，以国际开发协会（IDA）支持的中国红壤二期开发项目和世界粮食计划署——（WFP）无偿援助广西贫困山区的农业综合开发项目（"3730"项目）为依托，承担项目的土壤改良工程、中低产耕地改造工程的组织实施，取得了显著成绩。1990～2008 年间，广西累计改造中低产耕地（地）6700 万亩（次），增产粮食 201.335 万吨。

三十年来，广西不断加大耕地质量建设力度，大力发展冬种绿肥、推广秸秆还田，发动农民群众积极使用农家肥，通过"种、积、还、用"等措施，增加有机肥料投入，培育了一批耕层比较深厚、土壤比较疏松肥沃的基本农田，为农作物的高产稳产奠定了地力基础。上世纪九十年代以来，针对农民重化肥轻有机肥、重用地轻养地的不良倾向，广西大力开展"三田"（吨粮田、吨糖田和万元田）土壤肥力建设，实现"三田"面积 1395 万亩。2006 年以来，广西承担农业部下达的"土壤有机质提升试点补贴"项目，通过项目的实施，进一步提升耕地质量建设标准，到 2008 年底，广西共实施土壤有机

质提升示范面积近 60 万亩。随着耕地质量的提高，农民增产增收更有保障，促进农田生态向良性循环方向发展。

国土资源部门开展了高标准农田建设，将耕地整理成为"田成方、林成网、渠相通、路相连、涝能排、旱能灌"的旱涝保收、节水高效的高产稳产田。到 2012 年，广西现有基本农田中已有近 400 万亩高标准基本农田，2011 年建成高标准基本农田 110 万亩，2012 年建成高标准基本农田 170 万亩。

二、中低产耕地改良措施

中低产耕地的改良是通过工程、物理、化学、生物等措施对中低产耕地的障碍因素进行改造，提高中低产耕地基础地力的过程。

（一）工程措施

工程措施是通过系列建设工程来达到改善环境的目的，工程技术包括坡改梯技术、节水灌溉工程技术、中低产耕地暗灌工程技术、水利设施建设、渠系配套和渠道防渗工程、小水利工程建设和加固利用、预制构件制作技术等方面。如修建以抽、提、引、蓄相配套的拦山沟、地头水柜等小水利工程，改善旱耕地的水利条件，减轻季节性干旱对旱作的影响。推广现代节水灌溉工程技术，通过喷灌技术、微灌技术、地下灌溉技术、改进地面灌水技术、精细地面灌溉技术、坐水种技术、非充分灌溉技术等，均可大幅度提高水资源利用效率。

1990～1996 年在马山等县实施的 WFP3730 项目，将坡度在小于 15° 以下、土层薄、水土流失较为严重的旱坡地改为梯地，使梯面达到"稳、平、厚、实"的要求，减少水土流失，增加耕作层的熟化程度，改善坡地生态环境。据马山县的监测，坡地改梯地后，土壤流失量由 0.86 吨 / 亩·年减少到 0.11 吨 / 亩·年，径流量由 610 m^3/ 亩·年下降到 26.3 m^3/ 亩·年。据分析测定地表径流含碱解氮 51 mg/L、速效磷 0.244 mg/L、速效钾 19.5 mg/L，流失泥砂中含全氮 0.12%、全磷 0.028%、全钾 0.53%，表明坡地改梯地后由于土壤流失减少，一年中每亩将减少 0.90 kg 氮、0.21 kg 磷和 4.00 kg 钾的损失。这也说明平整土地后，提高了保水保肥能力，从而有利于提高作物产量。

潜育化水稻土存在渍、冷、烂、闭（气）、毒及缺素等障碍因素。开沟排水是改良潜育化稻田最有效的方法，而垄作、湿润灌溉及冬季晒阀等栽培管理措施也具有调控水分、改善土壤结构和氧化还原状况的作用。治理潜育性稻田的主要措施是拦截山洪，排除渍水，开"三沟"（即田边沟、十字沟、环山沟）。象州县 3 个开沟治潜监测点 4 年监测结果表明，开排水沟改良潜育性水稻土后，地下水位降低了 30～50 cm，水稻生育期间地下水位在 50 cm 以下，3～4 月份耕层土温提高 0.5～1.8 ℃，有机质下降了 0.2%～1.5%，速效氮、磷、钾都有增加，土壤有毒物质亚铁含量从 300～500 mg/kg 下降到 50 mg/kg。土壤已从还原状态改变为氧化状态。

加强农田基础设施建设，建设高标准农田，是农业基础建设的一大工程，把农田基本建设与中低产耕地改良结合起来，抓好田、林、路、沟渠的综合建设，沟系配套，修复年久失修的农田排灌设施，改善农田环境，因地制宜平整土地，调整田形，改善农田机械化耕作道路，提高机械化操作能力和农田生产能力。

（二）物理措施

根据耕层浅薄，采取深耕或打破障碍层次等方式，使耕层加厚 6～10 cm，主要有套犁、机械深耕、聚土深耕等方法。套犁是针对普通浅薄型的稻田采用的方法，在常规犁耙后，再套犁一次，即同一犁沟来回犁翻两次，把耕层下边犁底层的生土翻动 3～4 cm。每年套犁两次，加深耕层 3～4 cm，连续 3 年，确保耕层能稳定加厚 6～10 cm。对土体上部 30 cm 以内出现铁子层、石灰结核层等障碍层次的水稻土和旱地采用机械深耕方法打破障碍层、加深耕层。聚土深耕法是用于旱地的改良方法，在冬季作物收获后，沿坡面等高线，横向按畦宽、沟宽各 50 cm 开厢划线，在准备起垄的部分施入有机肥料（包括厩肥、绿肥、野生绿肥、秸秆等）1000 kg/亩，把准备作沟的另一部分的大部分耕层沃土搬到厢面使之成为垄。然后，再向沟底施入有机肥或土杂肥 1000 kg/亩，翻犁沟底，使沟内土层加深 5 cm。单纯深耕基本上是平产，深耕加有机肥增产达到极显著水平，施有机肥增产达到显著水平。据马山、象州县的土壤改良监测数据，水稻田土壤有机质含量提高了 0.4% 左右，旱地土壤有机质含量提高了 0.2% 左右，氮、磷、钾养分含量也有所提高。耕层厚度增加了 8 cm 左右，使耕层厚度达 18～20 cm，容重有所下降。这些变化将使土壤肥力中的水、肥、气、热四大因素更加协调。

（三）化学措施

化学改良措施目前应用还较少，但发展却很快。化学措施主要有：施用土壤调理剂、土壤改良剂、抗旱保水剂、植物生长调节剂等。土壤改良剂有硫酸亚铁、硫酸铝、粉煤灰、磷石膏、沸石、泥炭、风化煤、碱性煤渣、高炉渣、煤矸石、黄磷矿渣粉、糠醛渣、石灰、石灰石粉、蛭石、白云石、磷矿粉、蒙脱石粉、硅酸钙粉、橄榄石粉、硫粉、硼矿粉、锌矿粉等。土壤改良剂具有疏松土壤、改变土壤结构、增加土壤通透性和保水保肥性能、改良土壤理化性质、增加盐基代换容量、调节土壤酸碱度、增强土壤缓冲能力等作用。土壤改良剂可以在春播前或秋收后结合深翻一次性施入土壤中，也可以与有机肥混合拌匀后施入。

2012 年马山县实施了酸化土改良项目，试验结果表明，施用土壤改良剂，土壤 pH 值有所提高，土壤 pH 值在分蘖期与对照相比差异不明显。到水稻分化期时，改良区土壤 pH 值平均比对照提高约 0.20 单位，土壤 pH 值与对照相比变化明显。

表 5-11 施用土壤调理剂的土壤 pH 变化情况表

处理	分蘖期土壤 pH	分化期土壤 pH	收获后土壤 pH
亩施 50 kg 土壤调理剂	5.37	5.07	5.16
对照（不施土壤调理剂）	5.34	4.86	4.98

表 5-12 施用石灰改良剂试验土壤 pH 变化情况表

处理	分蘖期土壤 pH	分化期土壤 pH	收获后土壤 pH
亩施 26 kg 石灰	6.00	5.26	5.29
对照（不施石灰）	5.75	5.10	4.92

保水剂吸水时可达几百倍乃至上千倍的膨胀，释放水后，恢复收缩，因而能使土壤变得疏松，为土壤微生物活动提供了生活环境，从而提高了土壤肥力。保水剂作用机理具体体现在：1. 增强保水能力和调温能力；2. 改善土壤结构，提高了土壤保肥能力；3. 提高出苗率，并改进作物生长发育模式；4. 提高水分利用率，增加作物产量。

保水剂种类很多，按其原料和合成途径划分为淀粉类合成物、纤维类合成物及合成聚合物三种类型，其特点是：溶胀比大，吸水力强；吸水速度快，保水能力强；释水性能好，供水时间长等。国内外目前使用的大部分土壤保水剂都属酰胺和糖类聚合物，目前常用的抗旱保水剂及植物生长调节剂有：拌种剂、FA 旱地龙、6-BA、外源脱落酸（ABA）、ABT 生根粉、2，4-D、乙烯利、MFB 多功能抗旱剂、农林作物抗旱剂、MOC 抗旱剂、KH-841 保水剂、茉莉酸甲酯、外源甜菜碱、外源活性氧清除剂、油菜素内酯、二苯基脲磺酸钙等。它们主要通过减少蒸发、蒸腾或增强作物本身抗旱性能，进而达到增产增效的目的。通过化学措施调控植株生长发育和生理生化过程，能有效提高植株抗逆性，且简易可行，效果显著，应变能力强，在干旱半干旱地区对一些难以预期的或周期性的干旱，可作为一种应急措施，增强作物耐旱性，减少旱灾损失。

广西壮族自治区土壤肥料工作站于 2014 年在桂林市农业科学院举办的广西第六届"测产选肥（技）、钱粮双增"现场活动中，展示了植物抗旱保水剂在水稻上的使用效果；并于 10 月 12 日组织专家对水稻进行测产，植物抗旱保水剂节肥节水栽培技术区亩产干谷 650.9 kg，比常规栽培技术区亩产干谷 615.2 kg 亩增产稻谷 35.7 kg，增产 5.8%。植物抗旱保水剂节肥节水栽培技术比常规栽培技术每亩节约尿素 9.7 kg、过磷酸钙 6.3 kg、氯化钾 4.8 kg。

（四）生物措施

生物措施主要是生物篱技术、营造农田防护林、水土保持林、生物覆盖技术。

生物篱技术：该项技术是选择多年生根系发达、适应性强、萌生力强、有经济效益的植物作篱建埂，它既可起到固土保水作用，又能产生一定的经济效益。主要做法是在坡度较大的果园、茶园或坡耕地首先进行修整形成窄辐梯地和实行等高种植，选择利用一些根系发达、耐旱、耐瘠、矮生、萌生力强、固土保水效果好的矮生和多年生植物（最好是有一定经济效益的植物），如木豆生物篱、黄花生物篱、桑树生物篱、金银花生物篱、牧草生物篱等。在坡耕地或坡地果园的边坡上进行带状种植，使之形成篱状。生物篱技术是利用发达的植物根系和根基进行固土保水、拦截水土，减少水土流失，并将其枝叶修剪覆盖于主栽作物的基部土壤表土上，避免雨水直接打击表土，延长雨水入渗时间，减少地表径流，保持土壤湿润，增强土壤抗旱能力，从而提高水肥资源的利用效率，改善土壤团粒结构及土壤肥力，提高土地生产力。农田防护林和水土保持林、退耕还林以及退耕还牧等技术，可以减少对原有地貌和植被的破坏，加速植被恢复速度，对改善农业生态环境和农业生产条件具有重要的意义。

2005—2010 年，广西壮族自治区土壤肥料工作站承担农业部的《广西坡地生物篱和缓坡地等高种植技术集成》示范项目，在平果、资源、灌阳、马山、南丹、阳朔、荔浦、藤县、横县、蒙山、天峨等 11 个县（市、区）开展坡地生物篱和缓坡地等高种植技术集成应用试验示范推广工作，生物篱技术集成处理与常规对照相比，水分生产效率能提高4.5% ～ 17.2%，使一般作物产量增产幅度达到 4.7% ～ 14.3%。

牧草生物篱是作为牛、羊、兔、鹅等草畜禽和草食鱼类的青饲料，黄花菜和木豆籽粒可直接加工销售。生物篱一年种植，多年生效。据马山县种植生物篱试验结果显示，第二年生物篱技术示范区的地表径流量比对照区减少24.9%，泥土流失量减少31.5%，同第一年相比，地表径流量继续减少，泥沙流失量减少效果更好，第二年比第一年多减 6.1 个百分比，详见表 5–13。

生物覆盖技术是利用广西一些地方的传统做法和经验，在果园和坡耕地的主栽作物行间或树盘周围间套种各种绿肥和豆科经济作物，或将农作物秸秆覆盖于地面上或果树树盘周围。这种做法能显著减少雨水对地面的直接打击，增加水分入渗，减少水土流失，保持土壤湿润，同时能培肥改土，提高地力，更重要的是还能增加经济收入。

表 5–13　生物篱水土保持效益监测结果

实施地点	实施年份	降水量（mm）	生物篱处理区		对照区		处理区比对照区下降（%）	
			地表径流量	泥沙流失量	地表径流量	泥沙流失量	径流量	泥沙流失量
马山县	2007.8 ～ 2008.7	1381	69.81	0.80	93.0	1.16	24.9	31.5
南丹县	2007.8 ～ 2008.7	1100	42.67	0.209	108.77	0.471	60.8	55.6

（五）农艺措施

农艺措施是改良中低产耕地的重要措施，主要是建立科学合理的耕作制度以达到用地与养地相结合，保持和提高土壤肥力的目的，是实现农业生产持续稳定发展的重要保障。农艺措施的技术要点：一是要协调好土壤的水、肥、气、热的关系，使作物根系活动旺盛，增加土壤微生物数量和种群，提高土壤养分的利用率；二是要合理调整种植业结构，从提高土壤肥力出发，坚持因地制宜和效益最大化的原则进行结构调整；三是做好轮作换茬，在追求经济效益的同时，又要注重社会效益和生态效益，合理利用耕地，实现可持续发展。

农艺措施可分为三类：一是以改变小地形以减少水土流失为主的措施，如横坡耕作、等高种植等；二是以增加地面覆盖提高复种指数为主的措施，如间作套种、冬种、密植、轮作等；三是以保护和提高土壤生产能力为主的保护性耕作措施，如覆盖耕作、少耕、免耕、深松耕、秸秆还田、测土配方施肥、增施有机肥、绿肥种植等。

增施农家肥是增加土壤有机质含量的有效途径，是耕地用养结合、培肥地力的有效措施。增施农家肥，一是要秸秆还田；二是多积造农家肥；三是恢复发展冬种绿肥，冬种绿肥是传统有机肥源，除保留传统的种植模式稻田红花草外，应大力推广其他豆科类绿肥；四是发展农村沼气，鼓励农民兴建沼气池，促进有机废弃物循环利用；五是大力发展商品有机肥，大力推广商品有机肥、生物有机肥的应用，在增施农家肥的基础上，合理施用化肥，以达到改良中低产耕地的目的。

表 5-14 聚土深耕对耕层土壤养分的影响

年份	处理	有机质（g/kg）	全氮（g/kg）	速效磷（mg/kg）	速效钾（mg/kg）	缓效钾（mg/kg）
1992	定位监测前	21.4	1.21	6.4	61.3	62.1
1995	对照	21.5	1.24	6.5	63.5	62.0
	施有机肥	24.5	1.46	12.6	93.4	89.4
	聚土深耕	23.7	1.37	11.6	85.3	88.5

在 1990 年实施的 WFP 广西 3730 项目中，马山县进行了采用套犁、机耕、聚土深耕等深耕方法与增施有机肥相结合的中低产耕地改良，共完成 9.5 万亩。每年每亩施用 1500～2000 kg 有机肥，连续三年。有机肥包括厩肥、堆肥、绿肥、秸秆、野生绿肥等。监测结果表明，采用深耕垄作加有机肥进行改良旱坡地，三年后旱地土壤有机质提高了 2.2 mg/kg，氮、磷、钾养分含量也有明显增加。

三、障碍类型特性与改良

土壤在农业生产过程中所表现的各种特性叫土壤生产性能，主要包括土壤保水性、土壤透水性、土壤缓冲性、土壤保肥性和供肥性、土壤通气性、土壤的热学性、土壤耕性及宜耕性、宜种性等。土壤生产性能的好坏，与土壤矿质颗粒组成、有机质及土壤水分含量关系密切。中低产耕地土壤的生产性能的表征就是土壤障碍因素，有一个或一个以上的障碍因素，导致土壤生产力降低。广西中低产耕地障碍类型划为：无明显障碍、灌溉改良型、渍潜稻田型、盐碱耕地型、坡地梯改型、渍涝排水型、沙化耕地型、障碍层次型、瘠瘦培肥型等九个类型。

（一）无明显障碍

1. 面积及分布。该类型耕地在广西各地、各类土种上都有分布，共有 3241.7 万亩，占中低产耕地面积的 39.9%，广西分布最多的有南宁市、桂林市、贵港市、玉林市、百色市和来宾市，面积均超过 300 万亩。旱地主要分布于赤红壤土、棕色石灰泥土、红壤土、白粉泥土上，面积都大于 100 万亩；水田分布最大的土壤是沙泥田，面积超过 1000 万亩；其次是杂沙田、黄泥田、潮泥田、紫泥田，面积都超过 100 万亩。

2. 主要特性。此类型土壤没有明显障碍因子，部分耕地远离村庄、交通不便和历年培肥改土措施少而导致的结果。多为肥料投入不足，不重视有机肥施用，加上田间管理粗放，生产能力不高，农作物产量徘徊在中低水平。

3. 改良利用措施。（1）种植绿肥和作物秸秆还田，改善土壤结构，使其变得疏松；同时有机肥能提供养分，稳定和提高耕地土壤肥力。（2）使用配方施肥技术，加强对肥料的投入管理，科学施用化学肥料。（3）开发有机农产品，此类耕地一般都离村庄远，周围环境基本没有污染，有利于有机农产品开发种植，具有打造有机农产品种植基地，增加土地利用经济效益的良好条件。

表 5-15　耕地无明显障碍类型面积分布表

行政区	耕地面积（万亩）	中低产耕地面积（万亩）	无明显障碍类型			
			面积（万亩）	占耕地（%）	其中中低产耕地面积（万亩）	占中低产耕地（%）
南宁市	1024.1	836.5	330.4	32.3	176.7	21.1
柳州市	525.0	452.9	248.1	47.3	191.7	42.3
桂林市	494.5	357.9	319.6	64.6	199.0	55.6
梧州市	207.7	133.4	137.2	66.1	69.8	52.3
北海市	186.4	140.7	105.3	56.5	69.6	49.5
防城港市	137.3	103.8	100.3	73.1	70.5	67.9
钦州市	318.7	225.9	138.0	43.3	71.2	31.5
贵港市	481.7	324.3	344.8	71.6	209.7	64.7
玉林市	361.1	143.4	319.6	88.5	108.3	75.5
百色市	673.3	569.2	300.1	44.6	218.1	38.3
贺州市	244.6	196.2	124.4	50.8	80.3	40.9

续表

行政区	耕地面积（万亩）	中低产耕地面积（万亩）	无明显障碍类型			
			面积（万亩）	占耕地（%）	其中中低产耕地面积（万亩）	占中低产耕地（%）
河池市	561.3	503.9	248.5	44.3	198.7	39.4
来宾市	611.2	554.4	401.3	65.7	350.3	63.2
崇左市	779.8	699.2	124.3	15.9	76.0	10.9
广西	6606.7	5241.5	3241.7	49.1	2089.8	39.9

（二）灌溉改良型

1. 面积及分布。灌溉改良型耕地主要分布于地势较高、缺乏灌溉条件的旱地和缓坡地的水稻土上。旱地主要分布在砂页岩母质的赤红壤土、红壤土，第四纪红土母质的赤红泥土、黄红泥土，酸性紫页岩母质和酸紫泥土、石灰岩母质的棕色石灰泥土、硅质岩母质的白粉泥土，水田主要分布在第四纪红土母质发育的黄泥田、砂页岩母质发育的沙泥田、花岗岩母质发育杂沙田。广西灌溉改良型中低产耕地中有 708.0 万亩，占中低产耕地面积的 12.1%。灌溉改良型中低产耕地在广西各地市都有分布，最大的面积分布在南宁市和崇左市，分别为 182.2 万亩和 134.5 万亩，占中低产耕地的 21.8% 和 19.2%，详见表 5-16。

2. 主要特性。灌溉改良型耕地主要指由于雨水不足或季节分配不均匀，缺少必要的灌溉工程，以及由于地形、土壤原因造成的保水蓄水能力缺乏等原因，在作物生长季节不能满足正常水分需要，同时又具备水资源开发条件，可以通过发展灌溉加以改造的耕地。灌溉改良型土壤主要特性：土壤结构差，粘重板结，土层厚而耕层浅，有机质及速效养分含量低，土壤耕作管理水平低，有机肥投入不足，干旱缺水，适耕期短，耕作质量难保证，生长不良，产量低。

3. 改良利用措施。

（1）节水工程措施，可通过逐步进行田间灌溉基础设施改造来改善灌溉，如修建必要的山塘水库，收集雨季降水，增加蓄水量；推进现代节水灌溉工程技术、暗灌工程技术，改善水利条件，保证农业生产正常灌溉用水。

（2）大力推广节水灌溉技术，推广浅湿灌溉、干湿灌溉、非饱和灌溉等农田节水技术，提高农用水利用率，达到节水、抗旱、增产的效果。

（3）优化耕作制度，进一步调整和优化种植结构，由于短期内无法从根本上改良灌溉条件，可推广水旱轮作，在雨季种植单季稻，秋冬季种植绿肥、蔬菜或马铃薯等，增强土地生产能力。通过耕作改制，达到用地与养地、节水与增收的目的。

（4）加强秸秆还田力度，在雨季加大旱作实施秸秆覆盖力度，熟化土壤，逐年深耕，增加熟土层厚度，以利于吸纳和保蓄降水，减少土壤侵蚀，增强抗旱保墒能力，改善土壤结构，培肥地力。

（5）平衡施肥，通过测土配方施肥，协调土壤养分，逐步补充土壤缺乏的有效养分，培肥土壤。

表 5-16　灌溉改良型面积分布表

行政区	耕地面积（万亩）	中低产耕地面积（万亩）	灌溉改良型			
			面积（万亩）	占耕地（%）	其中中低产耕地面积（万亩）	占中低产耕地（%）
南宁市	1024.1	836.5	196.4	19.2	182.2	21.8
柳州市	525.0	452.9	12.8	2.4	10.2	2.2
桂林市	494.5	357.9	18.5	3.7	18.1	5.1
梧州市	207.7	133.4	21.8	10.5	18.4	13.8
北海市	186.4	140.7	5.0	2.7	2.1	1.5
防城港市	137.3	103.8	14.4	10.5	14.4	13.9
钦州市	318.7	225.9	91.5	28.7	71.0	31.4
贵港市	481.7	324.3	20.2	4.2	19.4	6.0
玉林市	361.1	143.4	14.0	3.9	11.0	7.7
百色市	673.3	569.2	81.8	12.1	71.5	12.6
贺州市	244.6	196.2	21.4	8.8	20.4	10.4
河池市	561.3	503.9	17.3	3.1	16.2	3.2
来宾市	611.2	554.4	50.7	8.3	46.1	8.3
崇左市	779.8	699.2	142.1	18.2	134.5	19.2
广西	6606.7	5241.5	708.0	10.7	635.4	12.1

（三）渍潜稻田型

1. 面积及分布。渍潜稻田型耕地主要分布于地势较低、排水条件不良的水稻土上。水田主要分布于沙泥田、紫泥田、黄泥田、石灰性田、杂沙田以及潜育性的冷浸田。广西共有 170.6 万亩渍潜稻田型耕地，占中低产耕地面积的 2.6%。渍潜稻田型中低产耕地在广西各地市都有零星分布，分布面积较大的有南宁市、桂林市、柳州市和崇左市，面积都在 10 万亩以上，其中南宁市最多，达 38.4 万亩，详见表 5-17。

表 5-17　渍潜稻田型面积分布表

行政区	耕地面积（万亩）	中低产耕地面积（万亩）	渍潜稻田型			
			面积（万亩）	占耕地（%）	其中中低产耕地面积（万亩）	占中低产耕地（%）
南宁市	1024.1	836.5	42.6	4.2	38.4	4.6
柳州市	525.0	452.9	18.5	3.5	12.0	2.6
桂林市	494.5	357.9	24.6	5.0	20.9	5.8
梧州市	207.7	133.4	5.7	2.7	5.4	4.0
北海市	186.4	140.7	12.5	6.7	9.7	6.9
防城港市	137.3	103.8	1.6	1.1	0.9	0.9
钦州市	318.7	225.9	9.6	3.0	8.7	3.9
贵港市	481.7	324.3	1.3	0.3	1.3	0.4
玉林市	361.1	143.4	10.1	2.8	7.6	5.3
百色市	673.3	569.2	6.3	0.9	5.9	1.0
贺州市	244.6	196.2	5.2	2.1	5.2	2.7
河池市	561.3	503.9	6.7	1.2	6.2	1.2
来宾市	611.2	554.4	2.8	0.5	2.2	0.4
崇左市	779.8	699.2	23.4	3.0	14.0	2.0
广西	6606.7	5241.5	170.6	2.6	138.2	2.6

2. 主要特性。渍潜稻田型耕地主要分布在丘陵山区低洼处且地下水位高或有冷泉喷出的山冲田、垌田，因排水不良和常受冷泉水影响，地下水经常浸渍土体，土壤水分处于长期饱和状态，土体内部长期渍水，使其处于高度还原状态，形成潜育现象。土壤剖面多表现为潜育型，土体内部物质因水分长期饱和处于还原状态，土粒分散，呈稀糊状结构，水冷，土温低，土壤养分供应缓慢，水、热、气、肥不协调，水稻根系发育不良，坐蔸严重，出现初期回青慢，中期沤根，后期贪青晚熟，从而导致产量低产。土壤主要特点：地势低洼，泥深土冷，地下水位高（离地面 60 cm 以下），地表水常与地下水相接，土壤结构不良，通透性差，质地粘重，还原物质过多，土壤呈青灰、兰灰色。

3. 改良利用措施。

（1）搞好水利设施工程。这是一项根本的改良措施，因此对有水源的地方要修塘、筑坝、建立排灌系统。重点是建立排灌系统，改善排涝防渍条件，增强排水能力，降低地下水位，改善水、肥、气、热状况，排除有毒还原物质，消除水涝渍害。排灌系统要遵照灌溉排水系统相关规范，根据改良范围的排洪量、排潜深度以及水稻的耐渍深度和耐淹深度，设计排水沟的深度、宽度和密度。山沟冷烂低田，冲田一般应设计修建中心排水沟和环山沟、山间垌田应设计修建排水干沟和支沟，干、支沟一般以"非"字型或"丰"字型联结，同时排灌分家，能排能灌。实行排灌分家，合理排灌，防止次生潜育化，稻田要冬翻晒田，利用科学用水管水技术进行水稻作物栽培。

（2）耕作制度改革，改水耕为半旱式耕作，实行垄稻栽培技术，这种方法是田里挖沟，泥培垄上，沟里养鱼，垄上种稻，实行半旱式栽培。垄作能降低地下水位，消除还原性物质对水稻根系的影响，提高土壤氧化势和地温，同时改善土壤理化性状，使水、肥、气、热协调，改善土壤耕层生态环境，促进水稻生长，收到粮鱼丰收和培肥改土的效果。

（3）针对稻田土温低、物理性差、养分物质转化慢，有效养分缺乏，潜在养分难以发挥作用等问题，增施暖性农家肥如厩肥、草木灰、饼肥等，以改善土壤的生物化学条件，创造适宜水稻生长的环境；同时要科学增施氮、磷、钾肥以促进水稻生长。

（四）盐碱耕地型

1. 面积及分布。盐碱耕地型耕地主要分布于石灰岩地区，也有其他成土母质生成的土壤长期受到岩溶洞水灌溉影响而成碱性。旱地主要分布于棕色石灰泥土，水田主要分布于石灰性田、沙泥田、潮泥田及咸田、咸酸田。广西共有 388.1 万亩盐碱耕地型耕地，占中低产耕地面积的 7.4%。盐碱耕地型耕地在广西各地市都有分布，最大的面积分布在桂林市、柳州市、崇左市、河池市、贺州市等，面积较大都有 35 万亩以上，其中桂林市最大为 96.5 万亩，详见表 5-18。

表 5-18 盐碱耕地型面积分布表

行政区	耕地面积（万亩）	中低产耕地面积（万亩）	盐碱耕地型			
			面积（万亩）	占耕地（%）	其中中低产耕地面积（万亩）	占中低产耕地（%）
南宁市	1024.1	836.5	21.1	2.1	20.0	2.4
柳州市	525.0	452.9	46.8	8.9	46.8	10.3
桂林市	494.5	357.9	100.9	20.4	96.5	27.0
梧州市	207.7	133.4	1.7	0.8	1.7	1.3
北海市	186.4	140.7	6.0	3.2	3.6	2.6
防城港市	137.3	103.8	11.1	8.1	11.0	10.6
钦州市	318.7	225.9	12.1	3.8	10.6	4.7
贵港市	481.7	324.3	3.7	0.8	3.7	1.1
玉林市	361.1	143.4	0.6	0.2	0.5	0.3
百色市	673.3	569.2	34.5	5.1	31.2	5.5
贺州市	244.6	196.2	39.0	15.9	37.7	19.2
河池市	561.3	503.9	67.5	12.0	62.9	12.5
来宾市	611.2	554.4	2.8	0.5	2.8	0.5
崇左市	779.8	699.2	40.3	5.2	36.1	5.2
广西	6606.7	5241.5	388.1	5.9	365.1	7.0

2. 主要特性。这类耕地主要分布在石灰岩地区，由石灰岩母质发育或第四纪红土、砂页岩母质发育的土壤，因长期引用石灰岩溶洞水灌溉或大量施用石灰，使土壤变成碱性，造成土壤碳酸盐渍化，土层中碳酸钙含量高，造成土壤"板""碱""瘦"等多种不良性状。"板"指土层紧实，耕层下有板结层或锅巴层，通透性不良，不利于水稻扎根生长。"碱"指土壤 pH 高，引起磷、钾缺乏，诱发锌、硼、钼不足，造成营养不良，水稻产量低。另一部分为沿海地区由于受海潮浸渍影响，土壤含氯化物等盐分高以及因埋藏有红树林残体，使土壤呈强酸性或既酸又咸。咸酸田的低产原因以"咸"和"酸"两个为主导障碍因素。咸是由于含盐量高，一般为 0.1% ～ 0.6%，重咸田达 0.6% 以上，大于水稻的耐盐能力（0.3% 以下）。酸则是土层中埋藏的红树林残体分解后产生硫和有机酸，硫氧化成硫酸，使土体 pH 达 3.0 ～ 4.5 的强酸性，有时甚至达到 2 左右，抑制禾苗生长或造成死苗。

3. 改良利用措施。该类型土壤的改良关键在于降低土壤盐和碱性以及改善土壤结构，提高土壤的通透性，为作物生长营造良好的环境。

（1）改善农田基本灌溉、排水设施，降低地下水位，有条件的地方尽量减少引用石灰岩溶洞水灌溉，抑制土壤进一步碳酸盐渍化；咸酸田要引用淡水治酸洗盐，主要措施有修塘、建水库、筑堤坝，建立排灌系统，引用淡水排、压、洗并重的方法，以水治酸洗盐。

（2）增施农家肥，推广秸秆还田，种植绿肥。有机肥能改变土壤的板结性，有机酸还可以降低土壤碱性，促进碳酸钙淋溶，改善土壤理化性状，培肥增产效果显著。

（3）碱性田不施石灰，推广施用酸性或生理酸性肥料，提高肥效，降低土壤碱性。合理施用氯化铵、尿素、过磷酸钙等化学肥料和硫酸锌微肥，对石灰性稻田施用氮肥氯化铵优于尿素及碳铵。咸酸田酸性强，速效磷缺乏，施用磷肥可以消酸增产，降酸效果更为显著。咸酸田施用石灰、蚝壳灰可以中和土壤酸性，降低活性铁、铝危害，提高土壤有效磷含量。

（4）实行测土配方施肥。石灰性田由于碱性强，钙离子含量高，容易引起土壤中氨的挥发、磷的固定、钾的淋失，并易诱发锌、硼、钼的不足，阻碍水稻生长。应在科学施肥基础上，适当增施微量元素肥料特别是锌肥的施用。

（五）坡地梯改型

1. 面积及分布。坡地梯改型耕地主要分布于第四纪红土母质、砂页岩母质、石灰岩母质、洪积土母质发育的土壤上。其分布旱地上的土壤类型有赤红泥土、赤红壤土、红壤土、棕色石灰泥土、洪积泥土和潮泥土。广西共有 314.7 万亩坡地梯改型耕地，占中低产耕地面积的 5.9%。坡地梯改型耕地在广西各地市都有分布，面积最大是南宁市，达 153.7 万亩，柳州市有 63.5 万亩，河池市、崇左市也有较大面积的分布，详见表 5–19。

表 5-19　坡地梯改型面积分布表

行政区	耕地（万亩）	中低产耕地（万亩）	坡地梯改型			
			此型耕地（万亩）	占耕地（%）	此型中低产耕地（万亩）	占中低产耕地（%）
南宁市	1024.1	836.5	157.1	15.3	153.7	18.4
柳州市	525.0	452.9	63.6	12.1	63.5	14.0
桂林市	494.5	357.9	0.4	0.1	0.1	0.0
梧州市	207.7	133.4	9.9	4.8	7.9	5.9
北海市	186.4	140.7	–	–	–	–
防城港市	137.3	103.8				
钦州市	318.7	225.9	10.4	3.3	10.4	4.6
贵港市	481.7	324.3	4.9	1.0	4.9	1.5
玉林市	361.1	143.4	0.0	0.0	–	–
百色市	673.3	569.2	5.7	0.9	5.7	1.0
贺州市	244.6	196.2	5.3	2.2	5.3	2.7
河池市	561.3	503.9	29.6	5.3	29.6	5.9
来宾市	611.2	554.4	10.1	1.6	10.1	1.8
崇左市	779.8	699.2	17.7	2.3	17.7	2.5
广西	6606.7	5241.5	314.7	4.8	308.9	5.9

2. 主要特性。坡地梯改型耕地主要指具有一定坡度，容易造成水土流失，需要修筑梯坎、梯埂等田间水保工程进行治理的旱坡地和可开垦的非耕地，一般指地面坡度在 5～25 度的旱坡地和 5～25 度可开垦的非耕地。该类型耕地的主导障碍因素是地形、地面坡度大及水土流失严重。土壤主要特点是地势较高，坡度在 5～25 度左右，耕层浅薄，土体结构不良，漏水漏肥，有效养分缺乏，灌溉条件差，水土流失严重。由于坡耕地水土流失严重，土壤的蓄水保肥能力差，生产能力非常有限。

3. 改良利用措施。

（1）实施土地平整或坡改梯工程，工程措施是治理坡耕地最常用的方法，主要包括梯田（地）改造工程和坡面水系工程。梯田（地）改造工程通常在 5～25 度的坡耕地中进行，坡改梯后，降低了坡面水流速度，减小了径流冲刷力，延长了径流在坡面上的滞留时间，增加下渗，减少地表径流量，提高了坡耕地保水保肥能力。坡面水系工程包括排灌渠、蓄水池、沉沙凼等，可对坡面径流实施有效的拦、蓄、引、灌、排。坡改梯工程已成为控制水土流失，充分利用坡面径流，改善农业生产条件的重要措施。

（2）增施有机肥，坚持种植绿肥，作物秸秆还田，促进耕作熟化。推广种植木豆生物篱、黄花生物篱、桑树生物篱、金银花生物篱、牧草生物篱等为主的坡地生物篱技术，将农作物秸秆覆盖于地面上或果树树盘周围的生物技术，这种做法能显著减少雨水对地面的直接冲击，减少水土流失，保持土壤湿润，还能培肥改土，提高地力，更重要的是还能增加经济收入。

（3）改良耕作制度。提高耕作水平对减少水土流失、截流保墒有良好的效果。桑树套种大豆，果园间种花生、西瓜，粮食作物间套种蔬菜、红薯，糖蔗间种玉米、花生、大豆等间套种，通过农作物间套种技术，提高土地利用率，提高复种指数，间套种作物茎秆、青叶回田，豆科作物有固氮作用，促进土壤中微生物生长活动，可增加土壤有机质和氮、磷、钾等营养含量，改善土壤团粒结构。同时推行宽行密植、草粮轮作、覆盖耕作、免耕、深耕深松等技术，加快坡改梯耕地熟化，增加耕地产出。

（4）有条件的地方采用喷灌、滴灌等水肥一体化技术。水肥一体化技术是现代农业生产的一项重要技术。不论缺不缺水，采用水肥一体化技术，考虑的是该技术对环境的保护、节水、节肥、节能、省工、高效、环保等诸多优点。实践表明，应用水肥一体化技术，可以节水 50% ～ 70%，节肥 20% ～ 30%，增产 10% 以上，水肥一体化滴灌技术是广西旱地解决季节性缺水的主要办法。

（六）渍涝排水型

1. 面积及分布。渍涝排水型耕地在广西共有 29.09 万亩，占中低产耕地面积的 0.51%，渍涝排水型最大的面积分布在百色市，有 6.2 万亩，其次分布在钦州市、北海市、玉林市和崇左市等，面积都在 2 万亩以上，详见表 5-20。

表 5-20　渍涝排水型面积分布表

行政区	耕地（万亩）	中低产耕地（万亩）	渍涝排水型			
			此型耕地（万亩）	占耕地（%）	此型中低产耕地（万亩）	占中低产耕地（%）
南宁市	1024.1	836.5	0.53	0.05	0.53	0.06
柳州市	525.0	452.9	–	–	–	–
桂林市	494.5	357.9	–	–	–	–
梧州市	207.7	133.4	2.01	0.97	1.48	1.11
北海市	186.4	140.7	4.77	2.56	4.41	3.13
防城港市	137.3	103.8	–	–	–	–
钦州市	318.7	225.9	4.89	1.53	4.89	2.17
贵港市	481.7	324.3	0.12	0.02	0.12	0.04
玉林市	361.1	143.4	2.64	0.73	2.31	1.61
百色市	673.3	569.2	6.21	0.92	6.17	1.08
贺州市	244.6	196.2	1.22	0.50	1.09	0.56
河池市	561.3	503.9	2.20	0.39	1.41	0.28

续表

行政区	耕地（万亩）	中低产耕地（万亩）	渍涝排水型			
			此型耕地（万亩）	占耕地（%）	此型中低产耕地（万亩）	占中低产耕地（%）
来宾市	611.2	554.4	1.44	0.24	1.44	0.26
崇左市	779.8	699.2	3.07	0.39	2.70	0.39
广西	6606.7	5241.5	29.09	0.44	26.56	0.51

2. 主要特性。渍涝排水型耕地指河湖水库沿岸、堤坝水渠外侧、天然汇水盆地等，因局部地势低洼，排水不畅，造成常年或季节性渍涝的耕地。其主导障碍因素为土壤渍涝，与其相关的地形条件、地面积水、地下水深度、土体构型、质地、排水系统的排泄能力等有关。由于降水连续性较大，雨后因排水不良，造成常年或季节性渍涝，地面渍水、对农田产生危害，导致旱地土壤过湿，湿度长期超过作物正常生长允许限度，使土层中的水、肥、气、热关系失调，生态环境恶化，导致作物生长发育受到抑制，造成低产。

3. 改良利用措施。

（1）土壤要以治水为重点实施开沟治水工程，实行排水工程，完善排灌系统设施，实行排灌分家，合理排灌，建设成能排能灌的稳产高产耕地。修渠排水，将低洼易涝地改造成高产的水稻耕地。

（2）合理耕作，培肥土壤，增施有机肥肥料，结合深松深翻，以改变土壤的水、肥、气、热条件，促进作物生长发育，种植耐淹的作物及品种，提高产量。

（3）地势低洼、排水特别困难的耕地，改种水生作物或修塘养鱼。

（七）沙化耕地型

1. 面积及分布。沙化耕地型耕地主要分布于砂页岩母质、河流冲积物母质发育的土壤上。水田与旱地都有分布，广西共有 76.38 万亩沙化耕地型耕地，占中低产耕地面积的 1.45%。沙化耕地型耕地面积最大是南宁市，有 33.06 万亩，其次在百色市、河池市、玉林市、贺州市、崇左市也有较大面积的分布，详见表 5-21。

表 5-21　沙化耕地型面积分布表

行政区	耕地（万亩）	中低产耕地（万亩）	沙化耕地型			
			此型耕地（万亩）	占耕地（%）	此型中低产耕地（万亩）	占中低产耕地（%）
南宁市	1024.1	836.5	33.06	3.23	33.06	3.95
柳州市	525.0	452.9	－	－	－	－
桂林市	494.5	357.9	－	－	－	－

续表

行政区	耕地（万亩）	中低产耕地（万亩）	沙化耕地型			
			此型耕地（万亩）	占耕地（%）	此型中低产耕地（万亩）	占中低产耕地（%）
梧州市	207.7	133.4	–	–	–	–
北海市	186.4	140.7	–	–	–	–
防城港市	137.3	103.8	–	–	–	–
钦州市	318.7	225.9	–	–	–	–
贵港市	481.7	324.3	1.10	0.23	1.10	0.34
玉林市	361.1	143.4	7.53	2.09	7.22	5.04
百色市	673.3	569.2	10.17	1.51	10.17	1.79
贺州市	244.6	196.2	5.76	2.35	5.76	2.94
河池市	561.3	503.9	10.16	1.81	10.16	2.02
来宾市	611.2	554.4	3.41	0.56	3.41	0.62
崇左市	779.8	699.2	5.18	0.66	5.18	0.74
广西	6606.7	5241.5	76.38	1.16	76.07	1.45

2. 主要特性。此类土壤主要成因：一是成土母质形成；二是水土流失，雨水冲刷；三是人为因素，包括不合理的耕地利用，盲目砍伐森林资源等。低产原因主要是耕层及土层内砂、石砾、铁子多，土壤养分容量少，漏水漏肥严重，耕作困难，并易淀浆沉实，结构不良，造成漏水缺肥，使作物生长不良，早衰低产。

3. 改良利用措施。

（1）增施有机肥，科学施用化肥，种植绿肥，提高土壤的保肥供肥能力。这类耕地养分比较贫瘠，施肥均有明显增产效果，由于漏水漏肥严重，化肥的施用以颗粒状的复合肥为好。氮肥要少量多次。

（2）水旱轮作。这类耕地漏水漏肥严重，但通透性好，因此要因土种植，趋利避害，实行水旱轮作。如种植双季稻也可以试行旱播湿润灌溉的节约用水栽培方法，以克服干旱对生产的制约。风沙防护型土壤土体松散、风蚀严重、保水保肥能力差，因此要选择适宜作物种植，如花生、芝麻、西瓜等，不但能获得较高产量，而且还能提高土壤肥力。

（3）逐步对沙化土壤实行客土改良。掺泥客土增厚耕层，尤其是耕层浅薄的砂砾质型低产田，可用工程措施掺入潮泥、肥泥，改善质地。

（4）改善水利设施，这是一项根本的改良措施，因此对有水源的地方要修塘、筑坝、建立排灌系统。如无自流灌溉条件，也可采用机电提灌工程，但要合理用水，核算成本，以免增产减收。同时增加防洪设施，减少洪涝灾害，避免土壤继续沙化。

（5）封山育林，退耕还林，涵养水源，调节农田小气候。

（八）障碍层次型

1. 面积及分布。障碍层次型耕地主要分布于由砂页岩母质、第四纪红土母质、石灰岩母质、硅质岩母质发育的土壤。广西障碍层次型中低产耕地共有192.12万亩，占中低产耕地面积的3.67%。障碍层次型耕地广西各地市都有分布，最大的面积分布在崇左市、南宁市、河池市等，面积超过30万亩，其中崇左市面积最大达58万亩，详见表5-22。

表5-22　障碍层次型面积分布表

行政区	耕地（万亩）	中低产耕地（万亩）	障碍层次型			
			此型耕地（万亩）	占耕地（%）	此型中低产耕地（万亩）	占中低产耕地（%）
南宁市	1024.1	836.5	36.88	3.60	31.62	3.78
柳州市	525.0	452.9	5.88	1.12	5.04	1.11
桂林市	494.5	357.9	1.02	0.21	1.00	0.28
梧州市	207.7	133.4	21.53	10.37	21.53	16.14
北海市	186.4	140.7	8.56	4.59	8.56	6.08
防城港市	137.3	103.8	0.28	0.20	0.28	0.27
钦州市	318.7	225.9	0.06	0.02	0.06	0.03
贵港市	481.7	324.3	–	–	–	–
玉林市	361.1	143.4	–	–	–	–
百色市	673.3	569.2	17.59	2.61	15.01	2.64
贺州市	244.6	196.2	9.78	4.00	9.78	4.98
河池市	561.3	503.9	31.11	5.54	31.11	6.17
来宾市	611.2	554.4	10.74	1.76	10.18	1.84
崇左市	779.8	699.2	58.35	7.48	57.96	8.29
广西	6606.7	5241.5	201.76	3.05	192.12	3.67

2. 主要特性。该类耕地指土体上部有一定厚度的障碍层次，影响作物根系生长发育和土壤水分运动。其核心问题是地表50 cm土层内出现土体过薄、沙漏、粘盘、铁子、铁盘、粗沙、砾石层、钙积层、黑泥层等障碍层次，阻碍耕作及作物根系的正常生长发育。土壤主要特点是障碍层次部位高，耕层浅薄；或土体中存在沙层，或存在石砾多、泥土少，土壤养分容量少，易漏水漏肥，并易淀浆沉实；或存在钙积层、黑泥层，或存在黏性极强而又紧实的一层黏土层，作物根系难以穿透，耕作困难；或土体中存在一层地下水横向流动、土层颜色较浅、养分缺乏的漂白性土层；或出现黏化和酸化的土层，颜色变浅变白，土壤有效养分含量低，使作物生长不良，产量低。

3. 改良利用措施。

（1）种养结合，增施有机肥，推广秸秆还田，冬种绿肥，改良土壤结构，提高土壤的保肥供肥能力。同时科学施肥，要"少吃多餐"，实行叶面喷肥，防止早衰。

（2）健全水利设施，完善田间灌排体系。

（3）实施工程措施，平整土地，对于土体过薄，要逐年深耕，捡出土壤中的大石砾，打破障碍层，增厚耕层；对于砾石层可采取掺入肥泥加厚耕作层；对于质地偏沙、粗沙，实施客土改良质地；对于钙积层、粘盘、铁子、铁盘等，根本方法是深耕打破障碍层，同时使用泥肥加厚耕作层；对于黑泥层，主要是做好排灌，降低地下水位，冬翻晒田，改善土壤理化性状，同时要多施有机肥料和磷肥。

（九）瘠薄培肥型

1. 面积及分布。瘠薄培肥型耕地主要分布于由砂页岩母质、第四纪红土母质、紫色岩母质、石灰岩母质、硅质岩母质发育的土壤。广西瘠薄培肥型中低产耕地中共有1409.3万亩，占中低产耕地面积的26.9%，其中旱地瘠瘦培肥型耕地1269.6万亩，水田瘠瘦培肥型耕地139.7万亩。瘠薄培肥型耕地在广西各地市都有分布，最大的面积分布在崇左市、南宁市、百色市、河池市、柳州市、来宾市等市，面积超过100万亩，其中崇左市面积最多达365.5万亩，详见表5-23。

表5-23 瘠薄培肥型面积分布表

行政区	耕地（万亩）	中低产耕地（万亩）	瘠薄培肥型			
			此型耕地（万亩）	占耕地（%）	此型中低产耕地（万亩）	占中低产耕地（%）
南宁市	1024.1	836.5	206.1	20.1	200.3	23.9
柳州市	525.0	452.9	129.4	24.7	123.8	27.3
桂林市	494.5	357.9	29.5	6.0	22.3	6.2
梧州市	207.7	133.4	7.9	3.8	7.3	5.5
北海市	186.4	140.7	44.3	23.8	42.6	30.3
防城港市	137.3	103.8	9.6	7.0	6.7	6.5
钦州市	318.7	225.9	52.1	16.4	49.1	21.7
贵港市	481.7	324.3	105.7	21.9	84.2	26.0
玉林市	361.1	143.4	6.7	1.9	6.5	4.5
百色市	673.3	569.2	211.0	31.3	205.4	36.1
贺州市	244.6	196.2	32.6	13.3	30.6	15.6
河池市	561.3	503.9	148.2	26.4	147.6	29.3
来宾市	611.2	554.4	127.9	20.9	127.9	23.1
崇左市	779.8	699.2	365.5	46.9	355.1	50.8
广西	6606.7	5241.5	1476.4	22.3	1409.3	26.9

2. 主要特性。此类型土壤主要是指受气候、地形等难以改变的大环境（如干旱、无水源、高寒等）影响，以及距村较远，施肥不足，养分含量低，特别是有机质、有效磷和速效钾缺乏，土壤结构不良，当前又无见效快，大幅度提高产量的治本性措施，只能通过长期培肥加以逐步改良的耕地。

3. 改良利用措施。

（1）增施有机肥，瘠薄培肥型耕地地力差，土壤养分不足，必须增施有机肥，增强土壤的保肥蓄水能力，不断培肥地力，增加土壤中的有效氮、有效磷、有效钾以及微量元素含量，提高土壤肥力。同时，能提高作物的抗性，有效防治作物病虫害，提高作物产量和质量。

（2）种植专用绿肥，利用作物秸秆还田。在水田提倡冬种绿肥，如红花草、苕子、油菜单独或混播；在旱地推广玉米、木薯间套种旱地绿肥及豆类等养地作物，实现时间与空间的综合利用，增加复种指数，提高土地利用率。

（3）采用深耕、少耕、免耕、合理轮作等措施，可通过机械深耕，加深土层；或少耕、免耕、缓坡地等高耕作、沟垄耕作、残茬覆盖耕作、秸秆覆盖等农田土壤表面耕作技术等保护性耕作，防止土壤侵蚀，改良土壤结构，增加土壤有机质，提高土壤水的质量，恢复土壤生态环境。合理轮作、绿色覆盖种植、作物轮作、带状种植、多作种植、合理密植等合理利用土壤养分和水分，提高土壤有机质含量，改善土壤的营养状况，从而有利于土壤肥力的保持和提高。合理轮作可根据地力、茬口、播种期等选择适宜的作物品种，错开农忙季节，均衡投放劳力、畜力和农具，不断提高劳动生产率，做到不误农时和精耕细作，达到提高复种、用地养地、增产增收的目的。

（4）实施测土配方施肥。根据作物需肥规律、土壤供肥性能和肥料效应，在合理施用有机肥的基础上，提出氮、磷、钾及微量元素等肥料的施用品种、数量、施肥时期和使用方法，有效地控制化肥投入量及各种肥料的比例，达到增产增收，降低成本的目的。

第六章　耕地质量建设

第一节　耕地施肥分区与测土配方施肥

一、耕地施肥分区

（一）分区原则及依据

作物的施肥水平及增产效果，随着自然条件（主要是气候、地形、地貌）、土壤类型、供肥能力、作物种类、产量水平、耕作制度及社会经济条件等的不同而异。因此，要做到合理施用提高肥效，就要进行施肥分区。

按生物气候条件基本相同、土壤供肥能力、肥效大小及目前农业生产水平与化肥施用现状基本相近、农作物种植区划基本一致、保持县行政区域完整性的原则，将广西分为五个施肥区：桂东区、桂南区、桂西区、桂北区、桂中区。

（二）各区分述

1. 桂东区

本区属丘陵山区，包括贺州市（八步区、平桂区、富川瑶族自治县、钟山县、昭平县）、梧州市（梧州市区、苍梧县、岑溪市、藤县、蒙山县）、玉林市（玉州区、福绵区、北流市、容县、博白县、陆川县、兴业县）和贵港市（港南区、港北区、覃塘区、平南县、桂平市），共4个市辖22个县（市、区）。成土母质以砂页岩、花岗岩、第四纪红土和紫色砂页岩为主。土类主要有赤红壤、红壤、紫色土、石灰岩土、红黏土、新积土、潮土和水稻土。作物以水稻为主，经济作物有甘蔗、红黄麻、花生、烟叶、蚕桑、柑橘、龙眼、荔枝、香蕉等。该区高产耕地面积占耕地总面积的38.43%，是广西土壤肥力水平和产量水平较高的区域。

2. 桂南区

本区属河谷、丘陵、盆地地貌，包括南宁市（南宁市区、武鸣区、隆安县、马山县、上林县、宾阳县、横州市）、崇左市（江州区、扶绥县、天等县、大新县、宁明县、龙州县、凭祥市）、北海市（北海市区、合浦县）、钦州市（钦北区、钦南区、浦北县、灵山县）和防城港市（防城区、港口区、上思县、凭祥市），共5个市辖24个县（市、区）。成土母质以第四纪红土、砂页岩、石灰岩和紫色砂页岩为主。土类主要有砖红壤、赤红壤、红壤、黄壤、紫色土、石灰岩土、火山灰土、粗骨土、红黏土、新积土、潮土和水稻土。该区中低产耕地面积占耕地总面积的 82.01%。作物以水稻、甘蔗为主，是广西粮糖基地，其次为红薯、花生、红黄麻、烟叶、柑橘、香蕉、荔枝、茶叶等。

3. 桂西区

本区属中低山、岩溶地貌，包括百色市（右江区、田东县、田阳区、靖西市、平果市、田林县、西林县、隆林各族自治县、那坡县、凌云县、乐业县、德保县）和河池市（金城江区、宜州市、罗城仫佬族自治县、都安瑶族自治县、大化瑶族自治县、南丹县、环江毛南族自治县、天峨县、东兰县、巴马瑶族自治县、凤山县），共 2 个市辖 23 个县（市、区）。成土母质以石灰岩、第四纪红土和砂页岩为主。土类主要有赤红壤、红壤、黄壤、石灰岩土、粗骨土、红黏土、砂姜黑土、潮土和水稻土。该区大部分土壤养分缺乏，施肥水平低，粮食作物产量低，中低产耕地面积占耕地总面积的 86.92%。作物以玉米为主，实行早玉米与晚稻轮作，此外红薯、黄豆、花生、水果等亦有一定面积，是香蕉、八角经济林木的适宜种植区。

4. 桂北区

本区属山区丘陵、盆地及溶蚀平原地貌，包括桂林市（桂林市区、临桂区、兴安县、灌阳县、荔浦市、灵川县、全州县、永福县、资源县、平乐县、恭城瑶族自治县、阳朔县、龙胜各族自治县），共 1 个市辖 13 个县（市、区）。成土母质以砂页岩、石灰岩、第四纪红土和河流冲积物为主。土类主要有红壤、黄壤、石灰岩土、新积土、潮土和水稻土。作物以水稻为主，还有红薯、大豆、花生，经济作物有苎麻、葡萄、柑橘、罗汉果、柚子等。该区中低产耕地面积大，占耕地总面积的 72.37%。

5. 桂中区

本区属丘陵山区、溶蚀平原地貌，包括柳州市（柳州市区、柳江区、柳城县、鹿寨县、融水苗族自治县、融安县、三江侗族自治县）和来宾市（兴宾区、合山市、金秀瑶族自治县、武宣县、忻城县、象州县），共 2 个市辖 13 个县（市、区）。成土母质以第四纪红土、砂页岩、石灰岩和硅质页岩为主。土类主要有砖红壤、红壤、紫色土、石灰岩土、粗骨土、红黏土、新积土、潮土和水稻土。该区中产耕地面积占耕地总面积的 54.55%。作物以水稻、甘蔗为主，是广西粮糖基地，其次为红薯、玉米、黄豆、花生等，也是柑橘、柚子的主产区。

二、广西主要作物区域大配方与施肥建议

（一）主要作物施肥分区

1. 水稻施肥分区

（1）桂北单双季稻区：桂林市。

（2）桂西单双季稻区：百色市、河池市。

（3）桂中双季稻区：柳州市、来宾市。

（4）桂东双季稻区：梧州市、贺州市、玉林市、贵港市。

（5）桂南双季稻区：南宁市、崇左市、北海市、钦州市、防城港市。

2. 玉米施肥分区

（1）桂西、桂中、桂北玉米区：百色市、河池市、来宾市、柳州市、桂林市。

（2）桂南、桂东玉米区：南宁市、崇左市、钦州市、北海市、防城港市、贵港市、玉林市、梧州市、贺州市。

3. 甘蔗施肥分区

（1）桂中、桂西甘蔗区：柳州市、来宾市、桂林市、贵港市、河池市、百色市。

（2）桂南甘蔗区：南宁市、崇左市、钦州市、北海市、防城港市、玉林市。

（二）主要作物区域配方及施肥建议

1. 水稻

（1）桂北单双季稻区

①桂北早（晚）稻

方案一：中低浓度配方肥＋单质肥，推荐配方（N-P₂O₅-K₂O）：基肥——11-8-12，追肥——15-0-15。施肥建议见表6-1。

方案一：中低浓度配方肥＋单质肥，推荐配方（$N-P_2O_5-K_2O$）：基肥——11-8-12，追肥——15-0-15。施肥建议见表6-1。

表6-1　方案一施肥建议表

施肥时期	产量水平（kg）		< 350		350～< 450		450～< 550		≥ 550	
	肥料品种、用量		最低(kg/亩)	最高(kg/亩)	最低(kg/亩)	最高(kg/亩)	最低(kg/亩)	最高(kg/亩)	最低(kg/亩)	最高(kg/亩)
基肥	配方基肥（11-8-12）		35	40	40	45	45	50	50	55
分蘖肥	尿素		5	6	6	8	8	9	9	10
幼穗分化肥	方案1	配方追肥（15-0-15）	14	16	16	24	24	30	30	33
	方案2	尿素	5	6	6	8	8	10	10	11
		KCl	4	5	5	6	6	7	7	8

方案二：高浓度配方肥＋单质肥，推荐配方（$N-P_2O_5-K_2O$）：基肥——17-13-20，追肥——22-0-22。施肥建议见表6-2。

表6-2　方案二施肥建议表

施肥时期	产量水平（kg）	< 350		350～< 450		450～< 550		≥ 550	
	肥料品种、用量	最低(kg/亩)	最高(kg/亩)	最低(kg/亩)	最高(kg/亩)	最低(kg/亩)	最高(kg/亩)	最低(kg/亩)	最高(kg/亩)
基肥	配方基肥（17-13-20）	22	25	25	29	29	32	32	35

续表

施肥时期	产量水平（kg）		<350		350～<450		450～<550		≥550	
	肥料品种、用量		最低(kg/亩)	最高(kg/亩)	最低(kg/亩)	最高(kg/亩)	最低(kg/亩)	最高(kg/亩)	最低(kg/亩)	最高(kg/亩)
分蘖肥	尿素		5	6	6	8	8	9	9	10
幼穗分化肥	方案1	配方追肥（22-0-22）	10	13	13	17	17	20	20	23
	方案2	尿素	5	6	6	8	8	10	10	11
		KCl	4	5	5	6	6	7	7	8

方案三：终端配肥 + 单质肥（基肥和幼穗分化肥选用单质肥或复混肥按纯量分别计算后现场掺混）。施肥建议见表 6-3。

表 6-3　方案三施肥建议表

施肥时期	产量水平（kg）	<350		350～<450		450～<550		≥550	
	肥料品种、用量	最低(kg/亩)	最高(kg/亩)	最低(kg/亩)	最高(kg/亩)	最低(kg/亩)	最高(kg/亩)	最低(kg/亩)	最高(kg/亩)
基肥	N	3.5	3.8	3.8	4.8	4.8	5.6	5.6	6.2
	P_2O_5	3.0	3.3	3.3	3.7	3.7	4.1	4.1	4.5
	K_2O	4.0	4.7	4.7	5.6	5.6	6.4	6.4	7.1
分蘖肥	尿素	5.5	6	6	8	8	9	9	10
幼穗分化肥	尿素	5.5	6	6	8	8	9	9	10
	KCl	4	5	5	6	6	7	7	8

方案四：一次性施肥（其中 N 源中要求掺入 30% 以上释放期为 30 ～ 35 天的缓控释 N 素），推荐配方（N-P_2O_5-K_2O）：23-7-18。施肥建议见表 6-4。

表 6-4　方案四施肥建议表

产量水平（kg）	<350		350～<450		450～<550		≥550	
肥料品种、用量	最低(kg/亩)	最高(kg/亩)	最低(kg/亩)	最高(kg/亩)	最低(kg/亩)	最高(kg/亩)	最低(kg/亩)	最高(kg/亩)
基施配方肥（23-7-18）	41	47	47	53	53	60	60	65

②桂北中稻

方案一：中低浓度配方肥 + 单质肥，推荐配方（N-P_2O_5-K_2O）：基肥——10-9-12，追肥——15-0-17。施肥建议见表 6-5。

表 6-5　方案一施肥建议表

施肥时期	产量水平（kg）		＜ 400		400 ～＜ 500		500 ～＜ 600		≥ 600	
	肥料品种、用量		最低（kg/亩）	最高（kg/亩）	最低（kg/亩）	最高（kg/亩）	最低（kg/亩）	最高（kg/亩）	最低（kg/亩）	最高（kg/亩）
基肥	配方基肥（10-9-12）		40	45	45	50	50	55	55	60
分蘖肥	尿素		6	7	7	8	8	9	9	11
幼穗分化肥	方案 1	配方追肥（15-0-17）	16	19	19	25	25	28	28	39
	方案 2	尿素	5	6	6	8	8	9	9	12
		KCl	3	5	5	7	7	9	9	11

方案二：高浓度配方肥 + 单质肥，推荐配方（N-P$_2$O$_5$-K$_2$O）：基肥——15-14-18，追肥——22-0-24。施肥建议见表 6-6。

表 6-6　方案二施肥建议表

施肥时期	产量水平（kg）		＜ 400		400 ～＜ 500		500 ～＜ 600		≥ 600	
	肥料品种、用量		最低（kg/亩）	最高（kg/亩）	最低（kg/亩）	最高（kg/亩）	最低（kg/亩）	最高（kg/亩）	最低（kg/亩）	最高（kg/亩）
基肥	配方基肥（15-14-18）		26	30	30	33	33	37	37	41
分蘖肥	尿素		6	7	7	8	8	9	9	11
幼穗分化肥	方案 1	配方追肥（22-0-24）	11	13	13	17	17	20	20	27
	方案 2	尿素	5	6	6	8	8	9	9	12
		KCl	3	5	5	7	7	9	9	11

方案三：终端配肥 + 单质肥（基肥和幼穗分化肥选用单质肥或复混肥按纯量分别计算后现场掺混）。施肥建议见表 6-7。

表 6-7　方案三施肥建议表

施肥时期	产量水平（kg）	＜ 400		400 ～＜ 500		500 ～＜ 600		≥ 600	
	肥料品种、用量	最低（kg/亩）	最高（kg/亩）	最低（kg/亩）	最高（kg/亩）	最低（kg/亩）	最高（kg/亩）	最低（kg/亩）	最高（kg/亩）
基肥	N	3.6	4.2	4.2	5.0	5.0	5.6	5.6	6.8
	P$_2$O$_5$	3.5	4.0	4.0	4.5	4.5	5.0	5.0	5.5
	K$_2$O	3.6	4.8	4.8	6.0	6.0	7.2	7.2	8.4
分蘖肥	尿素	6	7	7	8	8	9	9	11
幼穗分化肥	尿素	6	7	7	8	8	9	9	11
	KCl	4	5	5	7	7	8	8	9

方案四：一次性施肥（其中 N 源中要求掺入 30% 以上释放期为 30 ～ 35 天的缓控释 N 素）推荐配方（N-P_2O_5-K_2O）：23-8-18。施肥建议见表 6-8。

表 6-8　方案四施肥建议表

产量水平（kg）	< 400		400 ～ < 500		500 ～ < 600		≥ 600	
肥料品种、用量	最低 （kg/亩）	最高 （kg/亩）	最低 （kg/亩）	最高 （kg/亩）	最低 （kg/亩）	最高 （kg/亩）	最低 （kg/亩）	最高 （kg/亩）
基施配方肥（23-8-18）	45	50	50	56	56	63	63	70

（2）桂西单双季稻区

①桂西早（晚）稻

方案一：中低浓度配方肥 + 单质肥，推荐配方（N-P_2O_5-K_2O）：基肥——12-9-13，追肥——17-0-14。施肥建议见表 6-9。

表 6-9　方案一施肥建议表

施肥 时期	产量水平（kg）		< 350		350 ～ < 450		450 ～ < 550		≥ 550	
	肥料品种、用量		最低 （kg/亩）	最高 （kg/亩）	最低 （kg/亩）	最高 （kg/亩）	最低 （kg/亩）	最高 （kg/亩）	最低 （kg/亩）	最高 （kg/亩）
基肥	配方基肥（12-9-13）		31	36	36	40	40	44	44	50
分蘖肥	尿素		6	7	7	8	8	9	9	10
幼穗分 化肥	方案 1	配方追肥 （17-0-14）	14	18	18	22	22	24	24	27
	方案 2	尿素	5	6	6	8	8	9	9	10
		KCl	3	4	4	5	5	6	6	7

方案二：高浓度配方肥 + 单质肥，推荐配方（N-P_2O_5-K_2O）：基肥——17-13-18，追肥——24-0-21。施肥建议见表 6-10。

表 6-10　方案二施肥建议表

施肥 时期	产量水平（kg）		< 350		350 ～ < 450		450 ～ < 550		≥ 550	
	肥料品种、用量		最低 （kg/亩）	最高 （kg/亩）	最低 （kg/亩）	最高 （kg/亩）	最低 （kg/亩）	最高 （kg/亩）	最低 （kg/亩）	最高 （kg/亩）
基肥	配方基肥（17-13-18）		21	25	25	28	28	31	31	35
分蘖肥	尿素		6	7	7	8	8	9	9	10
幼穗分 化肥	方案 1	配方追肥 （24-0-21）	10	13	13	16	16	17	17	19
	方案 2	尿素	5	6	6	8	8	9	9	10
		KCl	3	4	4	5	5	6	6	7

方案三：终端配肥 + 单质肥（基肥和幼穗分化肥选用单质肥或复混肥按纯量分别计算后现场掺混）。施肥建议见表 6-11。

表 6-11 方案三施肥建议表

施肥时期	产量水平（kg）	< 350		350～< 450		450～< 550		≥ 550	
	肥料品种、用量	最低（kg/亩）	最高（kg/亩）	最低（kg/亩）	最高（kg/亩）	最低（kg/亩）	最高（kg/亩）	最低（kg/亩）	最高（kg/亩）
基肥	N	3.5	4.0	4.0	4.6	4.6	5.4	5.4	6.0
	P_2O_5	2.8	3.2	3.2	3.6	3.6	4.0	4.0	4.5
	K_2O	3.5	4.3	4.3	4.9	4.9	5.5	5.5	6.1
分蘖肥	尿素	6	7	7	8	8	9	9	10
幼穗分化肥	尿素	6	7	7	8	8	9	9	10
	KCl	4	5	5	5.5	5.5	6	6	7

方案四：一次性施肥（其中 N 源中要求掺入 30% 以上释放期为 30～35 天的缓控释 N 素），推荐配方（$N-P_2O_5-K_2O$）：23-7-15。施肥建议见表 6-12。

表 6-12 方案四施肥建议表

产量水平（kg）	< 350		350～< 450		450～< 550		≥ 550	
肥料品种、用量	最低（kg/亩）	最高（kg/亩）	最低（kg/亩）	最高（kg/亩）	最低（kg/亩）	最高（kg/亩）	最低（kg/亩）	最高（kg/亩）
基施配方肥（23-7-15）	40	45	45	50	50	55	55	60

②桂西中稻

方案一：中低浓度配方肥 + 单质肥，推荐配方（$N-P_2O_5-K_2O$）：基肥——11-9-13，追肥——14-0-16。施肥建议见表 6-13。

表 6-13 方案一施肥建议表

施肥时期	产量水平（kg）		< 400		400～< 500		500～< 600		≥ 600	
	肥料品种、用量		最低（kg/亩）	最高（kg/亩）	最低（kg/亩）	最高（kg/亩）	最低（kg/亩）	最高（kg/亩）	最低（kg/亩）	最高（kg/亩）
基肥	配方基肥（11-9-13）		32	37	36	43	43	48	48	53
分蘖肥	尿素		6	7	7	8	8	9	9	10
幼穗分化肥	方案 1	配方追肥（14-0-16）	17	20	21	26	26	29	29	37
	方案 2	尿素	5	6	6	8	8	9	9	11
		KCl	3	4	4	6	6	8	8	10

方案二：高浓度配方肥 + 单质肥，推荐配方（N–P$_2$O$_5$–K$_2$O）：基肥——15–13–17，追肥——21–0–24。施肥建议见表6-14。

表6-14　方案二施肥建议表

施肥时期	产量水平（kg）		< 400		400 ~ < 500		500 ~ < 600		≥ 600	
		最低	最高	最低	最高	最低	最高	最低	最高
	肥料品种、用量	（kg/亩）	（kg/亩）	（kg/亩）	（kg/亩）	（kg/亩）	（kg/亩）	（kg/亩）	（kg/亩）
基肥	配方基肥（15–13–17）	24	27	27	31	31	35	35	39
分蘖肥	尿素	6	7	7	8	8	9	9	10
幼穗分化肥	方案1 配方追肥（21–0–24）	11	13	14	17	17	19	19	25
	方案2 尿素	5	6	6	8	8	9	9	11
	方案2 KCl	3	4	4	6	6	8	8	10

方案三：终端配肥 + 单质肥（基肥和幼穗分化肥选用单质肥或复混肥按纯量分别计算后现场掺混）。施肥建议见表6-15。

表6-15　方案三施肥建议表

施肥时期	产量水平（kg）		< 400		400 ~ < 500		500 ~ < 600		≥ 600	
		最低	最高	最低	最高	最低	最高	最低	最高
	肥料品种、用量	（kg/亩）	（kg/亩）	（kg/亩）	（kg/亩）	（kg/亩）	（kg/亩）	（kg/亩）	（kg/亩）
基肥	N	3.4	4.0	4.0	4.8	4.8	5.4	5.4	6.4
	P$_2$O$_5$	3.0	3.5	3.4	4.0	4.0	4.5	4.5	5.0
	K$_2$O	3.6	4.2	4.2	5.4	5.4	6.6	6.6	7.8
分蘖肥	尿素	6	7	7	8	8	9	9	10
幼穗分化肥	尿素	6	7	7	8	8	9	9	10
	KCl	4	5	5	6	6	7	7	9

方案四：一次性施肥（其中N源中要求掺入30%以上释放期为30 ～ 35天的缓控释N素），推荐配方（N–P$_2$O$_5$–K$_2$O）：24–8–19。施肥建议见表6-16。

表6-16　方案四施肥建议表

产量水平（kg）	< 400		400 ~ < 500		500 ~ < 600		≥ 600	
	最低	最高	最低	最高	最低	最高	最低	最高
肥料品种、用量	（kg/亩）	（kg/亩）	（kg/亩）	（kg/亩）	（kg/亩）	（kg/亩）	（kg/亩）	（kg/亩）
基施配方肥（24–8–19）	38	44	44	50	50	56	56	63

（3）桂中双季稻区早（晚）稻

方案一：中低浓度配方肥 + 单质肥，推荐配方（N–P$_2$O$_5$–K$_2$O）：基肥——11–8–13，追肥——15–0–16。施肥建议见表6–17。

表6–17 方案一施肥建议表

施肥时期	产量水平（kg）		< 350		350～< 450		450～< 550		≥ 550	
	肥料品种、用量		最低（kg/亩）	最高（kg/亩）	最低（kg/亩）	最高（kg/亩）	最低（kg/亩）	最高（kg/亩）	最低（kg/亩）	最高（kg/亩）
基肥	配方基肥（11–8–13）		35	39	39	42	42	47	47	50
分蘖肥	尿素		5	6	6	7	7	8	8	9
幼穗分化肥	方案1	配方追肥（15–0–16）	13	17	17	22	22	26	26	32
	方案2	尿素	4	5	5	7	7	9	9	11
		KCl	3	5	5	6	6	7	7	9

方案二：高浓度配方肥 + 单质肥，推荐配方（N–P$_2$O$_5$–K$_2$O）：基肥——15–13–19，追肥——23–0–25。施肥建议见表6–18。

表6–18 方案二施肥建议表

施肥时期	产量水平（kg）		< 350		350～< 450		450～< 550		≥ 550	
	肥料品种、用量		最低（kg/亩）	最高（kg/亩）	最低（kg/亩）	最高（kg/亩）	最低（kg/亩）	最高（kg/亩）	最低（kg/亩）	最高（kg/亩）
基肥	配方基肥（15–13–19）		24	27	27	29	29	32	32	35
分蘖肥	尿素		5	6	6	7	7	8	8	9
幼穗分化肥	方案1	配方追肥（23–0–25）	7	10	10	14	14	18	18	22
	方案2	尿素	4	5	5	7	7	9	9	11
		KCl	3	5	5	6	6	7	7	9

方案三：终端配肥 + 单质肥（基肥和幼穗分化肥选用单质肥或复混肥按纯量分别计算后现场掺混）。施肥建议见表6–19。

表 6-19　方案三施肥建议表

施肥时期	产量水平（kg）	< 350		350～< 450		450～< 550		≥ 550	
	肥料品种、用量	最低(kg/亩)	最高(kg/亩)	最低(kg/亩)	最高(kg/亩)	最低(kg/亩)	最高(kg/亩)	最低(kg/亩)	最高(kg/亩)
基肥	N	3.0	3.6	3.6	4.4	4.4	5.2	5.2	5.8
	P_2O_5	3.1	3.5	3.5	3.8	3.8	4.2	4.2	4.5
	K_2O	3.9	4.6	4.6	5.4	5.4	6.1	6.1	6.9
分蘖肥	尿素	5	6	6	7	7	8	8	9
幼穗分化肥	尿素	5	6	6	7	7	8	8	9
	KCl	4	5	5	6	6	7	7	8

方案四：一次性施肥（其中 N 源中要求掺入 30% 以上释放期为 30～35 天的缓控释 N 素），推荐配方（$N-P_2O_5-K_2O$）：23-8-19。施肥建议见表 6-20。

表 6-20　方案四施肥建议表

产量水平（kg）	< 350		350～< 450		450～< 550		≥ 550	
肥料品种、用量	最低(kg/亩)	最高(kg/亩)	最低(kg/亩)	最高(kg/亩)	最低(kg/亩)	最高(kg/亩)	最低(kg/亩)	最高(kg/亩)
基施配方肥（23-8-19）	40	44	44	48	48	53	53	55

（4）桂东双季稻区早（晚）稻

方案一：中低浓度配方肥 + 单质肥，推荐配方（$N-P_2O_5-K_2O$）：基肥——10-8-11，追肥——17-0-15。施肥建议见表 6-21。

表 6-21　方案一施肥建议表

施肥时期	产量水平（kg）		< 350		350～< 450		450～< 550		≥ 550	
	肥料品种、用量		最低(kg/亩)	最高(kg/亩)	最低(kg/亩)	最高(kg/亩)	最低(kg/亩)	最高(kg/亩)	最低(kg/亩)	最高(kg/亩)
基肥	配方基肥（10-8-11）		38	43	43	46	46	51	51	55
分蘖肥	尿素		5	7	7	8	8	9	9	10
幼穗分化肥	方案1	配方追肥（17-0-15）	13	16	16	21	21	26	26	30
	方案2	尿素	4	6	6	8	8	10	10	11
		KCl	3	4	4	5	5	7	7	8

方案二：高浓度配方肥 + 单质肥，推荐配方（$N-P_2O_5-K_2O$）：基肥——17-13-18，追肥——25-0-21。施肥建议见表 6-22。

表6-22　方案二施肥建议表

施肥时期	产量水平（kg）		<350		350～<450		450～<550		≥550	
	肥料品种、用量		最低（kg/亩）	最高（kg/亩）	最低（kg/亩）	最高（kg/亩）	最低（kg/亩）	最高（kg/亩）	最低（kg/亩）	最高（kg/亩）
基肥	配方基肥（17-13-18）		24	27	27	29	29	32	32	34
分蘗肥	尿素		5	7	7	8	8	9	9	10
幼穗分化肥	方案1	配方追肥（25-0-21）	8	11	11	14	14	18	18	21
	方案2	尿素	4	6	6	8	8	10	10	11
		KCl	3	4	4	5	5	7	7	8

方案三：终端配肥＋单质肥（基肥和幼穗分化肥选用单质肥或复混肥按纯量分别计算后现场掺混）。施肥建议见表6-23。

表6-23　方案三施肥建议表

施肥时期	产量水平（kg）	<350		350～<450		450～<550		≥550	
	肥料品种、用量	最低（kg/亩）	最高（kg/亩）	最低（kg/亩）	最高（kg/亩）	最低（kg/亩）	最高（kg/亩）	最低（kg/亩）	最高（kg/亩）
基肥	N	3.2	4.0	4.0	4.8	4.8	5.6	5.6	6.2
	P_2O_5	3.1	3.5	3.5	3.8	3.8	4.2	4.2	4.5
	K_2O	3.6	4.2	4.2	4.9	4.9	5.6	5.6	6.3
分蘗肥	尿素	5	7	7	8	8	9	9	10
幼穗分化肥	尿素	5	7	7	8	8	9	9	10
	KCl	4	5	5	5.5	5.5	6	6	7

方案四：一次性施肥（其中N源中要求掺入30%以上释放期为30～35天的缓控释N素），推荐配方（N-P_2O_5-K_2O）：22-7-16。施肥建议见表6-24。

表6-24　方案四施肥建议表

产量水平（kg）	<350		350～<450		450～<550		≥550	
肥料品种、用量	最低（kg/亩）	最高（kg/亩）	最低（kg/亩）	最高（kg/亩）	最低（kg/亩）	最高（kg/亩）	最低（kg/亩）	最高（kg/亩）
基施配方肥（22-7-16）	45	50	50	55	55	60	60	65

（5）桂南双季稻区早（晚）稻

方案一：中低浓度配方肥＋单质肥，推荐配方（N-P_2O_5-K_2O）：基肥——12-11-13，追肥——17-0-14。施肥建议见表6-25。

表 6-25　方案一施肥建议表

施肥时期	产量水平（kg）		< 350		350～< 450		450～< 550		≥ 550	
	肥料品种、用量		最低 (kg/亩)	最高 (kg/亩)	最低 (kg/亩)	最高 (kg/亩)	最低 (kg/亩)	最高 (kg/亩)	最低 (kg/亩)	最高 (kg/亩)
基肥	配方基肥（12-11-13）		32	35	35	37	37	39	39	41
分蘖肥	尿素		5	6	6	8	8	9	9	10
幼穗分化肥	方案 1	配方追肥（17-0-14）	10	16	16	20	20	26	26	32
	方案 2	尿素	4	5	5	8	8	10	10	11
		KCl	3	4	4	5	5	6	6	7

方案二：高浓度配方肥 + 单质肥，推荐配方（N-P$_2$O$_5$-K$_2$O）：基肥——16-14-17，追肥——24-0-20。施肥建议见表 6-26。

表 6-26　方案二施肥建议表

施肥时期	产量水平（kg）		< 350		350～< 450		450～< 550		≥ 550	
	肥料品种、用量		最低 (kg/亩)	最高 (kg/亩)	最低 (kg/亩)	最高 (kg/亩)	最低 (kg/亩)	最高 (kg/亩)	最低 (kg/亩)	最高 (kg/亩)
基肥	配方基肥（16-14-17）		25	27	27	29	29	30	30	32
分蘖肥	尿素		5	6	6	8	8	9	9	10
幼穗分化肥	方案 1	配方追肥（24-0-20）	7	11	11	14	14	19	19	23
	方案 2	尿素	4	5	5	8	8	10	10	11
		KCl	3	4	4	5	5	6	6	7

方案三：终端配肥 + 单质肥（基肥和幼穗分化肥选用单质肥或复混肥按纯量分别计算后现场掺混）。施肥建议见表 6-27。

表 6-27　方案三施肥建议表

施肥时期	产量水平（kg）	< 350		350～< 450		450～< 550		≥ 550	
	肥料品种、用量	最低 (kg/亩)	最高 (kg/亩)	最低 (kg/亩)	最高 (kg/亩)	最低 (kg/亩)	最高 (kg/亩)	最低 (kg/亩)	最高 (kg/亩)
基肥	N	3.0	3.8	3.8	4.6	4.6	5.4	5.4	6.0
	P$_2$O$_5$	3.5	3.8	3.8	4.1	4.1	4.3	4.3	4.5
	K$_2$O	3.4	4.0	4.0	4.6	4.6	5.3	5.3	5.9
分蘖肥	尿素	5	6	6	8	8	9	9	10
幼穗分化肥	尿素	5	6	6	8	8	9	9	10
	KCl	3.5	4	4	5	5	6	6	7

方案四：一次性施肥（其中 N 源中要求掺入 30% 以上释放期为 30 ～ 35 天的缓控释 N 素），推荐配方（N–P$_2$O$_5$–K$_2$O）：24–8–17。施肥建议见表 6–28。

表 6-28　方案四施肥建议表

产量水平（kg）	< 350		350 ～< 450		450 ～< 550		≥ 550	
肥料品种、用量	最低 (kg/ 亩)	最高 (kg/ 亩)	最低 (kg/ 亩)	最高 (kg/ 亩)	最低 (kg/ 亩)	最高 (kg/ 亩)	最低 (kg/ 亩)	最高 (kg/ 亩)
基施配方肥（24–8–17）	45	48	48	51	51	54	54	55

2. 玉米

（1）桂西、桂中、桂北玉米区

方案一：中低浓度配方肥 + 单质肥，推荐配方（N–P$_2$O$_5$–K$_2$O）：基肥——11–9–10，追肥——20–0–10。施肥建议见表 6–29。

表 6-29　方案一施肥建议表

施肥 时期	产量水平（kg）		< 300		300 ～< 400		400 ～< 500		≥ 500	
	肥料品种、用量		最低 (kg/ 亩)	最高 (kg/ 亩)	最低 (kg/ 亩)	最高 (kg/ 亩)	最低 (kg/ 亩)	最高 (kg/ 亩)	最低 (kg/ 亩)	最高 (kg/ 亩)
基肥	配方基肥(11–9–10)		36	41	41	45	45	50	50	55
攻苞肥 （大喇叭 口期施）	方案 1	配方追肥 （20–0–10）	17	27	27	37	37	46	46	56
	方案 2	尿素	7	12	12	16	16	20	20	25
		KCl	5	6	6	6.5	6.5	7	7	8

方案二：高浓度配方肥 + 单质肥，推荐配方（N–P$_2$O$_5$–K$_2$O）：基肥——16–13–14，追肥——32–0–16。施肥建议见表 6–30。

表 6-30　方案二施肥建议表

施肥时期		产量水平（kg）	< 300		300 ～< 400		400 ～< 500		≥ 500	
		肥料品种、用量	最低 (kg/ 亩)	最高 (kg/ 亩)	最低 (kg/ 亩)	最高 (kg/ 亩)	最低 (kg/ 亩)	最高 (kg/ 亩)	最低 (kg/ 亩)	最高 (kg/ 亩)
基肥		配方基肥（16–13–14）	26	29	29	32	32	36	36	40
攻苞肥 （大喇叭 口期施）	方案 1	配方追肥 （32–0–16）	11	17	17	23	23	29	29	36
	方案 2	尿素	7	12	12	16	16	20	20	25
		KCl	5	6	6	6.5	6.5	7	7	8

方案三：终端配肥 + 单质肥（基肥和攻苞肥选用单质肥或复混肥按纯量分别计算后现场掺混）。施肥建议见表 6-31。

表 6-31　方案三施肥建议表

施肥时期	产量水平（kg）	< 300		300 ～< 400		400 ～< 500		≥ 500	
	肥料品种、用量	最低（kg/ 亩）	最高（kg/ 亩）	最低（kg/ 亩）	最高（kg/ 亩）	最低（kg/ 亩）	最高（kg/ 亩）	最低（kg/ 亩）	最高（kg/ 亩）
基肥	N	3.8	5.0	5.0	6.3	6.3	7.5	7.5	8.8
	P_2O_5	3.3	3.7	3.7	4.1	4.1	4.6	4.6	5.0
	K_2O	3.2	3.6	3.6	4.1	4.1	4.5	4.5	5.0
攻苞肥（大喇叭口期施）	尿素	8	11	11	14	14	16	16	19
	KCl	5	6	6	7	7	8	8	8

方案四：一次性施肥（其中 N 源中要求掺入 30% 以上释放期为 45 ～ 55 天的缓控释 N 素），推荐配方（N-P_2O_5-K_2O）：25-8-16。施肥建议见表 6-32。

表 6-32　方案四施肥建议表

产量水平（kg）	< 300		300 ～< 400		400 ～< 500		≥ 500	
肥料品种、用量	最低（kg/ 亩）	最高（kg/ 亩）	最低（kg/ 亩）	最高（kg/ 亩）	最低（kg/ 亩）	最高（kg/ 亩）	最低（kg/ 亩）	最高（kg/ 亩）
基施配方肥（25-8-16）	40	45	45	50	50	57	57	65

（2）桂南、桂东玉米区

方案一：中低浓度配方肥 + 单质肥，推荐配方（N-P_2O_5-K_2O）：基肥——10-8-9，追肥——21-0-11。施肥建议见表 6-33。

表 6-33　方案一施肥建议表

施肥时期	产量水平（kg）		< 300		300 ～< 400		400 ～< 500		≥ 500	
	肥料品种、用量		最低（kg/ 亩）	最高（kg/ 亩）	最低（kg/ 亩）	最高（kg/ 亩）	最低（kg/ 亩）	最高（kg/ 亩）	最低（kg/ 亩）	最高（kg/ 亩）
基肥	配方基肥（10-8-9）		43	48	48	53	53	60	60	65
攻苞肥（大喇叭口期施）	方案1	配方追肥（21-0-11）	20	29	29	38	38	47	47	56
	方案2	尿素	9	13	13	17	17	21	21	26
		KCl	5	6	6	7	7	8	8	9

方案二：高浓度配方肥 + 单质肥，推荐配方（N-P$_2$O$_5$-K$_2$O）：基肥——18-14-15，追肥——29-0-16。施肥建议见表6-34。

表6-34 方案二施肥建议表

| 施肥时期 | 产量水平（kg） | | < 300 | | 300～< 400 | | 400～< 500 | | ≥ 500 | |
	肥料品种、用量		最低（kg/亩）	最高（kg/亩）	最低（kg/亩）	最高（kg/亩）	最低（kg/亩）	最高（kg/亩）	最低（kg/亩）	最高（kg/亩）
基肥	配方基肥（18-14-15）		24	26	26	29	29	33	33	36
攻苞肥（大喇叭口期施）	方案1	配方追肥（29-0-16）	14	21	21	28	28	34	34	41
	方案2	尿素	9	13	13	17	17	21	21	26
		KCl	5	6	6	7	7	8	8	9

方案三：终端配肥 + 单质肥（基肥和攻苞肥选用单质肥或复混肥按纯量分别计算后现场掺混）。施肥建议见表6-35。

表6-35 方案三施肥建议表

| 施肥时期 | 产量水平（kg） | < 300 | | 300～< 400 | | 400～< 500 | | ≥ 500 | |
	肥料品种、用量	最低（kg/亩）	最高（kg/亩）	最低（kg/亩）	最高（kg/亩）	最低（kg/亩）	最高（kg/亩）	最低（kg/亩）	最高（kg/亩）
基肥	N	4.3	5.5	5.5	6.8	6.8	8.0	8.0	9.3
	P$_2$O$_5$	3.3	3.7	3.7	4.1	4.1	4.6	4.6	5.0
	K$_2$O	3.5	4.0	4.0	4.5	4.5	5.0	5.0	5.5
攻苞肥（大喇叭口期施）	尿素	9	12	12	15	15	17	17	20
	KCl	6	7	7	8	8	8.5	8.5	9

方案四：一次性施肥（其中N源中要求掺入30%以上释放期为45～55天的缓控释N素），推荐配方（N-P$_2$O$_5$-K$_2$O）：23-7-15。施肥建议见表6-36。

表6-36 方案四施肥建议表

| 产量水平（kg） | < 300 | | 300～< 400 | | 400～< 500 | | ≥ 500 | |
肥料品种、用量	最低（kg/亩）	最高（kg/亩）	最低（kg/亩）	最高（kg/亩）	最低（kg/亩）	最高（kg/亩）	最低（kg/亩）	最高（kg/亩）
基施配方肥（23-7-15）	47	53	53	60	60	66	66	70

3. 甘蔗

（1）桂中、桂西甘蔗区

方案一：中低浓度配方肥 + 单质肥，推荐配方（N-P$_2$O$_5$-K$_2$O）：基肥——11-13-8，追肥——19-0-14。施肥建议见表6-37。

表 6-37 方案一施肥建议表

施肥时期	产量水平（kg）		< 5000		5000 ～< 6000		6000 ～< 7000		≥ 7000	
	肥料品种、用量		最低（kg/亩）	最高（kg/亩）	最低（kg/亩）	最高（kg/亩）	最低（kg/亩）	最高（kg/亩）	最低（kg/亩）	最高（kg/亩）
基肥（破垄肥）	配方基肥（11–13–8）		53	58	58	64	64	73	73	85
攻茎肥（分蘖盛期施）	方案 1	配方追肥（19–0–14）	70	78	78	85	85	95	95	104
	方案 2	尿素	29	32	32	35	35	39	39	43
		KCl	15	17	17	20	20	23	23	25

方案二：高浓度配方肥 + 单质肥，推荐配方（N–P_2O_5–K_2O）：基肥——17–21–12，追肥——27–0–20。施肥建议见表 6-38。

表 6-38 方案二施肥建议表

施肥时期	产量水平（kg）		< 5000		5000 ～< 6000		6000 ～< 7000		≥ 7000	
	肥料品种、用量		最低（kg/亩）	最高（kg/亩）	最低（kg/亩）	最高（kg/亩）	最低（kg/亩）	最高（kg/亩）	最低（kg/亩）	最高（kg/亩）
基肥（破垄肥）	配方基肥（17–21–12）		34	37	37	41	41	47	47	55
攻茎肥（分蘖盛期施）	方案 1	配方追肥（27–0–20）	49	54	54	59	59	67	67	73
	方案 2	尿素	29	32	32	35	35	39	39	43
		KCl	15	17	17	20	20	23	23	25

方案三：终端配肥 + 单质肥［基肥（破垄肥）和攻茎肥选用单质肥或复混肥按纯量分别计算后现场掺混］。施肥建议见表 6-39。

表 6-39 方案三施肥建议表

施肥时期	产量水平（kg）	< 5000		5000 ～< 6000		6000 ～< 7000		≥ 7000	
	肥料品种、用量	最低（kg/亩）	最高（kg/亩）	最低（kg/亩）	最高（kg/亩）	最低（kg/亩）	最高（kg/亩）	最低（kg/亩）	最高（kg/亩）
基肥（破垄肥）	N	5.7	6.3	6.3	6.9	6.9	7.8	7.8	8.7
	P_2O_5	7.2	7.8	7.8	8.6	8.6	9.8	9.8	11.5
	K_2O	3.9	4.5	4.5	5.1	5.1	5.9	5.9	6.6
攻茎肥（分蘖盛期施）	尿素	29	32	32	35	35	40	40	44
	KCl	15	18	18	20	20	23	23	26

方案四：一次性施肥（其中 N 源中要求掺入 40% ～ 50% 释放期为 90 ～ 100 天的缓控释 N 素），推荐配方（N-P$_2$O$_5$-K$_2$O）：24-9-17。施肥建议见表 6-40。

表 6-40　方案四施肥建议表

产量水平（kg）	< 5000		5000 ～ < 6000		6000 ～ < 7000		≥ 7000	
肥料品种、用量	最低（kg/亩）	最高（kg/亩）	最低（kg/亩）	最高（kg/亩）	最低（kg/亩）	最高（kg/亩）	最低（kg/亩）	最高（kg/亩）
基施配方肥（24-9-17）	80	87	87	96	96	109	109	128

（2）桂南甘蔗区

方案一：中低浓度配方肥 + 单质肥，推荐配方（N-P$_2$O$_5$-K$_2$O）：基肥——12-14-8，追肥——19-0-12。施肥建议见表 6-41。

表 6-41　方案一施肥建议表

施肥时期	产量水平（kg）		< 5000		5000 ～ < 6000		6000 ～ < 7000		≥ 7000	
	肥料品种、用量		最低（kg/亩）	最高（kg/亩）	最低（kg/亩）	最高（kg/亩）	最低（kg/亩）	最高（kg/亩）	最低（kg/亩）	最高（kg/亩）
基肥（破垄肥）	配方基肥（12-14-8）		46	52	52	59	59	67	67	78
攻茎肥（分蘖盛期施）	方案1	配方追肥（19-0-12）	73	79	79	88	88	99	99	108
	方案2	尿素	30	33	33	37	37	41	41	44
		KCl	15	16	16	18	18	20	20	22

方案二：高浓度配方肥 + 单质肥推荐配方（N-P$_2$O$_5$-K$_2$O）：基肥——18-20-11，追肥——28-0-18。施肥建议见表 6-42。

表 6-42　方案二施肥建议表

施肥时期	产量水平（kg）		< 5000		5000 ～ < 6000		6000 ～ < 7000		≥ 7000	
	肥料品种、用量		最低（kg/亩）	最高（kg/亩）	最低（kg/亩）	最高（kg/亩）	最低（kg/亩）	最高（kg/亩）	最低（kg/亩）	最高（kg/亩）
基肥（破垄肥）	配方基肥（18-20-11）		32	37	37	41	41	47	47	54
攻茎肥（分蘖盛期施）	方案1	配方追肥（28-0-18）	54	61	61	68	68	74	54	61
	方案2	尿素	30	33	33	37	37	41	41	44
		KCl	15	16	16	18	18	20	20	22

方案三：终端配肥 + 单质肥［基肥（破垄肥）和攻茎肥选用单质肥或复混肥按纯量分别计算后现场掺混］。施肥建议见表 6-43。

表 6-43　方案三施肥建议表

施肥时期	产量水平（kg）	< 5000		5000～< 6000		6000～< 7000		≥ 7000	
	肥料品种、用量	最低（kg/ 亩）	最高（kg/ 亩）	最低（kg/ 亩）	最高（kg/ 亩）	最低（kg/ 亩）	最高（kg/ 亩）	最低（kg/ 亩）	最高（kg/ 亩）
基肥（破垄肥）	N	5.9	6.5	6.5	7.2	7.2	8.1	8.1	9.0
	P_2O_5	6.5	7.4	7.4	8.3	8.3	9.5	9.5	11.0
	K_2O	3.8	4.2	4.2	4.7	4.7	5.3	5.3	5.9
攻茎肥（分蘖盛期施）	尿素	30	33	33	37	37	41	41	46
	KCl	15	16	16	18	18	20	20	23

方案四：一次性施肥（其中 N 源中要求掺入 40% ～ 50% 释放期为 90 ～ 100 天的缓控释 N 素），推荐配方（$N-P_2O_5-K_2O$）：26-9-16。施肥建议见表 6-44。

表 6-44　方案四施肥建议表

产量水平（kg）	< 5000		5000～< 6000		6000～< 7000		≥ 7000	
肥料品种、用量	最低（kg/ 亩）	最高（kg/ 亩）	最低（kg/ 亩）	最高（kg/ 亩）	最低（kg/ 亩）	最高（kg/ 亩）	最低（kg/ 亩）	最高（kg/ 亩）
基施配方肥（26-9-16）	72	82	82	92	92	106	106	122

第二节　土壤改良利用与标准粮田建设

一、土壤改良利用的对策与建议

（一）耕地土壤及其利用存在的主要问题

1949 年以来，广西在改善农田生产条件，充分发挥和提高土壤资源生产力方面取得了很大成绩，但是从合理利用土壤资源和发展生产的角度看，还存在以下一些问题。

1. 耕地面积逐年减少，后备资源不足，人均占有耕地越来越少

广西人均耕地本来就不多，建国 60 年来，由于工业生产及城镇建设需要，占用了很大一部分耕地，所占耕地又多是靠近城镇、村边的良田美土。到 2009 年，广西人均耕地只有 1.31 亩，比 1996 年第一次土地调查时下降了 0.13 亩，低于全国人均耕地0.21 亩。目前，广西宜农荒地仅有 315 万多亩，绝大部分荒地干旱缺水，土壤瘠薄，交通不便，开发难度较大，主要分布于钦州、南宁、河池、百色、桂林等地区的台地、丘陵中。土地后备资源缺乏，制约着广西农业生产特别是粮食生产的发展。

2. 抗御自然灾害能力低

《广西统计年鉴2014》显示，2013年广西有效灌溉面积只有2379.56万亩。台风、冰雹、"两寒"等威胁频繁，农业生产抗灾能力很弱。广西干旱灾害频繁，平均每1.5年就有一年广西性的春旱或秋旱（夏旱），旱期长、范围广、危害重。如1977年春旱波及范围达61个县（市），其中连续干旱3个月的有35县，连续干旱4个月的有18个县（市），受旱面积535万亩；1972年有53个县（市）受旱，其中21个县（市）连旱30～40天。此外，旱年多为连续出现。洪涝灾害频率高值区为桂林、蒙山、容县、合浦一线以西和罗城、来宾、南宁、上思一线以东的南北区域内，以及凤山、巴马、都安、马山、上林、靖西、天等等岩溶地区，由于降水排泄不及，发生频率在80%以上。可见，广西的农业生产很大程度上是由"老天主宰"，稳产是建立在风调雨顺基础上的，从而限制了土地生产力的发挥。据1950年至1988年39年统计表明，复种指数在140%～150%的有3年，151%～160%的有2年，161%～170%的有6年，171%～180%的有10年，181%～200%的有10年，201%以上的有7年。虽然，广西的光热条件十分优越，四季宜耕，特别是冬季适宜喜凉作物生长，如蚕豆、豌豆、大麦、小麦、油菜、蔬菜、冬烟、绿肥等，本来可以增加复种面积，但由于冬季干旱，加上缺乏有效灌溉和管理，致使土地利用率不高。因此，广西土地资源和农业气候资源还有很大的开发利用潜力。

3. 忽视用养结合，管理不当

农业生产中，一方面在改善农业生产条件，加强精耕细作，增加物质投入，提高土地的生产力，而另一方面也存在对土地采取短期行为，不注重耕地基础建设和"用养"结合培肥地力，如忽视砌墙保土，修梯田、梯地等农田基本建设，也不采取等高种植，多种绿肥，增施用有机肥料等土壤改良措施，加上铲草皮、砍树木、毁林开荒，破坏森林草场，使农业生态恶化，造成土壤环境恶化，养分贫瘠，水土流失，不同程度地存在干旱、涝渍、沙化、砾化、潜育化、酸化、碱化、板结、瘠薄、耕层变浅等问题。特别是广西1958年、1962年、1975年和1978年发生4次森林大破坏，森林覆盖率从23.30%下降为22.01%。森林资源的破坏，不仅导致水土流失，河床抬高，塘库淤浅，也对农田生态环境产生了不利影响。

优化调整农业内部结构与合理布局种植业，发挥耕地资源和气候资源的优势，增加粮食、蔗糖、花生、烟、麻等农产品产量，并获得最大经济效益是土地利用中长期的工作。从广西耕地利用的现状来看，还存在一些不够合理的地方，主要表现在：由于受人口与粮食压力的影响，限制了各种优势特色作物的充分发展；豆类、绿肥、饲料等养地作物比重偏小、作物轮作换茬不够合理；耕地养分失调，肥力不稳，后劲不足。此外，一些地方未能按土壤资源条件、区域生态条件和经济条件等因地制宜地进行农业布局和生产，农业生产仍具有一定的盲目性，生产效益不高。

（二）土壤改良共性技术措施

从广西耕地土壤资源数量偏少、质量不高、分布不均、后备资源短缺的情况出发，在耕地利用上，必须努力改善生产条件，增加投入，提高地力，调整农业内部结构，合理布局，增加复种指数，提高单产；增强耕地资源高效利用和保护意识，强化法治管理，实现土壤资源合理利用，达到经济、生态、社会效益最大化的目标。

1. 改善灌溉条件，加强水利建设

广西地形复杂，各地水利条件差异很大，为了发挥土壤资源及农业气候资源优势，应该积极改善灌溉条件，搞好水利配套，尽可能扩大灌溉面积，做到能灌能排，做好蓄水储水，特别是山区和岩溶区，应千方百计蓄水，提高抗旱能力。在水源不足、干旱频繁的地方，应该发展旱季节水农业，趋利避害。

2. 改造中低产耕地，合理利用和充分发挥中低产耕地生产潜力，促使均衡增产

充分发挥中低产耕地生产能力的措施有两条：一是合理利用，加强管理；二是改良培肥，以适应粮、糖、油等生活必须品生产的需要。不少中低产耕地生产力低是因为利用不当，管理不善，应根据土壤特性，在保证粮、糖、油等生产的情况下，确定发展农业，还是发展林业、牧业，做到因土种植、因土耕作。为了保证粮、糖、油等基本生活资料的生产，需对中低产耕地因土改良，挖掘中低产耕地的增产潜力。

3. 调整作物布局，提高耕地土壤生产力

要按照各地的土壤和生产条件、生态环境和社会经济条件，调整作物布局。从宏观来看，广西农业生产应坚持以粮食为主，在稳定粮食增产的前提下，充分利用优势条件，积极选择最适宜区发展甘蔗、花生等经济作物。从局部生产来看，则应因地制宜、适当调整，大力发展冬季生产，充分利用气候优势，搞好冬季生产。冬季生产过去曾经达到 1018.35 万亩，然而，现今最低面积仅为 388.70 万亩，不到耕地总面积的 10%。可见，大部分耕地冬闲，农业气候资源和土地资源被浪费了，应在改善农田水利条件的基础上，努力扩大种植面积。冬季生产作物有大麦、小麦、油菜、蚕豌豆、马铃薯、冬烟、绿肥、蔬菜等，门路极多，南部沿海地区还可以种冬红薯。

4. 加强地力建设，保护和提高土壤肥力

农业生产的发展，复种面积增加，地力建设是持续稳产高产的决定性措施。实践证明，加强地力建设，应该在牢固树立生态农业思想的基础上，实行用地与养地相结合、利用与改良相结合、生物措施与工程措施相结合、有机肥与无机肥相结合、良种良法与培肥地力相结合、当前与长远相结合，以及山、水、田、林、草综合治理才能逐步把广西耕地建设成为稳产高产高效益的农田。

地力建设必须建立在不断改善农田生产条件、克服低产土壤环境因素的基础上，改善土壤理化性状，提高土壤保肥供肥性能，积极增加有机肥与无机化肥的投入，调节养分丰缺，确保作物产量持续增长。具体抓好以下 2 条。

（1）恢复传统的有机农业，提高有机肥料在施肥中的比重，重点是利用秸秆还田，种植绿肥，间种或套种粮肥、油肥、饲肥等兼用性绿肥，结合城市环保工作，建立有机肥料供应体系。

（2）结合模式栽培技术，建立各种类型施肥模式，推广配方施肥，生产适合当地土壤、作物要求的复合肥、微肥、菌肥，提高施肥水平。根据广西土壤贫钾的特点，积极开发生物钾肥。

5. 努力改善农业生态环境

生态环境恶化带来频繁的水、旱、寒、风、砂、病、虫、鼠等灾害，使农业生产遭受巨大危害。改善自然生态坏境已成为广西农业稳产高产的头等重要问题，从植树造林抓起，陡坡退耕，还林还草，增加覆被，合理垦殖，砌墙保土，做好水土保持，保护野生动物，恢复和保护农田生态环境，为稳产高产创造有利条件。

二、标准农田建设对策与建议

（一）标准农田建设目标任务

高标准农田，是指土地平整、集中连片、设施完善、农电配套、土壤肥沃、生态良好、抗灾能力强，与现代农业生产和经营方式相适应的旱涝保收、高产稳产，划定为永久基本农田的耕地。

高标准农田的标准要求：土地平整肥沃、田间道路通畅、灌排设施完善、农机装备齐全、技术集成到位、优质高产高效、绿色生态安全。

根据《广西壮族自治区土地整治规划（2016—2020年）》，广西在2020年前建成2021万亩旱涝保收高标准基本农田，进一步确保国家粮食安全。

（二）标准农田建设的对策与建议

1. 加强工程设施建设

高标准农田建设要综合考虑区域自然资源特点、社会经济发展水平、土地利用状况等，在科学规划设计的基础上，通过采取水利、农业、林业和科技等综合配套工程措施，解除关键障碍因子，建成"田成方、林成网、渠相通、路相连、旱能灌、灌能排、渍能降"的高标准农田，实现旱涝保收、高产稳产的目标。

2. 科学调整作物种植结构

标准农田建设不能千篇一律，要因地制宜，根据当地的气候条件、土壤资源和农民种植习惯来调整作物种植结构，科学布局，切实提高耕地土壤生产力。

3. 加强耕地质量保护，提高土壤肥力

要通过增施有机肥、种植绿肥等技术措施，加强耕地质量保护工作，提高土壤肥力，从而促进标准农田建设。

4.改善农业生态环境

近来年，因环境污染等因素造成农田污染及农产品污染的事情时有报道。因此，标准农田建设要制定相应的规章制度，切实改善农田生态环境，防止农田及农产品污染。

第三节　耕地资源合理配置与高效农业发展

一、不同耕地地力等级与农业种植结构及高效农业发展现状

高效农业是以市场为导向，运用现代科学技术，充分合理利用自然资源和社会资源，实现各种生产要素的最优组合，以及各种农业实用技术的科学集成，提高土地产出率、资源利用率、劳动生产率，生产多系列、多品种、高产量的质量安全农产品，最终实现经济、社会、生态综合效益最佳的农业。

广西各地级市耕地地力等级面积统计如表 6-45 所示，从中可以看出，广西高产耕地（一、二、三级）占耕地总面积的 20.66%，中产耕地（四、五、六级）占 62.04%，低产耕地（七、八、九、十级）占 14.33%；广西耕地以中产耕地为主。

表 6-45　广西各地级市耕地地力等级面积统计表

单位：万亩

地力等级	1级	2级	3级	4级	5级	6级	7级	8级	9级	10级	合计
百色市	1.94	23.61	78.57	134.11	155.81	172.48	81.26	22.36	1.30	1.90	673.34
北海市	6.15	10.88	28.72	13.98	23.12	18.22	26.26	35.56	22.91	0.64	186.44
崇左市	14.33	19.74	46.58	81.76	165.06	294.11	129.53	23.19	5.52	–	779.82
防城港市	–	6.14	27.40	20.41	20.43	42.05	20.52	0.34	–	–	137.30
贵港市	2.01	24.22	131.18	139.14	122.70	55.18	7.09	0.17	–	–	481.68
桂林市	0.29	27.91	108.41	171.08	102.50	63.35	20.92	–	–	–	494.46
河池市	0.45	8.22	48.72	78.24	86.04	166.93	103.04	53.49	8.43	7.72	561.27
贺州市	–	6.95	41.42	66.37	40.01	43.66	39.15	7.03	–	–	244.59
来宾市	–	9.93	46.87	44.44	146.32	90.07	70.05	134.27	64.11	5.13	611.19
柳州市	–	6.68	65.38	123.88	135.85	79.22	42.43	24.29	39.19	8.06	524.97
南宁市	2.57	44.82	140.26	191.49	323.68	222.94	62.34	4.40	20.88	10.75	1024.13
钦州市	–	9.45	83.37	78.82	93.98	47.47	5.23	0.37	–	–	318.68
梧州市	0.73	8.91	64.62	71.11	31.08	11.17	20.06	–	–	–	207.69
玉林市	6.20	80.29	131.26	76.70	34.90	18.69	13.11	–	–	–	361.13
总计	34.67	287.74	1042.77	1291.53	1481.49	1325.52	640.99	305.47	162.32	34.19	6606.69

广西农业种植结构以水稻、玉米、甘蔗、木薯、马铃薯、花生、大豆、红薯、蔬菜、茶叶、西瓜、香蕉、杧果、荔枝、龙眼、柑橘等作物为主，不同县市农业种植结构各不相同。

广西高效农业主要是采用以节水、节肥、节地为重点的节本增效型生产模式。节水农业技术累计推广面积超过1亿亩；水肥一体化技术在香蕉、柑橘、杧果、蔬菜等作物上的推广应用面积累计超过1168.80万亩；测土配方施肥技术在水稻、玉米、甘蔗、果树等作物上的应用面积累计超过75226.31万亩；广西先后探索出甘蔗、木薯地套种西瓜、玉米，果园套种花豆、花生、绿肥等30多种间套种模式，推广面积累计已超过1000万亩。

二、目前耕地资源与高效农业发展存在的问题分析

1. 地少水缺，资源约束日益趋紧

2015年广西耕地总面积6606.69万亩，人均耕地面积1.38亩，低于全国人均的1.48亩。随着人口数量增加，人均耕地面积会不断减少。广西虽然雨量丰沛，但时间和空间上分布不均，季节性干旱时常出现。高效农业发展需要依靠水肥一体化和间套种技术，才能摆脱日益趋紧的资源约束，逐渐做大做强。

2. 土地经营权流转总体处于自发状态，缺乏合理规划和科学指导

高效农业发展，一家一户很难做大做强，土地经营权流转势在必行。目前，土地经营权一般都是由公司或合作社和农户签订协议，总体处于自发状态，缺乏合理规划和科学指导。因此，要根据各地实际情况，制定符合本地实际的土地经营权流转规划，规范土地经营权流转，促进高效农业健康发展。

3. 未科学编制土地资源利用规划

土地资源利用规划应根据各地实际情况，按照当地耕地资源和适宜作物做长远、科学的规划。高效农业发展要依据规划和当地实际情况，选取适宜的作物，采用水肥一体化等技术，不断发展壮大。

三、发展高效农业的合理布局及种植业结构调整的具体措施

（一）粮食产业区域布局

1. 水稻优势产区

以桂林、柳州、来宾、南宁、钦州、贵港、玉林、梧州、贺州等9个市辖50个县（市、区）为重点，建立水稻优势产区，着力发展优质稻生产。

2. 玉米优势产区

以河池、百色、来宾、崇左等4个市辖18个县（市、区）为重点，建立玉米优势

产区。

3. 豆类优势产区

以南宁、来宾、崇左、百色、河池等5个市辖19个县（市、区）为重点，建立大豆优势产区，发展大豆和杂豆生产。

4. 薯类优势产区

冬种马铃薯产业以贵港、钦州、玉林、南宁、梧州、北海、崇左等市为重点，红薯产业以桂林、玉林、贵港、钦州、北海、防城港、梧州、贺州、河池等市为重点。

5. 特色品种基地布局

因地制宜发展东兰墨米，靖西香糯，环江黑糯、香粳，忻城糯玉米，东兴红姑娘、紫姑娘红薯，横州甜玉米，象州红米等。

（二）蔗糖产业区域布局

重点发展崇左、南宁、来宾、柳州糖料蔗生产优势区域，巩固发展贵港、钦州、北海、防城港等优势老蔗区，因地制宜发展河池、百色蔗区。广西重点扶持33个县（市）糖料蔗基地建设。

（三）水果产业区域布局

重点建立柑橘、香蕉两大优势产业带，科学建立荔枝、龙眼、杧果、月柿、梨、葡萄等六大特色产区，合理布局时令优稀水果生产基地和加工型水果原料基地。

1. 柑橘产业带

发展优势区域：脐橙等大宗柑橘布局在桂林、贺州、柳州、河池；特早熟和喜温型柑橘布局在梧州、崇左、南宁、钦州；南丰蜜橘布局在桂林中南部、柳州中南部、来宾；夏橙布局在桂林南部、百色；金橘布局在桂林南部、柳州北部。

2. 香蕉产业带

发展优势区域：春夏熟香蕉以百色右江河谷、崇左左江流域和北海、防城港为重点；秋冬熟香蕉主要布局在南宁、钦州、玉林、崇左、百色等部分区域。

3. 荔枝、龙眼、杧果、月柿、梨、葡萄六大特色产区

荔枝以钦州、玉林、贵港、梧州、北海、防城港为主；龙眼以南宁、贵港、钦州、崇左为主；杧果以百色右江河谷和钦州为主；月柿以桂林、来宾、河池为主；梨布局在桂北地区；夏熟葡萄布局在桂北地区，两熟葡萄布局在桂中、桂南地区。

4. 时令优稀水果生产基地

桃、李、杨梅、枇杷、枣等布局在桂北和桂中地区，莲雾、火龙果、番石榴、杨桃、青枣等布局在南宁、钦州、北海、防城港等南部地区。

5. 加工型水果原料基地

月柿、白果和甜橙等布局在桂北地区，菠萝布局在南宁、防城港，西番莲布局在

贵港，山葡萄布局在河池，板栗、核桃布局在河池、百色，荔枝、龙眼布局在钦州、玉林、贵港、崇左。

（四）蔬菜产业区域布局

广西蔬菜产业布局分为秋冬菜优势产区、夏秋反季节蔬菜优势产区、食用菌优势产区、城市"菜篮子"优势产区和创汇蔬菜优势产区等五个优势产区。

1. 秋冬菜优势产区

秋冬菜优势产区包括桂北、桂东、桂西秋菜区，桂中、桂东南秋菜区，桂南、桂东南、右江河谷冬菜区，桂北、桂中、桂西冬菜区。

2. 夏秋反季节蔬菜优势产区

夏秋反季节蔬菜优势产区以冷凉山区和玉林市南部及钦州、北海、防城港市为重点区域。

3. 食用菌优势产区

冬季双孢蘑菇布局在桂林、柳州、来宾、南宁、贵港等市，香菇、木耳布局在贺州、桂林、河池、百色等市，桑枝食用菌布局在来宾、柳州、河池、南宁等市，珍稀菇类布局在主要城市周边城郊，中高温菇布局在桂中、桂南。

4. 城市"菜篮子"优势产区

在14个大中城市郊区，重点建成以速生叶菜、高档特需蔬菜、野生蔬菜为主的淡、旺季互补的蔬菜基地。

5. 创汇蔬菜优势产区

面向东盟和港澳市场，以沿海、沿江、沿边、桂东地区等交通较发达以及有一定蔬菜出口基础的地区为主，建设一批标准高、规模大、效益好的外向型创汇蔬菜基地。

（五）桑蚕产业区域布局

桂西北优势区以河池、百色为重点，桂中优势区以来宾、柳州为重点，桂南优势区以南宁、贵港为重点，发展高产高效蚕业。扶持培育以钦州、梧州、贺州、桂林、玉林、北海、防城港、崇左等市为次优势区。

（六）中药材产业区域布局

重点发展金银花（含木本金银花）、罗汉果、八角、玉桂、桂郁金、鸡血藤、葛根、广豆根、田七、鸡骨草、何首乌等11种（类）中药材。其中，金银花重点在南宁、河池、柳州等市的石山地区；八角、玉桂重点在防城港、百色、南宁、崇左、梧州；罗汉果重点在桂林南部、柳州北部；桂郁金重点在钦州；葛根重点在贵港、梧州。

适度发展两面针、扶芳藤、岩黄连、萝芙木、肿节风、铁皮石斛、绞股蓝、苦玄参、天花粉、巴戟天、红大戟、天门冬、穿心莲、泽泻、吴茱萸、广金钱草、灵香草、剑叶龙血树、千斤拔、厚朴、黄柏、栀子等品种。

（七）木薯产业区域布局

桂西南分布在南宁西南、百色东部、河池南部和崇左；桂东南分布在贵港东部和梧州；沿海则分布在北海、钦州、防城港。

第四节　耕地质量建设与优质粮食产业发展

针对人口的逐年增长，人地矛盾日益突出，农村劳动力的大量转移，耕地弃荒现象时有发生，土地经营权流转总体处于自发状态等实际情况，随着耕地制度、种植结构、肥料使用总量与品种结构的变化，广西耕地质量现状不容乐观。因此，在加快耕地质量建设、稳定粮食种植面积的前提下，如何提升粮食生产能力和竞争能力，促进现代农业的全面发展，发展优质粮食产业，已成为广西农业发展的重要着力点。

一、耕地质量建设与优质粮食产业发展的现状

2014 年，广西扎实推进以增施有机肥为重点，实行"增、提、改、防"技术措施相结合的"沃土工程"，实施中低产耕地改良，推广秸秆还田，积制优质农家肥，大力恢复和发展绿肥生产，全面提升土壤有机质含量，成效喜人：土壤有机质平均提升 8%，水稻每亩增产 30 kg，累计节本增效 8.43 亿元。

广西已初步形成优质稻、旱杂粮和冬种马铃薯等产业带。2010 年，广西已有 38 个县创建成为无公害水稻生产基地，通过无公害粮食产地认定面积达 846.21 万亩；有 26 个粮油产品通过无公害产品认证，认证产量 184 万吨。每年优质稻订单面积超过 300 万亩，直接带动农户 75 万余户增收。广西优质稻面积保持在 85% 以上，玉米优质率由"九五"期末不足 10% 提高到 60% 以上，粮食作物优质率和质量水平稳步提高。

二、存在问题

1. 耕地质量不高，基础设施薄弱

广西大部分地方耕地地力水平比较低，广西中低产耕地比例高达 79.33%；农田排灌设施差，50% 以上的耕地无法保证正常灌溉，仅有 15% 的旱地能够灌溉。近年来，广西农业生产因干旱损失越来越大，年均成灾面积 1100 万亩以上；广西耕种收综合机械化水平仅 21%，比全国平均水平低 24.85 个百分点。

2. 粮食供需压力大，自给率下降

由于农资价格上涨过快，种粮比较效益下降，加之补贴政策对种粮农民的激励作用相对减弱，调动农民种粮积极性的难度越来越大，粮食播种面积扩大的空间十分有限。

粮食单产在连续增长的情况下，进一步提高的难度增大。随着人口增长和粮食需求不断增加，广西粮食供需压力越来越大。据农业部门调查统计，广西粮食自给率由历史最高的 1999 年的 96.20% 下降到 2007 年的 85%、2012 年的 79.29%。

3.科技投入不足，农技服务体系不健全

长期以来，广西农业科学研究与技术开发和示范推广经费投入不足，科技推广和管理机制不适应现代农业发展要求。基层农技推广部门多头管理，一线农技人员明显不足，队伍老化，服务功能弱化，农技人员待遇严重偏低，经费严重不足，农技推广工作推进难度加大。

4.产业化经营程度不高，市场体系还不够完善

广西种植粮食农户小而散，粮食加工发展滞后，规模化、产业化经营程度不高，知名品牌不多。粮食物流体系不够完善，建设滞后。粮食加工企业仓储设施落后，大多数市、县的粮食仓储设施陈旧，不能满足粮食安全储藏的基本要求。粮食市场监管体系不完善，监管法规和机构未能有效运行。

三、对策与建议

（一）以项目促建设，提升耕地质量

通过推进国家高标准农田建设、国家产粮大县、国家大型商品粮基地建设、国家优粮工程、农业综合开发、病险水库除险加固、农田水利建设、土地治理、基本口粮田建设、石漠化综合治理工程、沃土工程、农业机械化推进工程等项目，推进高产稳产标准农田建设和中低产耕地改良，着力抓好"占补平衡"补充耕地的质量评定、监测和建设工作，加强土壤污染防治，保护耕地土壤环境。同时，大力推进农业标准化和食品安全生产，科学合理使用农药和化肥，加快无公害农产品、绿色食品和有机食品生产基地建设。

（二）加强农业基础设施建设

大力开展农田水利设施建设，加快完成规划内病险水库除险加固任务。抓好桂中、左右江和桂西三大旱片治理，以大中型灌区续建配套和节水改造为重点，加强灌区末级渠系建设和田间工程配套，因地制宜兴建小塘坝、小水池、小泵站、小水柜及小渠道等"五小"水利设施，加快建成一批渠相通、路成网、旱能灌、涝能排的高产稳产标准农田。大力推进农业综合开发和基本农田整治，深入实施"沃土工程"，加快改造中低产耕地，推广测土配方施肥。

（三）构建现代粮食产业技术体系

建立从产地到餐桌、从生产到消费、从研发到市场各环节紧密衔接的现代粮食产业技术体系。建立整合资源、分工合作、优势互补、利益共享的工作机制，整合广西农业

科技、教育、推广等科技资源和技术力量，开展粮食新品种选育，新技术研究开发、集成应用、试验示范、技术培训、转化推广，监测粮食产业发展动态，开展产业政策研究咨询。加强粮食产业科技创新能力建设，以优势明显的省级农业科研机构为主体，整合各级科研资源，形成广西粮食科技区域研发中心，积极开展以粮食优质高产高效为目标的品种和技术创新。

（四）开展粮食高产创建活动

加强部门协作，努力构建政府主导、部门配合、社会参与的粮食高产创建活动大协作格局，要引导财政、发改、国土、水利等部门的积极参与，加大对粮食高产创建的投入；统筹利用好各种投资项目和专项资金，发挥好科研院校专家的技术优势，集中资源、集中力量、集约项目、合力推进；创新建设机制和建设方式，积极推进粮食高产创建，实现整村、整乡、整县甚至于整市的粮食创高产，实现在更大范围、更广区域和更高层次上提升农业产出和粮食生产能力。大力实施"千万亩增粮增收工程"，加快推广种植超级稻和秋冬种马铃薯。积极探索大面积双季稻加冬种马铃薯、年亩产粮 1500 kg 的高产高效新模式，单季稻区积极探索推广超级稻加再生稻模式。

（五）因地制宜，合理布局优质粮食产业带

1.优质稻产业带

优质稻生产重点布局在桂北、桂中、桂东南和沿海地区。

①商品型优质稻产业带。以桂东南的贵港、玉林、梧州、贺州等市为重点，主要包括桂平、平南、港北、港南、覃塘、兴业、博白、陆川、北流、容县、玉州、苍梧、藤县、岑溪、钟山、八步等县（市、区），依托其毗邻粤港澳等地的区位优势，大力发展种植商品型优质高产品种，目标市场以外销、出口或替代进口为主。

②自给型高产优质稻产业带。以桂北、桂中、桂南为主，重点是桂林、柳州、来宾、南宁、钦州 5 个市，主要包括临桂、阳朔、平乐、荔浦、永福、灵川、全州、兴安、灌阳、柳江、柳城、鹿寨、象州、武宣、金秀、忻城、兴宾、宜州、金城江、罗城、环江、田东、武鸣、邕宁、横州、宾阳、上林、隆安、扶绥、灵山、浦北、钦北、合浦、上思、蒙山等县（市、区），重点发展自给型高产优质品种，以满足区内需求为主。

2.优质玉米产业带

优质玉米生产重点布局在桂西、桂南、桂中地区，以河池、百色、来宾、崇左 4 个市为重点，主要包括都安、大化、宜州、金城江、罗城、靖西、平果、德保、田林、隆林、乐业、忻城、兴宾、天等、隆安、马山、扶绥、大新等县（市、区），产业带突出发展优质玉米和其他旱杂粮。

3. 优质薯类产业带

薯类生产重点布局在桂东南、桂北、桂中和沿海地区。

①冬种马铃薯产业带。重点布局在桂东南和沿海地区，主要包括福绵、容县、浦北、灵山、钦北、钦南、玉州、兴业、陆川、博白、北流、武鸣、宾阳、横州、马山、岑溪、苍梧、银海、合浦、宁明等县（市、区）。

②红薯产业带。以桂林、玉林、贵港、钦北、北海、防城港、梧州、贺州、河池等市为主，包括全州、兴安、平乐、灌阳、龙胜、临桂、博白、北流、陆川、桂平、平南、钦南、钦北、灵山、浦北、合浦、防城、东兴、岑溪、藤县、八步、昭平、钟山、富川、都安、宜州、大化、环江、罗城、兴宾、忻城、德保、靖西、宾阳、融水等县（市、区）。

4. 优质豆类产业带

优质豆类生产重点布局在桂中、桂西地区，以南宁、来宾、崇左、百色、河池等市为重点，主要包括隆安、上林、宾阳、横州、柳江、兴宾、武宣、忻城、天等、大新、平果、靖西、宜州、都安、罗城、环江、港北、桂平、平南等县（市、区）。通过在糖料蔗、木薯、玉米主产区推广间套种等措施，大力发展大豆和杂豆生产。

5. 特色品种基地

重点发展东兰墨米，靖西香糯，环江黑糯、香粳，忻城糯玉米，东兴红姑娘红薯，横州甜玉米，象州红米等特色品种基地。

第五节　耕地质量管理

耕地是不可再生的自然资源，是人类赖以生存的主要生产资料，是农业可持续发展的重要物质基础。耕地质量的优劣，不仅关系到农产品的产量，而且对农产品的品质有着极其重要的影响。随着广西人口的不断增长，工业化和城镇化的不断推进，耕地逐年减少的趋势不可逆转。在这样的背景下，加强耕地地力质量建设与管理，不断提高耕地的综合生产能力，对于促进优质、高产、高效、生态农业的发展，建设社会主义新农村具有十分重大的意义。

1. 建立健全耕地质量监测体系和耕地资源管理信息系统，对耕地质量进行动态管理。

耕地土壤肥力质量具有破坏容易恢复难的特点，土壤肥力变化不易观察到，一旦观察到变化时，土壤肥力变化已达到非常严重的程度，这就需要建立耕地质量监测体系。根据各辖区的耕地分布和成土特点，对不同成土条件、不同肥力水平、不同的经济状况和不同的利用模式等建立动态监测点，充分应用现代测试技术，建立田间档案，准确掌握基本耕地质量状况、养分动态变化和施肥效益等。不仅有效地掌握耕地肥力动态变化情况，还可为各级党委政府当好参谋，为产业结构调整、适地适肥种植提供科学依据。

2.健全耕地保养管理法律法规体系，依法加强耕地地力建设与保养管理。

（1）做好耕地保护宣传

利用网络、电视、广播等现代传媒，围绕"保护基本农田，就是保护我们的生命线"这一主题，深入广泛地宣传《基本农田保护条例》，也可利用墙体标语、墙报等形式进行宣传，使基本农田保护观念深入人心。

（2）制定保护耕地法律法规

贯彻落实"十分珍惜和合理利用每寸土地，切实保护好耕地"的基本国策，根据《基本农田保护条例》，结合广西的实际，制定出台基本农田保护责任制度、基本农田用途管理制度和占用基本农田审批制度等有关地方法规，严格执行基本农田保护"五不准"，通过这些制度的制定，规范广西的基本农田保护工作。

（3）加大对基本农田建设的投入和保护力度

增加高标准农田建设的投入强度，建立基本农田保护专项基金，用于基本农田保护区内中低产耕地改造、土地整理、地力培肥以及农田水利设施建设等，以建设促保护，以保护促建设。

（4）依法保护好耕地，特别是基本农田

要加大土地执法监察力度，强化"防范在前、发现及时、制止有效、查处到位"的土地执法长效管理机制，减少违法用地，切实营造依法用地、依法管地的良好氛围。

3.建立耕地保养管理专项资金，加大政府对耕地质量建设的支持力度

要从讲大局、保稳定的角度，抓好耕地质量建设的投入。建立政府主导、社会参与、市场运作、多元投入的机制，运用市场机制配置资源。要按照"取之于土，用之于土"的原则，以及中央一号文件的要求，认真落实《国务院关于将部分土地出让金用于农业土地开发有关问题的通知》（国发〔2004〕8号）文件精神，落实好土地出让收益15%用于耕地建设的政策，安排30%的专项资金用于耕地质量建设与管理。出台耕地"用一造一""造一补一"的政策，制定培肥土壤地力政策，实现耕地生产能力的总体平衡。要坚持以农民投入为主体，鼓励企业积极投资耕地质量建设。

第七章 测土配方施肥指标体系

测土配方施肥指标体系一般指所有与作物施肥量、施肥方法、施肥时期等有关的能直观体现作物需肥特性、土壤和肥料供肥能力的各类技术参数及指标的总和。其主要包括施肥参数（如地力产量、相对产量、肥料利用率等）、土壤养分丰缺指标、推荐施肥指标和肥料运筹方案等内容。施肥指标体系的是连接测土配方施肥"测、配、产、供、施"五项关键技术环节中的桥梁，施肥指标体系的建立将直接影响作物施肥的科学性、合理性，是测土配方施肥技术物化和配方肥下地的关键，也是农业增产增效和农民节本增收的关键。

第一节 测土配方施肥指标体系建立的内容及意义

一、测土配方施肥指标体系建立的主要内容

测土配方施肥指标体系建立内容主要包括施肥参数（如地力产量、相对产量、肥料利用率等）、土壤养分丰缺指标、推荐施肥指标和肥料运筹方案等。通过对不同作物、区域多年多点肥效试验产量、施肥量和土壤养分化验值、土壤调查数据等做统计分析获得地力和相对产量等施肥参数，通过对相对产量和土壤养分测试值之间的相关性分析获得土壤养分丰缺指标、推荐施肥指标、肥料运筹方案等信息。

二、测土配方施肥指标体系建立的意义

测土配方施肥指标体系是测土配方施肥项目的核心内容之一，是指导农作物科学施肥的技术支撑。上世纪80年代广西开展的第二次土壤普查工作，摸清了当时的土壤理化性状，建立了土壤养分丰缺指标，绘制了大批珍贵的土壤和土地利用现状图纸。过去近30年二次土壤普查的成果一直作为指导我区作物施肥和农业生产的重要理论依据。但是，随着我国经济飞速发展，农业种植结构、耕作制度和农民施肥方式也发生了变化，大量土壤肥效定位监测点统计结果表明，我区耕地土壤肥力水平及养分状况发生了很大变化，原来的土壤养分丰缺指标和施肥参数已无法满足当前农业生产需要。因

此，摸清当前土壤养分状况、重建土壤养分丰缺指标和施肥指标是当前农业发展的迫切要求。

三、测土配方施肥指标体系的技术路线

测土配方施肥指标体系建立过程包括田间肥效试验、采样化验、野外调查等环节。通过对一系列试验、分析化验和调查结果之间的相关性分析，最终确定施肥参数指标、推荐配方和施肥运筹。

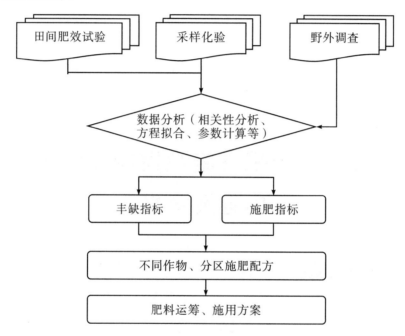

图 7-1　测土配方施肥指标体系建立技术路线图

第二节　区域划分和田间肥效试验

一、区域划分

区域划分是分类指导施肥的基础。不同区域的地形地貌、灌溉条件、耕作制度、作物品种、土壤类型、地力水平等存在差异，作物产量和施肥水平不尽相同，因此在分析建立施肥指标体系之前必须先划分区域。依据土壤类型、气候条件、品种特性、生产水平以及行政区域相近原则，将广西分为五个施肥区域，见表 7-1。

表 7-1　主要作物施肥区域划分表

作物类型	分区	包括的地级市	所包含的项目县（市、区）或单位
水稻	桂东区	梧州、贺州、玉林、贵港	岑溪、藤县、苍梧、八步、富川、钟山、陆川、容县、玉州、北流、博白、兴业、平南、桂平、港南
	桂南区	南宁、崇左、北海、钦州、防城港	武鸣、横州、隆安、马山、宾阳、上林、金光农场、扶绥、天等、大新、江州、合浦、星星农场、浦北、钦南、灵山、防城、上思
	桂西区	百色、河池	靖西、田东、平果、田阳、乐业、凌云、田林、西林、隆林、都安、金城江、南丹、宜州、环江
	桂北区	桂林	兴安、灌阳、荔浦、恭城、全州、平乐、灵川、永福、资源
	桂中区	柳州、来宾	柳江、鹿寨、柳城、融水、融安、武宣、罗城、大化、兴宾、象州
玉米	桂东区	贺州、梧州、玉林、贵港	八步、富川、钟山、苍梧、藤县、岑溪、平南、陆川、容县、桂平、玉州、北流、兴业、博白、港南
	桂南区	南宁、崇左、北海、钦州、防城港、横州	武鸣、隆安、马山、宾阳、上林、扶绥、天等、防城、江州、大新、金光农场、浦北、灵山、钦南、上思、合浦、星星农场
	桂西区	百色、河池市	靖西、田东、平果、田阳、乐业、凌云、田林、西林、隆林、宜州、环江、金城江、都安、南丹
甘蔗	桂南区	南宁、崇左、钦州、北海、防城港	武鸣、横州、宾阳、隆安、马山、上林、金光农场、天等、江州、扶绥、大新浦北、钦南、灵山、合浦、星星农场、防城、上思
	桂中区	柳州、来宾	柳江、鹿寨、融安、柳城、融水、武宣、罗城、大化、兴宾、象州

二、田间肥效试验

田间肥效试验是在了解土壤供肥性能基础上，以当地主栽品种为研究对象，掌握农作物吸肥规律和施肥效应，建立施肥指标体系、筛选和验证配方的主要手段。2005 年以来广西在全区范围内开展了 6243 个"3414"田间肥效试验，建立磷、钾丰缺指标，从而建立施肥模型进而推算出不同目标产量下作物推荐施肥量。同时，在不同生态区布置了 1029 个田间肥效类试验，研究作物不同生育期氮肥的施用比例。为进一步确定作物需肥参数和验证配方，我们还布置了 1372 个肥料利用率类试验、2744 个配方校正类试验和 2347 个简比类试验。

（一）"3414"类试验

"3414"类试验方案吸收了回归最优设计处理少、效率高的优点，是目前应用较为广泛的肥料效应田间试验方案。"3414"是指氮、磷、钾 3 个因素、4 个水平、14 个处理。

4 个水平的含义：0 水平指不施肥，2 水平指当地推荐施肥量，1 水平 =2 水平 ×0.5，3 水平 =2 水平 ×1.5（该水平为过量施肥水平）。为便于汇总，同一作物、同一区域内施肥量要保持一致。如果需要研究有机肥料和中、微量元素肥料效应，可在此基础上增加处理，见表 7-2。

表 7-2 "3414" 试验方案处理水平设置表

试验编号	处理	N	P	K
1	$N_0P_0K_0$	0	0	0
2	$N_0P_2K_2$	0	2	2
3	$N_1P_2K_2$	1	2	2
4	$N_2P_0K_2$	2	0	2
5	$N_2P_1K_2$	2	1	2
6	$N_2P_2K_2$	2	2	2
7	$N_2P_3K_2$	2	3	2
8	$N_2P_2K_0$	2	2	0
9	$N_2P_2K_1$	2	2	1
10	$N_2P_2K_3$	2	2	3
11	$N_3P_2K_2$	3	2	2
12	$N_1P_1K_2$	1	1	2
13	$N_1P_2K_1$	1	2	1
14	$N_2P_1K_1$	2	1	1

　　该方案除可应用 14 个处理进行氮、磷、钾三元二次效应方程的拟合以外，还可分别进行氮、磷、钾中任意二元或一元效应方程的拟合。

　　例如，进行氮、磷二元效应方程拟合时，可选用处理 2—7、11、12，求得在以 K_2 水平为基础的氮、磷二元二次效应方程；选用处理 2、3、6、11 可求得在 P_2K_2 水平为基础的氮肥效应方程；选用处理 4、5、6、7 可求得在 N_2K_2 水平为基础的磷肥效应方程；选用处理 6、8、9、10 可求得在 N_2P_2 水平为基础的钾肥效应方程。此外，通过处理 1，可以获得基础地力产量，即空白区产量。试验氮、磷、钾某一个或两个养分的效应，或因其它原因无法实施 "3414" 完全实施方案，可在 "3414" 方案中选择相关处理，即 "3414" 的部分实施方案。这样既保持了测土配方施肥田间试验总体设计的完整性，又考虑到不同区域土壤养分特点和不同试验目的要求，满足不同层次的需要。如有些区域重点要试验氮、磷效果，可在 K_2 做肥底的基础上进行氮、磷二元肥料效应试验，但应设置 3 次重复。具体处理及其与 "3414" 方案处理编号，见表 7-3。

表 7-3　氮、磷二元二次肥料试验设计与"3414"方案处理编号对应表

处理编号	"3414"方案处理编号	处理	N	P	K
1	1	$N_0P_0K_0$	0	0	0
2	2	$N_0P_2K_2$	0	2	2
3	3	$N_1P_2K_2$	1	2	2
4	4	$N_2P_0K_2$	2	0	2
5	5	$N_2P_1K_2$	2	1	2
6	6	$N_2P_2K_2$	2	2	2
7	7	$N_2P_3K_2$	2	3	2
8	11	$N_3P_2K_2$	3	2	2
9	12	$N_1P_1K_2$	1	1	2

　　上述方案也可分别建立氮、磷一元效应方程。在肥料试验中，为了取得土壤养分供应量、作物吸收养分量、土壤养分丰缺指标等参数，一般把试验设计为 5 个处理：空白对照（CK）、无氮区（PK）、无磷区（NK）、无钾区（NP）和氮、磷、钾区（NPK）。这 5 个处理分别是"3414"完全实施方案中的处理 1、2、4、8 和 6。如要获得有机肥料的效应，可增加有机肥处理区（M）；试验某种中（微）量元素的效应，在 NPK 基础上，进行加与不加该中（微）量元素处理的比较。试验要求测试土壤养分和植株养分含量，进行考种和计产。试验设计中，氮、磷、钾、有机肥等用量应接近效应肥料函数计算的最高产量施肥量或用其他方法推荐的合理用量，见表 7-4。

表 7-4　常规 5 处理试验设计与"3414"方案处理编号对应表

	"3414"方案处理编号	处理	N	P	K
空白对照	1	$N_0P_0K_0$	0	0	0
无氮区	2	$N_0P_2K_2$	0	2	2
无磷区	4	$N_2P_0K_2$	2	0	2
无钾区	8	$N_2P_2K_0$	2	2	0
氮磷钾区	6	$N_2P_2K_2$	2	2	2

（二）肥效类试验

　　肥效类试验以获取施肥指标体系参数和广西施肥决策系统参数为首要目的，通过增减氮磷钾或者中微量元素施肥量对比常规施肥量等方式合理设计试验，从而获得特定肥料百公斤作物吸肥量、肥料利用率、空白地力产量等肥力参数。

　　试验通常设置 4 水平 5 个处理。每个处理做 3 次重复，随机区组排列。各处理施肥具体情况见表 7-5。

表 7-5 肥效试验方案处理表

试验编号	处理	水平				备注
		N	P_2O_5	K_2O	X	
1	CK	0	0	0	0	空白对照
2	$N_2P_2K_2+X_0$	2	2	2	0	二水平不施 X 肥料
3	$N_2P_2K_2+X_1$	2	2	2	1	X 肥料用量为处理 4 的一半
4	$N_2P_2K_2+X_2$	2	2	2	2	施用 X 肥料 2 水平用量
5	$N_2P_2K_2+X_3$	2	2	2	3	X 肥料用量为处理 4 的 1.5 倍

注：X 为除氮磷钾之外的肥料，N、P_2O_5、K_2O、X 的 0 水平指不施该种养分；1 水平为 2 水平推荐量的一半；3 水平为 2 水平推荐量的 1.5 倍。

（三）肥料利用率类试验

目前肥料利用率类试验主要针对粮食、糖料类大宗作物，为了科学测算水稻、玉米、甘蔗等作物化肥利用率，客观评估科学施肥水平和合理调整配方而设置的试验。

试验一般设置 5 个处理，3 次重复，要随机区组排列。

处理 1：空白区，即试验小区不施用化肥；

处理 2：无氮区，即试验小区不施氮肥，仅施用磷、钾肥；

处理 3：无磷区，即试验小区不施磷肥，仅施用氮、钾肥；

处理 4：无钾区，即试验小区不施钾肥，仅施用氮、磷肥；

处理 5：氮磷钾全肥区，即试验小区施用氮、磷、钾肥。

处理 5 氮、磷、钾肥用量依据施肥技术模式的要求设定，且符合当地生产实际。处理 2、处理 3、处理 4 的氮、磷、钾肥种类、剂型、用法、用量尽可能与处理 5 保持一致。例如，处理 5 应用缓释氮肥时，处理 3、处理 4 也应选用缓释氮肥。

（四）配方校正类试验

配方校正类试验目的是为了进一步完善和优化作物施肥指标，通过田间试验，综合比较肥料投入、作物产量、经济效益等指标，建立主要粮食作物优化施肥方案、改进配方，更新县域测土配方施肥专家系统数据库，为耕地质量调查评价提供数据支持。

试验设空白、习惯施肥、测土配方施肥、优化施肥四个处理，不设重复。

处理 1：空白（CK）不施用任何肥料

处理 2：常规施肥区（采用农民常规施肥）

处理 3：测土配方施肥区（采用测土配方施肥）

处理4：优化施肥区（在处理3基础上优化调整施肥配方）

（五）简比类试验

简比类试验通常指设置2～3个处理的简单肥效对比试验，主要用于品种、单一肥料、施肥方式等试验设计，目的主要为了探索作物品种、新型肥料、肥料登记管理、优化施肥方式、获取土壤供肥能力参数等。

试验设2～3个处理。

处理1：空白（CK）不施用任何肥料

处理2：常规施肥区（采用农民常规施肥）

处理3：优化区（采用新品种、施肥方式或新肥料）

第三节　主要农作物不同分区施肥指标体系建立

一、水稻、玉米、甘蔗不同区域施肥指标体系

（一）水稻施肥指标体系

1. 桂东区水稻施肥指标体系

（1）主要施肥技术参数

①基础地力贡献率

一般认为基础地力贡献率可在一定程度上反映土壤供肥能力大小，基础地力贡献率即为土壤不施肥时的地力产量与氮磷钾肥施肥全肥区产量的比值。地力产量通常指土壤在不施用肥料的条件下依靠自身肥力所能达到的产量即试验空白区产量（$N_0P_0K_0$）。对桂东区收集到的274个肥效小区试验和对比试验结果进行了统计分析，结果显示桂东区水稻平均地力产量为298.7 kg/亩，氮磷钾均施用的全肥区平均产量为472.2 kg/亩，土壤平均基础地力贡献率为62.8%，见表7-6。

表7-6　桂东区水稻平均地力贡献率情况表（$n=274$）

平均地力产量（kg/亩）	相对合理全肥区平均产量（kg/亩）	平均地力贡献率（%）	地力与全肥区产量关系式
298.7	472.2	62.8	$y=0.7036x+262$ $R^2=0.9801$

②养分吸收参数

作物养分吸收参数是计算作物肥料利用率和推荐施肥量的必要参数。根据本区 274 个试验点作物茎秆、籽粒中氮磷钾的含量和对应茎秆、籽粒产量估算作物茎秆和籽粒中氮、磷、钾的含量和茎秆、籽粒产量计算出生产百公斤籽粒的养分吸收量和比例，见表 7-7。

表 7-7　桂东区水稻养分吸收参数表（n=274）

籽粒养分吸收量（g/kg）			茎秆养分吸收量（g/kg）			百公斤籽粒养分吸收量（kg）			比例
N	P_2O_5	K_2O	N	P_2O_5	K_2O	N	P_2O_5	K_2O	N：P_2O_5：K_2O
1.268	0.296	0.506	0.896	0.191	1.862	2.264	0.502	2.513	1：0.200：1.100

最佳产量是指在一定的农产品价格情况下合理控制肥料等投入成本从而获得收益最大化的产量值。通常，最佳产量会低于不考虑投入成本所能达到的最高产量。在数学上最佳产量可以通过对肥料投入成本和产出效益拟合而成的三元二次方程进行求导得出函数拐点值，该拐点值即所需要的最佳产量。通过对桂东区 274 个"3414"肥效试验逐个进行三元二次方程拟合计算得出理论上能达到的最佳产量值区间，再找出最佳产量与对应的地力产量、氮磷钾肥供肥能力之间的关系参数，这是确定最佳推荐施肥量的重要过程。为使计算结果更符合实际且更具有生产指导意义，本章节最佳产量计算所采用的农产品、肥料价格等经济学参数统一参考试验测产当年当地分区内平均价格。如，桂南区农产品和肥料价格参考的是 2009 年的平均价格，即稻谷 1.92 元/公斤，玉米 1.57 元/公斤，甘蔗 0.26 元/公斤。氮肥（折纯，N）价格 5.03 元/公斤，磷肥（折纯，P_2O_5）价格 5.47 元/公斤，钾肥（折纯，K_2O）价格 6.48 元/公斤。

分别以地力产量为横坐标（x）、最佳产量为纵坐标（y），以土壤全氮、土壤有效磷和土壤速效钾为横坐标（x），地力产量为纵坐标（y）做散点图，然后添加趋势线和方程即可得到地力产量与最佳产量、土壤主要养分参数与地力产量之间的数学模型关系，详见表 7-8 和图 7-2。

表 7-8　桂东区水稻土壤主要养分参数、地力产量、最佳产量相关关系表（n=274）

平均地力产量（kg/亩）	平均最佳产量（kg/亩）	地力产量与最佳产量关系	土壤全氮与地力产量关系	土壤有效磷与地力产量关系	土壤速效钾与地力产量关系
298.7	471.1	y=0.5221x+315.19 R^2=0.2537	y=55.275x+130.58 R^2=0.4827	y=3.1322x+116.74 R^2=0.2642	y=1.2499x+132.28 R^2=0.3504

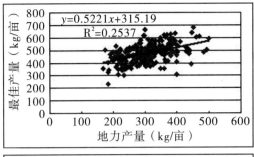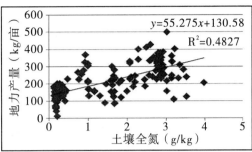
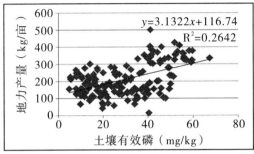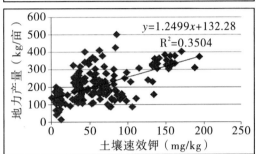

图 7-2 桂东区水稻土壤主要养分参数、地力产量、最佳产量相关关系图（n=274）

③肥料利用率

肥料利用率（通常指作物当季肥料利用率）是表征作物所能吸收肥料养分与投入肥料养分的比率，用以反映肥料的利用效率。一般而言，肥料利用率越高，施肥技术经济效果就越大，其经济效益也就越大。通常情况利用缺肥区（$N_0P_2K_2$ 或 $N_2P_0K_2$ 或 $N_2P_2K_0$）和全肥区（$N_2P_2K_2$）养分的吸收量差值和投入肥料比值计算出特定养分的肥料利用率。计算肥料利用率需要用到前文所述的作物茎秆、籽粒氮磷钾养分的含量，作物茎秆、籽粒产量，作物百公斤籽粒的养分吸收量和作物施肥量等养分吸收参数。具体算法如下：

肥料利用率（%）=（全肥区产量 × 全肥区养分百公斤籽粒的养分吸收量 − 缺肥区产量 × 养分百公斤籽粒的养分吸收量）/ 亩施肥量 ×100%

根据对 274 个试验点数据的分析，结果显示测土配方施肥区水稻氮肥利用率为31.20，磷肥利用率为 21.19%，钾肥利用率为 46.32%；常规区氮肥利用率为 25.28%，磷肥利用率为 16.69%，钾肥利用率为 44.54%。通过对比分析显示，测土配方施肥区氮肥利用率比常规施肥区提高 5.92 个百分点，磷肥利用率提高 4.50 个百分点，钾肥利用率提高 1.78 个百分点，见表 7-9。

表 7-9 桂东区测土配方施肥区肥料利用率结果表（n=274）

肥料利用率（%）						提高的百分点数		
测土配方施肥区			常规施肥区					
N	P	K	N	P	K	N	P	K
31.2	21.19	46.32	25.28	16.69	44.54	5.92	4.5	1.78

④农学效率

肥料农学效率（A_E）是指特定施肥条件下，单位施肥量所增加的作物经济产量，它是施肥增产效应的综合体现，施肥量、作物种类和管理措施都会影响肥料的农学效率。在具体应用中，施肥量通常用纯养分（如 N、P_2O_5 和 K_2O）来表示，即氮肥农学效率通常是指投入每千克氮（N）所增加的经济产量数量，磷肥农学效率通常是指投入每千克五氧化二磷（P_2O_5）所增加的经济产量数量，钾肥农学效率通常是指投入每千克氧化钾（K_2O）所增加的经济产量数量。

计算公式如下：

$A_E = (Y_f - Y_0) / F$

式中：A_E 是指肥料农学效率，单位为 kg/kg；Y_f 为某一特定的化肥施用下作物的经济产量，单位为 kg/ 亩；Y_0 为对照（不施特定化肥条件下）作物的经济产量，单位为 kg/ 亩；F 为肥料纯养分（是指 N、P_2O_5 和 K_2O）投入量，单位为 kg/ 亩。

根据本区 274 个试验点的数据分析，测土配方施肥区农学效率平均为 7.44 kg/kg，常规施肥区为 5.81 kg/kg，测土区比常规区平均增加 1.63 kg/kg，见表 7-10。

表 7-10　桂东区测土配方施肥区农学效率表（n=274）

农学效率（kg/kg）		
测土配方施肥区	常规施肥区	提高
7.44	5.81	1.63

（2）推荐施肥模型

①磷钾丰缺指标

相对产量（Y）指不施某种肥料时某种作物单位面积的籽粒产量与施用所有肥料时单位面积产量的比例，常用百分数来表示。相对产量能在一定程度上较好地反映产量的增长趋势而不受产量波动的影响。研究表明，作物相对产量与土壤磷、钾等有效养分之间存在较好的相关关系。根据桂东区 274 个 "3414" 试验结果建立相对产量与土壤速效养分之间的函数关系，按照相对产量 ≥ 95% 为极高、90%～95% 为高、75%～90% 为中、50%～75% 为低、< 50% 为极低的标准，划分出土壤磷、钾养分丰缺指标，见表 7-11、图 7-3。

表 7-11　桂东区水稻土壤磷钾丰缺指标参数汇总表（n=274）

相对产量（%）	等级	有效磷（P，mg/kg）	速效钾（K，mg/kg）
≥ 95	极高	≥ 43.1	≥ 156
90～< 95	高	24.1～< 43.1	107～< 156
75～< 90	中	14.2～< 24.1	35～< 107
50～< 75	低	5.5～< 14.2	15～< 35
< 50	极低	< 5.5	< 15

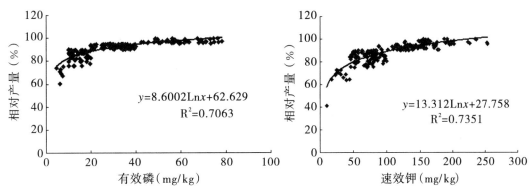

图 7-3　桂东区水稻磷钾丰缺指标拟合图（n=274）

②磷钾推荐施肥

中国农业大学张福锁、陈新平、崔振岭等人研究表明，应用土壤养分丰缺指标和方程拟合的方法建立作物磷钾推荐施肥模型具有较好的效果，因此，本章所涉及的作物磷钾推荐施肥均采用此方法。具体方法和步骤如下。

首先通过三元二次方程将每个试验点的产量、施肥量、农产品价格及肥料价格进行拟合回归分析建立肥料效应函数，所用到的方程如下。

$$Y = b_0 + b_1 X_1 + b_2 X_2 + b_3 X_3 + b_4 X_1^2 + b_5 X_2^2 + b_6 X_3^2 + b_7 X_1 X_2 + b_8 X_1 X_3 + b_9 X_2 X_3$$

当方程系数 b_1、b_2、b_3 均为正，同时 b_4、b_5、b_6 均为负时，函数开口向下可求极大值时方程可适用。根据边际收益等于边际成本原理计算最佳施肥量。令自变量 $X_j (j = 1, 2, 3)$ 的边际效应等于投入价格与产出价格比，此时即可得到一个三元一次方程组：

$$b_1 + 2b_4 X_1 + b_7 X_2 + b_8 X_3 = P_{x1}/P_y \cdots\cdots ①$$

$$b_2 + 2b_5 X_2 + b_7 X_1 + b_9 X_3 = P_{x2}/P_y \cdots\cdots ②$$

$$b_3 + 2b_6 X_3 + b_8 X_1 + b_9 X_2 = P_{x3}/P_y \cdots\cdots ③$$

其中，X_1、X_2、X_3 为氮、磷、钾肥的最佳施肥量，P_{x1}、P_{x2}、P_{x3} 为氮、磷、钾肥价格，P_y 为农产品价格。

通过以上方法将多年多点试验计算得出的多组最佳产量、施肥量和对应丰缺指标分级结果按不同肥力水平整理汇总，得到不同肥力水平下的磷钾肥推荐施肥表。

一般认为三元二次方程拟合结果优于一元二次和线性加平台拟合结果，如遇到不满足三元二次方程拟合条件的试验数据，可针对磷钾单独使用一元二次方程或线性加平台的方法分别拟合。

一元二次方程如下：

$$Y = aX^2 + bX + c$$

同样，分别令氮磷钾肥对应方程的 $b + 2aX = P_x/P_y$ 即可求得对应一组肥料的最佳施肥参数。

线性加平台原理和一元二次方程相似，是用分段函数来描述拟合关系。线性加平台基本函数模型如下：

$$Y=aX+b\ (当\ X<n)$$

$$Y=c\ (当\ X>n)$$

具体求解过程需要用到专业统计软件（SAS 软件）进行计算。

按照以上理论分别用三元二次、一元二次以及线性加平台等模型拟合该区 274 个水稻"3414"试验点并计算得出对应的最佳产量和最佳施肥量，然后以磷钾丰缺指标为依据，统计汇总出各养分分级区间对应的最佳施肥量与最佳产量，最后以有效磷钾含量为自变量，推荐施肥量为因变量，用指数函数拟合，通过拟合函数推算不同肥力水平的推荐施肥量的上下限。根据每个养分级别下不同的目标产量要求确定最终推荐施肥用量，见表 7-12、表 7-13。

表 7-12　桂东区水稻磷肥推荐施肥表（ n=274 ）

相对产量（%）	有效磷（P, mg/kg）	产量水平（kg/ 亩）	推荐施磷量（P_2O_5, kg/ 亩）
≥ 95	≥ 43.1	≥ 498.5	2.1 ～ < 2.7
		451.0 ～ < 498.5	1.9 ～ < 2.1
		< 451.0	1.8 ～ < 1.9
90 ～ < 95	24.1 ～ < 43.1	≥ 498.5	3.0 ～ < 4.0
		451.0 ～ < 498.5	2.2 ～ < 2.4
		< 451.0	2.0 ～ < 2.2
75 ～ < 90	14.2 ～ < 24.1	≥ 498.5	4.3 ～ < 4.9
		451.0 ～ < 498.5	3.9 ～ < 4.3
		< 451.0	3.4 ～ < 3.9
50 ～ < 75	5.5 ～ < 14.2	≥ 498.5	4.3 ～ < 4.8
		451.0 ～ < 498.5	3.7 ～ < 4.3
		< 451.0	3.4 ～ < 3.7
< 50	< 5.5	≥ 498.5	4.8 ～ < 5.4
		451.0 ～ < 498.5	4.0 ～ < 4.8
		< 451.0	3.8 ～ < 4.0

表 7-13　桂东区水稻钾肥推荐施肥表（ n=274 ）

相对产量（%）	速效钾（K, mg/kg）	产量水平（kg/ 亩）	推荐施钾量（K_2O, kg/ 亩）
≥ 95	≥ 156	≥ 498.5	5.0 ～ < 6.2
		451.0 ～ < 498.5	4.5 ～ < 5.0
		< 451.0	4.1 ～ < 4.5

续表

相对产量（%）	速效钾（K，mg/kg）	产量水平（kg/亩）	推荐施钾量（K₂O，kg/亩）
90 ～ < 95	107 ～ < 156	≥ 498.5	8.5 ～ < 9.8
		451.0 ～ < 498.5	7.0 ～ < 8.5
		< 451.0	6.5 ～ < 7.0
75 ～ < 90	35 ～ < 107	≥ 498.5	9.3 ～ < 10.4
		451.0 ～ < 498.5	8.2 ～ < 9.3
		< 451.0	7.3 ～ < 8.2
50 ～ < 75	15 ～ < 35	≥ 498.5	9.5 ～ < 10.8
		451.0 ～ < 498.5	8.5 ～ < 9.3
		< 451.0	7.6 ～ < 8.5
< 50	< 15	≥ 498.5	10.5 ～ < 11.8
		451.0 ～ < 498.5	9.6 ～ < 10.5
		< 451.0	8.0 ～ < 9.6

③氮肥推荐施肥

中国农业大学张福锁、陈新平、崔振岭等人研究表明，氮素土壤测试值与相对产量相关性不够理想，而采用斯坦福（Stanford）公式的地力差减法计算氮肥推荐施肥的结果比采用方程拟合法更为合理。因此，本章的氮肥推荐施肥计算方法均采用了斯坦福公式的地力差减法计算。

利用斯坦福公式计算氮肥推荐量首先需要确定该区域目标产量区间范围。作物目标产量的确定方法有综合评分法和经验公式法等。本文所采用的目标产量估算方法是在参考斯坦福经验公式基础上的区间划分法。斯坦福单一地块目标产量计算方法是采用地块前三年的平均产量为基数，再增加10% ～ 15%作为目标产量。本章需要计算的区域连续目标产量区间是在参考斯坦福经验公式的基础上得来。

首先，对目标区域前三年土壤类型、种植作物、施肥水平、作物产量等基本情况做一次系统调查，然后针对该区代表性主要土壤类型，按高、中、低肥力水平，多年多点布置一定量的主要农作物的"3414"肥效小区试验获取该区域目标产量区间。然后，取该区前三年作物调查数据及试验数据中平均地力产量（空白产量）值向下外延10%作为目标产量区间下限，全肥区产量平均值向上外延10%作为目标产量区间上限。再将此区间按"极低、低、中、高、极高"五个级差从低到高等距划分为五个目标产量等级。

最后，将所获得的目标产量区间和不同目标产量和施肥区间下对应的缺氮区基础地力产量、全肥区及缺氮区百公斤经济产量吸氮量、当季氮肥利用率等供肥参数套入以下斯坦福公式计算得出氮肥推荐施肥结果。具体计算公式如下。

亩施氮总量（kg）=（目标产量需氮量 - 土壤当季供氮量）/ 氮肥当季利用率

注：目标产量需氮量 = 作物目标产量 × 全肥区百公斤经济产量吸氮量；

土壤当季供氮量 = 缺氮区经济产量 × 缺氮区百公斤产量吸氮量。

根据以上理论对桂东区 274 个水稻"3414"试验点结果计算得出该区水稻氮肥推荐施肥结果，见表 7-14。

表 7-14　桂东区水稻氮肥施肥推荐结果表（n=274）

产量等级	目标产量（kg/ 亩）	推荐施氮量（N，kg/ 亩）
极高	≥ 546.0	11.3 ～ < 12.7
高	498.0 ～ < 546.0	10.8 ～ < 11.3
中	451.0 ～ < 498.0	10.2 ～ < 10.8
低	404.0 ～ < 451.0	9.9 ～ < 10.2
极低	< 404.0	8.8 ～ < 9.9

2. 桂南区水稻施肥指标体系

（1）主要施肥技术参数

①基础地力贡献率

通过对桂南区收集到的 328 个肥效小区试验点和对比试验结果进行分析统计，结果显示桂南区水稻平均地力产量为 306.5 kg/ 亩，全肥区平均产量为 456.5 kg/ 亩，土壤平均基础地力贡献率为 67.1%，见表 7-15。

表 7-15　桂南区水稻平均地力贡献率情况表（n=328）

平均地力产量（kg/ 亩）	相对合理全肥区平均产量（kg/ 亩）	平均地力贡献率（%）	地力与全肥区产量关系式
306.5	456.5	67.1	$y=0.6151x+267.98$ $R^2=0.2582$

②养分吸收参数

桂南区水稻养分吸收参数见表 7-16。

表 7-16　桂南区水稻养分吸收参数表（n=328）

籽粒养分吸收量（g/kg）			茎秆养分吸收量（g/kg）			百公斤籽粒养分吸收量（kg）			比例
N	P_2O_5	K_2O	N	P_2O_5	K_2O	N	P_2O_5	K_2O	N：P_2O_5：K_2O
1.313	0.300	0.517	0.851	0.166	1.767	2.298	0.511	2.387	1：0.22：1.04

桂南区水稻最佳产量与地力产量、地力产量与土壤主要养分参数之间的关系见表 7-17 和图 7-4。

表 7-17　桂南区水稻土壤主要养分参数、地力产量、最佳产量相关关系表（n=328）

平均地力产量（kg/亩）	平均最佳产量（kg/亩）	地力产量与最佳产量关系	地力产量与土壤全氮量关系	地力产量与土壤有效磷量关系	地力产量与土壤速效钾量关系
306.5	436.4	$y=0.6722x+$ 230.41 $R^2=0.3480$	$y=42.275x+$ 224.48 $R^2=0.2878$	$y=1.9097x+$ 222.34 $R^2=0.3104$	$y=1.0278x+$ 181.88 $R^2=0.3272$

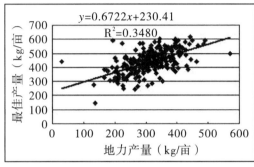
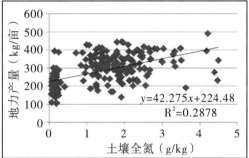
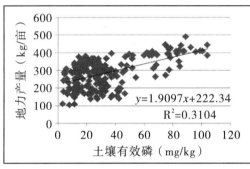
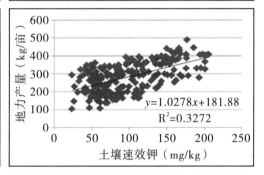

图 7-4　桂南区水稻土壤主要养分参数、地力产量、最佳产量相关关系图（n=328）

③肥料利用率

通过对桂南区 328 个试验点数据分析，结果显示测土配方施肥区水稻氮肥利用率为 31.76%，磷肥利用率为 18.5%，钾肥利用率为 43.31%；常规区氮肥利用率为 23.75%，磷肥利用率为 13.44%，钾肥利用率为 37.42%。通过对比分析显示，氮肥利用率比常规区提高 8.01 个百分点，磷肥利用率提高 5.06 个百分点，钾肥利用率提高 5.89 个百分点，见表 7-18。

表 7-18　桂南区测土配方施肥区肥料利用率结果表（n=328）

肥料利用率（%）						提高的百分点数		
测土配方施肥区			常规施肥区					
N	P	K	N	P	K	N	P	K
31.76	18.5	43.31	23.75	13.44	37.42	8.01	5.06	5.89

④农学效率

由表 7-15 可知，根据本区 328 个试验点分析得出测土配方施肥区农学效率平均为 7.48 kg/kg，常规施肥区为 5.99 kg/kg，测土区比常规区平均增加 1.99 kg/kg，见表 7-19。

表 7-19　桂南区测土配方施肥区农学效率表（*n*=328）

农学效率（kg/kg）		
测土配方施肥区	常规施肥区	提高
7.48	5.49	1.99

（2）推荐施肥模型

①磷钾丰缺指标

将桂南区 328 个试验点的相对产量与土壤有效磷和速效钾数据建立函数关系。按照相对产量 ≥ 95% 为极高、90% ~ 95% 为高、75% ~ 90% 为中、50% ~ 75% 为低、< 50% 为极低的标准，划分出相应的磷钾丰缺指标，见表 7-20 和图 7-5。

表 7-20　桂南区水稻土壤磷钾丰缺指标结果表（*n*=328）

相对产量（%）	等级	有效磷（P，mg/kg）	速效钾（K，mg/kg）
≥ 95	极高	≥ 43.9	≥ 176
90 ~ < 95	高	24.58 ~ < 43.9	118 ~ < 176
75 ~ < 90	中	14.3 ~ < 24.6	35 ~ < 118
50 ~ < 75	低	6.0 ~ < 14.3	15 ~ < 35
< 50	极低	< 6.0	< 15

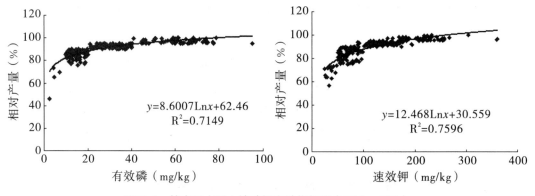

图 7-5　桂南区水稻土壤磷钾丰缺指标拟合图（*n*=328）

②磷钾推荐施肥

通过对桂南区 328 个试验点数据分析得到桂南区不同肥力水平的磷钾推荐施肥量上下限，结合不同养分级下不同的目标产量要求，确定推荐施肥用量，见表 7-21、表 7-22。

表 7-21 桂南区水稻磷肥推荐施肥表（n=328）

相对产量（%）	有效磷（P，mg/kg）	产量水平（kg/亩）	推荐施磷量（P₂O₅，kg/亩）
≥ 95	≥ 44.0	≥ 479.6	2.0 ～ < 2.5
		433.9 ～ < 479.6	1.8 ～ < 2.0
		< 433.9	1.5 ～ < 1.8
90 ～ < 95	24.6 ～ < 44.0	≥ 479.6	2.2 ～ < 2.7
		433.9 ～ < 479.6	2.0 ～ < 2.2
		< 433.9	1.6 ～ < 2.0
75 ～ < 90	14.3 ～ < 24.6	≥ 479.6	4.4 ～ < 5.3
		433.9 ～ < 479.6	4.1 ～ < 4.4
		< 433.9	3.8 ～ < 4.1
50 ～ < 75	6.0 ～ < 14.3	≥ 479.6	5.8 ～ < 6.7
		433.9 ～ < 479.6	4.3 ～ < 5.8
		< 433.9	4.0 ～ < 4.3
< 50	< 6.0	≥ 479.6	6.5 ～ < 7.6
		433.9 ～ < 479.6	4.6 ～ < 6.5
		< 433.9	4.2 ～ < 4.6

表 7-22 桂南区水稻钾肥推荐施肥表（n=328）

相对产量（%）	速效钾（K，mg/kg）	产量水平（kg/亩）	推荐施钾量（K₂O，kg/亩）
≥ 95	≥ 176	≥ 479.6	4.6 ～ < 5.8
		433.9 ～ < 479.6	4.2 ～ < 4.6
		< 433.9	3.9 ～ < 4.2
90 ～ < 95	118 ～ < 176	≥ 479.6	8.0 ～ < 9.6
		433.9 ～ < 479.6	7.5 ～ < 8.0
		< 433.9	7.0 ～ < 7.5
75 ～ < 90	35 ～ < 118	≥ 479.6	9.5 ～ < 11.0
		433.9 ～ < 479.6	8.2 ～ < 9.5
		< 433.9	7.6 ～ < 8.2
50 ～ < 75	15 ～ < 35	≥ 479.6	10.2 ～ < 11.0
		433.9 ～ < 479.6	8.5 ～ < 10.2
		< 433.9	7.6 ～ < 8.5
< 50	< 15	≥ 479.6	10.5 ～ < 14.6
		433.9 ～ < 479.6	9.7 ～ < 10.5
		< 433.9	8.6 ～ < 9.7

③氮肥推荐施肥

对该区 328 个 "3414" 试验点进行分析通过地力差减法计算得出桂南区水稻氮肥推荐施肥模型，见表 7-23。

表 7-23 桂南区水稻氮肥施肥推荐结果表（n=328）

产量等级	目标产量（kg/ 亩）	推荐施氮量（N，kg/ 亩）
极高	≥ 525.0	11.7 ～ < 12.8
高	480.0 ～ < 525.0	10.5 ～ < 11.7
中	434.0 ～ < 480.0	9.7 ～ < 10.5
低	388.0 ～ < 434.0	9.5 ～ < 9.7
极低	< 388.0	9.0 ～ < 9.5

3. 桂西区水稻施肥指标体系

（1）主要施肥技术参数

①基础地力贡献率

通过对桂西区收集到的 328 个肥效小区试验点和对比试验结果进行分析统计，结果显示桂西区水稻平均地力产量为 297.8 kg/ 亩，全肥区平均产量为 464.1 kg/ 亩，土壤平均基础地力贡献率为 64.2%，见表 7-24。

表 7-24 桂西区水稻平均地力贡献率情况表（n=328）

平均地力产量（kg/ 亩）	相对合理全肥区平均产量（kg/ 亩）	平均地力贡献率（%）	地力与全肥区产量关系式
297.8	464.1	64.2	$y=0.9414x+183.72$ $R^2=0.4038$

②养分吸收参数

桂西区水稻养分吸收参数见表 7-25。

表 7-25 桂西区水稻养分吸收参数表（n=328）

籽粒养分吸收量（%）			茎秆养分吸收量（%）			百公斤籽粒养分吸收量（kg）			比例
N	P_2O_5	K_2O	N	P_2O_5	K_2O	N	P_2O_5	K_2O	N：P_2O_5：K_2O
1.271	0.306	0.513	0.861	0.175	1.737	2.249	0.507	2.474	1：0.226：1.1

桂西区水稻最佳产量与地力产量、地力产量与土壤主要养分参数之间关系见表 7-26 和图 7-6。

表 7-26　桂西区水稻土壤主要养分参数、地力产量、最佳产量相关关系表（n=328）

平均地力产量 （kg/亩）	平均最佳产量 （kg/亩）	地力产量与最佳 产量关系	土壤全氮与地力 产量关系	土壤有效磷与地 力产量关系	土壤速效钾与地 力产量关系
297.8	433.8	$y=0.7371x+$ 214.27 $R^2=0.5074$	$y=78.495x+$ 190.92 $R^2=0.2501$	$y=1.6997x+$ 263.69 $R^2=0.3522$	$y=0.8337x+$ 237.1 $R^2=0.2525$

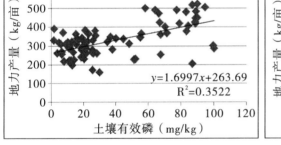

图 7-6　桂西区水稻土壤主要养分参数、地力产量、最佳产量相关关系图（n=328）

③肥料利用率

根据该区 328 个试验点分析得出测土配方施肥区水稻氮肥利用率为 30.24%，磷肥利用率为 18.15%，钾肥利用率为 42.35%；常规区氮肥利用率为 22.24%，磷肥利用率为 12.9%，钾肥利用率为 36.44%。通过对比分析显示，氮肥利用率比常规区提高 8 个百分点，磷肥和钾肥利用率分别提高了 5.25 和 5.91 个百分点，见表 7-27。

表 7-27　桂西区测土配方施肥区肥料利用率结果表（n=328）

肥料利用率（%）						提高的百分点数		
测土配方施肥区			常规施肥区					
N	P	K	N	P	K	N	P	K
30.24	18.15	42.35	22.24	12.9	36.44	8	5.25	5.91

④农学效率

根据本区 328 个试验点计算得出,测土配方施肥区农学效率平均为 7.64 kg/kg,常规施肥区为 6.62 kg/kg,测土区比常规区平均增加 1.02 kg/kg,见表 7-28。

表 7-28　桂西区施肥农学效率表（ n=328 ）

农学效率（kg/kg）		
测土配方施肥区	常规施肥区	提高
7.64	6.62	1.02

（2）推荐施肥模型

①磷钾丰缺指标

通过桂西区 328 个肥效小区试验点的相对产量与土壤速效养分建立函数关系,再按照相对产量≥ 95% 为极高、90% ～ 95% 为高、75% ～ 90% 为中、50% ～ 75% 为低、< 50% 为极低的标准,划分出相应的土壤养分丰缺指标,见表 7-29、图 7-7。

表 7-29　桂西区水稻土壤磷钾丰缺指标结果表（ n=328 ）

相对产量（%）	等级	有效磷（P，mg/kg）	速效钾（K，mg/kg）
≥ 95	极高	≥ 43.3	≥ 180
90 ～ < 95	高	24.0 ～ < 43.3	118 ～ < 180
75 ～ < 90	中	14.0 ～ < 24.0	33 ～ < 118
50 ～ < 75	低	6.0 ～ < 14.0	14 ～ < 33
< 50	极低	< 6.0	< 14

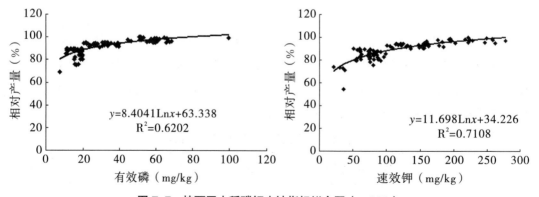

图 7-7　桂西区水稻磷钾丰缺指标拟合图（ n=328 ）

②磷钾推荐施肥

桂西区水稻磷、钾肥施肥用量推荐表,见表 7-30、表 7-31。

表 7-30 桂西区水稻磷肥推荐施肥表（n=328）

相对产量（%）	有效磷（P，mg/kg）	产量水平（kg/亩）	推荐施磷量（P$_2$O$_5$，kg/亩）
≥ 95	≥ 43.3	≥ 496.6	2.1 ～ < 2.6
		449.3 ～ < 496.6	1.9 ～ < 2.1
		< 449.3	1.8 ～ < 1.9
90 ～ < 95	24.0 ～ < 43.3	≥ 496.6	2.6 ～ < 5.4
		449.3 ～ < 496.6	2.1 ～ < 2.6
		< 449.3	1.9 ～ < 2.1
75 ～ < 90	14.0 ～ < 24.0	≥ 496.6	3.8 ～ < 6.3
		449.3 ～ < 496.6	3.5 ～ < 3.8
		< 449.3	3.0 ～ < 3.5
50 ～ < 75	6.5 ～ < 14.0	≥ 496.6	4.5 ～ < 7.0
		449.3 ～ < 496.6	3.6 ～ < 4.5
		< 449.3	3.1 ～ < 3.6
< 50	< 6.5	≥ 496.6	4.8 ～ < 7.6
		449.3 ～ < 496.6	3.8 ～ < 4.8
		< 449.3	3.5 ～ < 3.8

表 7-31 桂西区水稻钾肥推荐施肥表（n=328）

相对产量（%）	速效钾（K，mg/kg）	产量水平（kg/亩）	推荐施钾量（K$_2$O，kg/亩）
≥ 95	≥ 180	≥ 496.6	4.9 ～ < 6.2
		449.3 ～ < 496.6	4.5 ～ < 4.9
		< 449.3	4.1 ～ < 4.5
90 ～ < 95	118 ～ < 180	≥ 496.6	5.5 ～ < 6.9
		449.3 ～ < 496.6	5.0 ～ < 5.5
		< 449.3	4.5 ～ < 5.0
75 ～ < 90	33 ～ < 118	≥ 496.6	7.7 ～ < 8.6
		449.3 ～ < 496.6	6.9 ～ < 7.7
		< 449.3	6.5 ～ < 6.9
50 ～ < 75	14 ～ < 33	≥ 496.6	8.4 ～ < 9.3
		449.3 ～ < 496.6	7.6 ～ < 8.4
		< 449.3	6.8 ～ < 7.6
< 50	< 14	≥ 496.6	8.8 ～ < 10.4
		449.3 ～ < 496.6	7.8 ～ < 8.8
		< 449.3	7.0 ～ < 7.8

③氮肥推荐施肥

对该区 328 个"3414"小区试验点进行分析统计,通过地力差减法计算得出桂西区水稻氮肥推荐施肥模型,见表 7-32。

表 7-32　桂西区水稻氮肥施肥推荐结果表（n=328）

产量等级	目标产量（kg/ 亩）	推荐施氮量（N, kg/ 亩）
极高	≥ 544.0	10.1 ～ < 11.6
高	497.0 ～ < 544.0	9.5 ～ < 10.1
中	449.0 ～ < 497.0	8.5 ～ < 9.5
低	402.0 ～ < 449.0	8.1 ～ < 8.5
极低	< 402.0	7.2 ～ < 8.1

4. 桂北区水稻施肥指标体系

（1）主要施肥技术参数

①基础地力贡献率

通过对桂北区收集到的 336 个肥效小区试验点和对比试验结果进行分析统计,结果显示桂北区水稻平均地力产量为 306.3kg/ 亩,全肥区平均产量为 466.4kg/ 亩,土壤平均基础地力贡献率为 65.8%,见表 7-33。

表 7-33　桂北区水稻平均地力贡献率情况表（n=336）

平均地力产量 （kg/ 亩）	相对合理全肥区平均产量 （kg/ 亩）	平均地力贡献率 （%）	地力与全肥区产量 关系式
306.3	466.4	65.8	$y=0.708x+249.54$ $R^2=0.4032$

②养分吸收参数

桂北区水稻养分吸收参数见表 7-34。

表 7-34　桂北区水稻养分吸收参数表（n=336）

籽粒养分吸收量（%）			茎秆养分吸收量（%）			百公斤籽粒养分吸收量（kg）			比例
N	P_2O_5	K_2O	N	P_2O_5	K_2O	N	P_2O_5	K_2O	N ： P_2O_5 ： K_2O
1.315	0.294	0.505	0.826	0.190	1.706	2.288	0.504	2.556	1 ： 0.22 ： 1.12

桂北区水稻基础地力产量与土壤供肥参数之间关系也呈正相关关系,见表 7-35 和图 7-8。

表 7-35　桂北区水稻土壤主要养分参数、地力产量、最佳产量相关关系表（ n=336 ）

平均地力产量 （kg/亩）	平均最佳产量 （kg/亩）	地力产量与 最佳产量关系	土壤全氮与 地力产量关系	土壤有效磷与 地力产量关系	土壤速效钾与 地力产量关系
306.3	463.2	$y=0.67x+257.96$ $R^2=0.3254$	$y=54.51x+190.64$ $R^2=0.3251$	$y=6.0146x+202.92$ $R^2=0.2791$	$y=1.0909x+211.01$ $R^2=0.3048$

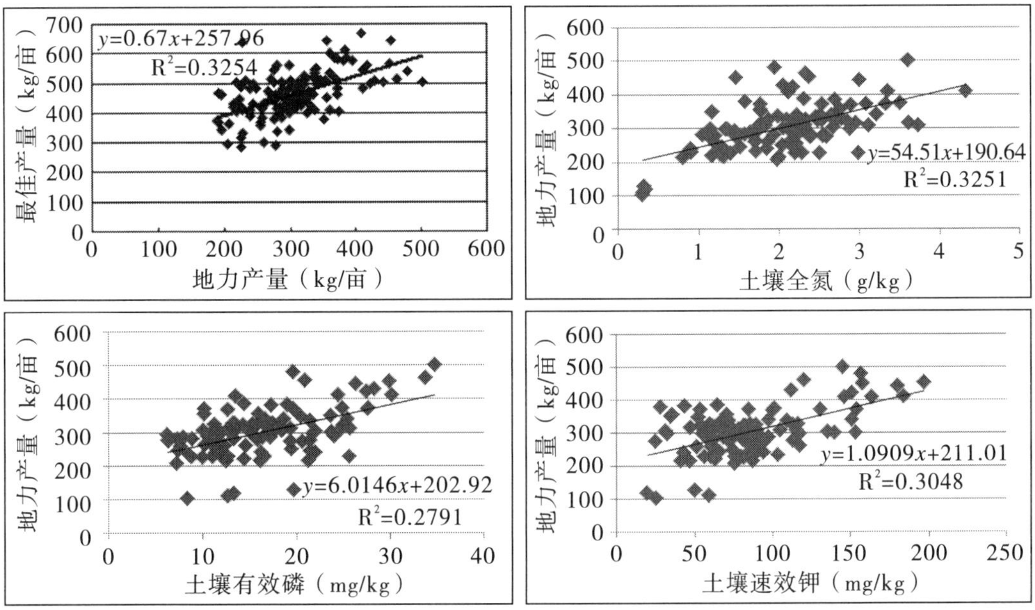

图 7-8　桂北水稻土壤主要养分参数、地力产量、最佳产量相关关系图（ n=336 ）

③肥料利用率

对该区 336 个肥效试验点分析得出，测土配方施肥区水稻氮肥利用率为 28.99%，磷肥利用率为 20.72%，钾肥利用率为 38.23% ；常规区氮肥利用率为 24.72%，磷肥利用率为 19.29%，钾肥利用率为 37.13%。通过对比分析显示，氮肥利用率比常规区提高 4.27 个百分点，磷肥和钾肥利用率分别提高了 1.43 和 1.1 个百分点，见表 7-36。

表 7-36　桂北区测土配方施肥肥料利用率结果表（ n=336 ）

肥料利用率（%）						提高的百分点数		
测土配方施肥区			常规施肥区					
N	P	K	N	P	K	N	P	K
28.99	20.72	38.23	24.72	19.29	37.13	4.27	1.43	1.1

④农学效率

通过对 336 个试验点计算结果得，测土配方施肥区农学效率平均为 6.8 kg/kg，常规施肥区为 5.86 kg/kg，测土区比常规区平均增加 0.94 kg/kg，见表 7-37。

表 7-37　桂北区施肥农学效率表（_n_=336）

农学效率（kg/kg）		
测土配方施肥区	常规施肥区	提高
6.8	5.86	0.94

（2）推荐施肥模型

①磷钾丰缺指标

桂北区水稻丰缺指标，见表 7-38、图 7-9。

表 7-38　桂北区水稻土壤磷钾丰缺指标结果表（_n_=336）

相对产量（%）	等级	有效磷（P，mg/kg）	速效钾（K，mg/kg）
≥ 95	极高	≥ 45.5	≥ 155
90 ～ < 95	高	24.5 ～ < 45.5	106 ～ < 155
75 ～ < 90	中	13.8 ～ < 24.5	34 ～ < 106
50 ～ < 75	低	5.2 ～ < 13.8	15 ～ < 34
< 50	极低	< 5.2	< 15

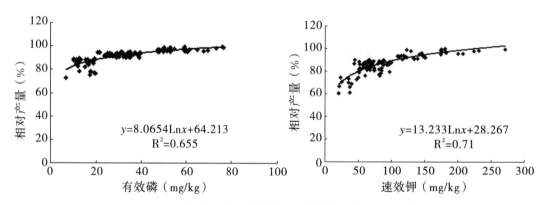

图 7-9　桂北区水稻土壤磷钾丰缺指标拟合图（_n_=336）

②磷钾推荐施肥

通过计算得出桂北区磷钾施肥指标结果，见表 7-39、表 7-40。

表 7-39　桂北区水稻磷肥推荐施肥表（_n_=336）

相对产量（%）	有效磷（P，mg/kg）	产量水平（kg/ 亩）	推荐施磷量（P_2O_5，kg/ 亩）
≥ 95	≥ 45.5	≥ 575.1	2.8 ～ < 3.7
		520.4 ～ < 575.1	2.6 ～ < 2.8
		< 520.4	2.3 ～ < 2.6

续表

相对产量（%）	有效磷（P，mg/kg）	产量水平（kg/亩）	推荐施磷量（P₂O₅，kg/亩）
90～< 95	24.5～< 45.5	≥ 575.1	3.2～< 4.2
		520.4～< 575.1	2.9～< 3.2
		< 520.4	2.5～< 2.9
75～< 90	13.8～< 24.5	≥ 575.1	4.4～< 6.1
		520.4～< 575.1	4.0～< 4.4
		< 520.4	3.8～< 4.0
50～< 75	5.2～< 13.8	≥ 575.1	5.1～< 5.4
		520.4～< 575.1	4.2～< 5.1
		< 520.4	3.9～< 4.2
< 50	< 5.2	≥ 575.1	5.8～< 6.1
		520.4～< 575.1	5.2～< 5.8
		< 520.4	4.4～< 5.2

表 7-40　桂北区水稻钾肥推荐施肥表（n=336）

相对产量（%）	速效钾（K，mg/kg）	产量水平（kg/亩）	推荐施钾量（K₂O，kg/亩）
≥ 95	≥ 155	≥ 575.1	6.7～< 8.7
		520.4～< 575.1	6.0～< 6.7
		< 520.4	5.7～< 6.0
90～< 95	106～< 155	≥ 575.1	8.6～< 9.9
		520.4～< 575.1	8.2～< 8.6
		< 520.4	6.4～< 9.0
75～< 90	34～< 106	≥ 575.1	9.6～< 12.4
		520.4～< 575.1	8.5～< 9.6
		< 520.4	6.7～< 8.5
50～< 75	15～< 34	≥ 575.1	9.9～< 12.9
		520.4～< 575.1	8.7～< 9.9
		< 520.4	7.0～< 8.7
< 50	< 15	≥ 575.1	11.3～< 14.7
		520.4～< 575.1	9.8～< 11.3
		< 520.4	7.6～< 9.8

③氮肥推荐施肥

通过对336个"3414"试验点分析统计，采用地力差减法计算得出桂北区水稻氮肥推荐施肥模型，见表7-41。

表7-41 桂北区水稻氮肥施肥推荐结果表（n=336）

产量等级	目标产量（kg/亩）	推荐施氮量（N，kg/亩）
极高	≥ 630.0	12.6 ～ < 15.8
高	575.0 ～ < 630.0	11.5 ～ < 12.6
中	520.0 ～ < 575.0	10.9 ～ < 11.5
低	466.0 ～ < 520.0	10.2 ～ < 10.9
极低	< 466.0	9.5 ～ < 10.2

5. 桂中区水稻施肥指标体系

（1）主要施肥技术参数

①基础地力贡献率

通过对桂中区收集到的329个肥效小区试验点和对比试验结果进行分析统计，结果显示桂中区水稻平均地力产量为294.5 kg/亩，全肥区平均产量为466.4 kg/亩，土壤平均基础地力贡献率为65.8%，见表7-42。

表7-42 桂中区水稻平均地力贡献率情况表（n=329）

平均地力产量（kg/亩）	相对合理全肥区平均产量（kg/亩）	平均地力贡献率（%）	地力与全肥区产量关系式
294.5	466.4	65.8	$y=0.6333x+274.86$ $R^2=0.3779$

②养分吸收参数

桂中区水稻百公斤籽粒养分吸收量分别为 N 2.245 kg，P_2O_5 0.5 kg，K_2O 2.488 kg，见表7-43。

表7-43 桂中区水稻养分吸收参数表（n=329）

籽粒养分吸收量（%）			茎秆养分吸收量（%）			百公斤籽粒养分吸收量（kg）			比例
N	P_2O_5	K_2O	N	P_2O_5	K_2O	N	P_2O_5	K_2O	N ：P_2O_5 ：K_2O
1.293	0.304	0.497	0.889	0.174	1.768	2.245	0.500	2.488	1 ： 0.22 ： 1.11

通过计算，桂中区水稻最佳产量与地力产量、地力产量与土壤主要养分参数之间关系见表7-44和图7-10。

表 7-44　桂中区水稻土壤主要养分参数、地力产量、最佳产量相关关系表（n=329）

平均地力产量（kg/亩）	平均最佳产量（kg/亩）	地力产量与最佳产量关系	土壤全氮与地力产量关系	土壤有效磷与地力产量关系	土壤速效钾与地力产量关系
294.5	454.9	$y=0.8536x+203.53$ $R^2=0.5125$	$y=51.995x+190.22$ $R^2=0.2745$	$y=3.0211x+219.16$ $R^2=0.3663$	$y=0.8054x+222.77$ $R^2=0.2828$

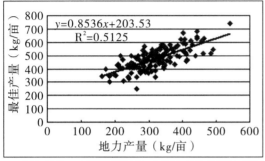
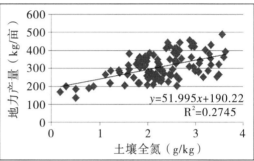
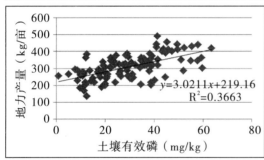
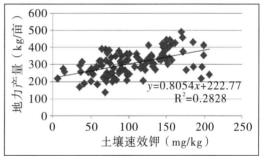

图 7-10　桂中区水稻土壤主要养分参数、地力产量、最佳产量相关关系图（n=329）

③肥料利用率

根据本区 329 个试验点分析可知，测土配方施肥区水稻氮肥利用率为 31.9%，磷肥利用率为 20.07%，钾肥利用率为 47.11%；常规区氮肥利用率为 29.55%，磷肥利用率为 18.66%，钾肥利用率为 46.53%。通过对比分析显示，氮肥利用率比常规区提高 2.35个百分点，磷肥利用率提高了 1.41 个百分点，钾肥利用率提高了 0.58 个百分点，见表7-45。

表 7-45　桂中区测土配方施肥肥料利用率结果表（n=329）

肥料利用率（%）						提高的百分点数		
测土配方施肥区			常规施肥区					
N	P	K	N	P	K	N	P	K
31.9	20.07	47.11	29.55	18.66	46.53	2.35	1.41	0.58

④农学效率

根据本区 329 个试验点计算结果可知，测土配方施肥区农学效率平均为 7.49 kg/kg，常规施肥区为 7.4 kg/kg，测土区比常规区平均增加 0.09 kg/kg，见表 7-46。

表 7-46 桂中区测土配方施肥区农学效率表（n=329）

农学效率（kg/kg）		
测土配方施肥区	常规施肥区	提高
7.49	7.4	0.09

（2）推荐施肥模型

①磷钾丰缺指标

通过计算得到桂中区磷钾肥丰缺指标，见表 7-47、图 7-11。

表 7-47 桂中区水稻土壤磷钾丰缺指标结果表（n=329）

相对产量（%）	等级	有效磷（P，mg/kg）	速效钾（K，mg/kg）
≥ 95	极高	≥ 41.9	≥ 175
90 ～ < 95	高	26.6 ～ < 41.9	121 ～ < 175
75 ～ < 90	中	16.8 ～ < 26.6	40 ～ < 121
50 ～ < 75	低	7.1 ～ < 16.8	16 ～ < 40
< 50	极低	< 7.1	< 16

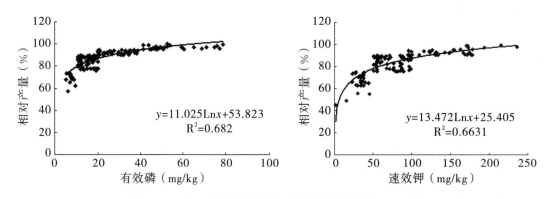

图 7-11 桂中区水稻土壤磷钾丰缺指标拟合图（n=329）

②磷钾推荐施肥

桂中区推荐磷钾施肥，见表 7-48、表 7-49。

表 7-48 桂中区水稻磷肥推荐施肥表（n=329）

相对产量（%）	有效磷（P，mg/kg）	产量水平（kg/亩）	推荐施磷量（P_2O_5，kg/亩）
≥ 95	≥ 41.9	≥ 491.9	2.1 ～ < 2.6
		445.1 ～ < 491.9	1.9 ～ < 2.1
		< 445.1	1.7 ～ < 1.9

续表

相对产量（%）	有效磷（P，mg/kg）	产量水平（kg/亩）	推荐施磷量（P_2O_5，kg/亩）
90～< 95	26.6～< 41.9	≥ 491.9	3.6～< 4.0
		445.1～< 491.9	3.0～< 3.6
		< 445.1	2.2～< 3.0
75～< 90	16.8～< 26.6	≥ 491.9	3.9～< 4.6
		445.1～< 491.9	3.1～< 3.9
		< 445.1	2.5～< 3.1
50～< 75	7.1～< 16.8	≥ 491.9	6.5～< 7.4
		445.1～< 491.9	4.6～< 6.5
		< 445.1	3.5～< 4.6
< 50	< 7.1	≥ 491.9	7.0～< 7.8
		445.1～< 491.9	5.6～< 7.0
		< 445.1	4.0～< 5.6

表 7-49　桂中区水稻钾肥推荐施肥表（n=329）

相对产量（%）	速效钾（K，mg/kg）	产量水平（kg/亩）	推荐施钾量（K_2O，kg/亩）
≥ 95	≥ 175	≥ 491.9	4.8～< 6.1
		445.1～< 491.9	4.4～< 4.8
		< 445.1	4.0～< 4.4
90～< 95	121～< 175	≥ 491.9	5.4～< 6.8
		445.1～< 491.9	4.9～< 5.4
		< 445.1	4.3～< 4.9
75～< 90	40～< 121	≥ 491.9	7.5～< 8.7
		445.1～< 491.9	6.6～< 7.5
		< 445.1	6.0～< 6.6
50～< 75	16～< 40	≥ 491.9	7.6～< 8.8
		445.1～< 491.9	7.0～< 7.6
		< 445.1	6.2～< 7.0
< 50	< 16	≥ 491.9	8.4～< 9.1
		445.1～< 491.9	7.4～< 8.4
		< 445.1	6.9～< 7.4

③氮肥推荐施肥

通过对 255 个水稻"3414"试验点分析统计，通过地力差减法计算得出桂中区水稻氮肥推荐施肥模型，见表 7-50。

表 7-50　桂中区水稻氮肥施肥推荐结果表（n=255）

产量等级	目标产量（kg/亩）	推荐施氮量（N，kg/亩）
极高	≥ 539.0	10.6 ～ < 11.8
高	492.0 ～ < 539.0	10.0 ～ < 10.6
中	445.0 ～ < 492.0	9.8 ～ < 10.0
低	398.0 ～ < 445.0	8.9 ～ < 9.8
极低	< 398.0	7.9 ～ < 8.9

（二）玉米施肥指标体系

1. 桂东区玉米施肥指标体系

（1）主要施肥技术参数

①基础地力贡献率

通过对桂东区收集到的 253 个玉米肥效小区试验点和对比试验结果进行分析统计，结果显示桂东区玉米平均地力产量为 221.9 kg/亩，全肥区平均产量为 370.5 kg/亩，土壤平均基础地力贡献率为 59.9%，见表 7-51。

表 7-51　桂东区玉米平均地力贡献率情况表（n=253）

平均地力产量 （kg/亩）	相对合理全肥区平均产量 （kg/亩）	平均地力贡献率 （%）	地力与全肥区产量 关系式
221.9	370.5	59.9	$y=0.5973x+237.94$ $R^2=0.2376$

②养分吸收参数

桂东区玉米养分吸收参数见表 7-52。

表 7-52　桂东区玉米养分吸收参数表（n=253）

籽粒养分吸收量（%）			茎秆养分吸收量（%）			百公斤籽粒养分吸收量（kg）			比例
N	P_2O_5	K_2O	N	P_2O_5	K_2O	N	P_2O_5	K_2O	N ： P_2O_5 ： K_2O
0.898	0.301	0.492	0.819	0.150	1.520	1.681	0.448	1.982	1 ： 0.27 ： 1.18

桂东区玉米最佳产量与地力产量、地力产量与土壤主要养分参数之间关系见表 7-53 和图 7-12。

表 7-53　桂东区玉米土壤主要养分参数、地力产量、最佳产量相关关系表（n=253）

平均地力产量 （kg/亩）	平均最佳产量 （kg/亩）	地力产量与 最佳产量关系	土壤全氮与 地力产量关系	土壤有效磷与 地力产量关系	土壤速效钾与 地力产量关系
221.9	459.7	$y=0.3103x+$ 390.88 $R^2=0.4448$	$y=76.158x+$ 104.56 $R^2=0.3471$	$y=3.7666x+$ 112.21 $R^2=0.3761$	$y=1.6949x+$ 43.471 $R^2=0.4110$

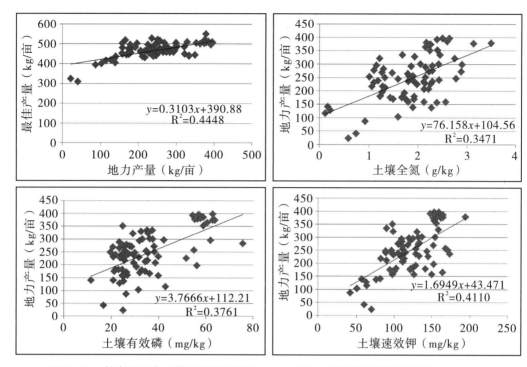

图7-12　桂东区玉米土壤主要养分参数、地力产量、最佳产量相关关系图（n=253）

③肥料利用率

根据该区253个玉米肥效试验点计算得，测土配方施肥区玉米氮肥利用率为29.58%，磷肥利用率为26.89%，钾肥利用率为40.29%；常规区氮肥利用率为24.18%，磷肥利用率为19.27%，钾肥利用率为36.97%。通过对比分析显示，氮肥利用率比常规区提高5.4个百分点，磷肥利用率提高7.62个百分点，钾肥利用率提高了3.32个百分点，见表7-54。

表7-54　桂东区玉米测土配方施肥区肥料利用率结果表（n=253）

肥料利用率（%）						提高的百分点数		
测土配方施肥区			常规施肥区					
N	P	K	N	P	K	N	P	K
29.58	26.89	40.29	24.18	19.27	36.97	5.4	7.62	3.32

④农学效率

通过对桂东区试验点计算结果分析可知，测土配方施肥区农学效率平均为8.13 kg/kg，常规施肥区为6.65 kg/kg，测土区比常规区平均增加1.48 kg/kg，见表7-55。

表 7-55 桂东区测土配方施肥区农学效率表（n=253）

试验个数	农学效率（kg/kg）		
	测土配方施肥区	常规施肥区	提高
42	8.13	6.65	1.48

（2）推荐施肥模型

①磷钾丰缺指标

通过对桂东区 253 个玉米小区试验点数据分析，结果显示桂东区玉米磷钾丰缺指标，见表 7-56、图 7-13。

表 7-56 桂东区玉米土壤磷钾丰缺指标结果表（n=253）

相对产量（%）	等级	有效磷（P，mg/kg）	速效钾（K，mg/kg）
≥ 95	极高	≥ 53.0	≥ 139
90 ～ < 95	高	30.7 ～ < 53.0	105 ～ < 139
75 ～ < 90	中	16.0 ～ < 30.7	52 ～ < 105
50 ～ < 75	低	6.4 ～ < 16.0	15 ～ < 52
< 50	极低	< 6.4	< 15

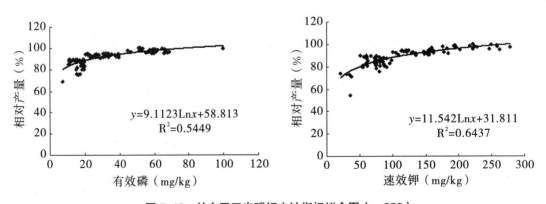

图 7-13 桂东区玉米磷钾丰缺指标拟合图（n=253）

②磷钾推荐施肥

桂东区玉米磷钾推荐施肥指标，见表 7-57、表 7-58。

表 7-57 桂东区玉米磷肥推荐施肥表（n=253）

相对产量（%）	有效磷（P，mg/kg）	产量水平（kg/亩）	推荐施磷量（P₂O₅，kg/亩）
≥ 95	≥ 53.1	≥ 466.0	1.3 ～ < 2.2
		351.6 ～ < 466.0	1.1 ～ < 1.3
		< 351.6	1.0 ～ < 1.1

续表

相对产量（%）	有效磷（P, mg/kg）	产量水平（kg/亩）	推荐施磷量（P₂O₅, kg/亩）
90～< 95	30.7～< 53.1	≥ 466.0	1.7～< 2.9
		351.6～< 466.0	1.4～< 1.7
		< 351.6	1.2～< 1.4
75～< 90	15.9～< 30.7	≥ 466.0	3.1～< 3.9
		351.6～< 466.0	2.9～< 3.1
		< 351.6	2.3～< 2.9
50～< 75	6.4～< 15.9	≥ 466.0	3.9～< 5.0
		351.6～< 466.0	3.5～< 3.9
		< 351.6	2.5～< 3.5
< 50	< 6.4	≥ 466.0	4.5～< 6.6
		351.6～< 466.0	3.8～< 4.5
		< 351.6	3.0～< 3.8

表 7-58　桂东区玉米钾肥推荐施肥表（n=253）

相对产量（%）	速效钾（K, mg/kg）	产量水平（kg/亩）	推荐施钾量（K₂O, kg/亩）
≥ 95	≥ 139	≥ 466.0	4.3～< 5.6
		351.6～< 466.0	4.0～< 4.3
		< 351.6	3.7～< 4.0
90～< 95	105～< 139	≥ 466.0	4.9～< 6.4
		351.6～< 466.0	4.5～< 4.9
		< 351.6	4.1～< 4.5
75～< 90	52～< 105	≥ 466.0	8.0～< 9.4
		351.6～< 466.0	7.0～< 8.0
		< 351.6	5.0～< 7.0
50～< 75	15～< 52	≥ 466.0	9.4～< 10.3
		351.6～< 466.0	7.6～< 9.4
		< 351.6	6.0～< 7.6
< 50	< 15	≥ 466.0	10.3～< 12.4
		351.6～< 466.0	8.2～< 10.3
		< 351.6	7.5～< 8.2

③氮肥推荐施肥

对 253 个玉米"3414"试验点进行数据分析统计，通过地力差减法计算得出桂中区玉米氮肥推荐施肥模型，见表 7-59。

表 7-59 桂东区玉米氮肥施肥推荐结果表（n=253）

产量等级	目标产量（kg/亩）	推荐施氮量（N，kg/亩）
极高	≥ 546.0	11.2 ～ < 12.7
高	498.0 ～ < 546.0	10.8 ～ < 11.3
中	451.0 ～ < 498.0	10.2 ～ < 10.8
低	404.0 ～ < 451.0	9.8 ～ < 10.2
极低	< 404.0	8.8 ～ < 9.8

2. 桂南区玉米施肥指标体系

（1）主要施肥技术参数

①基础地力贡献率

通过对桂南区收集到的 246 个肥效小区试验点和对比试验结果进行分析统计，结果显示桂南区玉米平均地力产量为 222.0 kg/亩，全肥区平均产量为 368.8 kg/亩，土壤平均基础地力贡献率为 60.2%，见表 7-60。

表 7-60 桂南区玉米平均地力贡献率情况表（n=246）

平均地力产量 （kg/亩）	相对合理全肥区平均产量 （kg/亩）	平均地力贡献率 （%）	地力与全肥区产量 关系式
222.0	368.8	60.2	$y=0.7817x+195.28$ $R^2=0.4085$

②养分吸收参数

桂南区玉米养分吸收参数见表 7-61。

表 7-61 桂南区玉米养分吸收参数表（n=246）

籽粒养分吸收量（%）			茎秆养分吸收量（%）			百公斤籽粒养分吸收量（kg）			比例
N	P_2O_5	K_2O	N	P_2O_5	K_2O	N	P_2O_5	K_2O	N：P_2O_5：K_2O
0.951	0.301	0.498	0.758	0.148	1.492	1.694	0.445	1.959	1：0.263：1.157

桂南区玉米最佳产量与地力产量、地力产量与土壤主要养分参数之间关系见表 7-62 和图 7-14。

表 7-62 桂南区玉米土壤主要养分参数、地力产量、最佳产量相关关系表（n=246）

平均地力产量 （kg/亩）	平均最佳产量 （kg/亩）	地力产量与 最佳产量关系	土壤全氮与 地力产量关系	土壤有效磷与 地力产量关系	土壤速效钾与 地力产量关系
222.0	451.4	$y=0.2613x+$ 393.39 $R^2=0.3538$	$y=66.86x+$ 135.01 $R^2=0.3328$	$y=2.5921x+$ 177.23 $R^2=0.2549$	$y=1.3422x+$ 103.23 $R^2=0.3409$

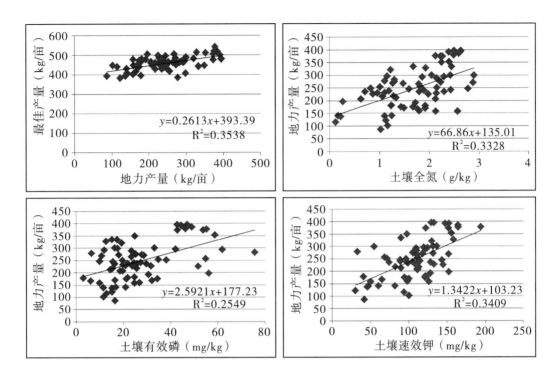

图 7-14 桂南区玉米土壤主要养分参数、地力产量、最佳产量相关关系图（n=246）

③肥料利用率

通过对 246 个玉米肥效试验点统计，测土配方施肥区玉米氮肥利用率为 22.74%，磷肥利用率为 18.81%，钾肥利用率为 32.51%；常规区氮肥利用率为 18.1%，磷肥利用率为 14.17%，钾肥利用率为 32.99%。通过对比分析显示，氮肥利用率比常规区提高 4.64 个百分点，磷肥利用率提高 4.64 个百分点，钾肥利用率增加 1.52 个百分点，见表 7-63。

表 7-63 桂南区测土配方施肥区肥料利用率结果表（n=246）

肥料利用率（%）						提高的百分点数		
测土配方施肥区			常规施肥区					
N	P	K	N	P	K	N	P	K
22.74	18.81	32.51	18.1	14.17	30.99	4.64	4.64	1.52

④农学效率

通过对该区 246 个玉米肥效试验点计算统计，测土配方施肥区农学效率平均为 6.14 kg/kg，常规施肥区为 5.04 kg/kg，测土区比常规区平均增加 1.1 kg/kg，见表 7-64。

表 7-64 桂南区测土配方施肥区农学效率表（n=246）

试验个数	农学效率（kg/kg）		
	测土配方施肥区	常规施肥区	提高
66	6.14	5.04	1.1

（2）推荐施肥模型

①磷钾丰缺指标

通过计算得到桂南区玉米磷钾丰缺指标，见表7-65、图7-15。

表 7-65　桂南区玉米土壤磷钾丰缺指标结果表（n=246）

相对产量（%）	等级	有效磷（P，mg/kg）	速效钾（K，mg/kg）
≥ 95	极高	≥ 43.5	≥ 166
90～< 95	高	23.2～< 43.5	123～< 166
75～< 90	中	13.5～< 23.2	49～< 123
50～< 75	低	5.1～< 13.5	11～< 49
< 50	极低	< 5.1	< 11

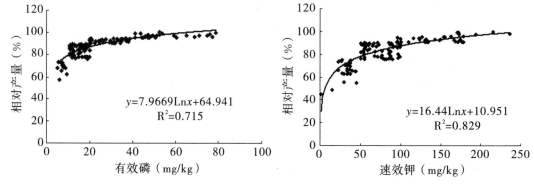

图 7-15　桂南区玉米磷钾丰缺指标拟合图（n=246）

②磷钾推荐施肥

桂南区玉米磷钾推荐施肥指标结果，见表7-66、表7-67。

表 7-66　桂南区玉米磷肥推荐施肥表（n=246）

相对产量（%）	有效磷（P，mg/kg）	产量水平（kg/亩）	推荐施磷量（P₂O₅，kg/亩）
≥ 95	≥ 43.5	≥ 491.3	1.4～< 2.4
		370.6～< 491.3	1.2～< 1.4
		< 370.6	1.0～< 1.2
90～< 95	23.2～< 43.5	≥ 491.3	1.8～< 3.3
		370.6～< 491.3	1.5～< 1.8
		< 370.6	1.2～< 1.5
75～< 90	13.5～< 23.2	≥ 491.3	3.2～< 5.1
		370.6～< 491.3	3.0～< 3.2
		< 370.6	2.4～< 3.0

续表

相对产量（%）	有效磷（P，mg/kg）	产量水平（kg/亩）	推荐施磷量（P₂O₅，kg/亩）
50～< 75	5.1～< 13.5	≥ 491.3	3.3～< 5.8
		370.6～< 491.3	3.0～< 3.3
		< 370.6	2.5～< 3.0
< 50	< 5.1	≥ 491.3	5.3～< 6.7
		370.6～< 491.3	4.1～< 5.3
		< 370.6	3.5～< 4.1

表 7-67 桂南区玉米钾肥推荐施肥表（n=246）

相对产量（%）	速效钾（K，mg/kg）	产量水平（kg/亩）	推荐施钾量（K₂O，kg/亩）
≥ 95	≥ 166	≥ 491.3	4.4～< 5.8
		370.6～< 491.3	4.1～< 4.4
		< 370.6	3.8～< 4.1
90～< 95	123～< 166	≥ 491.3	5.1～< 6.7
		370.6～< 491.3	4.6～< 5.1
		< 370.6	4.2～< 4.6
75～< 90	49～< 123	≥ 491.3	9.0～< 11.3
		370.6～< 491.3	8.1～< 9.0
		< 370.6	6.8～< 8.1
50～< 75	11～< 49	≥ 491.3	9.7～< 11.8
		370.6～< 491.3	8.8～< 9.7
		< 370.6	7.0～< 8.8
< 50	< 11	≥ 491.3	10.7～< 12.1
		370.6～< 491.3	9.6～< 10.7
		< 370.6	7.7～< 9.6

③氮肥推荐施肥

通过对 246 个玉米"3414"试验点进行数据分析统计，通过地力差减法计算得出桂中区水稻氮肥推荐施肥模型，见表 7-68。

表 7-68　桂南区玉米氮肥施肥推荐结果表（*n*=246）

产量等级	目标产量（kg/亩）	推荐施氮量（N，kg/亩）
极高	≥ 612.0	16.4 ～ < 17.0
高	491.0 ～ < 612.0	15.5 ～ < 16.4
中	371.0 ～ < 491.0	13.7 ～ < 15.5
低	250.0 ～ < 371.0	10.8 ～ < 13.7
极低	< 250.0	8.8 ～ < 10.8

3. 桂西区玉米施肥指标体系

（1）主要施肥技术参数

①基础地力贡献率

通过对桂西区收集到 210 个玉米肥效小区试验点和对比试验结果进行分析统计，结果显示桂西区玉米平均地力产量为 222.1 kg/亩，全肥区平均产量为 367.3 kg/亩，土壤平均基础地力贡献率为 60.5%，见表 7-69。

表 7-69　桂西区玉米平均地力贡献率情况表（*n*=210）

平均地力产量 （kg/亩）	相对合理全肥区平均产量 （kg/亩）	平均地力贡献率 （%）	地力与全肥区 产量关系式
222.1	367.3	60.5	$y=0.9048x+166.41$ $R^2=0.5488$

②养分吸收参数

桂西区玉米养分吸收参数见表 7-70。

表 7-70　桂西区玉米养分吸收参数表（*n*=210）

籽粒养分吸收量（%）			茎秆养分吸收量（%）			百公斤籽粒养分吸收量（kg）			比例
N	P_2O_5	K_2O	N	P_2O_5	K_2O	N	P_2O_5	K_2O	N ： P_2O_5 ： K_2O
0.968	0.300	0.502	0.745	0.148	1.479	1.698	0.445	1.952	1 ： 0.262 ： 1.15

桂西区玉米最佳产量与地力产量、地力产量与土壤主要养分参数之间关系见表 7-71 和图 7-16。

表 7-71　桂西区玉米土壤主要养分参数、地力产量、最佳产量相关关系表（*n*=210）

平均地力产量 （kg/亩）	平均最佳产量 （kg/亩）	地力产量与 最佳产量关系	土壤全氮与 地力产量关系	土壤有效磷与 地力产量关系	土壤速效钾与 地力产量关系
327.0	486.0	$y=0.3281x+$ 378.74 $R^2=0.4614$	$y=78.318x+$ 118.99 $R^2=0.4402$	$y=4.4687x+$ 102.11 $R^2=0.5824$	$y=1.4314x+$ 92.619 $R^2=0.4698$

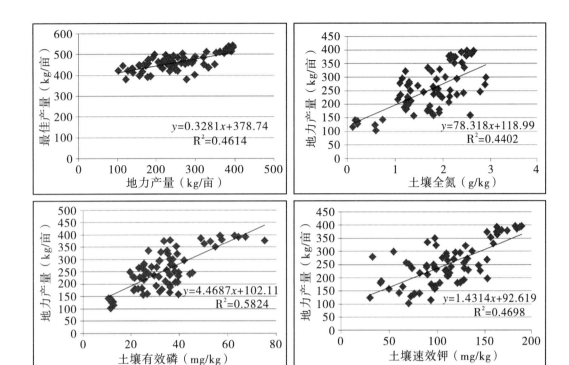

图 7-16　桂西区玉米土壤主要养分参数、地力产量、最佳产量相关关系图（n=210）

③肥料利用率

根据对 210 个玉米试验点肥料利用率计算得出，测土配方施肥区玉米氮肥利用率为 22.86%，磷肥利用率为 15.97%，钾肥利用率为 30.12%；常规区氮肥利用率为 18.44%，磷肥利用率为 14.05%，钾肥利用率为 28.15%。通过对比分析显示，氮肥利用率比常规区提高 4.42 个百分点，磷肥利用率降低 1.92 个百分点，钾肥利用率减少 1.97 个百分点，见表 7-72。

表 7-72　桂西区玉米测土配方施肥区肥料利用率结果表（n=210）

肥料利用率（%）						提高的百分点数		
测土配方施肥区			常规施肥区					
N	P	K	N	P	K	N	P	K
22.86	15.97	30.12	18.44	14.05	28.15	4.42	1.92	1.97

④农学效率

通过对该区 210 个玉米试验点计算得出，测土配方施肥区农学效率平均为 6.67 kg/kg，常规施肥区为 5.21 kg/kg，测土区比常规区平均增加 1.46 kg/kg，见表 7-73。

表 7-73　桂西区玉米测土配方施肥区农学效率表（*n*=210）

农学效率（kg/kg）		
测土配方施肥区	常规施肥区	提高
6.67	5.21	1.46

（2）推荐施肥模型

①磷钾丰缺指标

通过对桂西区210个玉米"3414"试验点数据分析计算得到磷钾丰缺指标，见表7-74、图7-17。

表 7-74　桂西区玉米土壤磷钾丰缺指标结果表（*n*=210）

相对产量（%）	等级	有效磷（P，mg/kg）	速效钾（K，mg/kg）
≥ 95	极高	≥ 37.7	≥ 125
90 ～ < 95	高	28.1 ～ < 37.7	100 ～ < 125
75 ～ < 90	中	11.7 ～ < 28.1	51 ～ < 100
50 ～ < 75	低	5.7 ～ < 11.7	16 ～ < 51
< 50	极低	< 5.7	< 16

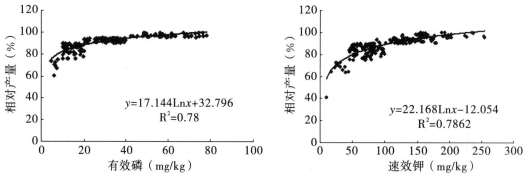

$y=17.144\mathrm{Ln}x+32.796$
$R^2=0.78$

$y=22.168\mathrm{Ln}x-12.054$
$R^2=0.7862$

图 7-17　桂西区玉米磷钾丰缺指标拟合图（*n*=210）

②磷钾推荐施肥

桂西区玉米磷钾施肥推荐参数结果，见表7-75、表7-76。

表 7-75　桂西区玉米磷肥推荐施肥表（*n*=210）

相对产量（%）	有效磷（P，mg/kg）	产量水平（kg/ 亩）	推荐施磷量（P_2O_5，kg/ 亩）
≥ 95	≥ 37.7	≥ 428.4	1.2 ～ < 1.9
		323.2 ～ < 428.4	1.0 ～ < 1.2
		< 323.2	0.9 ～ < 1.0

续表

相对产量（%）	有效磷（P，mg/kg）	产量水平（kg/亩）	推荐施磷量（P₂O₅，kg/亩）
90～＜95	28.1～＜37.7	≥428.4	2.9～＜3.5
		323.2～＜428.4	2.0～＜2.9
		＜323.2	1.5～＜2.0
75～＜90	11.7～＜28.1	≥428.4	3.5～＜4.5
		323.2～＜428.4	2.9～＜3.5
		＜323.2	2.2～＜2.9
50～＜75	5.7～＜11.7	≥428.4	4.0～＜5.1
		323.2～＜428.4	2.9～＜4.0
		＜323.2	2.6～＜2.9
＜50	＜5.7	≥428.4	4.7～＜5.3
		323.2～＜428.4	3.2～＜4.7
		＜323.2	2.9～＜3.2

表 7-76　桂西区玉米钾肥推荐施肥表（ n=210）

相对产量（%）	速效钾（K，mg/kg）	产量水平（kg/亩）	推荐施钾量（K₂O，kg/亩）
≥95	≥125	≥428.4	4.1～＜5.2
		323.2～＜428.4	3.8～＜4.1
		＜323.2	3.6～＜3.8
90～＜95	100～＜125	≥428.4	5.6～＜6.9
		323.2～＜428.4	5.3～＜5.6
		＜323.2	4.2～＜5.3
75～＜90	51～＜100	≥428.4	8.9～＜11.6
		323.2～＜428.4	7.5～＜8.9
		＜323.2	6.2～＜7.5
50～＜75	16～＜51	≥428.4	9.3～＜12.3
		323.2～＜428.4	8.7～＜9.3
		＜323.2	6.7～＜8.7
＜50	＜16	≥428.4	10.3～＜13.2
		323.2～＜428.4	8.9～＜10.3
		＜323.2	7.2～＜8.9

③氮肥推荐施肥

通过对该区 210 个玉米"3414"试验点分析统计，通过地力差减法计算得出桂中区玉米氮肥推荐施肥模型，见表 7-77。

表 7-77　桂西区玉米氮肥施肥推荐结果表（ n=210 ）

产量等级	目标产量（kg/ 亩）	推荐施氮量（N，kg/ 亩）
极高	≥ 500	12.2 ～ < 14.7
高	450 ～ < 500	10.2 ～ < 13.4
中	400 ～ < 450	10.3 ～ < 12.6
低	350 ～ < 400	10.4 ～ < 12.3
极低	< 350	9.4 ～ < 13.6

（三）甘蔗施肥指标体系

1. 桂中区甘蔗施肥指标体系

（1）主要施肥技术参数

①基础地力贡献率

通过对桂中区收集到的 247 个甘蔗肥效小区试验点和对比试验结果进行分析统计，结果显示桂中区甘蔗平均地力产量为 3294.4 kg/ 亩，全肥区平均产量为 5429.7 kg/ 亩，土壤平均基础地力贡献率为 60.7%，见表 7-78。

表 7-78　桂中区甘蔗平均地力贡献率情况表（ n=247 ）

平均地力产量 （kg/ 亩）	相对合理全肥区平均 产量（kg/ 亩）	平均地力贡献率 （%）	地力与全肥区 产量关系式
3294.4	5429.7	60.7	$y=0.3967x+4426.3$ $R^2=0.1832$

②养分吸收参数

根据本区 247 个甘蔗试验点蔗叶、蔗茎中氮磷钾的含量和对应蔗叶、蔗茎产量求得作物百公斤经济产量的养分吸收量，再经过系统汇总和分析得到需要吸收养分的数量及比例，见表 7-79。

表 7-79　桂中区甘蔗养分吸收参数表（ n=247 ）

蔗叶养分吸收量（%）			蔗茎养分吸收量（%）			百公斤经济产量养分吸收量（kg）			比例
N	P_2O_5	K_2O	N	P_2O_5	K_2O	N	P_2O_5	K_2O	N ： P_2O_5 ： K_2O
0.189	0.050	0.285	0.172	0.048	0.304	0.223	0.058	0.346	1 ： 0.262 ： 1.55

桂中区甘蔗最佳产量与地力产量、地力产量与土壤主要养分之间的关系见表 7-80 和图 7-18。

表 7-80　桂中区甘蔗土壤主要养分参数、地力产量、最佳产量相关关系表（*n*=247）

平均地力产量 （kg/ 亩）	平均最佳产量 （kg/ 亩）	地力产量与 最佳产量关系	土壤全氮与 地力产量关系	土壤有效磷与 地力产量关系	土壤速效钾与 地力产量关系
3294.4	4456.8	$y=0.8735x+$ 1579.1 $R^2=0.6190$	$y=489.63x+$ 3345.1 $R^2=0.3251$	$y=41.592x+$ 2102.3 $R^2=0.3603$	$y=10.209x+$ 2634.7 $R^2=0.2569$

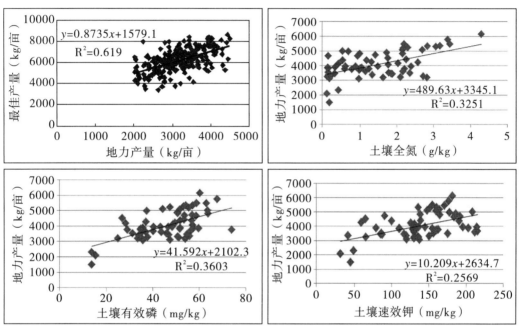

图 7-18　桂中区甘蔗土壤主要养分参数、地力产量、最佳产量相关关系图（*n*=247）

③肥料利用率

通过对该区 247 个甘蔗肥效试验点对比试验数据计算分析，测土配方施肥区甘蔗氮肥利用率为 18.52%，磷肥利用率为 13.04%，钾肥利用率为 31.31%；常规区氮肥利用率为 13.12%，磷肥利用率为 8.42%，钾肥利用率为 28%。通过对比分析显示，氮肥利用率比常规区提高 5.4 个百分点，磷肥利用率提高 4.62 个百分点，钾肥利用率提高了 3.31 个百分点，见表 7-81。

表 7-81　桂中区测土配方施肥区肥料利用率结果表（*n*=247）

肥料利用率（%）						提高的百分点数		
测土配方施肥区			常规施肥区					
N	P	K	N	P	K	N	P	K
18.52	13.04	31.31	13.12	8.42	28	5.4	4.62	3.31

④农学效率

通过对该区 247 个甘蔗肥效试验点对比试验计算分析得出，测土配方施肥区农学效率平均为 33.21 kg/kg，常规施肥区为 25.96 kg/kg，见表 7–82。

表 7–82　桂中区测土配方施肥区农学效率表（*n*=247）

农学效率（kg/kg）		
测土配方施肥区	常规施肥区	提高
33.21	25.96	7.25

（2）推荐施肥模型

①磷钾丰缺指标

通过对桂中区收集的 247 个甘蔗"3414"试验点分析得到甘蔗磷钾丰缺指标结果，见表 7–83、图 7–19。

表 7–83　桂中区甘蔗土壤磷钾丰缺指标结果表（*n*=247）

相对产量（%）	等级	有效磷（P，mg/kg）	速效钾（K，mg/kg）
≥ 95	极高	≥ 42.1	≥ 200
90 ~ < 95	高	20.5 ~ < 42.1	115 ~ < 200
75 ~ < 90	中	12.4 ~ < 20.5	22 ~ < 115
50 ~ < 75	低	6.0 ~ < 12.4	14 ~ < 22
< 50	极低	< 6.0	< 14

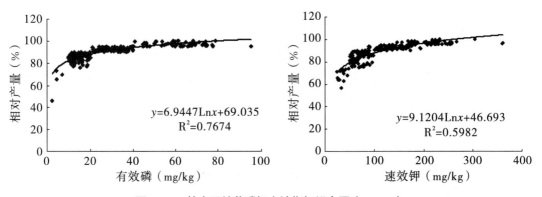

图 7–19　桂中区甘蔗磷钾丰缺指标拟合图（*n*=247）

②磷钾推荐施肥

桂中区甘蔗磷钾推荐施肥指标，见表 7–84、表 7–85。

表 7-84　桂中区甘蔗磷肥推荐施肥表（ $n=247$ ）

相对产量（%）	有效磷（P, mg/kg）	产量水平（kg/ 亩）	推荐施磷量（P_2O_5, kg/ 亩）
≥ 95	≥ 42.1	≥ 6275.1	4.2 ～ < 5.1
		5238.8 ～ < 6275.1	3.9 ～ < 4.2
		< 5238.8	3.7 ～ 3.9
90 ～ < 95	20.5 ～ < 42.1	≥ 6275.1	4.7 ～ < 5.6
		5238.8 ～ < 6275.1	4.3 ～ < 4.7
		< 5238.8	4.0 ～ < 4.3
75 ～ < 90	12.4 ～ < 20.5	≥ 6275.1	7.0 ～ < 8.0
		5238.8 ～ < 6275.1	6.1 ～ < 7.0
		< 5238.8	5.0 ～ < 6.1
50 ～ < 75	6.0 ～ < 12.4	≥ 6275.1	7.6 ～ < 8.9
		5238.8 ～ < 6275.1	6.3 ～ < 7.6
		< 5238.8	5.1 ～ < 6.3
< 50	< 6.0	≥ 6275.1	8.2 ～ < 9.6
		5238.8 ～ < 6275.1	7.6 ～ < 8.2
		< 5238.8	7.2 ～ < 7.6

表 7-85　桂中区甘蔗钾肥推荐施肥表（ $n=247$ ）

相对产量（%）	速效钾（K, mg/kg）	产量水平（kg/ 亩）	推荐施钾量（K_2O, kg/ 亩）
≥ 95	≥ 200	≥ 6275.1	13.1 ～ < 14.7
		5238.8 ～ < 6275.1	12.5 ～ < 13.1
		< 5238.8	12.1 ～ < 12.5
90 ～ < 95	115 ～ < 200	≥ 6275.1	13.9 ～ < 15.6
		5238.8 ～ < 6275.1	13.2 ～ < 13.9
		< 5238.8	12.7 ～ < 13.2
75 ～ < 90	22 ～ < 115	≥ 6275.1	14.3 ～ < 16.3
		5238.8 ～ < 6275.1	13.6 ～ < 14.3
		< 5238.8	13.0 ～ < 13.6
50 ～ < 75	14 ～ < 22	≥ 6275.1	15.6 ～ < 17.5
		5238.8 ～ < 6275.1	14.9 ～ < 15.6
		< 5238.8	13.5 ～ < 14.9
< 50	< 14	≥ 6275.1	16.5 ～ < 18.5
		5238.8 ～ < 6275.1	15.5 ～ < 16.5
		< 5238.8	14.6 ～ < 15.5

③氮肥推荐施肥

通过对该区 247 个甘蔗"3414"试验点数据分析统计，通过地力差减法计算得出桂中区水稻氮肥推荐施肥模型，见表 7-86。

表 7-86 桂中区甘蔗氮肥推荐结果表（n=247）

产量等级	目标产量（kg/亩）	推荐施氮量（N，kg/亩）
极高	≥ 7311.0	28.0 ～ < 30.5
高	6275.0 ～ < 7311.0	26.6 ～ < 28.0
中	5239.0 ～ < 6275.0	24.5 ～ < 26.6
低	4203.0 ～ < 5239.0	22.6 ～ < 24.5
极低	< 4203.0	19.1 ～ < 22.6

2. 桂南区甘蔗施肥指标体系

（1）主要施肥技术参数

①基础地力贡献率

通过对桂南区收集到的 244 个甘蔗肥效小区试验点和对比试验结果进行分析统计，结果显示桂南区甘蔗平均地力产量为 3562.8 kg/亩，全肥区平均产量为 5268.8 kg/亩，土壤平均基础地力贡献率为 67.6%，见表 7-87。

表 7-87 桂南区甘蔗平均地力贡献率情况表（n=244）

平均地力产量（kg/亩）	相对合理全肥区平均产量（kg/亩）	平均地力贡献率（%）	地力与全肥区产量关系式
3562.8	5268.8	67.6	$y=0.7519x+2590$ $R^2=0.3307$

②养分吸收参数

桂南区甘蔗养分吸收参数，见表 7-88。

表 7-88 桂南区甘蔗养分吸收参数表（n=244）

蔗叶养分吸收量（%）			茎秆养分吸收量（%）			百公斤经济产量养分吸收量（kg）			比例
N	P_2O_5	K_2O	N	P_2O_5	K_2O	N	P_2O_5	K_2O	N ： P_2O_5 ： K_2O
0.195	0.053	0.278	0.168	0.055	0.323	0.230	0.065	0.340	1 ： 0.283 ： 1.478

桂南区甘蔗最佳产量与地力产量、地力产量与土壤主要养分参数关系见表 7-89 和图 7-20。

表 7-89　桂南区甘蔗土壤主要养分参数与地力产量、最佳产量相关关系表（n=244）

平均地力产量（kg/亩）	平均最佳产量（kg/亩）	地力产量与最佳产量关系	土壤全氮与地力产量关系	土壤有效磷与地力产量关系	土壤速效钾与地力产量关系
3562.8	4216.5	$y=0.5823x+2141.9$ $R^2=0.3686$	$y=661.08x+2737.6$ $R^2=0.3440$	$y=31.814x+2192.9$ $R^2=0.4033$	$y=8.1268x+2464.1$ $R^2=0.5213$

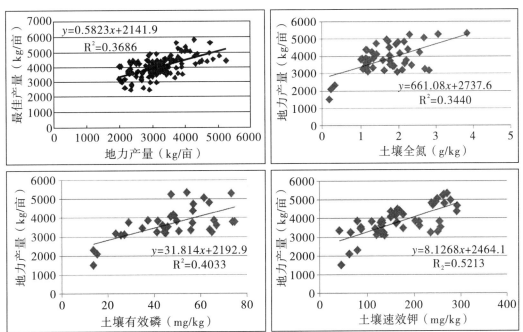

图 7-20　桂南区甘蔗土壤主要养分含量、地力产量、最佳产量相关关系图（n=244）

③肥料利用率

通过对该区 244 个甘蔗肥效小区试验点对比试验计算分析得出，测土配方施肥区甘蔗氮肥利用率为 17.89%，磷肥利用率为 13.22%，钾肥利用率为 30.89%；常规区氮肥利用率为 13.56%，磷肥利用率为 10.57%，钾肥利用率为 29.07%。通过对比分析显示，氮肥利用率比常规区提高 4.33 个百分点，磷肥利用率提高 2.65 个百分点，钾肥利用率提高了 1.82 个百分点，见表 7-90。

表 7-90　桂南区测土配方施肥区肥料利用率结果表（n=244）

肥料利用率（%）						提高的百分点数		
测土配方施肥区			常规施肥区					
N	P	K	N	P	K	N	P	K
17.89	13.22	30.89	13.56	10.57	29.07	4.33	2.65	1.82

④农学效率

通过该区 244 个甘蔗肥效小区试验点对比试验结果，测土配方施肥区农学效率为 39.97 kg/kg，常规施肥区农学效率为 30.72 kg/kg，见表 7-91。

表 7-91　桂南区测土配方施肥区农学效率表（n=244）

试验个数	农学效率（kg/kg）		
	测土配方施肥区	常规施肥区	提高
244	39.97	30.72	9.25

（2）推荐施肥模型

①磷钾丰缺指标

桂南区甘蔗磷钾丰缺指标，见表 7-92、图 7-21。

表 7-92　桂南区甘蔗磷钾丰缺指标结果表（n=244）

相对产量（%）	等级	有效磷（P，mg/kg）	速效钾（K，mg/kg）
≥ 95	极高	≥ 43.6	≥ 176
90 ～ < 95	高	27.3 ～ < 43.6	121 ～ < 176
75 ～ < 90	中	16.7 ～ < 27.3	39 ～ < 121
50 ～ < 75	低	6.5 ～ < 16.7	16 ～ < 39
< 50	极低	< 6.5	< 16

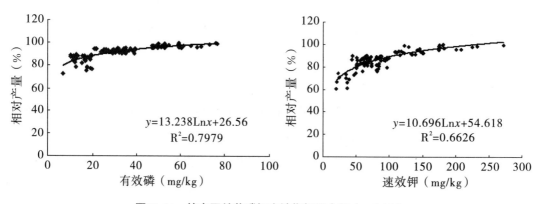

图 7-21　桂南区甘蔗磷钾丰缺指标拟合图（n=244）

②磷钾推荐施肥

桂南区甘蔗磷钾推荐施肥指标参数，见表 7-93、表 7-94。

表 7-93　桂南区甘蔗磷肥推荐施肥表（ *n*=244 ）

相对产量（%）	有效磷（P，mg/kg）	产量水平（kg/ 亩）	推荐施磷量（P_2O_5，kg/ 亩）
≥ 95	≥ 43.6	≥ 5963.7	4.1 ～ < 4.9
		4978.9 ～ < 5963.7	3.8 ～ < 4.1
		< 4978.9	3.6 ～ < 3.8
90 ～ < 95	27.3 ～ < 43.6	≥ 5963.7	5.3 ～ < 7.6
		4978.9 ～ < 5963.7	4.1 ～ < 5.3
		< 4978.9	3.9 ～ < 4.1
75 ～ < 90	16.7 ～ < 27.3	≥ 5963.7	6.3 ～ < 8.0
		4978.9 ～ < 5963.7	5.6 ～ < 6.3
		< 4978.9	5.0 ～ < 5.6
50 ～ < 75	6.5 ～ < 16.7	≥ 5963.7	7.0 ～ < 8.5
		4978.9 ～ < 5963.7	6.5 ～ < 7.0
		< 4978.9	5.5 ～ < 6.5
< 50	< 6.5	≥ 5963.7	7.3 ～ < 9.1
		4978.9 ～ < 5963.7	6.5 ～ < 7.3
		< 4978.9	6.0 ～ < 6.5

表 7-94　桂南区甘蔗钾肥推荐施肥表（ *n*=244 ）

相对产量（%）	速效钾（K，mg/kg）	产量水平（kg/ 亩）	推荐施钾量（K_2O，kg/ 亩）
≥ 95	≥ 176	≥ 5963.7	12.8 ～ < 14.3
		4978.9 ～ < 5963.7	12.3 ～ < 12.8
		< 4978.9	10.8 ～ < 12.3
90 ～ < 95	121 ～ < 176	≥ 5963.7	13.5 ～ < 15.1
		4978.9 ～ < 5963.7	12.9 ～ < 13.5
		< 4978.9	11.4 ～ < 12.9
75 ～ < 90	39 ～ < 121	≥ 5963.7	15.1 ～ < 16.4
		4978.9 ～ < 5963.7	13.0 ～ < 15.1
		< 4978.9	12.4 ～ < 13.0
50 ～ < 75	16 ～ < 39	≥ 5963.7	15.5 ～ < 16.8
		4978.9 ～ < 5963.7	14.3 ～ < 15.5
		< 4978.9	13.0 ～ < 14.3
< 50	< 16	≥ 5963.7	16.6 ～ < 18.2
		4978.9 ～ < 5963.7	15.8 ～ < 16.6
		< 4978.9	14.9 ～ < 15.8

③氮肥推荐施肥

通过对该区 208 个甘蔗"3414"试验数据分析统计，通过地力差减法计算得出桂南区甘蔗氮肥推荐施肥模型，见表 7–95。

表 7–95　桂南区甘蔗氮肥施肥推荐结果表（n=208）

产量等级	目标产量（kg/ 亩）	推荐施氮量（N，kg/ 亩）
极高	≥ 6949.0	26.1 ～ < 28.0
高	5964.0 ～ < 6949.0	24.3 ～ < 26.1
中	4979.0 ～ < 5964.0	22.5 ～ < 24.3
低	3994.0 ～ < 4979.0	20.1 ～ < 22.5
极低	< 3994.0	18.8 ～ < 20.1

二、其他作物推荐施肥方案

1. 蔬菜类

（1）非结球叶菜类：生长期 1 ～ 2 个月、亩产 1500 ～ 2000 kg，亩施 N 10 ～ 15 kg、P_2O_5 3 ～ 4 kg、K_2O 8 ～ 10 kg。全部有机肥、磷肥、钾肥和 20% 氮肥作基肥，余下的氮肥作追肥于定植后 7 天分期施用，一般每隔 5 天左右追施一次。

（2）结球叶菜类：生长期 3 ～ 5 个月、亩产 4000 ～ 6000 kg，亩施 N 25 ～ 30 kg、P_2O_5 6 ～ 8 kg、K_2O 14 ～ 16 kg。全部有机肥、磷肥、20% 钾肥和 20% 氮肥作基肥，余下的氮肥、钾肥作追肥于莲座期、包心期分 2 ～ 3 次施用，一般每隔 10 ～ 15 天追施一次。

（3）瓜类、茄果类：亩产 4000 ～ 5000 kg 的亩施有机肥 2000 kg，N 30 ～ 40 kg，P_2O_5 10 ～ 12 kg，K_2O 30 ～ 36 kg。全部有机肥、磷肥、20% 氮肥和 20% 钾肥作基肥，余下的氮肥、钾肥作追肥分次施用，全期一般共追肥 10 次左右，每隔 7 ～ 10 天追 1 次，花前氮、钾肥追肥量占总追肥量 30% ～ 40%，花后氮、钾追肥量占 60% ～ 70%。开花结果期喷施微量元素叶面肥。

2. 香蕉

（1）在亩施有机肥 1500 kg 基础上，亩施 N 40 ～ 50 kg、P_2O_5 13 ～ 15 kg、K_2O 50 ～ 60 kg。

（2）有机肥料用作基肥施下，追肥一般需分 10 次左右。

抽出 10 张叶之前，施肥三次，亩施 N 2.3 ～ 2.8 kg、P_2O_5 0.5 ～ 0.8 kg、K_2O 3 ～ 3.6 kg。

抽出 10 ～ 16 张大叶期间，施肥三次，亩施 N 3.7 ～ 4.6 kg、P_2O_5 1.2 ～ 1.5 kg、K_2O 3.6 ～ 4.8 kg。

抽出 17 ～ 23 张大叶期间，施肥二次，亩施 N 6 ～ 7 kg、P_2O_5 1.8 ～ 2.1 kg、K_2O 6 ～ 7.2 kg。

抽蕾期追施一次，亩施 N 9.2 kg、P_2O_5 1.8 ～ 2.1 kg、K_2O 12 kg。

初果期追施一次，亩施 N 4.6 kg、P_2O_5 1.5 kg、K_2O 4.8 kg。

（3）酸性土壤蕉园易缺镁，建议亩施 20 ～ 30 kg 硫酸镁。

（4）在营养生长期、抽蕾期、幼果期各喷施 0.2% 硼砂、0.2% 硫酸锌溶液 2 ～ 3 次。

3. 荔枝、龙眼

（1）在亩施有机肥 1000 ～ 2000 kg 的基础上，株产 50 kg 鲜果的树，每株施 N 0.8 ～ 1 kg、P_2O_5 0.3 ～ 0.5 kg、K_2O 0.8 ～ 1 kg、硫酸镁 0.25 ～ 0.5 kg，因土施用锌、硼肥。

（2）分采果肥、花前肥、壮果肥三次施用。全部有机肥、磷肥、50% 氮肥、25% 钾肥作采果肥、20% 氮肥、30% 钾肥作花前肥，余下的肥料作壮果肥。肥料宜采用环状沟或放射状沟等方法追施，施后盖土。

4. 柑橘

（1）目标产量 1500 kg/ 亩以下的，施有机肥 2000 ～ 3000 kg/ 亩，N 10 ～ 20 kg/ 亩、P_2O_5 6 ～ 8 kg/ 亩、K_2O 10 ～ 20 kg/ 亩。

（2）目标产量 1500 ～ 3000 kg/ 亩的，施有机肥 2000 ～ 3000 kg/ 亩，N 15 ～ 25 kg/ 亩、P_2O_5 8 ～ 10 kg/ 亩、K_2O 15 ～ 25 kg/ 亩。

（3）目标产量 3000 kg/ 亩以上的，施有机肥 2000 ～ 3000 kg/ 亩，N 20 ～ 30 kg/ 亩、P_2O_5 8 ～ 12 kg/ 亩、K_2O 20 ～ 30 kg/ 亩。

（4）缺锌、硼的果园，每亩施用硼砂 0.5 ～ 0.75 kg、硫酸锌 1 ～ 1.5 kg，与有机肥混匀后于秋季使用；pH < 5.5 的果园，每亩施用石灰 60 ～ 80 kg，50% 秋季施用，50% 夏季施用；对于缺硫果园，可优选含硫肥料，如普通过硫酸钙、硫酸钾等。

（5）施肥时期及比例：秋冬季施肥（采果肥）：20% ～ 30% 的氮肥、40% ～ 50% 的磷肥、20% ～ 30% 钾肥、全部有机肥和硫酸锌、硼砂在 11 ～ 12 月采果前后施用；春季施肥（花肥）：30% ～ 40% 的氮肥、30% ～ 40% 的磷肥、20% ～ 30% 钾肥在 2 ～ 3 月开花前施用；夏季施肥（壮果肥）：30% ～ 40% 的氮肥、20% ～ 30% 的磷肥、40% ～ 50% 钾肥在 6 ～ 7 月施用。

5. 秋冬种马铃薯

（1）目标产量 1500 ～ 2000 kg/ 亩，施 N 11 ～ 15 kg/ 亩、P_2O_5 4 ～ 6 kg/ 亩、K_2O 14 ～ 16 kg/ 亩。

（2）施用 1500 ～ 2000 kg/ 亩有机肥作基肥。若基肥施用了有机肥，可酌情减少化肥用量。对于硼或锌缺乏的土壤，可基肥施硼砂 1 kg/ 亩或硫酸锌 1 ～ 2 kg/ 亩；对于缺硫土壤，可基肥施硫磺 2 ～ 4 kg/ 亩（若使用其他含硫肥料，可酌减硫磺用量或不施硫磺）。

（3）施肥时期及比例：70% 的氮肥、全部的磷肥、50% 的钾肥作基肥于整地时施下，30% 的氮肥作苗期追肥，50% 的钾肥作为追肥于现蕾期施下。

（4）忌施含氯肥料。

6. 木薯

（1）亩产 2000～2500 kg，亩施 N 12～13 kg、P_2O_5 5～6 kg、K_2O 9～11 kg。亩产 1500～2000 kg 的，亩施 N 10～12、P_2O_5 4～5 kg、K_2O 8～9 kg。

（2）全部磷肥、25% 氮肥和钾肥于整地时施下，50% 的氮肥和钾肥，在种植后 30～40 天施下，余下的氮肥、钾肥，在种植后 60～70 天施下。

7. 花生

（1）亩产 200～250 kg，亩施 N 5～6 kg、P_2O_5 4～5 kg、K_2O 6～8 kg；酸性土壤亩施石灰 30～40 kg；叶面喷施硼肥、钼肥。

（2）施肥比例：全部的有机肥、磷肥和 50% 的氮肥、50% 的钾肥作基肥于整地时施下，30% 的氮肥作苗肥施下，20% 的氮肥、50% 的钾肥作花肥施下。

（3）施用有机肥的田块，基肥用量可适当减少。

8. 大豆

（1）亩产 125 kg 以上，亩施农家肥 500 kg、N 2.5～3.5 kg、P_2O_5 4～4.5 kg、K_2O 1.5～2 kg。

（2）亩产 125 kg 以下，亩施农家肥 500 kg、N 2～3 kg、P_2O_5 3～4 kg、K_2O 1～1.5 kg。

（3）施肥比例：有机肥、磷肥、钾肥全部作基肥施用，氮肥分二次施用，基肥占 60%，苗肥占 40%。

（4）采用菌肥、微肥拌种。播种前每亩用根瘤菌肥 2～3 kg 与 50 g 钼酸铵混合拌种。

9. 马蹄（荸荠）

（1）亩产 2500 kg，亩施腐熟农家肥 1000 kg/亩、N 20～22 kg、P_2O_5 8～10 kg、K_2O 18～20 kg，叶面喷施硼肥、锌肥。

（2）施肥比例：腐熟农家肥、全部磷肥、40% 的氮肥、40% 的钾肥作基肥；30% 的氮肥，10% 的钾肥作分蘖、分株肥；30% 的氮肥、50% 的钾肥作球茎肥。

10. 稻田冬绿肥

（1）种子播前用菌肥接种，特别是首次播种的田块要求用菌肥接种。先将种子与 120 g 根瘤菌肥拌均匀，再拌 5 kg 钙镁磷肥后播种。

（2）晚稻收割后 15～20 天，每亩可追施 P_2O_5：2～3 kg；立冬前后对苗差的每亩可追施 K_2O：5～10 kg；立春前后对苗差的每亩可追施 N 1.5～2.5 kg。

第四节 测土配方施肥数据系统开发应用

广西是最早将测土配方施肥数据信息化应用的省区之一，早在 1995 年广西就陆续开展了诊断施肥系统开发、电脑农业技术应用等项目研究和探索。2005 年以来，广西依托实施测土配方施肥、土壤有机质提升、化肥减量增效等项目，测土配方施肥数字化应用系统开发建设得到了长足发展。广西积极与广州海川信息科技有限公司、浙江托普云农科技股份有限公司、捷佳润科技集团股份有限公司、广州为乐信息科技有限公司等多家信息化技术开发团队先后合作开发了施肥点点通手机信息系统、广西施肥点点通触摸屏推荐施肥系统、广西耕地质量监测管理系统、广西耕地资源管理系统、数字土肥展示平台等，为广西今后耕地质量信息大数据平台发展奠定了一定基础。

一、测土配方施肥数据管理系统

广西 2005 年实施国家测土配方施肥项目以来，98 个测土配方施肥项目县（市、区、农场）通过测土配方施肥数据管理系统，共填报了 72 万多条测土配方施肥数据，包括采样点经度、纬度、位置、土种、成土母质、排水能力、灌溉能力等基本情况数据和 pH、有机质、大量元素、中微量元素等化验数据，大大提高了测土配方施肥项目的数据收集和整理效率。

二、耕地资源管理信息系统

2008—2012 年，广西 98 个测土配方施肥项目县（市、区、农场）相继进行县级耕地地力评价工作，利用县域耕地质量管理信息系统建立了 139 个工作空间。2014—2017 年，广西开始进行省级耕地地力评价工作，利用省级耕地资源管理信息系统建立了省级工作空间。

三、手机和触摸屏施肥信息系统

2014 年，广西联合广州海川信息科技有限公司，充分挖掘利用项目形成的的 550 多万个检测数据，率先在全国开发出适合当地土壤、气候和种植条件的一款智能化移动施肥决策系统——广西"施肥点点通"移动施肥系统，并获得了国家版权局颁发的计算机软件著作权登记证书。该系统依托微信平台能够轻松实现实时定位、调用后台数据、推荐施肥、农时播报、自定义配肥和在线咨询等实用功能，同时还开发了触摸屏版本放置在各县重点乡镇。手机版本依托微信小程序，农户在手机上点一点，便可以轻松获取自己田块的养分状况、作物的施肥配方、施肥技术等信息，进而足不出户可免费得到自己田块的推荐施肥配方。与此同时，广西还积极鼓励引导 109 家肥料企业，在各县主要乡镇设立了 100 多个终端配肥网点，根据农民需要，现场配肥，解决了智能化施肥服务农民最后一公里问题，加速完成测土配方施肥技术实物化推广。

四、广西耕地质量监测数据管理系统

广西长期以来坚持设立耕地质量监测点，目前共有 671 个监测点，部分监测点监测时间已超过 40 年之久。为将历年监测数据充分融合到大数据中，同时兼顾继承已有的耕地质量监测历史调查资料与年度调查资料等信息化基础和成果，2018 年广西联合广州海川信息科技有限公司开发了广西耕地质量监测数据管理系统。该系统主要包括监测点年度报表填报、监测点数据汇总查询、监测点数据统计分析、系统基础数据管理等功能，通过利用信息化手段对耕地质量实行全面、动态管理，实现信息"上图入库"，监测结果分析评定，自治区、市、县三级数据传输、存储、共享，耕地质量预警预报等应用，进一步推动了广西耕地监测点数据管理工作向信息化、数字化、现代化方式转变。

五、广西数字土肥展示系统

2021 年广西与广西数融慧通科技产业有限公司联合开发了广西数字土肥平台。该平台是一个利用互联网＋农业信息技术打造的数字土肥平台，通过整合现有耕地信息系统关键信息数据，实现测土施肥配方、肥料登记、耕地质量监测、墒情监测等土肥服务的数字化和可视化功能。该平台主要由数据库模块、土肥综合信息可视化平台模块、微信数字土肥服务系统模块构成，用户可以通过土肥综合信息可视化平台（电脑端）和微信数字土肥服务系统（手机端）以图表交互式形式查看查询广西测土施肥中的地块、养分、作物、施肥建议等信息，全区肥料门店调查数据，耕地质量监测点分布、监测数据，土壤墒情监测数据、富硒农产品情况、土肥工作动态等数据信息，促进已建立的各专业系统之间数据的相互融合和集中展示，提升对公众提供整体指导服务和领导决策服务水平。

附　图

附图1　广西壮族自治区地图

审图号：桂S（2020）48号
广西壮族自治区地图院　编制

图　例

◎ 自治区行政中心　　　　自治区(省)界
◎ 设区市行政中心　　 — — — 设区市界
◎ 县(区、市)行政中心　　1.常年河 2.水库
　国　界
比例尺 1：3 500 000

附注：1. 本图上中国国界线系按照中国地图出版社1989年出版的
　　　　1：400万《中华人民共和国地形图》绘制。
　　　2. 图上境界不作划界依据。

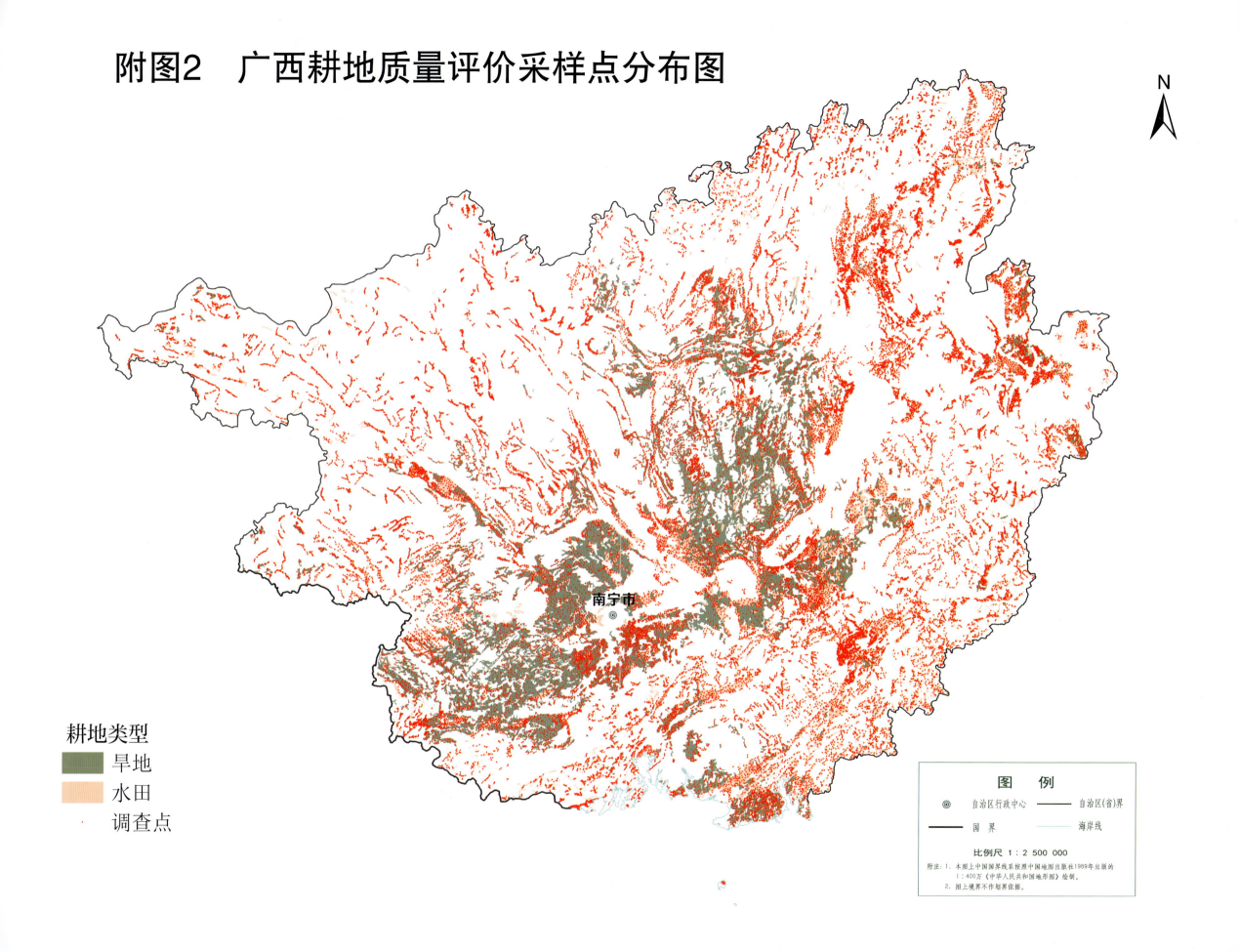

附图2　广西耕地质量评价采样点分布图

N

南宁市

耕地类型

旱地

水田

调查点

图　例

◎　自治区行政中心　　——　自治区(省)界

——　国　界　　——　海岸线

比例尺 1 : 2 500 000

附注：1. 本图上中国国界线系按照中国地图出版社1989年出版的
　　　　1：400万《中华人民共和国地形图》绘制。
　　　2. 图上境界不作划界依据。

附图3 广西耕地质量等级分布图

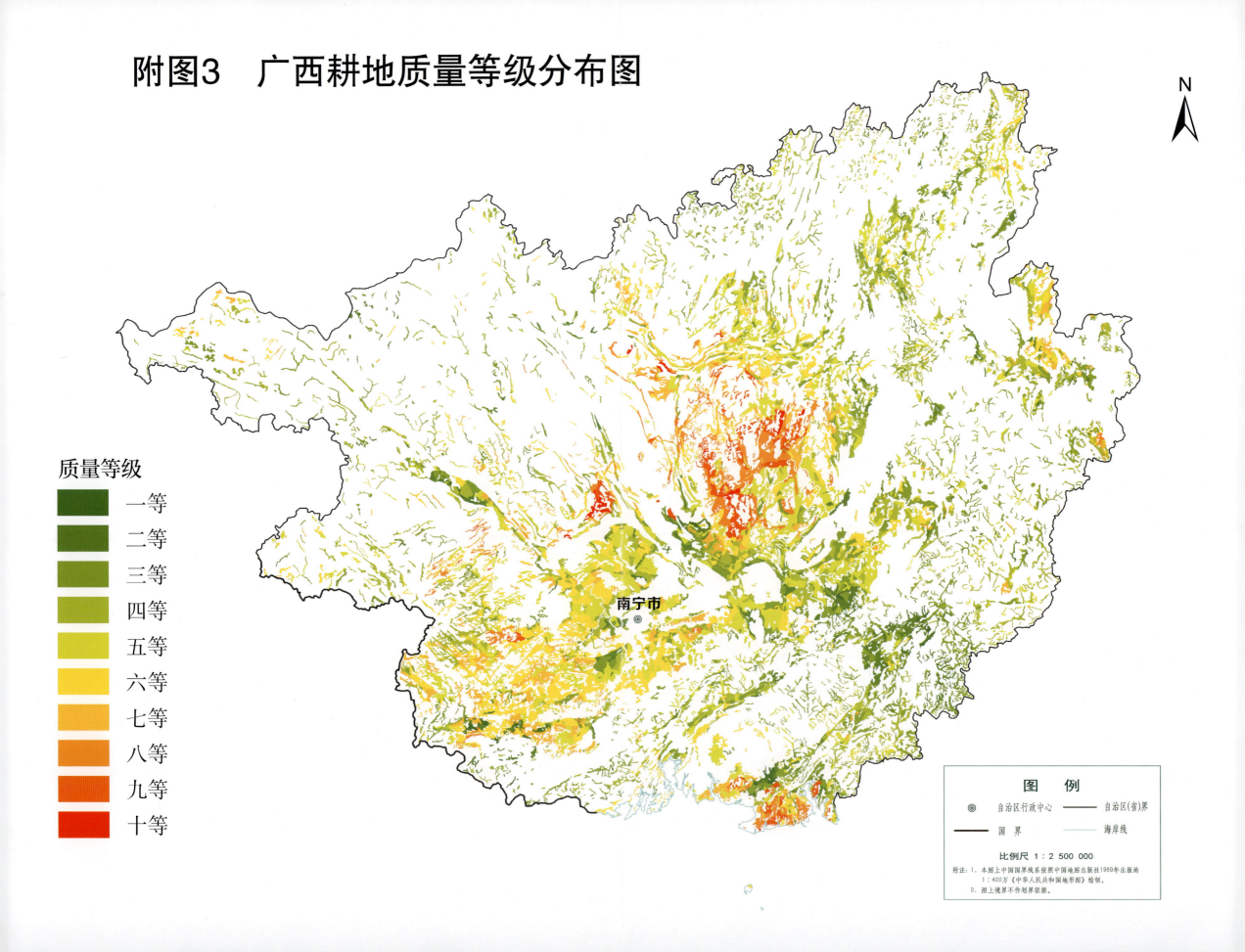

质量等级

一等
二等
三等
四等
五等
六等
七等
八等
九等
十等

南宁市 ⊚

图 例

⊚ 自治区行政中心　——— 自治区(省)界
——— 国 界　　　——— 海岸线

比例尺 1：2 500 000

附注：1. 本图上中国国界线系按照中国地图出版社1989年出版的
　　　　1：400万《中华人民共和国地形图》绘制。
　　　2. 图上境界不作划界依据。

附图7 广西耕地土壤速效钾含量等级分布图

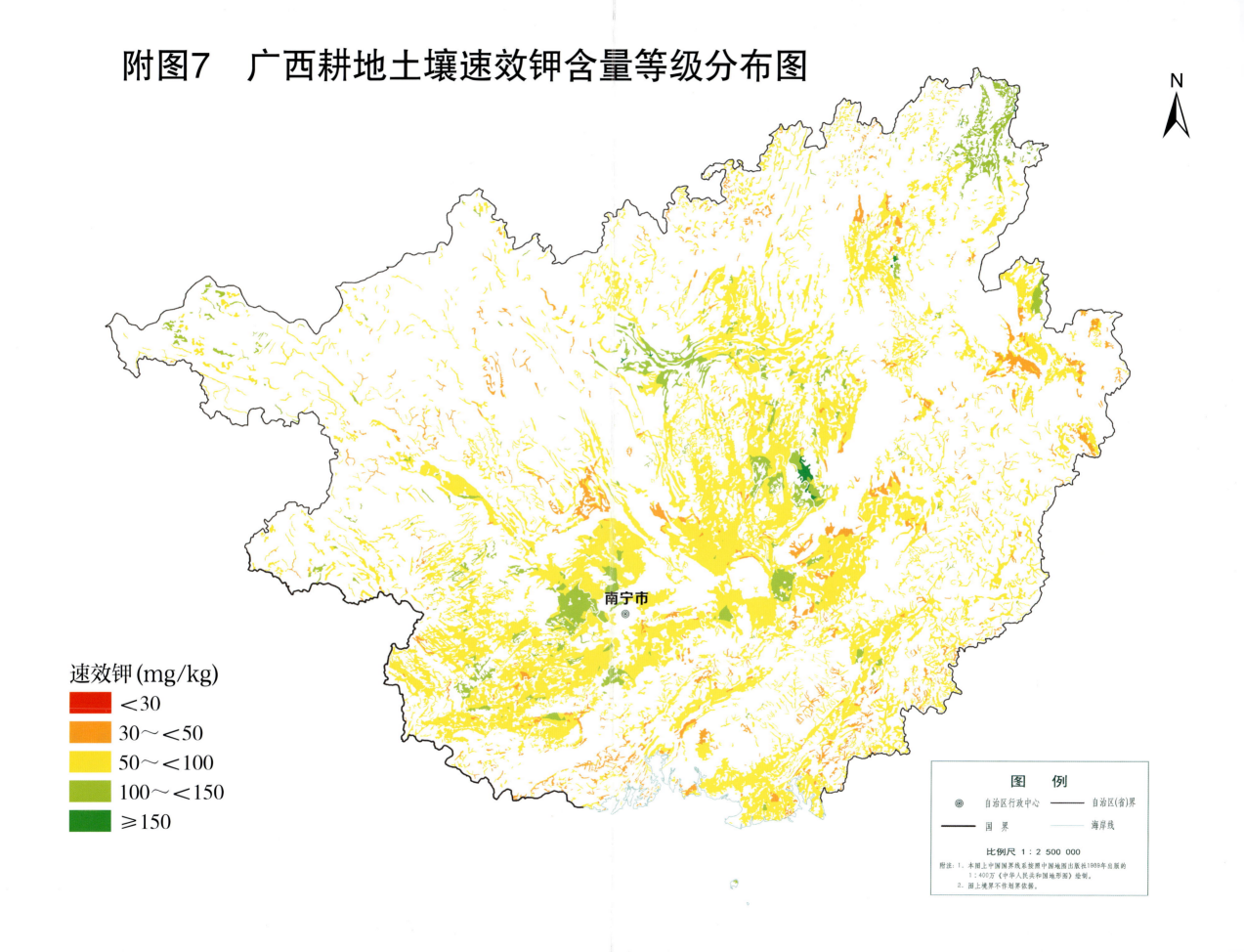

N

速效钾 (mg/kg)

- <30
- 30～<50
- 50～<100
- 100～<150
- ≥150

南宁市

图 例

◎ 自治区行政中心 —— 自治区(省)界

—— 国 界 —— 海岸线

比例尺 1：2 500 000

附注：1. 本图上中国国界线系按照中国地图出版社1989年出版的
1：400万《中华人民共和国地形图》绘制。
2. 图上境界不作划界依据。

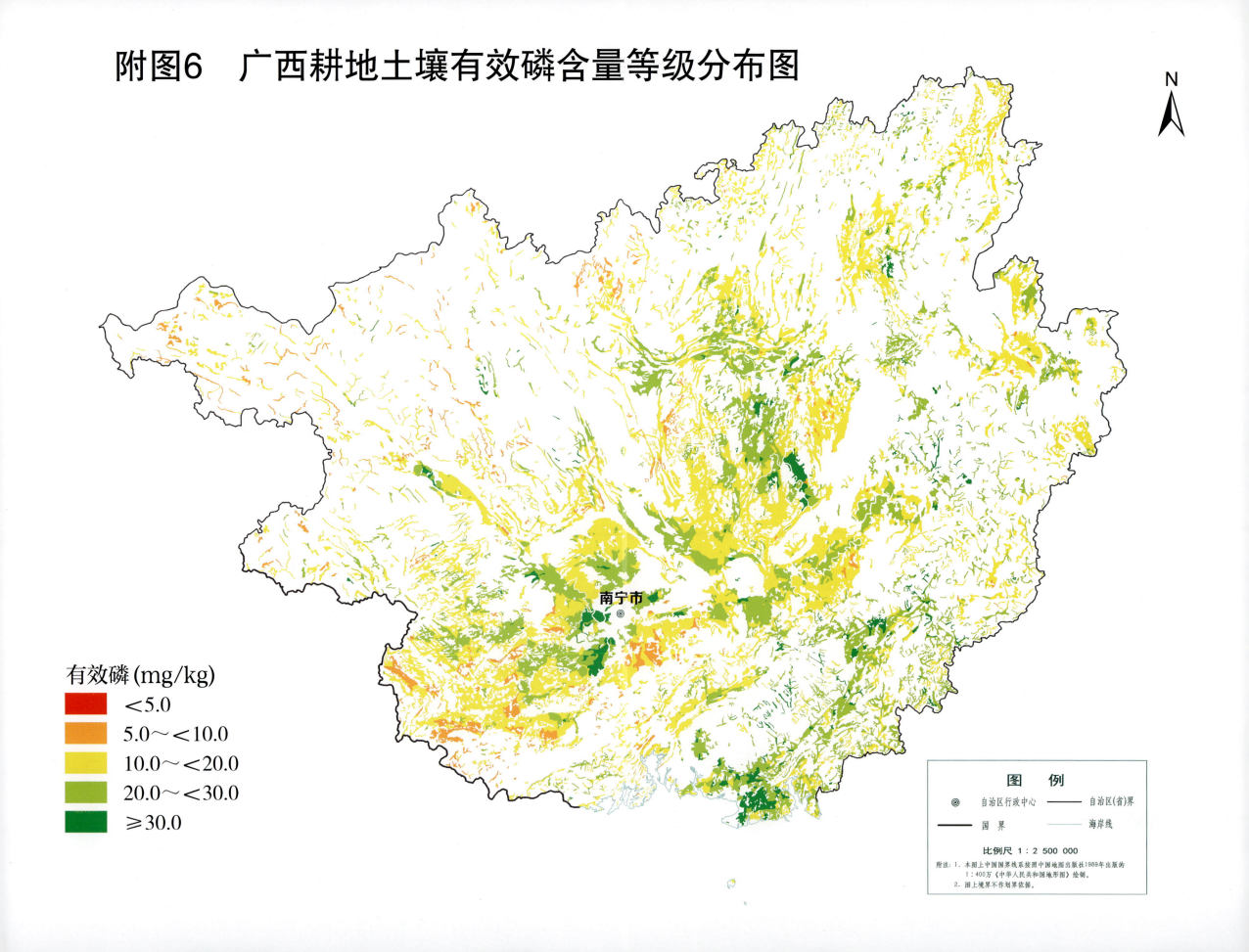

附图6　广西耕地土壤有效磷含量等级分布图

N

南宁市

有效磷 (mg/kg)

<5.0

5.0～<10.0

10.0～<20.0

20.0～<30.0

≥30.0

图　例

◎　自治区行政中心　——　自治区(省)界

——　国界　——　海岸线

比例尺 1：2 500 000

附注：1. 本图上中国国界线系按照中国地图出版社1989年出版的
1：400万《中华人民共和国地形图》绘制。
2. 图上境界不作划界依据。

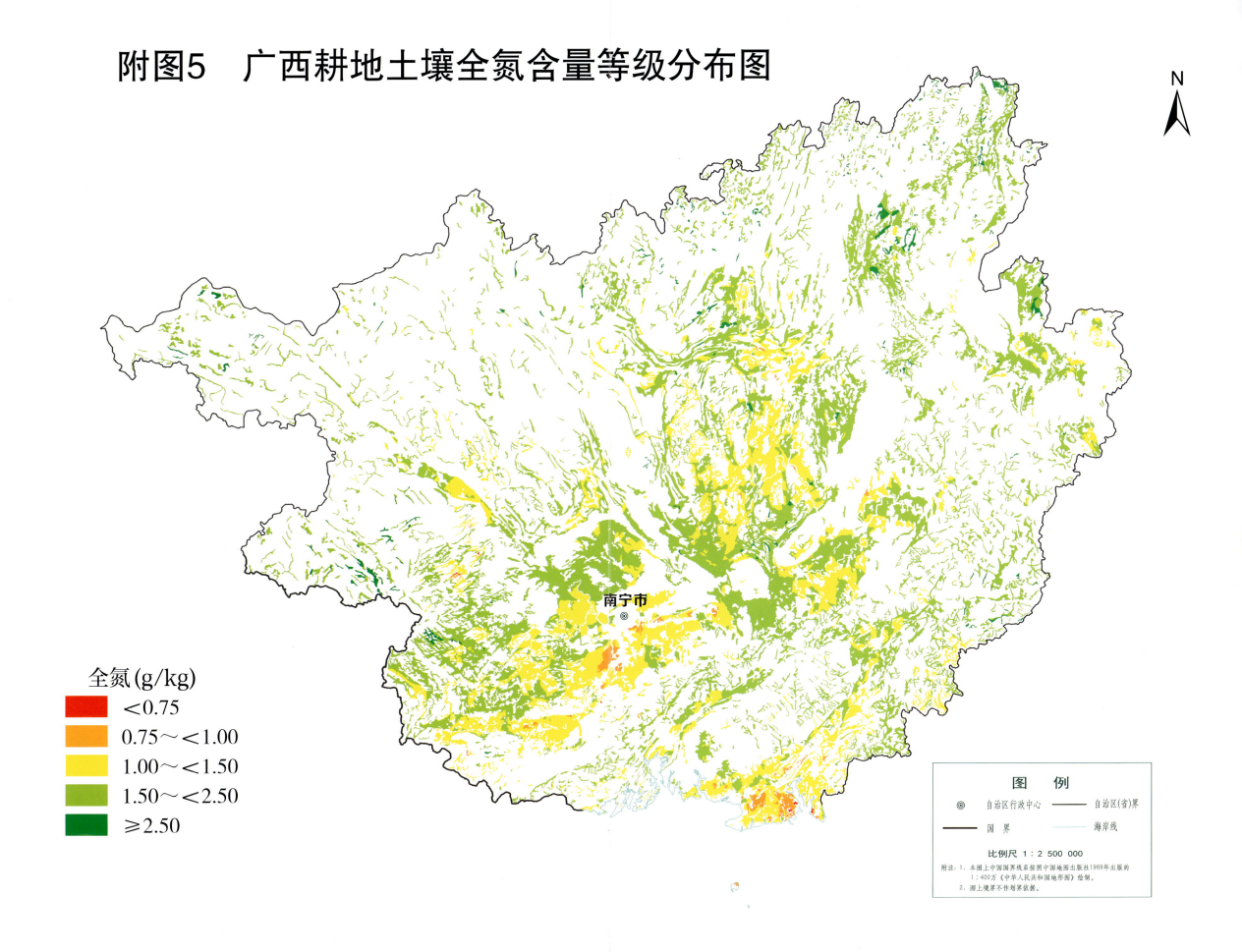

附图5 广西耕地土壤全氮含量等级分布图

N

全氮 (g/kg)

- <0.75
- 0.75～<1.00
- 1.00～<1.50
- 1.50～<2.50
- ≥2.50

南宁市
◎

图　例

◎　自治区行政中心　　——　自治区(省)界

——　国　界　　　　　　——　海岸线

比例尺 1：2 500 000

附注：1. 本图上中国国界线系按照中国地图出版社1989年出版的
　　　　　1：400万《中华人民共和国地形图》绘制。
　　　2. 图上境界不作划界依据。

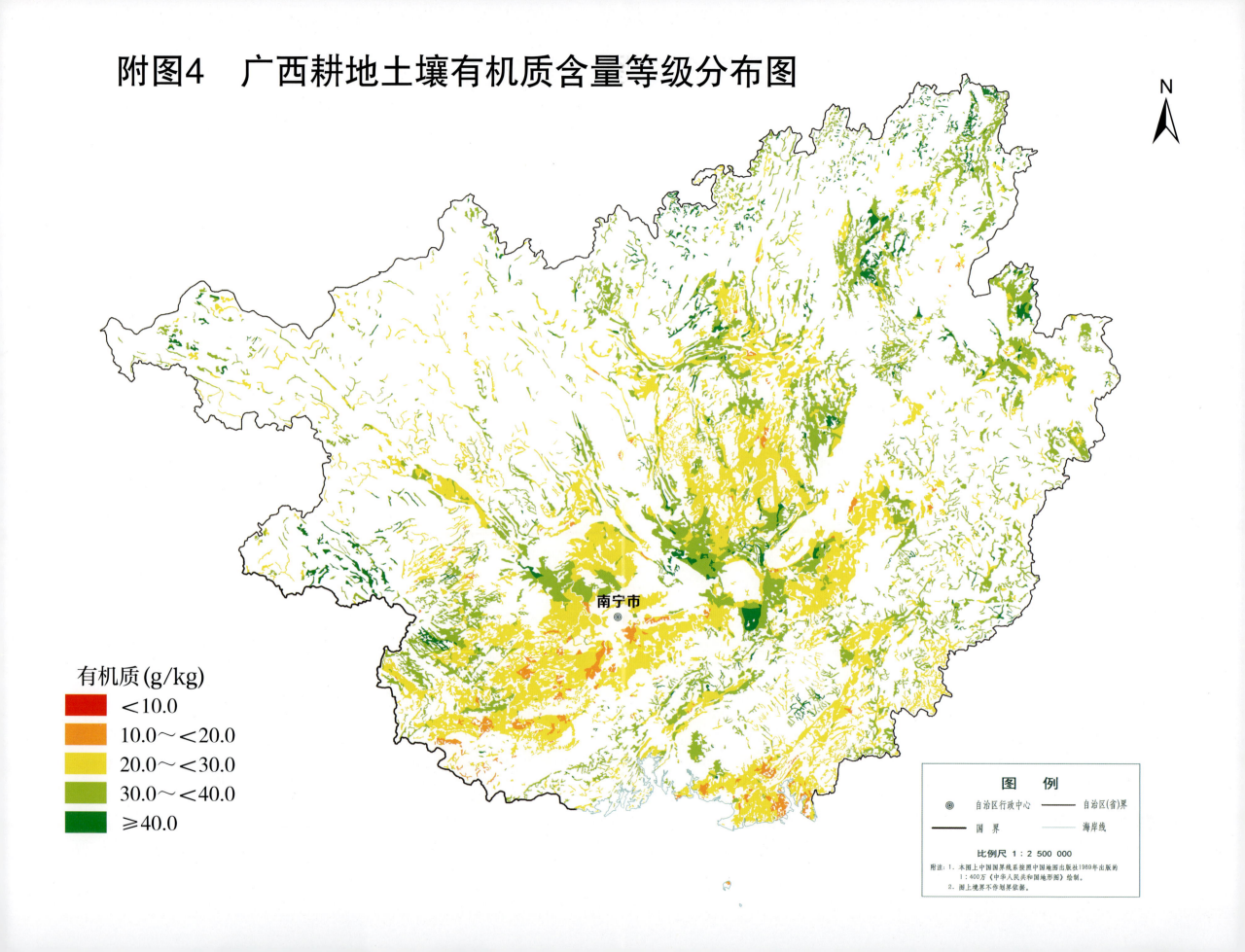

附图4 广西耕地土壤有机质含量等级分布图

有机质 (g/kg)
< 10.0
10.0 ~ < 20.0
20.0 ~ < 30.0
30.0 ~ < 40.0
≥ 40.0

南宁市

图 例

⊚ 自治区行政中心
—— 自治区(省)界
—— 国 界
—— 海岸线

比例尺 1 : 2 500 000

附注：1. 本图上中国国界线系按照中国地图出版社1989年出版的
1：400万《中华人民共和国地形图》绘制。
2. 图上境界不作划界依据。

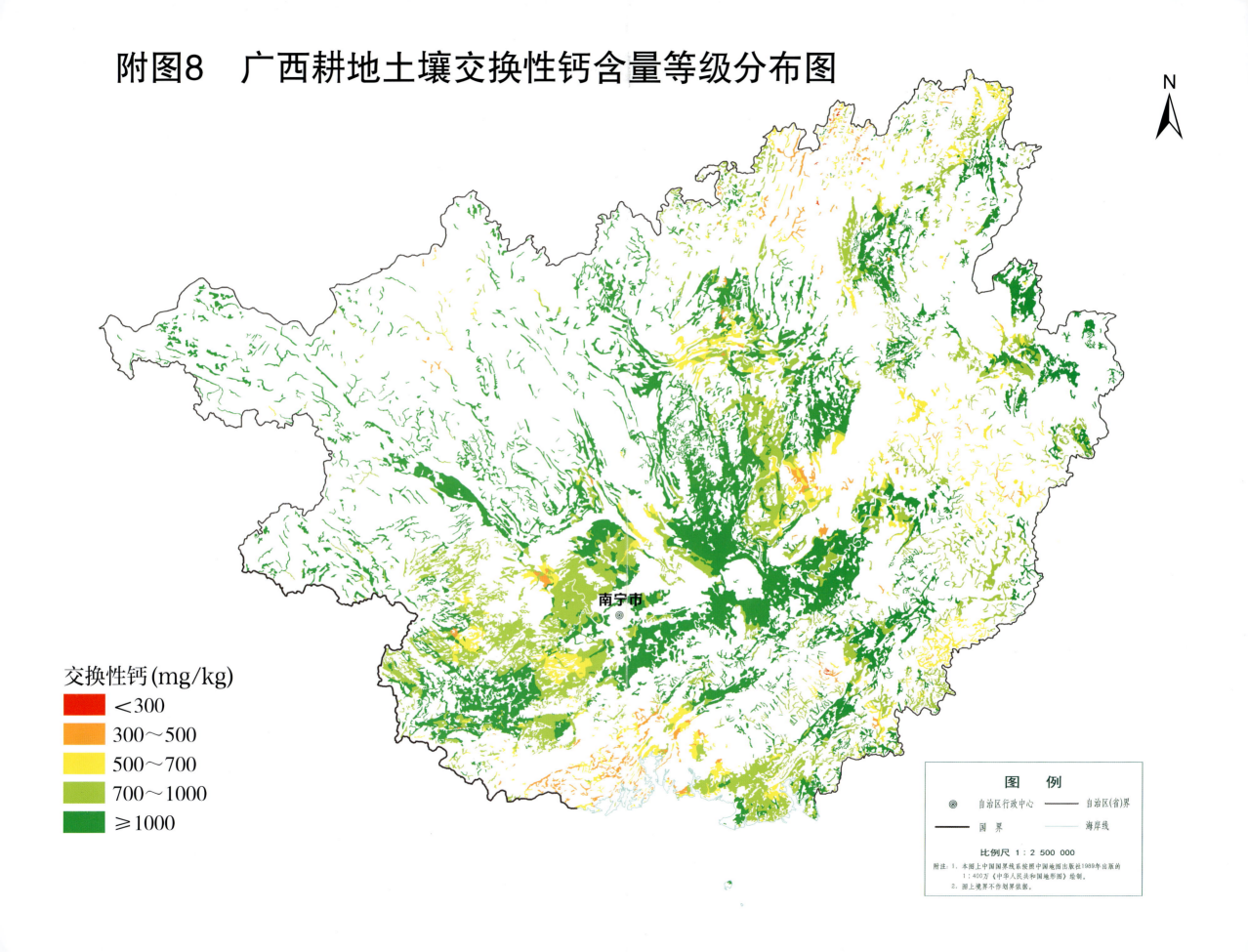

附图8 广西耕地土壤交换性钙含量等级分布图

交换性钙(mg/kg)

< 300
300～500
500～700
700～1000
≥ 1000

南宁市

图 例

⊚ 自治区行政中心 ———— 自治区(省)界

———— 国 界 ———— 海岸线

比例尺 1：2 500 000

附注：1. 本图上中国国界线系按照中国地图出版社1989年出版的
　　　 1：400万《中华人民共和国地形图》绘制。
　　 2. 图上境界不作划界依据。

附图9 广西耕地土壤交换性镁含量等级分布图

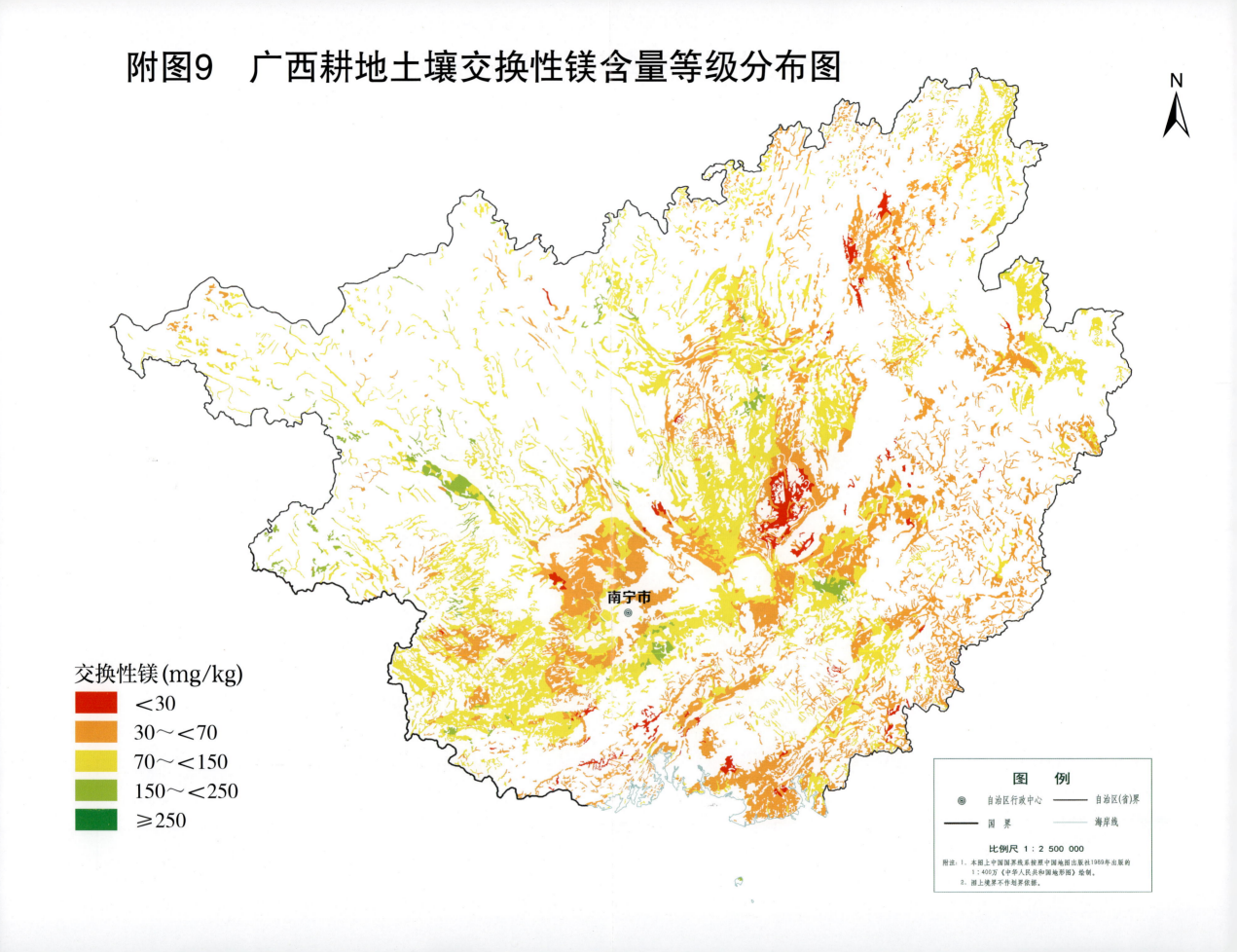

交换性镁 (mg/kg)

- <30
- 30～<70
- 70～<150
- 150～<250
- ≥250

图 例

◎ 自治区行政中心 ── 自治区(省)界

── 国界 ── 海岸线

比例尺 1：2 500 000

附注：1. 本图上中国国界线系按照中国地图出版社1989年出版的
1：400万《中华人民共和国地形图》绘制。
2. 图上境界不作划界依据。

附图11 广西耕地土壤有效铁含量等级分布图

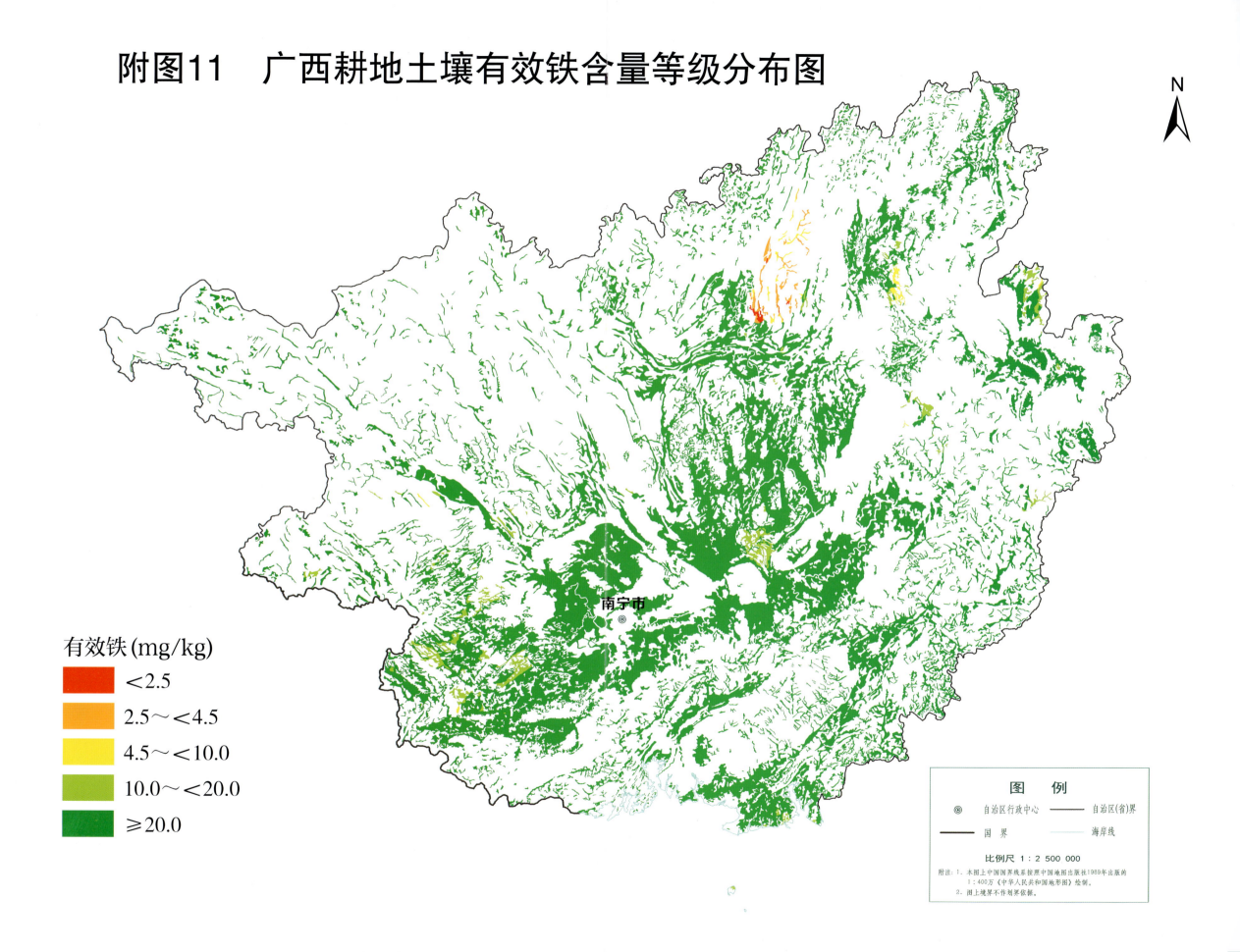

N

有效铁 (mg/kg)

- <2.5
- 2.5～<4.5
- 4.5～<10.0
- 10.0～<20.0
- ≥20.0

南宁市

图　例

◎ 自治区行政中心　　——— 自治区(省)界

——— 国　界　　——— 海岸线

比例尺 1：2 500 000

附注：1. 本图上中国国界线系按照中国地图出版社1989年出版的
1：400万《中华人民共和国地形图》绘制。

2. 图上境界不作划界依据。

附图10 广西耕地土壤有效硫含量等级分布图

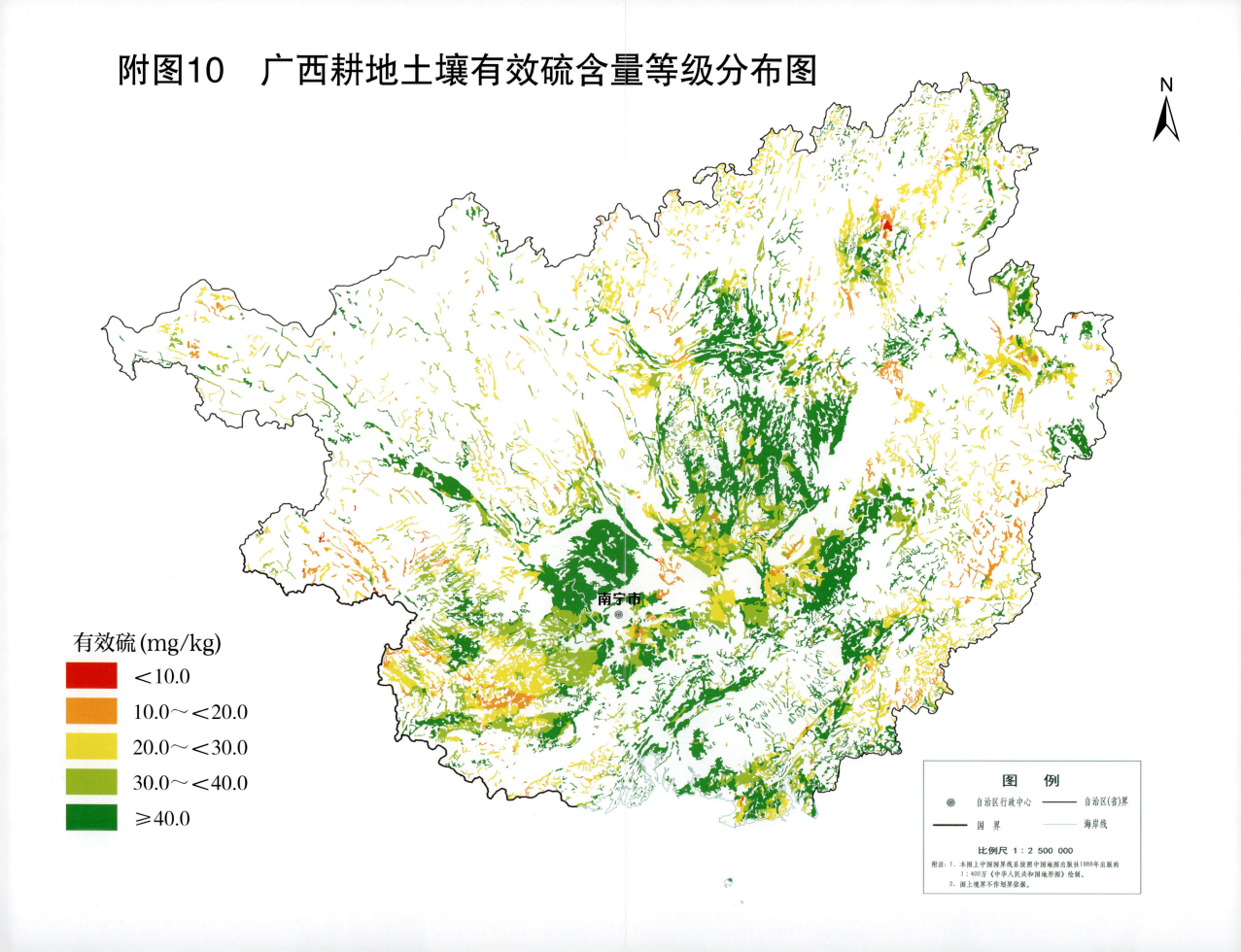

有效硫(mg/kg)

- <10.0
- 10.0～<20.0
- 20.0～<30.0
- 30.0～<40.0
- ≥40.0

南宁市

图　例

◎ 自治区行政中心　　—— 自治区(省)界

—— 国　界　　　　　—— 海岸线

比例尺 1：2 500 000

附注：1. 本图上中国国界线系按照中国地图出版社1989年出版的
1：400万《中华人民共和国地形图》绘制。
2. 图上境界不作划界依据。

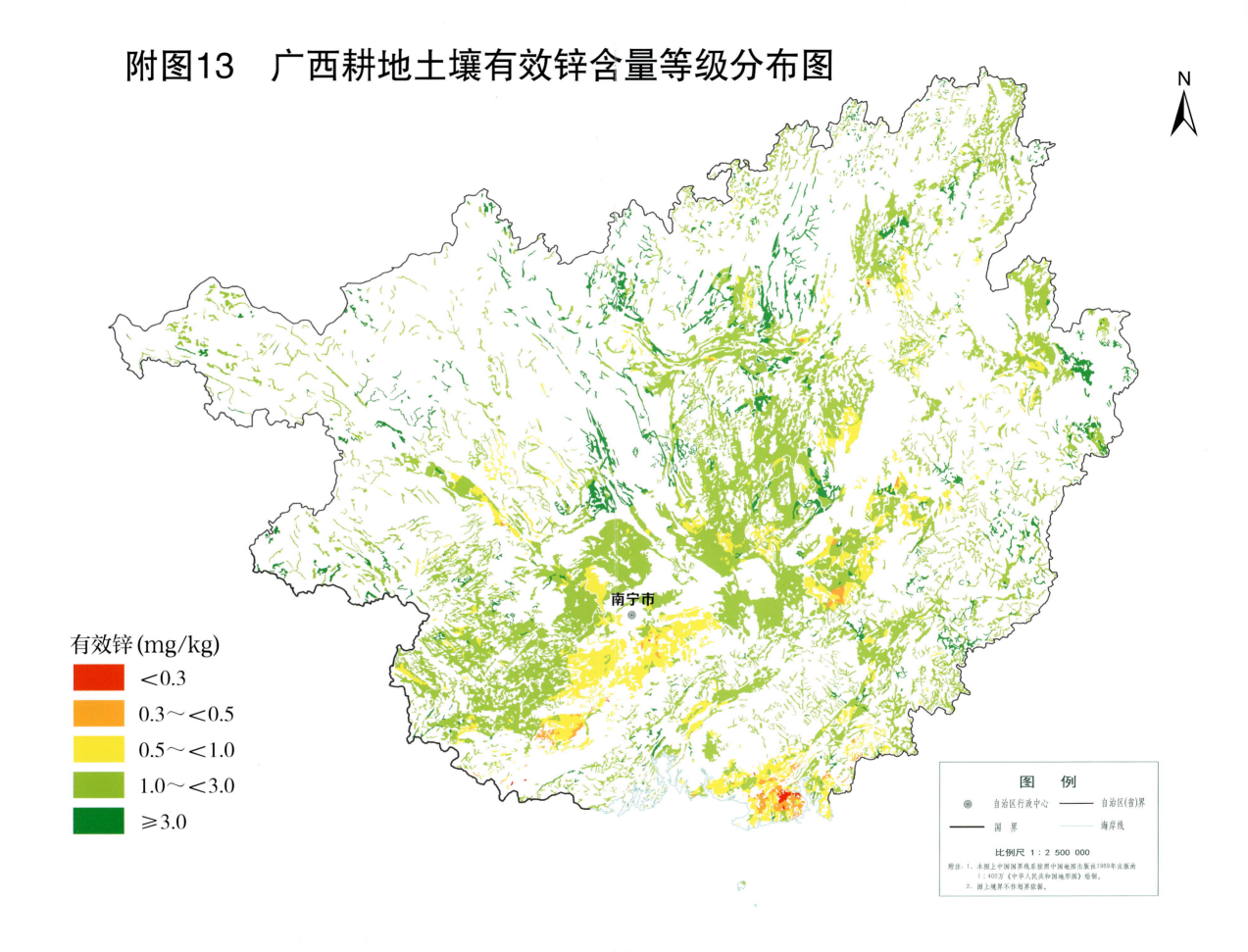

附图13 广西耕地土壤有效锌含量等级分布图

南宁市

有效锌(mg/kg)

- <0.3
- 0.3～<0.5
- 0.5～<1.0
- 1.0～<3.0
- ≥3.0

图 例

⊚ 自治区行政中心 —— 自治区(省)界
—— 国 界 —— 海岸线

比例尺 1：2 500 000

附注：1. 本图上中国国界线系按照中国地图出版社1989年出版的
1：400万《中华人民共和国地形图》绘制。
2. 图上境界不作划界依据。

附图12 广西耕地土壤有效锰含量等级分布图

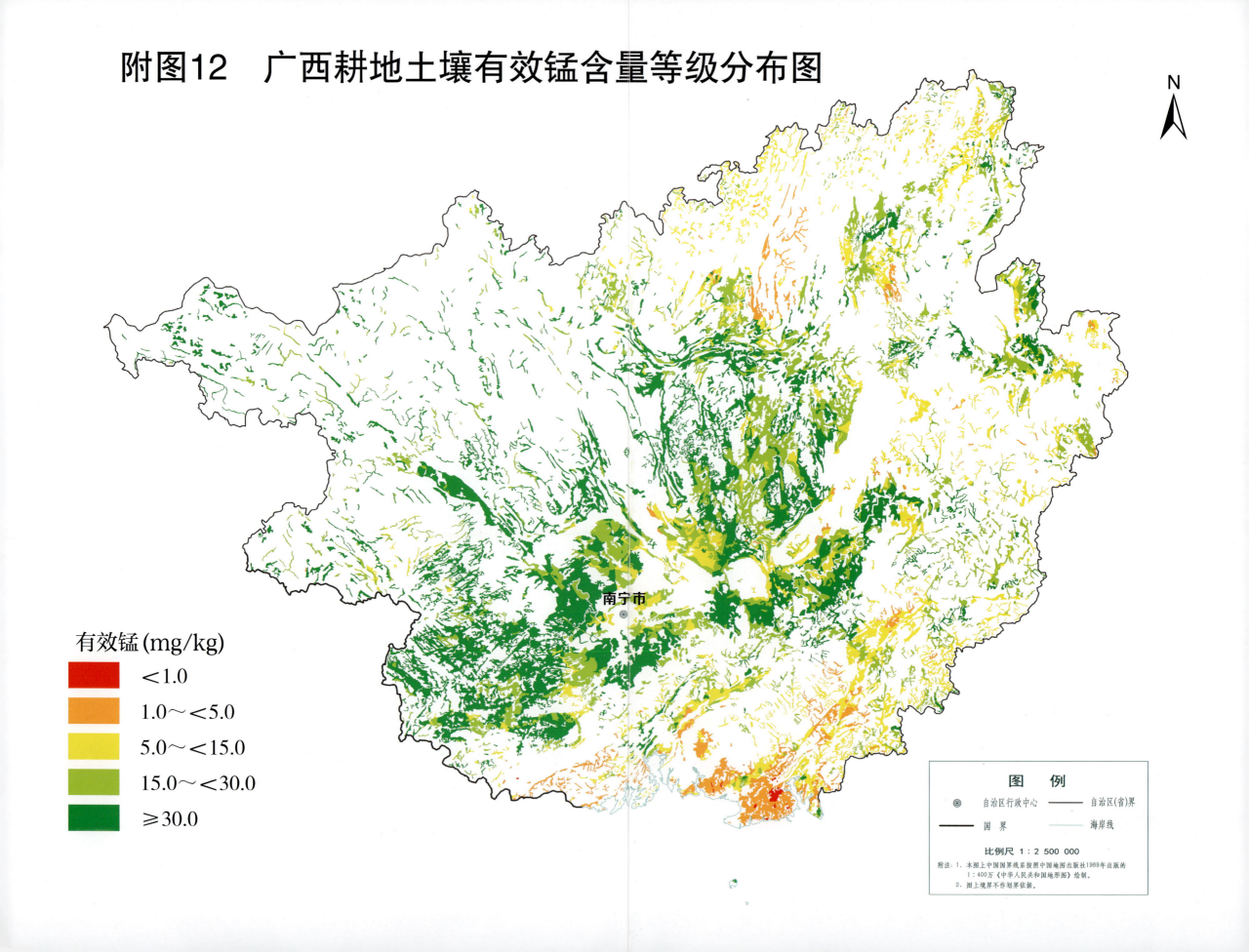

N

南宁市

有效锰 (mg/kg)

- <1.0
- 1.0～<5.0
- 5.0～<15.0
- 15.0～<30.0
- ≥30.0

图　例

◎　自治区行政中心　　——　自治区(省)界

——　国　界　　——　海岸线

比例尺 1：2 500 000

附注：1. 本图上中国国界线系按照中国地图出版社1989年出版的
　　　　1：400万《中华人民共和国地形图》绘制。
　　　2. 图上境界不作划界依据。

附图14 广西耕地土壤有效铜含量等级分布图

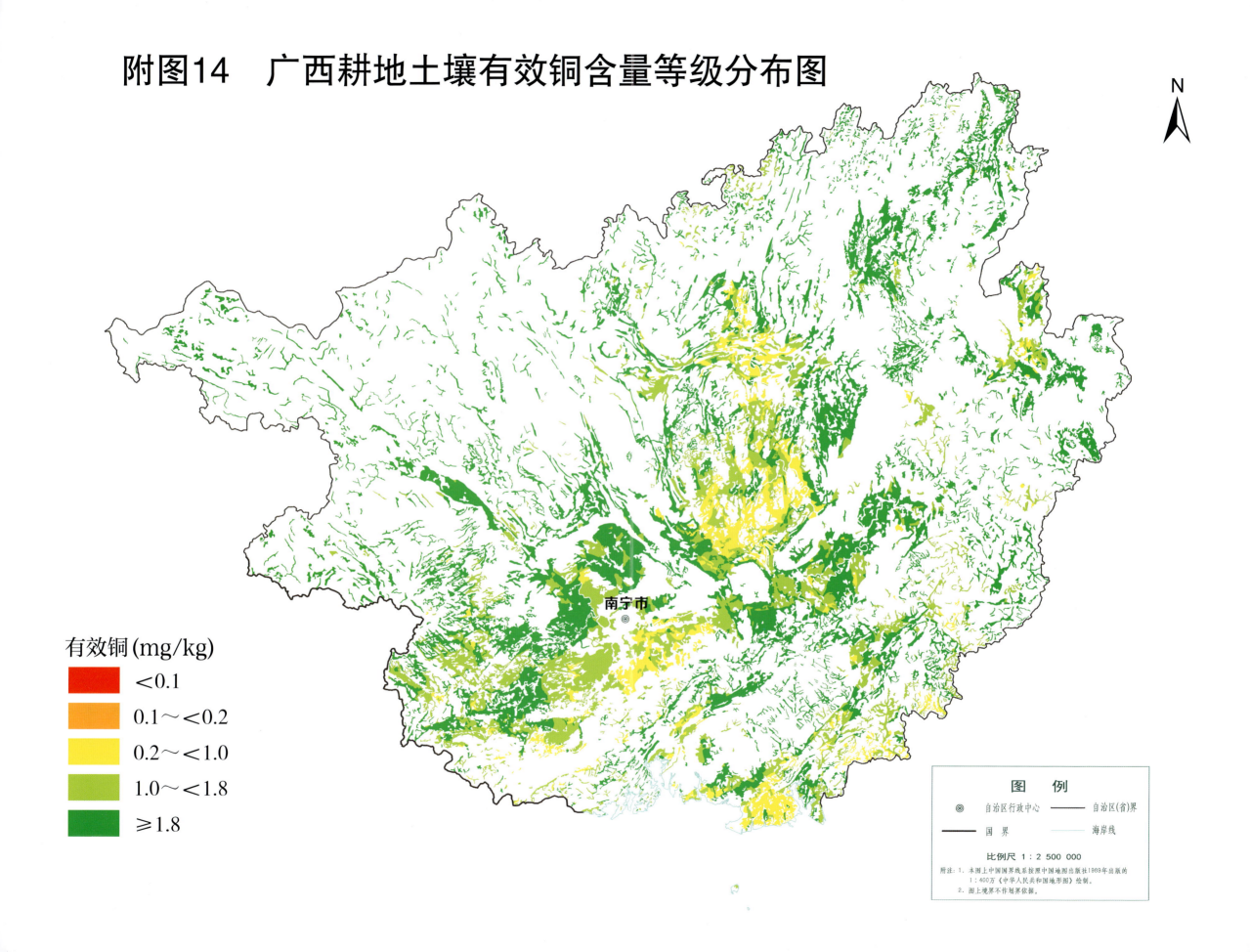

N

南宁市

有效铜(mg/kg)

< 0.1

0.1~<0.2

0.2~<1.0

1.0~<1.8

≥1.8

图　例

◎ 自治区行政中心 ——— 自治区(省)界

—— 国　界 ——— 海岸线

比例尺 1:2 500 000

附注:1.本图上中国国界线系按照中国地图出版社1989年出版的
1:400万《中华人民共和国地形图》绘制。
2.图上境界不作划界依据。

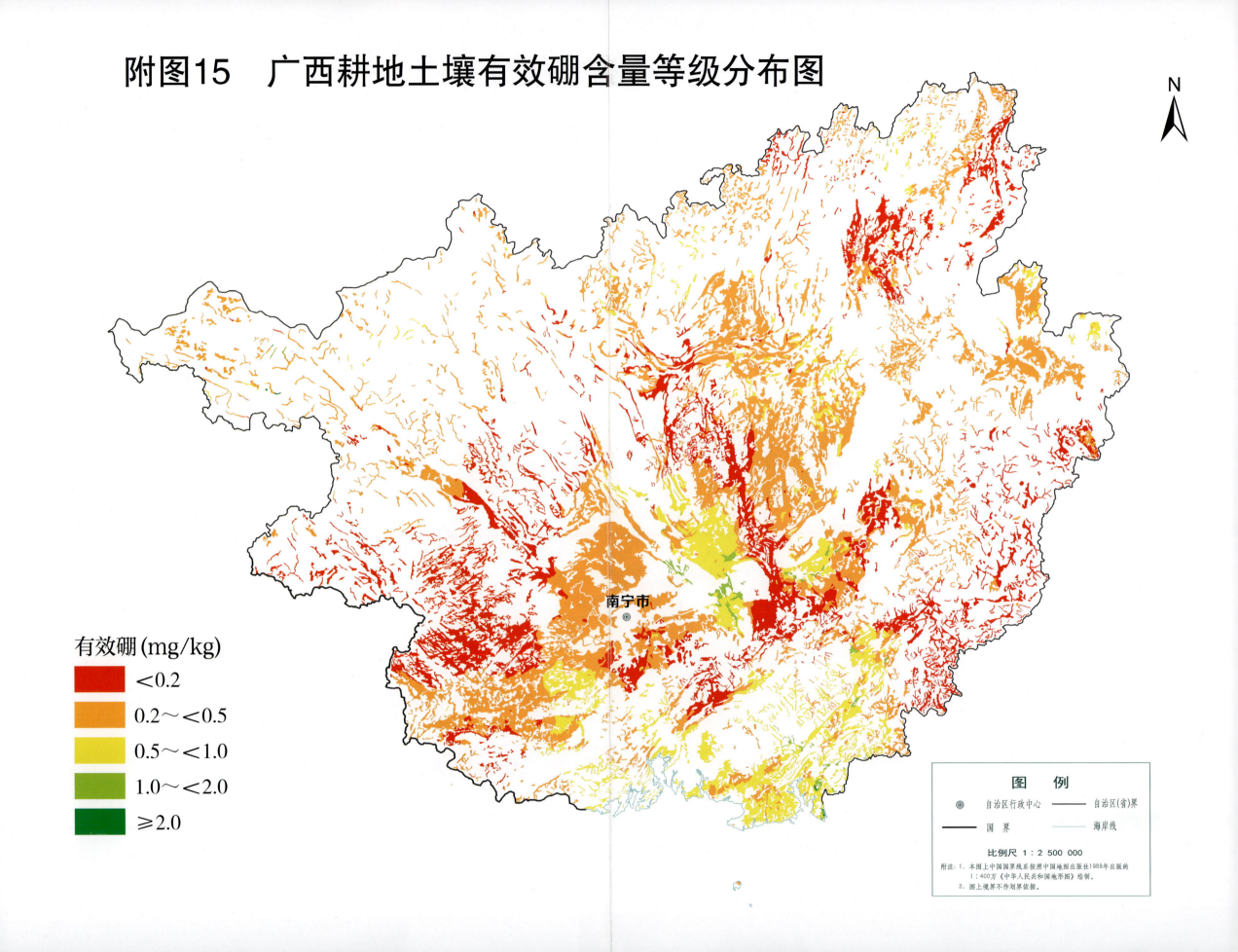

附图15 广西耕地土壤有效硼含量等级分布图

N

有效硼(mg/kg)

<0.2

0.2~<0.5

0.5~<1.0

1.0~<2.0

≥2.0

南宁市

图　例

◎ 自治区行政中心　　—— 自治区(省)界

—— 国　界　　　　　—— 海岸线

比例尺 1：2 500 000

附注：1. 本图上中国国界线系按照中国地图出版社1989年出版的
　　　　1：400万《中华人民共和国地形图》绘制。
　　　2. 图上境界不作划界依据。

附图16 广西耕地土壤pH值分布图

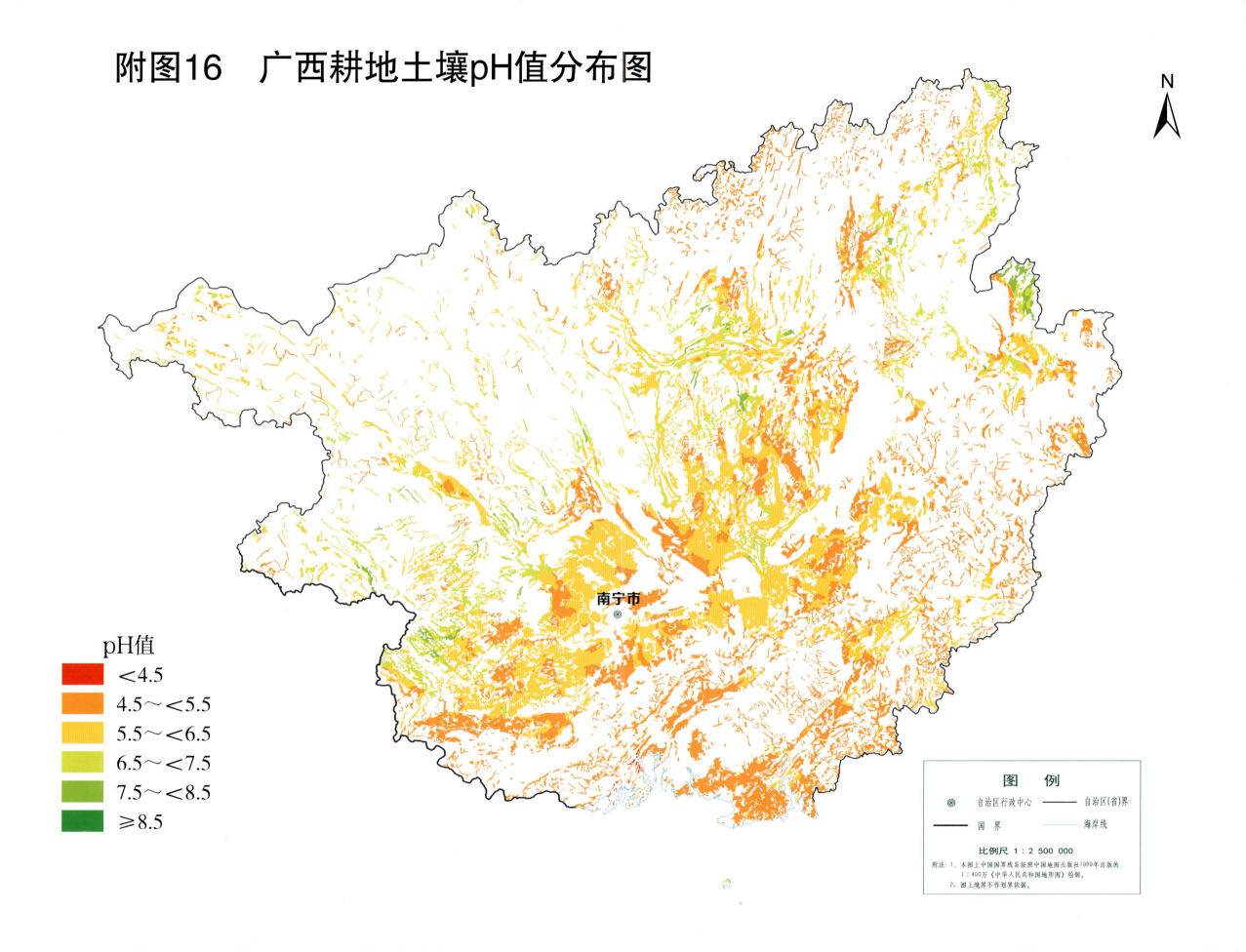

N

pH值
- <4.5
- 4.5～<5.5
- 5.5～<6.5
- 6.5～<7.5
- 7.5～<8.5
- ≥8.5

南宁市

图　例
- ◎ 自治区行政中心
- —— 国　界
- —— 自治区(省)界
- ～ 海岸线

比例尺 1：2 500 000

附注：1. 本图上中国国界线系按照中国地图出版社1989年出版的
1：400万《中华人民共和国地形图》绘制。
2. 图上境界不作划界依据。

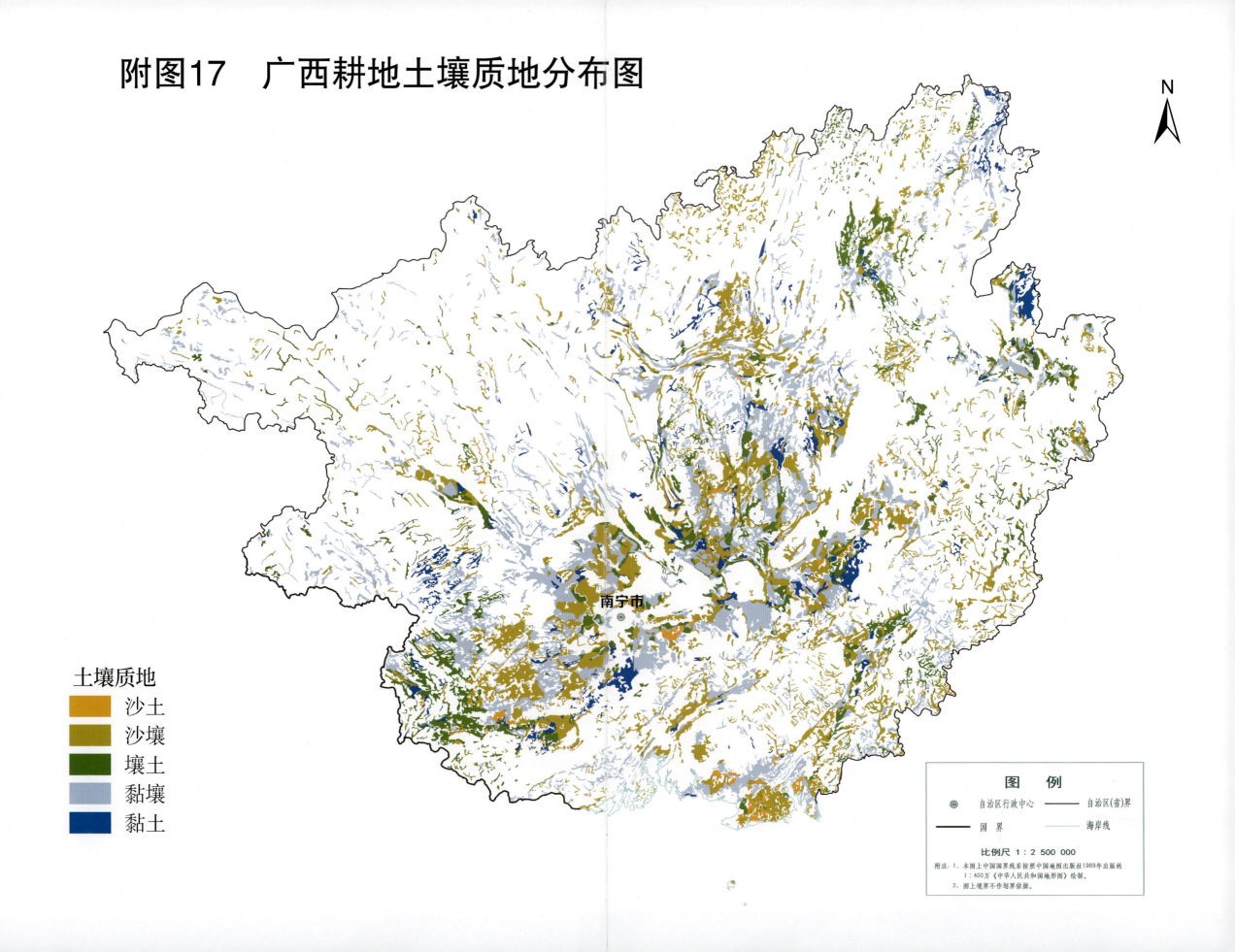

附图17　广西耕地土壤质地分布图

土壤质地
沙土
沙壤
壤土
黏壤
黏土

南宁市

图　例

◎　自治区行政中心　　——　自治区(省)界
——　国　界　　　　　　——　海岸线

比例尺 1：2 500 000

附注：1. 本图上中国国界线系按照中国地图出版社1989年出版的
　　　　1：400万《中华人民共和国地形图》绘制。
　　　2. 图上境界不作划界依据。

附图18　广西耕地土壤分布图

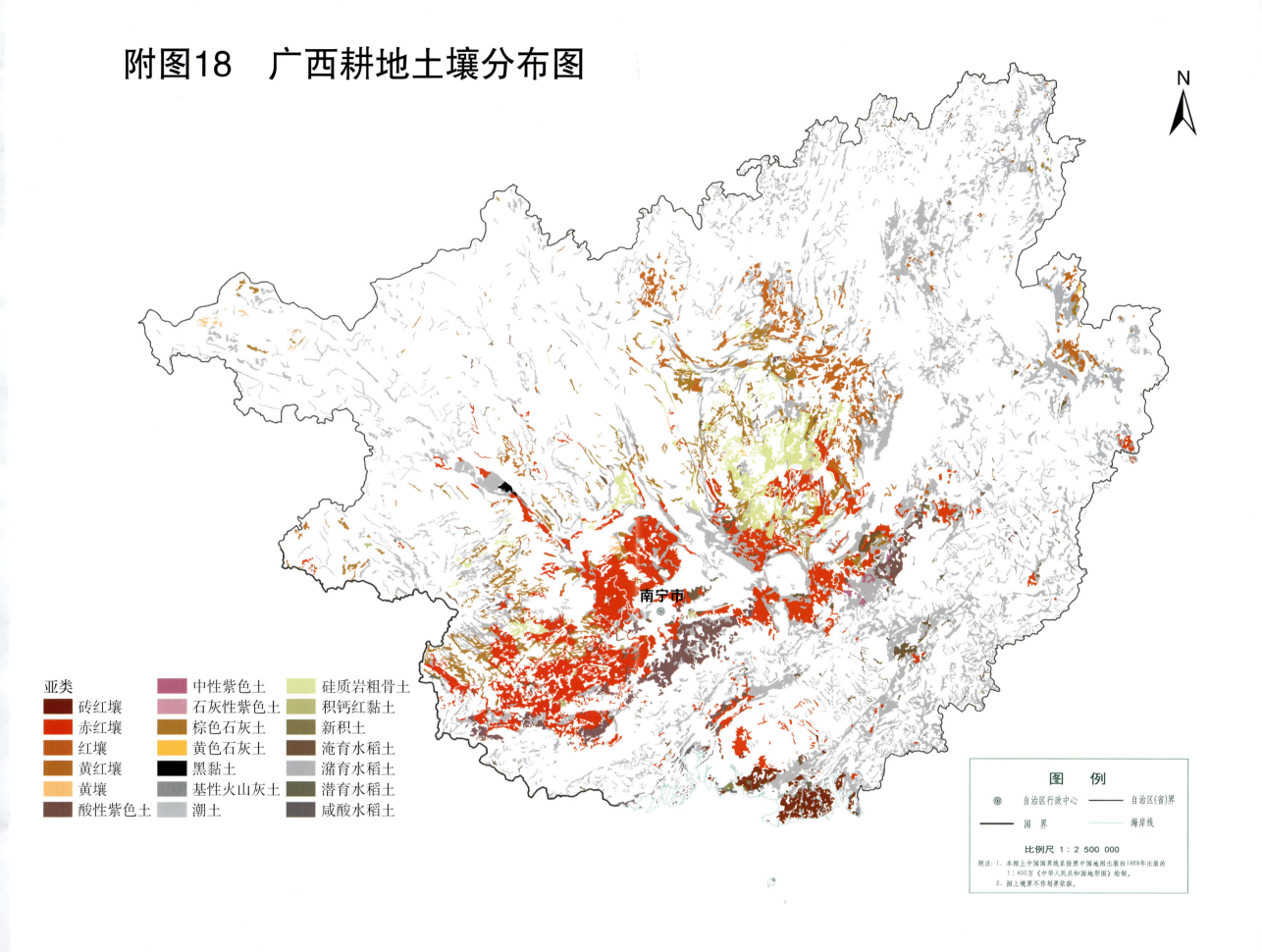

南宁市

亚类

- 砖红壤
- 赤红壤
- 红壤
- 黄红壤
- 黄壤
- 酸性紫色土
- 中性紫色土
- 石灰性紫色土
- 棕色石灰土
- 黄色石灰土
- 黑黏土
- 基性火山灰土
- 潮土
- 硅质岩粗骨土
- 积钙红黏土
- 新积土
- 淹育水稻土
- 潴育水稻土
- 潜育水稻土
- 咸酸水稻土

图　例

- ◎　自治区行政中心
- ───　国界
- ───　自治区(省)界
- ───　海岸线

比例尺 1：2 500 000

附注：1. 本图上中国国界线系按照中国地图出版社1989年出版的
　　　　1：400万《中华人民共和国地形图》绘制。
　　　2. 图上境界不作划界依据。

附图19 广西耕地利用现状分布图

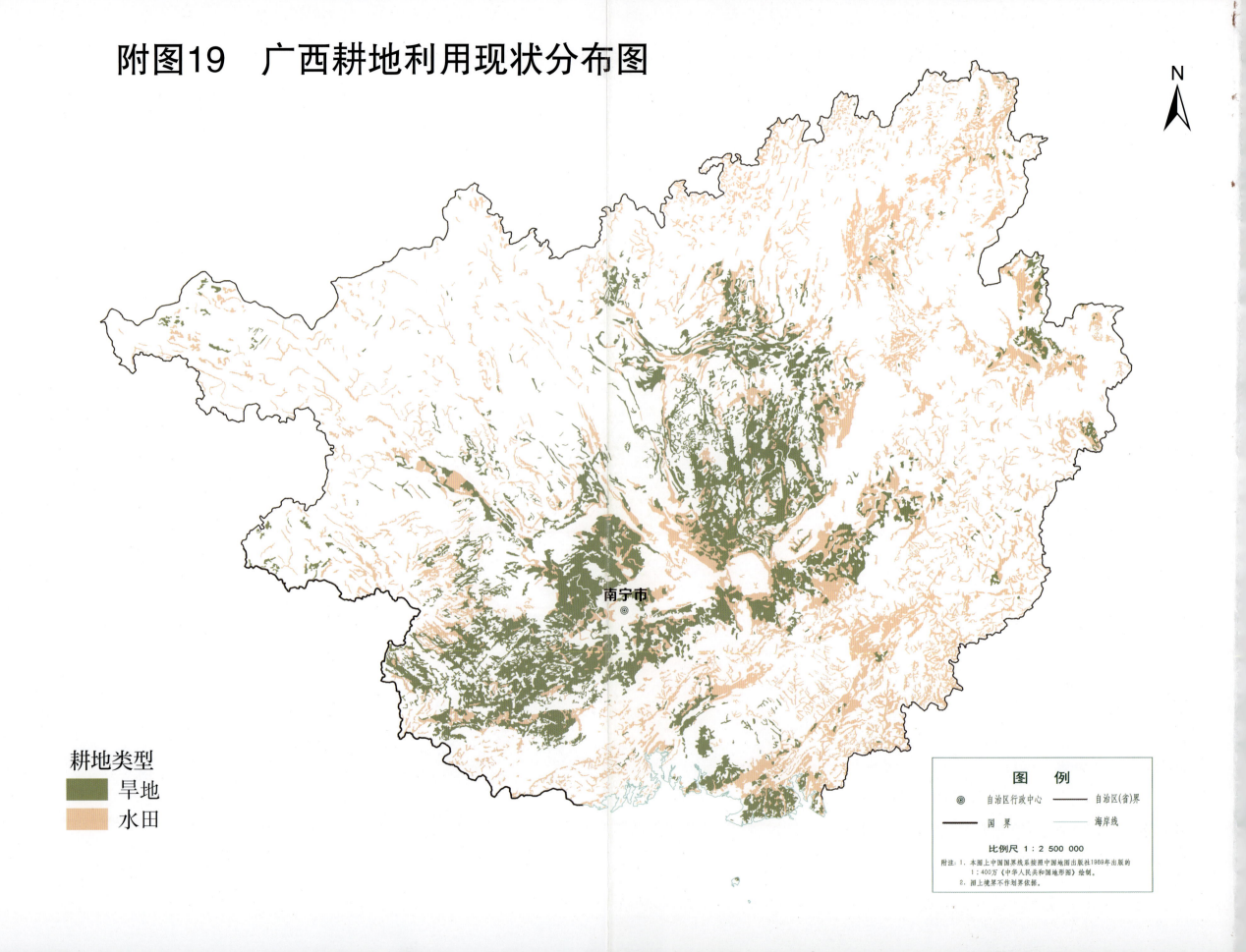

N

南宁市

耕地类型
旱地
水田

图 例

◎ 自治区行政中心 ── 自治区(省)界
── 国 界 ── 海岸线

比例尺 1：2 500 000

附注：1. 本图上中国国界线系按照中国地图出版社1989年出版的
1：400万《中华人民共和国地形图》绘制。
2. 图上境界不作划界依据。